1. Auflage

Julia Reichardt

COSTA RICA
SÜD-NICARAGUA

STEFAN LOOSE
TRAVEL HANDBÜCHER

Inhalt

La Fortuna
San José

Liberia
San José

Süd-Guanacaste 219

Zentrale Pazifikküste 285

Der Süden 311

Karibikküste 351

Süd-Nicaragua 381

Wissenswertes im Kasten

Costa Rica Süd-Nicaragua
Die Highlights

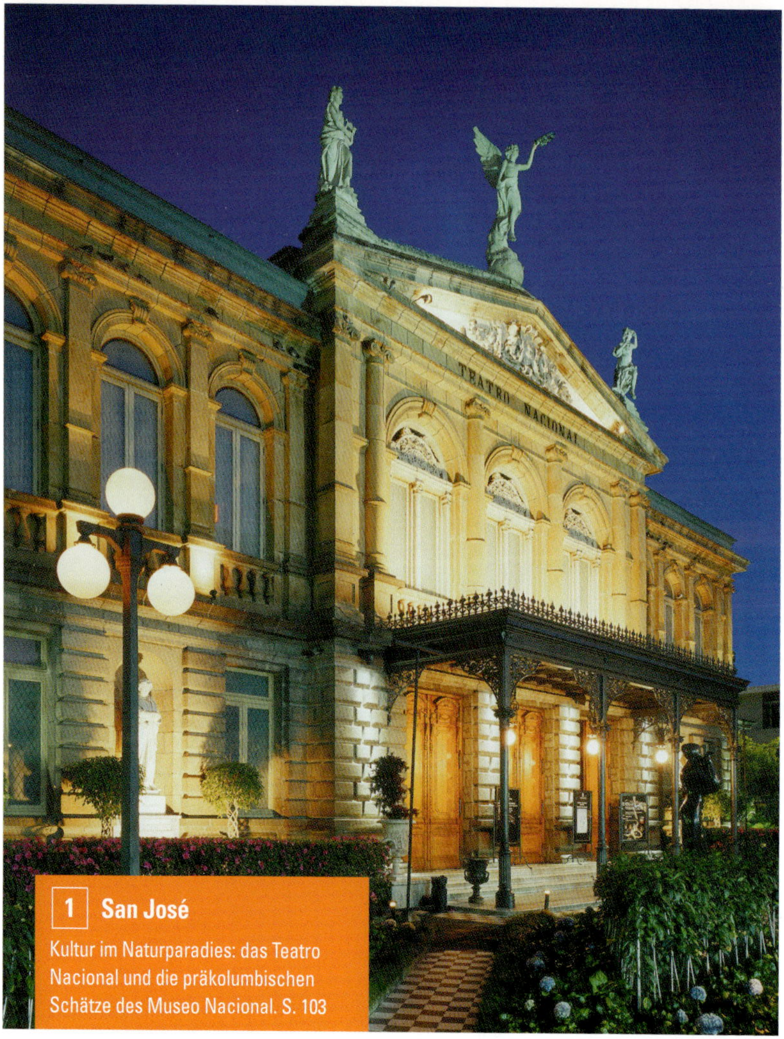

1 San José

Kultur im Naturparadies: das Teatro Nacional und die präkolumbischen Schätze des Museo Nacional. S. 103

2 Vulkane

Von der giftgrünen Kraterlagune des Irazú und den Lavafontänen des Arenal zur dampfenden Vulkanlandschaft des Rincón de La Vieja. S. 149, 170 und 206

3 Río Pacuare / Turrialba

Der Río Pacuare lockt Wildwasserfahrer aus aller Welt. S. 156

4 Monteverde

Eine Wanderung durch märchenhaften Nebelwald. S. 181

5 Surfen

Witches' Rock, Santa Teresa, Pavones – im Surfmekka Costa Rica wartet immer irgendwo die perfekte Welle. S. 213

6 Sámara und Montezuma

Beachlife mit Flair: Am Playa Sámara und Playa Montezuma trifft sich die Strand-Bohemia. S. 254 und 266

7 Cerro Chirripó

Moränenlandschaft und Gletscherseen, Millionen von Jahren alt. S. 320

8 Curré / Boruka

Das Rad der Geschichte umgedreht: Zur Fiesta de los Diablitos werden die Spanier von den Indianern besiegt.
S. 324

9 Parque Nacional Corcovado

Das grüne Juwel unter Costa Ricas Nationalparks lädt zum tagelangen Trekking ein. S. 338

10 Yoga

im Regenwald. S. 346

11 Puerto Limón

Mitreißend feiert Puerto Limón im Oktober die Ankunft von Christoph Kolumbus. S. 354

12 **Nach Tortuguero**

Costa Ricas Wasserstraßen führen durch eine atemberaubende Natur. S. 360

13 Gandoca-Manzanillo

Hier liegen Costa Ricas paradiesischste Strände versteckt. S. 374

14 Isla de Ometepe

Götterstatuen, halb Tier halb Mensch und Hunderte von Petroglyphen. S. 392

15 Islas Solentiname

Hier gründete Ernesto Cardenal seine Comunidad de Solentiname. S. 406

16 Río San Juan

Zwölf spanische Festungen gegen die Piraten der Karibik. S. 413

Reiseziele und Routen

Reiseziele

Costa Rica zu entdecken, heißt in seine Natur einzutauchen, ins tropfende Dschungel-Dickicht von Regen- und Nebelwäldern oder in die krachenden Wellen der Pazifik- und Atlantikküste. Zum unvergesslichen Genuss wird das Naturparadies jedoch erst dann, wenn man sich abseits der Touristenpfade aufhält. Dieses Kapitel soll Urlaubern dabei helfen, die richtige Fährte zur passenden Reisezeit zu finden.

Nationalparks und Privatreservate

Über 25 % Costa Ricas stehen laut dem costaricanischen Umweltministerium unter Schutz. Insgesamt 22 Nationalparks mit einer beeindruckenden Vielfalt an Flora und Fauna erwarten den Besucher und bieten die Möglichkeit, seltene Tiere in freier Wildbahn zu beobachten. Einige der Naturreservate ähneln mehr Freizeit- als Nationalparks, andere sind abgelegene Naturoasen, in denen man tagelang fern der Zivilisation wandern kann.

Nationalparks

Zu den relativ wenig besuchten Nationalparks mit guten Wandermöglichkeiten zählen:

Parque Internacional de la Amistad (S. 325), **Parque Nacional Corcovado** (S. 338), **Parque Nacional Volcán Barva** (S. 146) und **Parque Nacional Tapantí** (S. 153).

Eine einmalige Kombination aus Meer und Regenwald bieten:

Parque Nacional Cahuita (S. 369), **Parque Nacional Corcovado** (S. 338) und die **Reserva Manzanillo** (S. 374).

Landschaftlich reizvoll, aber besonders in der Hochsaison überfüllt sind:

Parque Nacional Manuel Antonio (S. 303), **Reserva Monteverde** (S. 181), **Parque Nacional Tortuguero** (S. 363), **Parque Nacional Chirripó** (S. 319), **Parque Nacional Volcán Poás** (S. 136), **Parque Nacional Rincón de la Vieja** (S. 206); bei Letzterem ist der Rundwanderweg sehr touristisch, an die Kraterwanderung wagen sich dagegen weitaus weniger Besucher.

Privatreservate

Abgeschiedene Privatreservate sind eine gute Alternative zu den teils stark besuchten Nationalparks. Viele von ihnen bieten auch Unterkunft und Touren an. Empfehlenswert sind:

Reserva Durika (S. 323) bei Buenos Aires (Süden), der **Regenwald der Österreicher** (S. 342) bei Palmar (Süden), die **Reserva Cloudbridge** (S. 318) am Cerro Chirripó, **La Laguna de Lagarto Lodge** (S. 190) bei Pital (Norden), das Privatreservat **Rara Avis** (S. 185, Norden) und die **Reserva Santa Elena** (S. 182) in Monteverde.

Strände

Unzählige Strände säumen Costa Ricas Pazifik- und Karibikküste. Darunter sind versteckte Badebuchten, Schnorchelreviere oder Laufstege zum Sehen und Gesehenwerden. Die saubersten von ihnen werden jedes Jahr mit der *Bandera Azul*, der blauen Flagge, ausgezeichnet, (S. 265, Kasten „Die Bandera Azul"). Inzwischen sind

viele der *Playas*, an denen Meeresschildkröten ihre Eier ablegen, zu Schutzgebieten deklariert worden. An einigen von ihnen können Besucher in der Nistzeit die beeindruckenden *Arribadas* (Massenankünfte) beobachten.

Wenig besuchte Strandparadiese

Playa Manzanillo (S. 276), **Playa Junquillal** (S. 238), **Playas Coyote** (S. 258) und **San Miguel** (S. 258), **Playa Matapalo** (S. 304), **Playa Ventana / Uvita** (S. 309).

Touristisch, aber mit Flair

Playa Montezuma (S. 266), **Playa Sámara** (S. 254).

Schöner Strand, aber auf dem Gringo-Pfad

Tamarindo (S. 229), **Jacó** (S. 293), **Manuel Antonio** (S.303), **Playa Conchal** (S. 226).

Niststrände von Meeresschildkröten

Playa Ostional in Costa Rica (S. 240) und Süd-Nicaragua (S. 391), **Playa Grande** (S. 235), **Tortuguero** (S. 360), **Cahuita** (S. 365), **Gandoca** (S. 379).

Vulkane

Costa Rica und Nicaragua liegen auf dem Pazifischen Feuerring, einem Vulkangürtel, der den Pazifischen Ozean umgibt. Costa Ricas insgesamt sieben Vulkane speien Lava, stoßen Schwefeldämpfe aus oder liegen seit Jahrhunderten im Dornröschenschlaf. Der spektakulärste von allen ist der **Volcán Arenal** (S. 170), einer der aktivsten Vulkane weltweit. Mit seinen nächtlichen Feuerwerken gehört er zu den Höhepunkten eines Costa Rica-Urlaubs.

Vulkanismus aus nächster Nähe erleben Besucher im Nationalpark **Rincón de la Vieja** (S. 206) mit Schwefellagunen, brodelnden Schlammquellen und Fumarolen. Am **Volcán Miravalles** (S. 277) können sich Touristen unter freiem Himmel im vulkanischen Schlamm suhlen. **Poás** (S. 136) und **Irazú** (S. 149) zählen mit ihren eindrucksvollen Kraterlagunen – bei gutem Wetter – zu den fotogensten Feuerbergen des Landes. Zum Wandern hingegen eignen sich die Vulkane **Rincón de la Vieja**, **Concepción** (Nicaragua; S. 395), **Madera** (Nicaragua; S. 395) und **Turrialba** (S. 160) besser. Bei den letzten beiden können Besucher sogar in die erloschenen Krater hinabsteigen.

Aktivurlaub

Aktivurlauber und Abenteuersportler kommen in Costa Rica voll auf ihre Kosten: Ob zu Wasser, in der Luft oder im Dschungel, das Angebot an Aktivitäten ist enorm (S. 54, „Sport und Aktivitäten").

Indianerreservate

Insgesamt gibt es in Costa Rica 22 Indianerreservate. Immer mehr von ihnen öffnen sich heute dem Tourismus, ein heikler Schritt, denn einerseits wird so der Verfall indianischer Lebensformen vorangetrieben. Andererseits sind es ironischerweise gerade die Touristen, die durch ihr Interesse an indigener Kultur zum Erhalt alter indianischer Traditionen und Handwerkskunst beitragen.

Das weitaus bekannteste Reservat ist das **Boruca Reservat** (S. 323), in dem jedes Jahr die Fiesta de los Diablitos stattfindet (S. 324, Kasten). Folgende Tourveranstalter sind selbst Indianer oder arbeiten eng mit den Reservaten zusammen und bieten nachhaltigen Tourismus und Lehrtouren an:

Reserva Durika, 💻 www.durika.org, und **ANAI** (S. 69) besuchen die Bribrí- oder Cabécar-Indianer.

Familia Carreras im Indianerreservat Alto Laguna Guaymis de Osa bietet Touren an und nimmt Besucher bei sich auf, 💻 www.tamandulodge.com. Die **Yogafarm**, 💻 www.yogafarmcostarica.org, unternimmt Lehrtouren zum Guaymí-Reservat bei Punta Banco.

Kultur und Geschichte

Präkolumbische Kultur

Jahrtausende alte Petroglyphen – Strichmännchen, Spiralen, Tier- und Sonnensymbole – liegen in Costa Rica und Nicaragua an Vulkanhängen, in Nationalparks oder auf privaten Fincas verstreut. Fundort Nummer Eins ist die nicaraguanische Vulkaninsel **Ometepe** (S. 392) mit weit über 1500 Felsgravuren. In Costa Rica befindet sich die größte Ansammlung von Petroglyphen im **Santa Rosa Nationalpark** (S. 212) in Nordguanacaste, der einstigen Heimat der Chorotega-Indianer. Weitere Relikte präkolumbischer Kultur sind das Nationalmonument **Guayabo** (S. 156) bei Turrialba und die gewaltigen Granitkugeln im südlichen **Valle de Diquis** (S. 326). Die spektakulärsten Funde – darunter Schmuckstücke aus Jade und Gold – sind im Museo de Jade, Museo de Oro und Museo Nacional in **San José** (S. 104) ausgestellt.

Koloniale Architektur

Freunde kolonialer Architektur kommen besonders in Nicaragua auf ihre Kosten. Der Abstecher nach Nicaragua (s. „Routenvorschläge") führt den Leser in die alte Kolonialstadt **Rivas** (S. 382) und zu den spanischen Festungsruinen am **Río San Juan** (S. 413).

Einen Einblick in Nicaraguas bewegte zeitgenössische **Geschichte** gibt der Besuch des Inselarchipels **Solentiname** (S. 406), dem einstigen Wirkungsort Ernesto Cardenals.

Das koloniale Erbe Costa Ricas wurde zum großen Teil bei den zahlreichen Erdbeben zerstört oder musste modernen Wellblechbauten weichen. Die ältesten Kolonialkirchen des Landes – die imposanten Ruinas de la Parroquía in

Cartago (S. 146), das nach wie vor intakte Franziskanerkloster in **Orosi** (S. 149) und die romantischen **Ruinas de Cachí** (S. 152) – befinden sich alle im Valle Central. Das historisch wichtigste Gebäude für Costa Ricaner aber stammt aus dem 19. Jahrhundert. In der **Hacienda Santa Rosa** (S. 212) im Nationalpark Santa Rosa (Nordguanacaste) schlug die costa-ricanische Armee 1856 den Filibuster William Walker in die Flucht.

Kultur

Authentische costa-ricanische Kultur ist nirgends so präsent wie auf den vielen *Fiestas* des Landes: Auf Guanacastes staubigen Provinz-Rodeos etwa oder bei den feierlich-religiösen Umzügen zu den **Días Patronales** (Tag des Schutzpatrons), die an jedem Ort zu einem anderen Zeitpunkt stattfinden. Zum **Festival Internacional de las Artes** (S. 99, Kasten „Festivals"), dem bedeutendsten Kulturereignis des Landes, vibriert die Hauptstadt vor Kreativität. Die Veranstaltungen finden u. a. im ehrwürdigen Teatro Nacional statt. An der Karibikküste weicht die Latino- einer afro-karibischen Kultur. Höhepunkt ist hier der **Karneval** in Puerto Limón (S. 354, Kasten „Ein Karneval für Colombo").

Reiserouten

Costa Rica hat einen großen Vorteil: Es ist klein. Im Gegensatz zu anderen Ländern gelangt man binnen weniger Stunden vom Palmenstrand ins Hochgebirge oder vom Regen- in den Trockenwald. Ratsam ist es jedoch, sich auf eine Region zu beschränken, denn Dschungeltreks, Schlaglöcher und Stranderholung brauchen ihre Zeit.

Costa Rica hat einen ausgeprägten „Gringo-Pfad", der sich am Pazifik entlang zieht. Touristisch entwickelt sind besonders die nördliche Pazifikküste mit den **Playas de Coco** (S. 220) und **Tamarindo** (S. 229) und die zentrale Küste mit **Jacó** (S. 293), **Manuel Antonio** (S. 303) und **Quepos** (S. 299). Wer Touristenmassen und Strandkolonie-Ambiente vermeiden will, sollte diese Orte umfahren.

Die folgenden fünf **Routenbausteine** sind Vorschläge, die beliebig ergänzt, verkürzt, miteinander kombiniert oder umgekehrt gefahren werden können. Bis auf Route 5 (Süd-Nicaragua) und den Abstecher nach Tortuguero (Route 3) sind alle Strecken problemlos mit dem Auto zu bewältigen. Mit dem Bus dauert es entsprechend länger. Detaillierte Informationen zu den jeweiligen Orten befinden sich in den Regionalkapiteln.

Route 1: Der Nordwesten

Baden, Schnorcheln, Surfen das ist der Schwerpunkt dieser Route, die zum Entdecken der vielen Buchten und Strände auf der **Halbinsel Nicoya** (S. 245) einlädt. Sie führt von der Sabanero-(Cowboy) Stadt **Liberia** (S. 198) und den brodelnden Schlammquellen des Nationalparks **Rincón de la Vieja** (S. 206) zur wilden Strandschönheit **Junquillal** (S. 238), dem Schildkrötennistplatz **Ostional** (S. 240) und der beliebten Badebucht **Sámara** (S. 254). Südlich von Sámara befinden sich die schönsten Küstenabschnitte der Halbinsel mit nach wie vor relativ wenigen Touristen. Dazu zählen der Abschnitt von **Carrillo** (S. 258) zum **Playa San Miguel** (S. 258) und von der **Reserva Cabuya** (S. 270) nach **Montezuma** (S. 266). Für diese Route sollte man rund eine Woche einplanen. Spezielle Surfstrände S. 57, „Sport und Aktivitäten".

Abstecher ins heiße Landesinnere – nach **Nicoya** (S. 245), **Santa Cruz** (S. 242) oder zu den Tropfsteinhöhlen im Nationalpark **Barra Honda** (S. 246) – lohnen sich besonders zur Fiesta-Zeit, wenn Rodeostimmung herrscht (s. Kasten S. 249). Von **Paquera** (S. 260) geht es mit der Fähre über den malerischen Golfo de Nicoya zur Hafenstadt **Puntarenas** (S. 286), am Publikumsmagneten Manuel Antonio vorbei, zum ruhigen **Playa Matapalo** (S. 304). Für diesen Abstecher sollten mindestens zwei Tage eingeplant werden.

Die Küstenstrecke auf der **Peninsula de Nicoya** ist in der Regenzeit streckenweise nicht befahrbar, Autofahrer müssen dann auf Alternativrouten ins Landesinnere ausweichen (s. Regionalkapitel).

Auf dem **östlichen Abschnitt** der Halbinsel, zwischen Cabuya, Montezuma und Paquera sowie auf dem Festland von Puntarenas nach Matapalo besteht eine regelmäßige Busverbindung.

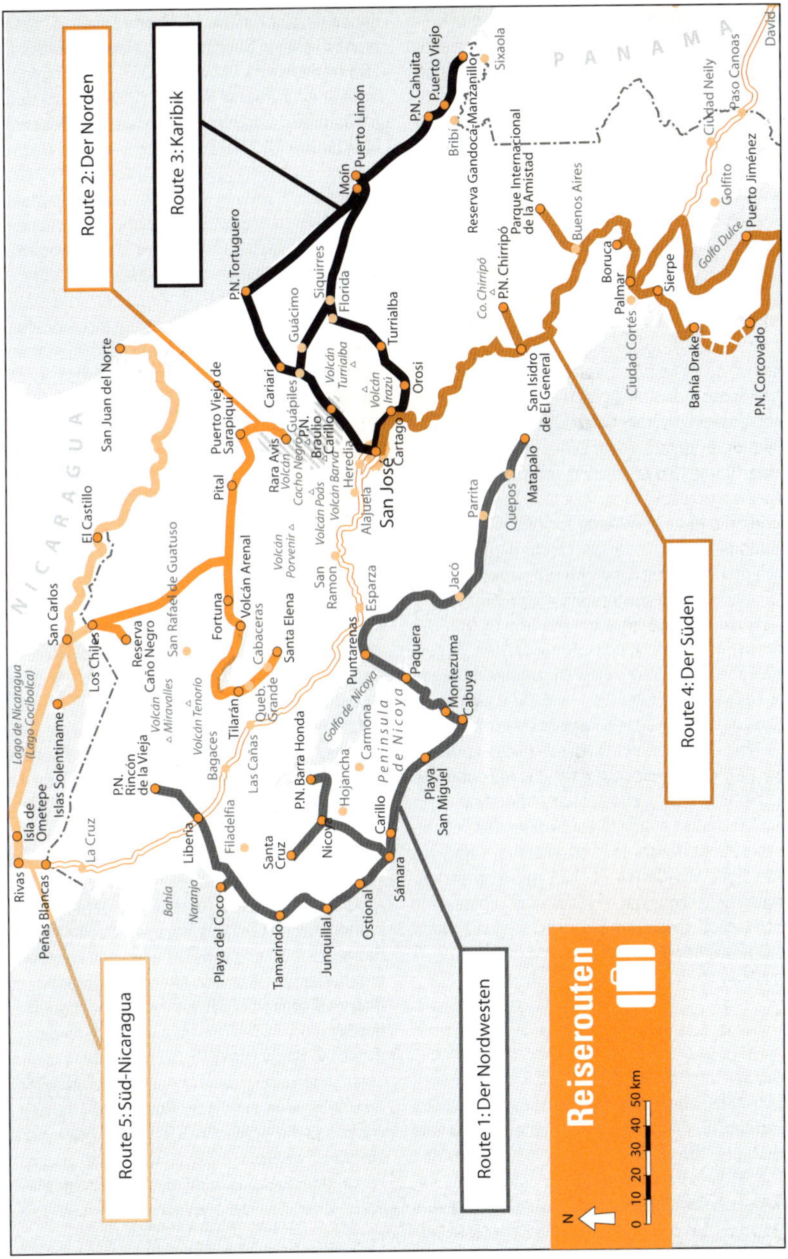

Reiserouten
Route 1: Der Nordwesten
Route 2: Der Norden
Route 3: Karibik
Route 4: Der Süden
Route 5: Süd-Nicaragua
N
0 10 20 30 40 50 km
N I C A R A G U A
P A N A M A
San José
Rivas
Peñas Blancas
Isla de Ometepe
Islas Solentiname
Lago de Nicaragua (Lago Cocibolca)
San Carlos
Los Chiles
El Castillo
San Juan del Norte
La Cruz
P.N. Rincón de la Vieja
Volcán Miravalles
Volcán Tenorio
Reserva Caño Negro
San Rafael de Guatuso
Bagaces
Liberia
Filadelfia
Bahía Naranjo
Playa del Coco
Tamarindo
Junquillal
Santa Cruz
Nicoya
Hojancha
P.N. Barra Honda
Ostional
Sámara
Carillo
Carmona
Peninsula de Nicoya
Golfo de Nicoya
Playa San Miguel
Montezuma
Cabuya
Paquera
Puntarenas
Las Cañas
Tilarán
Queb. Grande
Cabaceras
Santa Elena
Fortuna
Volcán Arenal
Pital
Puerto Viejo de Sarapiquí
Rara Avis
Volcán Cacho Negro
Volcán Porvenir
Volcán Poás
Volcán Barva
San Ramon
Esparza
Alajuela
Heredia
Jacó
Parrita
Quepos
Matapalo
P.N. Braulio Carillo
Guápiles
Cariari
Guácimo
Siquirres
Florida
Turrialba
Volcán Turrialba
Volcán Irazú
Orosi
Cartago
P.N. Tortuguero
Moín
Puerto Limón
P.N. Cahuita
Puerto Viejo
Manzanillo
Reserva Gandoca-Manzanillo
Bribí
Sixaola
San Isidro de El General
Co. Chirripó
P.N. Chirripó
Parque Internacional de la Amistad
Buenos Aires
Boruca
Palmar
Ciudad Cortés
Sierpe
Bahía Drake
P.N. Corcovado
Puerto Jiménez
Golfo Dulce
Golfito
Ciudad Neily
Paso Canoas
David

Der **westliche Abschnitt** der Peninsula de Nicoya ist dagegen schwer mit dem öffentlichen Bus zu bereisen. Leider besteht hier keine direkte Busverbindung zwischen den Stränden Playa Junquillal, Ostional und Sámara sowie zwischen Playa Coyote und Montezuma. Busreisende müssen jeweils zurück zu den Transportknotenpunkten Santa Cruz oder Nicoya reisen und dort umsteigen. Eine Alternative sind Taxis. Außerdem verbinden Shuttle-Busse Sámara mit Montezuma.

Route 2: Der Norden

Aktivsportler kommen auf dieser Route voll auf ihre Kosten. Ausgangspunkt sind die Nebelwälder Monteverdes bei Santa Elena mit den besten Canopyveranstaltern im Land. Von dort geht es über **Tilarán** (S. 173) um den malerischen Arenalsee herum zum Lava spuckenden **Volcán Arenal** (S. 170) und nach **Fortuna** (S. 162), Costa Ricas Zentrum für Abenteuersport – Pferdefreunde haben die Möglichkeit, von Monteverde nach Fortuna im Sattel zu reisen.

Anschließend führt die Route weg von den Touristenzentren, hinein in die letzten Regenwaldabschnitte Sarapiquís: Zur **Laguna de Lagarto Lodge** (S. 190) bei Pital (5–6 Tage einplanen) oder, weiter östlich, ins Privatreservat **Rara Avis** (S. 185); hierfür braucht man mindestens zwei Tage. Der Río Sarapiquí ist dabei ein beliebtes Ziel für Rafting-Touren und Kajakwanderungen.

Alternativ kann man von Arenal das Feuchtgebiet **Caño Negro** (S. 192) ansteuern und von dort über **Los Chiles** (S. 193) auf dem malerischen Río Frío nach Nicaragua übersetzen (s. Route 5). Diese Strecke lässt sich in ungefähr 2–3 Tagen bewältigen.

Route 3: Die Karibik

Von **San José** (S. 104) führt diese Route vorbei an den imposanten Ruinen der einstigen Hauptstadt **Cartago** (S. 146), mit einem Schlenker um das idyllische **Orosi-Tal** (S. 149), nach **Turrialba** (S. 156), dem Paradies für Rafter und Kajaker. Parallel zur alten Eisenbahntrasse geht es dann in die karibische Hafenstadt **Puerto Limón** (S. 354), weiter Richtung Süden, die Atlantikküste entlang, zum Nationalpark **Cahuita** (S. 369), dem Reggae-swingenden **Puerto Viejo** (S. 369) und zu den traumhaften Schnorchelrevieren der **Reserva Manzanillo** (S. 374). Dafür sind 5–6 Tage einzuplanen.

Auf dem Rückweg ist ein Abstecher von **Moín** (S. 359) mit dem Boot über Kanäle und Lagunen ins Schildkrötenland **Tortuguero** (S. 360) möglich. Busreisende können daraus eine Rundroute – Moín–Tortuguero–Cariari – machen (ungefähr 2 1/2–3 Tage). Autofahrer müssen ihren Wagen entweder in Moín oder **Cariari** (S. 359) stehen lassen. Von Cariari führt die Carretera 32 durch den Parque Nacional **Braulio Carillo** (S. 144) zurück in die Hauptstadt San José; die Fahrt dauert einen halben Tag.

Route 4: Der Süden

Trekking ist der Schwerpunkt der Route 4. Von **San José** (S. 104) führt die Interamericana durch die Nebelwälder über den **Cerro de la Muerte** (S. 314) in die Heimat des Quetzals. Vogelfreunde können am **Mirador de Quetzales** (S. 314) nach dem Göttervogel Ausschau halten, Kraxler wird es weiterziehen zum höchsten Berg des Landes, dem **Cerro Chirippó** (S. 320). Weitere Gipfel warten im **Parque Internacional de la Amistad** (S. 325). Wer zum Jahreswechsel in der Gegend ist, darf die Fiesta de los Diablitos im Indianerreservat **Boruca** (s. Kasten S. 323) nicht verpassen.

Die Interamerica führt dann, parallel zum breiten Río Térraba, ins Herz des Südens, nach **Palmar** (S. 326) und von dort über eine knochenbrecherische Piste zur alten Goldgräberstadt **Puerto Jiménez** (S. 333) und ins Trekkingparadies **Corcovado** (S. 338). Anschließend lädt die paradiesische **Bahía Drake** (S. 329) zum Tauchen und Entspannen ein.

Die Straßen auf dieser Route sind streckenweise in sehr schlechtem Zustand, besonders auf der Peninsula de Osa. Genügend Zeit für Treks einplanen, d. h. mindestens 12 Tage mit drei 2–3-tägigen Treks inklusive.

Playa Avellana: Mitten durch die Mangrovenwälder

Route 5: Süd-Nicaragua

Route 5 ist besonders auf Abenteurer und Individualtouristen zugeschnitten: Das Hauptverkehrsmittel ist das Boot. Bei der Reiseplanung sollte man berücksichtigen, dass zwischen der Isla Ometepe und San Carlos sowie zwischen San Carlos und Los Guatuzos und San Carlos und Solentiname **nur zweimal wöchentlich** Boote bzw. Fähren fahren. Für die gesamte Route mit einem Abstecher nach Solentiname sollte man mindestens 7–8 Tage einplanen.

Die Reise beginnt am Grenzübergang **Peñas Blancas** (S. 217), führt über die alte Kolonialstadt **Rivas** (S. 382) und über Nicaraguas größten Binnensee auf die legendenumwobene Vulkaninsel **Isla Ometepe** (S. 392) mit Petroglyphen, Vulkantreks und kommunalem Fincaleben. Per Schiff geht es dann weiter nach **San Carlos** (S. 403), dem Eingangstor zum Río San Juan. Von hier aus bieten sich verschiedene Abstecher an: Zum Vogelparadies **Los Guatuzos** (S. 405), auf das Inselarchipel **Solentiname** (Ernesto Cardenals Wirkungsort; S. 406) oder die einstige Piratenroute entlang zur alten spanischen Festungsruine **El Castillo** (S. 411). Nur wenige Touristen machen die 11-stündige Bootsfahrt nach **San Juan del Norte** (S. 413). Zurück geht es über den Río Frío nach **Los Chiles** (Costa Rica; S. 193).

Wer lediglich zur Isla Ometepe möchte, kann innerhalb eines Tages von der Insel nach San José zurückkehren oder von Ometepe per Schiff weiter nach **Granada** (ca. 4 Std.) fahren. Wer hingegen nur die Río San Juan- Region bereisen möchte, sollte am Grenzübergang Los Chiles nach Nicaragua ein- und ausreisen.

Reisezeit

Klima

Costa Rica und Nicaragua befinden sich in den Tropen, d. h. das Klima ist von geringen Temperatur- und starken Niederschlagsschwankungen geprägt. Nach der Niederschlagsmenge werden auch die Jahreszeiten eingeteilt:

Die **Trockenzeit**, der *Verano* (Sommer), beginnt im Dezember und hält bis April an. Die **Regenzeit**, der *Invierno* (Winter), dauert von Mai bis Mitte November.

Daneben gibt es noch eine Vielzahl an Mikroklimaten. Sie sind der Grund dafür, dass man das Wetter in Costa Rica und Süd-Nicaragua nur schwer voraussagen kann.

Grob lässt sich die Region in drei **Klimazonen** einteilen.

Am **Atlantik** müssen Besucher das ganze Jahr über mit Niederschlag rechnen, die Temperaturen liegen hier ganzjährig um 26 °C. Regenfälle treten oft sturzartig ein und können mehrere Tage anhalten. Trockenere Monate für die Karibikregion sind September, Oktober, Februar und März.

Am **Pazifik** regiert ein wechselfeuchtes Klima mit einer markanten Trockenzeit zwischen Dezember und April, in der kaum Niederschlag fällt und oft unerträglich hohe Temperaturen herrschen. Deutlich mehr Regen gibt es am Südpazifik, auf der Peninsula de Osa.

Das **Valle Central** in Costa Ricas Hochlandregion ist mit ganzjährigen Temperaturen um die 20 °C merklich kühler als die Küstentiefländer. Einheimische nennen das Klima deshalb hier *Primavera eternal* – ewiger Frühling.

In **Nicaragua** herrscht das gleiche Klima wie in Costa Rica: wechselfeucht am Pazifik und niederschlagsreich am Atlantik. Die gesamte Karibikküste wird zudem von Juni bis November von Orkanen heimgesucht. Die stärksten Stürme wehen in den Monaten Oktober und November.

Reisezeiten

Wann ist die beste Zeit für eine Reise nach Costa Rica und Süd-Nicaragua? Das kommt ganz darauf an: Windsurfer warten die Passatwinde

Grünes Make-up

Costa Ricas Präsident Oscar Arias hat mit seiner *Paz Con La Naturaleza* (Frieden mit der Natur)-Initiative einen weltweiten Wettkampf ums Klima in Gang gesetzt. Es geht es darum, welches Land als erstes CO_2-neutral ist, also nur so viel Kohlenstoffdioxid ausstößt wie seine eigene Waldfläche wieder abbauen kann. Arias plant, Costa Ricas CO_2-Ausstoß bereits bis zum Jahr 2021 auf Null zu senken. Um dieses ehrgeizige Ziel zu erreichen, sollen Costa Ricas Kohlekraftwerke stillgelegt, Autos mit Hybridantrieb gefördert und die CO_2-Emissionen in Landwirtschaft und Industrie gesenkt werden. Von den Industrieländern fordert Costa Ricas Präsident einen Schuldenerlass für all diejenigen Entwicklungsländer, die sich um Umweltschutz bemühen. Alles nur heißer Dampf? Costa Ricas Naturschützer jedenfalls geben sich skeptisch. Für sie ist Arias *Paz Por La Naturaleza*-Initiative nichts weiter als „grünes Make-up," ein geschickter Schachzug, mit dem sich der Präsident nach seiner Amtszeit einen UN-Posten sichern will.

ab, Wellenreiter und Kajakfahrer die Regenzeit. Wanderer ziehen die Trockenzeit vor und Tierbeobachter richten sich nach den Nist- und Brutzeiten von Vögeln und Meeresschildkröten.

Generell unterscheidet man zwischen zwei *Temporadas* (Reisezeiten): In der **Trockenzeit**, der *Temporada seca* (Dez–April), herrscht in Costa Rica Sonne pur und – mit Ausnahme der Karibikküste – kaum Regen. Die Wanderwege sind trocken und die Straßen nicht überschwemmt. Ein großer Nachteil der Trockenzeit jedoch ist, dass das Land von Touristen überlaufen ist (das gilt besonders für die Weihnachts- und Osterzeit). Die Preise für Flüge und Unterkünfte sind am höchsten, die Temperaturen oft unerträglich heiß und die verdörrte Natur lechzt nach Wasser.

Die *Temporada verde* (die **„grüne Jahreszeit“**), wie das Instituto Costarricense de Turismo die Nebensaison geschickt vermarktet – dauert von Mai bis November. Nachteile dieser Reisezeit sind die aufgeweichten Wanderwege (in Corcovado werden einige Pfade in der Regenzeit gesperrt) sowie Überschwemmungen durch über ihre Ufer getretene Flüsse, die einige Küstenstrecken unbefahrbar machen. Dafür ist das Land deutlich grüner, Flüge und Unterkünfte sind merklich günstiger und der Urlaub mit weniger Touristen wesentlich entspannter.

Die **niederschlagsreichsten Monate** sind der September und der Oktober. Am geschicktesten ist es, den Urlaub vor oder nach diese Zeit zu legen, d. h. an den Anfang der Regenzeit (Ende April–Ende Juni), wenn es noch relativ wenig regnet, der Ansturm der Semana Santa (Karwoche, Osterferien) aber bereits vorbei ist – oder ans Ende, in den November, wenn die Schauer bereits nachlassen und die Hauptsaison noch bevorsteht. In den Monaten Juli und Juli herrscht in einigen Regionen eine weitere Hochsaison.

Für **Nicaragua** gelten – klimatisch gesehen – die gleichen Reisezeiten wie für Costa Rica. Großer Vorteil ist jedoch hier, dass das Land auch in der Trockenzeit nicht so stark von Touristen überlaufen ist.

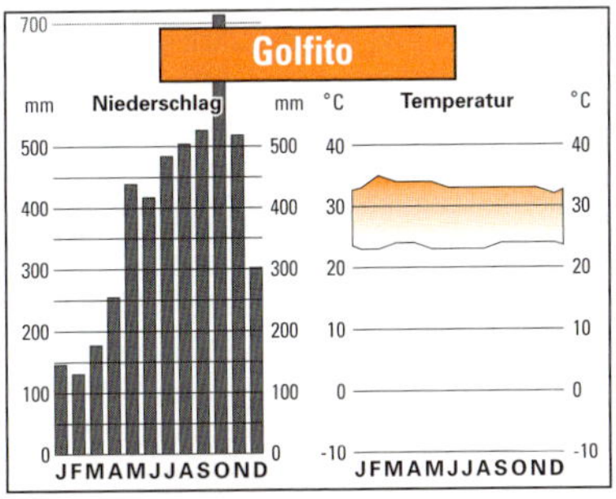

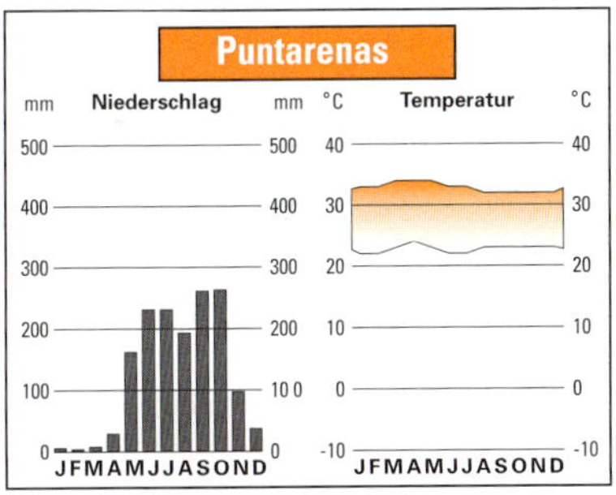

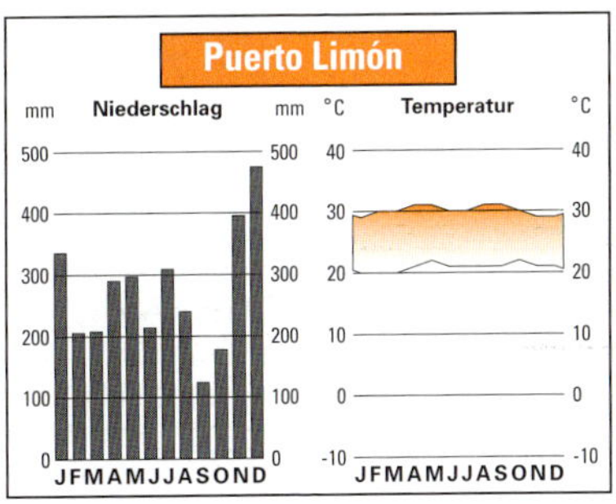

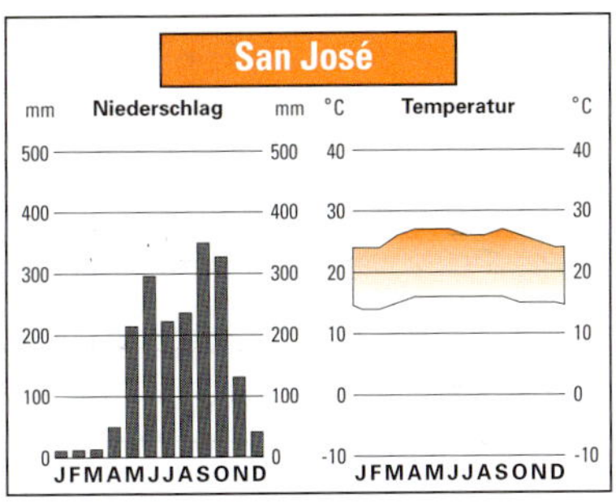

Reisekosten

Costa Rica ist schon lange kein billiges Reiseland mehr. Budget-Reisende müssen rund $15–20 pro Tag für Unterkunft, Essen und Transport einplanen. Günstige Unterkünfte für $5 p. P. und Nacht sind rar, für ein Bett im Schlafsaal oder eine einfache *Cabina* werden häufig zwischen $9–11 verlangt. Viel Geld ($6–8 p. P.) verschlingen auch die Eintrittsgebühren zu den Nationalparks. Günstig essen kann man dagegen bereits für $2–3 in einer *Soda*. Auch öffentliche Verkehrsmittel sind relativ günstig, eine Busfahrt von San José zur Karibik kostet nur rund $8.

Die Hotel- und Restaurantpreise der mittleren und höheren Preisklasse entsprechen oft dem europäischen Preisniveau. Für eine Übernachtung in einem Mittelklassehotel zahlt man ca. $20–50, eine Mahlzeit in einem *Restaurante* kostet zwischen $5–10. Am teuersten sind die Touristenzentren Montezuma, Tamarindo, die Urlaubsorte am Nordpazifik oder Manuel Antonio. In der Nebensaison fallen die Preise mitunter um 20–30%.

Steuer: In vielen Hotels und Restaurants mittlerer und höherer Preisklasse werden zusätzlich 23 % *Impuesto* auf die Rechnung aufgeschlagen, davon sind 10 % Trinkgeld.

Nicaragua ist besonders für anspruchslos Reisende ein sehr günstiges Reiseland. Deshalb trifft man hier auch auf deutlich mehr Rucksackreisende als in Costa Rica. Die Preise jedoch variieren erheblich, je nachdem, wo man sich aufhält – in Touristenzentren wie San Juan del Sur sind die Preise um einiges höher als in abgelegenen Dörfer. Die Preise in der Region um den Río San Juan sind grundsätzlich etwas höher als im Rest des Landes, weil viele Lebensmittel erst mit dem Schiff herantransportiert werden müssen.

Steuer: In vielen Hotels und Restaurants mittlerer und höherer Preisklasse werden zusätzlich 24 % Steuer auf die Rechnung aufgeschlagen, davon sind 10 % Trinkgeld.

Was kostet wie viel?

Costa Rica

Mineralwasser, Cola, Bier	$1–1,60
Kaffee	$1
Abendessen	$3–$10 (Soda)
Hotelzimmer	$10–50 p. P.
Schlafsaalbett	$5–10
Camping	ab $3
1 Liter Benzin (Super)	$1,20
Mietwagen mit Vierradantrieb) für eine Woche	$270
(Nebensaison)	$350–400

Nicaragua

Mineralwasser, Cola, Bier	$0,30–$1,50
Kaffee	$0,50–$1,50
Abendessen	$1,50–14
Hotelzimmer	$3 (EZ)–40 (DZ)
Schlafsaalbett	ab $3
1 Liter Benzin (Super)	$1
Mietwagen (mit Vierradantrieb)	rund $70 pro Tag
Angebote je nach Mietdauer	

Traveltipps von A bis Z

Anreise

Am schnellsten und bequemsten reist man mit dem Flugzeug von Europa nach Costa Rica. Es gibt keine Direktflüge von Deutschland nach San José, der Hauptstadt Costa Ricas.

Mit dem Flugzeug

Die schnellste Verbindung nach Costa Rica bieten die Fluggesellschaften Condor und Iberia an:

Condor, 💻 www.condor.de, fliegt zweimal wöchentlich von Frankfurt – mit einem ungefähr zweistündigen Zwischenstopp in Santo Domingo – nach San José.

Iberia, 💻 www.iberia.de, fliegt von verschiedenen deutschen Flughäfen nach Madrid und von dort täglich nonstop nach San José. Zusätzlich fliegt Iberia dreimal pro Woche von Madrid über Guatemala City nach Costa Rica (der Rückflug geht über Panama City). Die Flugzeit beträgt sowohl bei Condor als auch bei Iberia rund 14 Stunden.

Flugreisende sollten die seit Frühling 2006 gültigen, verschärften EU- **Sicherheitsbestimmungen** für Bordgepäck berücksichtigen, die die Mitnahme von Flüssigkeiten (Gel, Haarspray, Shampoo etc. nur in geringen Mengen) und von Handgepäckstücken größer als 56 cm x 45 cm x 25 cm nicht mehr zulassen.

Über Nordamerika

Etwa 3–5 Stunden länger dauern die Flüge von Europa über Nordamerika nach San José. Der Transitaufenthalt in den USA gilt bereits als Einreise ins Land. Passagiere müssen sich deshalb langwierigen Sicherheitsmaßnahmen (Fingerabdrücke, Iris-scans (Fotos vom Auge) etc.) unterziehen. Zu den Fluggesellschaften, die über Nordamerika fliegen, gehören:

Air France/Delta (via Paris und Atlanta).

Continental/Lufthansa, 💻 www.continental.com (via New York oder Houston).

Martin Air, 💻 www.martinair.de (via Amsterdam und Miami).

United, 💻 www.unitedairlines.de (via Los Angeles).

Rückflug

Es ist sinnvoll, den Rückflug 72 Stunden vorher zu bestätigen, selbst dann, wenn das Ticket einen OK-Status aufweist. In der Hauptsaison sind viele Flüge überbucht und ohne Rückbestätigung kann es vorkommen, dass der reserviert geglaubte Platz nicht zur Verfügung steht. Die Rückbestätigung kann mit Hilfe eines Reisebüros oder direkt im Büro der Airline stattfinden.

Steuerbetrug am Flughafen

Die **Ausreisesteuer** am Aeropuerto Juan Santamaría in San José beträgt $26. Vorsicht vor Betrügern, die nichts ahnenden Touristen gefälschte Quittungen ausstellen und sich mit dem Geld davonmachen. Touristen müssen den Betrag – vor dem Einchecken – an dem eigens für die Zahlung der Flughafensteuer eingerichteten Schalter einzahlen und erhalten darauf einen Zahlungsbeleg.

Über Venezuela

Als dritte Variante bietet **Lufthansa**, 💻 www.lufthansa.com, Direktflüge von Frankfurt nach Caracas an. Von dort geht es mit der Fluggesellschaft Lacsa weiter nach Costa Rica. Auf dieser Route ist man ungefähr 15 Stunden unterwegs.

Nach Nicaragua

Auch die Flüge nach Nicaragua gehen entweder über Nordamerika (mit Delta Airlines, Air France/Continental) oder über Costa Rica (Iberia). Die Flugpreise sind am günstigsten in der Nebensaison von April bis Juni. Für einen Flug (hin- und zurück) werden je nach Fluggesellschaft zwischen 950 und 1160 € verlangt.

Flughafentransfer

Der Aeropuerto Internacional Juan Santamaría liegt – je nach Verkehrsaufkommen – rund 40 Minuten vom Stadtzentrum entfernt. Öffentliche **Busse** nach Alajuela und ins Zentrum von San José fahren von der Hauptstraße vor dem Flug-

Reisen und Klimawandel

Der Klimawandel ist eine ernste Bedrohung der Ökosysteme, von denen der Mensch abhängt, und Flugreisen sind in zunehmendem Maß für eine Verschärfung des Problems verantwortlich. Obwohl wir das Reisen insgesamt positiv sehen und der Überzeugung sind, dass es einen bedeutenden Beitrag sowohl für sich entwickelnde Ökonomien als auch für die Völkerverständigung leistet, ist jeder einzelne dazu aufgerufen, sich seiner Verantwortung bewusst zu werden und die Einflüsse auf die globale Erwärmung so gering wie möglich zu halten. Dazu gehört darüber nachzudenken, wie oft wir fliegen und was wir tun können, um die Umweltschäden auszugleichen, die wir mit unseren Reisen verursachen.

Fliegen und Klimawandel

Praktisch jede Form des motorisierten Reisens ist mit dem Ausstoß von Kohlendioxid (CO_2) verbunden, das der Hauptgrund für den vom Menschen verursachten Klimawandel ist. Die weitaus größte Belastung geht dabei von Flugzeugen aus, nicht weil sie ihre Schadstoffe über weite Strecken verteilen, sondern vor allem weil sie Treibhausgase weit oben in der Atmosphäre abgeben. Die Statistiken lesen sich erschreckend: Zwei Personen, die von Europa in die USA und wieder zurück fliegen, tragen zum Klimawandel so viel bei wie der gesamte Jahresverbrauch an Gas und Strom eines durchschnittlichen Haushalts.

Zwar wird es irgendwann Flugzeuge mit Brennstoffzellen oder anderen weniger umweltschädigenden Antriebssystemen geben. Aber bis es soweit ist, haben verantwortungsbewusste Traveller nur zwei Möglichkeiten: entweder die Zahl der Flüge zu reduzieren (also weniger zu fliegen und länger zu bleiben) oder die unternommenen Flüge durch ein Ausgleichsprogramm für das Klima zu „neutralisieren".

Ausgleichsprogramme

Kompensationsprogramme von Organisationen wie www.climatecare.org, www.carbonneutral.com und www.atmosfair.de bieten die Möglichkeit, eine sinnvolle Entschädigung zumindest für einen Teil der Treibhausgase zu leisten, die man durch das eigene Reisen verursacht. Dabei wird zunächst anhand eines CO_2-Rechners der Anteil eines bestimmten Fluges an der globalen Erwärmung ermittelt, anschließend werden Optionen aufgezeigt, wie mit einem zusätzlichen Beitrag ausgleichende umwelterhaltende Projekte unterstützt werden können. Dazu gehören die Aufforstung des Regenwalds und anderer ursprünglicher Wälder sowie Initiativen zur Senkung des Energiebedarfs in der Zukunft. Häufig sind diese Projekte an Maßnahmen für eine nachhaltige Entwicklung gekoppelt.

hafengebäude ab. Die Busse kommen jedoch oft bereits überfüllt an, für Gepäck gibt es meist keinen Platz.

Auffällig orangefarbige **Taxis** warten direkt vor dem Flughafeneingang. Je nach Strecke kostet eine Fahrt ins Zentrum $12–15. Manche Hotels bieten kostenlosen Flughafentransfer an, sofern der Gast erwartet wird.

Flugtickets

Flüge können über ein Reisebüro, über Internet-Fluganbieter oder direkt bei den Fluggesellschaften gebucht werden, doch sind diese Angebote meist teurer als jene über Reisebüros.

Tickets werden in Deutschland etwa zehn Tage vor Reiseantritt ausgestellt und sollten frühzeitig gebucht werden. Vermehrt stellen Fluggesellschaften auch E-Tickets aus. Hier wird nur ein Ausdruck nötig, es gibt kein Ticket mehr.

Flugpreise

Über Weihnachten, Ostern und in den Sommerferien sind die Flüge nach Costa Rica am teuersten. Am günstigsten fliegt man in der Nebensaison, d. h. zwischen Ostern und Ende Juni oder in den Monaten September und Oktober. Die besten Schnäppchenpreise bieten Condor („Vielfliegen") und Martinair an. Bei frühzeitigem Buchen kann man mit ihnen in der Nebensaison bereits ab 600 € von Deutschland nach Costa Rica fliegen (hin und zurück). Die Preisermäßigungen für Kinder sind von Fluggesellschaft zu Fluggesellschaft unterschiedlich. Auch die Richtlinien und Preise für die Mitnahme von Sportgepäck setzt jede Airline anders.

Flüge online buchen

Um Flüge online zu buchen, muss man kein Reiseexperte sein. Allerdings ist die Zahl der Anbieter kaum noch zu überschauen. Folgende sind etabliert:

Preisvergleich

Billiger-Reisen.de, www.billiger-reisen.de
Travel Jungle, www.traveljungle.de

Flugdatenbanken

Billigflüge, www.billigfluege.de
Flug.de, www.flug.de
Flugbörse, www.flugboerse.de
McFlight Flugvermittlung, www.mcflight.de
Opodo, www.opodo.de
Travel Overland, www.travel-overland.de
Traveltopia, www.traveltopia.de

Last-Minute-Anbieter

AVIGO, www.avigo.de
Expedia, www.expedia.de
L'TUR, www.ltur.com

Auf dem Landweg

Zwischen Costa Rica und den übrigen mittelamerikanischen Staaten pendeln täglich mehrere Überlandbusse (s. Regionalkapitel „San José"). Viele Expats nutzen die Verbindung, um ihre Visa zu verlängern – und Touristen, um einmal nach Panama oder Nicaragua hineinzuschnuppern (s. auch Regionalkapitel „Südnicaragua").

Botschaften und Konsulate

Vertretungen Costa Ricas und Nicaraguas im Ausland

Deutschland

Botschaft von Costa Rica
Dessauer Strasse 28/29; 10963 Berlin;
030-263 98990;
www.botschaft-costarica.de;
Mo–Do 9–17, Fr 9–16 Uhr.
Telefonische Anfragen: Mo–Fr 10–13 Uhr.
Honorarkonsulate von Costa Rica
Meyerhofstraße 8; 22609 Hamburg;
040-801395;
rica@congenricahh.de;
Mo, Di, Do, Fr 10–12.30 Uhr.
Niederkirchweg 22; 65934 Frankfurt/Main;
069-3904 3656;
Mo und Mi 10–13 Uhr und nach Vereinbarung.
Marienstraße 8; 30171 Hannover;
0511-281127;
Di und Fr 12–14 Uhr.
Lützowstr. 34; 04157 Leipzig;
0341-9096732;
Mo 9–12 und Fr 9–12 Uhr.
Botschaft von Nicaragua
Joachim-Karnatz-Allee 45; 10557 Berlin;
030-2064380;
embajada.berlin@embanic.de;
Mo–Fr 9–13 Uhr.
Honorarkonsulate von Nicaragua
Bertha von Suttner-Ring 20; 60598 Frankfurt a. M.;
069-68608931.
Wolferskamp 25, 22559 Hamburg;
040-817577.
Knöbelstr. 8a, 80538 München;
089-25542530;
h.engler@konsulat-nicaragua.de.
Friedrich-Ebert-Str. 57; 14469 Potsdam;
0331-58139999.

Österreich

Botschaft von Costa Rica
Hadikgasse 32/3; 1140 Wien;
0043-1-8040537;

embajadaaustria_costa.rica@chello.at.
Botschaft von Nicaragua
Ebendorferstr. 10; 1010 Wien;
0043-1-4031838;
embanic-viena@aon.at.

Schweiz

Botschaft von Costa Rica
Schwarztorstr. 11; 3007 Bern;
0041-31-3727887;
embajada.costa.rica@thenet.ch.
Honorarkonsulat von Costa Rica
Stockerstr. 10; 8002 Zürich,
0041-1-2011352.
Botschaft von Nicaragua
Die nicaraguanische Botschaft in Berlin ist auch für die Visaangelegenheiten schweizerischer Bürger zuständig.

Ausländische Vertretungen in Costa Rica

Deutsche Botschaft
Torre La Sabana; 300 m westlich vom ICE-Gebäude in Sabana Norte in San José;
506-2-90-9091; www.san-jose.diplo.de;
Mo–Fr 9–12 Uhr.
Telefonische Sprechstunde: Mo–Do 7.30–16.30 und Fr 7.30–13.30 Uhr;
Notfalltelefon: 381-79-68 (mobil; nur in extremen Notfällen).
Österreichisches Konsulat
In San José, auf dem Paseo Colón, 200 m südlich und 50 m westlich von „Toyota"; gegenüber vom Parque de Mata Redonda,
506-2-553007, 506-2-550767.
Schweizer Botschaft
In San José, auf dem Paseo Colón, im Edificio Centro Colón,
506-2-214829, www.eda.admin.ch/eda;
Mo–Fr 9–12 Uhr;
Telefonsprechstunde: Mo–Do 7.30–16.30 und Fr 7.30–13 Uhr.

Ausländische Vertretungen in Nicaragua

Deutsche Botschaft
Im Reparto Bolonia in Managua; von der Rotonda El Güegüense 150 m in Richtung See; neben „Optica Nicaragüense";
505-2-66-3917;
www.managua.diplo.de;
Mo, Di, Do, Fr 9–12 Uhr;
Notfallnummer: 088-23971.
Österreichisches Konsulat
In Managua; vom Plaza España 100 m in Richtung See;
505-2-663 316;
coopaustriaca@turbonett.com.
Schweizer Konsulat
In Managua; 100 m von der Clínica Las Palmas;
505-2-667328;
managua@sdc.net.

Einkaufen

Proviant

Selbstversorger haben keine Probleme in Costa Rica. Ihnen steht ein dichtes Netz an Supermärkten zur Verfügung. Fast jedes Pueblo (Dorf) hat einen **Palí** (die costa-ricanische Variante von Aldi oder Lidl). Eine größere Auswahl gibt es im **Perimercado** oder **Más por Menos**; die Spitze der Supermarkthierarchie führt der **Automercado** an, der auch internationale Produkte führt.

Wer mit dem Auto unterwegs ist und vorhat, seinen Urlaub an der Pazifikküste zu verbringen, sollte seinen Proviant zuvor im Landesinneren aufstocken. Denn die Auswahl der **Minimercados** (Minisupermärkten) und **Pulperías** („Tante Emma-Lädchen") in den Touristenzentren ist oft begrenzt und überteuert.

Günstiges, frisches Obst und Gemüse findet man auf jedem **Mercado Central** (Markt). Ökoprodukte führen die zahlreichen **Macrobióticas** (Ökoläden) des Landes. Größter Ökoproduzent in Costa Rica ist Bioland, der auch biologisch abbaubare Seifen und Shampoos herstellt.

Ein beliebtes Mitbringsel: Bunte Tücher aus Costa Rica

Souvenirs

Ein beliebtes Mitbringsel für Freunde und die Familie daheim ist costa-ricanischer **Kaffee**. Achten sollte man beim Kauf unbedingt auf Exportqualität. Verkauft werden die koffeinhaltigen Bohnen in den meisten Supermärkten oder auf San Josés Mercado Central, dem Schnäppchenort für Souvenirjäger. Dort findet man auch den *Chorreador de café*, ein einfaches Holzgestell mit Stoffsäckchen, in dem – glaubt man den Ticos (Costa Ricanern) – der Muckefuck sein bestes Aroma entfaltet. Weniger abwechslungsreich ist ein Besuch Sarchís, des größten Zentrums für **Holzschnitzkunst** in Costa Rica. Wen der Kommerz nicht stört, findet hier mit Sicherheit den passenden Schaukelstuhl oder bunt dekorierten Ochsenwagen – die Auswahl ist enorm. Ochsenwagen und Schaukelstühle sind zusammenlegbar und werden von den Geschäften gegen einen Aufpreis per Schiff nach Europa versandt.

Costa Ricas **Kunsthandwerk** hat durch den Tourismus einen neuen Aufschwung erlebt und ist besonders für die vom Staat vernachlässigten Indianerreservate eine wichtige Einnahmequelle. Großer Beliebtheit erfreuen sich die kunstvoll geschnitzten Teufelsmasken aus dem Indianerreservat Boruca (s. S. 324, Kasten). Eine Maske, die eine Fiesta durchtanzt hat und vom Tänzer handsigniert wurde, steigt in ihrem Wert. Wer den weiten Weg nach Boruca zeitlich nicht schafft, kann die *Mascaras* und weiteres Kunsthandwerk aus den Reservaten zum *fair price* in der Galería Namú in San José kaufen (s. S. 122).

Handbemalte **Keramik** nach alter Chorotega-Tradition wird in Guaitil (Guanacaste) hergestellt (s. S. 245, Kasten „Töpfernde Füße").

Die staubige Heimat des Sabanero – des costa-ricanischen Cowboys – ist auch der beste Ort, um robuste **Leder**hüte, -stiefel und -sättel aufzutreiben.

Originelle Andenken aus Nicaragua findet man auf dem Inselarchipel Solentiname, wo Artesano-Familien leuchtend bunte Schildkröten, Störche und Fische aus **Balsaholz** schnitzen. Die Balsabäume werden auf der Insel wiederaufgeforstet und wachsen innerhalb von wenigen Jahren nach. Auch **Gemälde** aus der *Escuela Primitivista*, die Ernesto Cardenal (s. S. 408, Kasten „Dichter, Priester, Revolutionär") einst auf dem Archipel gründete, sind auf Solentiname erhältlich.

Ein kritisches Auge sollten Urlauber beim Souvenirkauf stets haben, denn allzu oft mischen sich Schildkrötenpanzer, aufgespießte Schmetterlinge und Käfer, illegal gerodete Edelhölzer oder Produkte aus Kaimanleder unter das Angebot.

Essen und Trinken

Comida Típica

Die traditionelle costa-ricanische Küche, die sogenannte Comida típica, ist eine bäuerliche Küche, in der stärkehaltige Zutaten wie Reis, Mais, Maniok, Kochbananen und außerdem viel Fleisch und Fett dominieren. Die *Comida Tica und Nica* (costa-ricanische und nicaraguanische Hausmannskost) liefert die nötige Energie für harte Feldarbeit – oder lange Urwaldtrecks.

Bereits zum *Desayuno* (Frühstück) wird in Costa Rica und in Nicaragua **Gallo Pinto** gegessen – gebratener Reis, mit schwarzen Bohnen vermischt, und Spiegel- oder Rührei obendrauf. Dazu gibt es Maistortillas und Sauerrahm. Noch üppiger fällt das *Almuerzo* (Mittagessen) oder *Cena* (Abendessen) aus. Costa Ricas Nationalgericht **El Casado** (wörtlich übersetzt: „der Verheiratete") besteht je nach Wunsch aus einem Stück Huhn, Fisch oder Fleisch. Als Beilage werden Reis, Bohnen, gebratene Kochbananen und Salat serviert.

Weitere beliebte Hauptspeisen sind der **Olla de Carne**, ein kräftiger Fleisch- und Gemüseeintopf, die **Sopa Negra** – Bohnen, diesmal als Suppe angerichtet – oder **Peyiballe** – nussige Palmenherzen in Salzwasser gekocht. Ebenfalls aus der Palmenfrucht wird der schmackhafte **Ensalada de Palmitos** zubereitet.

Beliebte Desserts sind **Tres Leches**, ein Kuchen, der in Sahne, Kondens- und Vollmilch schwimmt, oder Churros – lange Brandteigspiralen, die frittiert, mit Zucker bestreut und in den heißen Kaffee getunkt, gegessen werden. Eine Delikatesse zum Osterfest ist **Miel de Chevirre**. Mit der Konfitüre aus der kürbisartigen Chiverre-Frucht werden zur *Semana Santa* die Teigtaschen (Empanadas) gefüllt. Gesünder aber mindestens ebenso süß ist ein Nachtisch aus **Obst**. Aus Bananen, Melonen, Ananas, Mangos, Sternfrucht und Papayas werden u. a. leckere **Ensaladas de frutas** (Obstsalate) gezaubert.

In Guanacaste, dem Nordwesten Costa Ricas, wurde die Küche stark von den aus Mexiko eingewanderten Chorotega-Indianern beeinflusst. Sie brachten Maispflanzen aus ihrer Heimat mit. Noch heute werden die gelben Körner zu leckeren **Tortillas** (Maisfladen), **Rosquillas** (Maisgebäck) und **Pozole** (Fleischeintopf mit Mais) verarbeitet. **Tamales** – Maistaschen, in

Vegetarier

Im fleischliebenden Mittelamerika wird auch ein Vegetarier satt. Allerdings ist fleischlose Kost abseits der Touristenzentren vorwiegend auf Bohnen und Reis *(Gallo Pinto)* beschränkt. Auf Nachfrage werden auch (recht fade) Gemüse- und Salatteller zubereitet. Eine Alternative zu den täglichen Bohnen sind die *Empañadas de Queso* (mit Käse gefüllte Teigtaschen) oder vegetarisches *Chopsuey*, das in den zahlreichen China-Restaurants in Costa Rica angeboten wird.

In den größeren Städten und Touristenzentren wie Tamarindo, Montezuma, Puerto Viejo oder San Juan del Sur (Nicaragua) können *Vegetarianos* endlich zuschlagen: hier stehen eine Vielfalt von Tofugerichten, asiatischen Currys oder vegetarischem Sushi auf der Speisekarte. Sogar Veganer und Rohköstler werden mitbedacht.

In San José und Heredia bietet außerdem die vegetarische Schnellrestaurantkette *Vishnu* fleischlose Hamburger und üppige Gemüseteller zu günstigen Preisen an.

Bananenblätter eingewickelt und mit Käse oder Fleisch gefüllt – sind ein fester Bestandteil des costa-ricanischen Weihnachtsessens.

Je näher zur Küste hin, desto reicher wird die Auswahl an **Fisch und Meeresspezialitäten**. *Corvina* (Seebarsch), *Dorado* (Goldmakrele), *Atún* (Thunfisch) oder *Pargo* (Goldbarsch) sind dabei die häufigsten Vertreter. Bestellen kann man sich den Fisch *frito* (gebraten), *a la plancha* (gegrillt) oder einmal ganz anders: roh, klein geschnitten und in Zitronensaft, Zwiebeln und Knoblauch mariniert; das Resultat ist köstlich und nennt sich *Ceviche*.

Die Eier der inzwischen unter Schutz gestellten Meeresschildkröten gelten unter Costa Ricanern leider nach wie vor als Delikatesse (s. S. 241, Kasten „Legale Eier").

Der costa-ricanischen Küche fehlt es oft an Würze. „Nachpfeffern" kann man aus dem **Chilero**, einem großen Glasgefäß, in dem Chilis, Gurken, Knoblauch und Zwiebeln in Essig eingelegt sind.

Erheblich pikanter ist die Küche an der **Karibikküste**: An der costa-ricanischen und nicaraguanischen Karibikküste wird mit Ingwer, Muskat und Koriander gewürzt. Nach frischer Kokosnuss schmecken der Fisch, das Brot und die Soßen (s. S. 369, Kasten „Karibische Küche").

Am günstigsten und typischsten isst man in einem Esslokal, das **Soda** (in Nicaragua auch **Comedor**) genannt wird, einer kleinen, einfachen Imbissstube, in der für einen üppigen Casado nicht als mehr $3 verlangt werden. Beträchtlich teurer sind die *Restaurantes* (s. u.).

Weitere Informationen s. S. 417, kulinarisches Wörterbuch.

Internationale Küche

Der Zustrom an Touristen und Expats aus aller Welt hat Costa Ricas Gastronomie immens bereichert.

In San José und den größeren Touristenzentren lockt eine internationale, experimentierfreudige Restaurantszene mit köstlichen Gerichten aus den Tropen, Japan, dem Libanon oder Frankreich.

Getränke

Costa Ricas *Bebidas* (Getränke) tragen den Geschmack und die Süße der Tropen in sich, jeder Schluck ist wie ein Kuss aus dem üppigen Garten Eden. Aus Bananen, Ananas, Papayas oder Mangos werden köstliche **Frescos** zubereitet, die je nach Geschmack mit Wasser, Milch, Joghurt oder cremiger Sahne vermischt werden.

Das erfrischende **Agua de Pipa** (s. S. 303, Kasten „Lebensretter Kokosnuss"), trinkt man dagegen rein und klar, mit Strohhalm, direkt aus der Kokosnuss. Mutter Natur darf auch im **Chicha** (fermentiertes Maisgetränk) und den köstlichen **Cocktails** nicht fehlen: Hier wird den tropischen Früchten sündhaft süßer Zuckerrohrschnaps *(Guaro)* beigemengt.

Wer lieber beim Gewohnten bleibt und gern ein kühles **Bier** zischt: zwei costa-ricanische Brauereien brauen Imperial, Pilsen oder Bavaria-Bier. **Wein** trinken *Ticos* eher selten, ist aber in jedem besseren Restaurant zu haben.

Über Trinkgeld muss sich ein Urlauber in Costa Rica nicht den Kopf zerbrechen, der *Servicio* – die Servicesteuer – ist bereits in der Rechnung enthalten: Satte 16% !

Gesetzliche Feiertage

An den *Días feriadas* (gesetzlichen Feiertagen) haben Banken, Büros und die meisten Geschäfte geschlossen. Auch der öffentliche Transport wird eingeschränkt.

1. Januar	Neujahr
März/April	Semana Santa
11. April	Día de Juan Santamaría
1. Mai	Tag der Arbeit
15. August	Mariä Himmelfahrt
15. September	Unabhängigkeitstag
12. Oktober	Día de la Raza (Kolumbus-Tag)
8. Dezember	Mariä Empfängnis
25. Dezember	1. Weihnachtstag; Festlichkeiten an den Folgetagen
31. Dezember	Silvester

Feste und Feiertage

Januar / Februar

Mitte Januar – Fiesta de Santa Cruz: *die* Gelegenheit, guanatekische Sabanero- (Cowboy) Kultur live zu erleben. Rodeos, Recorridos de Toro (s. S. 249, Kasten), Musik und Volkstänze. Dazu gibt es frisch gebackene Maisspezialitäten. Yippiyeah!
31. 12–2. 1. – Fiesta de los Diablitos: für drei Tage erwachen die hölzernen Teufelsmasken im Indianerreservat Boruca zu Leben; junge, maskierte Männer kämpfen dann in Staub und Hitze gegen einen Toro (Stier) aus Ästen und Jutesäcken. Dabei wird kräftig Chicha getrunken. Weniger touristisch und weniger geordnet findet das gleiche Spektakel in kleinerem Umfang Anfang Februar im benachbarten Curré statt (s. S. 324, Kasten).
Ende Februar – Festival Intercultural Alegria (s. S. 99, Kasten „Festivals").

März / April

Mitte März – Día del Boyero (Tag des Ochsenwagenfahrers): farbenfrohe Ochsenwagenparade in San Antonio de Escazú.
Mitte März – Festival Internacional de las Artes (s. S. 99, Kasten „Festivals").
Ostern – Osterprozessionen im ganzen Land.
11. 4. – Día de Juan Santamaría: Costa Rica feiert seinen Nationalhelden Juan Santamaría. Eine Woche voller Paraden, Konzerte und Tänze. Die größten Feierlichkeiten finden in der Heimatstadt des Helden, Alajuela (s. S. 130), statt.

Ein Augenschmaus für Maskenliebhaber: Die Fieste de los Diablitos in Boruca

Juli

Mitte Juli – Fiesta de la Virgen del Mar: üppig geschmückte Fischerboote fahren im Hafen von Puntarenas aus; außerdem Regatten, Paraden und Feuerwerk (s. auch Kasten, S. 288).
25. Juli – Día de Guanacaste: 1824 entschieden sich die Guanateken dafür, sich von Nicaragua zu trennen und stattdessen Costa Rica anzuschließen. In ganz Guanacaste gibt es Rodeos, Folkloretänze, guanatekische Maisspezialiäten und Marimba-Musik.

August

1. und 2. August – Virgen de Los Angeles: der größte Wallfahrtszug in Costa Rica: Tausende von Gläubigen pilgern zur *Negrita* in Cartago (s. S. 147), hinterlassen silberne Miniaturbrüste, -beine und -augen und beten um Heilung ihrer Krankheiten.

September

14. und 15. 9. – Día de la Independencia: ganz Mittelamerika feiert seine Unabhängigkeit von Spanien. Höhepunkt ist ein Staffellauf von Guatemala nach Cartago, Costa Ricas ehemaliger Hauptstadt. Der Läufer mit der Freiheitsfackel trifft am 14. September abends in Cartago ein und wird enthusiastisch gefeiert. Am folgenden Tag finden große, patriotische Paraden statt.

Oktober

Anfang–Mitte Oktober – Día de la Raza: bacchantische Karnevalsstimmung in der karibischen Hafenstadt Puerto Limón (s. S. 357, Kasten „Ein Karneval für Cristopher Colombo).

Dezember

Mitte Dezember – Fiesta de la Yeguita: ein Fest zu Ehren der Virgen de Guadalupe; alte indianische Rituale vermischen sich mit katholischem Glauben. Feuerwerk, Konzerte und guanatekische Gaumenfreuden.

Fotografieren

Fotografen müssen sich in Costa Rica auf extreme Lichtverhältnisse einstellen. Durch die starke Sonneneinstrahlung am Strand und die Dunkelheit im Regenwald gehören lichtempfindliche Filme, Blitzgerät und ein UV-Filter zur Grundausrüstung. Für Tierfotografie sollte man außerdem Stativ, Teleobjektiv und viel Geduld mitnehmen. Kamerazubehör und (teure) Diafilme sind in der Hauptstadt erhältlich. Mit dem Entwickeln von Filmen sollte man jedoch bis zur Rückkehr nach Europa warten.

Auch Costa Rica hat sich auf Digital-Fotografie umgestellt. In San José und anderen großen Orten sind Speicherkarten erhältlich. Durch das dichte Netz an Internetcafés können Urlauber ihre Fotos auch in kleinen Orten herunterladen. Einige Internetcafés bieten zudem das Brennen von CDs an.

Frauen unterwegs

Costa Rica ist generell ein sicheres Reiseland für Frauen. Dennoch sollte „frau" sich bewusst sein, dass außerhalb der Touristenzentren „Machismo" herrscht, und das Verhältnis zwischen Mann und Frau deutlich weniger entspannt ist als in Europa.

Eine allein reisende Frau fällt auf und weckt grundsätzlich Neugierde. *Estás sola?* (Bist Du allein?) – *Estas casada?* (Bist Du verheiratet?) – *No tienes miedo?* (Hast Du keine Angst?), werden Globetrotterinnen häufig gefragt. Costa Rica lässt wenig Spielraum zum Flirten. „Mann" kommt ohne Umschweifen schnell zur Sache. Wer es nicht auf eine Romanze abgesehen hat und unangenehme Begegnungen vermeiden will, sollte daher von Anfang an klare Signale und Grenzen setzen. Ein zu langer Blick, ein mit-

Schmutzige Dollarscheine

Keine stark verschmutzten oder eingerissenen Dollarnoten annehmen! Man wird sie auch mit dem charmantesten Lächeln nicht mehr los!

menschliches Lächeln oder eine etwas überschwänglich ausgefallene freundschaftliche Begrüßung können sehr leicht missverstanden werden. Beiläufige Hinweise auf den Freund/Bruder/Ehemann wirken manchmal Wunder.

Typisch für ganz Lateinamerika sind die sogenannten *Piropos* (Zischlaute und Zurufe). Das *Mamacita, Guapa, Reina, Muñeca* oder *Amorcita* geht meist mit Fleischbeschau einher. Besonders betroffen sind blonde, blauäugige „Exotinnen" oder Frauen in sehr körperbetonter Kleidung. Piropos sollte „frau" gelassen ignorieren. Platzt doch einmal der Kragen, reichen ein deutliches *Déjeme en paz!* (Lassen Sie mich in Frieden!) oder *No me moleste!* (Belästigen Sie mich nicht!) meist aus, um den Störenfried abzuschütteln. Weitere erprobte Abwehrmanöver sind weite Kleidung, unrasierte Beine oder ein auffälliger Ehering.

Zurückzischen verschlägt dem Macho entweder die Sprache oder verletzt seinen Stolz dermaßen, dass er mit Beleidigungen kontert. Vorsicht bei fremden Männern in San José, die Solo-Frauen zu alkoholischen Getränken einladen. Auch Piratentaxis (nicht offizielle Taxis) sollte „frau" meiden.

Geld

Costa Rica

Währung

Costa Ricas Landeswährung ist der **Colón**. Im Umlauf sind Noten zu 500, 1000, 5000 und 10 000 Colones. Das Kleingeld besteht aus Münzen zu 4, 10, 20, 25, 50 und 100 Colones. Viele Hotels, Restaurants, Tourveranstalter und Supermärkte mittlerer und höherer Preiskategorie akzeptieren auch Dollar. Das Wechselgeld erhält der Kunde jedoch meist in costa-ricanischer Währung. Für Busfahrten und Einkäufe in kleineren Geschäften sollte man stets Colones zur Hand haben.

Geldwechsel

Urlauber sollten bereits mit Dollarnoten im Gepäck nach Costa Rica reisen. Dollar kann man problemlos in allen Banken in Colones umtauschen. Dollar werden in allen Banken gegen eine Gebühr von rund 1 % umgewechselt. Wesentlich teurer ist der Umtausch von Euros, hier werden bis zu 10 % Provision verlangt!

Banken haben Mo–Fr 8.30–15 Uhr geöffnet, einige auch am Samstagvormittag. Um Geld wechseln zu können, muss grundsätzlich der Reisepass vorgezeigt werden! Warteschlangen vor den Banken gehören in Costa Rica zum Alltag. Außerhalb der Bank-Öffnungszeiten kann man auch auf Reisebüros und einige Hotels ausweichen, dort wird jedoch eine höhere Gebühr berechnet.

Bargeld

Es ist ratsam, bereits von zu Hause (kleine) Dollarscheine nach Costa Rica mitzunehmen. So kann man das Flughafentaxi zahlen und ist nicht auf den schlechten Wechselkurs am Flughafen angewiesen.

Maestro-Karte

Das Abheben mit einer Geldkarte mit Maestro-Symbol ist die bequemste Art der Bargeldbeschaffung in Costa Rica. Maestro-Geldautomaten gibt es in San José und in allen größeren Touristenzentren. Die meisten Automaten sind rund um die Uhr betriebsbereit, einige geben sowohl Dollar als auch Colones aus. Pro Abhebung berechnet die Hausbank dem Kunden rund $5. Vor der Abreise sollte man sich bei seiner Hausbank erkundigen, wie viel Geld man maximal pro Tag im Ausland abheben darf. Der Auszahlungsbetrag variiert auch von Geldautomat zu Geldautomat.

Wechselkurse Costa Rica

1 €	=	ca. 710 Colones
1 sFr	=	ca. 430 Colones
1 US$	=	ca. 530 Colones
1000 Colones	=	ca. 1,40 €
1000 Colones	=	ca. 2,33 sFr
1000 Colones	=	ca. 1,87 US$

Aktuelle Wechselkurse unter
www.oanda.com.

Kreditkarten
In vielen Hotels, Restaurants und Supermärkten der mittleren und höheren Preisklasse kann man problemlos mit Kreditkarte zahlen. Am weitesten verbreitet sind in Costa Rica die VISA- und die Mastercard. Einige Hotels schlagen bei Kreditkartenzahlung zusätzliche 7 % Steuern auf. Bargeldabheben ist günstiger mit der EC-Karte. Wichtig: Wer sich ein Auto mieten will, muss eine Kreditkarte vorlegen!

Empfehlenswert ist es, neben Bankkarten stets auch andere Geldmittel mit auf die Reise zu nehmen. Die Kreditkartennummer sollte man sich notieren, um im Falle eines Kartenverlustes schnell handeln zu können. Ist die Karte einmal verloren oder gestohlen, gilt: Sofort sperren!

Informationen und Notrufnummern
American Express: ✆ ++49-69-97971000 (auch bei Verlust für Ersatzkarten zuständig), 💻 www.americanexpress.com/germany.
Visa: ✆ ++49-69-920110, Standorte der Geldautomaten: 💻 www.visa.de/service/atm_locator.htm, Karte sperren: ✆ +1-410-5813836 (international gebührenfrei).
MasterCard: ✆ ++49-069-79330, Standorte: 💻 www.mastercard.com/atmlocator, Karte sperren: ✆ +1-314-2756690 (international gebührenfrei).
Bankkarten mit Maestro-Logo: Infos über die Hausbank, Standorte unter 💻 www.maestrocard.com/wheretouse oder 💻 www.mastercard.com/atmlocator, Karte sperren: +49-1805-021021.

Reiseschecks
Reiseschecks sind eine weitere, sichere Alternative zum Bargeld und gegen eine geringe Provision bei jeder Bank im Heimatland erhältlich. In Costa Rica werden American Express-Reiseschecks kostenlos in den großen Filialen der **Banco Interfin** und der **Scotiabank** umgetauscht. Hotels nehmen Schecks dagegen selten an. Kaufabrechnung und Reiseschecks sollten stets voneinander getrennt aufbewahrt werden. Denn im Falle eines Diebstahls oder Verlustes werden die Schecks nur gegen Vorlage der Kaufabrechnung ersetzt.

Geldüberweisung
Bei Auslandsüberweisungen aus Europa schickt die jeweilige Bank aus Costa Rica ein Fax an die Hausbank und fordert die gewünschte Geldsumme an. Der Betrag wird daraufhin nach Costa Rica überwiesen, zum aktuellen Devisenkurs umgerechnet und bar oder in Reiseschecks dem Kunden ausgezahlt. Diese Bank zu Bank Überweisung ist jedoch nur dann möglich, wenn man ein Konto in Costa Rica hat oder das Konto eines Bekannten zu diesem Zweck nutzen kann. Die Überweisung kostet rund $10 und dauert mehrere Wochen. Bedeutend schneller geht der Geldtransfer mit Moneygram oder Western Union. Hier wird der gewünschte Betrag in einer Filiale in Europa eingezahlt, der Kunde kann bereits unmittelbar danach das Geld in Costa Rica in Empfang nehmen. Die Transfergebühren richten sich dabei nach der Höhe der überwiesenen Geldsumme. Weitere Informationen gibt es unter:
Moneygram, ✆ 069-6897010, 💻 www.moneygram.de.
Western Union, ✆ 0180-3030330, 💻 www.westernunion.com. Wird in Deutschland von allen Zweigstellen der Postbank angeboten.

Nicaragua

Währung
Nicaraguas Währung ist der **Cordoba**, unter Einheimischen auch Peso genannt. Im Umlauf sind Geldnoten zu 10, 20, 50 und 100 Cordoba sowie Geldmünzen zu 50, 25, 5 und 1 **Centavos**. Im ganzen Land werden Dollar akzeptiert. Besonders abseits größerer Städte und Touristenzentren sollte man jedoch stets Cordoba zur Hand haben.

Geldwechsel
Wie in Costa Rica, sollten Urlauber bereits mit Dollarnoten im Gepäck nach Nicaragua reisen. Dollar kann man problemlos in allen Banken in Cordoba umtauschen, Euros dagegen werden nur bei einer Bank (BAC) umgetauscht und das zu deutlichem Kursverlust. Auch Währungen aus den anderen mittelamerikanischen Ländern sind schwer umzuwechseln, meist werden sie nur von den *Coyotes* (Geldwechslern) an den Grenz-

Wechselkurse Nicaragua

1 €	=	ca. 25,08 Cordoba
1 sFr	=	ca. 15,20 Cordoba
1 US$	=	ca. 18,65 Cordoba
10 Cordoba	=	ca. 0,40 €
10 Cordoba	=	ca. 0,66 sFr
10 Cordoba	=	ca. 0,54 US$

Aktuelle Wechselkurse unter
www.oanda.com.

übergängen umgetauscht. Und da gilt: Aufpassen und sich vorher über den genauen aktuellen Wechselkurs informieren!

Banken haben Mo–Fr 8.30–16 Uhr geöffnet, einige auch am Samstagvormittag.

Geldautomaten

Geldautomaten gibt es heute in allen größeren Orten Nicaraguas. Am verbreitetsten ist das Visa Plus System. Abheben mit EC-Karte ist bei der Banco America Central, Banpro oder in Esso-Tankstellen möglich. Oft kann der Kunde bei der Auszahlung zwischen Dollar und Cordoba wählen. In vielen Hotels und Restaurants der mittleren und höheren Preiskategorie können Gäste mit Kreditkarte (Visa- und Mastercard) zahlen. Mitunter kann es zu Problemen bei der Liquiditätsabfrage kommen.

Gepäck und Ausrüstung

Auch fürs Reisen gilt: Weniger ist mehr! Schwere, sperrige Gepäckstücke sind auf dem aufgeweichten Pfad zur Urwaldlodge oder in der sengenden Tropenhitze nur ein lästiges Hindernis. Das geeignetste Gepäckstück für einen Costa Rica-Urlaub ist ein **Trekkingrucksack** mit wasserdichter Schutzhülle. Viele Urlauber nutzen die kostenlose Gepäckaufbewahrung, die zahlreiche Hotels in San José und Alajuela anbieten. So reist man leichter, beweglicher und sicherer (kleines Gepäck lässt sich im Bus immer auf den Sitzplatz mitnehmen). Die Fälle von Gepäckdiebstählen in Costa Rica haben nämlich in den letzten Jahren stark zugenommen (s. S. 53, Sicherheit).

Wertsachen wie Geld, Pässe, Schecks und Flugtickets sollten stets dicht am Körper aufbewahrt werden. Ideal hierfür ist ein breiter Hüftgurt aus Baumwolle, den man unauffällig unter Hosen und Kleidern tragen kann. Sinnvoll ist es außerdem, Wertsachen durch eine Plastikhülle gegen Feuchtigkeit zu schützen und nicht alle „Juwelen" am gleichen Ort zu verstauen. Statt einer auffälligen Kameratasche empfiehlt es sich, eine ganz normale Tasche zu benutzen, ohne „Nikon"- oder „Kodak"-Aufschrift. Die Packliste auf S. 44 kann nach eigenem Gusto erweitert oder gekürzt werden.

Gesundheit

Impfschutz

Impfungen sind bei der Einreise aus Europa nach Costa Rica oder Nicaragua nicht vorgeschrieben. Sehr zu empfehlen sind jedoch die üblichen Schutzimpfungen gegen Tetanus (Wundstarrkrampf), Diphtherie, Polio und Hepatitis A, bzw. alte Impfungen auffrischen zu lassen. Bei Aufenthalten von über vier Wochen oder bei besonderer Exposition ist auch eine Immunisierung gegen Hepatitis B, Tollwut und Typhus ratsam. Wer aus einem Gelbfiebergebiet nach Costa Rica oder Nicaragua einreist, muss einen Impfschutz gegen Gelbfieber nachweisen.

Die Impfungen erfolgen bis zu acht Wochen vor Abflug. Man sollte sich deshalb frühzeitig vom Hausarzt oder einem tropenmedizinischen Institut (s. u.) beraten lassen Alle Impfungen werden in einen **Internationalen Impfausweis**

Zur Sicherheit

Alle wichtigen Reisedokumente zu Hause einscannen und an die eigene Webmail-Adresse schicken, evtl. auch Geheimzahlen, Telefonnummern, Reisechecknummern etc. So können diese im Notfall unterwegs abgerufen werden.

Packliste

Kleidung

- ☐ **Feste Schuhe** mit guter Profilsohle (für die Besteigung des Cerro Chirripó sollte man knöchelhohe Schuhe mitnehmen)
- ☐ **Sandalen**
- ☐ **Gummi- oder Trekkingsandalen** (unter Duschen Pilzgefahr!)
- ☐ **Hosen bzw. Röcke** aus Baumwolle (bequem und atmungsaktiv)
- ☐ **Kurze Hosen**
- ☐ **Hemden oder Blusen**
- ☐ **T-Shirts/Polo-Shirt** (mit Kragen zum Schnorcheln)
- ☐ **Jacke** (für die An- und Abreise, Überfahrt mit dem Schiff (Nicaragua), kalte Nächte auf dem Cerro Chirripó und Busse mit Klimaanlage)
- ☐ **(Fleece) Pullover** (für den Cerro Chirripó und Busse mit Klimaanlage)
- ☐ **Sonnenschutz:** Hut/Brille/Sonnencreme
- ☐ **Socken** (als Moskitoschutz für den Abend und für Trekkingschuhe und Gummistiefel)
- ☐ **Unterwäsche und BH**
- ☐ **Badekleidung**

Hygiene und Pflege

- ☐ **Zahnbürste**, Zahnpasta, Shampoo, Nagelschere und Nagelfeile, Kosmetika und Hautpflegemittel
- ☐ **Rasierzeug** (in abgelegenen Gebieten ist ein Nassrasierer zu bevorzugen)
- ☐ **Papiertaschentücher**, Feuchties (zur Hygiene unterwegs)
- ☐ **Tampons** (in San José und größeren Orten erhältlich)
- ☐ **Plastiktüten** (für schmutzige Wäsche und als Nässeschutz)
- ☐ **Nähzeug** und Sicherheitsnadeln

Sonstiges

- ☐ **Adapter**
- ☐ **Reisewecker** (oder Armbanduhr mit Weckfunktion)
- ☐ **Taschenlampe**
- ☐ **Taschenmesser** (im Rucksack verstauen, sonst wird es am Flughafen abgenommen)
- ☐ **Kompass**
- ☐ **Fernglas**
- ☐ **Reiseapotheke** (s. S. 47)
- ☐ **Notizbuch** und Stifte
- ☐ **Flugtickets**, Geld (Bargeld / Reiseschecks / Abrechnung über Schecks / Kreditkarte)
- ☐ **Kopien** der Dokumente (Kopie des Reisepasses und Einreisestempels)
- ☐ **Reiseführer**, Landkarten, Reiselektüre
- ☐ **Reisepass** (evtl. Internationaler Studentenausweis und Personalausweis)
- ☐ **Impfpass** (oder zumindest eine Kopie davon für den Notfall)
- ☐ **Führerschein**
- ☐ **Evtl. Sportausrüstung** (Surfbrett, Kajak, Schnorchelausrüstung; auch in Costa Rica erhältlich)
- ☐ **Evtl. Campingausrüstung**

Wer in einfachen Unterkünften wohnen wird, braucht zudem

- ☐ **Seife**
- ☐ **dünne Handtücher**
- ☐ **Waschmittel** in der Tube (für alle, die selbst Wäsche waschen)
- ☐ **Plastikbürste**
- ☐ **Vorhängeschloss** (und kleine Schlösser fürs Gepäck)
- ☐ **Moskitonetz** (und Klebeband zum Flicken von Löchern)
- ☐ **Schlafsack** (Leinenschlafsack; dicke Schlafsäcke für den Cerro Chirripó sind gegen eine kleine Gebühr in der Bergherberge erhältlich)

eingetragen, der zu den Reiseunterlagen gehört und bei der Einreise auf dem Landweg vorzulegen ist. Medizinischen Rat für Reisen in die Tropen bietet auch das Internet, z. B. 💻 www.crm.de/ und 💻 www.die-reisemedizin.de.

Am besten ist eine aktuelle **Impfberatung** beim Haus- oder Tropenarzt (leider zahlt keine Krankenkasse die Kosten von 20,10 €). Jeder Hausarzt kann diese Beratung durchführen (meist muss er sich zuvor kundig machen). Erst danach ist er legitimiert, Medikamente wie etwa eine Malaria-Prophylaxe zu verschreiben. Ein Plus ist, dass der Reiseort beim Hausarzt aktenkundig wird. Malaria Prophylaxe kann bei Reisen ins Landesinnere angeraten sein (s. Malaria).

Medizinische Versorgung

Wer im Urlaub schwer erkrankt, sollte sich – wenn möglich – in einer Privatklinik in San José (Costa Rica) oder Managua (Nicaragua) behandeln lassen (s. Kasten). Die medizinische Versorgung ist dort mit europäischem Standard vergleichbar, denn viele der Ärzte und Zahnärzte wurden in den USA ausgebildet. Außerhalb von San José und Managua ist die medizinische Versorgung dagegen oft nicht zufrieden stellend. Eine Liste mit deutschen Ärzten ist in der deutschen Botschaft in San José oder Managua erhältlich. Der Arztbesuch wird in bar bezahlt. Patienten sollten nicht vergessen, sich einen detaillierten Krankheitsbericht für ihre Krankenversicherung ausstellen zu lassen.

Kliniken

San José (Costa Rica)

Clínica Biblica (Privatklinik), Av. 14, C. 0–1, ✆ 522-1000, hier wird Englisch gesprochen.

Clínica Católica San Antonio de Guadalupe (Privatklinik), an der Südseite der Tribunales de Justicia, ✆ 246-3000, hier wird Englisch gesprochen.

Hospital CIMA, Escazú, ✆ 208-1000, hier wird Englisch gesprochen.

Managua (Nicaragua)

Hospital Metropolitano Vivian Pellas, 9,5 km von Masaya auf der Carretera Masaya; ✆ 2556900; 💻 www.metropolitano.com.ni.

Tropeninstitute

Deutschland

Berlin, Institut für Tropenmedizin, Spandauer Damm 130, Haus 10, 14050, ✆ 030-301166, 📠 30116888, 💻 www.bbges.de

Dresden, Institut für Reisemedizin und Gelbfieberimpfung, Friedrichstr. 41, 01067, ✆ 0351-4803800, 💻 www.khdf.de

Düsseldorf, Tropenmedizinische Ambulanz, Heinrich-Heine-Universität, Moorenstr. 5, Gebäude 11.31, ✆ 0211-8117031, 💻 www.uniklinik-duesseldorf.de/gastroenterologie

Göttingen, Tropenmedizinisches Beratungszentrum, Werner-von-Siemens-Str. 10, 37077, ✆ 0551-307500

Hamburg, Reisemedizinisches Zentrum Hamburg, Seewartenstr. 10, 20459, ✆ 040-42818800, 💻 www.gesundes-reisen.de

Hamburg, Bernhard-Nocht-Institut, Bernhard-Nocht-Str. 74, 20359, ✆ 040-428180, 💻 www.bni.uni-hamburg.de

Heidelberg, Inst. für Tropenhygiene, Im Neuenheimer Feld 324, 69120, ✆ 06221-562999, 💻 www.tropenmedizin-heidelberg.de

München, Abt. für Infektion und Tropenmedizin, Leopoldstr. 5, 80802, ✆ 089-218013500,

Rostock, Abt. für Tropenmedizin und Infektionskrankheiten, Ernst-Heydemann-Str. 6, 18057, ✆ 0381-4947583, 💻 www.tropen.med.uni-rostock.de/

Tübingen, Institut für Tropenmedizin, Kepplerstr. 15, 72074, ✆ 07071-2982365, 💻 www.uni-tuebingen.de/tropenmedizin

Schweiz

Basel, Schweizerisches Tropeninstitut (STI), Socinstr. 57, 4051, ✆ 061-2848111, 💻 www.sti.ch, telefonische Auskunft vom Band unter ✆ 0900-573010 (1,49 sFr./Min.)

Österreich

Wien, Zentrum für Reisemedizin, Zimmermanngasse 1a, 1090, ✆ 01-4038343, 💻 www.reisemed.at

Reisemedizin im Internet

www.crm.de
Centrum für Reisemedizin
www.die-reisemedizin.de
In Verbindung mit dem betriebsärztlichen Dienst der LTU
www.dtg.org
Deutsche Gesellschaft für Tropenmedizin
www.fitfortravel.de
Neben Gesundheitstipps auch Länderinfos, Botschaftsadressen etc.
www.gesundes-reisen.de
Reisemedizinisches Zentrum des Tropeninstitutes Hamburg

Apotheken gibt es in Costa Rica und Nicaragua zuhauf. In den Hauptstädten San José und Managua haben einige von ihnen rund um die Uhr geöffnet. Tabletten werden meist lose, ohne Verpackung und Beipackzettel verkauft. Medikamente laufen mitunter unter anderen Namen als in Europa. Wichtige Medikamente sollte man immer von zu Hause mitbringen.

Besonders in ländlichen Gegenden werden auch heute noch sehr gute Naturheilmittel der indianischen Vorfahren angewendet. Sogenannte *Macrobioticas* – kleine Naturmedizinläden – verkaufen in Costa Rica u. a. pflanzliche Heilmittel und Vitamine.

Gesundheitstipps für die Reise

Die Tropen haben es in sich. So wie das Immunsystem der Indianer nicht auf europäische Krankheiten vorbereitet war, ist das unsere nicht auf Tropenerreger eingestellt. Selbst leichtere Erkrankungen oder kleine Verletzungen klingen – bedingt durch das feucht-heiße Tropenklima – deutlich langsamer ab als daheim. Durch **umsichtiges Verhalten** lassen sich die meisten Krankheiten jedoch vermeiden. Achten sollte man z. B. darauf, möglichst nur geschältes Obst und Gemüse zu essen, auf Salate und Eiswürfel/Eiscreme zu verzichten, Fliegen vom Essen fernzuhalten und großen Wert auf Handhygiene zu legen. In Nicaragua ist das **Leitungswasser** nicht trinkbar, Urlauber sollten hier grundsätzlich Flaschenwasser oder abgekochtes Wasser trinken. In Costa Rica kann man das Leitungswasser trinken, in sehr abgelegenen, unterentwickelten Gebieten sollte man jedoch auch dort auf Flaschenwasser zurückgreifen.

Reisemedizin zum Nachschlagen, s. S. 428.

Informationen

Über Costa Rica

Auswärtiges Amt,
Werderscher Markt 1; 10117 Berlin;
030-5000-0; www.auswaertiges-amt.de;
Sicherheitshinweise, Gesundheitsvorsorge, knappe Landesinformation.
Botschaft der Republik Costa Rica,
Dessauer Str. 28-29; 10963 Berlin;
www.botschaft-costarica.de; Reise- und Landesinformationen.
Fundacion de Parques Nacionales;
www.fpncostarica.org,
Informationen zu aktuellen Öffnungszeiten, Telefonnummern und Eintrittspreisen in Costa Ricas Nationalparks. Internetseite auf Spanisch.
Instituto Costarricense de Turismo (ICT);
www.visitcostarica.com,
ist die Website des costa-ricanischen Fremdenverkehrsamts; eine Filiale befindet sich im Zentrum San Josés, auf dem Plaza de la Cultura. Internetseite auf Deutsch.

Websites

www.costarica-dreams.de
Reiseberichte und Landesinformation; auf Deutsch.
www.costarica-forum.de
Reiseberichte und -tipps; Erfahrungsberichte zum Auswandern; Landesinformation; auf Deutsch.
www.1costaricalink.com
Informationen über Costa Rica zu beinahe allen Themen; auf Deutsch.

Vorschlag für eine Reiseapotheke

Von allen regelmäßig benötigten Medikamenten sollte man einen ausreichenden Vorrat mitnehmen. Nicht zu empfehlen sind Zäpfchen oder andere hitzeempfindliche Medikamente.

Basisausstattung
- ☐ **Verbandzeug** (Heftpflaster, Leukoplast, Blasenpflaster, Mullbinden, elastische Binde, sterile Kompressen, Verbandpäckchen, Dreiecktuch, Pinzette)
- ☐ **Alkoholtupfer**
- ☐ **Desinfektionsmittel** (Betaisadona Lösung, Kodan Tinktur)
- ☐ **Mückenschutz** (für Kinder: Zanzarin)
- ☐ **Sonnenschutz** mit UVA- und UVB-Filter

Schmerzen und Fieber
- ☐ **Fieberthermometer**
- ☐ **Paracetamol, Dolormin** (keine acetylsalicylsäurehaltigen Medikamente)
- ☐ **Buscopan** (gegen krampfartige Schmerzen)

Magen- und Darmerkrankungen
- ☐ **Perenterol**
- ☐ **Imodium** (bei Durchfall v. a. bei längeren Fahrten)
- ☐ **Elotrans** (zur Rückführung von Mineralien)
- ☐ **Talcid, Riopan** (gegen Sodbrennen)

Malaria-Prophylaxe
- ☐ **Chloroquin** (z.B. Resochin*), Malorone
- ☐ **Lariam*** als Stand by-Mittel
- ☐ **Mückenschutz** (auch direkt vor Ort erhältlich)

Hauterkrankungen
- ☐ **Antibiotische Salbe** für infizierte oder infektionsgefährdete Wunden (Nebacetin RP)
- ☐ **Mittel gegen Juckreiz** nach Insektenstichen und Allergien (Soventol Gel, Azaron Stift, Fenistil Tropfen, Teldane Tabletten)
- ☐ **Cortison-Creme** für starken Juckreiz oder stärkere Entzündung (Soventol Hydrocortison Creme, Ebenol Creme, Systralsalbe)
- ☐ **Wund- & Heilsalbe** (Bepanthen)
- ☐ **Fungizid ratio, Canesten** (bei Pilzinfektionen)
- ☐ **Augentropfen** bei Bindehautentzündungen (Berberil, Yxin)

Reisekrankheit
- ☐ Superpep Kaugummis, Vomex

Bitte bei den Medikamenten Gegenanzeigen und Wechselwirkungen beachten und sich vom Arzt oder Apotheker beraten lassen. (rezeptpflichtig in Deutschland).*

Über Nicaragua

Auswärtiges Amt, s. Costa Rica.
Intur, nicaraguanisches Fremdenverkehrsbüro.
www.intur.gob.ni; auf Spanisch.
Nicaragua-Forum Heidelberg; Angelweg 3; 69121 Heidelberg;
06221-472163; www.nicaragua-forum.de; Reiseinfos; aktuelle Meldungen zu Nicaragua; Nicaragua-Zeitung. Nützliche Links.

Websites

www.manfut.org
Ein wunderbares Sammelsurium an Reisetipps, Fotos, Mythen, Geschichten und Artikeln. Auf Spanisch.

www.nicaraguaportal.de
Kulturportal der Republik Nicaragua; auf Deutsch.

www.vianica.com
Informationen zum Land, Hotels und Restaurants; auf Englisch.

Lateinamerika generell

GIGA; Institut für Lateinamerika-Studien; Neuer Jungfernstieg 21; 20354 Hamburg,
040-428 25-561, www.giga-hamburg.de; große Fachbibliothek zu Lateinamerika. Zahlreiche Kontakte zu nationalen und internationalen Forschungsorganisationen.

Traveller online

www.dzg.com
Deutsche Zentrale für Globetrotter.
www.igougo.com
Aktuelle Berichte, Fotos usw. Traveller tauschen ihre Erfahrungen aus.
www.stefan-loose.de/forum.htm
Im Globetrotterforum tauschen sich Traveller aus.

Ibero-Amerikanisches Institut Preußischer Kulturbesitz;
Potsdamer Str. 37, 10785 Berlin;
(030) 266 2500; www.iai.spk-berlin.de;
die europaweit größte Fachbibliothek zu Ibero-Studien; Vorträge und kulturelle Veranstaltungen.
Ila, www.ila-bonn.de;
Zeitschrift zu Themen aus Lateinamerika; erscheint 10 Mal pro Jahr.
InWEnt – Internationale Weiterbildung und Entwicklung GmbH;
Friedrich-Ebert-Allee 40, 53113 Bonn;
228-4460-0; www.inwent.org;
Fachinformation zu Entwicklungszusammenarbeit und Entwicklungsländern; Fördermöglichkeiten; große Bibliothek zum Thema Entwicklungszusammenarbeit.
Nachrichtenpool Lateinamerika e.V.;
Köpenicker Str. 187/188; 10997 Berlin;
030-78991361; www.npla.de;
aktuelle Meldungen, Reportagen, Artikel über Politik, Kultur und Gesellschaft Lateinamerikas.
Österreichisches Lateinamerikainstitut;
Schlickgasse 1; 1090 Wien;
01-3107465; www.lai.at.

Landkarten und Stadtpläne

2006 sind bei Reise Know-How eine Costa Rica-/Panama- sowie eine Nicaragua-/Honduras-/El Salvador-Karte erschienen.

Empfehlenswert ist außerdem die detaillierte Costa Rica-Karte von ITMB Publishing, die im Seventh Street Book Store (s. Regionalkapitel San José) erhältlich ist. Die Karten sind weitgehend reiß- und wasserfest.

Kostenlose Landkarten und **Stadtpläne von San José** sind beim costa- ricanischen Fremdenverkehrsamt, dem Instituto Costa Ricense de Turismo (ICT), am Plaza de la Cultura in San José erhältlich.

Internet

Am einfachsten und billigsten kommuniziert man aus dem Urlaub über E-Mail. **Internet-Cafés** gibt es in Costa Rica fast in jedem Ort. Rund 1–2 Dollar pro Stunde kostet das Surfen im World Wide Web. Mit Tiefstpreisen von $0,50 pro Stunde lockt Orosi im Valle Central. Viele Hotels und Backpacker in San José bieten sogar kostenlose Internetnutzung an. Unverschämt hohe Preise – bis zu $6 pro Std. – werden dagegen in einigen Touristenzentren an der Pazifikküste verlangt. Wer in abgelegene Regionen reist, muss gelegentlich mit langsamer und schlechter Verbindung rechnen, z. B. in Puerto Jiménez auf der Peninsula de Osa. Das Inselarchipel Solentiname und San Juan del Norte (Nicaragua) hatten bei Redaktionsschluss noch keinen Internetanschluss. Unter www.worldofinternetcafes.de findet sich eine Auflistung von Internet-Cafés in aller Welt.

Viele Provider ermöglichen inzwischen, die **eigene E-Mail-Adresse** über das Web abzurufen. Man sollte das vor der Abreise ausprobieren und sich die erforderlichen Angaben notieren (Kennwort). Wer diese Möglichkeit nicht hat, kann auf Webmail zurückgreifen: Auf vielen Internet-Seiten, darunter Yahoo, www.yahoo.com, Web.de, www.web.de, oder Hotmail, www.hotmail.com, kann man sich eine kostenlose **Webmail-Adresse** einrichten, auf die ebenfalls unterwegs von jedem Internet-Café aus zugegriffen werden kann. Es empfiehlt sich, vor der Reise einmal die Homepage des Anbieters anzuklicken. Viele Grafiken und Werbebanner wirken sich erheblich auf die Übertragungszeit aus. Auch muss man seinen Account bei einigen Anbietern mit einem Code aktivieren, der erst ein bis zwei Wochen nach der Anmeldung versandt wird.

Wer mit **Laptop** reist, braucht theoretisch nur einen Telefonanschluss und ein Modem, um Online zu gehen. Auf der Webseite www.kropla.com findet man nützliche Infos zu Providern (lokal, global und roaming), außerdem eine Auflistung aller Landesvorwahlen und Angaben über die jeweiligen elektrischen Systeme. Wer HotSpots für Laptops mit WLAN sucht, wird auf www.hotspot-locations.com oder www.wifinder.com fündig.

Kinder

Dschungelseilbahnen, Lava spuckende Vulkane, spielende Affen und warme Badebuchten – welches Kinderherz schlägt da nicht höher? Das Reisen mit Kindern ist in Costa Rica relativ sicher und einfach. Das kleine Tropenland verfügt über die beste medizinische Versorgung in ganz Mittelamerika, über gute Hygieneverhältnisse und ein weit ausgebautes Bus- und Flugnetz. Die Costa Ricaner sind sehr kinderlieb. Kinderlärm oder die Bitte, ein zusätzliches Bett ins Hotelzimmer zu stellen, bereiten fast nie Probleme.

Kinder sind auch in Nicaragua gern gesehene Gäste. Kleinkinder müssen oft nicht für Transport und Unterbringung extra zahlen. Die hygienischen Verhältnisse besonders auf öffentlichen Toiletten sind hier allerdings oft sehr dürftig.

Gepäck

Eine bessere Alternative zum Kinderwagen ist beim Reisen eine Kindertrage mit Hüftgurt. Für das Kind hat sich ein Kinderrucksack bewährt, den es selbst packen und tragen kann. Es ist nicht nötig, Wegwerfwindeln, Milchpulver, Babynahrung etc. für den gesamten Urlaub einzupacken – in San José und einigen großen Touristenorten sind die wichtigsten Babyutensilien erhältlich. Im Falle einer Verspätung oder eines verpassten Anschlussfluges sollte man immer ein Notkit mit Windeln, Babynahrung und Wechselwäsche im Handgepäck haben. Nicht fehlen sollte außerdem:

Nicht vergessen!

- ☐ **Reisepass** (Deutsche Kinderausweise und Kinderreisepässe werden anerkannt). Die Eintragung des Kindes in den Reisepass eines Elternteils genügt in der Regel nicht.
- ☐ **Impfpass**
- ☐ **SOS**-Anhänger mit allen wichtigen Daten
- ☐ **Kleidung** – möglichst strapazierfähige, leichte Sachen
- ☐ **Wegwerfwindeln** sind sowohl in Costa Rica als auch in Nicaragua erhältlich. Besonders in Nicaragua sollten sich Eltern sicherheitshalber in größeren Städten mit Windeln eindecken.
- ☐ **Feuchttücher**
- ☐ **Babynahrung**
- ☐ **Fläschchen** für Säuglinge
- ☐ **Spiele**, Bücher, CD-Spieler und CDs
- ☐ **Fotos** von wichtigen Daheimgebliebenen gegen Heimweh
- ☐ **Kuscheltier** (muss gehütet werden wie ein Augapfel, denn ein verloren gegangener Liebling kann allen den Rest der Reise verderben – reiseerprobte Kinder beugen vor, indem sie nur das zweitliebste Kuscheltier mitnehmen)
- ☐ **Sonnencreme** mit hohem Lichtschutzfaktor
- ☐ **Kopfbedeckung**

Die Anreise im Flugzeug

Der lange Flug und die sieben Stunden Zeitverschiebung können zur ersten Belastungsprobe im Familienurlaub werden. Wartezeiten am Flughafen sollten Eltern zum Waschen, Zähneputzen, Umziehen und Wickeln der Kinder nutzen, denn der Platz im Flugzeug ist beschränkt und die Waschräume sind oft besetzt. Renommierte Fluggesellschaften lassen Reisenden mit Kindern beim Ein und Ausstieg den Vortritt. Zum Service gehören u. a. auch Babybettchen, Kindermenüs und Bastel- und Spielmaterial.

Im Land

Kinder (und Eltern) brauchen genügend Zeit, um sich in Costa Rica an das Klima und die Zeitumstellung zu gewöhnen. Ratsam ist daher, nach der Ankunft eine Nacht in Flughafennähe einzuplanen. Das ruhige Alajuela oder die Aparthotels am großen Sabana-Park im Westen San Josés sind bessere Alternativen zur hektischen und lauten Hauptstadtmitte. Die günstigste Unterkunftsmöglichkeit am Strand sind die sogenannten Cabinas, in denen auch viele costa-ricanische Urlauber übernachten, und deren Zimmer oft über mehrere Betten verfügen. Hotels mittlerer und höherer Preisklasse bieten mehr Komfort. Kinderkrippen, spezielle Kinderanimation und -tarife gehören mitunter zum Angebot.

Wer vorhat, in Costa Rica ein Auto zu mieten, sollte sich rechtzeitig einen Kindersitz reservieren oder den eigenen von zu Hause mitbringen, denn nicht alle Autovermietungen bieten sie an.

Maße und Elektrizität

In Costa Rica und Nicaragua gilt das metrische System. Die Stromspannung beträgt 110 Volt. Für europäische Elektrogeräte ist ein Adapter mit flachen Kontakten notwendig.

Medien

Zeitungen und Magazine

Spanisch

Al Día, 💻 www.aldia.co.cr; Costa Ricas „Bildzeitung".

La Nacion, 💻 www.nacion.co.cr, Costa Ricas führende Tageszeitung mit der Beilage *Viva,* die das Veranstaltungsprogramm für San José enthält.

La Prensa Libre, 💻 www.prensalibre.co.cr, liberal.

La Republica, 💻 www.larepublica.net, neoliberal.

San José Volando, 💻 www.sanjosevolando.com; Programmheft für San Josés Kulturszene.

Semanario Universidad, 💻 www.semanario.ucr.ac.cr; Unizeitung der Universidad de Costa Rica; viele Beiträge zu Kultur und Politik.

Nicaraguas führende Tageszeitung ist **La Prensa**; 💻 www.laprensa.com.ni.

Englisch

The Tico Times, 💻 www.ticotimes.net; Wochenzeitung mit Veranstaltungskalender. Außerdem gib es verschiedene kostenlose regionale Magazine für Touristen, z. B. **Quepolandia**, 💻 www.quepolandia.com; in der Region Quepos und Manuel Antonio.

Carribbean Way, 💻 www.costaricaway.net; an der Karibikküste.

Deutsch

(Focus und Der Spiegel) sind in San José im Casa de la Revista erhältlich (s. S. 122, San José).

Deutsche Welle

Radio

Mit einem guten Weltempfänger ist die **Deutsche Welle** über Kurzwelle auf verschiedenen Frequenzen zu empfangen. Die aktuellen Frequenzen sind unter 💻 www.dw-world.de oder bei der Abteilung Technische Beratung, ✆ 0228-4293208, 📠 4293220, ✉ tb@dw-world.de, erhältlich.

DW TV

Die Deutsche Welle strahlt ihr 24-stündiges Fernsehprogramm **DW TV** in Deutsch und Englisch (in Costa Rica und Nicaragua auch auf Spanisch) sowie verschiedene Hörfunkprogramme über den Satelliten Nord- und Südamerika PAS-9 aus. Einige Hotels speisen das Programm in das hoteleigene Netz ein. Zu jeder vollen Stunde wird ein Nachrichtenjournal ausgestrahlt – im Wechsel auf Deutsch und Englisch (in Costa Rica und Nicaragua mehrmals täglich auch auf Spanisch). Es folgen Features mit deutschlandbezogenen Themen in der jeweiligen Sprache.

Öffnungszeiten

Außerhalb der Großstädte schließen Büros und Geschäfte meist für 1 bis 2 Stunden während der die Mittagszeit. Die nachstehend genannten Öffnungszeiten gelten als Orientierungshilfen, Ausnahmen kommen vor.

Costa Rica

Banken

🕓 Mo–Fr 8.30–15 Uhr (einige Banken haben auch am Samstagvormittag geöffnet).

Büros

🕓 Mo–Fr 8–16 Uhr.

Geschäfte

🕓 Mo–Sa 8–18 Uhr. Die großen Supermärkte haben wochentags mitunter bis 20 Uhr oder später und an Sonn- und Feiertagen zu verkürzten Öffnungszeiten geöffnet.

Nicaragua

Banken

🕓 Mo–Fr 8.30–16 Uhr. Einige Banken haben auch am Samstagvormittag geöffnet.

Büros

🕓 Mo–Fr 8.30–12 und 13.30–17 Uhr.

Geschäfte

🕓 Mo–Fr 8–12 und 13.30–18 Uhr.

Post

Postämter haben in der Regel wochentags von 8–17 Uhr geöffnet. Eine Postkarte von Costa Rica nach Deutschland kostet rund $0,25, ein Brief etwa $0,35. Postsendungen in die Heimat dauern ungefähr 1–2 Wochen. Per *Espreso* geht es etwas zügiger.

Wer Briefe aus Europa in Costa Rica erhalten möchte, kann sich diese an das Hauptpostamt in San José (Adresse: Lista de Correos; Correo Central; San José; Costa Rica) oder an ein Postamt jedes größeren Ortes senden lassen. Wichtig dabei ist der deutliche Vermerk „Lista de Correos", und dass der Nachname des Empfängers deutlich in Großbuchstaben angegeben ist. Die Postsendungen werden bis zu 30 Tage nach Ankunftsdatum gelagert. Beim Abholen muss der Empfänger seinen Pass vorzeigen.

Von Paketsendungen aus Deutschland ist abzuraten, da sie aufgrund der Zollabfertigung und Bürokratie sehr zeit- und kostspielig sind.

Reisende mit Behinderungen

Costa Rica ist auf behinderte Menschen noch nicht gut eingestellt. Nur wenige Hotels und Touristenattraktionen sind behindertengerecht ausgestattet – dazu gehören u .a. der Nationalpark Volcán Poas, das Institut für Biodiversität Inbio und die Urwaldseilbahn Areal Tram im Braulio Carillo Nationalpark. Öffentliche Verkehrsmittel haben keine Rampen. Straßen und Bürgersteige befinden sich oft in schlechtem Zustand und, so hilfsbereit die Costa Ricaner auch sind, man darf sich nicht darauf verlassen, dass immer eine helfende Hand zur Stelle ist. Der einzige Tourveranstalter, der vor Ort **Touren für Rollstuhlfahrer** anbietet ist Vaya con Silla de Ruedas, ✆ 454-2810, 🖳 www.gowithwheelchairs.com.

Wer gerne in Begleitung eines Nichtbehinderten reisen möchte und im Freundes- oder Familienkreis keinen passenden Partner findet, kann eventuell über eine der weiter unten genannten Organisationen einen Reisegefährten finden.

Nähere **Informationen** über Behindertenreisen bekommt man über die unten stehenden Organisationen. Ebenfalls hilfreich ist die US-Datenbank im Internet, 🖳 www.access-able.com.

Die Nationale Koordinationsstelle Tourismus für Alle (NatKo), Kötherhofstr. 4, 55116 Mainz, ✆ 06131-250410, 📠 214848, ✉ home@natko.de, 🖳 www.natko.de, der acht deutsche Behindertenverbände angehören, berät Anbieter bei der Verwirklichung behindertengerechter Unterkünfte, Programme usw. und nennt Behinderten hilfreiche Adressen für die Reiseplanung, die sich auch in einer von der NatKo herausgegebenen Broschüre finden. Dem Verband gehören u. a. die folgenden drei Vereine an:

Behindertenorganisationen

Bundesarbeitsgemeinschaft Hilfe für Behinderte (BagH)
Kirchfeld Str. 149, 40215 Düsseldorf;
✆ 0211-310060, 💻 www.bagcbf.de;
gibt eine Liste von Telefonnummern und Adressen spezialisierter Reiseveranstalter heraus.

Bundesarbeitsgemeinschaft der Clubs Behinderter und ihrer Freunde (BAG cbf)
Eupener Str. 5, 55131 Mainz,
✆ 06131-225514, 💻 www.bagcbf.de,
verschickt gegen Rückporto eine Adressenliste aller bekannten Behinderten-Reiseveranstalter.

Bundesverband Selbsthilfe Körperbehinderter e.V. (BSK)
Altkrautheimer Str. 17, Postfach 20,
74236 Krautheim an der Jagst,
✆ 06294-68303, 💻 www.bsk-ev.org,
hilft mit Informationen für Reisen mit Behinderung weiter und gibt jährlich ein Reise-Abc (5 €) mit allgemeinen Reisetipps heraus.

Spezialveranstalter

rfb-Touristik GmbH
Nikolaus-Otto-Str. 6, 40670 Meerbusch-Osterath,
✆ 02159-520860, 📠 520870,
✉ rfb-touristik@t-online.de,
💻 www.rfb-touristik.de,
ist ein auf Behinderte zugeschnittener Reiseveranstalter.

Reiseveranstalter

Eine Vielzahl deutscher Reiseveranstalter bieten Reisen nach Costa Rica an. Das Angebot reicht von Rund- und Aktivreisen (Rafting, Trekking, Radfahren) über Familienreisen bis hin zu ornithologischen Reisen. Die folgende Auswahl beschränkt sich auf Veranstalter, die den Schwerpunkt auf kleine Gruppen, deutschsprachige Reiseleitung und nachhaltigen Tourismus legen. Weitere Informationen zu costa-ricanischen Tourveranstaltern befinden sich in den jeweiligen Regionalkapiteln oder unter „Sport und Aktivitäten“.

Der „Gepäck-aus-dem-Fenster-Trick“

Der „Gepäck-aus-dem-Fenster-Trick“ ist ein beliebter Trick, auf den viele nichts ahnende Touristen jedes Jahr erneut reinfallen. Ein netter Mensch fragt beim Einsteigen in den Bus, ob er beim Tragen des Gepäcks behilflich sein kann. Dankend nimmt man das Angebot an. Der hilfsbereite Fahrgast steigt ein und reicht das Gepäckstück an der gegenüberliegenden Fensterseite an einen Komplizen weiter und verschwindet.

Tourveranstalter in Deutschland

Aventoura, 💻 www.aventoura.de; erfahrener Lateinamerika-Spezialist; Rund-, Rad- und Aktivreisen; auch Reisen mit Abstecher nach Nicaragua.
Colibri Umweltreisen, 💻 www.Colibri-berlin.de; Rund- und Familienreisen; ornithologische Reisen.
Dr Koch Reisen, 💻 www.dr-koch-reisen.de; Spezialist für ornithologische Reisen.
Esperanza Tours, 💻 www.esperanzatours.de; Sprach-, Aktiv-, Regenwaldreisen speziell für Familien; naturkundliche Reisen; auch Kombi-Reisen Costa Rica und Nicaragua sind möglich.
Reiseagentur Unterwegs, 💻 www.reiseagentur-unterwegs.de; individuell zugeschnittene Nicaragua-Reisen.
Tourismus Schiegg, 💻 www.lateinamerika.de, Lateinamerikaspezialist; individuelle Reisen und Rundreisen durch Costa Rica und Nicaragua.
Travel To Nature, 💻 www.traveltonature.de; Sprach-, Fahrrad-, Wander- und Aktivreisen; spezielle Regenwaldreisen für Familien. Für Quetzalliebhaber: Die Quetzalreise durch Costa Rica, Nicaragua und Guatemala!

Tourveranstalter in Mittelamerika

ACTUAR, 💻 www.actuarcostarica.com, Öko- und Agrotourismus; Reiseleitung auf Spanisch und Englisch.

Cultourica, 🖳 www.cultourica.com; Sprach-, Fahrrad- und Tanzreisen sowie ökotouristische und vogelkundliche Angebote.
kooltour, 🖳 www.kool-tour.com, kultur-historische Touren; Rundreisen und Tagestouren durch Nicaragua. Deutsche Reiseleitung.
Simbiosis, 🖳 www.turismoruralcr.com; Öko- und Agrotourismus-Touren; Reiseleitung auf Englisch und Spanisch.

Schwule und Lesben

Costa Ricas Schwulen- und Lesbenszene beschränkt sich auf die Orte San José und Manuel Antonio. Dort gibt es Hotels, Discos, Bars und Tourveranstalter für die *Escena gay*. Auf den Internetseiten 🖳 www.gaycostarica.com und 🖳 www.mujerymujer.com finden sich Veranstaltungskalender sowie Artikel und Foren für Lesben und Schwule.

Das Centro Cultural de la Diversidad Sexual de Costa Rica, 🖳 www.cipasdh.org, in San José berät Homosexuelle in Gesundheits- und Rechtsfragen und organisiert die jährliche Gay Parade durch die Hauptstadt. Touren für Schwule und Lesben veranstalten **Tiquiciatravel**, 🖳 www.tiquiciatravel.com und (nur in der Hauptsaison) **Gaytours**, ✆ 777-1910, 🖳 www.gaytourscr.com. Weitere Infos s. auch S. 66, Verhaltenstipps.

Sicherheit

Kriminalität tritt besonders dort auf, wo Armut und Reichtum aufeinanderprallen. Costa Rica und Nicaragua machen da keine Ausnahme. Mit dem ansteigenden Tourismus haben Überfälle und vor allem Diebstahlsdelikte in Costa Rica stark zugenommen.

Wer jedoch wachsam reist, sich vor Ort über die aktuelle Lage informiert und untenstehende Sicherheitshinweise beachtet, kann Gefahren weitgehend vermeiden. Spezielle Warnhinweise befinden sich außerdem in den Regionalkapiteln und den Rubriken „Frauen unterwegs" und „Tipps für Autofahrer".

Hilfe im Notfall

Diebstähle und Überfälle sollte man grundsätzlich immer bei der nächsten Polizeistation melden. Gestohlenes taucht zwar dadurch nicht wieder auf, doch um Schadensersatz von der Versicherung zu beantragen, wird ein Polizeibericht verlangt.

Hilfe bei Diebstahl in San José
Oficina de Atención a la Victima del Delito, Edificio de Investigación Judicial (OIJ), Av. 6, C. 17–19, 1. Stock, ✆ 295-3271.
Seit Anfang 2007 gibt es außerdem in Jacó, Tamarindo und San José eine Touristenpolizei, die Englisch spricht und im Notfall unter der Nummer 911 zu erreichen ist.

Wichtige Telefonnummern

In Costa Rica	
Notfall	911
Polizei	117
In Nicaragua	
Polizei	118
Ambulanz (Rotes Kreuz)	128

Diebstahl und Überfälle

Taschendiebe und organisierte Banden nutzen die Unvorsichtigkeit, Müdigkeit und Desorientierung von Touristen aus. Urlauber sollten keine Unsicherheit zeigen, Reisen bei Nacht möglichst vermeiden und Wertsachen niemals zur Schau stellen. Besondere Wachsamkeit ist auf San Josés Busbahnhöfen, in öffentlichen Bussen und jeder Art von Menschenansammlungen geboten, denn dies sind Tummelplätze für Taschendiebe. Im seltenen Falle eines bewaffneten Überfalles sollte man keinen Widerstand leisten und ohne Zögern sofort den Forderungen des oder der Täter nachkommen.

Pass / Geld

Ob Costa Ricaner oder Tourist, jeder ist in Costa Rica verpflichtet, einen Ausweis bei sich zu tragen. Es reicht jedoch, sich zunächst mit der Passkopie auszuweisen; der Originalpass sollte sicherheitshalber im Hotelsafe verwahrt oder bei der Weiterreise stets dicht am Körper getragen werden. Für Wertsachen gilt generell: Nur das Nötigste mitnehmen und teuren Schmuck zu Hause lassen. Statt großer Bargeldsummen sollten Urlauber auf Kredit- und EC-Karten zurückgreifen, denn diese können im Notfall sofort gesperrt werden. Geld sollte möglichst tagsüber abgehoben und Geldzählen in der Öffentlichkeit vermieden werden.

Am sichersten ist Bargeld in versteckten Innentaschen oder unauffälligen Geldgürteln aufgehoben; niemals sollte es in den Seiten- oder Hintertaschen eines Rucksackes verstaut werden.

Gepäck

Ob im Bus, im Auto oder am Strand: Gepäck sollte grundsätzlich nie unbeaufsichtigt gelassen und Geld und persönliche Dokumente stets am Körper getragen werden. Viele Urlauber machen von der kostenlosen Gepäckaufbewahrung der Hotels und Herbergen in San José und Alajuela Gebrauch und reisen so leichter und sicherer. Busreisende sollten versuchen, Nachtfahrten zu vermeiden und ihr gesamtes Gepäck mit zu sich in den Bus zu nehmen. Wer sperrige Rucksäcke und Taschen im Gepäckraum verstaut, sollte bei Stopps stets ein Auge nach draußen werfen, um sich zu vergewissern, dass kein Fremder sich mit dem Gepäck aus dem Staub macht. Die Busgesellschaft haftet nicht für Gestohlenes.

Auto

Autofahrer sollten den Mietwagen grundsätzlich nur auf bewachten Parkplätzen abstellen und selbst dort kein Gepäck im Auto lassen. In der Vergangenheit häuften sich die Fälle von Reifenpannen bei Touristen, die vermutlich vorher arrangiert wurden. Die Autopannen liefen dabei stets nach dem gleichen Schema ab: Einheimische boten den Urlaubern ihre Hilfe an, der Reifen wurde geflickt, die netten „Helfer" verschwanden und zu spät bemerkten die Touristen, dass ihr gesamtes Gepäck aus dem Wagen gestohlen wurde. Bei Reifenpannen sollte daher stets eine Person im Mietwagen zurückbleiben oder die Türen verriegelt werden.

Strafbare Handlungen

Costa Rica und Nicaragua sind wichtige Transitländer für den Drogenschmuggel von Süd- nach Nordamerika. In Surforten oder an der im Reggae swingenden Karibikküste sind Rauschmittel weit verbreitet. Drogenbesitz ist jedoch in beiden Ländern illegal, und Gesetzesbrechern drohen langjährige Haftstrafen. Fragt sich, ob ein Tütchen das wert ist.

Umgang mit der Polizei

Costa Rica hat zwar kein Militär, dafür sind einige Polizeieinheiten stark bewaffnet und übernehmen paramilitärische Aufgaben. Wagenpapiere, Fahrzeugschein und Ausweis sollten Autofahrer bei einer Polizeikontrolle stets zur Hand haben. Wer sich länger in Mittelamerika aufhält, wird schnell lernen, dass es gang und gäbe ist, Schwierigkeiten mit Polizisten (und anderen Staatsdienern) durch eine *Coima* (Bestechungsgeld) aus dem Weg zu räumen.

Nicaragua

Nicaragua weckt bei vielen Europäern immer noch das Bild des gefährlichen Bürgerkriegslandes. Dabei herrscht bereits seit über zehn Jahren Frieden im Land, die Guerilla ist aufgelöst und Nicaragua gilt inzwischen als eines der sichersten, gleichzeitig aber auch als eines der ärmsten Reiseländer in Mittelamerika. Diebstahl und Überfälle können auch hier auftreten. Besondere Vorsicht ist am Mercado Roberto Huembes, am Mercado Oriental sowie am Ticabus-Bahnhof in der Hauptstadt Managua geboten.

Sport und Aktivitäten

Costa Rica hat traumhafte Strände. Für reinen Strandurlaub aber ist das Land viel zu schade. Denn, ob zu Wasser, in der Luft oder im Regenwald, das Angebot an Sportmöglichkeiten und Aktivitäten ist enorm:

Abseiling

Felswände hinunterzuklettern ist bereits aufregend genug. In Costa Rica wird das Naturerlebnis aber noch gesteigert: Man klettert am Seil mitten oder unter Wasserfällen hindurch. Beliebte Abseiling-Regionen sind Matapalo auf der Peninsula de Osa oder Costa Ricas Zentrum für Abenteuersport Fortuna. Für einen Abstieg durch eine Serie von acht Wasserfällen zahlt man stolze $85 pro Person.

Baden

Zwei große Ozeane und Wassertemperaturen um die 25 °C laden zum täglichen Baden ein. An einigen Pazifikstränden herrschen allerdings gefährliche Unterströmungen, die jedes Jahr leichtsinnige Touristen das Leben kosten. Rettungsschwimmer und Strandwächter gibt es kaum in Costa Rica. Deshalb – bevor es in die Wellen geht – immer erst fragen, ob es Corrientes (Strömungen) gibt.

Bungee Jumping

Costa Rica einmal kopfüber erleben! Mehr als 26 000 Mutige haben es bereits probiert. Gesprungen wird von der 80 m hohen Colorado-Brücke. $65 kostet der Adrenalinkick für den ersten Sprung, $30 für den zweiten. Weitere Informationen unter 💻 www.tropicalbungee.com.

Canopy

Das Leben im Regenwald spielt sich zum größten Teil in den Baumkronen ab. Dort sitzen die Vögel, spielen die Affen, hängen die Faultiere. Doch wie vom Erdgeschoss in den ersten Stock gelangen? Sich Stelzen zulegen? Auf Bäume klettern? Stolze $20 pro Person verlangen Tourveranstalter fürs Baumkraxeln. Bequemer machen es dem Neugierigen der **Skywalk** in Monteverde und das **Rainmaker Reservat** bei Quepos. Sie haben hohe Stahlbrücken errichtet, auf denen man leise durch die Baumkronen pirschen und Fotos schießen kann. Mit der **Rainforest Aereal Tram** im Braulio Carillo Park werden Besucher fast unhörbar per Skilift in die Baumkronen transportiert.

Wem mehr am Adrenalinkick als an der Natur gelegen ist, der kann sich wie weiland Tarzan an der Liane an einem Drahtseil von Plattform zu Plattform schwingen (s. S. 184, Kasten „Adrenalinkick im Nebelwald“). Bei Canopy-Touren sollten Teilnehmer sich vorher vergewissern, dass die Sicherheitsvorkehrungen stimmen. Zur Ausrüstung gehören ein Sicherheitsseil, ein Helm und Handschuhe. Hauptspielplatz für Urwaldtarzane ist Monteverde. Canopy-Veranstalter schießen jedoch überall in Costa Rica wie Pilze aus dem Boden.

Fußball

Costa Rica ist ein fußballbegeistertes Land. Die costa-ricanische *Primera Division* besteht aus zwölf Mannschaften. Die Erzrivalen *La Liga* aus Alajuela und *Saprissa* aus San José führen die Tabelle an. In jedem noch so kleinen costa-ricanischen Nest befindet sich ein riesiger Campo de futbol (Fußballplatz) – der beste Ort, um sich kreatives Tico-Kicken abzugucken. *Adelante!*

Kajak fahren / Rafting

Costa Rica ist ein exzellentes Reiseziel für Kajakfahrer und Rafter, die hier Flüsse aller Schwierigkeitsgrade vorfinden. Die Hochsaison für Paddler liegt in der Regenzeit, dann steigen die Ströme gewaltig an. Viele Wildwasser-Touren werden von San José aus angeboten, Verpflegung ist dann im Preis enthalten. Zu den großen Raftingveranstaltern zählen u. a.:
Río Tropicales, 💻 www.riostropicales.com,
Costarica Expeditions, 💻 www.costarica expeditions.com,
Exploradores Outdoors, 💻 www.explora doresoutdoors.com.

Oft trifft man mit lokalen Anbietern jedoch die bessere Wahl, s. Regionalkapitel Turrialba (Valle Central) und La Virgen (Der Norden) – die Gruppen sind kleiner, die Touren weniger hektisch und da der Rückweg in die Hauptstadt entfällt, verbringt die Gruppe letztendlich mehr Zeit auf dem Fluss. Einige Veranstalter bieten außerdem sogenannte „Floatingtouren" mit Schlauchboot an, ideal zum Tierebeobachten und Fotografieren. Grob gesagt, gibt es drei Kernregionen für Wildwasserfahrer:

Turrialba, südöstlich von San José

Turrialba ist Costa Ricas Paddel- und Raftingzentrum Nr. 1; die Flüsse in dieser Gegend sind meist ganzjährig befahrbar. Die wichtigsten:

Río Pacuare (WW III–IV); für die Befahrung des oberen Abschnitts müssen die Kajaks auf Pferde verladen werden. Die einzelnen befahrbaren Abschnitte sind jeweils über 20 km lang und eher wasserwuchtig, d. h. sie werden in der Regenzeit zunehmend schwieriger.

Río Reventazón (WW II–V), der mittlere Abschnitt ist durch die mittlerweile fertig gestellte 2. Staustufe nicht mehr befahrbar. Der Fluss ist stark abwasserbelastet.

Río Pejibaje (WW III), ein Nebenfluss des Río Reventazón. Ein sehr kleiner Fluss, daher nur in der Regenzeit befahrbar.

Die Gegend um La Virgen de Sarapiquí im Norden Costa Ricas

In und um den kleinen Ort **La Virgen** herum bieten rund zehn Tourveranstalter Raftingtrips und geführte Kajaktouren an, z. B. Aguas Bravas, 💻 www.aguas-bravas.co.cr und der jüngste Neuzugang, Pozo Azul, 💻 www.pozoazul.com.

Da es sich meist um relativ kleine Flüsse handelt, ist die Befahrbarkeit extrem vom Wasserstand abhängig. Die besten Monate für Paddler sind Juni bis Januar (Regenzeit). Die wichtigsten Flüsse:

Río Sarapiquí (WW I–IV+).
Río Puerto Viejo (WW IV abnehmend.
Río Toro (WW I–V).
Río Toro Amarillo (WW III–IV).
Río Sucio (WW IV).
Catarata Pozo Azul: ein 10 m hoher Wasserfall, den man mit Kajak befahren kann.

Ein empfehlenswerter Anbieter für schöne Wanderpaddeltouren ist der Deutsche Peter Jung. Peter hat seine Basis auf der Finca Peter y El Lobo, ✆ 761-1406, 💻 www.fincapedro.com, zwischen La Virgen de Sarapiquí und San Ramón, und schneidet seine Touren auf die Bedürfnisse der Teilnehmer zu. Auf seinen mehrtägigen Wildwassertrips lernen Paddler alle lohnenswerten Flüsse Costa Ricas kennen. Ab 2 Personen ungefähr $70 p. P. pro Tag, inkl. Transport, Unterkunft, Frühstück und Mittagssnack.

Für Naturliebhaber und Paddelnovizen empfiehlt sich die landschaftlich abwechslungsreiche Tour auf dem unteren Río Sarapiquí und dem Río San Juan bis an die Karibikküste nach Tortuguero. Dauer 3–4 Tage; ungefähr 140 km; rund 6–7 Std. paddeln pro Tag. Bei mindestens 2 Personen kostet die Tour rund $100 p. P. pro Tag, inkl. Essen, Unterkunft und Transport. Oder von Los Guatuzos durch das Naturreservat Caño Negro bis nach Los Chiles, an der Grenze zu Nicaragua; 4–5 Std. paddeln pro Tag; ungefähr $100 p. P. pro Tag, inkl. Essen, Unterkunft und Transport.

San Isidro de General im Süden des Landes

Die wichtigsten Flüsse: **Río Chirripó** (WW IV–V); ein paddeltechnisch anspruchsvoller Fluss; bis maximal Mitte Januar befahrbar.

Río General (III–VI), bis max. Mitte Januar befahrbar; befahrbarer Abschnitt 60–80 km; Mehrtagestouren sind möglich. Der Fluss ist zeitweise durch Abfälle aus der Kaffeeproduktion verunreinigt.

Weitere schöne schöne Paddelziele

Río Naranjo (WW II-III), südlich vom Parque Nacional Manuel Antonio und Seekajaktouren auf dem **Golfo Dulce** (Península de Osa).

Mountainbiking

Costa Ricas Gebirgszüge und Schlaglochpisten eignen sich teilweise hervorragend zum Mountainbikefahren. Nicht umsonst findet hier jedes Jahr die Ruta de los Conquistadores statt, eines der härtesten Mountainbikerennen der Welt.

Mountainbikeverleihstellen gibt es in den meisten Touristenzentren. Die Qualität der Fahrräder ist jedoch sehr unterschiedlich. Helm, Wasser und Sonnenschutz sollte man stets auf eine Tour mitnehmen. Empfehlenswerte Tourver-

anstalter sind **Bike Arenal**, 💻 www.bikearenal.com, in Fortuna (exzellente Ausrüstung!) und **cultourica**, 💻 www.cultourica.com.

Reiten

Costa Rica ist die Heimat des Sabanero – des costa-ricanischen Cowboys. Reittouren werden im ganzen Land angeboten. Besonders beliebt sind Ausritte am Strand oder der Reittreck von Fortuna nach Monteverde. Reiter sollten darauf achten, dass ihre Pferde nicht unterernährt sind. Leider ist das keine Selbstverständlichkeit in Costa Rica und – noch weniger in Nicaragua.

Sportfischen

Sportfischen ist vor allem bei nordamerikanischen Urlaubern ein beliebter und teurer Freizeitsport. Geangelt wird von kostspieligen Sportjachten aus nach Marlin, Robalo und Tarpunfischen. Je größer der Fisch desto besser, denn anschließend lässt man sich mit dem Fang auf einem Foto verewigen. Der Fisch wird danach zurück ins Wasser geworfen. Bei dieser angeblich tierfreundlichen *Catch and Release* (Fangen und Freilassen) Methode werden die Mäuler und Flossen der Fische jedoch oft so verletzt, dass die Tiere schließlich doch verenden.

Die amerikanischen Sportfischer machen jedoch in Costa Rica mehr Schlagzeilen durch Besäufnisse und Orgien mit Prostituierten als durch große Fischtrophäen. Zentren für Sportfischen sind Quepos, Playa Carrillo, Playa Flamingo, Jacó und Tamarindo.

Surfen

Costa Ricas Surfszene boomt. Zwar hat das Land nicht die höchsten Wellen, dafür aber eine Vielzahl an „breaks". Ehemalige kleine Fischerorte wie Tamarindo, Jacó oder Santa Teresa sind heute Treffpunkte der internationalen Surfszene. Neoprenanzüge braucht man bei den warmen Wassertemperaturen nicht. Surfbretter kann man sich in jedem größeren Surfort (Tamarindo, Jacó, Puerto Viejo, Pavones) ausleihen. Für Anfänger eignen sich besonders die Strände Playa Tamarindo und Playa Jacó. Fortgeschrittene ziehen dagegen die *breaks* am Playa Hermosa, Playa Grande, Playa Negra, in Matapalo, Pavones oder Puerto Viejo an der Karibikküste vor (s. S. 57, Karte: „Surfspots"). Die weltberühmten Surfsports Ollie's Point und Witches Rock an der Nordwestküste sind nur mit dem Boot zu erreichen. Immer mehr Surfer zieht es seit einigen Jahren an die Pazifikküste Nicaraguas. Dort herrscht weniger Betrieb, und die Unterkunftspreise sind günstiger.

Auf die besten **Surfbedingungen** an der Pazifikküste trifft man während der Regenzeit. An der Karibik ist es umgekehrt, sie hat die höchsten Wellen im *Verano,* von November bis Mai. Ausführlichere Informationen stehen in den Regionalkapiteln. Wettervorhersagen, Gezeiten-Tabellen und die genaue Beschreibung der einzelnen *breaks* gibt es unter 💻 www.crsurf.com.

Tauchen

Costa Rica hat einen großen Vorteil: Die Wassertemperaturen sind angenehm warm. Dafür sind die Sichtverhältnisse, besonders während der Regenzeit, für Taucher oft nicht optimal. Als beste Zeit zum Tauchen gelten die Monate Juni und Juli.

Die beliebtesten **Tauchstationen** befinden sich an der Pazifikküste in Playa Ocotal, Playas de Coco und Playa Hermosa. Getaucht wird hier in der Umgebung der Isla Murciélago und Isla Santa Catalina mit unzähligen Muränen, Haifischen, Rochen, Barracudas, Delphinen und Meeresschildkröten. Sehr beliebt zum Tauchen sind auch die Unterwasserschluchten an der Isla del Caño (Peninsula de Osa).

Die Karibikküste ist gut für Anfänger geeignet, Tauchschulen haben dort in Puerto Viejo und Manzanillo eröffnet. Entdeckungsgeister können in San Juan del Sur (Nicaragua) Tauchgänge in ein altes, versunkenes japanisches Schiffswrack unternehmen. Und wer Zeit und Geld nicht scheut, der wird das Tauchparadies Isla de Coco (s. S. 290) ansteuern, das der berühmte Meeresforscher Jacques Cousteau einst zu einem der schönsten Tiefseeplätze der Welt kürte.

Trekking

Costa Ricas Trekkingrouten reichen von mehrstündigen Wanderungen durch leicht begehbares Terrain bis zu mehrtägigen, anspruchsvollen Gebirgs- oder Dschungeldurchquerungen. Die Wege führen hinab zu erloschenen Vulkankratern, hinauf in atemberaubende Moränenlandschaft, quer durch dichte Regen- und Nebelwälder oder an kilometerlangen Stränden entlang. Die besten **Wanderreviere** befinden sich in den Nationalparks und Reservaten des Landes (s. S. 21, „Reiseziele").

Als **Ausrüstung** dürfen Sonnenschutz, gegebenenfalls ein leichter Regenschutz, ausreichend Wasser sowie knöchelhohe Schuhe mit gutem Profil nicht fehlen. Für mehrtägige Dschungeltrecks sollten Wanderer außerdem Kompass und Karte einpacken. Mit einem gut ausgebildeten Fremdenführer sieht das ungeübte Auge auf jeden Fall mehr. Die meisten Trecks sind – mit Ausnahme des Parque Internacional de la Amistad – jedoch auch alleine gut zu bewältigen.

Vögel beobachten

Costa Rica ist ein Eldorado für Vogelkundler. In dem kleinen Tropenland leben fast 900 Vogelarten – das sind mehr Arten als in ganz Europa zusammen. Vogelkundler kommen das ganze Jahr über auf ihre Kosten. Der Lieblingsvogel vieler Urlauber ist der **Quetzal**, der in den Nebelwäldern Monteverdes und auf dem Cerro de la Muerte zu Hause ist. Er führt seinen spektakulären Balztanz am Ende der Trockenzeit auf, d. h. im März und April.

Beste Chancen, den seltenen **roten Ara** zu sehen, hat man auf der Peninsula de Osa (s. S. 340, Kasten „Der Nussknacker von Osa"). **Wasservögel** wie der Jabiru-Storch oder der Rosa Löffler halten sich bevorzugt in den Feuchtgebieten Caño Negro, Los Guatuzos (Nicaragua) und Palo Verde auf. Hinzu gesellen sich Tausende von **Zugvögeln** aus Nordamerika, die in Costa Rica und Nicaragua den Winter verbringen. Fernglas nicht vergessen! Weitere Informationen zu den Vogelarten, stehen auch unter „Flora und Fauna", S. 72.

Windsurfing

Starke Passatwinde fegen von Dezember bis März über das Land und verwandeln den Stausee Arenal zu einem der Topreviere für Windsurfer. Die Wassertemperaturen liegen zwischen 18 und 21 °C. Gesurft wird vor allem auf dem westlichen Seenabschnitt; Surfausrüstung vermietet dort das Hotel Tilawa. Ein weiteres, wenig touristisches Windsurfgebiet und beliebtes Ziel für Kitesurfer, ist die Bahía Salina im äußersten Nordwesten Costa Ricas.

Yoga

Viele Hotels in Costa Rica bieten Yogakurse an. Oft sind dies exklusive, abgelegene Yogaresorts wie das Samasati Nature Retreat, 💻 www.samasati.com, an der Karibikküste das Hotel Guaria de Osa, 💻 www.guariadeosa.com, oder die La Luna Lodge, 💻 www.lunalodge.com, auf der friedlichen Peninsula de Osa.

Günstiger, aber nicht weniger schön, sind z. B. die Yogafarm in Punta Banco (s. S. 346, Kasten) oder die Urwaldlodge Ojo del Mar, 💻 www.ojodelmar.com (s. S. 336, Peninsula de Osa), wo Yogaunterricht unter freiem Himmel stattfindet. Yogalehrgänge und Fortbildung für Yoga-Lehrer werden vom Nosara Yoga Institute, 💻 www.nosarayoga.com, am Playa Nosara angeboten.

Sprachkurse

In Costa Rica und Nicaragua lässt sich das Spanischlernen wunderbar mit Urlaub kombinieren. Unter den costa-ricanischen Sprachschulen erfreut sich die Montana Linda Schule im schönen Orosi-Tal (s. S. 151, großer Beliebtheit. Wer den Strand nicht missen möchte, findet gute und sehr günstige Angebote in San Juan del Sur (Nicaragua) oder in Costa Ricas (teureren) Strandorten Sámara, Jacó und Tamarindo. Außerdem bieten diverse Reiseveranstalter Sprachreisen von Deutschland nach Costa Rica an.

Telefon

Telefonieren zählt zu den Lieblingsbeschäftigungen der Costa Ricaner. Selbst im abgelegensten Ort gibt es mehrere Telefonzellen mit Münz- oder Kartenapparaten. Telefonkarten sind zu 500C, 1000C und 3000C (in San José auch zu $10) erhältlich und werden u. a. in Pulperías („Tante Emma-Lädchen"), Supermärkten und an Lotto-

Internationale Vorwahlen

Bei internationalen Gesprächen entfällt die Null der jeweiligen Ortsvorwahl.
Innerhalb von Costa Rica gibt es keine Vorwahlnummern.

Deutschland	0049
Österreich	0043
Schweiz	0041
Costa Rica	00506
Nicaragua	00505

Nicht vergessen: Freunde und Familie zu Hause sind zeitlich 6 Stunden (während der deutschen Sommerzeit sogar 7 Stunden) voraus!

ständen verkauft. Llamadas Internacionales (Auslandsgespräche) führt man jedoch in den zahlreichen Internetcafés in San José, Managua oder den großen Touristenzentren, die günstige Tarife nach Europa anbieten.

In Nicaragua kann man außerdem – ganz auf die altmodische Art – von den Filialen der Telefongesellschaft Enitel ins Ausland anrufen: Der Kunde wird mit der gewünschten Nummer verbunden und bezahlt die Rechnung anschließend am Kundenschalter. Die unschlagbar günstigste Variante ist das Telefonieren über Internet und Kopfhörer mit dem Softwareprogramm Skype.

Mobiltelefone

Mobiltelefone sind heute weit verbreitet in Costa Rica, weniger in Nicaragua. Wer sein Mobiltelefon nach Costa Rica mitnehmen möchte, sollte sich vor der Reise bei seiner Telefongesellschaft erkundigen, ob der Handy-Vertrag das sogenannte „International Roaming" einschließt und über welches Netz das Mobiltelefon vor Ort betrieben werden kann. Für Handys mit Prepaid-Karten gelten Sonderregelungen.

Beim **„Roaming"** bucht sich das Handy automatisch ins Netz des ausländischen Mobilfunk-Anbieters ein, mit dem die heimische Handy-Gesellschaft zusammenarbeitet (der Name erscheint auf dem Display). Man ist dann im Ausland unter seiner regulären Handy-Nummer erreichbar. Geht ein Anruf ein, wird er von der Handy-Gesellschaft zu Hause in eben dieses Netz weitergeleitet. Doch die Erreichbarkeit hat ihren Preis: Bei eingehenden Anrufen aus Europa zahlt der Anrufer in der Regel nur den heimischen Tarif, während die Kosten, die für die Vermittlung ins fremde Netzes anfallen, zu Lasten der eigenen Rechnung gehen – je nach Land derzeit zwischen 0,70 € und 1,50 € pro Minute. Zudem berechnen einige ausländische Netzbetreiber zusätzlich noch Gebühren von bis zu 1,50 € pro Minute. Ein Anruf von zu Hause kann also leicht 2–3 € pro Minute kosten. Ankommende SMS sind dagegen fast immer kostenlos. Auch wer vom Ausland via Handy zu Hause anruft, muss sich auf hohe Kosten einstellen. Derzeit sind für eine Minute je nach Land bis zu 5 € zu berappen (SMS bis zu 0,70 €). Bei Gesprächen innerhalb des fremden Netzes werden in der Regel die landesüblichen Tarife berechnet. Genauere Infos zu Tarifen, Prepaid-Handys und Netzwerk-Kooperationen erteilen die verschiedenen Anbieter.

Wer mit seinem Handy im Ausland telefonieren möchte, muss sich auch darüber informieren, ob das Handy in den richtigen Frequenzbereichen (GSM 900, GSM 1800 oder GSM 1900) funkt. Das ist je nach Handy und Land verschieden.

Und noch ein Tipp: In manchen Ländern stehen mehrere Roaming-Netze zur Auswahl, doch nicht immer bucht sich das Handy in das günstigste Netz ein. In diesem Fall sollte man sich über die Tarife der Anbieter informieren und notfalls manuell unter dem Menüpunkt „Netze" oder „Netzwahl" ins preiswertere Netz wechseln.

Transport

Per Bus, Flugzeug, Boot oder Drahtesel – das Transportmittel bestimmt ganz entscheidend den Charakter einer Reise. Es folgt eine Übersicht costa-ricanischer Transportmittel mit ihren Vor- und Nachteilen.

Busse

Der Bus ist das wichtigste und günstigste Transportmittel in Costa Rica. Busverbindungen bestehen bis in die entlegensten Winkel des Landes. Fast alle **Fernrouten** führen über San José, den

Busfahrpläne

Busabfahrtszeiten, -haltestellen und -routen ändern sich in Costa Rica und Nicaragua am laufenden Band. Selbst der vom Instituto Costa-Ricense de Turismo (ICT) veröffentlichte Busfahrplan kann bei dem Tempo nicht mithalten und weist Fehler auf. Busreisende sollten sich deshalb unbedingt immer vor Ort über die aktuellen Abfahrtszeiten und Abfahrtsorte erkundigen.

Hauptverkehrsknotenpunkt des Landes, mit mehreren Dutzend Busgesellschaften, wild in der Stadt verstreut. Einige von ihnen besitzen noch nicht einmal einen Verkaufsschalter, geschweige denn einen Busfahrplan im Aushang.

Von San José bestehen täglich mehrere Verbindungen in die größeren Städte. Nach Heredia und Alajuela fährt alle 20–30 Minuten ein Bus, nach Cartago fahren die Busse sogar im Fünf-Minuten-Takt.

Costa Ricaner unterscheiden zwischen **Directos** – Bussen, die (rein theoretisch!) ohne Haltestopp zum Zielort fahren, und **Colectivos**, die an jeder Ecke halten (s. u., Kasten „Eine Hommage an den Chicken Bus"). Directos sind dabei meist die besseren, neueren Busse.

Bei vielen Bussen ist über der Fensterreihe an der Decke eine Kordel angebracht. Wer aussteigen will, muss an ihr ziehen. Üblich sind auch Pfiffe, das Klopfen mit einem Geldstück gegen die Fensterscheibe oder ein lauter *Parada!*-Schrei. Fahrkarten sollte man, besonders in der Weihnachts- und Osterzeit, bereits einige Tage vor der Abfahrt kaufen und am Verkaufsschalter Datum, Uhrzeit und Zielort überprüfen. In den Colectivos werden die Fahrkarten meist im Bus verkauft.

Busreisende sollten stets ihr **Handgepäck** mit zu sich auf den Sitzplatz nehmen und bei Stopps einen Blick nach draußen auf das Gepäckfach werfen (s. auch S. 53, „Sicherheit").

Eine Hommage an den Chicken Bus

Chicken Bus nennen die Engländer ihn, vielleicht weil mehr Hühner mit ihm fahren als Menschen, oder weil er bei jedem Huhn, das nur leicht mit den Flügeln schlägt, anhält? Eine Fahrt im Chicken Bus, dem Haupttransportmittel Nicaraguas – in Costa Rica meist nur noch in ländlichen Regionen zu sehen – ist auf jeden Fall, auch ohne Huhn, ein unvergessliches Erlebnis. Weg von klimatisierten Landrovern, die unnahbar wie Panzerwagen das Land durchkreuzen. Weg von Englisch sprechenden Backpackern und – weg mit der Uhr. Wann der Bus abfährt und wann er sein Ziel erreicht, das weiß man nicht, das weiß niemand.

Hinein in die Hitze, in den Geruchskessel aus Schweiß, Dufttannenbaum und Kinderwindeln. Bei jeder Bremsung knallt das Kruzifix vom Frontspiegel gegen die Windschutzscheibe, an jeder Kirche bekreuzigt sich der Fahrer. Aus dem Radio schallen Latinoschnulzen. Die Hälfte der Fahrgäste summt mit. Frauen packen ihre Einkäufe aus, probieren ihre neuen BHs über den T-Shirts an. Platz für nordeuropäische Beinlängen gibt es nicht. Selbst für costa-ricanische Glieder ist es zu eng – mein Hintermann rammt mir bereits zum dritten Mal kräftig die Knie in den Rücken. Die Mittagssonne knallt durch die dreckigen, klappernden Fensterscheiben. Nur eine zerlumpte Gardinenhälfte ist noch übrig. An ihr lerne ich, was costa-ricanische Konfrontationsangst bedeutet. Jedes Mal, wenn mein Vordermann glaubt, ich sähe nicht hin, zieht er die Gardine heimlich zu sich, und jedes Mal, wenn er seinen pomadigen Hinterkopf knirschend an die Kopflehne drückt, ziehe ich sie leise wieder zurück. Kein Wort, kein Umdrehen, kein Augenkontakt. Lediglich das Ziehen fällt ab und an ein wenig heftiger aus.

Die Serpentinen-Straßen machen den Kindern neben mir zu schaffen, eins nach dem anderen übergibt sich, ausgerechnet auf meine Hose. Fenster werden aufgerissen, Taschentücher weitergereicht und den Kindern mit den grünen Gesichtern sanft übers Haar gestreichelt. Jeder gibt einen anderen Ratschlag: *Cierra los ojos* (Schließ die Augen). *Mira afuera* (Schau nach draußen). *Pastillas, pastillas*! (Tabletten, Tabletten). Und zum Fahrer: *Más bolsas, por fa, más bolsas*! (Mehr Spucktüten, bitte) Ist die Tüte einmal vollgespuckt, wird sie – wie der übrige Müll auch – aus dem fahrenden Bus geschmissen. Der üble Geruch weicht endlich dem Duft frischer Tortillas; in jeder Kurve fällt die üppige Maisfladen-Verkäuferin einem anderen Fahrgast auf den Schoß. Mein Vordermann zieht mir wieder die Gardine weg, diesmal lasse ich ihn gewinnen. Heimvorteil Costa Rica!

Colectivos

Colectivos sind Sammeltaxis, in denen sich die Fahrgäste den Fahrpreis untereinander aufteilen. Leider gibt es das Colectivo-System nicht überall: Paso Canoa hat es, Golfito und Rivas (Nicaragua) auch. Mitunter werden auch Boote (Lanchas) als Colectivos (s. S. 64, Kasten „Lancha, Panga, Barco…") bezeichnet.

Mietwagen (Motorrad)

Mietwagen sind in Costa Rica teuer, die Straßen oft mit Schwerlastern verstopft oder mit Schlaglöchern übersät (s. S. 306, Kasten „Straße zu adoptieren"). Trotzdem, wer wenig Zeit hat, unabhängig reisen will und plant, in abgelegenen Dschungel-Lodges zu übernachten, für den ist das Auto die beste Transportmöglichkeit. Vorgezeigt werden müssen: ein gültiger Reise-

Tipps zum Autofahren in Costa Rica

Höchstgeschwindigkeit 80 km/h – da lacht der deutsche Urlauber. Doch bei kratergroßen Schlaglöchern, abruptem Ende der Fahrspur und Überholmanövern im Nebelwald ist man froh, wenn der Fuß rechtzeitig vom Gaspedal ist. Rechthaber haben es schwer auf Costa Ricas Straßen. Gefragt sind Flexibilität, defensives Fahren und ein gutes Reaktionsvermögen!

Vor der Abfahrt

- → Genau informieren, was die Versicherung im Schadensfall abdeckt.
- → Das Fahrzeug genau inspizieren und sich eventuelle Lackschäden oder Mängel schriftlich bestätigen lassen.

Fremde Länder, fremde Sitten

- → Costa Rica hat keine Ortsschilder! Orientieren kann man sich am besten an den blauen Telefonhinweisschildern, die in fast jedem Ort aufgestellt sind und auf denen der Ortsname steht.
- → Gelegentlich sind Verkehrshinweise direkt auf den Asphalt geschrieben: *Ceda* heißt „Vorfahrt gewähren!" *Para* bedeutet „Stopp!"
- → Auf Blinken ist kein Verlass! Oft wird der Blinker vergessen auszuschalten. Ein Fahrbahnwechsel wird dagegen oft gar nicht angezeigt.

Cuidado (Vorsicht)!

- → Schlaglöcher zählen zu den Hauptunfallursachen in Costa Rica. Achtung, sie tauchen auch auf frisch asphaltierten, glatten Straßen auf.
- → Auf mehrspurigen Straßen kann die äußerste Fahrbahn ohne Warnhinweis plötzlich enden.
- → Besonders in ländlichen Regionen muss mit Fußgängern, Tieren und Kindern auf der Fahrbahn gerechnet werden.
- → Durch den starken Lastwagenverkehr kommt es in Costa Rica oft zu Verkehrsstaus. Besonders die Hauptverkehrsstraßen über den Cerro de la Muerte und durch den Braulio Carrillo Nationalpark sind bekannt für riskante Überholmanöver.
- → Viele Flüsse steigen während der Regenzeit stark an. Immer vergewissern, wie tief der Fluss ist und gegebenenfalls umkehren.
- → Autofahren am Strand ist verboten.

Sicherheit

- → Niemals Gepäck im Auto zurücklassen, auch nicht „nur für fünf Minuten."
- → Beim Restaurantbesuch immer den Mietwagen in Sichtweite parken.
- → Grundsätzlich bewachte Parkplätze benutzen!
- → Bußgelder niemals an Polizeibeamte zahlen!

Unfall

Im Falle eines Unfalls das Auto nicht vom Fleck bewegen, sondern warten, bis die Polizei und ein Versicherungsbeauftragter an der Unfallstelle sind.

pass, eine Kreditkarte und der Führerschein. In fast jedem größeren Touristenort gibt es eine Autovermietung. Die größte Auswahl befindet sich auf dem Paseo Colon in San José oder am Aeropuerto Internacional Daniel Oduber in Liberia.

Die **Mietpreise** hängen sehr von der jeweiligen Reisesaison und der Mietzeit ab. Angebote und Leistungen variieren erheblich; die Unternehmen in Flughafennähe berechnen einen zusätzlichen Aufpreis von 12 %. Bei einigen Anbietern gehört ein Mobiltelefon zur Ausstattung, andere sind bei der Routenplanung behilflich oder vermieten ältere Wagenmodelle zu vergünstigten Preisen.

Empfehlenswert ist ein Wagen mit Vierradantrieb. Die **Preise** beginnen hier bei $270 pro Woche in der Nebensaison und steigen bis zu $450 Dollar pro Woche in der Hauptsaison. Ein Liter Super-Benzin kostet rund $1,20. Für die Versicherung werden zusätzlich $12–20 pro Tag verlangt.

Fahrrad

Für kurze Mountainbiketouren ist Costa Rica ideal (s. S. 56, „Sport und Aktivitäten"). Vom Fahrrad als Haupttransportmittel ist allerdings abzuraten. Gebirgszüge und Tropenklima erschweren das Radeln. Viel störender aber ist der starke Schwerlastertransport. Radwege gibt es keine und gefährliche Überhol- und Ausweichmanöver sind an der Tagesordnung (s. Kasten rechts, „In die Defensive!"). Am besten nimmt man das Rad im Bus mit und fährt in die **fahrradfreundlichen** Regionen. Dazu zählen z. B. die staubigen, aber malerischen Küstenstraßen der Peninsula de Nicoya, eine Rundfahrt um den idyllischen Arenalsee oder um das malerische Orosi-Tal.

Radfahrer sollten ihr Rad über Nacht immer in die Unterkunft mitnehmen und tagsüber sicher anschließen. Fahrradreparaturwerkstätten gibt es in beinahe jedem Ort, oft führen diese jedoch nur Ersatzteile für ältere Fahrradmodelle. Wer mit dem eigenen Fahrrad unterwegs ist, sollte sich das wichtigste Werkzeug und eine Ersatzkette von zu Hause mitbringen.

In die Defensive!

Die Höflichkeit und Hilfsbereitschaft der Costa Ricaner sucht man vergeblich im Straßenverkehr. Hier regiert, wer den lautesten Motor, den dicksten Reifen und die höchste Karosserie hat. Für Motorrad- und Radfahrer sowie Fußgänger gilt deshalb: in die Defensive!

Trampen

Reisen per Anhalter birgt in jedem Land ein großes Risiko. Dies gilt vor allem für allein reisende Frauen. In Costa Rica ist Autostopp nicht sehr verbreitet. Ticos ziehen es meist vor, lange auf den Bus zu warten. Üblicher ist das Reisen per Anhalter in Nicaragua oder in abgelegenen Regionen, die nur schwer mit dem Bus zu erreichen sind. In der Küstenregion z. B. bietet sich oft die Gelegenheit von anderen Urlaubern – Surfern – mitgenommen zu werden. Wer bei Einheimischen mitfährt, sollte dem Fahrer anbieten, sich am Fahrpreis zu beteiligen, d. h. fragen: *Cuánto le debo?* (Wie viel Geld bin ich Ihnen schuldig?).

Eisenbahn

Seit dem letzten großen Erdbeben von 1991, das Costa Ricas Schienennetz um 1,5 m empor hob, liegen die Eisenbahngleise im Land weitgehend brach – der Gütertransport wurde vollständig auf die Straße verlegt. Eine kleine Strecke von San Pedro nach Pavas (Stadtrand von San José) wurde 2006 für Großstadtpendler wieder in Betrieb genommen.

Außerdem bietet der **Tico Train** Touristenfahrten von San José an die Pazifikküste an (s. Regionalkapitel San José).

Boote und Schiffe

Fähr- oder Bootsfahrten sollte man – wenn möglich – grundsätzlich Straßenrouten vorziehen. Auf ihnen lernt man die malerischsten Gegenden

Costa Ricas und Nicaraguas kennen. Zu den „Wasserstraßen" zählen:

- → Die Fährüberfahrt von Puntarenas über den Golfo de Nicoya auf die Peninsula de Nicoya.
- → Die Fährüberfahrt von Puerto Jiménez über den Golfo Dulce nach Golfito.
- → Die Bootsfahrt von Cariari über den Río Tortuguero ins Schildkrötenland Tortuguero und weiter über die Kanäle an die Karibikküste nach Moín.
- → Die Grenzüberquerung von Los Chiles (Costa Rica) über den Río Frío nach San Carlos (Nicaragua; s. S. 194, Kasten „Per Lancha nach Nicaragua").
- → Die Bootsfahrten von San Carlos (Nicaragua) über den Río San Juan nach El Castillo und weiter an die nicaraguanische Karibikküste nach San Juan del Norte, oder über den Lago Cocibolca auf das Inselarchipel Solentiname.
- → Die Schiffsfahrt von der Isla Ometepe (Nicaragua) über den Lago Cocibolca nach San Carlos.
- → Die bewegte Fährüberfahrt von San Jorge (Nicaragua) über den Lago Cocibolca auf die Isla Ometepe. Der Wellengang auf dem Lago Cocibolca kann mitunter recht stark sein. Nicht umsonst wird der See auch Mar dulce (Süßwasser-Meer) genannt. Reisekaugummis gegen Übelkeit einpacken!

Lancha, Panga, Barco...

Am Río San Juan (Nicaragua) ist das Boot das Haupttransportmittel und der Fluss die Straße. *Lancha, Panga, Barco,* jede Nussschale trägt hier einen anderen Namen. Was ist der Unterschied?

Eine **Lancha** – manchmal auch Colectivo genannt – hat Platz für bis zu 40 Personen und ist das billigste, öffentliche Verkehrsmittel auf dem Fluss. Lanchas sind die „Busse" auf dem Wasser.

Eine **Panga** ist ein privates Boot, das (mit Kapitän) gemietet werden kann und entsprechend teuer ist. Pangas sind die „Taxis" auf dem Wasser.

Als **Barcos** werden die großen Schiffe bezeichnet, die von Granada über die Isla Ometepe nach San Carlos fahren. Zwei Klassen stehen zur Auswahl: Klasse I im unterkühlten Fernsehraum mit laufendem *Tele* die ganze Nacht, oder Klasse zwei auf dem windigen Deckboden zwischen Reissäcken und unter freiem Tropenhimmel (es wird kalt, Schlafsack mitbringen!).

Bei allen Nussschalen gilt: Wenn möglich, nicht an den Bootsrand setzen, denn dort wird man am schnellsten nass!

Flüge

Zwei Fluggesellschaften fliegen täglich von San José zu den **Haupttouristenzentren** und beliebtesten Nationalparks Costa Ricas. Dazu gehören: Bahía Drake, Barra del Colorado, Golfito, Liberia, Coto 47/Neily, Palmar Sur, Playa Nosara, Playa Sámara/Carillo, Playa Tamarindo, Puerto Jiménez, Puerto Limón, Quepos, Tambor und Tortuguero. Außerdem bestehen Flugverbindungen nach Panama und Nicaragua.

Das staatliche Flugunternehmen **Sansa** befindet sich auf dem Gelände des Aeropuerto Internacional Juan Santamaría. Die private **Nature Air** fliegt vom Aeropuerto Tomas Bolaños, in Pavas, rund 8 km westlich vom Zentrum San Josés. Passagiere dürfen bei Sansa nicht mehr als 10 kg mit sich führen. Nature Air erlaubt maximal 12 kg und bietet kostenlose Gepäckaufbewahrung an.

Surfbretter und Fahrräder können gegen einen Aufpreis von $10 (Sansa) bzw. $15 (Nature Air) mitgenommen werden. Longboards (über 2,1 m), Windsurfausrüstung und Kajaks werden nicht mitbefördert. Passagiere sollten sich auf häufige Verspätungen oder Flugplanänderungen einstellen.

Während der **Hauptsaison** sollte man Flüge so früh wie möglich buchen. Für Vielflieger bietet sich der Kauf eines Rundreisepasses an. Eine Woche kostet bei Nature Air $274 (Sansa $299); für zwei Wochen zahlt man $349.

Nahverkehr

Eine **Busfahrt** innerhalb des Stadtzentrums kostet ungefähr $0,50. Costa Ricas offizielle **Taxis**, die *Taxis rojos,* sind rote Autos mit einem gelben

Kulturschock Costa Rica

Lärm

„Die Wohnung ist ruhig, eine leise Gegend, ideal zum Schreiben", versichert mir die Vermieterin. Sie ist kein Miethai, die kleine Campesino-Frau. Sie lügt nicht. Allerdings ist sie Costa Ricanerin und ich bin Nordeuropäerin – und *tranquilo* (ruhig) ist ein sehr relativer Begriff.

Musik gehört in Costa Rica zum Alltag. Getrommelt und gesungen wird im Geschäft, beim Zahnarzt, im Internetcafé und auf den Oberschenkeln im Bus. Musik ist Ausdruck von Lebensfreude. Ohne den tiefen, dumpfen Bass des Reggaeton oder die herzzerreißenden Liebesschnulzen im Hintergrund fühlt ein Tico sich einsam. Und Musik muss gut zu hören sein. Der rebellierende Teenager dreht sie genauso auf wie die kochende Hausfrau. Dazu wird kräftig mitgesungen, klappern Töpfe und Pfannen und spielt im Hintergrund die brasilianische *Telenovela* (Seifenoper). Die dünnen Pappkartonwände vibrieren. Leise? Schreiben? *Imposible.*

Zeit

Der Zeitbegriff – oder wie Ticos sagen die *Hora tico* – kann einen pünktlichen Deutschen zur Weißglut bringen. Eine Veranstaltung, die auf 15 Uhr angesetzt ist, beginnt oft erst ein oder zwei Stunden später. Genauso ist es mit Einladungen. Man sagt zu, ganz unverbindlich, kommt oder kommt nicht. Ein costa-ricanischer Freund erklärt: „Wenn ein Tico früher als verabredet auftaucht, dann nur, weil er über beide Ohren verknallt ist (mich hat er natürlich wieder warten lassen ...). Auch Busse fahren oft nicht nach Plan. Los geht's, wenn der *Colectivo* voll ist. Und fragt man nach der Abfahrtszeit, erhält man immer dieselbe Antwort: *Ahora* (gleich). – Gleich? Jetzt? Das Jetzt kann eine Stunde sein, ein halber Tag oder gar nicht. Besser gar nicht fragen und Zeit mitbringen. Denn die braucht man fürs Schlangestehen vor Banken, Supermärkten und Fahrkartenschaltern. Warum unnötig hetzen in dieser Tropenhitze? *Tranquilo, tranquilo.* Keine Zeit? Das gibt's hier nicht.

Distanz

Costa Ricaner wohnen oft auf engem Raum zusammen – die ganze Großfamilie unter einem Dach. Berührungsängste gibt es hier nicht. Ein Kuss zur Begrüßung, Anfassen beim Erzählen – Ticos suchen immer den Kontakt. Schweigendes Warten an der Bushaltestelle ist in Costa Rica unvorstellbar. Auf Entfernungsangaben sollte man sich allerdings nicht verlassen: man erhält stets so viele Antworten, wie man Leute fragt.

Dreieck an der Tür. Eine Taxifahrt innerhalb des Stadtzentrums kostet rund 2–3 Dollar, vorausgesetzt man fährt außerhalb der Stoßzeiten. Bei Kurzfahrten sollte man stets darauf bestehen, das Taxameter anzustellen; nur bei größeren Distanzen lohnt es sich, Festpreise auszuhandeln. Trinkgeld wird nicht erwartet.

Shuttle-Busse

Eine (teure) Alternative zu den öffentlichen Bussen sind Shuttle-Busse: Kleine, bequeme, klimatisierte Minibusse, die die Haupttouristenzentren im Land miteinander verbinden und Urlauber von Hotel zu Hotel chauffieren. Die zwei Hauptunternehmen sind **Interbus**, 💻 www.interbusonline.com, und **Grayline**, 💻 www.graylinecostarica.com. Reservierungen und Fahrkarten sind über Reisebüros oder das Internet erhältlich.

Übernachtung

Rustikale Urwald-Lodges – Villen reicher Kaffeebarone – organische Yogafarmen oder von Hand geschnitzte Baumhäuser. Costa Ricas Vielfalt an Unterkünften ist enorm, viele Träumer haben hier ihr Traumhotel gebaut.

Der Schwerpunkt in der Hotelauswahl wurde in diesem Reiseführer auf kleine bis mittelgroße

Preiskategorien

Die Unterkünfte werden in diesem Buch nach den unten aufgeführten Kategorien eingeteilt. Die Preise beziehen sich auf ein DZ in der Hauptsaison.

❶	bis US$10
❷	bis US$20
❸	bis US$40
❹	bis US$60
❺	bis US$90
❻	über US$90

Unterkünfte gesetzt. Die Preisangaben beziehen sich stets auf die Zimmerpreise während der Hauptsaison (Januar bis April). Dabei sind die 16,39 % Steuern, die von den Hotels der mittleren und oberen Preisklasse berechnet werden, bereits berücksichtigt.

Wenn Mahlzeiten im Zimmerpreis enthalten sind, wird dies mit „VP" (Vollpension), „HP" (Halbpension) oder „Frühstück" vermerkt.

Weitere Informationen s. auch S. 30, „Reisekosten".

Aparthotels findet man vor allem in La Sabana, am westlichen Stadtrand von San José. Aparthotels haben Zimmer mit Küche und eignen sich gut für Familien. Oft werden Sondertarife für Langzeitaufenthalte angeboten.

Cabinas gibt es in fast jeder Ortschaft. Die einfachen Zementzimmer haben meist ein eigenes Bad und liegen im unteren bis mittleren Preisbereich. Bei einigen wird der Übernachtungspreis pro Person berechnet, andere berechnen die Preise pro Zimmer.

Camping ist unter costa-ricanischen Urlaubern sehr beliebt. Wildes Zelten am Strand ist nur noch an einigen Orten erlaubt. Mehrere Nationalparks bieten Campingvorrichtungen an. Offizielle Zeltplätze sind häufig sehr laut und die Sanitäranlagen nur befriedigend. Auf Sicherheit sollte man unbedingt achten.

Luxuriöse Wohnzelte sind in Costa Rica groß im Kommen. Die stabilen, geräumigen Zelte sind mit Möbeln, Deckenventilator und Badezimmern ausgestattet. Die meisten befinden sich auf der Peninsula de Osa und an der Zentralen Pazifikküste. Die Übernachtungspreise sind ähnlich hoch wie bei Hotels der mittleren oder hohen Preisklasse.

Statt Jugendherbergen gibt es in Costa Rica eine Vielzahl an privaten **Backpackers**, **Hostales** und **Hospedajes**. Die Konkurrenz ist groß. Geworben wird mit Swimmingpools, kostenlosem Internet oder großen Fernsehlounges. Eine Nacht im Schlafsaal kostet deshalb selten unter $10.

Der Begriff **Hotel** ist in Costa Rica sehr weit gefasst. Das können schäbige, muffige Zimmer ohne Fenster sein, zwielichtige Stundenhotels – oder Luxushotels.

Eine **Lodge** ist eine rustikale Unterkunft, meist in der Natur. Lodges gehören häufig zur mittleren bis höheren Preiskategorie.

Verhaltenstipps

Wie flirten Costa Ricaner, wie wird kritisiert und wie begrüßt man sich? Der folgende, kurze Überblick soll Urlauber vor den schlimmsten Fettnäpfchen bewahren.

Bettler

Ein Aufenthalt in einem Entwicklungsland bedeutet, auch mit Armut konfrontiert zu werden. Während Costa Rica einen der höchsten Lebensstandards in Mittelamerika hat und bereits zu den Schwellenländern gehört, zählt Nicaragua zu den ärmsten Ländern ganz Lateinamerikas. Die Hälfte aller Nicaraguaner leben unter der Armutsgrenze und Straßenkinder gibt es zuhauf. Einige Dollar für einen Hilfsbedürftigen reißen niemandem ein Loch in die Reisekasse. Doch oft unterstützt man mit dem Geld Drogensucht wie Leimschnüffeln oder Alkoholismus. Der Kauf einer Mahlzeit z. B. ist oft die bessere Alternative. Engagieren kann man sich auch nach dem Urlaub durch Spenden oder Mitarbeit, z. B. in einem der vielen deutschen Hilfsprojekte. Infos gibt es u. a. beim „Nicaragua Forum Heidelberg (s. „Informationen") oder beim Ometepe-Projekt (s. Kasten S. 400).

Ehe und Familie

Für viele Costa Ricaner und Nicaraguaner bildet die Familie nach wie vor den Lebensmittelpunkt und eine wichtige soziale Absicherung. Großfamilien leben oft unter einem Dach zusammen. Der Mann gilt nach wie vor als Beschützer und Ernährer der Familie. Kinder verlassen das Elternhaus oft erst nach der eigenen Hochzeit. Teenager-Mütter und Gewalt an Frauen gehören zum traurigen Alltag. Durch die Frauenemanzipation beginnen sich in den großen Städten jedoch langsam die traditionellen Rollenmuster aufzulösen.

Fotografieren

Jeder Fotograf kennt das Dilemma: Soll man das Foto einfach machen oder erst fragen und riskieren, dass die natürliche Haltung zur Pose wird? Das hängt ganz von der Situation ab. Feingefühl ist bei Porträtaufnahmen das A und O. Dass es respektlos ist, ungebeten bei religiösen Zeremonien zu fotografieren oder ungefragt Personen das Objektiv vor die Nase zu halten, versteht sich von selbst. In Indianerreservaten sollte man grundsätzlich um Erlaubnis fragen. Die Boruka-Indianer verlangen während ihrer Fiesta de los Diablitos (s. S. 324, Kasten) eine Foto- und Videogebühr. Kinder lassen sich meist gern fotografieren. Eine Digitalkamera hat den Vorteil, dass man anschließend gemeinsam die Aufnahmen ansehen kann.

Homosexualität

Costa Rica und Nicaragua sind klassische Macho-Länder. Gleichgeschlechtliche Paare reisen jedoch weitgehend unbehelligt, wenn sie sich in der Öffentlichkeit diskret verhalten.

Gast im fremden Land

Die Freundlichkeit, Hilfsbereitschaft und menschliche Wärme der Costa Ricaner sind umwerfend. Höflichkeit wird unter Ticos geradezu gefeiert: *Para servirle* (Ich bin hier, um Ihnen zu dienen), *con permiso* (mit Verlaub), *con mucho gusto* (mit größtem Vergnügen) usw. gehören bei Jungen wie bei Alten zum täglichen Umgangston. Zur Begrüßung gibt man sich einen Wangenkuss, Männer einen Handschlag. Selbstverständlich ist es, Älteren, Frauen und Schwangeren im Bus den Sitzplatz zu überlassen oder beim Tragen von Gepäck behilflich zu sein. Direktheit oder Kritik sind Costa Ricanern fremd und können, wenn von Ausländern geäußert, leicht als Bevormundung missverstanden werden. Costa Rica ist eine konfrontationslose Gesellschaft, ein klares Nein hört man äußerst selten. Wer brüllt oder andere beleidigt, verliert hier sein Gesicht.

Gringo

Die Bezeichnung „Gringo" kann in Costa Rica sowohl eine neutrale als auch eine abwertende Bedeutung haben, es kommt auf die Betonung und den Kontext an. Im Zusammenhang mit dem Landaufkauf (s. S. 296, Kasten „Der Ausverkauf eines Landes") und dem Freihandelsabkommens CAFTA (s. Wirtschaft) hat *Gringo* jedoch meist eine negative Bedeutung.

Kleidung

Costa Ricaner und Nicaraguaner legen großen Wert auf Körperhygiene und ein gepflegtes Äußeres. Auch bei der armen Bevölkerung sind saubere, gebügelte Kleidung, geputzte Schuhe und tägliches Duschen eine Selbstverständlichkeit.

Ein Europäer, der sich einen Fernflug leisten kann, aber in lumpigen Klamotten oder barfuß umherreist, stößt besonders in ländlichen Gebieten auf Unverständnis und missbilligende Blicke. Eine legerere Kleiderordnung herrscht in den Touristenzentren und in San José, wo Badeschlappen, Shorts, Jeans, Turnschuhe und Baseballkappe auch bei Einheimischen auf dem Vormarsch sind. Mit hautenger Kleidung, knappen Miniröcken, tiefen Ausschnitten und hohen Stöckelschuhen bezirzen viele Ticas die Männer. Eine Frau, die unbelästigt reisen will, sollte sich weite, unauffällige Kleidung zulegen (s. auch S. 40, Frauen unterwegs). Oben ohne und Freikörperkultur werden weder in Costa Rica noch in Nicaragua toleriert.

Religion

In Costa Rica und Nicaragua spielt die katholische Religion traditionell eine große Rolle im Leben der Bevölkerung. Wie auch immer man zu Papst und Kirche stehen mag, mit Kritik sollte man sich sehr zurückhalten und sich bei einem Kirchenbesuch angemessen kleiden und respektvoll verhalten.

Sprache

Englisch wird in Costa Rica in fast allen größeren Touristenzentren gesprochen, in Nicaragua dagegen weitaus weniger. Wer Spanisch beherrscht, hat es leichter, sich abseits der Touristenroute zu bewegen und Land und Leute kennen zu lernen. Aus Respekt sollte sich jeder Urlauber die Mühe machen, zumindest die wichtigsten Redewendungen auf Spanisch zu lernen (s. S. 416, Sprache).

Versicherungen

Eine optimale Absicherung bietet der Abschluss einer separaten Kranken-, Rat & Tat-, Unfall- und Gepäckversicherung. Da sich die Versicherungsbeiträge jedoch zu einer stattlichen Summe addieren, sollte das Risiko genau abgewogen werden.

Auf jeden Fall ist eine **Reisekrankenversicherung** notwendig, da die heimischen Kassen die Behandlung im Ausland nicht bezahlen. Eine Erkrankung kann jedoch leicht tausende Euro kosten, wenn z. B. ein schneller Transport nach Europa nötig wird. Da kaum jemand diese hohen Summen bei sich trägt, kann in solchen Fällen die deutsche Botschaft um Hilfe gebeten werden. Diese kann Geld vorstrecken; jedoch nur, sofern die Kosten nachweislich von einer Krankenversicherung übernommen werden.

Reisekrankenversicherung

Nur wenige private Krankenkassen bieten weltweiten Schutz. Um das Risiko einer Erkrankung abzusichern, muss jeder für eine Reise nach Lateinamerika eine Auslandskrankenversicherung abschließen. Die meisten Reisebüros haben entsprechende Angebote vorliegen. Im Krankheitsfall muss Geld vom Kranken vorgestreckt werden, denn die Kosten werden von den Versicherungen erst später erstattet.

Im Versicherungsfall

Folgende Angaben müssen auf der Rechnung stehen, die nach der Reise bei der Versicherung einzureichen ist:

- → Name, Vorname, Geburtsdatum
- → Behandlungsort und -datum
- → Diagnose
- → erbrachte Leistungen in detaillierter Aufstellung (Beratung, Untersuchungen, Behandlungen, Medikamente, Injektionen, Laborkosten, Krankenhausaufenthalt),
- → Unterschrift des behandelnden Arztes, mit Stempel

Zudem sind einige Einschränkungen zu beachten: Bei Zahnbehandlungen werden nur Notfallbehandlungen bezahlt. Auch chronische Krankheiten oder solche, die bereits vor Abreise auftraten, sind nicht von der Versicherung abgedeckt.

Erkrankte werden dann nach Hause geflogen, wenn am Urlaubsort keine ausreichende Versorgung gewährleistet ist. Dafür kommen Linienmaschinen oder eigens geschickte Ambulanzflugzeuge zum Einsatz. Die meisten Versicherungen haben eine Eigenbeteiligung, die 50 € pro Versicherungsfall beträgt.

Reiserücktrittsversicherung

Bei einer pauschal gebuchten Reise ist die Reiserücktrittsversicherung meist im Preis inbegriffen. Es empfiehlt sich zur Sicherheit nachzufragen. Eine individuelle Reise kann ebenfalls versichert werden. Manche Reisebüros vermitteln derartige Versicherungen. Eine Reiserücktrittsversicherung muss kurz nach Buchung (in der Regel spätestens 14 Tage danach) abgeschlossen werden. Bei Krankheit oder Tod eines Familienmitglieds oder Reisepartners ersetzt die Versicherung in der Regel die anfallenden Stornokosten der Reise. Bei einer Reiseunfähigkeit wegen Krankheit ist ein ärztliches Attest vorzuweisen. Die Kosten der Versicherung richten sich nach dem Preis der Reise und der damit verbundenen Höhe der Stornogebühren, meist zwischen 15 und 90 € p. P., z. T. mit Selbstbeteiligung.

Reisegepäckversicherung

Viele Versicherungen bieten auch eine Absicherung des Gepäcks. Die Bedingungen für den Ersatz der verlorenen Gegenstände sind immer sehr eng gefasst. Daher sollten die Versicherungsbedingungen genau gelesen werden. Gepäck darf z. B. nicht unbewacht in abgestellten Kraftfahrzeugen zurückgelassen werden und Kameras und Fotoapparate müssen, um vor Straßenräubern sicher zu sein, quer über der Brust und nicht nur über der Schulter getragen werden. Bargeld ist nie versichert und auch bei Schmuck und Foto- und Videogeräten wird meist nur ein Bruchteil des Wertes ersetzt.

Wer sich für eine Reisegepäckversicherung entscheidet, sollte darauf achten, dass diese Weltgeltung besitzt und die Reisedauer in ausreichender Höhe absichert. Bei einem Schadensfall muss der Verlust bei der Polizei gemeldet werden. Hilfreich ist hierbei eine vorher angefertigte **Checkliste**, auf der alle Wertgegenstände verzeichnet und beschrieben sind. Alle wichtigen Gegenstände im Handgepäck befördern. Eine Reisegepäckversicherung mit einer Deckung von etwa 2000 € kostet für 24 Tage ca. 30 €, ein Jahresvertrag 60–70 €.

Fotoversicherung

Da Foto- und Videogeräte selten ganz abgesichert sind, bietet sich bei der Mitnahme einer guten Kamera eine zusätzliche Fotoapparate-Versicherung an. Diese ist relativ teuer, die Gebühr richtet sich nach dem Wert der Ausrüstung oder der angesetzten Versicherungssumme.

Visa

Bürger aus den Mitgliedstaaten der EU und aus der Schweiz können sich bis zu 90 Tage mit einem Reisepass ohne Visum in Costa Rica oder Nicaragua aufhalten. Der Pass muss sechs Monate über das Einreisedatum hinaus gültig sein. Wer einen längeren Aufenthalt plant, muss noch vor Ablauf der Frist für 72 Stunden in eines der Nachbarländer ausreisen oder einen zeitaufwendigen Verlängerungsantrag bei der Immigración (Einreisebehörde) in San José beantragen. Die Immigracion befindet sich 4 km nördlich des Parque La Sabana, ✆ 220-0355, ⌚ 8–16 Uhr. Für Langzeitaufenthalte (Studium, Freiwilligendienst, Arbeit) muss eine Aufenthaltserlaubnis bei der zuständigen costa-ricanischen Botschaft im Heimatland beantragt werden (s. S. 34, Botschaften und Konsulate).

Voluntario (Freiwilligendienst)

Costa Rica

Folgende Organisationen, bieten ökologischen Freiwilligendienst an:

ACVOCR (Asociación de Voluntarios para el Servicio en las Areas Protejidas), 💻 www.asvocr.org; costa-ricanische Nonprofitorganisation, die *Voluntarios* an Nationalparks und Reservate vermittelt.

ANAI, 💻 www.anaicr.org, von der UN ausgezeichnete, Nonprofitorganisation, die sich an der Karibikküste für Umwelt- und Tierschutz einsetzt. Freiwillige arbeiten hauptsächlich an Schildkrötenprojekten oder auf der Finca Loma mit (s. S. 378, Kasten „Engagiert in Talamanca").

Pretoma, 💻 www.tortugamarina.org, costa-ricanische Nichtregierungsorganisation, die sich für den Schutz von Meeresschildkröten und Meeressäugern einsetzt.

Proyecto Cloudbridge, 💻 www.cloudbridge.org; privates Nebelwaldreservat an den Hängen von Costa Ricas höchstem Berg, dem Cerro Chirripó.

Nicaragua

Folgende deutsche Organisationen führen Hilfsprojekte in Nicaragua durch. Sie arbeiten mit Voluntarios oder können Informationen zum Freiwilligendienst in Nicaragua geben.
Nicaragua Forum, 💻 www.nicaragua-forum.de.
Nicaragua Verein, 💻 www.nicaragua-verein.de, Städtepartnerschaft zwischen Hamburg und León; Hilfsprojekte in León.
Ometepe-Projekt, 💻 www.ometepe-projekt-nicaragua.de (s. S. 400, Kasten).
Verein zur Förderung der Städtepartnerschaft Berlin-Kreuzberg / San Rafael del Sur;
💻 www.staepa-berlin.de.

Weiterreise

Costa Rica ist gut vernetzt mit Nord- und Südamerika. Die meisten Flugverbindungen bietet TACA, 💻 www.flysansa.com vom Aeropuerto Juan Santamaría in San José an. TACA fliegt alle mittelamerikanischen Hauptstädte an sowie Kuba, die Dominikanische Republik, Venezuela (Caracas), Peru (Lima) und USA (L.A. und New York).

Zeit

Costa Rica und Nicaragua liegen hinter der MEZ 6 Stunden (während der Sommerzeit 7 Stunden) zurück. In der tropischen Hitze ticken die Uhren deutlich langsamer als in Nordeuropa (s. Kasten S. 65 „Kulturschock Costa Rica"). Lange Warteschlangen vor Banken, Fahrkartenschaltern und in Supermärkten gehören zum Alltag. Wartezeit sollte man grundsätzlich einplanen!

Zoll

Zollfrei können wie international üblich pro Person 200 Zigaretten (50 Zigarren oder 250g Tabak), 1 Liter Alkohol und 500 ml Parfüm sowie ausländische Devisen bis US$10 000 ohne Deklaration nach Costa Rica eingeführt werden. Die Ein- und Ausfuhr von Colones ist untersagt.

Außerdem dürfen nicht abgepackte Fleisch- und Wurstwaren, Milchprodukte, Obst und Gemüse nicht eingeführt werden. Detaillierte Informationen zu den Zollbestimmungen sind bei der costa-ricanischen oder nicaraguanischen Botschaft in Berlin erhältlich (s. S. 34, Botschaften und Konsulate).

Froschschmuggel

Immer wieder versuchen Touristen, in ihren Taschen quietschgrüne oder knallgelbe Frösche aus Costa Rica nach Europa einzuschmuggeln. Liebe Urlauber: Seid bitte „kein Frosch" und lasst die armen Tiere in ihrer Heimat. Prinzen gibt es auch in Europa genug!

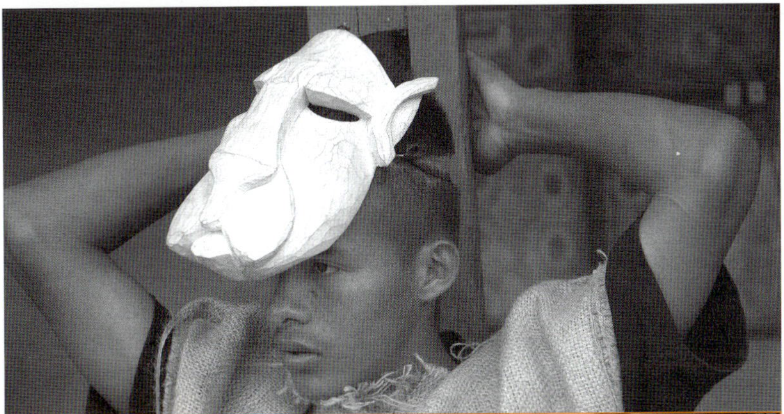

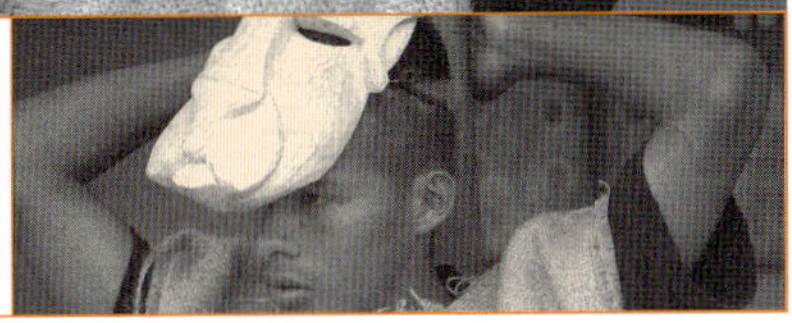

Land und Leute

Geografie

Costa Rica

Fläche 51 100 km²
Nord-Süd-Ausdehnung 464 km
Ost-West-Ausdehnung 259 km
Größte Städte San José (Großraum ca. 1,5 Mill. Einw.), Puerto Limón (ca. 63 000 Einw.), Heredia (ca. 60 000 Einw.), Alajuela (47 500 Einw.)
Höchster Berg Cerro Chirripó (3810 m)
Längster Fluss Río Grande de Térraba (196 km)
Nachbarländer Panama, Nicaragua

Nicaragua

Fläche 129 494 km²
Nord-Süd-Ausdehnung 450 km
Ost-West-Ausdehnung 430 km
Größte Städte Managua (ca. 1 713 800 Einw.), León (ca. 150 000 Einw.), Matagalpa (ca. 120 400 Einw.)
Höchster Berg Mogotón 2438 m
Längster Fluss Río Coco 750 km
Nachbarländer Costa Rica, Honduras

Costa Rica liegt zwischen dem 8. und 11. Längengrad nördlich des Äquators, genau am Rande von zwei **Erdplatten** – der Cocos- (oder pazifischen) und der karibischen Kontinentalplatte. Wenn sich die schwerere Cocosplatte unter die karibische Platte schiebt, entstehen Erdbeben und vulkanische Aktivität, beides sind regelmäßige Phänomene in Costa Rica. Costa Ricas sieben **Vulkane** liegen allesamt auf einer Gebirgskette, die das Land wie eine Wirbelsäule von Norden nach Süden durchzieht und den Pazifischen Ozean von der Karibik trennt. Der Gebirgszug besteht aus der **Cordillera de Guanacaste** im Nordwesten, der **Cordillera de Tilarán** und der **Cordillera Central** im Landesinneren sowie der weitgehend unerschlossenen **Cordillera Talamanca** im Südosten Costa Ricas.

Zu beiden Seiten dieses gewaltigen Gebirgsrückens erstrecken sich die Küstentiefebenen: Die **karibische Tiefebene** mit den Flüssen Pacuare, Reventazón und Sarapiquí ist ein Paradies für Wildwasserfahrer. Die schmalere und hügeligere **pazifische Ebene** ist mit ihren unzähligen Stränden, zerklüfteten Buchten und Halbinseln das Reiseziel für Wellenreiter und Sonnenanbeter.

Mitten auf der Gebirgskette, in 1000 bis 1500 m Höhe, liegt das **Valle Central**, der „Brotkorb" Costa Ricas, in dem Gemüse, Kaffee und Zuckerrohr angebaut werden und sich die vier größten Städte – San José, Alajuela, Heredia und Cartago – befinden.

Flora und Fauna

Arche Noah, Garten Eden, Ökoparadies – was wurde Costa Rica nicht bereits alles getauft? Schließlich zählt das kleine Land mit über 10 000 Pflanzen-, rund 870 Vogel-, 205 Säugetier-, 215 Reptilien-, rund 160 Amphibien- und 35 000 Insektenarten zu den artenreichsten Ländern auf der ganzen Welt. Dieses Kapitel soll eine kleine Einführung in Costa Ricas vielfältige Fauna und Flora geben, einen fachkundigen Tier- und Pflanzenführer kann und soll es jedoch nicht ersetzen.

Mangrovenwälder und Feuchtgebiete

In Costa Rica gibt es insgesamt fünf verschiedene Mangrovenarten. Ihre dichte Wurzelschicht spielt eine bedeutende Rolle beim Erosionsschutz von Flussmündungen und Küstengebieten. Mangroven können im salzigen Ambiente überleben, da sie das Salz bereits während der Wasseraufnahme herausfiltern oder es später über ihre Blätter ausscheiden. Die Sedimentablagerungen auf und zwischen ihren Wurzeln bilden einen wichtigen Lebensraum und Laichplatz für Fische, Krebse und Garnelen.

Costa Ricas Marsch- und Feuchtgebiete (z. B. Caño Negro und Palo Verde) sind Heimat Tausender von Wasservögeln. Diese Gebiete entstehen während der Regenzeit, wenn die Flüsse über ihre Ufer treten, und schrumpfen in der Trockenzeit auf nur wenige Lagunen zusammen. Die Mangrovenwälder und Feuchtgebiete

Riesenfarn im Reserva Rara Aris

sind durch die zunehmende Bodenentwässerung aufgrund der Entstehung großer Hotelkomplexe gefährdet.

Trockenwälder

Tropischer Trockenwald bedeckte einst den gesamten mittelamerikanischen Isthmus. Noch zu Kolonialzeiten holzten die Spanier 90 % seines Bestandes in Costa Rica für Weidewirtschaft ab. Überreste tropischen Trockenwaldes findet man heute noch im Parque Nacional Palo Verde und der Reserva Biológica Lomas Barbudal. Im Gegensatz zum tropischen Regenwald erreichen die Bäume hier maximal Höhen von rund zwölf Metern und sind in lediglich zwei Stockwerken aufgebaut. Trockenwälder werfen in der Trockenzeit ihr Laub ab, um ihren Wasserverbrauch auf ein Minimum zu beschränken (s. auch S. 280, Kasten).

Tropische Regenwälder

Immerfeuchter, tropischer Regenwald wächst nur dort, wo gleichbleibende Jahrestemperaturen (zwischen 23 und 27 °C) herrschen und ein Jahresniederschlag von mindestens 1500 mm fällt. Mit anderen Worten: Es muss stets mehr regnen als Wasser verdunsten kann. Reste tropischen Regenwaldes sind in Costa Rica u. a. noch im Parque Nacional Cahuita, Parque Nacional Corcovado und Parque Nacional Manuel Antonio vorhanden. Charakteristisch ist ihr Stockwerkbau mit bis zu sechs Etagen.

Die Bodenschicht des tropischen Regenwaldes besteht aus markanten **Stelzwurzeln**, die bereits an den Stämmen der Baumriesen entspringen und ihnen so Halt im dünnen, lockeren Humusboden geben. Darauf folgt eine Krautschicht mit Moosen und Farnen und eine Strauchschicht, in der u. a. nektarhaltige **Helikoniengewächse** wachsen, die von Kolibris bestäubt werden. Einem vierten Stockwerk mit niedrigen Bäumen schließt sich die Kronenschicht an, in der sich zwei Drittel der Waldtiere aufhalten und ganze 80 % der Biomasse produziert werden. Einige Bäume, sogenannte Überständer wie der 70 m (!) hohe **Ceiba**- Riese im Parque Nacional Corcovado, ragen noch weit über die Kronenschicht hinaus.

Die üppig grünen Regenwälder erwecken den Anschein, als würden sie auf einem unerschöpflich fruchtbaren Boden wachsen. Das Gegenteil ist der Fall. Im tropischen Regenwald gibt es keine so dicke Humusschicht wie in den Laubwäldern gemäßigter Breiten. Laub, Äste und Tierkadaver werden in der Hitze und Feuchtigkeit sofort zersetzt und kontinuierlich dem Nährstoffkreislauf zugeführt.

Umso gefährlicher ist es, die Wälder zu roden. Die dünne, nährstoffhaltige Humusschicht wird schnell abgetragen – der Boden ohne Wald ist wertlos.

Die Pflanzen im tropischen Regenwald stehen in einem harten Wettkampf ums Sonnenlicht. Lediglich 10 % des Lichts gelangt vom Kronendach auf den Waldboden. Fällt ein Baum um, wird die Lichtung sofort eingenommen. Bekannte „Lückenfüller" sind die schnell wachsenden **Balsabäume**, deren helles, leichtes Holz zum Schnitzen benutzt wird.

Die kleineren Pflanzen haben raffinierte Überlebensmethoden entwickelt: **Lianen** gelangen ans Sonnenlicht, indem sie an anderen Bäumen hinaufklettern; **Epiphyten** (Aufsitzerpflanzen, z. B. Farne oder Bromeliengewächse), indem sie auf den Astgabeln und Ästen anderer Bäume wachsen, ohne ihnen dabei zu schaden. Da sie bei dieser Lebensweise auf Bodenwurzeln verzichten müssen, fangen Bromeliengewächse Wasser und Nährstoffe in trichterförmigen Blättern auf. Eine große Bromelie kann in ihren Blütentrichtern bis zu zehn Liter Wasser speichern. In den kleinen Blütenzisternen legen Frösche und Mükken ihre Larven beziehungsweise ihren Laich ab. **Orchideen** bilden dagegen Luftwurzeln aus, die mit ihrem Speichergewebe Feuchtigkeit aufsaugen. In Costa Rica gibt es insgesamt über 1000 Orchideenarten, die purpurfarbene Orchidee Guaria Morada wurde zur Nationalblume gekürt.

Würgefeigen beginnen als Epiphyten im Kronendach eines Baumes. Ihre Luftwurzeln wachsen dann am Wirtsbaum hinunter, verankern sich im Boden und verdicken zu Stämmen. Der Wirtsbaum ist bald wie von einem engen Gitterkäfig umgeben, seine Leitungsgefäße werden durch die Feigenwurzeln abgeschnürt, seine Blätter und Äste verdrängt – er stirbt langsam ab. Die bei der Zersetzung freiwerdenden Nährstoffe verwertet die Feige für sich, im Inneren des Wirtes bleibt ein Hohlraum zurück.

Prämontaner und montaner Feucht- und Regenwald

Der prämontane und montane Feucht- und Regenwald wächst in den Gebirgslagen Costa Ricas, z. B. in Monteverde, im Cloudbridge Reservat am Cerro Chirippó oder an den Hängen des Volcán Barva. Diese Feucht- oder Nebelwälder sind ganzjährig von einem dichten Wolkennebel umgeben, der entsteht, weil die feuchtwarmen Karibikwinde in den kälteren Höhenlagen kondensieren. Im Nebelwald herrscht deshalb nahezu 100-prozentige Feuchtigkeit.

Zur typischen Nebelwaldvegetation gehören Baumfarne, Moose, Bartflechten, Epiphyten, Eichen und der großblättrige Sombrilla del Pobre (Regenschirm der Armen).

An den windausgesetzten Hängen sind die Bäume oft knorrig und zwergwüchsig (s. auch S. 176, Kasten).

Paramo

Oberhalb der Baumgrenze, am Cerro Chirippó oder in Teilen des Parque Internacional de La Amistad wachsen nur noch Gräser und kleinwüchsige Sträucher.

Säugetiere

Affen

Insgesamt leben vier Affenarten in Costa Rica. Sie sind tagaktiv, leben in großen Gruppenverbänden zusammen und sind deshalb relativ leicht zu entdecken.

Allesamt gehören sie zur Familie der Breitnasenaffen, die weit auseinander stehende Nasenlöcher haben.

Am weitesten verbreitet ist der ungefähr einen halben Meter große, schwarz-braune **Mantelbrüllaffe** *(Mono congo)*, dessen raubtierähnliche Rufe kilometerweit durch den Regenwald schallen.

Der goldbraune **Klammeraffe** *(Mono arana)* kann sein gesamtes Körpergewicht an seinem rund einen Meter langen Schwanz halten. Sein unteres Schwanzende ist nackt und dient ihm wie eine menschliche Handfläche als Greif- und Tastorgan.

Der *Mono Titi* ist mit maximal 35 cm der kleinste, zierlichste und flinkste Affe in Costa Rica. *Mono Titis* sind leicht an ihrem auffällig goldgelben Rückenfell und der maskenartigen Gesichtszeichnung zu erkennen, die ihnen den deutschen Namen **Totenkopfäffchen** einbrachte. Rotrücken-Totenkopfäffchen sind in Costa Rica stark vom Aussterben bedroht.

Die **Weißschulter-Kapuzineraffen** sind an Kehle, Brust und im Gesicht weiß gefärbt. Körper, Extremitäten und der Kopf sind schwarz und heben sich wie die Kutte eines Kapuzinermönches vom restlichen Körper ab.

Ameisenfresser

Drei Arten von Ameisenfressern leben in Costa Rica. Am weitesten verbreitet von ihnen ist der Ameisenbär *(Oso hormiguero)*, den man leicht an seiner Röhrenschnauze erkennt. Ameisenbären ernähren sich – der Name sagt es bereits – ausschließlich von Ameisen und Termiten. Mit ihren langen, scharfen Krallen brechen sie die Insektenbauten auf und lecken die Beute mit ihrer langen, klebrigen Zunge heraus.

Faultiere

Faultiere kommen ausschließlich auf dem amerikanischen Kontinent vor. In Costa Rica leben zwei Arten: Das **Zweifinger-** und das **Dreifinger-Faultier** (die häufig verwendete Bezeichnung „Dreizehen-Faultier" ist verwirrend, denn beide Faultierarten haben drei Zehen und sind lediglich an der Anzahl ihrer Finger zu unterscheiden). Faultiere ernähren sich ausschließlich von Blättern. Viel Energie liefert diese nährstoffarme Lebensweise nicht. Deshalb hängen Faultiere die meiste Zeit von Bäumen, schlafen, fressen oder verdauen.

Dreifinger-Faultiere besitzen zudem neun Nackenwirbel (die meisten Säugetiere und das Zweifinger-Faultier haben nur sechs oder sieben), die es ihnen ermöglichen, ihren Kopf um 270 Grad zu drehen und sich so beim Fressen kaum von der Stelle zu bewegen. Aufgrund ihres riesigen Magens können die Tiere über eine Woche im Baum ohne „Toilettengang" verbringen. Ihr zottiges Fell ist Lebensraum für viele Insekten und Algen. Letztere geben dem Faultier vor allem während der Regenzeit eine grüne Tarnfarbe.

Fledermäuse

Über die Hälfte aller Säugetiere in Costa Rica sind Fledermäuse. Am gefürchtetsten ist die nachtaktive Vampirfledermaus – das einzige Säugetier, das sich ausschließlich von Blut ernährt. Mit ihrem auffälligen Nasenaufsatz spürt sie die passende Bissstelle bei Tieren (und vereinzelt auch bei Menschen) auf und leckt das Blut mit der Zunge heraus. Der Blutverlust ist für das Opfer gering, bedenklicher ist jedoch die Gefahr einer Tollwutinfektion.

Gürteltiere

Gürteltiere kommen ausschließlich auf dem amerikanischen Kontinent vor. Sie sind von einem harten Panzer aus Horn und Knochenplatten umgeben und werden deshalb im Spanischen *Armadillos* (die Gepanzerten) genannt. Beim weit verbreiteten Neunbinden-Gürteltier ist der starre Panzer durch quer liegende Hautfalten in sieben bis zehn Gürtel unterteilt, so dass sich das Tier auch mit schwerer Rüstung erstaunlich flink bewegen kann.

Gürteltiere fressen Ameisen und Käfer und sind deshalb in menschlichen Wohnsiedlungen gern gesehene Insektenvertilger. Andererseits werden sie wegen ihres Fleisches und Panzers gejagt, aus dem Musikinstrumente hergestellt werden.

Huftiere

Der **Tapir** ähnelt mit seinem Greifrüssel und den kleinen Ohren einer Kreuzung zwischen Schwein und Elefant. Seine nächsten Verwandten sind jedoch Huftiere wie das Pferd und das Nashorn. Tapire sind nachtaktive Einzelgänger, die sich tagsüber ins Dickicht zurückziehen. Gute Chancen, einem Tapir zu begegnen, haben Wanderer im Parque Nacional Corcovado, im Parque Internacional de la Amistad und auf der Kraterwanderung im Parque Nacional Rincón de La Vieja.

Zur Familie der Huftiere zählen auch die dunkelgrau-bräunlichen **Halsbandpekaris** mit ihrem unverkennbaren, hellen Streifen um Hals und Nacken. Die borstigen Wildschweine haben wie alle „Nabelschweine" eine nabelartige Drüse am Rücken, über die sie ein moschusartiges Sekret abgeben, um ihr Revier zu markieren. Pekaris sind Allesfresser, sogar Giftschlangen stehen auf ihrem Speiseplan; gegen das Gift sind sie immun. Durch die starke Nachfrage nach Pekarifleisch und die damit verbundene stärkere Jagd auf Pekaris hat die Zahl der Tiere in Costa Rica bedenklich abgenommen.

Kleinbären

Waschbären *(Mapache)* und Pizotes sind leicht an ihrer schwarzen Gesichtsmaske und rüsselartiger Schnauze erkennbar. Die Kleinbären halten sich gern auf Campingplätzen auf, wo sie Urlaubern den Proviant wegfressen.

Nagetiere

Agutis sind schlanke Tiere mit orange-braunem Fell und dünnen, langen Beinen. Mit ihrem wuchtigen Kopf, den kleinen, runden Ohren und großen Augen ähneln sie Riesen-Eichhörnchen. Agutis sind tagaktive, sehr scheue Tiere, die in hohlen Baumstämmen und Bauen leben. Sie legen unterirdische Vorratskammern mit Früchten und Samen an und tragen so entscheidend zur Verbreitung vieler Pflanzenarten bei. Agutis werden wie ihre nachtaktiven Cousins, die **Pakas**, wegen ihres Fleisches gejagt.

Meeressäuger

Costa Ricas warme Gewässer locken **Delphine** und **Buckelwale** an. Letztere wandern jedes Jahr von den Polarmeeren zur Bahía Ballena, um in der costa-ricanischen Sonne zu balzen und Junge zu werfen (s. S. 309, Kasten „Wa(h)lheimat Costa Rica").

In den Lagunen von San Juan del Norte, Barra de Colorado und Gandoca halten sich Seekühe auf. Im Gegensatz zur Schwanzflosse der Wale ist ihre Schwanzflosse rund oder spatenförmig. **Manatis** können bis zu einer Viertelstunde unter Wasser bleiben und ernähren sich ausschließlich von Seegras und Wassersalat. Seekühe sieht man heute nur noch sehr selten. Wie Wale wurden sie wegen ihres Fleisches, Fettes und ihrer Haut gejagt und stehen heute auf der Liste der gefährdeten Tiere.

Raubkatzen

Sechs verschiedene Raubkatzen – **Ozelotkatze, Ozelot**, **Baumozelot**, **Wieselkatze, Puma** und **Jaguar** leben in Costa Rica. Sie sind überwiegend nachtaktiv und scheu, Touristen bekommen sie daher selten zu Gesicht.

Amphibien und Reptilien

Frösche

Unter den mehr als 160 Amphibienarten in Costa Rica sind 20 Giftfrösche. Der bekannteste unter ihnen ist der **Pfeilgiftfrosch** *(Rana venenosa)*, auch Baumsteigerfrosch genannt, weil er auf Bäume klettern kann. Pfeilgiftfrösche leben im tropischen Regenwald und fallen durch ihr leuchtendes Gelb, Grün, Orangerot oder Blau sofort ins Auge. Sie legen ihren Laich in den Trichterblättern von Bromelien ab. Ihr Gift nehmen sie über die Nahrung auf, hauptsächlich durch den Verzehr von Ameisen. Indianer benutzten das Froschgift für ihre Pfeile – daher der Name Pfeilgiftfrosch. Bei Menschen kann das Toxin Muskel- und Atemlähmungen hervorrufen und zum Tode führen.

Echsen

An kleine Saurier aus der Urzeit erinnern die vielen verschiedenen Echsenarten in Costa Rica. Die meisten von ihnen können bei Gefahr den Schwanz abwerfen und mit dem abgetrennten, noch wackelnden Körperteil ihren Feind täuschen. Der Schwanz wächst ihnen anschließend wieder nach. Echsenfleisch ist eine Delikatesse in Mittelamerika, außerdem sind die Reptilien begehrte Terrarientiere, die oft illegal ins Ausland geschmuggelt werden.

Der rund zwei Meter große **grüne Leguan** wirkt mit seinem massigen Kopf, den großen Kehllappen und dem Rückenkamm Furcht einflö-

Tapirmutter im Parque Nacional Corcovado

ßend, ist aber für Menschen völlig harmlos. **Helmbasilisken** sieht man häufig im Südwesten Costa Ricas. Dort flitzen sie über die Wasseroberfläche – *Jesus Christ Lizards* werden sie deshalb in Englisch genannt. Helmbasilisken sind olivbraun, haben einen gelben Bauch und einen Kamm am Hinterkopf, dem sie ihren Namen verdanken.

Krokodile

Die besten Orte, um **Krokodile** oder **Krokodilkaimane** zu beobachten, sind der Río Tarcoles und das Feuchtgebiet Caño Negro. Dort liegen die bis zu 4 m (Kaimane werden lediglich rund 2 m lang) großen Reptilien regungslos am Flussufer und tanken Sonne auf. Augen, Nasenöffnungen und Ohren befinden sich bei Krokodilen erhöht auf der Schädeloberseite, so dass sie im Wasser – vollständig untergetaucht – ihre Umgebung beobachten können. Die Zahl der Krokodile hat seit Ende des zweiten Weltkrieges drastisch abgenommen. Krokodile und Kaimane wurden lange wegen ihres Leders gejagt. Heute stehen die Reptilien unter Schutz.

Meeresschildkröten

Fünf verschiedene Arten von Meeresschildkröten (Lederschildkröte, Grüne Meeresschildkröte, Karettschildkröte, Olivfarbene Bastardschildkröte, Unechte Karettschildkröte) legen in Costa Rica ihre Eier ab (s. S. 22, Reiseziele). Die Reptilien verlassen nur zur Nistzeit das Wasser. Besonders eindrucksvoll sind die Landungen der riesigen Laura-Schildkröten (s. S. 236, Kasten „Die Greisin des Ozeans") und die *Arribadas* der oliven Bastardschildkröten, die zu Zigtausenden ihre Eier ablegen.

Meeresschildkröten wurden Jahrhunderte lang in Mittelamerika wegen ihres Panzers, Fleisches, Öls und ihrer Eier gejagt. Heute stehen die Tiere unter Schutz. Schildkröteneier gelten jedoch nach wie vor als Delikatesse und aphrodisisches Mittel. Um die Nestdieberei zu verhindern, gehen Freiwillige während der Nistzeit an den Stränden auf Patrouille.

Schlangen

Über 135 Schlangenarten leben in Costa Rica, darunter auch die bis zu viereinhalb Meter lange und bis zu 60 kg schwere **Boa** *(Boa constrictor)* oder Königsschlange – eine der am schönsten gemusterten Schlangen überhaupt. Boas sind nachtaktiv. Tagsüber verstecken sie sich in Fels- und Baumhöhlen. Mit ihrem muskulösen Körper umschlingen und erwürgen sie ihre Beute und verschlingen sie anschließend in einem Stück.

Zu den größten **Giftschlangen** Costa Ricas zählt der bis zu drei Meter lange nachtaktive **Buschmeister**. Angrifflustiger ist die lediglich 20 cm große **Terciopelo-Lanzenotter**, die für die meisten Bisse verantwortlich ist, vor allem in den sumpfigen Bananenplantagen. Die Lanzenotter ist eine lebend gebärende Schlange, sie bringt zwischen 15 und 50 Jungtiere zur Welt.

Insekten

Über 35 000 Insektenarten summen und stechen in Costa Rica. Blattschneideameisen kreuzen oft des Wanderers Pfad. Sie tragen Blattstücke in ihre unterirdischen Nester und züchten auf den Blättern Pilze (s. S. 186, Kasten „Von Ameisen, die Pilze züchten"). Das größte Insekt auf Erden – der **Herkuleskäfer** *(Dynastes hercules)*, erreicht eine beeindruckende Größe von 20 cm. Der Gigant lebt in den Wurzel- und Rindenschichten der Bäume in den Regenwäldern.

Zehn Prozent aller Schmetterlingsarten flattern in Costa Rica. Der **Monarchfalter** hat auffällig rot-braune Flügel mit schwarzen Adern und weißen Punkten. Die Punkte symbolisierten für einige Indianerstämme verstorbene Seelen, die hinauf in die Berge fliegen. Monarchfalter ziehen im Herbst von Nordamerika ins warme Costa Rica und begeben sich im Frühjahr wieder auf die Rückreise. Dabei legen ihre zarten Flügel täglich mehr als 100 km zurück.

Bezaubernd schön, aber schwierig zu fotografieren sind die leuchtend blauen Flügel des **Morpho-Schmetterlings**. Ihr schimmerndes Blau entsteht nicht durch Farbpigmente, sondern durch einen optischen Trick: Auf den Schmetterlingsflügeln befinden sich unzählige Rillen, die ausschließlich blaues und ultraviolettes Licht reflektieren. Ziel der Männchen ist es, so den Weibchen zu imponieren. Die nehmen die Balz etwas gelassener und kleiden sich in unauffälliges Braun.

Vögel

Fast 900 Vogelarten leben in Costa Rica – das sind mehr Arten als in ganz Europa zusammen.

Adler

Der sagenumwobene König der Adler, der **Harpie,** wird nur noch äußerst selten in den abgelegenen Regenwaldregionen Corcovados gesichtet. Mit bis zu 80 km/h und einer Flügelspannweite von 190 bis 240 cm stürzt er sich auf Faultiere und Affen und zieht seine Beute an den Krallen mit sich in die Luft.

Kolibris

Der kleinste Vogel der Welt, der **Kolibri,** ist mit mehr als 50 Arten in Costa Rica vertreten. Atemberaubende rund 80 bis 200 Mal bewegt er seine Flügel pro Sekunde und kann so rückwärts und seitwärts fliegen und in der Luft „stehen". Ohne ein großes Herz, stählerne Flügelmuskulatur und eine leistungsstarke Lunge wäre solche Luftakrobatik nicht möglich. Kolibris füllen ihre Kraftreserven mit Blütennektar und Insekten auf.

Papageien

Unter den insgesamt 16 Papageienarten in Costa Rica ist der **rote Ara** der schönste und größte (s. S. 340, Kasten „Der Nussknacker von Osa"). Er ist vor allem auf den Mandelbäumen im Corcovado-Nationalpark anzutreffen. Sein **grüner** Namensvetter bevorzugt den Norden, das Schildkrötenland Tortuguero.

Trogone

Der auffällig rot-grün gefiederte **Quetzal** zählt zu den Hauptattraktionen vieler Vogelfreunde. Er lebt ausschließlich in den Nebelwäldern Mittelamerikas, z. B. in Monteverde und im Parque Nacional Los Quetzales. In der Brutzeit führt das Quetzal-Männchen spektakuläre Balzflüge auf.

Bei den Azteken wurde der Quetzal als heiliger Vogel verehrt und Priesterschmuck aus seinen prachtvollen langen Schwanzfedern angefertigt. Wer den Quetzal tötete, musste selbst Federn lassen und mit dem eigenen Leben bezahlen.

Schreivögel

Der **Hämmerling** *(Pajaro campaña)* gehört unverkennbar zur Familie der Schreivögel. Sein metallischer Ruf zählt zu den lautesten im ganzen Vogelreich. Auffällig sind außerdem seine drei bis zu 10 cm langen Kehllappen, die ihm fadenartig vom Schnabel hängen und sich wie elektrisiert aufrichten können.

Tukane

Tukane fallen durch ihre bunten, großen Schnäbel auf, die sich vom übrigen schwarzen Federkleid deutlich abheben. Mit diesen Schnäbeln führen sie regelrechte Schwertkämpfe aus, um lästige Artgenossen vom Ast zu vertreiben.

Wasservögel

Die Feuchtgebiete Palo Verde, Caño Negro und Los Guatuzos sind Heimat Tausender Wasservögel: Gelbschnablige, weißgefiederte **Silberreiher**, exzentrisch pink gefärbte **Rosa Löffler** und der weltgrößte Storch **Jabiru** waten hier durch die Marschgebiete auf der Suche nach Fisch. In der Trockenzeit gesellen sich Tausende von Zugvögeln aus Nordamerika hinzu.

An der Meeresküste beeindrucken **Fregattvögel**, **Brauntölpel** und **Pelikane** mit riskanten Sturzflügen ins Wasser. Der Brauntölpel schützt sich vor dem Aufprall mit „Airbags" (Luftsäcken) am Kopf, der Pelikan streckt beim Eintauchen Beine und Flügel weit zurück, um Knochenbrüche zu vermeiden.

Die nacktköpfigen, aasfressenden **Geier** sind unter Vogelbeobachtern nicht sehr beliebt. Die sagenumwobenen Vögel nehmen jedoch eine wichtige Stellung als Gesundheitspolizei in der Natur ein.

Nationalparks

Laut Ministerio de Ambiente (Umweltministerium) steht rund ein Viertel von Costa Ricas Landesfläche unter Naturschutz. Die insgesamt 118 Schutzgebiete – darunter 22 Nationalparks, 26 *Zonas protectoras*, 34 Tierschutzgebiete, 18 Waldreservate und 13 Feuchtgebiete – verteilen sich auf alle zwölf Ökozonen des Landes, vom Trockenwald in Guanacaste über die Mangroven Manzanillos bis hin zur kargen Paramo-Landschaft oben am Cerro Chirippó.

Die Nationalparks werden vom Ministerio de Ambiente y Energia (MINAE) und dem Sistema Nacional de Areas de Conservación (SINAC) verwaltet. Der Parkeintritt kostet zwischen $6 und 8 pro Person.

Geschichte

Noch bis Ende der 1960er-Jahre zahlte die costaricanische Regierung Prämien an Siedler, die abgelegene Regenwaldflächen rodeten und in Ackerland umwandelten. Costa Ricas radikale Wandlung vom Waldraubbau zum Waldschutz ist hauptsächlich nordamerikanischen und europäischen Einwanderern zu verdanken. Bereits Anfang der 1950er-Jahre kaufte Monteverdes nordamerikanische Quäker-Gemeinde Nebelwald auf, um die Waldfläche vor weiterer Rodung zu schützen. Das Quäker-Reservat Reserva Monteverde wurde zum Vorbild für viele weitere Privatinitiativen im In- und Ausland.

1960 warnte der in Costa Rica lebende Skandinavier Olof Wessberg internationale Naturschutzorganisationen:

> *Only in one spot is there today some of the wildlife that was formerly everywhere in the northwest ... Here are the puma and manigordo, deer, peccary, tepiscuintle, pizote, kinkajou, chulumuco, kongo, carablanca, and miriki. The jaguar and tapir are already extinct ... Two years more and the mountain will be dead. Who is going to save it?*

Die Antwort auf diese Frage war: Wessberg selbst. Er schaffte es, mit Hilfe von internationalen Naturschutzorganisationen die costa-ricanische Regierung von der Notwendigkeit der Gründung eines Nationalparksystems zu überzeugen. Welche Interessenskonflikte zwischen Umweltschützern und Holzindustrie – damals wie heute – bestehen, macht die Ermordung Wessbergs während der Gründung des Nationalparks Corcovados deutlich.

Weitere wichtige Naturschützer der ersten Stunde waren die amerikanischen Biologen **Archie Carr**, der sich jahrzehntelang für die Gründung eines Nationalparks und den Schutz der Schildkröten in Tortuguero einsetzte, und **Leslie Holdrige**, der Gründer des weltbekannten Tropeninstituts La Selva in Sarapiquí, das nach wie vor nachhaltige Landwirtschaft lehrt.

Das gefährdete Paradies

Costa Rica, das Ökoparadies, das auf den ersten Blick wie eine üppige, robuste, grüne Oase erscheint, ist in Wirklichkeit ein fragiles Ökosystem, das zusammen mit seinen Bewohnern ums Überleben kämpft. Das auf den ersten Blick sehr beeindruckende Nationalparksystem – ein Vorbild für viele andere Länder – ist von Korruption, Missmanagement und Geldmangel durchzogen: Nur ein geringer Prozentanteil der Parkeinnahmen wird zurück in die Schutzgebiete investiert; der Löwenanteil wandert in eine zentrale Regierungskasse.

Bestes Beispiel für die Finanzmisere ist der **Parque Nacional Manuel Antonio**, mit jährlich rund 160 000 Besuchern einer der meistbesuchten Nationalparks des Landes. Pro Tourist werden $7 Eintritt verlangt. Dem Park aber fehlt das Geld, um Informationsbroschüren zu drucken oder morsche Bänke zu reparieren. Anderen Naturparks fehlen die Mittel zur Feuerprävention, und fast alle haben kein Geld für Parkwächter, die die Schutzgebiete gegen Abholzung und Wilddieberei schützen sollen.

Jährlich werden nach wie vor 4 % von Costa Ricas Wäldern gerodet, außerhalb der Schutzgebiete sind von der ursprünglichen Waldfläche sogar lediglich 5 % übrig. Die finanzielle Krise der Nationalparks ist bereits so schlimm, dass viele Naturschützer sich gegen die Gründung weiterer Schutzgebiete aussprechen. Denn was helfen Naturschutzgebiete auf Papier, wenn in der Praxis Abholzung und Wilddieberei unverändert fortschreiten? Der costa-ricanische Biologe **Mario Boza**, einer der Mitbegründer des heutigen Nationalparksystems, fordert deshalb radikale Reformen in der Nationalparkverwaltung. Laut Boza haben die geschützten Wälder nur dann eine Überlebenschance, wenn die Nationalparks als private Unternehmen geführt werden, wie das **Monteverde-Reservat**, das 15 % seiner Einnahmen vorausschauend in Aktien anlegt und so das Fortbestehen des Reservats auch dann gewährleistet, wenn der Tourismus einmal abflaut.

Tipps zum ökologischen Reisen

→ Müll (Plastik!) vermeiden und aus den Nationalparks wieder mitnehmen.

→ Mit Akkubatterien reisen.

→ Übermäßigen Wasserverbrauch in ariden Regionen (Guanacaste) vermeiden.

→ Grundsätzlich auf den Wegen der Nationalparks bleiben und die Parkregeln beachten.

→ Keine Wildtiere füttern!

→ Kein Feuer außerhalb der dafür vorgesehenen Orte machen.

→ Keine Pflanzen oder Tiere als Souvenirs mitnehmen.

→ Keine Korallen berühren oder abbrechen.

→ Möglichst in kleinen Hotels übernachten, die den Schwerpunkt auf nachhaltigen Tourismus legen.

→ Keine Taschenlampen oder Blitzlichter bei Schildkrötentouren benutzen. Dunkle Kleidung tragen.

→ Muskelkraft statt Motorsaft: Kanus statt Motorboote!

Landleben in Guanacaste

Bevölkerung

Costa Rica

Einwohner 4 133 884 (2007)
Bevölkerungswachstum 1,4 % (2007 geschätzt)
Lebenserwartung Männer 74 Jahre; Frauen 79 Jahre
Säuglingssterblichkeit 9 pro 1000
Alphabetisierungsrate Frauen 96,1 %; Männer 95,9 % (2003)
Bevölkerung unter der Armutsgrenze 18 % (2004)

Nicaragua

Einwohner ca. 5 675 356 (2007)
Bevölkerungswachstum 1,9 % (2007)
Lebenserwartung Frauen 73 Jahre, Männer 68 Jahre
Säuglingssterblichkeit 27 pro 1000
Alphabetisierungsrate Frauen 67,8 %; Männer 67,2% (2003)
Bevölkerung unter der Armutsgrenze 48 % (2005)

Touristen sind oft erstaunt darüber, wie hellhäutig die meisten Costa Ricaner sind. Immerhin stammen 95 % der Bevölkerung von europäischen Einwanderern ab, darunter u. a. auch von deutschen. Blonde und blauäugige *Ticos* (liebevolle Kurzform für „Costa Ricaner") sind daher nichts Ungewöhnliches. Von den dunkelhäutigen Ureinwohnern haben dagegen nur 1,6 % überlebt (s. S. 83, Geschichte).

Costa Rica war seit jeher ein Einwanderungsland: Mitte des 19. Jahrhunderts wanderten Chinesen, Italiener und Jamaikaner ein (s. u.). Deutsche kamen Ende des 19. Jahrhunderts nach Costa Rica und stiegen in die Kaffeearistokratie auf. US-amerikanische Quäker ließen sich Mitte des 20. Jahrhunderts in Monteverde nieder, um dem Militärdienst im eigenen Land zu entkommen. In den 1960er- und 1970er-Jahren strömten Chilenen, Nicaraguaner, Kolumbianer und El Salvadorianer nach Costa Rica, auf der Flucht vor den Diktaturen und blutigen Bürgerkriegen ihrer Heimat.

Heute ist das kleine Tropenland Ziel Tausender europäischer und nordamerikanischer Expats, die hier Land ersteigern und sich bevorzugt an der Pazifikküste ansiedeln (s. auch S. 296, Kasten „Der Ausverkauf eines Landes").

Die Hälfte der rund 4 Millionen Costa Ricaner lebt im Valle Central. Dort finden sich die gut bezahlten Jobs, die besten Ausbildungschancen und die beste Gesundheitsversorgung im Land.

Afro-Costaricaner und Chinesen

Afro-Costaricaner und Chinesen machen 3 % der Gesamtbevölkerung Costa Ricas aus. Die ersten Einwanderer afrikanischer Herkunft trafen bereits im 16. Jahrhundert aus Nicaragua ein. Sie ließen sich in Tortuguero und Talamanca (Karibikküste) nieder, lebten dort vom Schildkrötenfang und vermischten sich mit den BriBri-Indianern. Mitte des 19. Jahrhunderts kamen Jamaikaner und Chinesen ins Land, um die Eisenbahntrasse von San José an die Karibikküste zu legen und später auf den Bananenplantagen der United Fruit Company zu arbeiten. Bis Mitte des 20. Jahrhunderts war es Afro-Costaricanern verboten, ins Valle Central zu reisen. Erst mit der neuen Verfassung von 1949 erhielten sie die volle Staatsbürgerschaft und das Wahlrecht. Noch heute lebt die afro-costaricanische Bevölkerung vorwiegend in der Provinz Limón (s. S. 352), wo sie ihre protestantische Religion und ihren englischen Dialekt Patois bewahrt haben.

Frauen

Trotz gleicher Ausbildung verdienen Frauen in Costa Rica rund 40 % weniger als Männer und sind in der Politik nach wie vor deutlich unterrepräsentiert (das derzeitige Kabinett unter Präsident Oscar Arias besteht zu zwei Dritteln aus Männern). Wie in ganz Lateinamerika ist der Machismo auch in Costa Rica weit verbreitet (s. auch S. 40, „Frauen unterwegs"). Ironischerweise sind es jedoch oft die Frauen selbst, die sich ihre eigenen Söhne zu kleinen Machos heranziehen. Besonders auf dem Land halten nur wenige Frauen dem gesellschaftlichen Druck stand und brechen aus traditionellen, gesellschaftlichen Rollenklischees aus. Erst 1949 wurde Costa Ricanerinnen mit der neuen Verfassung das Wahlrecht und somit politische Mitbestimmung zugesprochen.

Die 1980er- und 1990er-Jahre brachten weitere wichtige Gleichstellungsreformen und ebneten Costa Ricanerinnen den Weg in die Arbeitswelt und Politik. An Costa Ricas wichtigster Universität, der Universidad de Costa Rica, wurde eine Fakultät für Frauenstudien (Investigación en Estudios de la Mujer) eröffnet. Das Proyecto de Ley sobre la Igualidad de la Mujer spricht Frauen u. a. gesetzlichen Schutz bei Gewaltdelikten zu.

1994 kandidierte **Margarita Penon** als erste Costa Ricanerin um das Präsidentenamt. Ende der 1990er-Jahre bezogen **Astrid Fischel** und **Elizabeth Odio** als erste Frauen die beiden Vizepräsidentenämter. 1989 wurde außerdem das Instituto Nacional de las Mujeres eröffnet und damit der Posten einer Frauenministerin (Ministra de la Condición de la Mujer) geschaffen.

Indianer

Acht Indianerstämme haben in Costa Rica überlebt. Seit 1977 leben sie auf insgesamt 22 Reservate verteilt. Die Mehrheit der costa-ricanischen Indianer spricht heute Spanisch, ist katholisch und trägt moderne Kleidung. Lediglich die Guaymí-, Bribrí- und Cabécar-Indianer halten an ihren Traditionen und ihrer Sprache fest. Im Boruca-Reservat (s. S. 323) wird heute in der Schule wieder die alte Stammessprache unterrichtet, die die Elterngeneration niemals lernte.

Die Indianerreservate zählen zu den ärmsten und am meisten vernachlässigten Regionen in Costa Rica. Das oft minderwertige Land gehört weiterhin dem Staat oder ist im Besitz von Privatpersonen. Die Reservate sind daher immer wieder durch Minen-, Abholzungs- oder Staudammprojekte gefährdet. Seit den 1980er-Jahren nehmen Costa Ricas Ureinwohner verstärkt ihr Schicksal in die eigene Hand. Nichtregierungsorganisationen wurden gegründet und Landrechte eingeklagt. Ein wichtiger Schritt in Talamanca war die Eröffnung einer Bank speziell für

Indianer. Denn „normale“ Banken genehmigten Indianern nur selten Kredite.

Erst 1992 erhielten Costa Ricas Ureinwohner die volle Staatsbürgerschaft – und zwei Jahre später das Wahlrecht. 2007 trat zum ersten Mal in der Geschichte Costa Ricas eine Gruppe von Ureinwohnern der costa-ricanischen Polizei bei. Immer mehr Reservate öffnen sich heute dem Tourismus und bieten Touren und Übernachtung an (s. S. 21, Reiseziele).

Nicaraguaner und Kolumbianer

Nicaraguaner und Kolumbianer haben einen schweren Stand in Costa Rica. Offiziell leben rund 300 000 Nicaraguaner im Land, inoffiziell schätzt man ihre Zahl jedoch auf rund 1 Million. Nicaraguaner fallen schnell durch ihre dunklere Hautfarbe auf und werden – wie Kolumbianer auch – oft zum Sündenbock für die ansteigende Kriminalität gemacht. Ähnlich wie die mexikanischen Wanderarbeiter in den USA, wandern Nicaraguaner oft illegal ins reichere Costa Rica aus und verdingen sich dort als Tagelöhner und Pflücker auf den großen Obst- und Kaffeeplantagen – eine Arbeit, für die sich Costa Ricaner heute oft zu schade sind.

Nordamerikaner und Europäer

Seit Anfang der 1980er-Jahre wandern verstärkt Nordamerikaner und Europäer nach Costa Rica ein und lassen sich vorwiegend an der Pazifikküste nieder (s. S. 296, Kasten „Der Ausverkauf eines Landes“).

Der US-amerikanische Einfluss im kleinen Costa Rica macht sich stark bemerkbar. Supermarkt- und Fastfood-Restaurantketten sprießen wie Pilze aus dem Boden, protestantische Gemeinden haben Zulauf und besonders in den Touristenzentren wird heute Englisch statt Spanisch gesprochen.

Geschichte

Costa Rica

Costa Rica sticht heraus aus den übrigen mittelamerikanischen Nationen. Als einziger Staat in Mittelamerika schaffte es das kleine Tropenland, den Kreislauf von Militärdiktaturen und Bürgerkriegen zu durchbrechen. Mit lediglich zwei Exportprodukten – Bananen und Kaffee – und einer stabilen Demokratie, ohne Militär, entwickelte es sich zur „Schweiz Mittelamerikas“; dem Land mit dem höchsten Lebensstandard und dem besten Bildungs- und Sozialsystem auf dem zentralamerikanischen Isthmus.

Schmelztiegel der Kulturen

Bereits um 40 000 v. Chr. wanderten Jäger und Sammler aus Asien über die Behringstraße (eine Landbrücke, die Asien mit Amerika verband) nach Nordamerika. Das Gebiet des heutigen Costa Rica wurde gegen 12 000–8000 v. Chr. besiedelt. Mittelamerika wurde zum Schmelztiegel von Anden- und mesoamerikanischer Kultur. Die verschiedenen kulturellen Einflüsse sind am Schmuck, in der Landwirtschaft oder am Häuserbau sichtbar. Der Jadeschmuck der Maya aus dem Norden wurde später von den Chibchas aus dem Süden durch Gold und Metall ersetzt.

An der Karibikküste, die unter südamerikanischem Einfluss stand (Panama, Ekuador, Kolumbien) wurden Yucca und Süßkartoffeln angebaut. Die Menschen dort lebten in Stammesverbänden in großen, meist rechteckigen Pfahlbauten, sogenannten Palenques, mit Platz für bis zu mehreren hundert Personen. Die Nordpazifikregion dagegen stand unter dem Einfluss des Nordens (Mexiko). In der Landwirtschaft dominierten hier Mais und Bohnen, und die Häuser hatten eine elliptische Form.

Mit Beginn der Sesshaftigkeit entstanden sogenannte **Cacicazgos** (Herrschaftsgebiete) und eine strikte Gesellschaftshierarchie. An der Stammesspitze standen ein Cacique (Häuptling) und ein Shamane (Priester) als Repräsentanten des militärischen und geistlichen Adels (ihre Ämter wurden durch Erbfolge übertragen), gefolgt von den Arbeitern und Sklaven. Die verschiede-

Geschichtsüberblick Costa Rica

12 000–8000 v. Chr.	Jäger und Sammler kommen über die Behringstraße von Asien nach Amerika. Besiedlung von Costa Rica.
800–1500 v. Chr.	Entstehung von Cacicazgos und Stammeshierarchien.
1502	„Entdeckung" Costa Ricas: Kolumbus landet auf der Isla Uvita bei Puerto Limón; er vermutet große Goldvorkommen und nennt das Land Costa Rica – (Reiche Küste).
1506–1524	Beginn der spanischen Kolonisation.
1510–1570	Unterwerfung und dramatischer Rückgang der indigenen Bevölkerung.
Ca. 1550	Costa Rica wird Teil der Audiencia de Guatemala und politisch von Guatemala aus regiert.
1564	Gründung von Costa Ricas erster Hauptstadt Cartago.
1569	Vergabe von *Encomiendas* an die spanischen Siedler.
1709/10	Letzter großer Aufstand der Talamanca-Indianer; Enthauptung des Häuptlings Pablo Presbere in Cartago.
1736	Gründung von San José.
1821	Unabhängigkeit Mittelamerikas von Spanien.
1823	„Schlacht von Ochomogo"; San José löst Cartago als Hauptstadt ab.
1824	Costa Rica tritt der Zentralamerikanischen Föderation bei. Nach einer Volksabstimmung wird das Gebiet des heutigen Guanacaste von Costa Rica annektiert.
1835	Sieg San Josés im „Krieg der 3-Städte-Liga".
1838	Costa Rica tritt aus der Zentralamerikanischen Föderation aus.
1838–1842	Diktatur Braulio Carrillos. Beginn des Kaffeebooms.
1842	José Francisco Morazán setzt Braulio Carrillo als Präsidenten ab und übernimmt selbst das Amt.
1849–1870	Herrschaft der Kaffeebarone.
1856–1857	Sieg über William Walker; Cholera-Epidemie in Costa Rica.
1872–1882	„Aufgeklärte Diktatur" unter Einfluss von General Tomás Guardia.
Ab 1878	Bau der Eisenbahnstrecke von San José nach Puerto Limón. Minor Keith baut in Costa Rica die ersten Bananen an.
1886–1889	Liberale Reformen und Wahlbetrug Präsident Bernardo Sotos führen zum Volksaufstand; der konservative Joaquín Rodríguez übernimmt das Präsidentenamt.

nen Cacizagos lagen untereinander in fortdauerndem Kriegszustand. Durch Kriege wurde das Territorium vergrößert, Zugang zu neuen Handelswegen geschaffen, Sklaven, Frauen und Nahrung erbeutet. Typische Kriegstaktiken waren Überraschungsüberfälle, Plünderungen und das Abbrennen von Feldern. Als Waffen dienten Speer, Bogen und Steine. Trotzdem war zu Beginn der Konquista keiner der rund 27 verschiedenen Stämme innerhalb der Grenzen des heutigen Costa Rica dem anderen überlegen. Es gab jedoch eine Lingua franca, nämlich die Sprache der Huetar-Indianer, die im Valle Central lebten.

Indigene Religion

Die Indigenen waren Anhänger des animistischen Glaubens, d. h. Menschen, Tiere und die Natur waren für sie beseelt. Die Verbindung zwischen dem Übernatürlichen und dem Irdischen stellte der **Schamane** dar. Er war nicht nur wichtigster Ratgeber des Caciquen, sondern gleichzeitig auch Medizinmann und Priester. In Trance

1897	Eröffnung des Teatro Nacional in San José.
1930–1942	Politische Vorherrschaft der republikanischen und republikanisch-nationalen Partei.
1931	Gründung der kommunistischen Partei.
1934	Großer Bananenstreik auf den Plantagen der United Fruit Company.
1940	Rafael Ángel Calderón Guardias wird Präsident.
1945	Beginn des Nachkriegs-Booms. Wahlfälschungen der Regierung Calderón/Picado lösen Bürgerkrieg aus; Sieg der Nationalen Befreiungsarmee unter José Figueres.
1949	Ausrufung der Zweiten Republik; Verkündung einer neuen Verfassung: Abschaffung des Militärs; Einführung des Wahlrechts für die schwarze Bevölkerung und für Frauen; Verbot der kommunistischen Partei.
1951	Gründung der sozialdemokratischen Partido Liberación Nacional (PLN).
1975	Aufhebung des Verbots der kommunistischen Partei.
1977–1979	Costa Rica bricht die diplomatischen Beziehungen zur Somoza-Regierung in Nicaragua ab; Unterstützung der sandinistischen Revolution.
1980–1981	Wirtschaftlicher Einbruch und hohe Inflation.
1983	Gründung der christlich-demokratischen Partido Unidad Social Cristiana (PUSC). Präsident Luis Alberto Monge verkündet Costa Ricas Neutralität im „Contra-Konflikt". Bananenkrise: Abzug der United Fruit Company aus der Golfito-Region.
1984	Großer Friedensmarsch in San José.
1987	Friedensinitiative von Präsident Oscar Arias zur Beilegung der Bürgerkriegskonflikte in Nicaragua, El Salvador und Guatemala (Verhandlungsprozess von Esquipulas); 1987 erhält er für seine Vermittlerrolle den Friedensnobelpreis.
1988–1994	Haushaltsdefizite und Außenverschuldung zwingen Costa Rica zu Umschuldungsverhandlungen mit internationalen Finanzinstitutionen.
1992	Costa Ricas Indianer erhalten die volle Staatsbürgerschaft und das Wahlrecht.
1995	Freihandelsabkommen mit Mexiko.
2002	Abel Pacheco de la Espriella (PUSC) wird nach einer Stichwahl Präsident.
2006	Oscar Arias Sánchez (PLN) wird zum zweiten Mal Präsident. Seine Partei hat keine Mehrheit im Parlament.

konnte er Kontakt mit der Geisterwelt aufnehmen, Krankheiten heilen, Tote ins Jenseits begleiten, böse Geister abwehren und die Zukunft vorhersagen. Der Tod stellte für die Indianer nicht das Ende dar, er war lediglich ein Übergang von einer Existenz in eine andere. Bedeutenden Stammesmitgliedern wurden deshalb Wertgegenstände, Nahrung oder Sklaven mit ins Grab gegeben, die ihnen auf der Reise ins Jenseits und im Leben nach dem Tode von Nutzen sein sollten.

Wenig ist in Costa Rica aus der präkolumbischen Zeit erhalten geblieben. Zum einen wurde viel durch Erdbeben und Kolonisation zerstört. Zum anderen wurden in Costa Rica niemals große Tempel oder Pyramiden wie in Guatemala oder Honduras gebaut. Die beeindruckendsten Relikte präkolumbischer Kultur außerhalb von Museumsmauern findet man heute in Guayabo bei Turrialba (s. S. 156) oder in der Region von Palmar (s. S. 327, Kasten „Die Granitkugeln vom Valle Diquis").

Wo steckt das Gold?

1502 landete **Christoph Kolumbus** auf der Isla Uvita in der Nähe des heutigen Puerto Limón (Atlantikküste). Er vermutete dort große Goldvorkommen und nannte das Land deshalb Costa Rica (Reiche Küste). In den 1520er-Jahren trafen die ersten Konquistadoren ein, in der Hoffnung hier zu schnellem Reichtum zu gelangen. Im Jahr 1522 wurde an der Pazifikküste die erste Siedlung errichtet, die die Spanier aufgrund heftiger Indianerangriffe jedoch bereits nach kurzer Zeit wieder verließen.

Auch die Siedlungsversuche am Atlantik – im Jahr 1535 entstehen hier Marbella, Villa de Concepción und Badajoz – sind zum Scheitern verurteilt. Die Spanier stoßen am Atlantik auf noch stärkeren Indianerwiderstand als am Pazifik – und auch noch auf Piraten. Das Schema wiederholt sich im Landesinneren, wo **Juan de Cavallón** 1561 im Valle Central die Siedlung Garcimuñoz gründet. Wieder zwangen heftige Indianerattakken die erfolglosen Eroberer zur Flucht. Erst 1563 schaffte es **Juan Vasquez de Coronado**, in Cartago eine permanente Kolonialsiedlung zu errichten. Im Gegensatz zu seinen Vorgängern wusste er die Indianerstämme geschickt gegeneinander auszuspielen. Cartago, umgeben von Bergen, weit weg von den Weltmeeren und bedeutenden Handelsrouten, wurde zur Hauptstadt der spanischen Kolonie.

Mit der Ankunft der Spanier ging die Zahl der indigenen Bevölkerung dramatisch zurück. Waren es 1569 noch 120 000 Eingeborene, lebten im Jahr 1611 lediglich noch 10 000 Ureinwohner in Costa Rica. Den Indianern fehlten die Abwehrkräfte gegen die aus Europa eingeschleppten Epidemien wie Typhus, Masern, Pocken und Grippe. Ein Teil von ihnen wurde versklavt und an Goldminen in Peru, Panama, auf die Antillen und an den Golf von Honduras verschifft. Seit 1569 teilte die spanische Krone den neuen Siedlern als Belohnung Land und die dort lebenden Eingeborenen zu. Als „Dank" für ihre Christianisierung und Zivilisierung mussten die Indianer den **Encomenderos** (s. S. 423, Glossar) unentgeltlich als Arbeitskraft dienen und obendrein noch Abgaben zahlen.

Durch die Kolonisation wurden bedeutende, über Jahrhunderte gewachsene Handelswege zu den Nachbarländern zerstört, Clanstrukturen aufgelöst und einst wirtschaftlich autarke Stämme in ein versklavtes Volk verwandelt. Viele Indianer flohen in das abgeschiedene Talamanca-Gebirge und organisierten von dort Rebellionen (s. S. 155, Kasten „Auf den Spuren ..."). Hier entbrannte 1709 auch der letzte große Indianer-Aufstand unter dem Häuptling **Pablo Presbere**. Presbere wurde ein Jahr später in Cartago enthauptet; sein Kopf wurde zur Abschreckung in der Hauptstadt aufgespießt.

Die Indianer rafften die eingeschleppten Krankheiten dahin, und den Spaniern gingen deshalb die Arbeitskräfte aus. Verstärkt begannen sie daher *Indios bravos* („wilde Indianer") aus dem Talamanca-Gebirge heranzuholen und afrikanische Sklaven zu importieren. Der schnelle Reichtum, zu dem ihre Landsleute in anderen Kolonien gekommen waren, blieb bei den Konquistadoren in Costa Rica aus. Das Gold entpuppte sich als ein Mythos, und der Mangel an Arbeitskräften zwang die Spanier, selbst Subsistenzwirtschaft zu betreiben. Der für Lateinamerika typische Dualismus zwischen Großgrundbesitzern und Kleinbauern blieb deshalb in Costa Rica weitgehend aus. Die führende Kaufmannsschicht unterschied sich kaum in Glauben und Herkunft von den Bauern spanischen Ursprungs im Valle Central. Diese Situation ebnete Costa Rica den Weg zu einer relativ frühen Demokratisierung.

Das Valle Central mit den Städten Heredia (1706), San José (1736) und Alajuela (1782) wurde im Laufe des 18. Jahrhunderts zur wirtschaftlich wichtigsten Region im Land und San José zur größten Stadt. In den Städten siedelte sich die führende Kaufmannsschicht an, die die militärische und politische Macht innehatte.

Costa Rica, das seit 1570 von Guatemala aus politisch und militärisch gelenkt wurde und noch nicht einmal einen eigenen Bischofssitz hatte, war in ihren Anfängen eine arme, provinzielle Kolonie, die weitestgehend sich selbst überlassen war.

Der Kaffeeboom

Im Gegensatz zu den südamerikanischen Staaten erlangte Costa Rica seine Unabhängigkeit 1821 ohne Kampf und Blutvergießen. Costa Rica stand vor der Wahl: Sollte es sich wie Nicaragua dem mexikanischen Kaiserreich Agustín Iturbides anschließen? Das konservative Lager in Heredia und Cartago war dafür. Oder besser die frisch erworbene Unabhängigkeit bewahren? Dafür plädierten die Liberalen in San José und Alajuela.

Ein Bürgerkrieg brach aus. Die Liberalen siegten, Costa Rica wurde eine Republik und trat 1823 der Confederación de Centroamérica bei, einem losen Staatenbund der mittelamerikanischen Nationen. **Juan Mora Fernandez** (1824–1833) wurde der erste Präsident der Republik, der seit 1824 – nach einem Volksentscheid – auch das ehemals nicaraguanische Guanacaste angehörte. Die Rivalität zwischen den Städten San José, Alajuala, Heredia und Cartago jedoch hielt an.

Im Jahr 1835 kam es zwischen diesen Städten zum Guerra de la Liga, den Präsident **Braulio Carillo Montana** (1838–1842) für San José entschied. San Jose übernahm daraufhin als Hauptstadt die Führungsrolle im Land. Carillo stieg 1838 aus der Zentralamerikanischen Föderation aus und ernannte sich drei Jahre später zum lebenslangen Diktator. 1842 vertrieb der ehemalige Präsident der Confederación de Centroamérica, **Francisco Morazán Quesada** (1842), den Despoten Carillo aus Costa Rica und übernahm das Präsidentenamt. Als der gebürtige Honduraner jedoch Steuern für den Aufbau des costaricanischen Heeres einführte und die Zentralamerikanische Föderation wiederaufleben lassen wollte, wurde er im Parque Central von San José exekutiert.

In den 1830er-Jahren stieß Costa Rica endlich auf sein lang ersehntes Gold: Kaffee. Esel, Leder, Tabak und Kakaobohnen hatte man bisher mehr oder weniger erfolgreich u. a. in die übrigen Länder Mittelamerikas exportiert. Mit der goldenen Bohne aber, die im fruchtbaren Valle Central so gut gedieh, erstürmte Costa Rica den Weltmarkt.

Der Kaffee verwandelte die arme Kolonie in das reichste Land der Region. Ein Kaffee-Boom ergriff das Land: **Muckefuck**, das neue Modegetränk in Europa, wurde zum Katalysator für die soziale und wirtschaftliche Entwicklung Costa Ricas.

Die Regierung verteilte kostenlos Setzlinge an Bauern. Kaffeeterrassen entstanden nun auch in Turrialba, San Carlos und am Pazifik. Durch die starken Handelsbeziehungen mit Europa kamen europäische Mode, Literatur und Architektur ins Land. Neue Straßen entstanden, San José verwandelte sich von einem Dorf in eine Stadt. Viele Deutsche wanderten Ende des 19. Jahrhunderts nach Costa Rica aus und stiegen in die Kaffee-Aristokratie auf.

Costa Ricas von Subsistenzanbau geprägte Landwirtschaft verwandelte sich zunehmend in einen Agrarkapitalismus. Das Rückgrat dafür bildete nach wie vor die Familienfarm. Denn im Gegensatz zu anderen Ländern wurde Kaffee nicht auf großen Haciendas angebaut, sondern auf der kleinen Chacarita. Die kleinen Kaffeeplantagen gehörten überwiegend den Bauern selbst. Das Vertriebs- und Finanzwesen jedoch, und die Beneficios (Verarbeitungsanlagen) waren im Besitz der neuen Kaffeearistokratie, die sich aus der Kaufmannschicht des 18. Jahrhunderts herausgebildet hatte. Mitte des 19. Jahrhunderts übernahm sie auch die Regierung. Mit **Juan Rafael Mora Porras** (1849–1859) wählte sich die Kaffeeelite einen Kaffeebaron zum Präsidenten. Fast drei Jahrzehnte lang putschten und stürzten sich nun rivalisierende Kaffeebarone gegenseitig an die Macht und von der Macht.

William Walker

Der Aufschwung im Land wurde im Jahr 1856 empfindlich gebremst. William Walker, (s. S. 211, Kasten), fiel von Nicaragua her in Costa Rica ein, mit dem Ziel ganz Mittelamerika unter eine weiße, angelsächsische Herrschaft zu bringen und die Sklaverei wieder einzuführen. Mora stellte ein Freiwilligenheer von 9000 Campesinos und Arbeitern auf und besiegte im Bündnis mit den übrigen mittelamerikanischen Staaten den Eindringling in zwei Schlachten: der Schlacht von Santa Rosa (Guanacaste) und der Schlacht bei Rivas (Nicaragua).

Walker wurde zurück in sein Heimatland verschifft, die costa-ricanischen Soldaten aber raffte anschließend eine Cholera-Epidemie dahin, die ein Zehntel der Bevölkerung das Leben kostete. Der Krieg hatte dem Kaffeehandel das Geld und die Arbeitskräfte geraubt. Drei Jahre lang brauchte Costa Rica, um sich von Walker wieder zu erholen.

Die aufgeklärte Diktatur

Mit dem Kaffeehandel gelangten liberale und (den Strömungen der Zeit entsprechend) aufklärerische Gedanken aus Europa nach Costa Rica. Von ihnen beeinflusst, beendete Präsident **Tomás Guardia Gutierrez** (1876–1882) Ende des 19. Jahrhunderts die Herrschaft der Kaffeebarone und führte gemeinsam mit seinen Nachfolgern **Próspero Fernández Oreamuno** (1882–1885) und **Bernardo Soto y Alfaro** (1885–1889) auf diktatorischem Wege Reformen ein.

Zwischen der liberalen, von modernem europäischem Gedankengut geprägten Bourgeoisie und der Landbevölkerung, die an Katholizismus und altväterlichen Traditionen festhielt, klaffte eine große Lücke. Folglich waren nicht alle Schichten der Bevölkerung mit den Reformen einverstanden, die vorsahen, dass ganz Costa Rica in einen modernen, kapitalistischen und säkularisierten Staat umgewandelt werden sollte. Um dies zu erreichen, wurden die allgemeine Schulpflicht eingeführt und Werte wie Wissenschaft, Hygiene und Patriotismus vermittelt. Auch Priester mussten nun Steuern zahlen. Scheidungen und standesamtliche Trauungen wurden zugelassen und der Religionsunterricht aus den Schulen verbannt.

Die katholische Kirche sah sich zunehmend ihrer Macht beraubt, und die Landbevölkerung verlor durch die Einführung der Schulpflicht die wichtige, bis dato selbstverständliche Arbeitskraft der Kinder. Die Unzufriedenheit mit den Liberalen entlud sich, als Präsident Soto sich durch einen Wahlbetrug 1889 erneut an die Macht brachte. Angestachelt von der Kirche, ergriff das Volk die Waffen und umzingelte die Hauptstadt San José. Costa Rica stand kurz vor einem Bürgerkrieg. Präsident Soto jedoch trat zurück und überließ das Amt dem konservativen, von der katholischen Kirche gestützten **José Joaquín Rodríguez Zeledon** (1890–1894).

Bananen

Kaffee ebnete den Weg für Costa Ricas zweiten Exportschlager: Bananen. Die alte Exportroute, von Puntarenas um den südamerikanischen Kontinent herum nach Europa, war zu lang. Eine neue Eisenbahnstrecke sollte nun die Anbaugebiete im Valle Central mit dem Karibikhafen in Puerto Limón verbinden. Der New Yorker **Minor Keith** übernahm 1871 die Leitung des Mammut-Projekts. Chinesen, Italiener und Gefangene aus den USA wurden als Schienenleger unter Vertrag genommen. Nachdem Tausende von ihnen an Malaria und Gelbfieber umgekommen waren, holte Keith jamaikanische Arbeiter ins Land, in der Hoffnung, dass sie immun gegen die tropischen Krankheiten wären. Costa Ricas Regierung ging bald das Geld aus. Statt mit Geld wurde Keith nun mit Land ausgezahlt, außerdem gewährte man ihm die steuerfreie Nutzung des Hafen in Limón und der Eisenbahn. So begann Costa Ricas wirtschaftliche Abhängigkeit von den USA.

Noch während des Eisenbahnbaus machte Keith ein Experiment und baute entlang der Gleise Bananen an. Die gelben Früchte fanden reißenden Absatz in den USA. 1890 stand die Eisenbahntrasse, Keith gründete daraufhin 1899 die **United Fruit Company**, die zum Monopol der Bananenindustrie und zum größten Arbeitgeber Mittelamerikas aufstieg und Keith zu einem der einflussreichsten Männer in Mittelamerika machte. United Fruit hatte wirtschaftlich, politisch und ökologisch großen Einfluss auf Costa Rica. Der Konzern rodete großflächig Urwald ab, und wenn der Boden durch die Monokultur ausgelaugt und für neue Plantagen ruiniert war, wurde er verlassen.

1930 zog sich United Fruit aus der Atlantikregion zurück und 1984 von der Pazifikküste, beides Mal blieben sozial und ökologisch desolate Regionen zurück. Menschenunwürdige Arbeitsverhältnisse, blutige Streikniederschlagungen, Landenteignungen und Vertreibung der indigenen Bevölkerung waren von der Regierung hingenommen und unterstützt worden, denn der Zweck heiligte die Mittel: schließlich übertrafen Bananen zu Beginn des 20. Jahrhunderts die Exportzahlen des Kaffeeexports.

Unter dem Einfluss der russischen Revolution bildete sich Anfang des 20. Jahrhunderts auch in Costa Rica eine **Arbeiterbewegung**. Durch die Einführung des direkten (1913) und geheimen Wahlrechts (1925) machte Costa Rica entscheidende Schritte auf dem Weg zur Demokratie; Bauern und Arbeiter hatten nun ein politisches Mitspracherecht.

Waffen zu Pflugscharen

Bis in die 1930er-Jahre wurde Costa Ricas Politik vom liberalen Fortschrittsglauben geleitet. Das heißt, es wurde davon ausgegangen, dass – wenn man dem Handel freie Hand gewähre – sich zwangsläufig bald Wohlstand für alle einstellen müsste. Diese Auffassung änderte sich schlagartig mit dem Börsensturz von 1929, dem Abzug der United Fruit Company aus der Talamanca-Region und dem Beginn des zweiten Weltkrieges, durch den Costa Rica 50 % seines Marktes in Europa verlor. Von da an griff die Politik verstärkt in die Wirtschaft ein. Zum Ärgernis der Kaffeearistokratie brachte der Republikaner **Rafael Angel Calderón Guardia** (1940–1944) soziale Reformen in Gang. Gewerkschaftsrechte und Minimallöhne wurden in die Verfassung aufgenommen und eine Sozialversicherung eingeführt.

Calderón hatte mit seiner arbeiter- und armenfreundlichen Politik die Kirche hinter sich, verspielte sich jedoch die Gunst der *Cafetaleros* (Kaffeebarone). Diese waren gegen seinen Reformkurs und gegen die Kriegserklärung an Deutschland, durch die Costa Rica immerhin die Hälfte seines europäischen Marktes verlor. Costa Rica nahm zwar nicht aktiv am Kriegsgeschehen teil, aber der Grundbesitz deutscher Einwanderer wurde konfisziert und viele Deutsche kamen in Internierungslager. Um an der Macht zu bleiben, ging Calderón eine ungewöhnliche Koalition mit der kommunistischen Partei ein. Als 1948 Calderóns Opposition mit Otilio Ulate Blanco als Präsidenten gewählt wurde, erklärte der von Calderón-Anhängern dominierte Kongress die Wahlen für ungültig.

José Figueres Ferrer (1948–1949; 1953–1958), ein starker Gegner Calderóns, der wegen seiner offenen, heftigen Kritik bereits im Exil war, begann daraufhin einen fünf Wochen langen, blutigen Bürgerkrieg, in dem rund 2000 Costa Ricaner ihr Leben verloren und aus dem Figueres als Sieger hervorging. Figueres wollte einen Bruch mit der politischen Vergangenheit. Weg von sozialen Eliten – hin zum modernen Sozialstaat. 18 Monate lang regierte er das Land mit einer Übergangsjunta. Er entließ Calderón-Anhänger, schickte sie ins Exil und verbot die Kommunistische Partei. Banken, die zuvor in der Hand der Kaffeeoligarchie gewesen waren, wurden verstaatlicht, das Wahlrecht für Frauen und Schwarze wurde eingeführt und – zur Überwachung künftiger Wahlen – ein unabhängiger Gerichtshof, der Consejo Supremo Electoral, eingerichtet. Der bedeutendste Schritt aber war die Abschaffung des Militärs, für Figueres ein Hindernis für die Demokratie.

1949 überließ Figueres **Otilio Ulate Blanco** (1949–1953), dem ein Jahr zuvor rechtmäßig vom Volk gewählten Präsidenten, das Präsidentenamt. Mit der neu gegründeten Partido Nacional de Liberación (PLN) an der Spitze, erlebte Costa Rica in den drei Jahrzehnten nach dem Zweiten Weltkrieg einen neuen Aufschwung. Es war die goldene Ära der Mittelklasse. Ausländische Firmen investierten ins Land, drei neue Universitäten wurden eröffnet, die Städte wuchsen. In der Landwirtschaft verdrängten Monokulturen die Kleinbauern. 50 000 ha Regenwald wurden allein zwischen 1963 und 1973 abgeholzt, nur im Amazonasbecken wurde noch heftiger gerodet. Starker Chemikalieneinsatz (s. S. 376, Kasten „David gegen Goliath – Ökobananen in Talamanca") steigerte die Kaffee- und Bananenernte. Und damit der Aufschwung anhielt, nahm der Staat immer mehr Kredite auf.

Krieg und Krise

Ende der 1970er-Jahre steckte die Welt in einer Ölkrise. Costa Ricas Kaffeepreise fielen in den Keller und Mitte der 1980er-Jahre verließ die United Fruit Company nun auch die Pazifikregion. Costa Ricas Industrie war überwiegend in den Händen amerikanischer Konzerne, so dass ein Gros des erwirtschafteten Geldes ins Ausland floss. Der Schuldenberg aber wuchs unaufhörlich.

1981 kollabierte Costa Ricas Wirtschaft. Das Land konnte die Schulden nicht mehr bezahlen. Die Arbeitslosenquote stieg um 10 % an, die jährliche Inflation betrug 80–100 % im Jahr. Der Contra-Krieg in Nicaragua zerschmetterte den Handel. 1981 betrugen die Schulden Costa Ricas 3,8 Milliarden Dollar. Präsident **Luis Alberto**

Monge Alvarez (1982–1986) sandte eine klare Botschaft an die USA: Wenn Costa Rica weiterhin das Vorzeigebeispiel für Kapitalismus und Demokratie in Lateinamerika sein sollte, dann müssten die USA sich dies etwas kosten lassen. Costa Rica erhielt daraufhin ein finanzielles Hilfspaket der USA, allerdings mit der Auflage, seine Staatsausgaben drastisch zu senken.

Vor der Haustür brodelte die Revolution. Ende der 1970er-Jahre unterstützte Costa Ricas Regierung den Sturz der Somoza-Diktatur. Danach zog der Kalte Krieg ins Land. Costa Ricas Außenpolitik wurde mehr als ein Jahrzehnt lang (1979–1990) vom Nicaragua-Konflikt überschattet. Die USA befürchteten eine Ausbreitung des Kommunismus in Lateinamerika. Um diesen „Domino-Effekt" abzuwehren, verletzten die USA die Souveränität Costa Ricas und benutzten das Land als Südfront ihrer Contras. Unter der Reagan-Regierung wurden geheime Flugzeuglandebahnen im Dschungel gebaut und die CIA bildete paramilitärische Gruppen aus. Die costa-ricanischen Medien standen völlig unter nordamerikanischem Einfluss. Rufe nach erneuter Militarisierung wurden laut. Der Bürgerkrieg drohte auf Costa Rica überzuschwappen. Tausende von Menschen gingen in San José auf die Straße und marschierten für den Frieden. Der Druck auf Costa Rica wuchs. 1983 verkündete Präsident Monge Costa Ricas Neutralität im Konflikt.

Frieden auf dem Isthmus

Im kriegsgeschüttelten Mittelamerika wurde Costa Rica in den 1980er-Jahren zu einer Oase des Friedens. Tausende von Flüchtlingen aus Nicaragua, El Salvador und Guatemala suchten Schutz in dem kleinen, schuldengebeutelten Land.

1986 wurde **Oscar Arias Sánchez** (1986–1990), der ehemalige Generalsekretär von Präsident Figueres, als jüngstes Staatsoberhaupt Costa Ricas zum Präsidenten gewählt. Arias gelang ein Seiltanzakt. Er schaffte es, Millionen von Hilfsgeldern aus den USA zu beziehen und so das für Mittelamerika einzigartige Bildungs-, Gesundheits-, und Sozialsystem aufrechtzuerhalten, gleichzeitig aber auch Costa Ricas Neutralität zu wahren. Außenpolitisch nahm Arias die Rolle des Friedensvermittlers auf dem Isthmus ein. Er setzte sich für Amnestien für Guerilla-Kämpfer ein, die freiwillig ihre Waffen niederlegten, und brachte die Rebellen in Guatemala und El Salvador wieder an den Verhandlungstisch.

Der Zeitpunkt war ideal; Contras und Sandinistas waren nach einem Jahrzehnt Bürgerkrieg kriegsmüde. Außerdem verloren die Sandinisten mit dem bevorstehenden Auseinanderbrechen der Sowjetunion ihren Waffenlieferanten, und die USA hatten gerade die schmutzige Iran-Contra-Affäre hinter sich.

Auf dem Gipfeltreffen von Esquipulas unterzeichneten alle fünf Präsidenten Mittelamerikas Arias Friedensplan. 1987 wurde Costa Ricas Präsident mit dem Friedensnobelpreis ausgezeichnet, im Land selbst aber genoss er damals wenig Ansehen, denn 1989 war der Schuldenberg bereits auf 5 Milliarden Dollar angestiegen.

Dennoch sollten die Costa Ricaner 20 Jahre später Arias erneut zu ihrem Präsidenten wählen.

Costa Rica heute

In den 1990er-Jahren öffnete sich Costa Rica zunehmend dem Tourismus. 1992 forderte ein schweres Erdbeben in Limón 60 Tote. Der Eisenbahnverkehr wurde daraufhin eingestellt. Mehr als eine Million Touristen besuchten Ende der 1990er die paradiesischen Strände und explosiven Vulkane des kleinen Tropenlandes. Der Tourismus und die neue Elektronikindustrie (Mikrochips) brachten Costa Rica nun mehr Devisen ein, als die traditionellen Exportgüter Kaffee und Bananen.

2004 war das Freihandelsabkommen zwischen den mittelamerikanischen Ländern, der Dominikanischen Republik und der USA (CAFTA) ausgehandelt. Alle Parlamente ratifizierten den Vertrag, lediglich Costa Ricas Zustimmung steht weiterhin aus (s. auch Wirtschaft, S. 96).

In den letzten Jahren verliert die Bevölkerung zunehmend das Vertrauen in die Politik, da vier ehemaligen Präsidenten (Rafael Angél Calderón Fournier (1990–1994; PUSC), José María Figueres Olsen (1994–1998; PLN), Miguel Angel Rodriguez Echeverria (1998–2002; PUSC) und Abel Pacheco de la Espreilla (2002–2006; PUSC) schwere Korruptionsvorwürfe anhängen und Prozesse drohen.

Nicaragua

Die Rivalen León und Granada

Wie Costa Rica gehörte auch Nicaragua dem spanischen Kolonialreich an und wurde damals politisch von Guatemala aus regiert. Blutige Unabhängigkeitskämpfe blieben dem Land erspart. Nach der Kolonialzeit schloss sich Nicaragua zunächst dem kurzlebigen mexikanischen Kaiserreich an, bevor es der Zentralamerikanischen Föderation (1823–1848) beitrat. Bald bildeten sich in Nicaragua zwei politische Lager heraus, die durch zwei Städte repräsentiert wurden: Granada (konservativ-feudalistisch) und León (liberal-antifeudalistisch).

Mitte des 19. Jahrhunderts kam es zwischen beiden Parteien zu einem Bürgerkrieg, in dem die Liberalen den nordamerikanischen Filibuster William Walker zu Hilfe riefen. Walker jedoch nutzte den Hilferuf, um seine eigenen Ziele zu verfolgen: er ernannte sich selbst zum Präsidenten von Nicaragua und wollte ganz Mittelamerika unter eine weiße, angloamerikanische Herrschaft bringen und das Sklaventum wiedereinführen. 1856 wurde er vom mittelamerikanischen Heer besiegt (s. S. 211, Kasten „William Walker"). Walker wurde in seine Heimat zurückgeschickt, die USA jedoch waren weiterhin in Nicaragua präsent.

Im „Hinterhof" der USA

Seit den 1850er-Jahren ermutigte die US-Regierung amerikanische Unternehmer, in die für Washington strategisch wichtigen Länder zu investieren („Dollar Diplomacy"). Nicaragua, mit Panama ein Kandidat für den Bau eines interozeanischen Kanals, gehörte zweifellos dazu. Bereits Mitte des 19. Jahrhunderts waren u. a. Obstplantagen, Minen und Teile des Transportsystems im Besitz der USA. Bis 1993 wurde Nicaragua von der konservativen Partei regiert, die die wirtschaftlichen Interessen der Vereinigten Staaten vertrat.

Mit **José Santos Zelaya** trat jedoch ein Liberaler und Nationalist die Regierung an. Zelaya gliederte die ehemals britische Miskitoküste wieder in den nicaraguanischen Staat ein. Nachdem die USA sich für den Kanalbau in Panama entschieden hatte, bot Zelaya u. a. Deutschland und Japan die Kanalrechte auf dem Río San Juan an. Die USA befürchteten Konkurrenz und griffen ein. Sie enthoben Zelaya 1909 seines Amtes und ersetzten die Liberalen durch eine konservative Regierung, die ihnen 1914 im Chamorro Byran-Vertrag die Exklusivrechte für den Bau eines Kanals in Nicaragua zusicherte. Die Konkurrenz war somit ausgeschaltet und Nicaraguas Aussichten, sich wirtschaftlich zu emanzipieren, bis aufs Weitere verbaut.

Zwischen 1912 und 1924 wurden mehr als zehn Aufstände der Liberalen von den US-Marines niedergeschlagen. Bis 1933 stand Nicaragua weitgehend unter US-Besatzung. Washington legitimierte seine Interventionspolitik mit der sogenannten Roosevelt Collary (1904), die den USA eine Schiedsrichterfunktion und ein Interventionsrecht bei Konflikten in Lateinamerika einräumte.

Augusto Sandino

1927 brach noch einmal ein Bürgerkrieg zwischen Liberalen und Konservativen aus: der Guerra Constitutional – ausgelöst durch einen Putsch des ehemaligen Präsidenten **Emilio Chamorro**. Die USA befürchteten einen Sieg der Liberalen und schritten ein. Im Friedensvertrag von Espino Negro forderten sie die Entwaffnung der Liberalen-Armee. Nur unter dieser Bedingung würden sich die US-Streitkräfte wieder zurückziehen. Die Bedingung wurde erfüllt – bis auf eine Ausnahme: für General **Augusto Sandino** war der Vertrag Vaterlandsbetrug. Er zog mit 30 seiner engsten Verbündeten in die Berge Nord-Nicaraguas und begann einen Guerrillakrieg gegen die US-amerikanischen Truppen.

Seine nur mit Macheten bewaffnete Campesino-Armee fügte den US-Truppen empfindliche Niederlagen zu. Selbst Bomben konnten Sandino und seine Anhänger nicht aus den Bergen vertreiben, denn sie hatten die Landeskenntnisse und die Hilfe der Landbevölkerung hinter sich. 1933 verließen die Marines das Land. Zuvor gründeten sie jedoch noch die Guardia Nacional, die mit **Anastasio Somoza** als Oberbefehlshaber den Kampf gegen Sandinos Guerrillabewegung fortsetzen sollte. 1934 wurde Sandino durch die Nationalgarde in Managua ermordet. Seinen Namen und die rot-schwarze Fahne übernahm später die revolutionäre Frente Sandinista de Liberación Nacional (FSLN).

Geschichtsüberblick Nicaragua

1522–1524	Spanische Eroberung; der spanische Eroberer Gil Gonzalez de Ávila nennt das Land Nicaragua, nach dem Caciquen Nicarao. Nicaragua gehört nun – wie Costa Rica auch – der Audiencia de Guatemala an.
1524	Gründung der Städte Léon (Liberales Lager) und Granada (Konservatives Lager).
17./18. Jh.	Britische Piraten lassen sich an der Karibikküste nieder; Errichtung des Reino de la Mosquitia.
1821	Unabhängigkeit von Spanien; Nicaragua tritt dem Kaiserreich Mexiko bei.
1823	Beitritt zur Zentralamerikanischen Föderation.
1838	Nicaragua wird Republik.
1856–1857	Sieg über William Walker.
1860	Die Briten ziehen sich aus der Karibik zurück.
1893	Regierungsputsch; der Liberale José Santos Zelaya wird neuer Präsident.
1909	US-Streitkräfte heben Zelaya aus dem Amt. Unterzeichnung des Chamorro Byran-Vertrags: den USA werden die Exklusivrechte zum Kanalbau auf dem Río San Juan zugesprochen.
1912–1933	Weitgehende Besatzung Nicaraguas durch US-Streitkräfte.
1927–1933	Pacto de Espino Negro (1927); Sandino beginnt einen Guerrillakrieg gegen die US-Besatzung. Abzug der US-Streitkräfte (1933); Bildung der Guardia Nacional unter dem Oberbefehl Anastasio Somozas. Ermordung Sandinos durch die Guardia Nacional.
1937	Regierungsputsch Somozas; Beginn einer über 40-jährigen Unrechts-Diktatur.
1956	Ermordung Anastasio Somozas. Nachfolger wird sein Sohn Luis Somoza Debayle.
1961	Gründung der Frente Sandinista de la Liberacion Nacional (FSLN).
1967	Tod von Luis Somoza; die Nachfolge tritt sein jüngerer Bruder Anastasio Somoza Debayle an.
1978	Ermordung des Journalisten und Anführers der bürgerlichen Oppositionsbewegung Pedro Joaquín Chamorro; Generalstreik.
1979	Sturz Somozas durch ein breites Bündnis bürgerlicher und sandinistischer Kräfte; eine fünfköpfige Militärjunta übernimmt die Regierung.
Ab 1982	Beginn des „Contra-Krieges". Ortega wird zum Präsidenten gewählt.
1985	Die USA verhängen ein Wirtschaftsembargo über Nicaragua. Friedensgipfel von Esquipulas und Tela.
1990	Freie Wahlen; Wahlsieg der Unión Nacional Opositora (UNO); Violeta Barrios de Chamorro wird Präsidentin.
1996	Wahl des Liberalen Arnoldo Alemán zum Präsidenten.
1998	Hurricane Mitch: Rund 3000 Tote, Hunderttausende Nicaraguaner werden obdachlos.
2001	Wahl des Liberalen Enrique Bolaños Geyer von der Partido Liberal Constitucionalista (PLC) zum Präsidenten.
2003	Alemán wird wegen Korruption zu 20 Jahren Gefängnisstrafe verurteilt; die Strafe wird später zu „Hausarrest" abgemildert.
2004	Die Weltbank erlässt Nicaragua 80 % seiner Schulden.
2006	Nicaragua stimmt dem Central American Free Trade Agreement (CAFTA) zu.
2006	Präsident Bolaños gibt neue Kanalpläne für den Río San Juan bekannt.
2007	Wiederwahl Daniel Ortegas zum Präsidenten.

Die Somoza-Diktatur

Mit der Nationalgarde bahnte sich Somoza, der als Übersetzer für die amerikanischen Truppen gearbeitet hatte, den Weg an die Macht. Mit Somozas Putsch gegen Nicaraguas Präsidenten Juan Bautista Sacasa im Jahr 1937 begann eine über vier Jahrzehnte währende, brutale Diktatur, die nach Somozas Ermordung 1956 von seinen Söhnen **Luís Somoza Debayle** (1956–1965) und **Anastasio Somoza Debayle** (1967–1979) fortgesetzt wurde.

Zwar hielt der Diktator an einem Mehrparteiensystem fest, wichtige Ämter aber wurden mit Familienangehörigen und Freunden besetzt. Oppositionelle wurden verschleppt, gefoltert und hingerichtet. Vier Jahrzehnte lang bereicherte sich der Somoza-Clan hemmungslos an internationalen Hilfsgütern und Land. So gingen u. a. die Ländereien und Kaffeeplantagen, die im Zweiten Weltkrieg von der deutschstämmigen Bevölkerung konfisziert wurden, in Somozas Privatbesitz über. Auf diese Weise entstand eines der größten Wirtschaftsimperien Lateinamerikas.

Für die USA war die Somoza-Diktatur eine unverzichtbare Stütze. Im Zweiten Weltkrieg lieferte Nicaragua u. a. Gummi und Baumwolle für die US-Kriegsindustrie. Mitte der 1950er-Jahre nutzte Kennedy die Hafenstadt Puerto Cabeza als Ausgangsbasis für seinen Angriff auf das kommunistische Kuba. Während der Regentschaft des jüngsten Sohnes Anastasio Somoza Debayle, einem Absolventen der Westpoint Militärakademie in Florida, hatte die Familiendynastie ihren Höhepunkt an Brutalität und Ausbeutung erreicht. Im Volk begann es zu brodeln.

Die Revolution

Bereits Anfang der 1960er-Jahre gründeten **Carlos Fonseca Amador**, **Tomás Borge Martínez** und **Silvio Mayorga** die Frente Sandinista de Liberación Nacional (FSLN), die marxistische Weltanschauung mit den antiimperialistischen Idealen Augusto Sandinos vereinte. Die FSLN rief die Bevölkerung zum bewaffneten Kampf auf und hatte trotz heftiger Unterdrückung großen Zulauf, vor allem unter radikalen Studenten.

Als 1972 ein schweres Erdbeben in Managua fast 100 000 Menschenleben forderte und die Hauptstadt in Schutt und Asche lag, leitete Somoza skrupellos die internationalen humanitären Hilfsgelder auf seine Privatkonten um. Die Oppositionsbewegung wuchs daraufhin merklich an und ermöglichte es der FSLN, ein breites Bündnis, u. a. mit dem oppositionellen Bürgertum und Vertretern der Befreiungskirche (s. S. 408, Kasten „Dichter, Priester, Revolutionär") einzugehen.

Die Wirtschaftskrise Ende der 1970er-Jahre brachte Nicaraguas soziale Gegensätze deutlich zum Vorschein: Somozas Besitztümer und Reichtum standen im starken Kontrast zum wachsenden Elend. Als im Januar 1978 **Pedro J. Chamorro**, Chef der Tageszeitung La Prensa und Anführer der bürgerlichen Opposition, von der Nationalgarde ermordet wurde, kam es zu Generalstreiks im ganzen Land. Einen Monat später ließ Somoza einen Aufstand von Ureinwohnern in Masaya blutig niedergeschlagen. Hunderte von Indianern kamen dabei ums Leben.

Doch die Revolution war nicht mehr aufzuhalten. Im August 1978 stürmte ein FSLN-Kommando den Nationalpalast in Managua. Das gesamte Parlament wurde als Geisel genommen, um Gefangene freizupressen. In verschiedenen Städten kam es gleichzeitig zu Volksaufständen. Erinnerungen an die kubanische Revolution wurden wach. Somoza reagierte mit Luftbombardements und Artilleriebeschuss. Ende Mai 1979 begann die 52 Tage lange Endoffensive. Die internationale Gemeinschaft (mit Ausnahme der USA) brach ihren Kontakt zu Somoza ab.

Am 19. Juli 1979 flüchtete der Diktator nach Miami und wurde später in Paraguay ermordet. Nicaraguas Regierung wurde von einer fünfköpfigen Junta übernommen, die aus drei Sandinistas (darunter auch der gegenwärtige Präsident **Daniel Ortega**) und zwei Vertretern der bürgerlichen Opposition (darunter die Witwe Pedro Chamorros und spätere Präsidentin **Violeta Chamorro**) bestand. Tausende von Somoza-Anhängern und Mitgliedern der Nationalgarde wurden festgenommen, Hunderte von ihnen hingerichtet.

Eine Wirtschafts-, Finanz- und Gesetzesreform stand an. Denn jetzt erst trat das ganze Ausmaß der Diktatur zutage: das gesamte Land – die Kaffee-, Tabak-, und Baumwollplantagen; den Transportsektor; die Zement-, Bau- und Textilindustrie; den Schiffs- und Bergbau – hatte Somoza als Privatbesitz regiert.

Von Euphorie zu Ernüchterung

Das bürgerlich-sandinistische Bündnis zerbrach bald, und die FSLN setzte sich mit ihrer marxisätisch ausgerichteten Ideologie durch. Den Anfang machte eine Landreform. Der gesamte Familienbesitz Somozas wurde eingezogen, verstaatlicht und an Bauernkooperativen verteilt. (Die besten Grundstücke und Ländereien – das stellte sich aber erst später heraus – riss sich die Sandinisten-Führung selbst unter den Nagel). Der neue Kulturminister **Ernesto Cardenal** (1979–1984) startete eine erfolgreiche Alphabetisierungskampagne: Studenten gingen in die Dörfer und brachten der Landbevölkerung das Lesen, Schreiben und Grundkenntnisse in Mathematik bei, beeinflusst von sandinistischer Ideologie. Lehrer wurden im Schnellverfahren ausgebildet. Die Analphabetenquote sank von 65 auf 12 %. Nicaraguas Wirtschaftselite allerdings, die sich dem Kampf gegen die Somoza-Diktatur angeschlossen hatte, sah ihre Interessen durch die Sandinisten verraten und investierte nicht mehr. Viele Unternehmer und Arbeitskräfte verließen das Land.

US-Präsident Ronald Reagan, der zwei Jahre nach der nicaraguanischen Revolution das Präsidentenamt bezog, versuchte die FSLN mit politischen, militärischen und wirtschaftlichen Mitteln zu stürzen. Die Sandinisten stellten nicht nur eine Bedrohung für die US-Wirtschaft dar, die Reagan-Regierung befürchtete auch, dass sich der Kommunismus in Lateinamerika ausbreiten würde (Dominotheorie). Um das zu verhindern, unterstützten die USA seit 1982 finanziell und logistisch die Contrarevolucionarios (Contras), die sich zum großen Teil aus der ehemaligen Nationalgarde Somozas zusammensetzten.

Mit dem Bau geheimer Flugschneisen in Costa Rica verletzten die USA die Neutralität der Costa Ricaner. Das Geld für die Unterstützung der Contras bezogen sie u. a. aus dem Waffenschmuggel an den Iran und aus dem Kokainhandel. 1986 wurden die USA vom Internationalen Gerichtshof in Den Haag wegen „ungesetzlicher Anwendung von Gewalt" gegen Nicaragua zur Zahlung von Reparationen verurteilt. Die USA weigerten sich, das Urteil anzuerkennen und legten gegen eine Resolution des UN-Sicherheitsrates, die sie zur Zahlung verpflichtete, ein Veto ein.

Auch die rechtmäßige Wahl **Daniel Ortegas** zum Präsidenten erkannte Reagan nicht an. 1985 verhängten die USA ein **Wirtschaftsembargo** gegen Nicaragua. Die Exporteinnahmen Nicaraguas sanken dadurch drastisch. Die Handelssperre bremste die wirtschaftliche Entwicklung ab, der Staat verschuldete sich. Die Landwirtschaftskooperativen waren ineffizient, es herrschte Gütermangel, ein Großteil des Staatshaushalts wurde für den Krieg ausgegeben. Ortega führte den Servicio militar patriotico ein, damit war der Militärdienst von nun an obligatorisch.

Die internationale Solidaritätsbewegung unterstützte das sandinistische Projekt kräftig mit Geld und Arbeitskraft. In Scharen trafen in den 1980er-Jahren Rucksackrevolutionäre aus Deutschland, Italien und sogar aus den USA am Flughafen in Managua ein und halfen als Kaffeepflücker, Hausbauer oder als menschliche Schutzschilde im hart umkämpften Grenzgebiet mit Costa Rica.

Ortegas Führungsstil wurde derweil immer autoritärer. Bekannte Sandinisten wie **Gioconda Belli** (s. S. 100, Kasten „Das Wort ist eine Waffe") oder Ernesto Cardenal (s. S. 408, Kasten „Dichter, Priester, Revolutionär") stiegen aus der Partei aus. Nach der revolutionären Euphorie der Anfangsjahre trat die große Ernüchterung ein. Vom Versuch, Nicaragua durch eine Revolution aus der Armut und Gewaltherrschaft zu befreien, war nicht viel übrig geblieben. Die Revolution war bürokratisiert, die Wirtschaft hoch verschuldet, Zensur und Geheimpolizei wurden gegen Oppositionelle eingesetzt. Das Land war vermint, Zehntausende hatte der Krieg das Leben gekostet, rund 150 000 Nicaraguaner waren Ende der 1980er-Jahre aus ihrer Heimat geflüchtet. Nicaragua war kriegsmüde.

Oscar Arias Friedensplan kam zur rechten Zeit (s. S. 90, Geschichte Costa Rica). Auf dem Gipfeltreffen von Esquipulas wurden mit dem Einverständnis der Sandinisten Neuwahlen angesetzt, die von den Vereinten Nationen überwacht werden sollten. Als sich die FSLN-Führung kurz vor den Wahlen im kriegsgebeutelten Land Eigentumstitel ausschrieb, Dienstwagen privatisierte und Staatsgüter auf Privatpersonen überschrieb, hatte sie endgültig ihre Glaubwürdigkeit in der Bevölkerung verloren. 1990 wählte das Volk die Sandinisten ab. **Violeta Chamorro** wurde überraschend zur neuen Präsidentin gewählt. Sie war die erste Frau, die als Staatsoberhaupt in Lateinamerika vereidigt wurde.

„Give Peace a Chance"

Chamorro brachte mit ihrer Union Nacional Opositora (UNO), einer Koalition, die sich aus 14 konservativen und anti-sandinistischen Parteien zusammensetzte, Stabilität in das kriegsgeschüttelte Land. Eine kapitalistische Privatwirtschaft wurde eingeführt, Verstaatlichungen rückgängig gemacht und enteignetes Land neu zugeschrieben. Die Armee wurde drastisch reduziert und die Contras entwaffnet. Chamorro setzte außerdem eine strikte Sparpolitik durch und traf mit dem Internationalen Währungsfond ein Abkommen, um die Inflation einzudämmen.

1996 übernahm der Liberale **Arnoldo Alemán** (Partido Liberal Constitucionalista) das Präsidentenamt. Während seiner Amtszeit wurde der Wiederaufbau Nicaraguas vorangetrieben, gleichzeitig aber war seine Regierungsperiode von schweren Korruptionsskandalen gekennzeichnet. Die internationale Nichtregierungsorganisation Transparenca International, die sich den weltweiten Kampf gegen Korruption zum Ziel gesetzt hat, listet Alemán sogar unter den zehn korruptesten Politikern der Welt auf. Mit seinem Rivalen Daniel Ortega schloss er 1998 einen Pakt, mit dem die beiden Caudillos ihre Macht zementierten und sich lebenslängliche politische Immunität zusicherten. 1998 wütete Hurrican Mitch in Nicaragua. Der Wirbelsturm zerstörte die Ernten und machte Tausende von Nicaraguanern obdachlos.

Alemáns Nachfolger **Enrique Bolaños** (2001–2006) sagte der Korruption den Kampf an und verklagte Alemán und andere hohe Parteigenossen. Bolaños gewann dadurch hohes Ansehen im Ausland, verspielte sich jedoch die Unterstützung des eigenen Parlaments, das seine Politik blockierte. Alemán wurde darauf immerhin die Immunität entzogen und er wurde zu einer 20 jährigen Gefängnisstrafe verurteilt, die er gegenwärtig – als Hausarrest abgemildert – in Managua „absitzt", wo er auf Amnestie seines Paktfreundes Daniel Ortega wartet. Der nämlich kehrte nach drei missglückten Versuchen und einem Imagewechsel 2007 an die Spitze von Nicaraguas Regierung zurück: **Gobierno de Reconciliación y Unidad** (Regierung der Versöhnung und Einheit) nannte er sein neues Wahlprogramm. Bewusst setzte der einstige Guerrillaführer den ehemaligen Contra **Jaime Morales Carazo** als Vizepräsidenten ein.

Die traditionellen FSLN-Farben rot und schwarz wurden im Wahlkampf durch ein grelles Pink und die Hymne der FSLN durch das John Lennon-Lied *Give Peace a Chance* ersetzt. Die USA befürchten, dass Ortega eine enge Partnerschaft mit dem linksgerichteten venezolanischen Präsidenten Hugo Chavez eingehen könnte. Die moderate Movimiento de Renovacion Sandinista – eine Alternative zur orthodoxen und autoritären Linken Nicaraguas – schied aus dem Wahlkampfrennen aus, als der Parteivorsitzende Herty Lewites im Juli 2006 verstarb.

Politik

Costa Rica

Staatsform Präsidialrepublik
Provinzen 7
Hauptstadt San José
Staatspräsident Oscar ARIAS Sanchez
Premierminister Laura CHINCHILLA und Kevin CASAS Zamora

Nicaragua

Staatsform Republik
Provinzen 15 *departamentos* und zwei autonome Regionen (Atlantico Norte, Atlantico Sur)
Hauptstadt Managua
Präsident Daniel ORTEGA Saavedra
Vize-Präsident Jaime MORALES Carazo

Costa Rica ist in sieben *Provincias* (Provinzen), 81 *Cantones* (Bezirke) und 421 *Districtos* (Distrikte) unterteilt. San José bildet die Hauptstadt und das politische Zentrum des Landes.

Seit 1949 ist Costa Rica eine Präsidialrepublik. Die Staatsverfassung sieht eine Gewaltenteilung und ein allgemeines Wahlrecht ab dem 18. Lebensjahr vor. Der Präsident wird alle vier Jahre direkt vom Volk gewählt und steht als Staatsoberhaupt und Regierungschef an der Spitze der **Exekutive**. Er ernennt die 17 Staatsminister und die Gouverneure der sieben Provinzen. 2003 wurde eine Gesetzesänderung vorgenommen, die die Wiederwahl des Präsidenten nach einer achtjährigen Pause ermöglicht. Aufgrund dieser Erneuerung konnte 2006 Oscar Arias (Partido Liberación Nacional, PLN) – 20 Jahre nach seiner ersten Amtszeit – nochmals als Präsident kandidieren.

Die **Legislative** wird vom Parlament (*Asamblea legislativa*) ausgeübt. Die 57 Parlamentsabgeordneten werden alle vier Jahre vom Volk gewählt. Wie der Präsident können auch die Abgeordneten nach einer vierjährigen Pause ein weiteres Mal wiedergewählt werden. Das Parlament verabschiedet u. a. den Staatshaushalt und ernennt die obersten Richter. Es kann Regierungsentscheidungen mit einer Zweidrittel-Mehrheit widerrufen.

Costa Ricas oberster Gerichtshof übt die **Jurisdiktion** aus. Die Rechtsordnung folgt französischem und spanischem Vorbild. Der unabhängige Gerichtshof Tribunal Supremo Electoral (TSE) ist für die Vorbereitung und Überwachung der Wahlen verantwortlich.

Die Parteien

Costa Ricas Zweiparteiensystem aus PLN (Partido Liberación Nacional; Sozialdemokraten) und PUSC (Partido Unidad Social Cristiana; Christdemokraten) wurde 2002 durch die linkssozialistische PAC (Partido Acción Ciudadana) durchbrochen.

Die PAC bildet heute die zweitstärkste Partei im Parlament, die Christdemokraten sind nur noch viertstärkste Partei im Land.

Am 5. Februar 2006 fanden die letzten Präsidentschafts- und Parlamentswahlen in Costa Rica statt. Es kam dabei zu einem engen Kopf-an-Kopf-Rennen zwischen Oscar Arias (PLN) und Ottón Solís (PAC), das Arias mit einem knappen, einprozentigen Vorsprung gewann. Seine Partei hat jedoch keine Mehrheit im Parlament.

Innen- und Außenpolitik

Der derzeitige Präsident **Oscar Arias** war bereits von 1986–1990 Präsident und wurde 1997 für seine Friedensbemühungen in Mittelamerika mit dem Friedensnobelpreis ausgezeichnet. 2006 wurde Arias an der Spitze der Sozialdemokraten noch einmal zum Präsidenten gewählt.

Arias steht für die wirtschaftliche Öffnung und Modernisierung des Landes. Zu seinen Zielen gehört u. a. auch, die Ratifizierung des Freihandelsabkommens mit den USA durchzusetzen (s. Wirtschaft). Sein Amtsantritt 2006 wurde deshalb von heftigen Anti-CAFTA-Protesten begleitet.

In Costa Ricas **Außenpolitik** kommt es immer wieder zu Auseinandersetzungen mit dem Nachbarland Nicaragua. Hauptkonfliktpunkte sind dabei die Nutzungsrechte des Grenzflusses Río San Juán (s. S. 413, Kasten „Nachbarstreit") und die nicht rückkehrwilligen nicaraguanischen Immigranten.

Costa Rica unterhält traditionell enge Beziehungen zu den USA. Während des Contra-Krieges galt Costa Rica als Musterbeispiel für Demokratie und Kapitalismus in Mittelamerika. Costa Rica trat zu Beginn des Irak-Krieges der Anti-Irak-Koalition bei. Es verstieß damit gegen das eigene Neutralitätsgebot, und dies löste im eigenen Land starken Protest und Streiks aus. Nach einem Beschluss des costa-ricanischen Verfassungsrates musste es 2003 wieder aus der Koalition austreten.

Die Ratifizierung des Freihandelsabkommen CAFTA mit den USA stand bei Redaktionsschluss noch aus (s. auch „Wirtschaft").

Wirtschaft

Costa Rica

BIP 22,15 Mrd. US$ (2006)
Agrarsektor 8,6 % (2006)
Industrie 31 % (2006)
Dienstleistung 60,4 % (2006)
Wirtschaftswachstum 7,9 % (2006)
Inflation 12,1 % (2006)

Nicaragua

BIP 4,9 Mrd. US$ (2006)
Agrarsektor 17,3 % (2006)
Industrie 25,8 % (2006)
Dienstleistung 56,8 % (2006)
Wirtschaftswachstum 3,7 % (2006)
Inflation 9,4 % (2006)

Exporte

Costa Rica hat sich in den letzten fünf Jahrzehnten von einem Agrarland in ein Dienstleistungs- und Industrieland verwandelt.

Der Tourismus ist mit rund 63 % (statistische Angabe von 2005) des Bruttoinlandsproduktes, kurz BIP genannt, der wichtigste Devisenbringer im Land. Ende der 1990er-Jahre besuchten über eine Million Touristen Costa Rica. Rund 600 000 Costa Ricaner sind direkt und indirekt in der Tourismusbranche beschäftigt.

Costa Ricas Industrie (28 % vom BIP) befindet sich vorwiegend in den Händen ausländischer Konzerne. 1998 lockte Costa Rica den US-amerikanischen Technologiekonzern Intel ins Land, der seitdem ein Viertel seiner Computerchips in Costa Rica produziert. Ein einziger Mikrochip bringt genauso viel Geld wie 100 Pfund Kaffee ein. Costa Rica hoffte, mit Intel seine Wirtschaft anzukurbeln und weitere High-Tech-Firmen aus dem Ausland anzulocken. Diese Erwartungen wurden jedoch bisher nicht erfüllt. Durch den Mikrochip ist der costa-ricanische Markt heute abhängiger und anfälliger als je zuvor.

Costa Ricas Landwirtschaftssektor nimmt heute lediglich 8,4 % vom BIP (2005) ein, ist aber nach wie vor ein wichtiger Arbeitsgeber. Außer den traditionellen Ausfuhrgütern Bananen und Kaffee, die dem Land im 19. Jahrhundert einen starken wirtschaftlichen Aufschwung brachten, werden heute außerdem Ananas, Melonen und Zierpflanzen exportiert.

Rohstoffe

Ganz im Gegensatz zum Mythos des goldreichen Landes, ist Costa Rica ein rohstoffarmes Land, das seine Rohstoffe komplett einführen muss. Costa Rica importiert sein Öl aus Mexiko und Venezuela. Geplante Ölbohrungen an der Karibikküste konnten durch heftigen Protest von Umweltschutzorganisationen verhindert werden. 90 % der Energie im Land werden durch Wasserkraftwerke gewonnen.

Der 2001 fertiggestellte Staudamm Angostura bei Turrialba war das vorerst letzte von insgesamt 19 Staudammprojekten.

Handelspartner

Costa Ricas wichtigster Handelspartner sind die USA. 2005 gingen 40,1 % der Exporte in die Vereinigten Staaten, rund 41 % der Einfuhrgüter wurden aus den USA nach Costa Rica importiert. Zunehmend an Bedeutung gewinnt der asiatische Markt mit Taiwan und Japan. Unter den Europäern ist Deutschland nach den Niederlanden Costa Ricas wichtigster Handelspartner.

Das Freihandelsabkommen CAFTA

Nach dem Vorbild des nordamerikanischen Freihandelsabkommens NAFTA (North American Free Trade Agreement) zwischen den USA, Kanada und Mexiko wurde 2004 das zentralamerikanische Freihandelsabkommen CAFTA (Central American Free Trade Agreement) zwischen den USA, der Dominikanischen Republik und den mittelamerikanischen Staaten ausgehandelt.

Viele Costa Ricaner befürchten allerdings, dass der Vertrag den Abbau wichtiger Sozial- und Umweltrechte in Costa Rica vorantreiben wird und einheimische Betriebe keine Überlebenschance gegen die großen US-Konzerne haben werden. Costa Rica hat deshalb den Vertrag noch nicht ratifiziert. Die Beitrittsfrist läuft am 1. März 2008 ab.

Entwicklungshilfe

Auf Grund seines für Mittelamerika relativ hohen Entwicklungsstands ist Costa Rica bei vielen Geberländern kein Schwerpunktsland in der Entwicklungszusammenarbeit mehr. Durch die zahlreichen überregionalen Projekte in Zentralamerika ist es jedoch oft in Vorhaben miteingebunden.

Nicaraguas religiöse Feste fallen um Einiges leidenschaftlicher aus als in Costa Rica: die Fiesta de Diriamba

Religion

76,3 % der Costa Ricaner sind Katholiken. Der afro-costaricanische Bevölkerungsanteil an der Karibikküste ist vorwiegend protestantisch. Abgesehen von dem landesweit größten Wallfahrtszug zur „Virgen de Los Angeles" in Cartago, fehlt den religiösen Umzügen in Costa Rica aber die Leidenschaft anderer lateinamerikanischer Länder.

Kirche bedeutet für die junge Generation heute nicht mehr als Tradition. Man zeigt Respekt vor dem *Padre* (Priester) und geht an Feiertagen in den Gottesdienst (während der Osterwoche *Semana Santa* sieht man aber mehr Ticos am Strand als in einer Osterprozession). Die Zahl der kirchlichen Trauungen nimmt stetig ab, die der Scheidungen hingegen konstant zu. Am deutlichsten wird die zunehmende Säkularisierung an den Geschäftsöffnungszeiten: Selbst in kleinen Provinzstädten haben Geschäfte heute sonntags und feiertags geöffnet.

Kultur

Costa Rica haftete lange der Ruf eines kulturellen Niemandslandes an. Die Konfrontationslosigkeit und ausgeprägte Anpassungsbereitschaft der Costa Ricaner trugen u. a. dazu bei, dass Künstler selten aus Konventionen ausbrachen und wenig Herausragendes hervorbrachten. Doch Costa Ricas Image als Kulturbanause ändert sich. 2006 wurde San José zur „Capital Iberoamericana de la Cultura" (iberoamerikanische Kulturhauptstadt) gekürt. Und während des Festival Internacional de las Artes geben sich jedes Jahr internationale Größen aus Theater, Musik und Tanz ein Stelldichein (s. auch Kasten „Festivals").

Folklore

Guanacaste ist Costa Ricas Zentrum für Folklore. Die Folkloretänze werden von traditionellen Instrumenten begleitet wie dem **Quijongo**, einem einsaitigen Bogeninstrument, auf dem bereits die Chorotega-Indianer spielten. Stark beeinflusst von der Folkore ihrer Heimat wurde die bekannte guanatekische Sängerin **Guadalupe Urbina**, 💻 www.guadalupeurbina.com.

Malerei und Literatur

Charakteristisch für costa-ricanische Kunst ist die Landschaftsmalerei, auch leicht spöttisch *Arte casita* genannt, wegen des immer wiederkehrenden Motivs des weißen Adobe Hauses.

Costa Ricas bekanntester Bildhauer, **Francisco Zuñigo**, wanderte bereits Mitte der 1930er-Jahre nach Mexiko aus. Zuñigo machte sich durch seine üppigen, nackten Frauenstatuen weltweit einen Namen.

Zu den international bekannten zeitgenössischen Künstlern zählen u. a. der gebürtige Nicaraguaner **Rolando Castellón** und die vielseitige **Pricilla Mongem**, die mit Fotografien, Skulpturen und Installationen auch gesellschaftskritische Themen aufgreift.

Einen Überblick über costa-ricanische Kunst gibt das Museo del Arte Costa Ricense am Parque La Sabana in San José. Zeitgenössische costa-ricanische Kunstwerke sind im Museo del Arte y Diseño Contemporáneo am Parque Nacional in San José ausgestellt.

Auch Costa Ricas Literatur erlebte nur wenige Höhenflüge. Zu den nennenswerten Schriftstellern des 19. Jahrhunderts gehören **Roberto Brenes Mesen** und **Joaquin Garcia Monge**. Der Autor **Carlos Fallas** erregte 1940 Aufsehen mit seinem Roman *Mamita Yunai*, der das Leben von Plantagenarbeitern in der United Fruit Company schildert. Ähnlich bewegend ist der autobiografische Roman *La Isla de los Hombres Solos*, den Autor **José Maria Sanchez** während seines Gefängnisaufenthaltes auf Zementsäcken niederschrieb (s. S. 262, Kasten „Ein Wille stärker als Mauern"). Zu den bekanntesten zeitgenössischen Autoren zählt der mehrfach preisgekrönte **Alfonso Chase**.

Das mangelnde literarische Talent macht Costa Rica durch eine lebendige Theaterszene wett. Dutzende kleiner Theater sind in der Hauptstadt verstreut und bieten alles, von Pantomime über Klassiker bis hin zu experimentellem Tanztheater.

Das Nachbarland **Nicaragua** kann auf eine bedeutende Erzähl- und Dichtertradition zurückblicken, allen voran steht die Dichterikone **Rubén Dario** – der Vater der literarischen nicaraguanischen Moderne.

Weitere international bekannte nicaraguanische Schriftsteller sind **Gioconda Belli** (s. S. 100, Kasten „Das Wort ist eine Waffe"), **Ernesto Cardenal** (s. S. 408, Kasten „Dichter, Denker, Revolutionär") und **Sergio Ramirez**. Während der sandinistischen Regierung nahm Literatur in Nicaragua einen hohen Stellenwert ein. Auf dem Land wurden Alphabetisierungskampagnen und Dichterworkshops durchgeführt.

Gedichte unter freiem Himmel gibt es jedes Jahr gratis auf dem Festival de Poesia in Nicaraguas Kulturhauptstadt Granada (s. Kasten „Festivals").

Festivals

Caribbean Music Festival, 💻 www.playachiquitalodge.com, in der Playa Chiquita Lodge am Playa Chiquita (Karibikküste). Ska, Reggae, Salsa, Latin, Jazz. Auch Musikworkshops.

Festival de las Artes, 💻 www.festivaldelasartescostarica.com, das bedeutendste Kulturspektakel in Costa Rica mit Tanz-, Theater-, Musik- und Filmveranstaltungen, findet alljährlich im März in San José statt.

Festival Intercultural Alegria, 💻 www.alegria-cr.de, Ende Februar am Playa Buena Vista auf der Peninsula de Nicoya. Veranstaltungen aus Theater, Tanz und Musik auf der atemberaubend schönen Alegria-Pagode.

Festival de Poesia, 💻 www.festivalpoesianicaragua.org.ni, im Februar in Nicaraguas Kulturhauptstadt Granada. Lateinamerikanische Poesie unter freiem Himmel von Dichtergrößen und Debütanten.

Das Wort ist eine Waffe

In Nicaragua nimmt Lyrik einen hohen Stellenwert ein. Viele Nicaraguaner behaupten stolz von sich, sie seien „Poetas", und die Liste bekannter nicaraguanischer Schriftsteller ist lang. Seit 2005 findet jedes Jahr in der Kulturhauptstadt Granada das **Festival de Poesia** statt – ein Stelldichein für Dichtergrößen und Debütanten aus ganz Lateinamerika. Gioconda Belli, renommierte Schriftstellerin, Frauenrechtlerin und Ex-Revolutionärin, gehört dem Festivalkomitee an. Hier ein Interview, das die Autorin des vorliegenden Reiseführers 2005 mit Frau Belli über Nicaragua und seine Dichtkunst führte.

In Ihrer Autobiografie „Die Verteidigung des Glücks – Erinnerungen an Liebe und Krieg" beschreiben Sie Granada als eine wunderschöne Stadt, der es jedoch an revolutionärem Geist fehle und in der die Bewohner den lieben langen Tag nur in Schaukelstühlen säßen und tratschten. Früher wären Sie sicherlich nicht zum Festival de Poesia angereist, es wäre Ihnen damals zu „bourgeois", zu elitär gewesen.

Ich glaube, damals hätten wir so ein Festival gar nicht gehabt. Wir mussten erst lernen, die Geschichte Granadas und die Schönheit seiner kolonialen Architektur zu schätzen. Mit dem Festival de Poesia rütteln wir das Leben und den Alltag in Granada auf. – Es ist gut, Dinge aufzurütteln. Seit dem Ende der Revolution hat das kulturelle Leben in Nicaragua sehr gelitten. Das Festival gibt uns – wenn auch nur für wenige Tage – die Gelegenheit, mit Hilfe der großen Dichteravantgarde dieses Landes unser kulturelles Leben wiederzubeleben. Dies ist ein Festival zu Ehren der großen Dichter dieses Landes, der nicaraguanischen literarischen Avantgarde.

Das Festival findet nicht zufällig kurz nach dem 80. Geburtstag von Ernesto Cardenal statt, ist das der Hauptgrund ihres Kommens, Nicaraguas Dichter zu ehren oder kamen Sie auch, um eigene Werke vorzustellen?

Ich kam, weil ich die Idee, ein Lyrikfestival ins Leben zu rufen, sehr gut fand. Seit dem Ende der Revolution hat das kulturelle Leben in Nicaragua sehr gelitten. Das Festival gibt uns die Möglichkeit – wenn auch nur für wenige Tage – uns zu erinnern, wie es war, ein kulturelles Leben zu haben und mit Hilfe der großen Dichteravantgarde unseres Landes die Kultur wiederzubeleben. Aus diesem Grund gehöre ich dem Festivalkomitee an und natürlich auch, weil ich Teil dieses Landes bin und seine Lyrik liebe. Ich fühle mich als Erbin der literarischen Avantgarde in Nicaragua, die wir hier auf dem Festival feiern und ehren. Und wenn Sie sich die Teilnehmerliste anschauen (Ernesto Cardenal, Sergio Ramirez, Gioconda Belli) werden Sie feststellen, dass das hier kein bourgeoises Festival ist. Interessant ist aber, dass Granadas Bourgeoisie das Festival finanziell unterstützt hat. Das ist das Besondere an der Poesie in Nicaragua, sie kennt keine sozialen Klassen.

Nicaragua ist ein Land der Dichter. Warum, glauben Sie, interessiert sich die junge Generation noch heute so stark für Lyrik?

Nicaragua hatte viele Jahre niemanden, auf den es stolz sein konnte, wir waren isoliert und lebten unter einer schrecklichen Diktatur. Rubén Darío (1867–1916, Dichter und Begründer der literarischen Moderne in Nicaragua. Anm. J.R.) wurde für uns das Sinnbild eines Poeten schlechthin. Er war kein Politiker und er war nicht korrupt. Dichtung in Nicaragua ist nichts Elitäres. Als wir noch keine Druckerpresse hatten, wurden die Gedichte mündlich überliefert, ein wenig wie bei den Troubadouren, die der Bevölkerung vom Widerstand erzählten.

Glauben Sie, dass Dichtung und Kunst soziale Veränderung herbeiführen kann?

Nein, das glaube ich nicht.

Konzentrieren Sie sich heute auf das Schreiben, oder sind Sie nach wie vor politisch engagiert?

Das Schreiben nimmt heute eine sehr wichtige Rolle für mich ein, nicht nur als Kunstform. Selbst wenn ich heute nicht mehr Mitglied einer Partei bin, heißt das nicht, dass ich mich nicht weiterhin für humanitäre Projekte einsetze. Ich engagiere mich z. B. sehr in der Frauenrechtsbewegung, ich setze mich für eine menschlichere Globalisierung ein. Ich arbeite bei Amnesty International mit und bin außerdem hier an Projekten in Nicaragua involviert. Der Unterschied zu früher ist, dass ich heute selbstständig versuche, etwas zu verändern.

... was manchmal effektiver ist.

Genau. Oft kommen junge Frauen auf mich zu und sagen mir, wie sehr meine Bücher sie inspiriert hätten. Und wenn ich an mich denke, wie mich Bücher inspiriert und angestachelt haben, politisch aktiv zu werden, wird mir bewusst, dass man die Macht des Wortes nicht unterschätzen sollte. Das Wort ist eine Waffe. – Ich kann heute nicht länger Guerillakämpferin sein, die Zeiten haben sich geändert.

Wie würden Sie Ihr Verhältnis zu den Sandinisten heute beschreiben?

Ich bin 1994 aus der Partei ausgetreten, im Herzen aber bin ich eine Sandinista geblieben. Der Sandinismus hat sich gespalten. Es gibt die offizielle Linie, mit Daniel Ortega an der Spitze. Und dann gibt es ein breites Spektrum alter Sandinista-Revolutionäre – zu denen zähle ich auch mich – die unzufrieden mit Ortega sind.

Sie leben in den USA. Haben Sie vor, irgendwann einmal wieder nach Nicaragua zurückzukehren?

Ich habe mein Leben so organisiert, dass ich in beiden Ländern leben kann. In den USA lebt meine Familie, dort schreibe ich auch. Ich führe dort das ruhige Leben einer Schriftstellerin. Sobald ich aber in Nicaragua bin, fange ich an aufzuleben und aktiv zu werden.

Verglichen mit deutschen Schriftstellerinnen Ihrer Generation, die vehement die Mutter- und Hausfrauenrolle ablehnten und sich von der Unterdrückung durch die Männer befreien wollten, spielten Männer in ihrem Leben eine große Rolle. Oft waren sie Musen für Sie. Würden Sie sich dennoch als feministische Autorin bezeichnen?

Der Feminismus in Lateinamerika unterscheidet sich vom Feminismus in Europa oder in den Vereinigten Staaten. Hier waren wir überzeugt, dass beide, Frauen und Männer, unterdrückt waren und sich von alten Ideologien und Rollenbildern befreien mussten. Wir haben keinen Antagonismus zwischen den Geschlechtern gesehen, Männer waren für uns nie „die Bösen".

Haben Sie in zwei Revolutionen gekämpft, eine für die Sandinisten und eine für Frauen?

Wir haben eine Revolution geführt, die den Kampf für Frauenrechte beinhaltete. Einige Rechte konnten wir uns dabei erkämpfen. Wir sind aber noch immer weit von dem entfernt, was wir uns damals erträumt haben. In Nicaragua, Mexiko und Guatemala verschlimmert sich die Gewalt gegen Frauen zusehends. Die Tatsache, dass Frauen aktiver und unabhängiger geworden sind und verstärkt die klassische, passive Rolle ablehnen, hat die Männer gewalttätiger gegen Frauen werden lassen.

Was mir am meisten an ihrer Autobiografie imponierte, war nicht die selbstbewusste, mutige Frau, die unter Lebensgefahr Waffen schmuggelte. Auch nicht die Gioconda Belli, die dem damaligen General Torrijos in Panama einen Korb verpasste – natürlich, das war auch beeindruckend. Am meisten aber imponierte mir, mit welcher Ehrlichkeit Sie schilderten, wie Sie in die Rolle der unterdrückten Frau zurückfielen. – Wie Sie eine Führungsposition am nicaraguanischen Fernsehen für eine Sekretärinnenstelle an der Seite Ihres damaligen Partners aufgaben, der einen hohen Posten in der neuen Sandinista-Regierung bezog. Und wie Sie dadurch in eine tiefe Depression stürzten.

Ich glaube, dass gerade dieses Kapitel viele Leserinnen nicht mochten, aber mir gegenüber musste ich so ehrlich sein. Oft hat man mir in Deutschland gesagt, dass ich so das Bild der starken Heldin, das man von mir hatte, zerstört hätte. Mir aber war wichtig zu zeigen, wie schnell man in diese alte Rollenabhängigkeit zurückfallen kann, und dass wir dabei oft völlig gegen unsere eigenen, hehren Grundsätze verstoßen.

Warum, glauben Sie, haben Ihre Bücher in Deutschland so einen Erfolg? Sind ihre Werke ähnlich erfolgreich in den USA?

Meine Bücher haben auch in Italien, Spanien und den USA Erfolg. Allerdings wird dort mehr Unterhaltungsliteratur gelesen. In Deutschland sind die Menschen politischer. Als ich in Deutschland bekannt wurde, kamen viele Dinge zusammen. Da war die Revolution in Nicaragua; in Deutschland begann die Frauenbewegung langsam, einen anderen Weg einzuschlagen, weg vom Antagonismus Mann gegen Frau. Außerdem fühlten sich viele Leser von der lateinamerikanischen Mythologie in meinem Roman *Die bewohnte Frau* angesprochen. Die Menschen finden in meinen Büchern Hoffnung. Sie möchten keine nihilistischen, zynischen Bücher mehr lesen. Don Quijote zu sein, das ist doch manchmal gar nicht so eine schlechte Idee (lacht).

Schreiben Sie gerade an einem neuen Buch?

Mein neuestes Buch ist gerade erschienen. Es ist ein Roman über einen Geschichtsprofessor, der mit der Erzählung über die Königstochter Juana von Kastilien – auch bekannt als „Juana, die Verrückte" – ein Mädchen verführt. Es gibt viele historische Texte über diese Frau, aber niemand hat bisher einen Roman über sie geschrieben. Juana war in vieler Hinsicht eine moderne Frau. Sie war eine der gebildetsten Personen in der Renaissance. Sie war zudem leidenschaftlich und impulsiv und wurde deshalb gemeinsam von ihrem Vater, Mann und Sohn eingesperrt. Es ist eine schmerzliche und zugleich wunderschöne Geschichte über das Leben einer Frau im 16. Jahrhundert.

Haben Sie sich mit Juana identifiziert?

Ja, das habe ich und ich denke, das werden auch Sie.

Sie haben Ihre Mutter immer sehr respektiert, aber wollten nicht das Leben führen, das sie führte. Gab es in Ihrem Leben eine Frau, die Vorbild für Sie war, die Ihnen half, stark zu bleiben?

Isadora Duncan war eine Frau, die ich ihrer Energie wegen liebte. Ich wollte nicht so sein wie sie, ich liebte sie einfach. Virginia Woolf, die *Passionaras* (Freiheitskämpferinnen im spanischen Bürgerkrieg) oder Rosalia Castellano, eine sehr gute mexikanische Dichterin, die zugleich Diplomatin war. Ich habe mich von vielen Frauen inspirieren lassen.

Vielen Dank für das Interview.

Musik

Den Schritt auf die Weltbühne der Klassik wagte Costa Rica 1970 mit der Gründung des **Orchesta Sinfónica Nacional**, das seitdem regelmäßig mit international renommierten Solisten und Dirigenten im ehrwürdigen Teatro Nacional in San José auftritt. Seit 1989 besitzt das Land auch einen professionellen Kammerchor.

Von Reggae- und Calypso-Rhythmen wird die Karibikküste beherrscht. Jedes Jahr findet hier ein Festival **afro-karibischer** Musik statt (s. S. 99 Kasten „Festivals"). Afrikanischen Ursprungs ist auch die Marimba. Dieses Holz-Xylophon ist in ganz Mittelamerika verbreitet.

Costa Ricas derzeit erfolgreichste Popgruppe **Mal Pais**, 💻 www.grupomalpais.com, wurde 2004 mit dem *Disco Oro* ausgezeichnet. Mit seiner Mischung aus Folk, Latin, Jazz und Rock hat das Sextett auch über die Landesgrenzen hinaus großen Erfolg und tritt regelmäßig im bekannten Jazz Café in San José auf.

San José

1 HIGHLIGHT

Stefan Loose Traveltipps

Auf der Suche nach dem versteckten Charme Der Loose-Spaziergang führt hinter das Wellblech zu den schönsten Gebäuden der Stadt. S. 104

Stadtindianer In die faszinierende Welt der Shamanen einsteigen im Museo Nacional. S. 105

Teatro Nacional Kaffeetrinker aus aller Welt finanzierten den Bau dieses prachtvollen Schauspielhauses mitten im Herzen von San José. S. 110

Mercado Central Eintauchen in das Labyrinth aus Schuh-, Blumen-, Fleisch- und Quacksalberständen. S. 113

Salsafieber Die Nacht durchtanzen in San Josés heißestem Salsa-Club, dem Salsa 54. S. 121

Als hätte man den Städtebauern die Augen verbunden, so wenig inspirierend, teils abgrundtief hässlich und menschenfeindlich, erstreckt sich kilometerweit die flache, unprätentiöse Garagenlandschaft San Josés. Man rettet sich vor schwarzen Abgaswolken, offen klaffenden Abwasserschächten und laut röhrenden Bussen in die Avenida Central, die einzige Fußgängerzone der Innenstadt. Von Straßenständen baumeln Socken, Lottoscheine und transparente BH-Träger. Regenschirmverkäufer warten sehnlichst auf den nächsten Schauer. Sobald der eintritt, wird es eng unter den vorstehenden Blechdächern; schick gekleidete Bürohengste teilen sich dann den begehrten Platz im Trockenen mit Obdachlosen und feucht-stinkenden Pappkartonlagern.

San Josés Charme muss man suchen, und wenn man fündig wird und zwischen Zement-Casinos, Shopping malls, Stacheldrahtrollen und Neonreklamen ein originelles Museum, das viktorianische Haus eines Kaffeebarons, einen lebendigen Markt oder eine verkehrsberuhigte Grünfläche entdeckt – Schätze, mit der die Stadt nicht zu prahlen weiß –, würdigt man sie umso mehr.

Geschichte

San Josés Anfänge waren keineswegs glorreich. Noch zu Beginn des 18. Jahrhunderts diente das Boca del Monte-Tal, in dem Costa Ricas Hauptstadt heute liegt, lediglich als Verbindungsstrecke zwischen den Tälern Aserri und Barva, leben wollte hier niemand. Um eine bessere Kontrolle über die in der Umgebung verstreut lebenden Farmer zu haben, ließen die spanischen Kolonialherren 1738 ein Gotteshaus bauen und ordneten der Bevölkerung an, in Kirchennähe umzusiedeln. Doch erst als Geld- und Körperstrafen angewandt wurden und Häuser in Flammen aufgingen, zogen die Bauern ins Boca del Monte-Tal um.

Die dortige Siedlung wurde 1801 nach ihrem Schutzpatron in San José umgetauft. San José überholte bald die damalige Hauptstadt Cartago in Fläche und Einwohnerzahl. Als es im Bürgerkrieg gegen Cartago und Heredia siegte und damit den Anschluss Costa Ricas an das damalige Kaiserreich Mexiko verhinderte (s. S. 86, Geschichte), übernahm es schließlich selbst die Führungsrolle im Land. Den Sprung vom Provinznest zur Stadt schaffte San José jedoch erst Mitte des 19. Jahrhunderts, zur Blütezeit des Kaffeehandels. Schotterwege wurden durch Straßen und Tramlinien ersetzt, Telegraphenmasten errichtet und die Kaffeebarone ließen sich prachtvolle Häuser bauen.

Heute lebt jeder vierte Costa Ricaner in der Hauptstadt. Internationale Gourmet-Restaurants, eine aufstrebende, junge Kunst- und Kulturszene sowie das Bestreben einiger betuchter Hoteliers, das historische Erbe San Josés vor der Planierraupe zu bewahren, setzen Lichtpunkte in den grauen Hauptstadtsmog.

Orientierung

San José ist in einem Schachbrettmuster angelegt: Von Ost nach West verlaufen die „Avenidas" und von Nord nach Süd die „Calles". Das Herz der Stadt ist die Avenida Central oder Avenida 0, die einzige Fußgängerzone der Innenstadt. Straßen sind in Costa Rica durchnummeriert und haben selten einen Namen. Adressen sind in Reiseführern oder Telefonbüchern deshalb wie folgt angegeben: Galilão Backpackers, Av. 2, C. 4. Der Backpacker befindet sich also an der Ecke von Av. 2 und Calle 4. Beim Teatro Nacional wird es etwas komplizierter. Die Adresse ist C. 15–17, Av. Central–Av. 2, d. h. das Museum befindet sich zwischen C. 15 und 17 und zwischen der Av. Central und Avenida 2.

Fragt man einen Costa Ricaner nach der Richtung, wird der einem jedoch meist keine Straßenangabe geben. Auto- und Taxifahrer sowie Fußgänger orientieren sich an den Wahrzeichen oder auffälligen Gebäuden der Stadt. In San José ist das z. B. der Mercado Central, oder der Torre Mercedes (Mercedesturm). Die Richtungsangabe für die Tica-Busstation wäre z. B: „del Torre Mercedes cien metros (100 m) al sur y doscientos metros (200 m) al oeste" (vom Torre Mercedes 100 m südlich und 200 m westlich). 100 m sind dabei stets ein Straßenblock.

Spaziergang durch San José

Der Spaziergang beginnt an der Antigua Estación de Ferrocarril al Atlantico im Osten San Josés. Die Route führt zu den Hauptsehenswürdigkeiten der Stadt, darunter auch zu den drei wichtigsten Museen, dem Museo del Oro, Museo de Jade und Museo Nacional. Sie endet im Westen, am größten Markt der Stadt, dem Mercado Central (s. Routenkarte S. 108/109).

Das ehemalige **Bahnhofsgebäude** (Antigua Estación de Ferrocarril al Atlantico) stammt aus dem Jahr 1908. Dampfloks fuhren von hier bereits Mitte des 19. Jahrhunderts zu den Bananenplantagen an der Karibikküste. Die schwere *Locomotiva negra* (schwarze Lokomotive) neben dem Bahnhofsgebäude und die alten, vom Gras überwachsenen Eisenbahnschienen stammen noch aus jener Zeit. Nach dem Erdbeben von 1991 wurde der Zugverkehr eingestellt (s. S. 63). Die ehemaligen Wartesäle und die dahinterliegenden buntbemalten, rostenden Eisenbahnwaggons beherbergen heute das **Museo de Formas, Espacios y Sonidos**, 💻 www.mcjdcr.go.cr/artes_visuales/mufes.html, ein interaktives Museum für alle fünf Sinne, das sich in erster Linie an Menschen mit Sehbehinderung richtet. 🕓 Mo– Fr 9.30–17 Uhr; Eintritt 200C.

Die Avenida 3 hügelabwärts gelangt man zum **Parque Nacional**, der mit seinen Holzpavillons, Springbrunnen und Picknicktischen bei weitem der schönste Park der Innenstadt ist. In der Mitte steht das aus Bronze gegossene, monumentale Nationaldenkmal, das an die Schlachten von Santa Rosa und Rivas (s. S. 211, Kasten „William Walker") erinnert. Das Denkmal wurde in Paris hergestellt und 1885 im Park aufgestellt. Die fünf mittelamerikanischen Staaten werden durch amazonenhafte, Schwert zückende und Axt schwingende Frauen und weniger furiose Männer dargestellt. Der Feind William Walker liegt bereits am Boden. Eine Replik des Denkmals vom Nationalhelden Juan Santamaría (das Original steht in Alajuela) steht im Südwesten des Parkes, vor dem Gebäude der Asamblea Legislativa.

Vom Park macht die Route einen kleinen Abstecher zum Museo Nacional. Er führt links in die verkehrsberuhigte Calle 17, vorbei am **Casa Rosada**, am **Castillo Azul** (beide rechte Straßenseite) und dem **Colegio de Sión** (linke Straßenseite; die drei Gebäude werden heute vom costaricanischen Parlament genutzt) direkt zum gelben **Bellavista-Schloss**. Ende des 19. Jhs. gehörte das festungsartige Schloss dem deutschen Naturalisten Alexander von Frantzlust, 1917 wurde es zum Hauptquartier der costa-ricanischen Armee. Nach dem Bürgerkrieg von 1949 (s. S. 89, Geschichte) – die Einschusslöcher aus Kriegszeiten sind noch deutlich im Schloßgemäuer zu sehen – machte Costa Rica Schwerter zu Flugscharen: Die Armee zog aus und das Nationalmuseum ein.

Vom imposanten Eingang des **Museo Nacional**, C. 15–17, Av. Central–Av. 2, 💻 www.museocostarica.go.cr, hat man einen grandiosen Blick auf den Museumshof mit seinen eindrucksvollen, präkolumbischen Granitkugeln (s. S. 327: „Die Granitkugeln vom Valle Diquis"). In fünf Sälen erklärt das Museum die Entwicklung Costa Ricas von der präkolumbischen Ära über die Kolonialzeit bis zur heutigen multikulturellen Gesellschaft. Besonders eindrucksvoll ist die präkolumbische Sammlung, die mit Ausstellungsobjekten wie Petroglyphen, kunstvoll gravierten Grabplatten, Grabschmuck und nachgebauten Palenquehäusern das Leben der Indianer vermittelt. Ein Schmetterlingsgarten befindet sich auf der unteren Ebene des Museums. 🕓 Mo–Fr 8–15.30 Uhr; Eintritt $4, Studenten $3.

Sicherheit in San José

Wie in jeder Großstadt gilt auch für San José: aufgepasst und gesunden Menschenverstand walten lassen. Diebstahlsdelikte haben mit dem ansteigenden Tourismus im Land stark zugenommen. Wichtige Dokumente wie Geld und Wertgegenstände sollte man sicherheitshalber im Hotelsafe lassen (s. auch S. 53, „Sicherheit"). **Berüchtigte Viertel** sind La Coca Cola, Parque Central/Av. 2, das Barrio México und die Rotlichtviertel im Süden der Stadt. Beliebtes Pflaster von Taschendieben sind auch der Mercado Central und der Tilarán-Busterminal nach Monteverde. Vorsicht aber ist überall geboten, denn eine Anzeige bei der Polizei bringt Gestohlenes nicht wieder. Hilfe bei Diebstahl: **Oficina de Atención a la Victima del Delito**, Edificio de Investigación Judicial (OIJ), Av. 6, C. 17–19, 1. Stock, 📞 295-3271, ✉ victimadelito@poder-judicial.go.cr, Rechtsbeistand und psychologische Hilfe, 🕓 Mo–Fr 7.30–12 und 13–16.30 Uhr.

Zurück am Parque Nacional steht an der Nordwestecke des Parkes die **Biblioteca Nacional**, ein hässlicher Zementkasten, dessen schmale Fenster wie Schießscharten aussehen. Daneben befindet sich die ehemalige, **staatliche Schnapsfabrik**, die 1850 gebaut wurde, um die Staatskasse aufzubessern und die illegale Schnapsbrennerei zu unterbinden. Heute beherbergt das große Gebäude das Ministerium für Kultur, Jugend und Sport, zwei Theater sowie das **Museo de Arte y Diseño**, 💻 www.madc.ac.cr, mit zeitgenössischer lateinamerikanischer Kunst und Design. Außerdem werden hier Diskussionsforen, Kinoabende und Workshops veranstaltet. 🕓 Mo–Sa 10.30–17.30 Uhr, Eintritt $2, Studenten mit Studentenausweis 300C; Mo Eintritt frei.

Hügelabwärts führt nach dem Museumsgelände rechts eine Treppe hinab zum kleinen idyllischen **Parque de España**. Rechts steht nach wie vor die alte Schnapsfabrik, auf dieser Seite mit dem schmucken Eingang zum Kulturministerium. Geradeaus, auf der anderen Seite der Avenida 7, befindet sich das **Casa Amarilla** (die gel-

be Villa), das Andrew Carnegy, der nordamerikanische Eisenmagnat, 1912 dem zentralamerikanischen Gericht stiftete. Nach dessen Auflösung ging das Gebäude 1919 in den Besitz des costaricanischen Staates über. Heute sitzt hier das Außenministerium.

Links daneben steht das 14-stöckige INS-Versicherungshochhaus mit dem modernisierten **Museo de Jade**, Av. 7–9, C. 9–13, 💻 www.portal.ins-cr.com/social/MuseoJade, im Annex nebenan. Außer Jadeschmuck zeigt das Museum auch präkolumbische Artefakte aus Holz, Knochen und Stein. Schautafeln erklären das Schamanenleben sowie die Bedeutung indianischer Symbole, Rituale und Zeremonien. 🕓 Mo–Fr 8.30–15.30, Sa 9–13 Uhr; Eintritt $2.

Südlich vom Hochhaus glänzt das attraktive **Edificio Metalico**. Die Eisenteile des Gebäudes wurden in Belgien hergestellt, nach Costa Rica verschifft und hier 1892 zusammengelötet, ganz im Geschmack der Zeit, als Eisenkonstruktionen wie der Eiffelturm die Großstädte der Welt eroberten. Heute beherbergt das Gebäude zwei Schulen. Der Park davor ist der **Parque Morazán**

Santa Teresa
Unión
Tournon
Paso de la Vaca
Museo de los Niños & Galería Nacional
Parque Zoológico
Museo de Jade
Casa Amarilla
Edificio Metálico
Parque España
Ministerio de Cultura
Museo del Arte y Diseño Contemporáneo
Parque Morazán
Correo Central & Museo Postal
Banco Nacional
Iglesia El Carmen
Mercado Central
ENDE
Paseo Colón
Cine Variedades
Plaza de la Cultura
Teatro Melico Salazar
Museo de Oro
Teatro Nacional
Parque Central
Catedral Metropolitana
Parque Merced
Iglesia La Merced
Iglesia La Soledad
Mercado de Artesanía
Plaza de la Democracia
Av. Centenario
Iglesia La Dolorosa
Clínica Bíblica
Estación de Ferrocarril al Pacifico
Plaza Gonzales Viques
Av. Castro Madriz
Av. Simon Bolivar
Av. Rep. de Chile
Paseo Sarmiento
Av. Republica de Panamá
Av. Dr. Carit
Av. San Martin
Paseo de los Estudiantes
C. Thomas Guardia
C. Alfredo Vollo
C. Dr. R.A. Grillo
C. Central
Av. Central
C. José

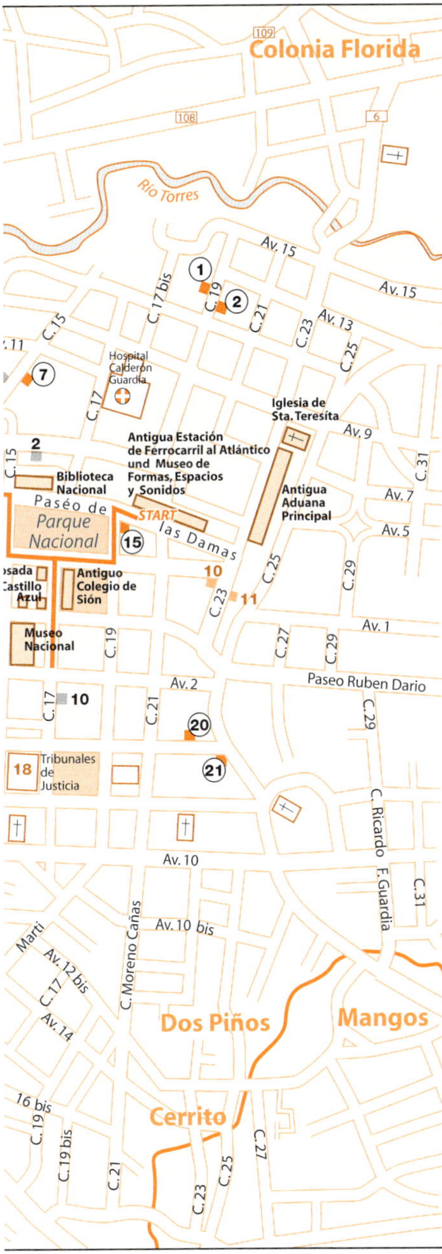

Übernachtung:
1. Hotel Aranjuez
2. Kap's Place
3. Hostel Pangea
4. Hotel Joluva
5. Tranquilo Backpackers
6. Hotel Hemingway Inn
7. Cinco Hormigas Rojas
8. Hotel Kekoldi
9. Rincón de San José
10. Posada Trianon B&B
11. Hotel Santo Tomás
12. Hotel Europa
13. Hotel Compostela
14. Hotel Capital
15. Hostel La Casa del Parque
16. Gran Hotel Imperial
17. Hotel San Agustín
18. Gran Hotel Costa Rica
19. Hotel Fleur de Lys
20. Costa Rica Backpackers
21. The Barrio California Hostel
22. Casa Ridgway

Essen:
1. Café Mundo
2. Rouge
3. Vishnu
4. Chelles
5. El Balcón de Europa
6. La Vasconia
7. Churrería Manolo's
8. Café Parisienne
9. Café del Teatro Nacional
10. Café la Posada
11. La Esquina de Buenos Aires
12. Don Wang
13. Tin-jo
14. Shakti

Sonstiges:
1. Actuar Ecoturismo
2. Centro de Cine
3. Bar-Restaurant La Castilla
4. Alliance Française
5. Galería Namú
6. Radiografía
7. Supermarkt Automercado
8. Disco Salsa 54
9. Casa de la Revista
10. El Cuartel de la Boca del Monte
11. Cine Magaly
12. 7th Street Books
13. Librería Lehmann
14. Supermarkt Perimercado
15. Kodak
16. Librería Internacional
17. Farma Todo
18. Oficina de Atención a la Victima del Delito
19. Disco La Avispa
20. OH-Disco

Stadtspaziergang: START — ENDE

San José Zentrum

N

Transport:
1. Terminal del Caribe: Busse→Bribrí, Cahuita, Cariari, Guápiles, Puerto Limón, Puerto Viejo de Sarapiquí, Puerto Viejo de Talamanca, Sixaola, Siquirres, Valle de la Estrella
2. Busse→Isla Chira, Jicaral, Playa Coyote, Playa Bejuco, Playa San Miguel
3. Lufthansa/Condor
4. Busse→David, Panama
5. Busse→Santa Domingo
6. OTEC Reisebüro
7. Bus→Aeropuerto Juan Santa María, Alajuela, Volcán Poás,
8. Tuasa-Busse→Alajuela
9. Busse→Volcán Irazú
10. Busse→Cartago (nur temporäre Haltestelle)
11. Busse→Heredia
12. Busse→Turrialba
13. Züge→Pavas und San Pedro
14. Busse→San Isidro de El General (Musoc)

mit dem römisch anmutenden **Templo de la Musica** vom Ende des 19. Jahrhunderts. Der südliche Parkabschnitt verwandelt sich abends in einen Straßenstrich für Touristen.

Am westlichen Parkende führt der Spaziergang links, an Souvenirgeschäften vorbei, in die **Calle 5**. Auf der linken Straßenseite haben einige Gebäude vom Anfang des 20. Jahrhunderts überlebt, darunter ein verfallender, ehemaliger Präsidentenwohnsitz, ein ehemaliges Kaufhaus mit Kuppeldach und das älteste Kino der Stadt, das **Cine Variedades**, mit seiner neoklassizistischen, grün-weißen Fassade.

Calle 5 führt direkt zum **Plaza de la Cultura**, dem Herzen San Josés. Bunkerartig, unterhalb des Plazas, dort wo blecherne Abluftrohre wie U-Boote aus der Tiefe ragen, befindet sich der Eingang zum modernsten Museum der Stadt, dem **Museo de Oro y Numismática**, 💻 www.museosdelbancocentral.org. Über 1600 Goldobjekte erwarten den Besucher. Die Ausstellungsstücke wurden im Zeitraum von 500 v. Chr. bis zur Ankunft der Spanier im 16. Jahrhundert hergestellt. Empfehlenswert ist eine selbstgeführte Audio-Tour. Oft lohnt sich im Anschluss ein Besuch der interessanten Wechselausstellungen. 🕓 Di–So 9.30–17 Uhr; Eintritt $5.

Westlich vom Plaza de la Cultura steht das edle **Gran Hotel Costa Rica** aus dem Jahr 1930 und gegenüber dem Hotel der ganze Stolz San Josés, das **Teatro Nacional**, 💻 www.teatronacional.go.cr. Als die legendäre italienische Operndiva Adelina Patti Ende des 19. Jahrhunderts auf ihrer Lateinamerikatournee Costa Rica ausließ, weil das Land kein Theater hatte, waren die Kaffeebarone in ihrem Stolz schwer gekränkt. Schnell erhoben sie eine Sondersteuer auf alle Kaffeeexporte und finanzierten so den Bau eines Theaters, von dem lediglich das Holz aus Costa Rica stammt: Als Modell diente das Pariser Opernhaus, der Entwurf kam aus Belgien, für die Konstruktion waren Deutsche verantwortlich, die Innendekoration und Malerei lag in den Händen von Italienern. Spiegel, Lampen, Masken, Marmor, sogar Tapeten und Teppiche wurden aus der alten Heimat eingeschifft. Am 21. Oktober 1897 war es dann so weit: die eigens aus Frankreich angereiste Pariser Oper weihte das Theater mit einer Faust-Aufführung ein.

Übernachtung:
1. Apartotel Cristina
2. Mi Casa Hostel
3. Apartotel La Sabana
4. Meliá Tryp Corobicí
5. Gaudy's
6. Cacts
7. Hostel Sol & Luna
8. Hotel Petite Victoria
9. Galileo Backpacker's
10. Grano de Oro
11. Apartotel Sesteo

Essen:
1. Machu Picchu
2. La Piazzetta
3. Lubnán
4. Soda Tapia

Sonstiges:
1. Bar Mexico
2. Supermarkt Más por Menos
3. Supermarkt Palí
4. Cine Sala Garbo

Transport:
1. Busse→Puerto Jiménez (Corcovado)
2. Busse→Liberia, Playa del Coco (Pulmitan Bus)
3. Terminal San Carlos: Busse→Ciudad Quesada (San Carlos), La Fortuna, Los Chiles, Monteverde; Busse→Nicaragua (Central Line)
4. Busse→Isla Chira, Jicaral, Playa Coyote, Playa Bejuco, Playa San Miguel
5. Tralapa Bus→Santa Cruz, Playa Brasilito, Playa Flamingo, Playa Panama, Playa Portrero
6. Busse→Grecia, Sarchí
7. Busse→Nicaragua (Transnica)
8. Busse→Panamá, (Changuinola/Bocas Del Toro) Empresa Boca Toreños
9. Busse→Peñas Blancas, Nicaragua (Deldu)
10. Busse→Panama City (Panaline)
11. Transporte Upala→Tilarán, Upala, Cañas
12. Kings Quality→Honduras, Nicaragua, San Salvador
13. Tica Bus Terminal: Busse→Guatemala, Mexico, Nicaragua, Panamá
14. Busse→Pavas, Aeropuerto Tomas Bolaños (Nature Air)
15. Terminal La Coca Cola: Busse→Cañas, Dominical, Jacó, Manuel Antonio, Quepos, Uvita
16. Sansa Büro
17. Wild Rider Motorcycle
18. Alomo Rent a Car
19. Budget Car
20. Busse→Alajuela, Volcán Poás, Aeropuerto Internacional Juan Santamaría
21. Tuasa-Bus→Alajuela
22. Busse→Heredia
23. Busse→Puntarenas, San Ramón

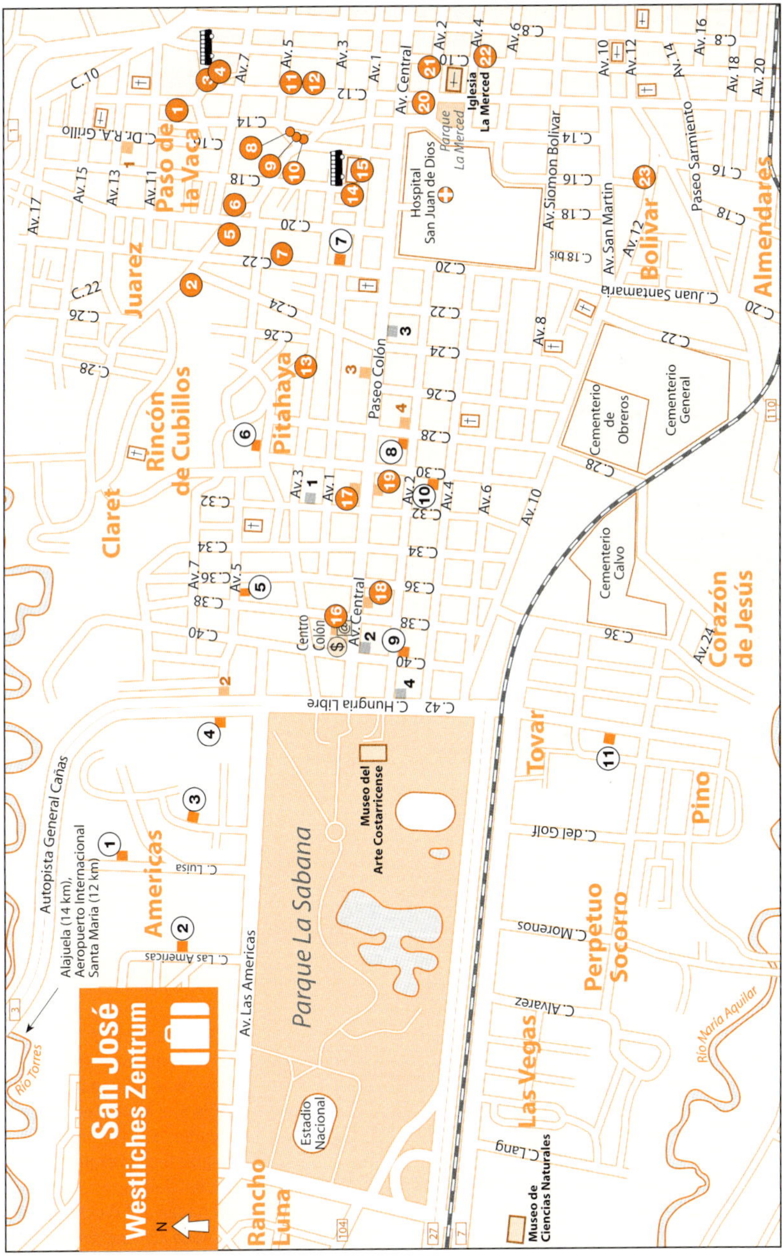
San José
Westliches Zentrum
N
Alajuela (14 km),
Aeropuerto Internacional
Santa Maria (12 km)
Autopista General Cañas
Río Torres
Río Maria Aquilar
Parque La Sabana
Estadio Nacional
Museo del Arte Costarricense
Museo de Ciencias Naturales
Hospital San Juan de Dios
Parque La Merced
Iglesia La Merced
Cementerio de Obreros
Cementerio General
Cementerio Calvo
Centro Colón
Paseo Colón
Americas
Rancho Luna
Claret
Juarez
Paso de la Vaca
Rincón de Cubillos
Pitahaya
Tovar
Pino
Las Vegas
Perpetuo Socorro
Corazón de Jesús
Bolivar
Almendares
Av. Las Americas
C. Las Americas
C. Luisa
C. Hungria Libre
C. del Golf
C. Morenos
C. Alvarez
C. Lang
Av. Central
Av. Siomon Bolivar
Av. San Martin
Paseo Sarmiento
C. Juan Santamaria
C. Dr. R.A. Grillo
C. 18 bis

Costa Ricas Nationalheld Juan Santamaría; Parque Nacional

Auf dem Operndach stehen drei **Statuen**, die Symbole für Musik, Tanz und Ruhm. Der Eingang wird links von einer Beethovenstatue und rechts von der Statue des spanischen Dichters Pedro Calderón de la Barca flankiert. In der palastartigen Eingangshalle aus Marmor und Kupfer stehen die beiden Statuen Comedia und Tragedia. Marmortreppen führen zum hufeisenförmigen, dreistöckigen **Auditorium**, das mit goldenen Stuckdecken und eleganten Ledersitzreihen Platz für mehr als 1000 Besucher bietet. Im **Treppenhaus** hängt das berühmte Bananenplantagenbild des italienischen Malers Aleardo Villa aus dem Jahr 1897, das einst die Fünf-Colón-Geldscheine schmückte. ⌚ Mo–Sa 9–16 Uhr; stündlich Führungen, abwechselnd in Spanisch und Englisch, von 9–11 und 13–15 Uhr; Eintritt $3 (inkl. Führung); Theaterkasse ✆ 221-1329.

Vom Plaza de la Cultura geht es bei Eis Pops links in die Fußgängerzone, die **Avenida Central**. Hier stehen einige restaurierte Gebäude deutscher Einwanderer vom Anfang des 20. Jahrhunderts, z. B. die **Librería Lehmann** auf der rechten Straßenseite, oder gegenüber das **Johann Knoer Hijos Haus** aus dem Jahr 1914. Nach 200 m biegt die Route links in die Calle Central ab, zum **Teatro Melico Salazar** (1928), dem zweitwichtigsten Theater der Stadt. Hier finden regelmäßig Konzerte, Tanzaufführungen und Filmabende statt. Die Büste Melico Salazars, Costa Ricas berühmtestem Tenor (1887–1950), steht in der Eingangshalle. Restauriert wurde das Theater (wie auch das Bahnhofsgebäude und das Edificio Metalico) aus dem Kulturerhaltprogramm der Bundesrepublik Deutschland. Das Auditorium ist nur während der Abendvorstellungen geöffnet.

Auf der gegenüberliegenden Seite der Avenida 2 sieht man die **Catedral Metropolitano** im neoklassischen Stil. Die alte Kirche, ein Ziegelbau mit Strohdach, wurde 1821 bei einem Erdbeben zerstört. Der angrenzende **Parque Central** bildete einst das Zentrum San Josés. Noch immer finden hier an Feiertagen und Wochenenden Konzerte unter dem großen Zementpavillon statt.

Der Spaziergang nähert sich dem Ende. Vom westlichen Parkrand führt die Route bei KFC rechts in die **Calle 2** und zurück auf die Fußgängerzone (Avenida Central). Lohnenswert ist von hier (Av.0, Ecke C.2) ein kurzer Abstecher zum schönen alten Postamt, Telegrafenamt und **Briefmarkenmuseum** (1880), nur 200 m weiter nördlich, in der C. 2. ⌚ Mo–Fr 8–17 Uhr.

Hungrige Spaziergänger biegen stattdessen direkt links in die Fußgängerzone (Avenida Central) und folgen ihr bis zum **Mercado Central**. Das Labyrinth aus Blumen-, Käse-, Schuh- und Souvenirständen ist ein guter Ort, um günstig unter Einheimischen zu essen und Kaffeebohnen zu kaufen. Aber Vorsicht vor Taschendieben!

Kirchen

San Josés Kirchen sind in der Form eines Kreuzes angelegt, in dessen Mitte die **Catedral Metropolitano** steht. Sie wird umgeben von La Soledad (Osten), La Merced (Westen), El Carmen (Norden) und La Dolorosa (Süden). Lohnenswert ist ein Besuch der **Iglesia La Merced**, südwestlich vom Mercado Nacional. Viele von Costa Ricas Kirchen stehen an der Stelle ehemaliger alter Adobe-Kirchen, die bei Erdbeben zerstört wurden.

Parks und Plazas

Der **Parque La Sabana**, C. 42, am westlichen Ende des Paseo Colón, ist die Grüne Lunge im versmogten San José und das Wochenendziel vieler Josefiner Familien. Auf dem ehemaligen Flugplatzgelände, das von Hauptverkehrsadern umkreist wird, stehen den Großstädtern kostenlos Fußball-, Baseball-, Basketball- und Tennisplätze zur Verfügung. Joggingpfade umzirkeln das große Gelände mit See. Im Westen liegt das Fußballstadium, in dem Costa Ricas Nationalelf trainiert.

Der Sabana-Park zieht das für Großstadtparks typische, bunte Potpourri an Menschen an. In den kühlen Morgenstunden absolvieren hier Profi- und Hobbysportler ihr Trainingsprogramm, hoch zu Ross dreht die Polizei ihre Runden, sonntags mischt sich das metallische Rascheln der Drachenverkäufer mit den Stimmen abgehärteter Großstadtvögel. Während des Festival Internacional de las Artes füllt sich der Park mit Imbiss- und Kunsthandwerksbuden und es finden ungewöhnliche Theateraufführungen statt.

Vorsicht: Falle

San Josés Taxifahrer erhalten eine Kommission für jeden Gast, den sie einem Hotel bringen. Je teurer das Hotel, desto besser der Verdienst. Die Fahrer greifen deshalb gelegentlich zu unlauteren Mitteln und behaupten, das Hotel oder die Herberge hätte kürzlich geschlossen oder wäre umgezogen. Tipp: Nicht glauben, Taxi wechseln.

Weitere Sehenswürdigkeiten

Ein weiteres wichtiges Museum, das **Museo de Arte Costaricense**, 💻 www.musarco.go.cr, befindet sich im einstigen Flughafenterminal, am Eingang zum Parque La Sabana, Av. 0, C. 42. Zu sehen gibt es einen Querschnitt aus der costaricanischen Kunst. Unter anderem sind Akte, Skulpturen, Textildrucke, Fotos, Collagen und Graffitikunst ausgestellt. Den Schwerpunkt dabei bilden das 19. und 20. Jahrhundert. Im Salon Diplomático im Obergeschoß des Museums sind die wichtigsten historischen Ereignisse Costa Ricas in ein 150 m langes, mit Bronze überzogenes Stuckrelief eingraviert. ⌚ Di–Fr 10–18, Sa 10–16, So 10–14 Uhr, Eintritt $5, Studenten $3; sonntags frei.

Auf kleine Weltenbummler warten im **Museo de los Niños**, Av. 9, C. 4, Antigua Penitenciaria, 💻 www.museocr.com, Ausstellungsräume zu Themen wie „Recycling", „das Solarsystem" oder „Computer" mit vielen blinkenden Lichtern, Knöpfen und Hebeln. Eltern können zwischenzeitlich im gleichen Gebäude die **Galería Nacional** besuchen. ⌚ Di–Fr 8–17, am Wochenende 9.30–17 Uhr; Eintritt 1000C, Kinder 700C.

Außerhalb von San José, im **Parque Nacional de Diversiones** in Uruca (rund 2 km westlich vom Hospital México), werden Besucher in ein idealisiertes Costa Rica der Vergangenheit entführt mit Folkloreshows und Bootstouren. ⌚ Mi und Do 9–17, Fr und Sa 9–21, So 9–18 Uhr.

Übernachtung

Westlich vom Zentrum: La Sabana / Paseo Colón

Bus von Av. 2, C. 5–7, Richtung „Cementerio Sabana" oder „Sabana Estadio".

Vom Zentrum führt der breite Paseo Colón zum größten Park San Josés, dem Parque La Sabana. Die Unterkünfte in den Seitenstraßen und der Parkgegend sind eine gute Wahl für Familien oder diejenigen, die das Zentrum San Josés meiden wollen. Hier befinden sich einige schöne, ruhig gelegene Apartotels und günstige Backpacker. Die Hotels, die am stark befahrenen Paseo Colón liegen, sind aufgrund der hohen Lärmbelästigung nicht aufgelistet. Busse verbinden regelmäßig mit dem Flughafen und dem nahe gelegenen Zentrum (10 Min.).

Galileo Backpackers, Av. 2, Ecke C. 40, ✆ 248-2094, ✉ galileohostel@hotmail.com. Sehr sauberer, von freundlicher kolumbianischer Familie geleiteter Backpacker in Parknähe; DZ und Schlafsäle mit Schließfächern im oberen Stockwerk (Straßenlärm! Hintere Zimmer sind leiser); Küche und Gemeinschaftsbereich unten; Wäscheservice, Internet gratis, Gepäckaufbewahrung; gute Infos und viel Kommunikation; ein Zuhause in der Ferne. Schlafsaal $7 p. P., DZ ab $16.

Gaudy's, Av. 5, C. 36–38, ✆ 248-0086, 💻 www.backpacker.co.cr. Schöner, wohnlicher Backpacker mit Küche und Wohnzimmer; Internet gratis; Schlafsaal $7 p. P., DZ ab $16.

Melía Tryp Corobyci, Sabana Norte, C. 42, 200 m nördlich vom Parque la Sabana, ✆ 232-8122, 💻 www.solmelia.com, an der Autobahn zum Flughafen. Mehrstöckiges Raumschiff-Enterprise-Hotel mit 213 Zimmern. Zimmer mit Teppich und schweren, edlen Holzmöbeln, AC, Bad (mit Fön), teils mit Blick auf die Berge; Fitnesscenter, Pool, Spa mit Sauna und Jacuzzi, 10 Konferenzsäle, Restaurant, Flughafentransport und Frühstück inkl. ❻

Apartotel El Sesteo, Sabana Sur, 250 m südlich von Mc Donalds, ✆ 296-1805, 💻 www.sesteo.com. 2-stöckige, motelähnliche Anlage in ruhiger Lage mit 36 sehr sauberen, hellen Zimmern (oben schöner), holzgeschnitzten Türen, Teppich, kleinem Bad, TV, teils mit Küche; großer Innenhof mit Palmen und Liegestühlen am Pool, Kinderbecken; Internet gratis, Wäscheservice, Parkplatz. Hotelgäste dürfen die Anlage des nahe gelegenen Costa Rica-Tennisclub mitbenutzen; Frühstückbuffet inkl. Freundliche Leitung; von hier kann man mit dem Zug (!) nach San Pedro fahren. ❹

Apartotel Cristina, Sabana Norte, 300 m nördlich vom ICE, ✆ 220-0453, 💻 www.apartotelcristina.com. 50 makellose, ruhig gelegene Apartments verschiedener Größe mit Einbauküche und TV; großer Pool, Jacuzzi, Fitnessstudio; Internet- und Konferenzsaal; Restaurant; Parkplatz; beliebt bei Familien; sehr freundliche italienische Leitung; Wochen- und Monatstarife; Frühstücksbuffet inkl. ❺

Hotel Petite Vitoria, C. 28, Av. 2, 100 m südlich von Pizza Hut (Paseo Colón), ✆ 221-6178, ✉ hotelpetitvictoria@yahoo.com. Viktorianisches Holzhaus mit Charakter; Zimmer mit knarrenden Holzdielen und handgeschnitzten Möbeln; leider haben die Zimmer nicht den Charme des Gemeinschaftsbereichs: Wände haben neuen Anstrich nötig, kleine Bäder in teils schlechtem Zustand; Fernsehraum mit DVDs, Büchern, Internet, Spielen; Parkplatz; Soda; Frühstück inkl. ❸

Mi Casa Hostel, 50 m westlich, 150 m nördlich vom ICE-Gebäude, Sabana Norte, ✆ 231-4700, 💻 www.micasahostel.com. Wirkt von außen wie ein Sicherheitsgefängnis, ist innen aber ein sehr sauberes, voll eingerichtetes Haus für

Viktorianische Nächte

Hotel Aranjuez, C. 19, Av. 11–13, ✆ 256-1825, 💻 www.hotelaranjuez.com, altes, viktorianisches Haus in ruhiger Lage. Geschmackvoll eingerichtete, herrlich altmodische Zimmer mit knarrenden Holzdielen und TV. Um die Ecke steht der moderne Komplex mit besseren und größeren Badezimmern, aber weniger Flair. Das Hotel benutzt Solarboiler und recycelt; Internet gratis; hervorragendes Frühstücksbuffet im tropischen Hintergarten; Parkplatz; Kinder bis 8 Jahre übernachten kostenfrei im Zimmer der Eltern. ❸

Backpacker; Schlafräume (gemischt oder nur Frauen) mit neuen, schmalen Holzstockbetten; moderne Bäder mit Badewanne; großer Gemeinschaftsbereich mit Esszimmer, Küche, Stereoanlage, Garten, Billard, Tischtennis, Büchern und Spielen; Internet gratis, gute Busanbindung. Tico-Leitung; Schlafsaal $8 p. P., DZ ab $25.

Cacts, Av. 3–bis, C. 28–30, ✆ 221-2928, 💻 www.hotelcacts.com. Mehrstöckiges, motelähnliches Hotel in ruhiger Straße. Saubere, kleine, ältere Zimmer im Haupthaus; geräumige, moderne Zimmer mit TV im Annex; Pool im Bau; große Frühstücksterrasse mit Kantinenflair und Blick auf San Josés Blechdächer. Frühstück inkl.; geleitet von freundlicher Tico-Familie. ❹–❺

Grano de Oro, C. 30, Av. 2–4, ✆ 255-3322, 💻 www.hotelgranodeoro.com. Luxus-Hotel in altem viktorianischen Haus in stiller Seitenstraße mit 35 makellosen, stilvoll eingerichteten Zimmern; Restaurant, Sonnenterrasse, Garten mit Springbrunnen; kanadische Leitung. ❻

Coca Cola-Busterminal

In der Gegend um den Coca Cola-Busterminal befinden sich die billigsten Unterkünfte San Josés; viele davon sind schmuddelige und laute Absteigen; Die Umgebung ist nur für denjenigen empfehlenswert, der am nächsten Morgen früh mit dem Bus weiterreisen will.

Hostel Sol y Luna, 125 m nördlich des Torre Medica am Paseo Colón, ✆ 221-4337, 💻 www.hostelsolyluna.com. Günstigster Backpacker in San José, von außen nicht einladend, drinnen sehr saubere Schlafsäle, Gemeinschaftsküche; Internet gratis, freundliche Leitung, Wäscheservice, TV. In der Nähe des Coca Cola-Busterminals. Dorm $5 p. P. ❷

Gran Hotel Imperial, C. 8, Av. Central–Av. 1, westliche Seite des Mercado Central, ✆ 222-8463, ✉ granhimp@sol.racsa.co.cr. Langweilig wird es einem hier nicht: vom Balkon Blick in den Wirrwarr des Mercado Central, sehr einfache Zimmer, teils mit harten Holzpritschen und dünnen Wänden, teils mit Bad. Soda. EZ 3000C, DZ ❷

San José Zentrum

Die Hotels im Zentrum San Josés haben den Vorteil, dass alle Sehenswürdigkeiten zu Fuß zu erreichen sind. Schattenseiten sind die oft starke Lärmbelästigung und Abgase.

Hotel Capital, C. 4, Av. 3–5, 25 m nördlich der Banco Nacional, ✆ 221-8497, 💻 www.hotelcapital.org. Älteres Hotel mit einfachen, sauberen Zimmern mit TV und Privatbad bei nettem kolumbianischem Besitzer; am Wochenende meist voll. ❷

Hotel San Agustin, C. 6, Av. Central–Av. 2, westliche Seite der Banco Costa Rica, ✆ 258-8485, 💻 www.elsanagustin.com, an stark befahrener Straße im Herzen San Josés, 30 m vom Mercado Central. 30 saubere, helle, freundliche Zimmer mit TV; Internet gratis, Frühstück inkl. ❸

Hotel Compostela, C. 6, Av. 3–5, ✆ 257-1514. Sehr sichere und saubere Bleibe bei älterem Ehepaar aus Galizien; einfache Zimmer mit altmodischen Möbeln, teils mit Privatbad; ab 21 Uhr wird das Hotel abgeschlossen. Vorher anrufen, Don Miguel hat leider vor, das Hotel zu verkaufen; EZ ab $7, DZ $16.

Hotel Europa, C. Central, Av. 3–5, ✆ 222-1222, 💻 www.hoteleuropa.cr.com, eines der ältesten Hotels in San José. 72 große, saubere, altmodische Zimmer mit riesigen Betten und großen Fenstern, AC, TV und Bad. Pool, Restaurant, Internet, Parkplatz, Casino; Frühstück inkl. ❺

Gran Hotel Costa Rica, C. 3, Av. 0–2, Ostseite des Teatro Nacional, ✆ 221-4000, 💻 www.grandhotelcostarica.com. 5-stöckiges Hotel im Herzen San Josés mit großer Ein-

Apartments mit Pool

Apartotel La Sabana, Sabana Norte, 50 m westlich, 150 m nördlich von Burger King, ✆ 220-2422, 💻 www.apartotel-lasabana.com. Schöne, ruhig gelegene Anlage mit hellen, freundlichen Apartments verschiedener Größe, Einbauküche, AC und TV, kleiner Balkon; großer Pool, Sauna, Parkplatz, Wäscheservice; empfehlenswert. ❺–❻

Stilvoll, günstig

Hostel Bekuo, 325 m westlich von Spoon Los Yoses, ✆ 234-1091, 💻 www.hostelbekuo.com. Von außen unauffällig, von innen eines der geschmackvollsten Hostels in San José. Schlichte Zimmer mit asiatischem Touch; Schlafsäle nach Geschlechtern getrennt. Frauen-Schlafsaal eng, dafür mit spektakulärem Badezimmer (Badewanne). Rustikale Betten mit guten Matratzen; Innengarten, großer Billardraum, Lesezimmer, zwei Computer mit Internetzugang, moderne Küche, Rampe für Rollstuhlfahrer, Frühstück inkl. Dorm, $10 p. P., DZ mit Bad $28.

gangshalle im Kolonialstil, Salon mit Flügel, Mosaikboden und alten Schwarzweißfotografien; die mit Teppich ausgelegten (Standard-)Zimmer fallen dagegen enttäuschend karg aus: kleine Bäder mit Badewanne, TV, Blick auf das Teatro Nacional und den Plaza Cultural. Fitnessstudio, Restaurant; Frühstück inkl. ❻

Los Yoses / Escalante

Zu erreichen mit dem Bus Richtung San Pedro oder Tres Rios; Abfahrt in der Av. 0, C. 9, schräg gegenüber der Bar Chelles.

In den östlich des Zentrums gelegenen Botschaftsvierteln Los Yoses und Escalante gibt es neben Luxushotels einige empfehlenswerte, ruhig gelegene Low-Budget-Unterkünfte. Das lebendige Universitätsviertel San Pedro liegt mit vielen Bars und billigen Restaurants in unmittelbarer Nachbarschaft. San José Zentrum erreicht man in 5 bis 10 Minuten per Bus.

Hostel Casa Yoses, Av. 8, C. 41, ✆ 234-5486, 💻 www.casayoses.com. Einladendes altes, renoviertes Haus mit Jugendherbergscharakter, fern der Hauptstraße; saubere, nach Geschlechtern getrennte Schlafräume mit Schließfächern, teils mit Holzdielen; Küche und großer Gemeinschaftsbereich mit Ess- und Fernsehraum; Garten mit Liegestühlen; vier Computer mit Internet, Parkplatz; Frühstück inkl.; Dorm $10 p. P., DZ $28.

Hôtel Le Bergerac, Av. Central, C. 35, ✆ 234-7850, 💻 www.bergerachotel.com. Luxus-Hotel mit französischer Eleganz, tropischem Hintergarten und Blick auf die Berge; helle, schön geschnittene große Zimmer mit Balkon. Fön. Wäscheservice, Gourmet-Restaurant, Parkplatz; eine Oase in San José, Frühstück inkl. ❺–❻

Südostlich vom Zentrum: Zwischen Museo Nacional und Tribunales de Justicia

Costa Rica Backpackers, Av. 6, C. 21–23, ✆ 221-6191, 💻 www.costaricabackpackers.com. Von außen gefängnisähnlich, innen saubere Schlafsäle und DZ (Wände reichen nicht zur Decke); Fernseh-, Internetraum, Garten mit Pool und Liegestühlen, Küche, Restaurant mit Flippertisch, kleine Bühne für Impro-Auftritte, Büchertausch, Spiele, Salsa-Unterricht, Filmabende, Parkplatz; ruhige Gegend; eine Stadt in der Stadt; immer gut besucht. $9 p. P., DZ $22.

The Barrio California Hostel, Av. 6, C. 21–23, schräg gegenüber vom Costa Rica Backpacker, ✆ 818-7239, ✉ casapoesia@gmail.com, gehört zu Costa Rica-Backpackers. Relativ neue, saubere DZ in unterschiedlichem Design mit riesigen Futonbetten und Gemeinschaftsbad; Internet gratis; Fernsehzimmer; die Einrichtungen des Costa Rica Backpackers (Pool) können mitbenutzt werden. ❷

Casa Ridgway, C. 15, Av. 6–8, ✆ 233-6168, ✉ casaridgway@yahoo.es. Einladende, saubere Herberge mit familiärem Ambiente in ruhiger Seitenstraße; Schlafsaal, EZ oder DZ; Gemeinschaftsraum, große Küche; Gäste aller Altersklassen; Büchertausch, Bibliothek; gutes Preis-Leistungsverhältnis; Einkünfte gehen an das Friends Peace Center nebenan; empfehlenswert; Dorm $10. ❸

Hotel Fleur de Lys, C. 13, Av. 2–6, ✆ 223-1206, 💻 www.hotelfleurdelys.com. pinkfarbenes, außen mit Lichterketten geschmücktes, viktorianisches Haus, drinnen leuchtend tropische Farben; 31 holzausgekleidete Zimmer mit Rattanmöbeln. Jedes Zimmer ist nach einer costa-ricanischen Blume benannt. Restaurant, Frühstücksbuffet, Internet, Parkplatz; schweizerische Leitung. ❻

Barrio Amón

Die historischen Stadtviertel (Barrios) Amón, Otoya und Aranjuez liegen im Norden San Josés. Viele der Hotels sind in viktorianischen Häusern mit Innenhof untergebracht. Es ist hier ruhiger als in der Stadtmitte, das Zentrum erreicht man schnell zu Fuß.

Posada Hostel Trianon, 125 m östlich des INS-Gebäudes, ✆ 257-0746, 💻 www.trianon.20m.com. Gelbes, 2-stöckiges, etwas enges Hostel, sehr zentral aber ruhig gelegen, mit sauberen, kleinen Zimmern bei der freundlichen Doña Aida aus Kolumbien. Gemeinschaftsküche; Internet; Frühstück inkl.; beliebt bei Europäern. EZ $15. ❸

Hotel Hemingway Inn, Av. 9, C. 9, hinter INS-Gebäude, ✆ 257-8630, 💻 www.hemingwayinn.com, restauriertes Cafetalero-Haus; der Besitzer war ein Freund Hemingways. Die 17 etwas altmodischen, hübschen, hellen Zimmer mit TV und knarrenden Holzdielen tragen die Namen von Hemingways Werken und Lebensstationen; Originalfotos vom Meister schmücken die Wände. Mikrowelle und Grill im schönen Hintergarten; Internet; Haustiere willkommen; Frühstück inkl. ❺

Tranquilo Backpacker, C. 7., Av. 9–11, ✆ 223-3189, 💻 www.tranquilobackpackers.com. Einfacher, zentral gelegener Backpacker mit sauberen, gemischten und nach Geschlechtern getrennten Schlafsälen; gute Matratzen, kleine Küche, großer, etwas abgenutzter Gemeinschaftsbereich; mitunter Live-Musik, Sushi-, Pasta- und Currynächte. Internet gratis; Pfannkuchen zum Frühstück inkl.; Dorm $8 p. P., DZ $22.

Hotel Pangea 1, Av. 11, 2 C. 3–bis, ✆ 221-1992, 💻 www.hostelpangea.com. An lauter Straße gelegen, saubere Dorms mit Stockbetten und Schließfächern; Matratzen teils durchgelegen; einfache DZ; kreatives Design; durch die niedrigen Decken und Wandmalereien in den dunklen Gängen fühlt man sich wie in einer Höhle; Küche, Fernsehzimmer, Internet, Pool, Jacuzzi, Parkplatz. Dorm $10 p. P. ❸

Hotel Pangea 2 hat keine Küche, dafür ein großes Dach-Restaurant mit Blick auf die Berge; Zimmer etwas größer, Gäste können die Einrichtungen von Pangea 1 mitbenutzen. Gleiche Preise wie bei Pangea 1.

Hotel Santo Tomás, Av. 7, C. 3–5, ✆ 255-0448, 💻 www.hotelsantotomas.com. Viktorianisches Haus, vorn Büroatmosphäre, hinten Großstadtoase; 20 kleine Zimmer; Pool, Jacuzzi, kleines Fitnessstudio; Frühstücksbuffet inkl., Parkplatz. ❺–❻

Hotel Kekoldi, Av. 9, C. 5–7, ✆ 248-0804, 💻 www.kekoldi.com. 10 helle, schlichte, farbenfrohe Zimmer unterschiedlicher Größe in Art Decó-Haus mit kleinem Garten. Internet gratis; Frühstücksbuffet inkl.; deutsche Leitung. ❺

Hotel Joluva, C. 3 bis, Av. 9–11, ✆ 223-7961, 💻 www.joluva.com. Ein Hotel für Schwule und Lesben, ruhig gelegen, 7 einfache, saubere Zimmer mit TV in älterer Villa, Büchertausch, persönliches Ambiente, netter Gemeinschaftsbereich, viele Infos zur Schwulen- und Lesbenszene in San José und Costa Rica, Frühstück inkl. ❹

Barrio Otoya

Rincón de San José, Av. 9, C. 15, ✆ 221-9702, 💻 www.hotelrincondesanjose.com, ehemaliges Edelweiß-Hotel. 27 saubere, hübsche und gemütliche Zimmer teils mit Erker und TV, handgeschnitzte Holztüren; die neue holländische Leitung hat den schweizerischen Charme beibehalten; Internet gratis, Frühstücksbuffet inkl. ❹

Cinco Hormigas Rojas, C. 15, Av. 9–11, ✆ 257-8581, 💻 www.cincohormigasrojas.com, ist eine der wenigen originellen Unterkünfte in San José. Die Künstlerin Mayra Güell hat das Haus ihrer Großmutter kreativ mit selbst entworfenem Mobiliar eingerichtet. Wo sonst findet man (Pappmaché-) Insekten als Lichtschalter? Sechs Zimmer im oberen Stock mit Badezimmern älteren Datums; kleiner Großstadtdschungel mit Vogelgezwitscher vor der Haustür. Frühstück inkl.; Preis bei Studenten verhandelbar. Kräftig an der Eingangsglocke ziehen! ❸

Am Parque Nacional

Hostel La Casa del Parque, Nordost-Ecke des Parque Nacional, ✆ 233-3437, 💻 www.hostelcasadelparque.com. Zentrales, schönes, mehrstöckiges Art déco-Haus am Park mit sauberen, großen Schlafsälen. Gute Matratzen; fantastische, große Dachterrasse mit Blick über die

Innenstadt; Internet gratis; Gemeinschaftsküche. Frederico, einer der drei jungen costaricanischen Geschwister, die das Haus leiten, zeigt seinen Gästen San José bei Nacht.
$10 p. P.

Barrio Aranjuez

Kaps Place, C. 19, Av. 11–13, ✆ 221-1169, 🖳 www.kapsplace.com. Hinter dem einem Garagentor ähnlichen Eingang verbirgt sich ein mehrstöckiges, verschachteltes Haus, wo aus jedem Zentimeter Raum geschlagen wird (nichts für Klaustrophobiker). Zimmer verschiedener Größen, von extrem kleinen Räumen mit Miniaturwaschbecken bis zu geräumigen Apartments mit Privatküche, teils mit TV und AC. Zwei moderne Gemeinschaftsküchen; Trampolin und Klettergerüst im kleinen Innengarten; Internet gratis; viele nordamerikanische Gäste. ❸–❺

San Pedro

Der San Pedro-Bus fährt schräg gegenüber von der Bar Chelles ab, Av. 0, C. 9.
San Pedro wird von großen amerikanischen Einkaufszentren und der Universidad de Costa Rica beherrscht. Hier befinden sich viele günstige Sodas und lebhafte Bars. Die Qualität der Backpacker im nahe gelegenen Los Yoses ist deutlich besser als in San Pedro.
D'Galah Hotel, nördliche Seite der Universität, gegenüber der Fakultät für Pharmazie, ✆ 280-8092, ✉ dgalah@racsa.co.cr. Gepflegtes Hotel mit praktischen, sauberen Apartments mit Teppich und großen Fenstern; Pool mit Liegestühlen im Hintergarten; Sauna, Internet. ❺

Escazú

In Escazú leben überwiegend nordamerikanische Expats, die Bed and Breakfast in ihren Privathäusern anbieten. Es gibt einige exquisite Restaurants. Man ist fern der Abgase, aber auch fern des Zentrums.
Costa Verde Inn, ✆ 228-4080, 🖳 www.costaverde.com. Sehr schönes, ruhig gelegenes Hotel mit attraktiven, rustikalen Zimmern und Apartments in verschiedenen Größen; Pool, Jacuzzi, Parkplatz; überwiegend amerikanische Gäste; Frühstück inkl. ❺

Essen

Japanisches Sushi, indische Currys, chilenische Empanadas, französisch zubereitete Muscheln, argentinische Steaks – San Josés Restaurantszene präsentiert sich ebenso abwechslungsreich und international wie seine Einwohner. Günstige, landestypische Gerichte erhält man im Mercado Central oder in einer der zahlreichen Sodas der Stadt, die für $3 sättigende *Casados* anbieten. In Restaurants werden auf die Rechnung 23 % aufgeschlagen, 10 % für den Service und 13% Steuern. Zusätzliches Trinkgeld wird daher nicht erwartet. Buen provecho!

Argentinisch

La Esquina de Buenos Aires, C. 11, Av. 4. Schmackhafte argentinische Steaks und hausgemachte Ravioli in nostalgischem Ambiente bei Tangomusik; mittlere Preisklasse. Ein Stückchen wunderschönes altes Buenos Aires in San José. ◷ Mo–Do 11.30–15 und 18–22.30, Fr 11.30–15 und 18–23, Sa 12.30–23, So 12–22 Uhr.

Asiatisch

Don Wang, C. 11, Av. 6–8. Klassische chinesische Küche, mittlere Preisklasse. ◷ Mo 8–15 und 18–23, Di–Sa 8–23, So 8–22 Uhr.
Tinjo, C. 11, Av. 6–8. Sehr schmackhafte pan-asiatische Küche; große Auswahl an Fleisch- und vegetarischen Gerichten; das Gemüse stammt aus organischem Anbau. Auch das Auge isst mit: gespeist wird im Japan-, Indien- oder Indonesien-Saal mit dem jeweils landestypischen Dekor. Umfangreiche internationale Weinkarte. Eines der besten Restaurants von San José. Sehr empfehlenswert. Mittlere Preisklasse. ◷ Mo–Do 11.30–15 und 17.30–22, Fr und Sa 11.30–15 und 17.30–23, So 11.30–22 Uhr.

Cafés

Café la Posada, schräg gegenüber vom Museo Nacional, gut für eine Stärkung nach dem Museumsbesuch. Leckere Empanadas, Quiches und Sandwiches. ◷ Mo–Fr 9–19, Sa 10–19 Uhr.

Café Teatro Nacional, im Teatro Nacional. Av. 2, C. 3–5. Fantasievolle Kaffee-Mischungen, umgeben von Marmor.
Café Parisienne, Av. 2, C. 3–5, gegenüber vom Teatro Nacional. Kaffee und Kuchen mit Blick auf den Plaza de la Cultura.

Französisch

Le Chandelier, 100 m östlich, 100 m südlich vom ICE in San Pedro, eines der feinsten, französischen Restaurants im Land. ◷ Mo–Fr 11.30–14 und 18.30–22.30, Sa 18.30–23 Uhr.
Rouge, nördlich von der Nationalbibliothek, von der Casa Amarilla 100 m östlich, 50 m südlich, 50 m östlich. Leckeres, günstiges Mittagsmenü, abends größere Auswahl. Schmackhafte Salate; empfehlenswert ist der Lachs mit Papayasoße und gerösteten Mandeln. ◷ 11.30–15 und 18–23 Uhr.

Fusion

Café Mundo, C. 15, Av. 9, 200 m östlich und 100 m nördlich vom INS-Gebäude. Viktorianisches Haus mit Salons in unterschiedlichem Design; auch kleiner Garten. Zu empfehlen sind die Pizza und Pastagerichte; außerdem Fleischgerichte, Salate und eine große Auswahl an Kaffee und Kuchen; Qualität hat in den letzten Jahren nachgelassen; dennoch stets gut besucht; mittlere Preisklasse. ◷ Mo–Fr 11–23, Sa 17–24 Uhr.

Landestypische Küche

Mercado Central, Av. Central–1, C. 6–8, umgeben von Schuhen, Gewürzen, Obst- und Gemüseständen gibt es hier günstig gute Comida Típica (landestypische Kost).
La Vasconia, Av. 1, C. 5. Hier bekommt der Ausländer ein billiges Gallo-Pinto-Frühstück unter Einheimischen, auch Ceviche und Empanadas. Die Wände sind zutapeziert mit Fotos vom nationalen Fußballteam. ◷ 7–24 Uhr.
Chelles, A. 0, C. 9. Eine der wenigen alten Bars, die nicht der Planierraupe zum Opfer fiel. Bocas und billiges Bier inmitten eines bunt gemischten Publikums aus Schauspielern, Nachtschwärmern und dem kleinen Mann von der Straße. ◷ 24 Std.

Churrrrrrrrros!

Churrería Manolo's, Av. Central, C. Central–C. 2, ein Klassiker in San José. Ceviche und Casados stehen auf dem täglichen Menü, berühmt ist Manolo's aber für seine Churros: mit Zucker überzogene, frittierte Teigschläuche, die man in heißen Kaffee tunkt; untere Preisklasse. ◷ 24 Std.

Soda Tapia, Ecke C. 42 Av. 2, an der Ostseite des Sabana-Parks. Sitzgelegenheiten auch draußen; das Essen ist nichts Besonderes, aber die Öffnungszeiten locken Nachtschwärmer an. ◷ Mo–Mi 6–2, Do 6–3 Uhr, Fr–So 24 Std.

Libanesisch

Lubnán, Paseo Colón, C. 22–24. Einfaches, beliebtes Restaurant mit breiter Auswahl an exzellenten libanesischen Gerichten, mittlere Preisklasse. ◷ Di–Sa 11–15 und 18–1 Uhr.

Mediterran

Olio, 200 m nördlich von Bagelman im Barrio Escalante. Restaurant und Vineria, nettes Ambiente. Tapas, Pasta, Fleischgerichte, gute Auswahl an Weinen, untere Preisklasse. ⌚ Mo–Fr 11.30–1, Sa 16–24 Uhr.
El Balcón de Europa, C. 9, Av. Central–Av. 1. Pasta, Fleischgerichte und Meeresspezialitäten in einem der ältesten (italienischen) Restaurants von San José, mittlere Preisklasse. ⌚ So–Fr 11.30–22 Uhr.
La Piazzetta, Paseo Colón, gegenüber der Banco de Costa Rica. Alteingesessenes Restaurant mit ausgezeichneter italienischer Küche in elegantem Ambiente; umfangreiche Weinkarte; obere Preisklasse. ⌚ Mo–Fr 12–14.30 und 18.30–23, Sa 18.30–23 Uhr.

Peruanisch

Machu Picchu, 125 m nördlich vom KFC am Paseo Colón oder in San Pedro, 150 m südlich von El Verduro, sehr beliebtes Restaurant. Empfehlenswert ist die *Parihuela*, eine peruanische Suppe aus Meeresfrüchten; der *Pisco Sour*, Perus Nationalgetränk, ist hier umwerfend gut; mittlere Preisklasse. ⌚ Mo–So 11–15 und 18–22 Uhr.
Bohemia, Barrio Escalante, 525 m östlich der Santa Teresita-Kirche. Eines der besten peruanischen Restaurants in San José. Innovative Speisekarte, elegantes Ambiente, obere Preisklasse. ⌚ Mo–Sa 12–15 und 18.30–22.30, So 12–17 Uhr.

Vegetarisch

Vishnu, Av. 1, C. 1–3. Schnellrestaurantkette für Vegetarier, verschiedene Tagesmenüs, Pizza und Hamburger sind mit Tofu zubereitet, große (Obst-) Salate, frische Obstsäfte, leckeres Vollkorn- und Bananenbrot, fürs Schlemmermaul gibt es große Eisportionen. Preisgünstig; auch Frühstück. ⌚ Mo–Sa 7–21.30, So 9–19.30 Uhr.
Shakti, Av. 8, C. 13, für Gesundheitsbewusste. Kleines freundliches Restaurant mit frischen Gemüse- und Obstsäften, Vollkornbrot und -gebäck; Casado und Sopa Negra; auch vegetarische Gerichte. Untere Preisklasse. ⌚ Mo–Fr 8–19, Sa 10–17 Uhr.

Nachtleben

Nachtschwärmer haben die Wahl zwischen San Pedros lebendigen **Studentenkneipen**, vibrierenden **Salsadiscos** oder typischen **Boca-Bars**, in denen gratis zum Bier *Bocas* – kleine Portionen Rice and Beans oder frittierte Platanos – serviert werden. Im **Jazzcafé** geben sich internationale Jazzgrößen ein Stelldichein. Bekannte costa-ricanische Bands wie *Malpais* treten hier regelmäßig auf. In den diversen Nachtclubs und Casinos der Stadt, dem Blue Marlin, Key Largo und Atlantis, halten sich vorwiegend nordamerikanische Sextouristen mit Prostituierten auf. Das Barrio México (s. u., Bar México) zählt nicht zu den sichersten. Wer hier ausgehen möchte, sollte am besten ein Taxi nehmen. Aktuelle Infos zu San Josés Nachtleben liefert die Tageszeitung *La Nacion*, das monatlich erscheinende, kostenlose Programmheft *San José Volando* und die Internetpage 💻 www.entretemiento.co.cr.

Bars

Bar México, Ecke Av. 13, C. 16. Typische Boca-Bar, gut für ein Bier in Gesellschaft von Ticos; Live-Musik. Das Barrio México ist nicht das sicherste Viertel der Stadt; deshalb am besten ein Taxi nehmen! ⌚ Mo–Fr 15–24, Sa 11–24 Uhr.
Jazz Café, San Pedro, neben der Banco Nacional. Live-Konzerte mit internationalen Jazzgrößen; auch Rhythm and Blues, Funk, Soul, Latin Music. Die beste Gelegenheit, Costa Ricas erfolgreichste Band *Malpais* live zu erleben. ⌚ Mo–So 18–2 Uhr.
Chelles, Av. 0, C. 9, zieht eine bunte Mischung aus Nachtschwärmern, Schauspielern, Intellektuellen und dem kleinen Mann von der Straße an. Eine der letzten alten Bars, die nicht der Planierraupe zum Opfer fiel; Katerfrühstück. ⌚ Mo–So 24 Std.
El Cuartel de la Boca del Monte, Av. 1, C. 21–22. Latin, Rock und Reggaemusik, mittwochs Live-Musik. ⌚ Mi–Sa 18–2 Uhr.
La Villa, San Pedro, 150 m nördlich der Antiguo Banco Anglo. Beliebte Studentenbar mit gutem Bier und Bocas; sonntags geschlossen.

Olio Pub, 300 m nördlich, 20 m östlich der Antigua Pulperia La Luz, parallel zu den Bahnschienen. Netter Ort zum Plaudern über einem Glas Bier oder Wein und Tapas. ⌚ Mo–Fr 11.30–1, Sa 16–24 Uhr.
Raices, Av. 2, C. 45. Reggae-Bar mit costaricanischen Rastafaris. ⌚ Mi–So.

Diskotheken

Ebony 56, im Centro Comercial El Pueblo. Latin/Pop, mehrere Tanzflächen; ⌚ Mi–Sa.
Salsa 54, C. 3, Av. 1–3. Ein ganz hervorragender Ort zum Salsa- und Merengue-Tanzen; die besten Salseros der Stadt zeigen hier ihr Können.
Terra, San Pedro, 100 m östlich der Kirche. Latin Music und jamaikanische Hits mit Musikvideos auf drei Etagen.

Lesben und Schwule

La Castilla, C. 3, Av. 7–9. Bar-Restaurant, überwiegend für Lesben.
La Avispa, C. 1, Av. 8–10. Die beliebteste Lesben- und Schwulendisco San Josés; jeden letzten Mi im Monat Lesbennacht. ⌚ Mi–So 20–2 Uhr.
OH Disco, C. 2, Av. 14–16. Lesben- und Schwulendisco und Bar.

Sonstiges

Apotheken

Clinica Biblica, Av. 14, C. 0–1, ✆ 522-1000, ⌚ 24 Std.
Farma Todo, Av. 2, gegenüber dem Teatro Nacional. ⌚ Mo–Fr 7–20, Sa 7–19 Uhr.
Weitere Apotheken befinden sich in der Av. Central.

Autovermietungen

Die Mehrzahl der Autovermietungen befindet sich am Paseo Colón. Siehe auch Kasten „Tipps für Autofahrer," S. 62.
Alamo, Av. 18, C. 11–13, ✆ 242-7733, 💻 www.alamocostarica.com; www.avis.co.cr; Paseo Colón, C. 22–24.
Budget, Paseo Colón, C. 30 ✆ 223-3284, 💻 www.budget.co.cr.
Wildrider, Paseo Colón, C. 32, ✆ 258-4604, 💻 wild-rider.com.

Botschaften und Konsulate

Deutsche Botschaft
Torre La Sabana; 300 m westlich vom ICE-Gebäude in Sabana Norte; ✆ 290-9091; 💻 www.san-jose.diplo.de; ⌚ Mo–Fr 9–12 Uhr. Telefonische Sprechstunde Mo–Do 7.30–16.30 und Fr 7.30–13.30 Uhr. Notfalltelefon ✆ 381-79-68 (Handy; nur in extremen Notfällen).

Österreichisches Honorargeneralkonsulat
Paseo Colón, am Toyota-Gebäude, gegenüber vom Parque de Mata Redonda, Haus Nr. 3650, ✆ 255-3007, 📠 255-0767. Die nächste österreichische Botschaft befindet sich in Guatemala.

Botschaft der Schweizerischen Eidgenossenschaft
Paseo Colón, Edificio Centro Colón, 10. Stock, ✆ 221-4829, 💻 www.eda.admin.ch/eda; ✉ vertretung@sic.rep.admin.ch, ⌚ Mo–Fr 9–12 Uhr; Telefonsprechstunde Mo–Do 7.30–16.30 und Fr 7.30–13 Uhr.

Botschaften mittel- und südamerikanischer Länder
Argentinien, Curridabat, 700 m südlich, 25 m östlich von Mc Donalds, ✆ 234-6520;
Bolivien, Sabana Sur, 500 m südlich, 75 m östlich der Contraloría, ✆ 290-8844;
Brasilien, Paseo Colón, Edificio Torre Mercedes, ✆ 383-1904;
Chile, Los Yoses, C. 39, Av. 10–12, ✆ 224-1547;
Kolumbien, im Barrio Dent, 175 m westlich von Taco Bell in San Pedro, ✆ 283-6861;
Ecuador, Boulevard Rohrmoser, 100 m nördlich der Casa de Oscar Arias, ✆ 232-1503;
El Salvador, 500 m nördlich, 25 m westlich vom Toyota-Gebäude am Paseo Colón, ✆ 224-9034;
Guatemala, Sabana Sur, 100 m südlich, 50 m westlich vom Gimnasio Fitsimons, ✆ 220-1297;
Honduras, Boulevard Rohrmoser, 50 m südlich, 100 m östlich vom Parque La Amistad, ✆ 291-5143;
México, 75 m östlich vom Casa Amarilla, ✆ 257-0633;
Nicaragua, in Curridabat, 200 m südlich, 50 m östlich des Plaza Del Sol, ✆ 234-9885;

Panama, im Barrio La Granja, 200 m südlich, 25 m östlich vom Antiguo Higuerón de San Pedro, ✆ 280-1570;
Paraguay, in Curridabat, 600 m südlich, 50 m östlich vom KFC am Plaza del Sol, ✆ 234-1857;
Peru, in Curridabat, 100 m östlich, 325 m nördlich der Heladería Pops, ✆ 225-1575;
Uruguay, Av. 14, C. 35–37, ✆ 253-2755,
Venezuela, Barrio Escalante, 30 m östlich, 50 m nördlich der Iglesia Santa Teresita, ✆ 225-1335.

Bücher

Librería Lehmann, Av. Central, C. 1–3, spanische Bücher, englischsprachige Reiseführer, Karten.
Librería Internacional, Av. Central, C. 1–3, englische, spanische und eine kleine Auswahl an deutschen Büchern.
Macondo, am Universitätscampus in San Pedro, große Auswahl an spanischer Literatur und Fachliteratur.
7th Street Books, C. 7, Av. 1–0, gutes Kartenmaterial und breite Auswahl an englischen und spanischen Reiseführern.
Casa de la Revista, 100 m nördlich vom Cine Variedades, verkauft deutsche Zeitschriften (Spiegel und Focus).

Büchereien

Bibliotéca Nacional, Av. 3, C. 5–7, ◷ Mo–Fr 8–16 Uhr, nur Referenzbücherei.
Universidad de Costa Rica, im Stadtteil San Pedro.

Deutsche Organisationen

Colegio Humboldt, Pavas, 100 m westlich, 50 m nördlich der US-Botschaft, ✆ 232-1455, 💻 www.humboldt.ed.cr.
Deutscher Akademischer Austauschdienst (DAAD), in Pavas, ✆ 296-8231.
GTZ, Col. Rohrmoser, 250 m nördlich, 25 m östlich von La Casa de Oscar Arias, ✆ 520-1537, ✉ gtz-costa-rica@gtz.de.

Einkaufen

Galería Namú, Av. 7, C. 5–7, Masken aus Boruka; außerdem Bilder, Vasen, Hüte und Körbe von verschiedenen Indianerstämmen; teils Kitsch; fairer Handel. In den Reservaten sind die Preise niedriger. ◷ Mo–Sa 9.30–18.30 Uhr.
Beinahe keinen Wunsch offen lassen die großen Einkaufszentren **Outlet Mall** in San Pedro und der **Multiplaza Escazú** im Vorort Escazú.

Fahrradreparatur

Ciclo Isidro Sanchez, am Plaza Viquaz, gegenüber der Ferretería Pipiolo, ✆ 222-5137, ◷ Mo–Fr 9–17, Sa 9–14 Uhr.

Fotogeschäfte

Kodak, Av. 0, Ecke C. 5, ◷ Mo–Fr 9–19, Sa 8–17, So 10–15 Uhr.
Dima, neben Kodak, ◷ Mo–Fr 9–18 Uhr.

Geld

American Express, C. 1, Av. 0–1, ◷ Mo–Fr 8.30–17 Uhr.
Banco de Costa Rica, Av. 2, C. 4–6, ◷ Mo–Fr 9–15 Uhr.
Banco Nacional, Av. 0–1, C. 2–4, ◷ Mo–Fr 9–15 Uhr; Sa 9–15 Uhr.
Banco Popular, C. 1, Av. 2–4, ◷ Mo–Fr 8.30–15.30, Sa 9–13 Uhr.
BAC San José, gegenüber vom Hotel Europa, ◷ Mo–Fr 8–17 Uhr.

Immigration

An der Autobahn zum Flughafen, gegenüber vom Hospital México, ✆ 220-0355, ◷ 8–16 Uhr, früh herkommen.

Informationen

Instituto Costarricense de Turismo (ICT), Plaza de la Cultura, am Eingang zum Museo de Oro. Hier, im costa-ricanischen Fremdenverkehrsbüro gibt es Stadtpläne gratis und viele Tourangebote; die Angestellten sind jedoch keine große Hilfe. ◷ Mo–Fr 9–17 Uhr.
Fundación de Parques Nacionales (FPN), Barrio Escalante, gegenüber der chinesischen Botschaft (Embajada de China), Santa Teresa, ✆ 257-2239, 💻 www.fpncostarica.org. Allgemeine Infos zu den Parks, auch Reservierungen. ◷ Mo–Fr 8–12 und 13–17 Uhr.

Internet

Die Mehrzahl der Hotels und Hostels haben Internet. Für maximal 5–10 Minuten kann man im Gebäude der **Radiografía**, C. 1, Av. 5, das Internet nutzen.

Folgende Internetcafés befinden sich im Zentrum San Josés, in der Nähe des Plaza de la Cultura:

Café Digital, 50 m östlich vom Plaza de la Cultura, 2. Stock, ⌚ Mo–Sa 7–22, So 9–22 Uhr, auch internationale Telefonate.

Cybercafé Las Arcadas, an der Av. 2, neben dem Gran Hotel Costa Rica, am Fuß der Treppe, ⌚ Mo–So 7–23 Uhr.

Internet Club, 75 m südlich vom Hotel Presidente.

Kino

Die Mehrzahl der Kinos in San José befindet sich in den diversen Shoppingcentern der Stadt. Sie zeigen nordamerikanische Kassenschlager mit spanischen Untertiteln. Das aktuelle Kinoprogramm steht in der Donnerstags-Beilage *Tiempo Libre* der Tageszeitung *La Nacion* oder in der Wochenendausgabe der *Tico Times*. Folgende Filmspielhäuser heben sich durch ihr Ambiente oder Programm ein wenig von der breiten Masse ab.

El Semáforo, 80 m westlich vom Liceo Vargas Calvo in San Pedro, ✆ 253-9126, lateinamerikanische Filme.

Centro de Cine, C. 11, Av. 9, hinter dem INS-Gebäude, im Barrio Otoya, ✆ 256-5001.

Cine Sala Garbo, C. 28, Av. 2. Programmkino, zeigt Filme aus aller Welt mit spanischen Untertiteln, ✆ 222-1034.

Variedades, C. 5, Av. 0–1, ✆ 222-6108. Das älteste Kino San Josés zeigt mitunter spanischsprachige Filme.

Magaly, 100 m südlich der Antigua Aduana, ✆ 223-0085, hier werden Hollywoodfilme gezeigt.

Kulturinstitute

Alliance Française, Av. 7, C. 5, 200 m westlich vom INS-Gebäude, Barrio Amon; 💻 www.afsj.net. Hin und wieder interessante Ausstellungen von französischen und costaricanischen Künstlern.

Goethe Zentrum, 100 m westlich, 50 m nördlich der US-Botschaft, ✆ 290-0958, 💻 www.centrogoethe.com.

Märkte

Mercado Central, Av. 0–1, C. 6–8 (s. Stadtspaziergang).

Mercado de Artesanía, westlich vom Museo Nacional. Handarbeiten, T-Shirts und andere Souvenirs; auch aus anderen mittelamerikanischen Ländern.

El Trueque, 700 m südlich der San Cayetano Kirche, El Carmen de Paso Ancho. Bio-Produkte, ⌚ Sa 6–12 Uhr.

Medizinische Hilfe

Das Niveau der medizinischen Versorgung in San José ist hoch. Viele Ärzte haben einen Teil ihres Studiums in den USA absolviert. Eine Liste mit deutschsprachigen Spezialisten hat die Deutsche Botschaft.

Clínica Biblica (Privatklinik), Av. 14, C. 0–1, ✆ 522-1000, hier wird Englisch gesprochen. Nicht billig.

Clínica Católica (Privatklinik), San Antonio de Guadalupe, an der Südseite der Tribunales de Justicia, ✆ 246-3000, hier wird Englisch gesprochen.

Dr. Jorge Quesada Vargas, deutschsprachiger Allgemeinmediziner, ✆ 257-2890.

Hospital CIMA, Escazú, ✆ 208-1000, hier wird Englisch gesprochen.

San Juan de Dios (öffentliche Klinik), Paseo Colón, C. 14–16, ✆ 257-6282.

Motorräder

Wild Rider Motorcycle, Paseo Colón, C. 32, ✆ 258-4604, 💻 wild-rider.com. Das nette deutsche Duo Thomas und Thorsten (passionierte Motorradfahrer) kennt Costa Ricas Pisten wie die eigene Westentasche. Sie helfen mit wertvollen Tipps und Sicherheitshinweisen bei der Routenplanung. Wild Rider vermietet auch Autos.

Reisebüros

OTEC, 275 m nördlich vom Teatro Nacional, ✆ 256-0633, Studentenreisebüro mit günstigen Flügen. ⌚ Mo–Fr 8–18, Sa 9–13 Uhr.

Weitere Reisebüros befinden sich an der Westseite des Parque Morazán.

Post

Correo Central, C. 2, Av. 1–2, Mo–Fr 7–17, Sa 7–12 Uhr. Poste restante wird hier bis zu einem Monat aufbewahrt. Bei Abholung Pass mitnehmen.

Sport

Tennis

Costa Rica Tennisclub, Sabana Sur, südlich vom Parque La Sabana.

Schwimmen

Schwimmhalle im Parque La Sabana, mit olympischen Maßen.

Joggen

Im Parque La Sabana, Parque de la Paz und auf dem Campus der Universitad de Costa Rica.

Yoga

Cultura Alternativa OSIRIS, 200 m östlich, 25 m nördlich vom Perimercado de Vargas Araya, 224- 5691, www.gruposiris.com. Auch Kurse in Tai Chi.

Stadtführungen

Urban Addicts, 222-0886, www.urbanaddicts.com.

Supermärkte

Perimercado, am Plaza de la Cultura.
Automercado, Av. 3, Ecke C. 3, größere Auswahl und höhere Preise.

Tanzstunden

Unterricht in Latin Dance bieten:
Académia de Bailes Latinos, Av. Central, C. 25–27, Barrio Escalante, 233-8938, und

Merecumbé, in Escazú, Rohrmoser und San Pedro, ✆ 224-3531.

Taxis
Offizielle Taxis sind rot und haben ein gelbes Dreieck mit den Initialen TSJ auf der Tür. Fahrgäste sollten sich vor der Abfahrt vergewissern, dass der Fahrer das Taxameter angeschaltet hat. Der erste Kilometer kostet 350C, Stundentarife liegen bei $10. Trinkgeld wird nicht erwartet. Taxistände befinden sich an beinahe allen wichtigen Sehenswürdigkeiten und Parks der Stadt oder man winkt eines herbei.
Coopeirazu, ✆ 254-3211;
Coopetaxi, ✆ 235-9966;
Taxis Unidos Aeropuerto, ✆ 441-1356.

Telefon
Am Plaza de la Cultura; hier gibt es auch Telefonkarten.
Radiográfica, C 1, Av. 5, hier liegen Telefonbücher von ganz Costa Rica aus; außerdem gibt es kostenlosen Internetzugang.

Theater
San José hat eine lebendige Theaterszene und günstige Eintrittspreise. Unter den mehr als ein Dutzend Theatern sind das Teatro Nacional und das Teatro Mélico Salazar die Aushängeschilder der Stadt. Das aktuelle Bühnenprogramm steht in der Donnerstags-Beilage *Tiempo Libre* der Tageszeitung *La Nacion* und in der englischsprachigen *Tico-Times*.
Teatro Nacional, C. 5, Av. 2, Opern-, Tanz-, Theateraufführungen und Konzerte, darunter regelmäßige Auftritte des nationalen Sinfonieorchesters, ✆ 252-0863.
Teatro Mélico Salazar, C. Central, Av. 2, Tanz-, Theateraufführungen und Konzerte, Auftritte des nationalen Tanzensembles, ✆ 252- 0863.

Wäschereien
Die Mehrheit der Hotels und Herbergen bieten Wäscheservice an.
Im **Cybercafé Las Arcadas**, Av. 2, neben dem Gran Hotel Costa Rica. 1200C pro Maschinenfüllung, 🕒 7–19.30 Uhr.
Lava Más, Los Yoses, 100 m westlich, 25 m südlich vom Lavacarro, ✆ 225-1645. 🕒 Mo–Fr 8–18, Sa 8–15 Uhr.
Lavandería La Sabana, 300 m westlich von Pops, ✆ 232-5302. 🕒 Mo–Fr 7.30–17, Sa 9–12 Uhr.

Transport

San José ist der Hauptverkehrsknotenpunkt in Costa Rica. Selbst kleine, abgelegene Orte haben meist eine direkte Busverbindung mit der Hauptstadt. Busreisende werden San José daher kaum umgehen können .
Die Buspreise sind niedrig, die Busse fast immer voll besetzt. Über ein Dutzend verschiedener Busgesellschaften gibt es. Fast ebenso viele Busterminals liegen wild in der Stadt verstreut. Zu den großen Busbahnhöfen zählen:
Der **Terminal La Coca Cola** mit Bussen u. a. an die Zentrale Pazifikküste, Av. 1, C. 16–18;
der **Terminal San Carlos** mit Bussen in den Norden (Monteverde, La Fortuna, Ciudad Quesada), Av. 9, C. 12;
der **Gran Terminal del Caribe** mit Bussen an die Karibik und in die Sarapiquß-Gegend, C. Central, nördlich von Av. 13, und
der **Terminal Musoc** mit Bussen in den Süden, Av. 22, C. Central–C.1.
Die Abfahrtszeiten und Abfahrtsorte ändern sich laufend, Busreisende sollten deshalb grundsätzlich vor ihrer Abfahrt aktuelle Informationen einholen.

Busse innerhalb Costa Ricas
Alajuela (über **Flughafen**), 5–22 Uhr alle 10 Min.; nach 24 Uhr alle 30 Min.; Fahrzeit 30 Min.; C. 12–14, Av. 2, ✆ 449-5141, und C. 12–14, Av. 4, mit Microbuses Alajuela-San José, ✆ 441-1181.
Atenas, 6–22 Uhr alle 30 Min.; 1 1/2 Std.; Terminal La Coca Cola, C. 16, Av. 1–3, mit Coopetransatenas, ✆ 446-5767.
Braulio Carillo NP (s. Guápiles).
Bribrí, 4x tgl.; 5 Std.; Terminal del Caribe, C. Central, Av. 13, mit Mepe, ✆ 257-8129.
Cahuita, 4x tgl.; 4 Std.; Terminal del Caribe, C. Central, Av. 13, mit Mepe.

Cañas, 6x tgl.; 3 1/2 Std.; C. 14, Av. 1–3, mit La Cañera, ✆ 222-3006.
Caño Negro (s. Los Chiles).
Cariari, 8x tgl.; 1 3/4 Std.; Terminal del Caribe, C. Central, Av. 13, mit Caribeños, ✆ 222-0610.
Cartago, 5–24 Uhr alle 10 Min.; C. 3, Av. 2; gegenüber vom Teatro Nacional.
Chirripó NP, s. San Isidro.
Ciudad Cortés (über **San Isidro**), 2x tgl.; 6 Std.; Av. 5, C. 14–16, mit Tracopa, ✆ 222-2666.
Ciudad Neily, 6x tgl.; 5 Std.; Av. 5, C. 14–16, mit Tracopa.
Ciudad Quesada, 7x tgl.; 5–19.30 Uhr; 2 1/2 Std.; Av. 7–9, C. 12, mit S. José-S. Carlos, ✆ 255-4300.
Corcovado NP (s. Puerto Jiménez).
Golfito, 2x tgl.; 7 Std.; C. 14–16, Av. 5, mit Tracopa.
Grecia, 6–22.10 Uhr alle 30 Min.; 1 1/2 Std.; C.18, Av. 5–7, mit Tuan, ✆ 258-2004.
Guápiles, 5.30–22 Uhr (am Wochenende nur bis 21 Uhr) stdl.; 1 1/2 Std.; C. Central, Av. 13, mit Guápileños, ✆ 222-0610.
Guatuso, 3x tgl.; 5 Std.; Av. 7–9, C. 12, mit S. José-S. Carlos.
Guayabo (s. Turrialba).
Heredia, 5–23 Uhr alle 10 Min.; 30 Min.; Av. 4, C. Central-1.
Jacó, 4x tgl.; 2 1/2 Std.; Terminal La Coca Cola, C. 16, Av. 3, mit Transportes Jacó, ✆ 223-1109.
Jicaral, 7.15 Uhr; 6 Std.; C. 12, Av. 7–9, mit Rio Zumo, ✆ 255-1345.
La Cruz, 5x tgl.; 5 Std.; C. 14, Av. 3–5, mit Deldú, ✆ 256-9072.
La Fortuna, 3x tgl.; 4 1/2 Std.; Av. 7–9, C. 12; mit S. José-S. Carlos.
Liberia, 6–20 Uhr stdl.; 4 Std.; C. 24, Av. 5–7, mit Pulmitan, ✆ 256-9552.
Limón, 5–19 Uhr, alle 45 Min.; 2 1/2 Std.; C. Central, Av. 13, mit Caribeños, ✆ 222-0610.
Los Chiles, 2x tgl.; 5 Std.; Av. 7–9, C. 12; mit S. José-S. Carlos.
Malpais, 7, 15.30 Uhr, C. 16, Av. 3–5.
Manuel Antonio, 4x tgl., 3 1/2 Std.; Terminal La Coca Cola, mit Delio Morales, ✆ 223-5567.
Miramar, 4x tgl.; 2 1/2 Std.; C. 12, Av. 7–9, mit Miramar, ✆ 248-0045.
Monteverde, 2x tgl.; 5 Std.; C. 12, Av. 7–9, mit Monteverde Co., ✆ 222-3854.
Nicoya (über **Liberia**), 5x tgl.; 5 Std.; C. 14–16, Av. 5, mit Tracopa-Alfaro, ✆ 222-2666.
Nicoya (über **Puente de la Amistad**), 7x tgl.; 5 Std., mit Tracopa-Alfaro.
Nosara, 6 Uhr; 6 Std.; C. 14–16, Av. 5, mit Tracopa-Alfaro.
Orotina, Mo–Fr 10x tgl.; 1 1/2 Std.; Terminal La Coca Cola; C. 16, Av. 1–3, mit Imobilaria HRC, ✆ 233-9695.
Palmar Norte, 7x tgl.; 5 Std.; C. 14–16, Av. 5, mit Tracopa, ✆ 221-4214.
Paso Canoas (über **Palmar**, **Ciudad Neily**), 6x tgl., Fr 7x; 6 1/2 Std.; C. 14–16, Av. 5, mit Tracopa-Alfaro, ✆ 222-2666.
Peñas Blancas, 7x tgl.; 5 Std.; 100 m nördlich vom Terminal La Coca Cola, C. 14, Av. 3–5, mit Deldú, ✆ 256-9072.
Playa Conchal (s. Playa Flamingo).
Playas del Coco, 3x tgl.; 5 Std.; C. 24 Av. 5–7; ✆ 222-1650.
Playa Flamingo (über **Liberia, Playa Conchal**, **Playa Potrero**), tgl. um 8 und 15 Uhr; (über **Puente de la Amistad, Playa Conchal**, **Playa Potrero**), um 10.30 Uhr; 6 Std.; C. 20, Av. 1–3, mit Tralapa, ✆ 221-7202.
Playa Portrero (s. Playa Flamingo).
Playa Panamá, 15.30 Uhr; 5 Std.; C. 20, Av. 1–3, mit Tralapa.
Puerto Jiménez, 12 Uhr; 9 Std.; C. 14, Av. 9–11, mit Blanco, ✆ 257-4121.
Puerto Viejo de Limón, 4x tgl.; 5 Std.; Terminal del Caribe, C. Central, Av. 13, mit Mepe.
Puerto Viejo de Sarapiquí, 9x tgl.; Terminal de Caribe; C. Central, Av. 13; mit Autotransportes Sarapiquí.
Puntarenas, 6–19 Uhr, stdl.; 2 Std.; C. 16, Av. 12; mit Unidos, ✆ 222-8231.
Quepos (über **Manuel Antonio**), 6x tgl.; 3 1/2 Std.; Terminal La Coca Cola, C. 16, Av. 3, mit Morales, ✆ 223-5567.
Sámara, (über **Puente de la Amistad**), 12.30 Uhr; 5 Std.; C. 14–16, Av. 5; mit Tracopa-Alfaro.
San Isidro de El General, 5–18 Uhr stdl.; 3 Std.; C. 14–16, Av. 5, mit Tracopa-Alfaro.
San Isidro de El General, 5.30–18.30 Uhr stdl., 3 Std.; C. Central, Av. 22–24, mit Musoc, ✆ 222-2422.
Santa Cruz, 6x tgl.; 5 Std.; C. 14–16, Av. 5; mit Tracopa-Alfaro.

Santa Cruz (über **Puente de la Amistad**), 5x tgl.; (über **Liberia**), 4x tgl.; 5 Std.; C. 20, Av. 1–3, mit Tralapa.
San Vito, 3x tgl.; 7 Std.; C. 14–16, Av. 5, mit Tracopa-Alfaro.
Sarchi, 3x tgl.; 1 1/2 Std.; C. 18, Av. 5–7; mit Tuan.
Siquirres, 6.30–19 Uhr alle 1 1/2 Std.; C. Central, Av. 13; mit Caribeños.
Sixaola (über **Cahuita** und **Puerto Viejo**), 4x tgl.; 6 Std.; C. Central, Av. 13, mit Mepe.
Tamarindo (über **Liberia**), 11, 15.30 Uhr; 5 1/2 Std.; C. 14–16, Av. 5, mit Tracopa-Alfaro.
Tilarán, 5x tgl.; 4 Std.; C. 20, Av. 3; mit Transportes Tilarán, ✆ 222-3853.
Turrialba, 5.15–19 Uhr stdl.; 1 3/4 Std.; C. 13, Av. 6; mit Transtusa, ✆ 222-4464.
Upala, 6.15 Uhr; 5 Std.; C. 16, Av. 1–3, mit Cañas, ✆ 222-3006.
Volcan Irazú, tgl. 8 Uhr; 2 Std.; C. 1–3, Av. 2, mit Metropolis, ✆ 270-4090.
Volcan Poás, 8.30 Uhr; 2 Std.; C. 12–14, Av. 2, mit Tuasa.
Zarcero, 5–19.30 Uhr alle 90 Min.; Av. 7–9, C. 12, mit S. José-S. Carlos.

Shuttle-Busse

Interbus, ✆ 283-5573, 💻 www.interbusonline.com.
Fantasybus, Gray Line, ✆ 232-3681, 💻 www.graylinecostarica.com.

Busse ins Ausland

Guatemala

Guatemala City, mit Übernachtung in San Salvador, 3x tgl.; 48 Std.; vom Torre Mercedes am Paseo Colón 200 m nördlich und 100 m westlich, 3 Mahlzeiten inkl., mit Tica Bus, ✆ 221-8954, $55.

Mexiko

Tapachula, mit Übernachtung in San Salvador; 7 Uhr; 2 Tage, 1 Nacht; 3 Mahlzeiten inkl., vom Torre Mercedes am Paseo Colón 200 m nördlich und 100 m westlich; mit Tica Bus, $70.

Nicaragua

Managua (über **Granada**), 6, 12.30 Uhr; außerdem 7.30 Uhr (nicht über Granada), 11 Std.; vom Torre Mercedes am Paseo Colón 200 m nördlich und 100 m westlich; mit Tica Bus, $13.
Managua, 3x tgl. (über **Granada**); um 12 Uhr (direkt; Mittagessen inkl.); 8 Std.; C. 22, Av. 3–5, mit Transnica, ✆ 223-4123, $12,50; um 12 Uhr $25.
Managua (über **Rivas, Granada, Masaya**), 5 Uhr, 7–8 Std., Av. 7–9, C. 12, mit Central Line, ✆ 257-7214, $12,50.

Panama

Changuinola (Bootsanleger nach **Bocas del Toro**), 9 Uhr; 6–7 Std., gegenüber vom Hotel Cocori am Terminal La Coca Cola, mit Boca Toreños, ✆ 385-7551, $9.
David, 7.30 Uhr; 9 Std.; Av. 5, C. 14–16, mit Tracopa, ✆ 222-2666, 6530C.
Panama City,13 Uhr; 18 Std.; C. 16, Av. 3–5; mit Panaline, ✆ 256-8721, $25.
Panama City, 22 Uhr; 18 Std.; vom Torre Mercedes am Paseo Colón 200 m nördlich und 100 m westlich; mit Tica Bus, ✆ 221-8954, $26.

El Salvador

San Salvador (über **Managua** / Nicaragua) und **Tegucigalpa** /Honduras), 3.30 Uhr; 19 Std.; C. 12, Av. 3–5, mit King Quality, ✆ 258-8834; $48; Frühstück, Mittagessen und Getränke inkl.

Eisenbahn

Das einstige Hauptverkehrsmittel Costa Ricas bedient nur noch eine kleine Strecke des einst weiten Eisenbahnnetzes. Die Züge pendeln Mo–Fr 5x tgl., So 3x zwischen Pavas und San Pedro. Abfahrts- und Endstation ist der Estación Pacífico, Av. 20, C.2–4. Nähere Auskünfte beim Instituto Costarricense de Ferrocarriles (InCoFer), ✆ 221-077.

Flüge

Internationale Flüge

Der **Aeropuerto Internacional Juan Santamaría**, ✆ 437-2400, liegt 17 km nordwestlich von San José und nur 3 km südöstlich von Alajuela. Im Flughafengebäude gibt es eine Bank, 🕒 Mo–Fr 6.30–18; Sa 7–13 Uhr, eine Post und ein Touristenbüro, ✆ 443-1737, 🕒 Mo–Fr 9–17 Uhr. Die Flughafensteuer beträgt derzeit $26.

Flughafentransport

Die offiziellen, orangefarbigen **Taxis** von Taxis Unidos Aeropuerto, ✆ 221-6865, warten vor dem Flughafeneingang. Eine Fahrt ins Zentrum kostet rund $13 und dauert bei guten Verkehrsverhältnissen 30 bis 45 Minuten. Die Fahrer akzeptieren Dollar. Etwas billiger ist es, Taxis an der Hauptstraße außerhalb des Flughafengeländes anzuhalten.

Busse nach Alajuela und ins Zentrum von San José fahren an der Hauptstraße außerhalb des Flughafengeländes gegenüber der Tankstelle ab. Eine Fahrkarte kostet weniger als $1, die Busse sind aber meist so voll, dass kein Platz für großes Gepäck übrigbleibt. Bei guten Verkehrsverhältnissen dauert die Fahrt ins Zentrum eine halbe Stunde. Der Busfahrer akzeptiert nur Colones.

Fluggesellschaften

Air France, Oficentro Ejecutivo La Sabana, Edif. 6, Piso 7; Sabana Sur, San José; ✆ 220 3092;
American, Centro Carsbuilding, gegenüber vom Hotel Corobici, ✆ 248-9010;
Condor, s. Lufthansa;
Continental, C. 19, Av. 2, ✆ 296-4911;
Delta, Paseo Colón, 100 m östlich, 50 m südlich vom Edificio de Toyota, ✆ 257-4141;
Iberia, am Flughafen, ✆ 441-2591;
KLM, südlich der Controlaria General-Gebäude, Sabana Sur, ✆ 220-4111;
Lufthansa, C.5, Av. 7–9, ✆ 243-1818;
Martin Air, hinter de, Controlaria General-Gebäude, Sabana Sur, ✆ 232-3246;
Sansa / TACA, Paseo Colón, Edificio Colón, ✆ 221-9414;
United Airlines, Sabana Sur, ✆ 220-4844.

Inlandflüge

Sansa Air und **Nature Air** sind Costa Ricas nationale Fluglinien. Sansa Air fliegt vom Sansa-Terminal am Juan Santamaría-Flughafen ab. Nature Air operiert vom T. Bolaños-Flughafen in Pavas, 7 km nördlich vom Stadtzentrum. Oft werden Flugplanänderungen in letzter Minute vorgenommen, es ist daher ratsam, sich den Flug kurz zuvor bestätigen zu lassen. Sansa- und Nature Air-Büros befinden sich in allen größeren Touristenzentren, Ticket-Reservierungen sind auch über Reisebüros und per Internet möglich. In der Hochsaison sollte man mindestens 2 Wochen im Voraus buchen.

Nature Air, ✆ 299-6000, 💻 www.natureair.com, fliegt nach:
Arenal (1 x tgl.), **Barra de Colorado** (1x tgl.), **Drake Bay** (4x tgl.), **Liberia** (6x tgl.), **Palmar Sur** (1x tgl.), **Puerto Jiménez** (5x tgl.), **Punta Islita** (1x tgl.), **Quepos** (4x tgl.), **Nosara** (1x tgl.), **Tamarindo** (5x tgl.), **Tambor** (2x tgl.), **Tortuguero** (1x tgl.), **Granada/Nicaragua** (1x tgl.), **Bocas del Toro** / Panama (1x tgl.).

TACA / Sansa, C. 24, Paseo Colón, Ecke Av.1 (Sansa-Büro), ✆ 221-9414, 💻 www.flysansa.com, fliegt nach:
Barra del Colorado (1x tgl.), **Golfito** (5x tgl.), **Liberia** (4x tgl.), **Nosara** (2x tgl.), **Palmar Sur** (2x tgl.), **Drake Bay** (3x tgl.), **Puerto Jimenez** (3x tgl.), **Punta Islita** (1x tgl.), **Quepos** (8x tgl.), **Samara** (1x tgl.), **Tamarindo** (14x tgl.), **Tambor** (3x tgl.), **Tortuguero** (1x tgl.).

Sansa und Nature Air bieten auch internationale Flüge an, hauptsächlich innerhalb von Mittelamerika.

Valle Central

Stefan Loose Traveltipps

Día de la Virgen de los Angeles Zigtausende pilgern zur Basílica de los Angeles, die sich wie ein Tempel aus 1001 Nacht aus Cartagos Wellblechmeer erhebt. S. 147

2 **Volcán Irazú** Inmitten von karger Mondlandschaft leuchtet eine gewaltige, grüne Lagune. S. 149

Spanisch lernen Ein Sprachkurs im idyllischen Orosi-Tal, umgeben von Kaffeeplantagen. S. 149

3 **Wildwasserfahren** Das Schlauchboot schaukelt, die Gischt im Gesicht – Rafting auf dem „König der Flüsse". S. 156

Die Sonne jagt den Schatten über die schroffen Bergketten des Valle Central. Dutzende kleiner Täler liegen eingekesselt zwischen den Gebirgsmassiven der Cordillera Talamanca im Südosten, der Cordillera Central im Norden und der Montes de Aguacate im Westen. Selbst an den Hängen der aktiven **Vulkane Irazú, Poás und Turrialba** haben sich Fincas angesiedelt. Seit Jahrhunderten schneiden hier Männer mit Macheten das Zuckerrohr, fallen rot gereifte Kaffeebohnen in die schwieligen Hände der Pflückerkolonnen.

Das Valle Central ist die am dichtesten besiedelte und landwirtschaftlich produktivste Region Costa Ricas. Zwei Drittel der Bevölkerung leben auf lediglich sechs Prozent der Landesfläche. Auf dem vulkanisch fruchtbaren Land bauten bereits die Indianer Mais, Maniok, Bohnen und Chayote an. Mit der Ankunft der Spanier Mitte des 16. Jahrhunderts verschwanden die Waldflächen zunehmend, das Land wurde in Encomiendas (s. S. 86, Geschichte, und s. S. 155, Kasten „Auf den Spuren der Huetares-Indianer") aufgeteilt.

Im Kontrast zur ländlichen Idylle stehen die vier größten und wichtigsten Städte des Landes: **San José, Alajuela**, **Cartago** und **Heredia**. Sie alle wurden mehrmals von Erdbeben heimgesucht, von der Architektur vergangener Jahrhunderte ist daher kaum etwas erhalten. Dafür wird der Besucher mit neuen, fantasievollen Kirchenbauten überrascht: gewagt-modern, verschnörkelt-kitschig oder als romantische Ruine vom letzten Beben belassen. Ein kurzer Abstecher in Costa Ricas Urbanität genügt, denn zu verlockend ist die Umgebung mit **Nebelwald** und dampfenden **Kraterlagunen** an den Vulkanen, Rafting-Touren auf den Flüssen **Reventazón** und **Pacuare** oder ein Sprachkurs im malerischen **Orosi-Tal.**

Alajuela und Umgebung

Alajuela

Die Ciudad de los Mangos (Stadt der Mangos), in der die köstlichen, ovalen Früchte im schönen **Parque Central** von den Bäumen hängen (und nichts ahnenden Passanten kräftige Beulen bescheren), bietet sich – dank einer guten Auswahl an preiswerten Unterkünften – als ruhigere und klimatisch mildere Alternative zur 18 km entfernten Hauptstadt San José an. Schnell ist von hier der Flughafen erreicht, ungestört der Jetlag ausgeschlafen, so dass man sich, ohne kostbare Urlaubszeit zu verschwenden, ins Abenteuer Costa Rica stürzen kann. Der **Volcán Poás** grollt bereits in 37 km Entfernung.

Sehenswertes

Alajuela ist die Geburtsstadt von Juan Santamaría, Costa Ricas 19-jährigem Nationalhelden, der 1856, in der Schlacht gegen William Walker (s. S. 211, Kasten), sein Leben opferte und dafür im ganzen Land gebührend verehrt wird: eine Fackel werfend steht der junge Soldat als Bronzestatue in C. 2, Av. 2, und der nur 3 km entfernte Flughafen verbreitet den Namen des jungen Heroen in aller Welt. Im **Museo Juan Santamaría**, Av. 3, C. Central–2, 💻 www.museojuansantamaria.go.cr, wird die bedeutende Batalla de Rivas noch einmal aufgerollt. Die zwei Museumssäle im ehemaligen Stadtgefängnis widmen sich ganz der Schlacht gegen William Walker, der Ende des 19. Jhs. nach der Devise „alle fünf oder keines" ganz Mittelamerika erobern wollte. Zu sehen gibt es das übliche Kriegsbrimborium, Gewehre, Orden, Kanonen und Schlachtpläne. Ein Saal mit wechselnden Kunstausstellungen befindet sich am Museumseingang. 🕓 Di–So 10–17.30 Uhr, Eintritt frei.

Als zweitgrößte Stadt des Landes hat Alajuela sonst wenig zu bieten. Die Gebäude aus der Kolonialzeit – die Stadt wurde 1667 gegründet – überstanden die Erdbeben der vergangenen Jahrhunderte nicht. 1863 entstand die **Catedral**, deren großer, dunkelroter Wellblechdom einer Planetariumskuppel gleicht und in der Ex-Präsident Tomás Guardia Gutiérrez (1831–1882) bestattet liegt. Sechs Blöcke östlich vom Park steht die attraktive Kirche **La Agonia** aus den 1930er-Jahren. Über ihrem Altar leuchtet blau ein fluoreszierendes Neonkreuz, daneben schwebt Gott im Glitzergewand und mit langem, weißem Bart.

Ausflugsziele

Ausflugsziele in die nähere Umgebung Alajuelas gibt es reichlich. Für Familien mit Kindern bietet sich z. B. das **Balneario Ojo de Agua** an, 6 km südlich von Alajuela. Das große Freibad hat Lie-

Alajuela: Wellblechdom der Kathedrale

gewiesen, einen Basketball-, Tennis- und Fußballplatz, und auch Bootstouren werden angeboten. Das Balnereo ist sehr beliebt bei costaricanischen Familien, am Wochenende herrscht viel Betrieb. ⌚ 6–16 Uhr; Eintritt 600C.

Die größte Schmetterlingsfarm der Welt, **La Finca de Mariposas**, befindet sich in La Guácima, 14 km südwestlich von Alajuela, 💻 www.butterflyfarm.co.cr. In 2-stündigen Führungen wird dem Besucher der Lebenszyklus der Schmetterlinge erklärt. Die Schmetterlingsfarm begann 1983 als Experiment im Hintergarten von Peace Corps-Mitglied Joris Brinckerhoff. Heute exportiert das Unternehmen mehr als 120 Arten um den ganzen Globus. ⌚ Touren tgl. um 8.45, 11, 13 und 15 Uhr; Eintritt $15, Kinder $7,50.

Kein Vergleich zum traurigen Parque Zoológico Simón Bolivar in San José ist der sehr gepflegte, privat geleitete **Zoo-Ave**, 5 km westlich von Alajuela, 💻 www.zooave.org. Hier finden verletzte und illegal als Haustiere gehaltene Wildtiere ein neues Zuhause. Außerdem werden im Zoo der vom Aussterben bedrohte grüne und rote Ara gezüchtet. Die Papageien werden später in die Freiheit entlassen. ⌚ Mo–So 9–17 Uhr; Eintritt $15, Kinder $1,50. Busverbindungen bestehen zu allen Ausflugszielen, s. „Transport."

Übernachtung

Hotel Cortéz Azul, Av. 5, C. 2–4, ✆ 443-6145, ✉ corteazul@latinmail.com. Kreatives Hostel mit Hintergarten; helle Zimmer teils mit Privatbad, teils mit Fenster zum Gang; im 2. Stock geräumiger Schlafsaal für 4 Personen; Gemeinschaftsküche. Der freundliche junge Künstler Eduardo stellt tolle Mosaikmöbel her, die das ganze Hostel schmücken. Dorm $10, DZ ab $25.

Hotel Los Volcanes, Av. 2, C. Central–C.2, ✆ 441-0525, 💻 www.montezumaexpeditions com/hotel.htm. Helle, geschmackvolle Zimm

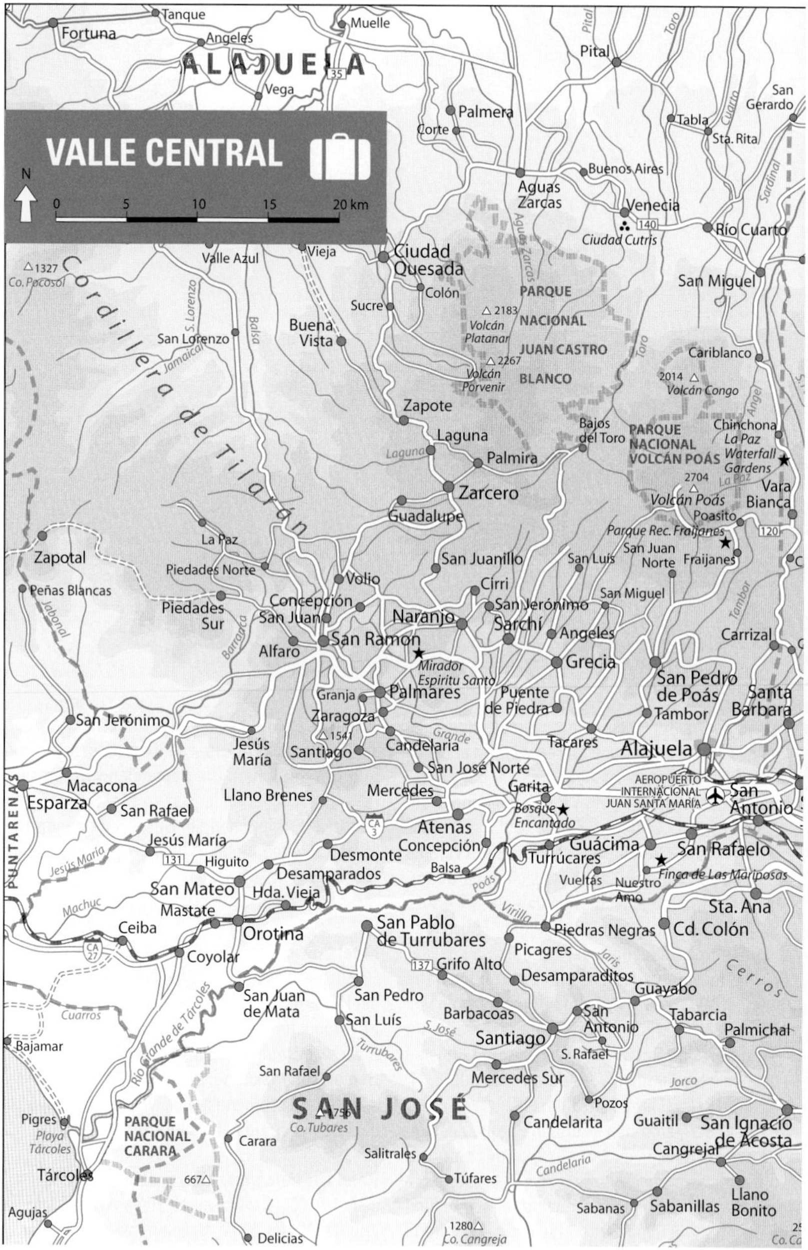
VALLE CENTRAL
N
0
5
10
15
20 km
ALAJUELA
SAN JOSÉ
PUNTARENAS
Tanque
Fortuna
Angeles
Muelle
Vega
Pital
San Gerardo
Palmera
Corte
Tabla
Sta. Rita
Buenos Aires
Aguas Zarcas
Venecia
Ciudad Cutris
Río Cuarto
Vieja
Valle Azul
Ciudad Quesada
Colón
1327
Co. Pocosol
Cordillera de Tilarán
San Miguel
Sucre
PARQUE NACIONAL JUAN CASTRO BLANCO
2183
Volcán Platanar
2267
Volcán Porvenir
Buena Vista
San Lorenzo
S. Lorenzo
Jamaical
Balsa
Cariblanco
2014
Volcán Congo
Zapote
Laguna
Palmira
Bajos del Toro
PARQUE NACIONAL VOLCÁN POÁS
Chinchona
La Paz Waterfall Gardens
2704
Volcán Poás
Vara Blanca
Poasito
Zarcero
Guadalupe
La Paz
Parque Rec. Fraijanes
San Juan Norte
Fraijanes
Zapotal
Piedades Norte
San Juanillo
San Luís
Peñas Blancas
Jabonal
Volio
Cirri
San Miguel
Piedades Sur
Concepción
San Juan
Naranjo
San Jerónimo
Sarchí
Angeles
Carrizal
Alfaro
San Ramon
Mirador Espiritu Santo
Grecia
San Pedro de Poás
Santa Barbara
Barranca
Granja
Palmares
Puente de Piedra
Tambor
San Jerónimo
Zaragoza
1541
Jesús María
Santiago
Candelaria
Grande
Tacares
Alajuela
San José Norte
Macacona
Esparza
San Rafael
Llano Brenes
Mercedes
Garita
AEROPUERTO INTERNACIONAL JUAN SANTA MARÍA
San Antonio
Bosque Encantado
Atenas
Jesús María
Concepción
Guácima
San Rafaelo
131
Higuito
Desmonte
Turrúcares
Finca de Las Mariposas
Desamparados
Balsa
Vueltas
Nuestro Amo
San Mateo
Hda. Vieja
Poás
Sta. Ana
Machuc
Mastate
Virilla
Ceiba
Orotina
San Pablo de Turrubares
Piedras Negras
Cd. Colón
Picagres
Coyolar
137
Grifo Alto
Desamparaditos
Cerros
Cuarros
San Juan de Mata
San Pedro
Guayabo
Barbacoas
San Antonio
Tabarcia
San Luís
Santiago
Palmichal
Bajamar
Río Grande de Tárcoles
Turrubares
S. José
S. Rafael
San Rafael
Mercedes Sur
Jorco
Pozos
1756
Co. Tubares
Pigres
Playa Tárcoles
PARQUE NACIONAL CARARA
Candelarita
Guaitil
San Ignacio de Acosta
Carara
Salitrales
Cangrejal
Tárcoles
667
Túfares
Candelaria
Llano Bonito
Sabanas
Sabanillas
Agujas
1280
Co. Cangreja
Delicias

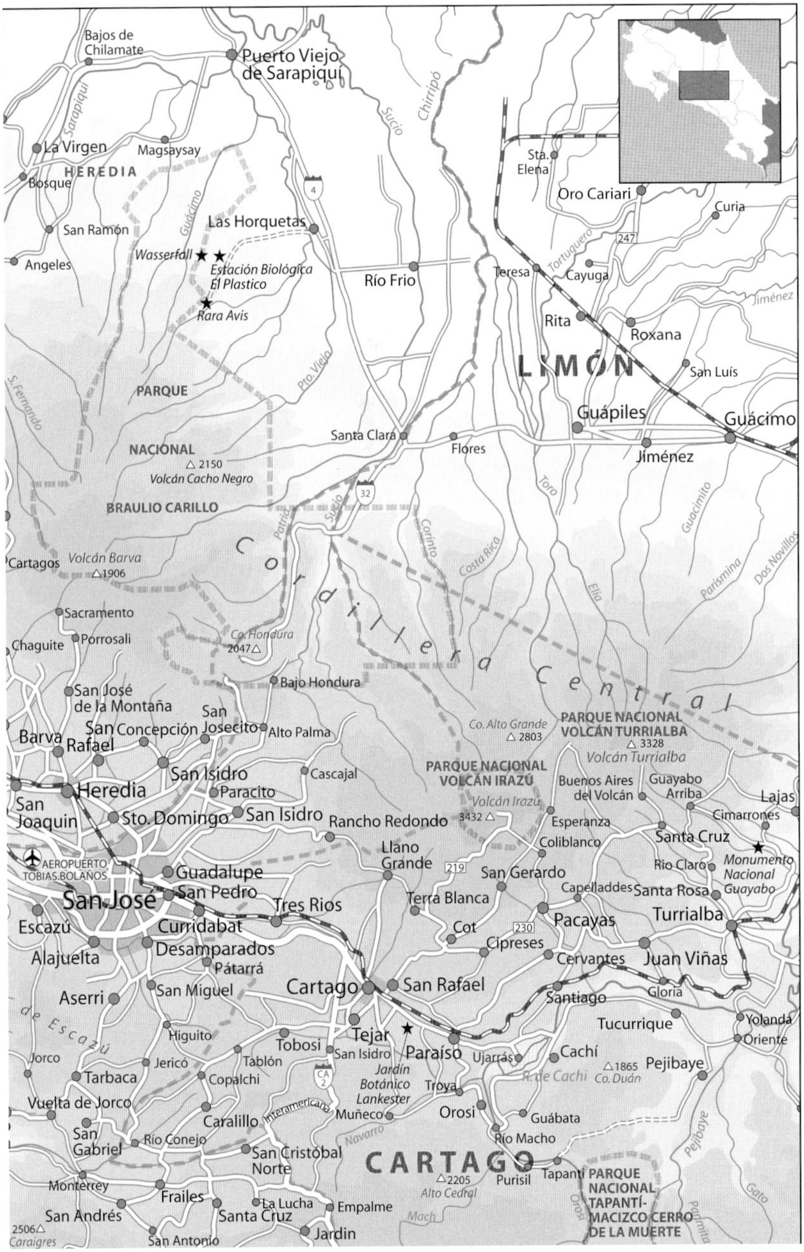
Bajos de Chilamate
Puerto Viejo de Sarapiquí
Sarapiquí
Sucio
Chirripó
La Virgen
Magsaysay
HEREDIA
Bosque
4
Sta. Elena
Oro Cariari
Curia
San Ramón
Las Horquetas
247
Angeles
Wasserfall
Estación Biológica El Plastico
Río Frio
Teresa
Tortuguero
Cayuga
Jiménez
Rara Avis
Rita
Roxana
LIMÓN
San Luís
S. Fernando
Pto. Viejo
PARQUE
Guápiles
Guácimo
Santa Clara
Flores
Jiménez
NACIONAL
2150
Volcán Cacho Negro
Toro
32
BRAULIO CARILLO
Patria
Sucio
Corinto
Costa Rica
Guacimito
Cordillera Central
Cartagos
Volcán Barva
1906
Elia
Parismina
Dos Novillos
Sacramento
Chaguite
Porrosali
Co. Hondura
2047
Bajo Hondura
San José de la Montaña
San Josecito
Alto Palma
Co. Alto Grande
2803
PARQUE NACIONAL VOLCÁN TURRIALBA
3328
Volcán Turrialba
Barva
San Rafael
Concepción
San Isidro
Cascajal
PARQUE NACIONAL VOLCÁN IRAZÚ
Buenos Aires del Volcán
Guayabo Arriba
Lajas
Heredia
Paracito
Volcán Irazú
3432
Esperanza
Cimarrones
San Joaquin
Sto. Domingo
San Isidro
Rancho Redondo
Coliblanco
Santa Cruz
AEROPUERTO TOBIAS BOLAÑOS
Llano Grande
219
Rio Claro
Monumento Nacional Guayabo
Guadalupe
San Gerardo
San José
San Pedro
Terra Blanca
Capelladdes
Santa Rosa
Tres Rios
Turrialba
Escazú
Curridabat
Cot
230
Pacayas
Cipreses
Alajuelta
Desamparados
Cervantes
Juan Viñas
Pátarrá
Aserri
San Miguel
Cartago
San Rafael
Santiago
Gloria
de Escazú
Higuito
Tejar
Tucurrique
Yolanda
Oriente
Tobosi
Paraíso
Jorco
Jericó
Tablón
San Isidro
Ujarrás
Cachí
1865
Co. Duán
Pejibaye
Tarbaca
Copalchi
CA 2
Jardín Botánico Lankester
Troya
R. de Cachi
Vuelta de Jorco
Interamericana
Muñeco
Orosi
Guábata
Caralillo
San Gabriel
Río Conejo
Navarro
Río Macho
Pejibaye
San Cristóbal Norte
CARTAGO
Monterrey
2205
Alto Cedral
Purisil
Tapantí
PARQUE NACIONAL TAPANTÍ-MACIZCO CERRO DE LA MUERTE
Gato
Frailes
La Lucha
Empalme
Orosi
Pamita
San Andrés
Santa Cruz
Mach
2506
Caraigres
San Antonio
Jardin

Hotel zum Einleben

Coconut House, 1,5 km von Alajuela, in La Trinidad, gegenüber vom Parque Loma, ✆ 441-1249, 🖳 www.coconuthouse.com. Schlichte, geräumige Zimmer in ruhiger Wohngegend; sehr gutes Frühstücksbuffet inkl.; freundliche und hilfsbereite Leitung. Nur 5 Minuten mit dem Taxi bis zum Flughafen. Guter Tipp für den ersten Tag, denn hier wird Deutsch gesprochen. ❸

in einem der ältesten Hauser der Stadt; einige mit Gemeinschaftsbad und Fenstern zum Gang. Parkplatz; Frühstück und Internet inkl. ❹
Hotel Mango Verde, Av. 3, C. 2–4, ✆ 441-6330. Saubere Zimmer mit Stockbetten in altem, renoviertem Haus, teils mit Privatbad. Küche und großer Gemeinschaftsraum im Hinterhof; EZ ab $15, DZ ab $20.
Hostel Trotamundos, Av. 5, C. 2–4, ✆ 430-5832, 🖳 www.hosteltrotamundos.com. Freundlicher, sauberer Backpacker mit Gemeinschaftsküche; die Wände des Schlafsaals reichen nicht bis zur Decke! Internet gratis. Dorm $10, DZ ab $25.
Hotel Pacandé B&B, Av. 5, C. 2–4, ✆ 443-8481, 🖳 www.hotelpacande.com. Saubere, recht dunkle Zimmer, teils mit Privatbad und hübscher Ethno-Dekoration. Fenster oft zum Gang. Küchenmitbenutzung; kleiner Hintergarten; Internet gratis. Parkplatz; Frühstück inkl. ❸
Hotel Paradise Alajuela, 75 m östlich der Post, ✆ 431-2541, 🖳 www.hotelparadisealajuela.net. Sehr saubere Zimmer, teils mit Privatbad; beste Wahl sind die Zimmer im 2. Stock. Gemeinschaftsküche, großer Hintergarten; Frühstück inkl. EZ ab $20, DZ ab $25.

Essen

Ambrosia, Av. 5, C. 0–C. 2. Beliebtes, günstiges Esslokal zum draußen Sitzen. Comida Típica und Pasta. ◷ tgl. 11–23 Uhr.
La Mansarda, 50 m südlich vom Park. Casado, Fisch und Meeresspezialitäten; beliebt bei Touristen. Sitzgelegenheit auf dem Balkon. ◷ 11–23 Uhr.
Restaurante Cugini, Av. Central, C. 5, Pasta und Pizza. ◷ Di–So 11.30–24 Uhr.

Sonstiges

Apotheken
Mehrere Apotheken befinden sich direkt am Park.

Fahrradreparatur
Ciclo Deportes, 150 m westlich vom Museo Juan Santamaría, ✆ 441-2546.

Fotogeschäfte
Fuji, C. Central, Av. Central–2, ◷ Mo–Fr 8.30–18 Uhr.
Agfa, hinter der Kathedrale, ◷ Mo–Fr 8.30–12.15, 13.15–18, Sa 9–12 Uhr.

Geld
Banco Nacional, am Park, ◷ Mo–Fr 8.30–15.45, Sa 9–13 Uhr.
Scotiabank, Av. 3, Ecke C. 2, ◷ Mo–Fr 8–17, Sa 8–16 Uhr.

Internet
Labesis Internet, südlich der Kathedrale auf der Av. Central, ◷ Mo–Fr 8–21, Sa 9–21 Uhr.
Internet Interbusiness, C. 2, Av. 3–5, auch Fax und internationale Telefonate, ◷ So–Do 9–21, Fr 9–17.30 Uhr.

Medizinische Hilfe
Cruz Roja, C. 3, Av. Central–1, ✆ 441-3939.
Hospital San Rafael de Alajuela, 200 m östlich vom ICE Gebäude, ✆ 436-1002, großes, modernes Krankenhaus.

Nachtleben
Bar Las Tejas, am Friedhof, und **Bar Guitarras** in der Calle Ancha.

Post
C. 1, Av. 5–7, ◷ Mo bis Fr 8–17.30, Sa 7.30–12 Uhr.

Supermärkte
Más por Menos, 200 m westlich vom Park, ◷ Mo–Sa 7–21, So 7–20 Uhr.
Palí, Av. 2, Ecke C. 8, ◷ Mo–Fr 8.30–20, Sa 7.30–20, So 8.30–18 Uhr.

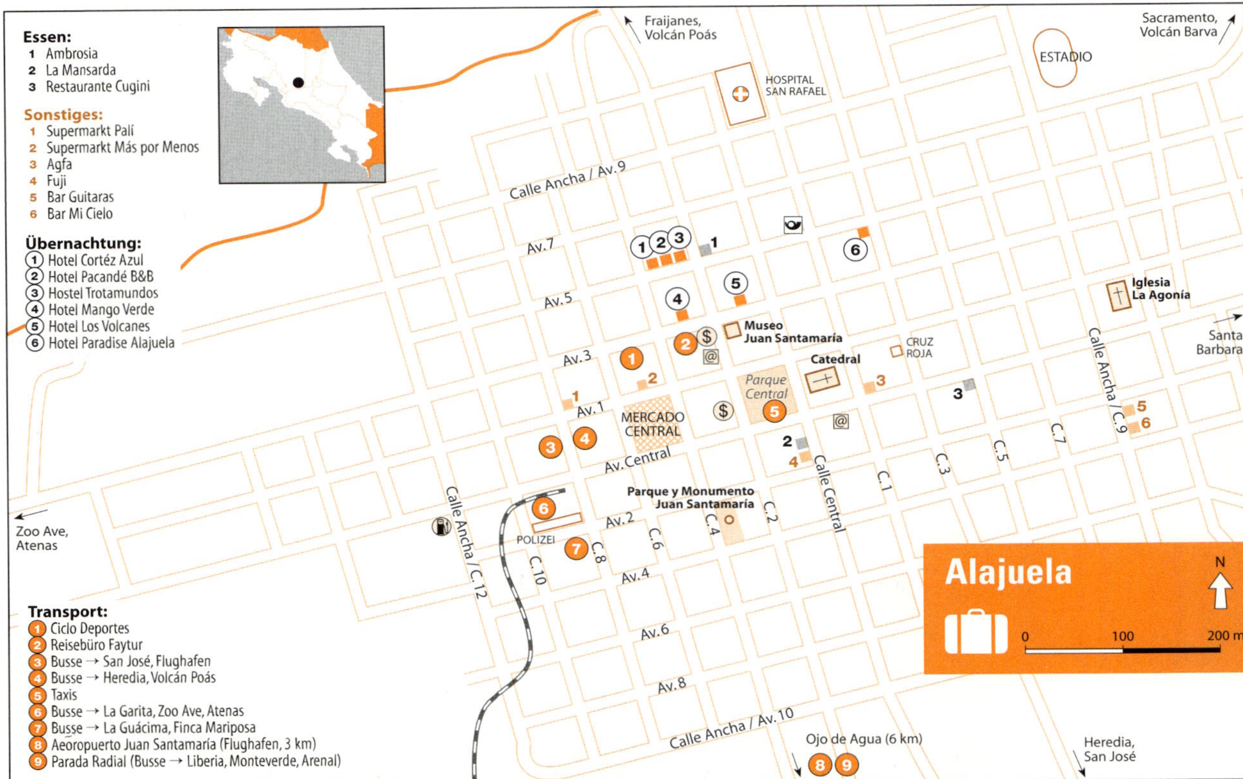

Alajuela
N
0
100
200 m
Essen:
1 Ambrosia
2 La Mansarda
3 Restaurante Cugini
Sonstiges:
1 Supermarkt Palí
2 Supermarkt Más por Menos
3 Agfa
4 Fuji
5 Bar Guitaras
6 Bar Mi Cielo
Übernachtung:
1 Hotel Cortéz Azul
2 Hotel Pacandé B&B
3 Hostel Trotamundos
4 Hotel Mango Verde
5 Hotel Los Volcanes
6 Hotel Paradise Alajuela
Transport:
1 Ciclo Deportes
2 Reisebüro Faytur
3 Busse → San José, Flughafen
4 Busse → Heredia, Volcán Poás
5 Taxis
6 Busse → La Garita, Zoo Ave, Atenas
7 Busse → La Guácima, Finca Mariposa
8 Aeoropuerto Juan Santamaría (Flughafen, 3 km)
9 Parada Radial (Busse → Liberia, Monteverde, Arenal)
Fraijanes, Volcán Poás
Sacramento, Volcán Barva
ESTADIO
HOSPITAL SAN RAFAEL
Calle Ancha / Av.9
Av.7
Av.5
Av.3
Av.1
Av.Central
Av.2
Av.4
Av.6
Av.8
Calle Ancha / Av.10
Museo Juan Santamaría
Catedral
CRUZ ROJA
Iglesia La Agonía
Santa Barbara
Parque Central
MERCADO CENTRAL
Parque y Monumento Juan Santamaría
POLIZEI
Calle Ancha / C.12
C.10
C.8
C.6
C.4
C.2
Calle Central
C.1
C.3
C.5
C.7
Calle Ancha / C.9
Zoo Ave, Atenas
Ojo de Agua (6 km)
Heredia, San José

Reisebüro

Faytur, neben der Scotiabank, ✆ 443-4171, 💻 www.faytur.com, internationale Flüge.

Taxi

Am Park; Taxitarife: Flughafen 1000C; Volcán Poás 15000C; San José 6000C.

Transport

Busse

Atenas, C. 10, Av. 0–2, neben der Polizeistation, 6–22.30 Uhr, stdl.; 50 Min.; 360C, mit Coopeatenas, ✆ 446-5141.
Sarchí (über **Grecia**), C. 8, Av. 0–2; 5–22 Uhr alle 30 Min.; 70 Min.; 415C, mit Unidos, ✆ 441-3781.
La Finca Mariposa / La Guácima, C. 8, Ecke Av. 2, stdl., 40 Min.
Heredia, C. 8, Av. Central–1, 4–22 Uhr alle 10 Min., 45 Min.; 225C, mit Tuasa, ✆ 442-6900.
La Garita (Zoo-Ave), C. 10, Av. 0–2, neben der Polizeistation, 6–22 Uhr jede Std.; 140C; 30 Min.
San José (via **Flughafen**), C. 8, Av. Central–1, 4–22 Uhr alle 10 Min.; 50 Min.; 310 C, mit Tuasa.
Volcán Poás, C. 8, Av. Central–1, 9.15 Uhr; 1410C; 1 Std., mit Tuasa.
Außerdem halten Busse aus San José auf ihrem Weg zum **Grenzübergang** nach Nicaragua, zum **Volcán Arenal**, an den **Zentralpazifik** und nach **Guanacaste** an der Parada Radial an der Shell-Tankstelle.

Parque Nacional Volcán Poás

MINAE-Büro ✆ 482-2165
Öffnungszeiten 8–15.30 Uhr
Eintritt $7
Gründungsjahr 1971
Größe 640 ha
Besucherzahl 255 000 Personen pro Jahr
Transport Busse von San José: 8.30 und 10.30 Uhr; zurück 14.30 Uhr
Ausrüstung Jacke und Regenschutz mitbringen

März 2006: Nach zwölf Jahren des Schweigens bricht der Volcán Poás erneut aus. Im Gegensatz zu den Eruptionen von 1953, 1989 und 1994 ist die Kraterlagune zu jenem Zeitpunkt nicht ausgetrocknet, 40 m ist sie tief. Druckvoll sprüht der Poás das saure, heiße, vulkanische Wasser in eine Höhe von fast 150 m – Lava fließt keine. Zwei Wochen lang wird das Gelände für Touristen gesperrt. Verglichen mit seiner bislang heftigsten Eruption von 1910, als der Vulkan eine Fontäne von 8 km in den Himmel stieß, ist dieser März-Ausbruch nur ein zaghaftes, verhaltenes Spucken.

Der Vulkan Poás, 37 km nördlich von Alajuela, gehört zu den aktivsten Vulkanen Costa Ricas und ist der am meisten besuchte Nationalpark im Land, u. a. deshalb, weil Besucher bequem mit dem Auto bis zum Krater hinauf fahren können. Die **Aussichtsplattform**, mit Blick auf den Hauptkrater Poás (2708 m) und der 80 °C heißen Lagune, befindet sich nur 600 m vom Parkplatz entfernt. Bei klarer Sicht blickt man von hier auf den Atlantik und den Volcán Arenal. Im Besucherzentrum wird in Videos die Entstehungsgeschichte des Vulkans erklärt.

Der Sendero Escalonia (1 km) führt vom Aussichtspunkt zum ruhenden, 7500 Jahre alten Schwesterkrater mit der erkalteten **Laguna Bota**. Früh aufbrechen, denn oft umgibt sich der Poás bereits am frühen Vormittag mit einem dichten Wolkenkleid.

Übernachtung

La Lagunillas Lodge, 2 km vor dem Nationalpark, ✆ 448-4958. Einfach-rustikale, gemütliche Häuschen mit Kamin, einige haben Küche. Ein Team von fünf reizenden Geschwistern leitet die idyllisch gelegene Lodge. Nur per Auto mit Vierradantrieb erreichbar. ❸
Poás Volcano Lodge, rund 16 km östlich vom Vulkan, kurz vor der Ortschaft Vara Blanca, 💻 www.poasvolcanolodge.com, ✆ 482-2194. Aus Steinen gemauert und von Efeu umrankt, blickt diese englische Lodge von 1850 m Höhe auf die umliegende Vulkanlandschaft. Originelle Suiten und ein imposanter Gemeinschaftsraum mit Kamin befinden sich im Haupthaus; die neun Standardzimmer im Annex sind nichts Besonderes. ❺

Villas Calas, 4 km vom Vulkan, Richtung Vara Blanca, ✆ 482-2222, 💻 www.villacalas.com. Gelbe, verwunschene Häuschen mit weit heruntergezogenen Dächern und Kamin; die größeren Häuser (bis zu 8 Pers.) haben Küche. ❸

La Paz Waterfall-Gardens

Lohnenswert für diejenigen, die nach dem Vulkanbesuch Richtung Heredia oder Sarapiqui weiterfahren, ist ein Abstecher zu den La Paz Waterfall Gardens, 💻 www.waterfallgardens.com (für Busreisende nur von San José aus zu erreichen).

Über steile Treppen und insgesamt neun Aussichtsplattformen nähert sich der Besucher den eindrucksvollen, bis zu 35 m steilen Wasserfällen **El Templo**, **Magia Blanca**, **Encantada** und **Escondida**. Am fünften Wasserfall, **La Paz** – der auch gratis von der Straße zu bewundern ist – chauffieren Shuttlebusse die Schaulustigen zurück zum Eingang. Insgesamt 3,5 km zementierte Wanderwege führen durch das 70 ha große Gelände, das Regen- und Nebelwald, einen **Orchideen**- und den größten **Schmetterlingsgarten** der Welt umfasst. Obwohl sehr touristisch und überteuert, der Anblick der geballten Wasserkraft füllt den eigenen Energietank auf! 🕓 8.30–16 Uhr; Eintritt $25, Kinder und Studenten $15. Für Personen mit Gehproblemen ist ein Besuch aufgrund der vielen Treppen nicht geeignet.

Transport

Auto

Die Wasserfälle liegen 15 km östlich vom Volcán Poás. Vom Vulkan kommend, im Ort Vara Blanca an der Tankstelle links abbiegen. Von der Abzweigung sind es 6 km bis zu den Wasserfällen. Die landschaftlich sehr reizvolle Route führt weiter bis nach San Miguel, in die Sarapiquí-Region von Costa Ricas grünem Norden (s. S. 188).

Busse

Von San José in Richtung **Vara Blanca** um 6.30, 13, 17.30 Uhr; zurück 5, 7.30, 11.30, 16.30 Uhr, mit Guapileños, ✆ 221-7990.

Atenas

„Nichts haben wir zu bieten und trotzdem kommen die Touristen", stellt ein Atener Wirt lachend fest. Recht hat er, doch was nach wie vor wirkt, ist der Mythos, hier herrsche **„das beste Klima der Welt"**, eine Tourismuskampagne, die bereits vor Zeiten des Klimawandels durchgeführt wurde und kanadische und deutsche Expats in den Ort lockte. Die zentrale Lage macht Atenas zu einem guten Ausgangspunkt für Tagesausflüge.

Übernachtung

Apartamentos Atenas, von Atenas 3 km Richtung Orotina, ✆ 446-5792, ✉ apatenas@sol.racsa.co.cr. Praktische, hübsch eingerichtete, weit auseinander stehende Bungalows mit Küche. Großer Garten mit Pool, familiäre Atmosphäre, gutes Preis-Leistungs-Verhältnis, freundliche deutsche Leitung. ❸

Hotel Colinas del Sol, 600 m östlich vom Gimnasio de Atenas Central, ✆ 446-4244, 💻 www.hotelcolinasdelsol.com. Praktische, helle Bungalows mit Küche, umgeben von Grün. Großer Pool; beliebt bei europäischen Urlaubern; für die Monate Januar, Februar und März lange im Voraus buchen; deutsche Leitung. ❹

Essen und Sonstiges

Rancho La Trilla, 75 m östlich der Tankstelle, bestes Restaurant im Ort; große Auswahl günstiger, leckerer Fischgerichte und Casados.

Fahrradreparatur

Ciclo Fortuna, am Park, ✆ 446-6642, 🕓 8.30–18.30, So 8–12 Uhr.

Internet

Rick's Internet, am Kirchplatz, 🕓 Mo–Sa 8–20, So 10–18 Uhr.

Transport

Busse fahren nach:

Alajuela, 5–20.15 Uhr alle 60–90 Min.; am Wochenende seltener; mit Coopetransatenas, ✆ 446-5767.

Kaffeeträume

El Cafetal Inn B&B, zwischen Grecia und Atenas, ✆ 446-5785, 💻 www.cafetal.com. Geschmackvoller Luxus auf einer Kaffeeplantage; sehr unterschiedlich eingerichtete Zimmer mit herrlicher Aussicht; großer Garten mit Pool. ❺–❻

San José, 4.30–7 Uhr alle 10 Min.; 9–14.30 Uhr alle 90 Min.; 14.30–19 Uhr alle 30 Min.; letzter Bus um 20.30 Uhr; am Wochenende weniger Verbindungen; mit Coopetransatenas.

Grecia

Malerisch, von den Bergen der Cordillera Central umgeben, liegt Grecia, das stolz den Titel „Ciudad más Límpia de Costa Rica" (sauberste Stadt Costa Ricas) trägt. Die Bevölkerung lebt vorwiegend vom Zuckerrohr- und Kaffeeanbau. Einzige Sehenswürdigkeit ist die stählerne, neugotische **Parroquia de Grecia** aus dem Jahr 1897. Der Stahl wurde aus Südbelgien an die Karibik verschifft, von dort per Eisenbahn nach Alajuela verfrachtet und dann in Ochsenkarren – mit bis zu sieben Ochsen pro Gespann – die Hügel hinauf nach Grecia transportiert. Der Marmoraltar im Kircheninneren stammt aus Spanien, die Kirchenfenster und Türen wurden aus Italien importiert.

Transport

Busse nach **San José**, **Sarchí** und **Alajuela** alle 25 Min., mit Tuan, ✆ 494-2139.

Sarchí

„Wiege des Kunsthandwerks" nennt sich der kleine Ort Sarchi, wo die **Carretas**, die Ochsenwagen, eines der insgesamt zwölf Nationalsymbole Costa Ricas, hergestellt werden. Die Landschaft passt in das Bild, das sich ein Europäer von kleinen Handwerkszünften macht: Kurvige, schmale Straßen mit folkloristisch bemalten Brücken führen vorbei an Kaffeeplantagen in eine Höhe von 950 m. Einst karrten hier Campesinos ihre Kaffeebohnen in hölzernen Ochsenwagen zu den Märkten. Heute werden die Carretas nur noch selten und in sehr ländlichen Gegenden eingesetzt.

Die idyllische Fahrt nimmt in **Sarchí** ein abruptes Ende. Im Ort herrscht blanker Kommerz. Eine Geschäftshalle reiht sich an die andere, kleine Handwerksbetriebe sucht man vergeblich. Zu Tausenden werden hier Carretas in allen denkbaren Größen und Farben produziert. Sie finden als Minibar, Blumen- oder Nähwagen (ein Wägelchen, in dem man Nähutensilien aufbewahrt) reißenden Absatz bei Touristen. Das älteste Geschäft im Ort ist die **Fábrica de Carretas Chaverri**, die damit begann, die Wagen zu bemalen. Auf Bürgersteigen locken Schaukelstühle, Schränke, Holzschnitzereien – teils Kitsch, teils kunstvoll verarbeitete Ware. Nicht selten sind die Brettchen, Schüsseln und Möbel aus nicaraguanischen Edelhölzern hergestellt, deren Abholzung in Costa Rica verboten ist.

Im eigentlichen Ortskern, **Sarchí Norte**, setzt sich die folkloristische Bemalung der Wagenräder auf Laternenpfählen und Haustüren fort. Die kitschige **Parroquia de Sarchí** ist ein Hingucker. Im Zentrum gibt es Banken, Restaurants und Hotels. Die Mehrzahl der Besucher jedoch kehrt nach ihrer Einkaufstour direkt nach San José zurück.

Transport

Busse nach **Grecia** alle 25 Min., dort Anschluss nach San José und Alajuela, mit Tuan, ✆ 494-2139.

San Ramón

San Ramón gilt als Costa Ricas Stadt der Dichter und Denker. Drei Präsidenten und zwei bedeutende Poeten wurden hier geboren. Im Zentrum steht die **Parroquia de San Ramón** aus dem Jahr 1950, ein Ersatz für die alte Adobe-Kirche, die – wie vielerorts im Land – einem Erdbeben zum Opfer fiel. Mit ihrem Altar aus Italien, Lampen

Sarchí: Ochsenwagenwerkstatt

aus der ehemaligen Tschechoslowakei, den Glocken aus Spanien und dem Stahlgerüst von Krupp Stahl Deutschland, spiegelt sie das kosmopolitische Gesicht Costa Ricas trefflich wieder. Im Museo de San Ramón leisten Anthropologie-Studenten der örtlichen Universität ihre sozialen Pflichtstunden ab und organisieren Ausstellungen zur Geschichte und Kultur der Umgebung.

Ende August, zur Fiesta de San Ramón, lebt die Stadt für drei Tage auf. Dann tragen die Bewohner der Nachbargemeinden in typischer Tracht und von Musik und Feuerwerk begleitet ihre Heiligenfiguren auf Bahren durch die Straßen und statten dem Schutzpatron San Ramón einen Besuch ab.

Sehenswertes

Im **Museo de San Ramón**, an der Nordseite des Parks, befand sich bis 1893 die Municipalidad. 1969 ging das Gebäude in den Besitz der Universität über. Es werden Wanderausstellungen zur Geschichte und Kultur der Region gezeigt. Ein Saal widmet sich zeitgenössischer costaricanischer Kunst. 🕓 Mo–Fr 8–12 und 13–17 Uhr.

Im **Los Angeles Cloud Forest Reserve**, 20 km nördlich von San Ramón, 💻 www.villablanca-costarica.com, führen Wanderwege durch tropfenden Nebelwald, der nur von wenigen Touristen besucht wird. Im 800 ha großen Privatreservat des ehemaligen Expräsidenten Rodrigo Carazo, das sich bis in eine Höhe von 1800 m erstreckt, sind auch Reittouren und Canopy möglich. Besuch nur mit zweistündiger Führung möglich; Eintritt $24 p. P.

In **Zarcero**, nordöstlich von San Ramón, begann der Gärtner Evangelista Blanco Breves bereits in den 60er-Jahren aus langweiligen Hecken einen fantasievollen Skulpturengarten zu schaffen. Heute schmücken außergewöhnliche Elefanten, Vögel und sogar ein Affe auf einem Motorrad den Kirchplatz.

Übernachtung und Essen

Hotel El Nuevo Jardin, 250 nördlich der Post, ✆ 445-5620. Sehr einfache, saubere, kahle Zimmer mit TV und Privatbad. Parkplatz. EZ 6000C, DZ 8000C.

La Posada Inn, 400 m nördlich, 50 m westlich der Nordostecke des Parks, ✆ 447-3131, 💻 www.posadahotel.com. Kleines Hotel, auf edel gemacht; 27 saubere, kleine Zimmer mit guten Matratzen; Frühstück inkl. ❹

Im **Mercado Central**, hinter dem Museum, bieten Sodas günstig landestypische Gerichte an.

Sonstiges

Apotheke

Farmacia El Pueblo, gegenüber vom Perimercado, ✆ 445-7131.

Fahrradreparatur

Ciclo Visal, 200 m westlich vom Park, ✆ 445-9358.

Geld

Verschiedene Banken befinden sich um den Perimercado.

Internet

50 m östlich vom Perimercado.

Post

100 m südlich, 200 m westlich vom Park, ◷ Mo–Fr 8–12 und 13–17.30 Uhr.

Supermarkt

Perimercado, 100 m östlich vom Park, ◷ Mo–Sa 7–22, So 19–21 Uhr.

Transport

Busse fahren nach:
Alajuela, 12x tgl., 4.30–22.15 Uhr alle 1–2 Std.
Puntarenas, Mo–Fr 12x tgl., 5–23.30 Uhr ungefähr alle 2 Std.; 1 1/2 Std.; 620 C.
San José, alle 30 Min.; 1 Std.; 680 C.

Heredia und Umgebung

Heredia

„Ciudad de las Flores" – Stadt der Blumen – wird das 1703 von den Spaniern gegründete Heredia wegen seiner bezaubernden Frauen genannt, die bereits seit Jahrhunderten scharenweise die Männer aus der nahe gelegenen Hauptstadt anlocken. Heredia besitzt einen der schönsten historischen Stadtkerne in Costa Rica. In seinem Zentrum steht die festungsartige **Basílica de la Inmaculada Concepción** (1797), ein Bollwerk des Katholizismus, das den zahlreichen Erdstößen vergangener Jahrhunderte standhielt. Ihre Kirchenglocken stammen aus Cusco (Peru), die französischen Kirchenfenster zählen zu den ältesten im Land.

Der umgebende **Parque Central** mit seinen hohen, Schatten spendenden Palmen und dem eisernen Brunnen (1879) aus England war im 19. Jahrhundert ein geschäftiger Marktplatz. Um die Kirche herum reihten sich zu Kolonialzeiten im Schachbrettmuster die wichtigsten Gebäude der Stadt. Die *Indios* und *Negros* lebten am Stadtrand. Aus der Kolonialzeit überlebt hat im Zentrum lediglich der ehemalige Präsidentenwohnsitz, in dem sich heute das **Casa de la Cultura** befindet.

Die übrigen Gebäude am Park – die **Antigua Gobernación**, das **Oficina de Correo**, die **Escuela República Argentina** und Heredias Wahrzeichen, **El Fortín** – entstanden Ende des 19. und zu Beginn des 20. Jahrhunderts. Dieser Turm wurde 1880 vom costa-ricanischen Philosophen, Politiker und Bildhauer Fadrique Gutiérrez entworfen und diente zeitweise als Gefängnis für politische Gefangene. Geldmangel und fehlendes Geschichtsbewusstsein lassen die übrigen historischen Gebäude der Stadt zunehmend verfallen. Das Augenmerk richtet sich stattdessen auf das moderne Heredia, das mit High-Tech Industrie, der Universidad de Heredia, Schnellrestaurantketten und einem Meer von Wellblechdächern das koloniale Erbe umgibt.

Sehenswertes

Das **Casa de la Cultura** aus dem Jahr 1797, an der Nordseite des Parque Central, war einst der

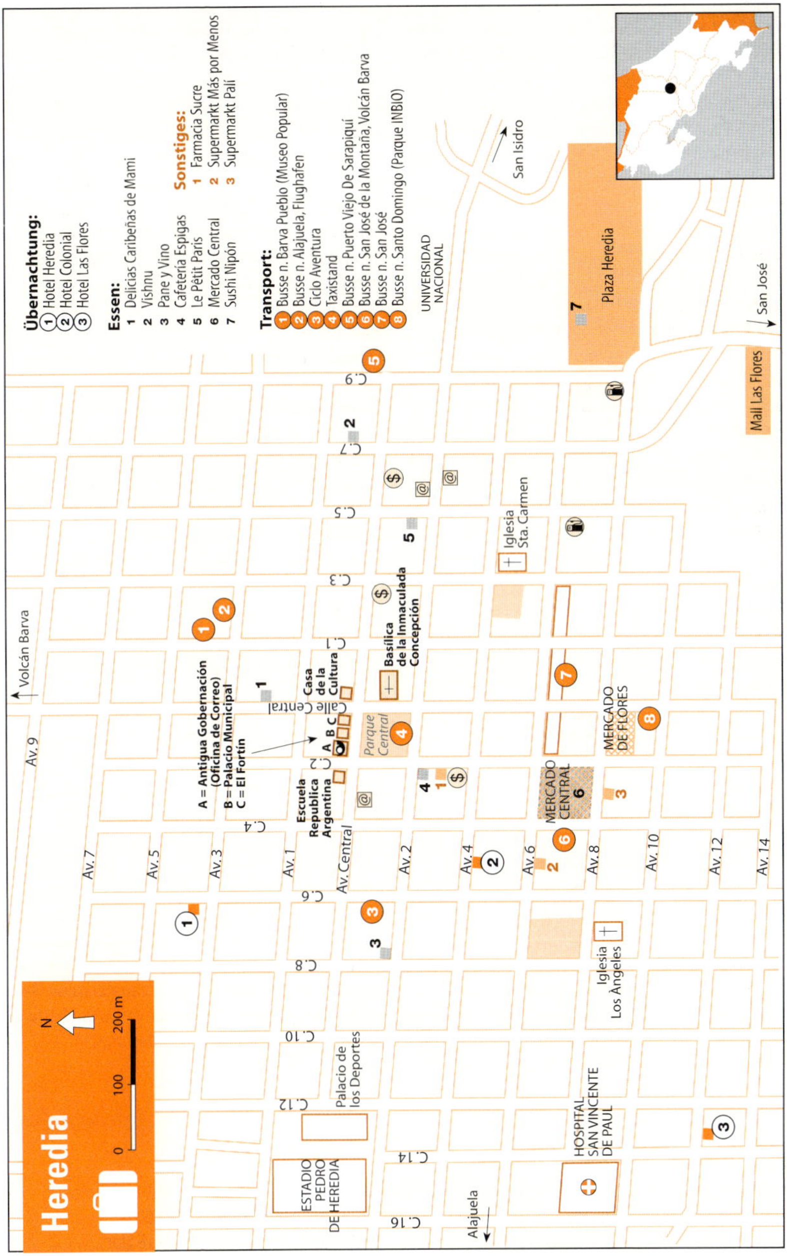
Heredia
0 100 200 m
N
Übernachtung:
1 Hotel Heredia
2 Hotel Colonial
3 Hotel Las Flores
Essen:
1 Delicias Caribeñas de Mami
2 Vishnu
3 Pane y Vino
4 Cafetería Espigas
5 Le Pétit Paris
6 Mercado Central
7 Sushi Nipón
Sonstiges:
1 Farmacia Sucre
2 Supermarkt Más por Menos
3 Supermarkt Palí
Transport:
1 Busse n. Barva Pueblo (Museo Popular)
2 Busse n. Alajuela, Flughafen
3 Ciclo Aventura
4 Taxistand
5 Busse n. Puerto Viejo De Sarapiquí
6 Busse n. San José de la Montaña, Volcán Barva
7 Busse n. San José
8 Busse n. Santo Domingo (Parque INBIO)
A = Antigua Gobernación (Oficina de Correo)
B = Palacio Municipal
C = El Fortín
Volcán Barva
San Isidro
San José
Alajuela
UNIVERSIDAD NACIONAL
Plaza Heredia
Mall Las Flores
Iglesia Sta. Carmen
Basílica de la Inmaculada Concepción
Casa de la Cultura
Parque Central
Escuela Republica Argentina
MERCADO CENTRAL
MERCADO DE FLORES
Iglesia Los Ángeles
Palacio de los Deportes
ESTADIO PEDRO DE HEREDIA
HOSPITAL SAN VINCENTE DE PAUL
Av. 9
Av. 7
Av. 5
Av. 3
Av. 1
Av. Central
Av. 2
Av. 4
Av. 6
Av. 8
Av. 10
Av. 12
Av. 14
C. 9
C. 7
C. 5
C. 3
C. 1
Calle Central
C. 2
C. 4
C. 6
C. 8
C. 10
C. 12
C. 14
C. 16

Wohnsitz von Präsident Alfredo González Flores (1877–1962). Typisch für die Kolonialarchitektur sind die Innenhöfe (Patios). Im Casa wird mit minimalem Budget das Kulturprogramm für die gesamte Provinz Heredia organisiert. Es finden mitunter Ausstellungen und Kulturveranstaltungen statt. ⌚ 9–21 Uhr.

Auf einer Tour durch das Gelände des größten Gourmet-Kaffeeherstellers Costa Ricas, dem **Café Britt**, vom Automercado 500 m nördlich und 400 m westlich, ☏ 277-1600, 🖳 www.cafebritt.com, erhält der Besucher einen Einblick in den Prozess der Kaffeeproduktion, vom Pflanzen, Trocknen bis zum Würzen der munter machenden Bohne. Führungen finden jeweils um 9, 11 und – in der Hauptsaison – auch um 15 Uhr statt. Eintritt $20 p. P.

Einen Besuch lohnt auch **Inbio – Associación Instituto Nacional de Biodiversidad**, in Santo Domingo Heredia, 🖳 www.inbio.ac.cr. Schützen, studieren und nachhaltig nutzen, das ist der Leitsatz, den das Institut seinen Besuchern auf rund 5 ha Ausstellungsfläche mit auf den Weg gibt. Auf Schautafeln werden Costa Ricas Artenvielfalt und Nationalparksystem vorgestellt. Eine Farm mit Heilpflanzengarten und Zuckermühle sowie verschiedene Tiergehege mit Leguanen, Taranteln und Boas gehören zum Gelände. Die Ausstellung ist stark auf Schulklassen ausgerichtet. Inbio ist ein privates Forschungsinstitut, das 1989 von verschiedenen Organisationen aus dem staatlichen, privaten und Non-Profit-Sektor gegründet wurde. ⌚ Di–So 8–16 Uhr; Eintritt $20, Studenten $14, Kinder bis 12 Jahre $10.

Museo de Cultura Popular, in Santa Lucía de Barva, 🖳 www.ilam.org/cr/museoculturapopular, im Museum werden alte costa-ricanische Bräuche aus dem 18. und 19. Jahrhundert und die traditionelle Bahareque-Architektur anschaulich erklärt. Die ehemalige Finca war einst der Sommersitz von Präsident Alfredo González Flores. ⌚ Mo–Fr und So 8–16 Uhr, Eintritt 600C.

Übernachtung

Hotel Bougainvillea, in Santo Tomas de Santo Domingo de Heredia, ☏ 244-1414, 🖳 www.hb.co.cr. Zweistöckiger Flachbau in holländischer Sachlichkeit mit schlichten, geräumigen Zimmern. Pool, Tennisplatz und 5 ha großer tropischer Blumengarten. ❺

Hotel Colonial, Av. 4, C. 4–6, ☏ 237-5258. Familiäre Unterkunft bei älterer Dame; einfache Zimmer mit Gemeinschaftsbad; beliebt bei Sprachschülern. ❷

Hotel Heredia, von der Post 200 m nördlich, 200 m westlich, ☏ 238-0880, 🖳 www.hotelamericacr.com. 12 saubere Zimmer mit TV und Privatbad in einem renovierten Holzhaus aus dem Jahr 1912. EZ $15, DZ $20.

Essen

Cafetería Espigas, am Park, Café Britt in allen Variationen, Frühstück und Snacks. ⌚ 7–22 Uhr.

Delicias Caribeñas de Mami, 50 m südlich vom Cruz Roja. Der Geschmack der Karibik im kühlen Heredia: Pan Bon, Patacones, Maniokbrot, Rice and Beans etc., alles mit viel Kokosmilch. ⌚ Mo–Sa 11–21, So 11–20 Uhr.

Le Pêtit Paris, 200 m östlich, 50 m nördlich der Tribunales de Justicia. Einen herzhaften Crêpe in Béchamelsauce als Hauptspeise, s'il vous plaît! Und zum Nachtisch bitte einen Crêpe mit Schokoladeneis- und Ananasfüllung. Es gibt auch Comida Tipica. Entzückendes Ambiente. ⌚ Mo–Sa 12–22 Uhr.

Pane y Vino, 300 m westlich, 100 m südlich vom Fortín. Italienische Restaurantkette mit riesiger Auswahl an leckerer Steinofenpizza und Pastagerichten; auch Mozzarella-Spezialitäten; dazu gibt es Wein, Bier oder Cappuccino; mittlere Preisklasse. ⌚ Mo–Do 12–24, Fr und Sa 12–1, So 11.30–22 Uhr.

Sushi Nipón, im Plaza Heredia, ☏ 260-1329. Kein schönes Ambiente, dafür ist der Koch ein echter Japaner; auch Essen zum Mitnehmen. ⌚ 12–15 und 18–22 Uhr.

Vishnu, C. 7, Av. Central–Av. 1, vegetarische Gerichte und Salate. ⌚ Mo–Sa 8–19, So 9–18 Uhr. Weitere günstige Sodas befinden sich im Mercado Central.

Sonstiges

Apotheke

Farmacia Sucre, neben der Banco Nacional, 50 m südlich vom Park, ☏ 273-6534, ⌚ Mo–Sa 7.30–19.30, So 7.30–18 Uhr.

Heredias Wahrzeichen: El Fortín

Fahrradreparatur

Ciclo Aventura, 200 m westlich, 50 m südlich der Nordwestecke des Parks, ✆ 238-3817.

Fotogeschäft

Fujifilm, in der Farmacia Sucre, 50 m südlich vom Park, ⌚ Mo–Sa 8–19, So 9–18 Uhr.

Geld

Banco Popular, gegenüber vom Liceo de Heredia, ⌚ Mo–Fr 8.15–15.45, Sa 8.15–11.30 Uhr.
Scotiabank, Av. 4, C. 0–1, ⌚ Mo–Fr 8–17, Sa 8–16 Uhr.

Internet

Internet Logos Navegator, 75 m westlich der Post.
Speedy Internet, Av. 2, C. 7–9 ⌚ So–Di 7–23 Uhr, Mi–Sa 24 Std.
Weitere Internetcafés mit Öffnungszeiten rund um die Uhr befinden sich in Uninähe.

Reisebüro

Agencia de Viajes Colón, schräg gegenüber der Banco Popular, ✆ 260-8989.

Sprachenschulen

Intercultura Language School and Cultural Center, 💻 www.interculturacostarica.com, Spanischunterricht mit Aktivitäten wie Tanzen, Kino, Kochkurse und Ausflüge; Übernachtung bei costa-ricanischen Familien möglich. $260 pro Woche (Mo–Fr; tgl. 4 Std.).
Instituto Profesional de Educación Daza, 💻 www.learnspanishcostarica.com. Übernachtung bei costa-ricanischen Familien und Exkursionen; spezielle Spanisch-Survival-Kurse; $245 pro Woche (Mo–Fr; 4 Std. tgl.).

Supermärkte

Más por Menos, Av. 6, C. 4–6, ⌚ Mo–Sa 7.30–12, So 7–22 Uhr.
Palí, südlich vom Mercado Central, Av.8, C.2–4, ⌚ Mo–Sa 8–19, So 8–18 Uhr.

Post

Am Park, ⌚ Mo–Fr 8–17.30, Sa 7.30–12 Uhr.

Taxis

Am Parque Central. Tarife: San José 4000–4500C, Flughafen 3200C, Pueblo Barva 1200C.

Wäscherei

Lavandería Sol y Mar, C. 8, Av. 1, ✆ 261-0952, ⌚ Mo–Sa 8.30–18, So 8.30–12 Uhr.

Transport

Busse fahren nach:
Alajuela, Abfahrt am Liceo de Heredia, vor dem Gimnasio, alle 8 Min. von 4.40–23 Uhr (Bus kommt aus San José), mit Tuasa, ✆ 442-6900.
Barva Pueblo (Richtung Museo Popular), Abfahrt am Liceo de Heredia, neben dem Gimnasio, alle 5–10 Min. von 5–23 Uhr; 10 Min.; 115C.
San José (via Flughafen), C. Central, Av. 2–4, tagsüber alle 5 Min. von 4.30–23.10 Uhr.; 25 Min., 300C, mit Heredianos, ✆ 260-9798, und Empresa La 400, ✆ 260-3536.
San José de la Montaña, Av. 8, C. 2–4; alle 20–10 Min. von 4.40–23 Uhr.
Santo Domingo (INBIO), C. Central, Ecke Av. 10; ungefähr alle 10 Min.; alle 30 Min. fährt ein Bus direkt vor das INBIO-Gelände.
Puerto Viejo de Sarapiquí, vor dem Centro de Arte der Universidad de Costa Rica, 3x tgl. (Bus kommt aus San José).
Porrosattí (8 km vom Parque Nacional Volcán Barva), gegenüber vom Mercado Central, 3x tgl.

Parque Nacional Braulio Carrillo / Sektor Volcán Barva

Der Braulio Carillo zählt zu den größten Nationalparks des Landes. Während des Autobahnbaus von San José nach Guápiles setzten sich Umweltgruppen für den Schutz des umliegenden Regenwaldes ein, dem Abholzung und Zersiedlung bevorstanden. Ihr Einsatz machte sich bezahlt – ein Jahr später entstand der Nationalpark, der in zwei Sektoren unterteilt wurde: den **Sektor Quebrada González** mit Regenwald-Vegetation, und den wenig besuchten **Sektor Volcán Barva** mit dem ruhenden Volcán Barva und märchenhaftem Nebelwald.

PARQUE NACIONAL BRAULIO CARILLO

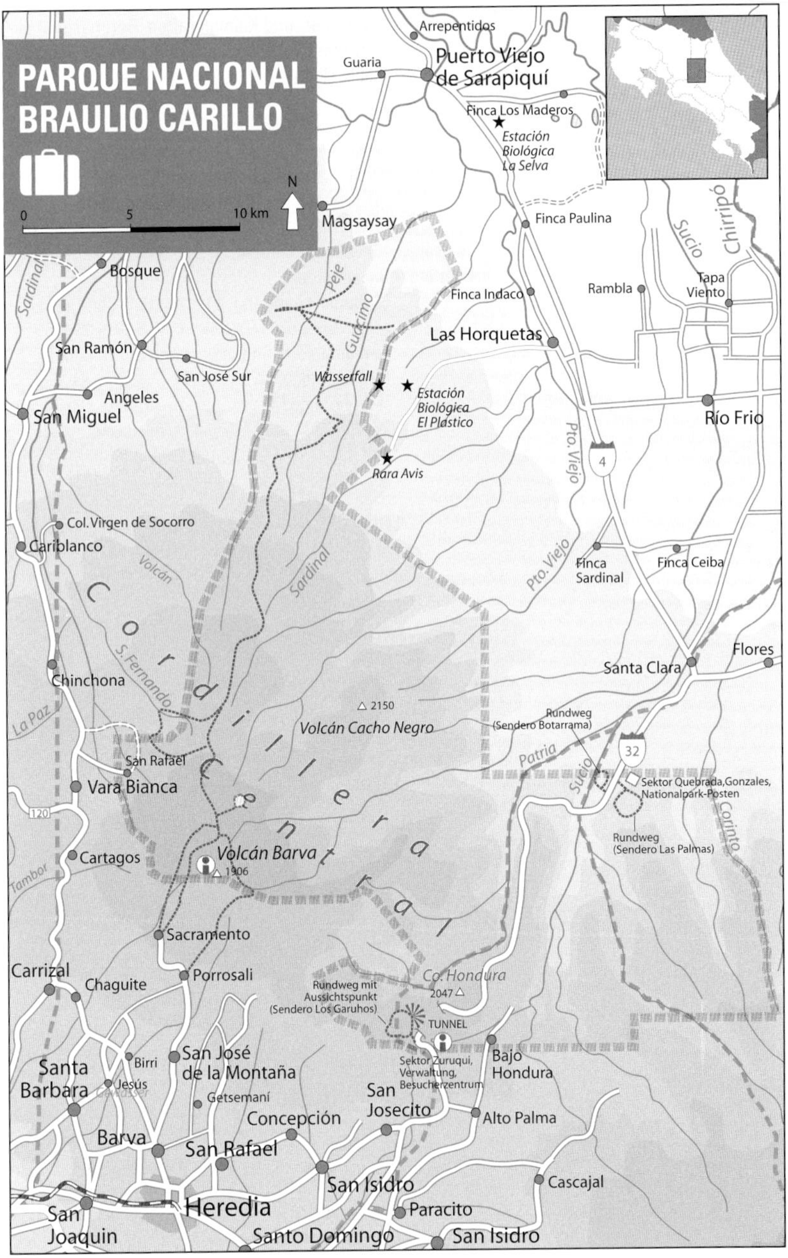

Sektor Volcán Barva

MINAE-Büro ✆ 268-1039
Öffnungszeiten 8–16 Uhr
Eintritt $6
Gründungsjahr April 1978
Größe 47 699 ha
Besucherzahl 8000 Personen pro Jahr
Transport
Auto: Die letzte Ortschaft vor dem Nationalpark ist Sacramento. Ab hier hört die Asphaltierung auf, eine sehr schlechte Lehmpiste (3–4 km) führt hinauf zum Parkeingang. Die Strecke ist nur mit Vierradantrieb empfehlenswert. Fincas in Sacramento bieten Parkmöglichkeit an, denn selbst in dieser abgelegenen Gegend wurde von mehreren Autodiebstählen berichtet.
Busse: Es besteht keine direkte Busverbindung zum Nationalpark. Busse von Heredia fahren um 7.30, 13 und 17 Uhr bis nach Porrosattí, von dort sind es weitere 8–9 km Fußmarsch zum Parkeingang.
Ausrüstung Windjacke und Regenschutz mitnehmen

Der abgelegene, relativ wenig besuchte Parkabschnitt Volcán Barva stellt eine gute Alternative zu den touristisch überlaufenen Nebelwaldreservaten Monteverdes dar.

6000 Pflanzenarten, darunter die für Nebelwald typischen Moose, Pilze, zwergwüchsigen Bäume und Epiphyten umwachsen den seit Jahrhunderten ruhenden Vulkan. Zwei Wanderwege (1,8–2 km) führen zu seinen zwei Lagunen **Barva** und **Copey**, die eine Temperatur zwischen 10–18 °C haben. Am **Sendero Cacho Venado** (1,8 km) trifft der Wanderer auf die Matapalo-Pflanze, die im Gegensatz zu den Epiphyten nicht harmlos auf anderen Bäumen aufsitzt, sondern den Wirtsbaum umschlingt und ihm solange Nährstoffe entzieht, bis ihre eigenen Wurzeln auf den Waldboden reichen. Der Wirtsbaum ist dann meist bereits abgestorben.

Um sich im lockeren, feuchten Humusboden halten zu können, haben die größeren Baume sogenannte Gambas-Wurzeln entwickelt, mit denen sie die Bodenoberfläche großflächig umspannen.

Die Jaguare, Tapire und Coyoten im Park bekommt der Besucher äußerst selten zu Gesicht. Kapuziner- und Klammeraffen, Berghasen, Kolibris und Quetzale lassen sich dagegen häufiger blicken.

Übernachtung

Die Unterkünfte befinden sich in San José de la Montaña, 18 km vom Nationalpark entfernt.
Cabañas Don Goyo, ✆ 269-7625. Einfache, sehr saubere Cabinas am Hang. ❸
Cabañas Laudriana, 4 km nördlich der Iglesia San José de la Montaña, ✆ 219-4050. Zwei einfache Holz-Steinhäuser mit Kamin und Küche, umgeben von großem Garten. ❸
Montaña de Mileva und **Las Ardillas**, ✆ 260-2172, sind schöne, rustikale Holzhäuser verschiedener Größe mit TV und Küche. Die Häuser in Las Ardillas haben zusätzlich Badewanne, Jacuzzi und Spa; an Wochenenden gern von Tico-Paaren besucht. Restaurant; Frühstück inkl. ❹

Transport

Eine Busverbindung besteht zwischen Heredia und **San José de la Montaña**.

Cartago und Umgebung

Cartago

Cartago, 1560 vom spanischen Gouverneur Juan Vásquez de Coronado gegründet, fungierte bis 1823 als Costa Ricas Hauptstadt. Danach übernahm das 22 km entfernte San José die Führungsrolle. Drei heftige Erdbeben legten die Stadt 1841, 1871 und 1910 fast völlig in Trümmer.

Im Stadtzentrum stehen die imposanten Ruinen der Parroquia de Santiago Apóstol aus dem Jahr 1575, kurz **Las Ruinas** genannt. Beim Erdbeben von 1841 wurde das Gotteshaus zerstört. Noch bevor der Wiederaufbau abgeschlossen war, fiel die Kirche 1910 bei erneuten Erdstößen noch einmal zusammen und wurde danach als Ruine belassen. Im einstigen Kirchenschiff befindet sich heute ein Blumengarten. Der Zutritt zu

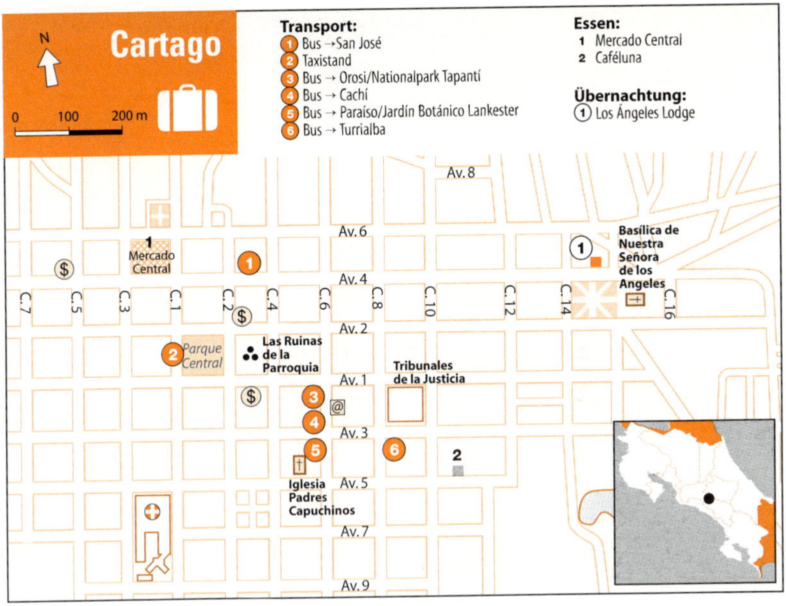

den Ruinen ist jedoch aus Sicherheitsgründen gesperrt. Der Legende nach wandelt nachts in den alten Kirchengemäuern der *Padre sin cabeza* – der Priester ohne Kopf – umher. Der Fromme soll in der Kirche in flagranti mit seiner Schwägerin ertappt worden sein, woraufhin der eigene Bruder ihm den Kopf abschlug.

Wie ein Tempel aus 1001 Nacht erhebt sich aus Cartagos Wellblechmeer im Osten die weiße **Basilica de la Virgen de los Angeles** in byzantinischem Baustil. Zu ihr pilgern jedes Jahr am 2. August Tausende von Costa Ricanern. Mehrtägige Fußmärsche legen die Gläubigen zurück, um die Negrita, die Schutzpatronin Cartagos, der Heilkräfte nachgesagt werden, um Heilung von Krankheiten zu bitten. Hinter Dutzenden von Säulen, hölzernen Bögen und Holzaltären empfängt die kleine Heiligenfigur ihre knienden Verehrer. Silberne Miniaturbeine, -finger und -herzen als Symbol für die kranken Körperteile hinterlassen die Gläubigen; die Gaben sind in der Gruft an der Rückseite der Kathedrale ausgestellt. Heiliges, heilendes Wasser aus der Quelle neben der Kirche nehmen sie mit.

Mehrmals soll die Heilige einem Indianermädchen in der Gestalt einer Puppe auf einem Fels erschienen sein. Das Mädchen nahm die Puppe mit nach Hause, nachts aber kehrte die Negrita stets zum Stein zurück – ein Fingerzeig Gottes, so glaubte die Bevölkerung, und errichtete 1625 auf dem Fels die Basilika. Seitdem wurde die Kirche mehrfach von Erdbeben zerstört, die heutige Fassade stammt aus dem Jahr 1926.

Mehr Unglück als Heilung brachte die Schutzpatronin dem 19-jährigen José Léon Sanchez, der 1953 des Raubes der Negrita angeklagt wurde und 40 Jahre seines Lebens unschuldig in Gefangenschaft verbrachte (s. S. 262, Kasten „Ein Wille stärker als Mauern").

Sehenswertes

Aus dem ehemaligen privaten Orchideengarten des englischen Hobbybotanikers Charles Lankester entstand nach dessen Tod 1973 der 11 ha große Botanische Garten **Jardín Botánico Lankester**, 🖳 www.jardinbotanicolankester.org. Das Gelände ist heute im Besitz der Universidad de Costa Rica und dient als Forschungslabor für

Cartago: Basílica de la Virgin de los Angeles

Biologie-Studenten und Wissenschaftler. Bekannt ist der Garten für seine reiche **Epiphytensammlung**.

Insgesamt erwarten den Naturfreund 3000 Pflanzen, darunter Kakteen, Helikonien, Bambus- und Palmenwälder. Am Eingang werden für $5 Miniatur-Orchideen mit Exportgenehmigung verkauft. ⌚ 8.30–16.30 Uhr, am 1. Weihnachtstag, Neujahr und Karfreitag geschlossen. Eintritt $5, Kinder $3.

Der Garten liegt auf der Busstrecke von Cartago nach Paraíso (s. Transport).

Übernachtung und Essen

Cartago ist keine Stadt zum Bleiben. Eine größere Auswahl an wesentlich besseren Unterkünften befindet sich im nahe gelegenen malerischen Orosi-Tal oder in der quirligen Hauptstadt San José. Die Busverbindungen dorthin sind sehr gut.

Los Angeles Lodge B&B, Av. 4, C. 14–16, ✆ 551-0957. Saubere Zimmer in der Nähe der Basilika. EZ $25, DZ $40.

Günstige, landestypische Gerichte bieten die Sodas im **Mercado Central**, C. 1, Ecke Av. 6.

Cafeluna, 100 m südlich, 50 m östlich der Südostecke des Gerichts. Costa-ricanisch/italienische Küche, ⌚ Mo–Sa 7–19 Uhr.

Casa Vieja, gegenüber vom Botanischen Garten Lankester. Günstige landestypische Speisen in rustikalem Ambiente, ⌚ Di–So 16–24 Uhr.

Sonstiges

Geld

Banco de Costa Rica, Av. 4, C. 5–7.

Internet

Metronet, C.6, Av. 1–3; gegenüber der Bushaltestelle nach Orosi; ⌚ Mo–Fr 9–21, am Wochenende 10–20 Uhr.

Transport

Busse fahren nach:
Cachí, C. 6, Av. 1–3, (via **Paraíso, Ujarrás**), 5.30–22.15 Uhr alle 30–60 Min.; am Wochenende seltener; mit Autotransportes Cachí, ✆ 552-4155.
Nationalpark Tapantí, C.6, Av. 1–3, (via **Paraíso, Orosi**; der Bus hält in **Purisil**), 5.30, 6.30, 11, 13, 16 Uhr; 55 Min.; 400C; mit Mata Irola, ✆ 533-1916.
Orosi, C. 6, Av. 1-3 (via **Paraíso**), 5.30-22.20 Uhr alle 30 Min.; 30 Min.; 325C; mit Mata Irola.
San José, 150 m nördlich der Antigua Estación de Tren, 4.30–23 Uhr alle 10 Min.; mit Lumaca, ✆ 537-2320.
Turrialba (via **Paraíso**), Av. 3, C. 8–10, am Gerichtsgebäude, 5.45–22.40 Uhr jede Std., am Wochenende seltener; mit Transtusa, ✆ 556-0073. Der Direktbus aus San José hält hier auch, die Busse verlassen die Hauptstadt jedoch meist voll belegt.

2 HIGHLIGHT

Parque Nacional Volcán Irazú

MINAE-Büro ✆ 200-5025
Öffnungszeiten 8–15.30 Uhr
Eintritt $7
Gründungsjahr 1955
Größe 2390 ha
Besucherzahl 150 000 Personen pro Jahr
Transport Ein Direktbus fährt täglich um 8 Uhr gegenüber vom Gran Hotel de Costa Rica in San José zum Vulkan. Der Bus hält außerdem rund 45 Minuten später an den Ruinas de Cartago. Zurück um 12.30 Uhr; 3100C (für Hin- und Rückfahrt); Busgesellschaft: Metropolis, ✆ 270-4090.
Ausrüstung Es kann mitunter sehr kalt und windig am Vulkan sein. Vorsichtshalber Jacke mitnehmen.

Von Cartago aus empfiehlt sich ein Ausflug zum Vulkan Irazú. Inmitten karger Mondlandschaft leuchtet die giftgrüne Schwefellagune aus dem 1050 m breiten und 300 m tiefen Hauptkrater des Vulkan Irazú, Costa Ricas höchstem Feuerberg und eines der beliebtesten Fotomotive im Land. Der Vulkan brach 1963 zum letzten Mal aus und bedeckte die Städte Cartago und San José mit Vulkanstaub und Vulkanasche.

Bei gutem Wetter hat man vom höchsten Aussichtspunkt eine fantastische Sicht auf beide Ozeane, gelegentlich sogar bis zum Lago Cocibolca im benachbarten Nicaragua. Wandermöglichkeiten gibt es nicht. Beste Chancen auf wolkenfreie Sicht sind die Morgenstunden in der Trockenzeit (Januar–März). An Wochenenden ist mit großem Besucherandrang zu rechnen.

Valle de Orosi

Weit schweift der Blick vom **Mirador de Orosi** über das grüne Orosi-Tal und den langen, gleichnamigen Fluss, der sich wie eine große Schlange durch die Senke zieht. Fincas schmiegen sich an die steilen Hänge, selbst in luftiger Höhe werden noch Kaffee, Obst und Gemüse angebaut. Ruhe herrscht hier und Frieden – Paz. Nichts deutet mehr auf die blutige Vergangenheit des Tales hin, auf Piratenüberfälle, Pestausbrüche und Indianeraufstände (s. S. 155, Kasten „Auf den Spuren der Huetares-Indianer").

Das Valle de Orosi ist ein **Wander**- und **Radfahrparadies**. Wanderwege führen durch den **Nationalpark Tapanti**, der gemeinsam mit dem benachbarten Parque Chirripó und Parque de la Amistad eines der größten zusammenhängenden Naturschutzgebiete des Landes bildet. Der **Circuito de Orosi**, ein 30 km langer Rundweg mit wenig Verkehr, umrundet das gesamte Tal. Das Valle de Orosi ist schnell als Tagesausflug von San José (60 km) erreicht. Die Ruhe, angenehme Frische und relativ wenigen Touristen machen es zu einem attraktiven und günstigen Ziel für mehrtägige **Sprachkurse**.

Orosi

Der kleine Ort Orosi bildet das touristische Herz des Orosi-Tals. Im Zentrum steht die Parroquía de Orosi, Costa Ricas älteste intakte Kolonialkirche. Ihre unschuldig weiße Fassade aus dem Jahr 1743 steht im scharfen Kontrast zur kolonia-

Circuito de Orosi

Der Rundweg um das Valle de Orosi beginnt im Ort Orosi. Er führt dann gen Osten, zum Stausee von Cachí und den romantischen, sagenumwobenen **Ruínas de Ujarrás**. Großartige Aussichtspunkte liegen auf der Strecke, und mehrere Restaurants laden zu frischer Forelle und köstlichen Mokkaspezialitäten ein.

Leider ist die Route nur für Auto- und Radfahrer möglich, da Busse nicht das gesamte Tal umfahren.

Busreisende müssen sich bereits in Cartago oder Paraíso (s. S. 153) entscheiden, ob sie den Westen (Orosi) oder Osten (Cachí) des Tals besuchen wollen.

len Vergangenheit. Insgesamt 14 Kolonialkirchen gab es in der Region, sie fielen Erdbeben und Überschwemmungen zum Opfer oder wurden bei Indianeraufständen niedergebrannt.

Ende des 17. Jahrhunderts rafften drei Pestschübe die indigene Bevölkerung Orosis dahin, denn der aus Europa eingeschleppten Pest waren die Indianer machtlos ausgeliefert. Die wenigen Überlebenden wurden in den Osten des Tales, nach Ujarrás umgesiedelt. Orosi blieb daraufhin Jahrzehnte lang eine Geisterstadt. Im Jahr 1755 wagten die Franziskanermönche einen Neuanfang, sie errichteten die Parroquia de Orosi und besiedelten den verlassenen Ort mit Indianern aus der Talamanca-Region. Im Franziskanerkonvent wurden sie im Web-, Tischler- und Schmiedehandwerk unterwiesen. Chorjungen und Messdiener erhielten zudem Lateinunterricht.

1846 folgten die Mönche dem Ruf des Erzbischofs nach Guatemala; die Ermita (Wallfahrtskirche) verfiel. Im Gegensatz zur Kirche in Ujarrás überstand sie jedoch die schweren Erdstöße von 1910. Im Jahr 1940 kehrten die Mönche kurzzeitig zurück, 40 Jahre später wurde aus dem Kloster ein Museum.

Im Ort befinden sich einige überraschend schöne Unterkünfte, zwei Thermalbäder und eine Sprachenschule.

Die **Parroquía de Orosi** aus dem Jahr 1727 wurde im Bahareque-Stil gebaut. Das schlichte Kircheninnere spiegelt die Weltanschauung des Franziskanerordens wider, der zu den Bettelorden zählt und Besitz ablehnt.

Im Gotteshaus befinden sich handgeschnitzte Heiligenfiguren und -bilder aus dem 16. bis 18. Jahrhundert.

Das benachbarte **Museo Franciscanos** – das ehemalige Franziskanerkloster – enthält eine Sammlung mit sakraler Kunst, darunter auch braune Franziskanerkutten, Zepter, alte Bibeln und Kronen. Auf Wandtafeln wird die Geschichte der Kirche erklärt. ⌚ Mo–Sa 13–17, So 9–17 Uhr; Eintritt 300C.

Übernachtung

B&B Las Torrejas, am Ortseingang, schräg gegenüber der Fruteria El Porro. Saubere Zimmer mit Stockbetten und Privatbad bei freundlicher costa-ricensischer Familie. Zur Zeit der Recherche war das Obergeschoss mit den günstigeren Zimmern zu $8 vermietet. Nachfragen lohnt sich! $12 p. P.

Camping und Backpacker Montaña Linda, 150 m westlich vom Friedhof, ✆ 533-3640, 💻 www.montanalinda.com. Saubere, relativ dunkle Schlafräume mit niedrigen Decken aber guten Matratzen; Gemeinschaftsküche; beliebt bei Gästen der Sprachschule. EZ ab $6,50.

Dragonfly Guesthouse, ✆ 533-3640, 💻 www.montanalinda.com. Saubere, helle Zimmer; gemütlicher Gemeinschaftsraum mit Küche; Veranda. Ruhig gelegen und schön. EZ $20, DZ $25.

Essen

Restaurante Cato, nördlich vom Fußballplatz, landestypische Küche ⌚ Mo–Fr 7–23, Sa und So 7–24 Uhr.

Restaurante El Mirador, auf der Straße zum Nationalpark, im Hotel Tapantí. Original italienische Küche, ⌚ 7–23 Uhr.

Restaurante El Nido, 150 m nördlich vom Sportplatz. Günstige landestypische Gerichte. ⌚ Mo–So 11–22 Uhr.

Aktivitäten

Reittouren

Über Sprachenschule Montaña Linda.

Sprachenschule

Montaña Linda, 💻 www.montanalinda.com. Beliebte Sprachenschule mit kleinen Gruppen und den günstigsten Preisen in Costa Rica. 3 Std. Spanischunterricht kosten $20 p. P. Spezielle Angebote für längere Aufenthalte. Auch Kombi-Angebote: Unterricht plus Unterkunft in den schönen Herbergen der Schule oder bei costa-ricanischen Familien. Es werden auch Kurse außerhalb des Klassenzimmers angeboten, z. B. am Fluss, unter freiem Himmel. Damit man zur richtigen Zeit im richtigen Kurs sitzt, mindestens eine Woche im Voraus anmelden!

Thermalbäder

Los Balnearios, 300 m südlich, 200 m westlich der Kirche, ⌚ Mi–Mo 7.30–16 Uhr; Eintritt 400C.

Balneario Los Patios, 1 km von Orosi Richtung Nationalpark, ⌚ Di–So 8–16 Uhr; Eintritt 500C.

Wandern

Eine reiche Auswahl an Wandervorschlägen in Orosis Umgebung mit Routenbeschreibung und selbst gezeichneten Karten gibt es kostenlos in der Sprachenschule Montaña Linda.

Parque Nacional Tapantí-Macizo de la Muerte, 12 km von Orosi (s. S. 153).

Reserva Montesky, 11 km von Orosi, Richtung Nationalpark, 💻 www.intnet.co.cr/montesky.

Hotel-Café mit Jukebox

Orosi Lodge, ✆ 533-3578, 💻 www.orosilodge.com, die schönste Unterkunft im Ort. Schlichte, große, geschmackvoll eingerichtete Zimmer mit Kitchenette und Vulkanblick. Viele Infos. Freundliche, hilfsbereite, deutsche Leitung; empfehlenswert. ❹
Dem Hotel angeschlossen ist das **Café Orosi Lodge** mit großer Veranda und leckerem Frühstück, Gebäck, Snacks, Kaffee und – eine original Wurzlinger Jukebox mit 60er-Jahre Latinoschnulzen. ⏲ Mo–Sa 7–19 Uhr. Verkauf von Kaffee aus ökologischem Anbau.

Wanderwege durch 260 ha Primärwald. ⏲ Di–So 8–16 Uhr; Eintritt $8; für Gäste, die im Orosi-Tal übernachten $5. Die Reserva hat auch einfache, rustikale Herbergszimmer für $45 p. P., VP inkl.

Sonstiges

Apotheke
Farmacia Tabor, 50 m östlich vom Fußballplatz, ✆ 533-3395.

Fahrradverleih
Bici Orosi, 100 m vor der Tankstelle, ✆ 533-3383; $10 pro Tag, ⏲ Mo–So 8–18 Uhr.

Fahrradreparatur
Ciclo Tallercit, 50 m vom Bici Orosi an der Ortsausfahrt Richtung Nationalpark, ✆ 533-3675.

Geld
Banco Nacional, 225 m südlich vom Park. ⏲ 8.30–15.45 Uhr.

Informationen
Die Sprachenschule Montaña Linda hat viel und gute Information, auch bezüglich Wanderungen.

Internet
Internet PC Orosi, 300 m südlich der Kirche, ⏲ Mo–Sa 9–20 Uhr, sehr günstig.

Supermarkt
Supermercado Anita, 225 m südlich vom Park, neben Banco Nacional, ⏲ Mo–Sa 7.30–20, So 7.30–17 Uhr.

Taxis
Am Fußballplatz; Tarife: NP Tapantí 5000C; Ruinas de Ujarrás 5000C; Cachí 6500C.

Transport

Busse fahren nach:
Cartago (via **Paraíso**), 4–22.30 Uhr alle 30 Min.; 40 Min.; 300C.
Parque Nacional Tapantí, es gibt keine direkte Busverbindung zum Nationalpark. Busse halten in Purisil, der letzten Ortschaft vor dem Park. Von hier sind es 4 km Fußmarsch (s. Transport Cartago).
Ujarrás / Cachí, es besteht keine direkte Busverbindung zwischen Orosi und Cachí. Der Bus Richtung Cartago hält in der Ortschaft Paraíso. Von hier fahren Busse über Ujarrás nach Cachí.

Cachí

Cachí bietet sich als Pause auf dem Rundweg um das Orosi-Tal an. Das **Represa Hidroeléctrica de Cachí**, 2 km von Cachí in Richtung Ujarrás, gehört zu den ersten und größten Staudammprojekten Costa Ricas. 75 m hoch und 148 m lang ist der Betondamm, der seit Mitte der 1960er-Jahre das Wasser des 152 km langen Río Reventazón staut.

Zwei Kilometer östlich vom Staudamm steht das **Casa del Soñador**, die einfache Holzhütte des 1995 verstorbenen Macedonio Quesada. Macedonio brachte sich das Schnitzen selber bei und wurde vom Dorf als Träumer verlacht. Der Spott aber schlug in Bewunderung um, als Touristenbusse aus aller Welt vor der bescheidenen Hütte hielten, um Macedonios Schnitzkunst zu sehen.

Das *Ultima Cena* ist sein Meisterwerk, es stellt das letzte Abendmahl mit Indio-Kindern dar. Macedonios Söhne führen das Schnitzhandwerk fort und stellen kleine Kaffeepflückerfiguren her. ⏲ 9–18 Uhr.

Übernachtung und Essen

Las Piedras Albas de Cachí, in Cachí, an der Polizeistation 2,5 km rechts hinauf, ✆ 577-1462, 🖳 www.cabinas.co.cr, schlichte, gemütliche Zimmer mit Ofen und Veranda in abgeschiedener, idyllischer Hanglage mit Wanderwegen. Der Wochenendtarif ist um $20 teurer; die untere Cabina mit Küche macht das Rennen. ❹
Das Restaurant **La Casona de Cafetal** liegt idyllisch am **Lago de Cachí** und serviert hausgemachtes Mokka-Eis und andere Spezialitäten aus der Region.

Transport

Busse fahren nach **Cartago** (via **Ujarrás** und **Paraíso**), Mo–Fr 8x tgl., Sa 3x, So 1x. Busgesellschaft: Autotransportes Cachí, ✆ 552-4155.

Ujarrás / Paraíso

Auf den romantischen, moosbedeckten **Ruinas de Ujarrás**, in deren Mauern heute Papageien ihre Nester bauen, erhob sich einst die Iglesia de Nuestra Señora de la Limpia Concepción, die erste Kirche Costa Ricas, die 1570 von den Spaniern errichtet wurde. Beim schweren Erdbeben von 1910 fiel sie in Trümmer; die Erdstöße bildeten das Ende einer Serie von Katastrophen, die den kleinen Ort heimsuchten: 1666 näherte sich dem Städtchen von der Karibik über den Río Reventazón her ein Piratenschiff. An Bord waren britische Freibeuter, darunter die gefürchteten Piraten Edward Mansfield und Henry Morgan. Ujarrás´ Einwohner flehten ihre Jungfrau um Hilfe an. Mit einem Heer von 600 Mann erschien diese darauf den Piraten, die furchterfüllt die Flucht ergriffen.

Dem Wunder von Ujarrás und der amazonenhaften Jungfrau wird jedes Jahr Mitte April mit einer Prozession zu den Kirchenruinen gedacht. 1833 überflutete der Río Reventazón den Ort. Die Einwohner gründeten darauf 7 km weiter nördlich den Ort **Paraíso**. Paraíso ist eine wichtige Umsteigestation, um von Orosi nach Cachí zu gelangen, denn zwischen den beiden Orten besteht keine direkte Busverbindung. Colectivos (sehr langsame Busse) fahren außerdem von Paraíso ins 34 km entfernte Turrialba.

Der Rundweg endet mit zwei herrlichen Aussichtspunkten über das Orosi-Tal, dem **Mirador Ujarrás**, kurz hinter Ujarrás, und dem **Mirador Sanchirí**, 2 km südlich von Paraíso, beide mit Einkehrmöglichkeit.

Übernachtung und Sonstiges

Hotel und Restaurant Sanchirí, 2 km südlich von Paraíso, ✆ 574-5454, 🖳 www.sanchiri.com. Neue, moderne Zimmer mit großer Fensterfront und edler Einrichtung oder gemütliche, rustikale Holzcabinas; der Blick auf das Tal ist überwältigend; zuvorkommende Leitung. Frühstück inkl. ❺

Sprachenschule
Finca la Flor de Paraíso, 🖳 www.la-flor-de-paraiso.org, 7 km nordöstlich von Paraíso, an der Straße Richtung El Yas. Sprachunterricht auf einer organischen Farm. 20 Stunden pro Woche (Mo–Fr 4 Std. tgl.) kosten $370 p. P. (inkl. VP und Übernachtung bei costaricanischen Familien). Busverbindung besteht aus Cartago.

Parque Nacional Tapantí

MINAE-Büro ✆ 200-0090
Öffnungszeiten 8–16 Uhr
Eintritt $6
Gründungsjahr 1999
Größe 58 500 ha
Besucherzahl 20 000–22 000 Pers. pro Jahr
Transport Der Hauptzugang zum Park befindet sich 12 km südlich von Orosi. Es fahren keine Busse direkt zum Nationalpark. Busse fahren aus Catargo via Paraíso und Orosi nach Purisil, der letzten Ortschaft vor dem Nationalpark. Von hier sind es weitere 5 km Fußmarsch zum Park. Alternative: Fahrrad in Orosi leihen.
Ausrüstung Regen- und Schwimmsachen mitnehmen.

Mit der Gründung des Parque Nacional Tapantí–Macizo de la Muerte ist das Ziel der Schaffung eines biologischen Korridors, in dem Tiere ungestört von Panama nach Mexiko wandern können,

Las Ruinas de Ujarrás

Auf den Spuren der Huetares-Indianer

Aquädukte, Grabplatten, Schmuck und Petroglyphen sind Spuren, die die Huetares-Indianer – die **Ureinwohner** des Valle Central – der Nachwelt hinterließen. Im Gegensatz zu den Indianerstämmen der Atlantikküste, die mitunter ihre Sprache und Kultur bis heute bewahren konnten, existierten im Valle Central bereits im 19. Jahrhundert keine indianischen Siedlungen mehr. Das Encomienda-System (s. S. 86, Geschichte) hatte die Gesellschaftsstruktur der Huetares zerstört: Indianersiedlungen waren zu Dörfern, der Naturglaube zum Christentum, die Stammesstruktur zu Kleinfamilien umgewandelt worden. Um die Assimilierung zu beschleunigen, entledigten sich die Spanier oft der Stammesoberhäupter *(Caciques)*. Wichtige, über Jahrhunderte gewachsene Handelsbeziehungen zu Indianerstämmen in Mexiko, Kolumbien, Nicaragua und Panama zerbrachen, die Huetares produzierten nur noch für die spanischen Kolonialherren. Aus einem ehemals wirtschaftlich autarken Stamm war ein versklavtes Volk geworden. Wenig wird über den **Widerstand** der Huetares berichtet. Doch es gab ihn, in verschiedener Form:

So zogen sich die Spanier bereits zu Beginn der Konquista aus Garcimuñoz, der ersten bedeutenden spanischen Siedlung im Valle Central zurück, denn die Indianerangriffe waren zu heftig. Später wird von Indios berichtet, die die Teilnahme am Gottesdienst verweigerten oder den Leichnam ihres Häuptlings aus Kirchen befreiten, um ihn nach indianischem Brauch zu bestatten. Man liest über Franziskanermönche, die, weil sie Stammesgesetze missachteten und Häuptlinge zur monogamen Ehe zwangen, mit ihrem Leben bezahlten. Felder, Brücken und „ein Dutzend Kirchen", heißt es im kleinen Museum von Orosi, wurden im Valle Central bei Indianeraufständen abgebrannt. Viele Indianer folgten ihren Caciques und flohen aus dem Valle Central in die *Tierra Interna*, die abgelegene Bergregion der Cordillera Talamanca.

In Talamanca hatten die Spanier aufgrund des schwierigen Terrains nie Fuß fassen können. Die gebirgige Region blieb verschont vom Encomienda-System und die gesamte Kolonialzeit hindurch unabhängig. Jahrhunderte lang wurde die ursprüngliche Heimat der Bribri-Indianer zum Zufluchtsort für die Huetares und entwickelte sich zum Hort des Widerstandes. Von hier organisierten die Caciques verschiedener Stämme Aufstände sowohl gegen die Spanier als auch gegen Indianer, die sich freiwillig den Kolonialherren als Arbeitskraft anboten. Als Ende des 17. Jahrhunderts die Pest Tausende von Indianern auf den Encomiendas im Valle Central dahinraffte, war auch Talamanca nicht mehr sicher. Die Spanier drangen verstärkt in die Gebirgsregion ein, um neue Arbeitskräfte zu fangen. Der letzte große Indianeraufstand, der 1709 in Talamanca aufkeimte, fand ein Jahr später sein tragisches Ende mit der Enthauptung des Anführers Pablo Presbere in Cartago. Dieser Tag, der 4. Juli, wurde für die Ureinwohner Costa Ricas zum Gedenktag an den erbitterten Kampf gegen die Jahrhunderte lange spanische Unterdrückung.

bedeutend näher gerückt: 1999 wurde der Park mit den benachbarten Schutzgebieten Reserva Forestal Los Santos und Reserva Forestal Río Macho zusammengelegt. Damit stehen insgesamt 58 500 ha Regenwald an der nördlichen Cordillera Talamanca unter Schutz. An diese Fläche schließen sich im Südosten der Parque Nacional Chirripó und der Parque Internacional La Amistad an. Letzterer erstreckt sich über die Landesgrenze hinweg bis nach Panama!

Der Nationalpark ist mit einem jährlichen Niederschlag von 5600 mm einer der **niederschlagsreichsten** Parks Costa Ricas überhaupt. Zum Wandern sind die relativ trockenen Monate Februar, März und April am besten geeignet. Mehrere kurze Wanderwege (1,2–2 km) führen durch montanen und prämontanen Wald zum **Mirador** und den **Wasserfällen** Salto und Palmitas. Der schönste Pfad, der Sendero Oropendula (1,2 km), führt zum **Río Orosi**, der zum Schwimmen geeignet ist. Für die Öffentlichkeit gesperrt ist das Proyecto Hidroeléctrico Tapantí, dessen Turbinen im Nationalpark stehen.

Übernachtung

Albergue de Montaña Kiri, 3 km hinter Purisil, 1 km vom Nationalpark, ✆ 533-2272, 💻 www.kirilodge.com, das nächste Hotel am Nationalpark. Sechs einfache, saubere Zimmer in schöner Lage; Frühstück inkl. ❸

Transport

Busse nach **Cartago** (via **Orosi**), 5x tgl.

Turrialba und Umgebung

Turrialba

Im tiefen, fruchtbaren Turrialba-Tal, zu Füßen des zweitgrößten Vulkans des Landes, liegt die freundliche Provinzstadt Turrialba, die ihren Tico-Charme und ihr gemächliches Tempo bis heute bewahrt hat. Einst machte hier die atlantische Eisenbahn Halt, auf dem Weg von San José nach Limón. Heute rosten die Gleise vergessen unter hohen Grasbüscheln vor sich hin und dienen nur noch dem entdeckungsfreudigen Reisenden als originelle Wanderroute ins 100 km entfernte Limón. Der Einfluss der Karibik ist bereits spürbar in Turrialba, das Klima hier ist heißer und feuchter als im übrigen, relativ kühlen Valle Central.

Im **Jardin Botánico CATIE** (Centro Agronómico Tropical de Investigación y Enseñanza), rund 3 km südöstlich von Turrialba, 💻 www.catie.ac.cr, wachsen Kaffee, Kakao, Litschis, Durian und Mangostan. In diesem tropischen Garten Eden, wo Schnuppern, Anfassen und sogar Kosten erlaubt ist, forschen und lehren Wissenschaftler aus aller Welt seit über 40 Jahren im Bereich tropischer Landwirtschaft. Das Institut arbeitet u. a. mit den kleinen Kaffee- und Kakaoherstellern der Region zusammen, stellt Saatgut zur Papierherstellung, Erosionsbekämpfung oder für Obst- und Nussplantagen her und bildet künftige Forscher aus. 🕓 Mo–Fr 7–15 Uhr; Eintritt $5.

Lohnenswerte Tagesausflüge führen zum 19 km entfernten **Monumento Nacional Guayabo** – Costa Ricas bedeutendste archäologische Ausgrabungsstätte – zum allgegenwärtigen, aktiven Volcán Turrialba sowie zum Botanischen Garten des Tropeninstituts CATIE.

Die Busse in Richtung La Suiza fahren Mo–Fr um 5.30, 11.20, 15.30 Uhr, Sa um 15.30 Uhr, So 15.50 und 16.50 Uhr am Garten vorbei, unkomplizierter ist es jedoch, die Strecke zu Fuß zurükkzulegen.

3 HIGHLIGHT

Wildwasserfahrten

Hauptattraktion der Stadt sind die Flüsse **Río Pacuare** und **Río Reventazón**, die scharenweise Rafter und Kajaker anlocken. Letzterer ist seit dem Bau der Represa Angostura streckenweise nicht mehr zum Rafting geeignet, durch den 2002 fertig gestellten Staudamm wurde der Wasserpegel des Flusses gesenkt. Die staatliche Energiebehörde ICE plant in Zukunft, auch am Río Pacuare einen Staudamm zu errichten, die Bevölkerung jedoch wehrt sich heftig dagegen.

Raftingtouren mit den lokalen Anbietern sind den Veranstaltern aus San José vorzuziehen, die Gruppen sind kleiner, die Touren weniger hektisch und, da der Rückweg in die Hauptstadt entfällt, verbringt die Gruppe letztendlich mehr Zeit auf dem Fluss (s. u.).

Übernachtung

Bei den günstigeren Hotels im Zentrum mangelt es an Sauberkeit.

Hotel Casa Turire, 14 km südöstlich von Turrialba, ✆ 531-1111, 💻 www.hotelcasaturire.com. Luxushotel im Stil eines Plantagenhauses, ungewöhnlich lockere, freundliche schweizerische Leitung; die 12 farbenfrohen Zimmer und 4 Suiten sind umgeben von einem kunstvoll angelegten Garten mit See. ❻

Hotel Interamericano, Av. 1, an den Bahngleisen, ☏ 556-0142, 🖳 www.hotelinteramericano.com, das beste Budgethotel im Ort. Sehr saubere, schlichte Zimmer mit guten Matratzen, teils mit Gemeinschaftsbad; guter Treffpunkt; beliebt bei Raftern und Kajakern. EZ ab $11, DZ ab $20.

Hotel Kardey, 50 m südlich der Tankstelle am Busbahnhof nach San José, ☏ 556-0050, ✉ hotelkardey@hotmail.com. Saubere Zimmer verschiedener Größen, meist mit Fenster zum Gang; von hier ist der Busbahnhof nicht weit; EZ 7000C, DZ 11 000C.

Hotel Turrialtico, in Pavones, 8 km von Turrialba, Richtung Siquirres, ☏ 538-1111, 🖳 www.turrialtico.com. 12 saubere, rustikale Zimmer und zwei Cabinas mit guten Matratzen; die große Veranda bietet einen spektakulären Blick auf das Turrialba-Tal; beliebt bei Raftern; Restaurant. ❺

Hotel Wagelia, Av. 4, C. 2–4, 🖳 www.hotelwagelia.com, ☏ 556-1566. 18 saubere Zimmer mit älterer AC um einen hübschen Innengarten herum; Frühstück inkl. ❹

Essen und Nachtleben

Soda Ana, hinter dem Hotel Interamericana, die bei Einheimischen beliebte
Soda Lorena, gegenüber der Banco Costa Rica, und das
Restaurante La Feria, gegenüber der Tankstelle Richtung Busbahnhof, servieren günstige, landestypische Gerichte.

Pizzeria Mammamia und **Pizza Popos**, beide am Park, verkaufen Pizza zum Mitnehmen.

Restaurante Don Porfi, 4,5 km in Richtung Vulkan, gehobeneres Ambiente, bietet guten Fisch und Meeresspezialitäten; Weinkarte. ⌚ Mo–Sa 12–23, So 11–21 Uhr.

Bar und Disco Rikaste, neben der Banco Nacional,
Charlie's Bar, im Centro Commercial, und
Bar-Restaurant Olé, Olé, 100 m nördlich vom Servicentro San Ramón, sind die Zentren des Nachtlebens.

Touren

Kajaking / Rafting

Loco's Wildwater Excursions, ☏ 556-6035, 🖳 www.whiteh20.com. Touren auf dem Río Pacuare und für Anfänger auf dem unteren Abschnitt des Río Reventazón; Rabatt gibt es ab 5 Personen.

Tico's River Adventures, ☏ 556-1231, 🖳 www.ticoriver.com. Touren auf den Flüssen Pacuare, Reventazón, Pascua und Peralta; auch mehrtägige Kajakkurse.

Wandern

Talamanca Treks, 45 km südöstlich von Turrialba, kein Telefon, 🖳 www.costaricabackpacker.com. Veranstaltet ein- oder mehrtägige Wander- und Reittouren durch Costa Ricas Wildnis; Ausgangspunkt ist das 80 ha große Privatreservat mit Campingmöglichkeit (gratis); keine Elektrizität; Zeltausrüstung wird vor Ort vermietet.

Sonstiges

Apotheke

Farmacia San Buenaventura, C. 1, Ecke Av. 2, ☏ 556-0379, ⌚ Mo–Sa 8–20 Uhr, außerdem jeden 2. Sonntag geöffnet.

Fahrradreparatur

Ciclo Oki, neben Hotel Wittingham, ⌚ Mo–Sa 8–12 und 13.30–18 Uhr.

Fotogeschäft

Fuji, Westseite der Kirche. ⌚ Mo–Sa 8–18 Uhr.

Geld

Banco Nacional, Av. 0, C. 1–3, ⌚ Mo–Fr 8.30–15.45 Uhr.

Banco Costa Rica, C. 3, Ecke Av. 0, ⌚ Mo–Fr 9–16 Uhr. Filiale am Busbahnhof, ⌚ Mo–Fr 12–19, Sa 10.30–14.30 Uhr.

Internet

Dimensión Internet, am Park, ⌚ Mo–Fr 9–23, Sa und So 9–22 Uhr.

ECA Internet, westlich der Kirche, über dem Fuji-Geschäft, auch Fax, ⌚ Mo–Fr 7–23, So 9–21 Uhr.

Supermarkt

Megasuper, C. 3, Ecke Av. 2, ⌚ Mo–Sa 8–21, So 8–19 Uhr.

Taxis

Taxis stehen am Busbahnhof und entlang der C. 1; Tarife: Monumento Nacional 7000C (nur Hinfahrt); Vulkan Turrialba 25 000C (Hin- und Rückfahrt mit Warten).

Taxi Ascut, Zentrale am Busbahnhof, ✆ 556-7070.

Wäscherei

Lavanderia Turrialba, 50 m südlich der Feuerwehr, ⌚ Mo–Sa 8–16.45 Uhr.

Transport

Busse fahren nach:

Monumento Nacional Guayabo, s. u.

San José, 5–17 Uhr jede Std.; 1 3/4 Std.; 850C; danach keine Direktbusse mehr.

Siquirres, Di, Mi, Do 6–18.15 Uhr alle 2 Std.; Fr–Mo 6–19 Uhr stdl.; 710C; 1 3/4 Std.; mit Transtusa, ✆ 556-4233.

Monumento Nacional Arqueológico Guayabo

MINAE-Büro ✆ 559-0117

Öffnungszeiten 8–15.30 Uhr

Eintritt $4; für Führungen auf Englisch ist eine Anmeldung nötig. Gerardo Montoya ist ein guter, erfahrener Führer, ✆ 816-2959 (Handy). Die Führungen finden auf Trinkgeldbasis statt.

Gründungsjahr 1973

Größe 233 ha. Auf lediglich 4 ha fanden bisher Ausgrabungen statt.

Besucherzahl 15 000–18 000 Personen pro Jahr

Transport

Auto: Das Monument liegt 19 km nordöstlich von Turrialba, davon 15 km asphaltierte Straße mit Schlaglöchern und 4 km Schotterpiste.

Busse: Von Turrialba zum Monument um 6.30, 11.15, 15.15 und 17.30 Uhr, rund 1 Std., 220C; mit Transportes Rivera, ✆ 765-4133.

Vom Monument nach Turrialba um 5.15, 7, 12.40 und 16.20 Uhr.

Ein Monolith am Eingang zur Ausgrabungsstätte verrät, wer hier vor rund einem Jahrtausend lebte: Der Stein zeigt einen Jaguar, das Symbol des Cabeca-Stammes, der heute im Talamanca-Gebirge, an der Atlantikküste Costa Ricas, lebt. In Guayabo, so nehmen Archäologen an, befand sich eine Schule für Caciques. Rund 1000 Menschen lebten hier von Fischerei, Keramikherstellung und Landwirtschaft. Warum die Cabecas diesen Ort wählten und ihn 400 Jahre später – zu Friedenszeiten – wieder verließen, ist nach wie vor ungeklärt.

Vom **Cerro Cacique**, auf den einst der Häuptling und der Schamane (Arzt) zum Meditieren stiegen, blickt der Besucher auf zwölf Montículos (Steinhügel) hinab. Es sind die Fundamente ehemaliger Häuser. Mindestens weitere 24 befinden sich nach wie vor unter der Erde. In jedem Haus lebten 20 bis 40 Personen. Je höher die Stellung in der Stammeshierarchie, desto größer und zentraler lag das Haus. Der größte Montículo, im Zentrum des Geländes, war folglich das Haus des Stammeshäuptlings. Sein Fundament misst 30 m im Durchmesser, ebenfalls 30 m soll es einst hoch gewesen sein. Die Materialien zum Hausbau, der Cedro-amargo-Baum und die gelb blühende Bijagua-Pflanze für das Dach, wachsen nach wie vor auf dem Gelände.

Im Cacique-Haus entdeckten Archäologen die Gräber von drei verschiedenen Häuptlingen. Die Grabbeilagen sind heute im Museo Nacional in San José ausgestellt. Zum Bestattungsritual der Cabeca gehörte, die Verstorbenen in Blätter eingewickelt unter freien Himmel zu legen. Erst wenn der Zopilote – das Symbol für Sipos, den Gott der Indígenas – begann, den Leichnam zu fressen, wurde der Körper begraben. Mehrere über- und unterirdische, nach wie vor intakte Aquädukte versorgten den Ort mit Wasser aus den umliegenden Bergen. Vier Straßen führen in die vier Himmelsrichtungen, nach Siquirres, Turrialba, zum Vulkan und zur Cordillera Talamanca. Vom Wegenetz wurden erst 200 m freigelegt.

Guayabo ist bei weitem die größte archäologische Stätte in Costa Rica. 2002 fanden hier die bislang letzten Ausgrabungen statt. 80 Prozent

Guayabo ist die größte archäologische Stätte Costa Ricas

der Siedlung sind nach wie vor von Wald überwachsen, für weitere Ausgrabungen fehlt das Geld. Eine Führung durch das Gelände lässt jedoch die Steinfundamente zu einer präkolumbischen Siedlung erwachen und gibt dem Besucher einen guten Einblick in das Leben von Costa Ricas Ureinwohnern.

Parque Nacional Volcán Turrialba

MINAE-Büro Das Büro befindet sich 2 km vor dem Nationalparkeingang. Im Park gibt es nur Radioverbindung; Kontaktaufnahme über MINAE in Cartago, ✆ 551-9398.
Öffnungszeiten 8–16 Uhr
Eintritt Bislang noch frei. Besucher müssen sich im MINAE-Büro registrieren.
Gründungsjahr 1955
Größe 1456 ha
Besucherzahl 18 000 Personen pro Jahr
Transport
Auto: Nur mit Vierradantrieb. Das Minae-Büro ist 16 km von La Pastora und 20 km von Santa Cruz entfernt. Wer anschließend San José ansteuert, kann statt nach Turrialba zurückzukehren von Santa Cruz die landschaftlich reizvolle Route via Pacayas nach Tejar (4 km südlich von Cartago) nehmen.
Busse: Es gibt keine direkte Busverbindung zum Nationalpark. Der Bus von Turrialba fährt bis Santa Cruz, von dort sind es weitere 20 km bis zum Nationalpark. Es gibt keine Taxis in Santa Cruz.
Pferd: In La Central, der letzten Ortschaft vor dem Nationalpark und in der Turrialba Lodge (s. Übernachtung), werden Pferde vermietet.
Taxi: Von Turrialba ca. $50 (hin und zurück).

24 km nordöstlich der Stadt Turrialba liegt der Vulkan Turrialba, Costa Ricas zweithöchster Vulkan (3340 m) und einziger Feuerberg, zu dessen Kratern Wanderer hinabsteigen können. Geomorphologisch bildet er eine Einheit mit dem nur 10 km Luftlinie entfernten Volcán Irazú (3432 m). 1864 brach der Vulkan zum letzten Mal aus, damals spuckte er seine Asche bis nach Corinto, an die Pazifikküste Nicaraguas. In jener Explosion entstand der jüngste Krater, der **Crater Principal San Francisco**. Dieser und der **Crater Central** sind nach wie vor vulkanisch aktiv. Schwefeldämpfe steigen von ihren Kraterwänden; die Fumarole haben Temperaturen zwischen 45–90 °C.

Der **Mirador** (3329 m) bietet (bei klarer Sicht) einen fantastischen Blick über das Vulkanmassiv bis hin zu den beiden Ozeanen. Ein Wanderweg führt durch die *Paramo*-Landschaft hinab zum **Crater Central** und um den Krater herum. Auf dem schwarz-pulvrigen Lavaboden leuchten die roten Blüten des *Papa de Venado*. In dem Park leben u. a. Kojoten und Falken.

Aufgrund des mühsamen Anfahrtsweges ist der Volcán Turrialba noch immer der am wenigsten besuchte Vulkan der Cordillera Central. Seine Popularität jedoch nimmt zu, vor allem unter Einheimischen ist der Nationalpark ein beliebtes Wochenendziel. Die besten Chancen auf eine klare Kratersicht bestehen während der Monate Februar und März.

Übernachtung

Volcán Turrialba Lodge, ✆ 273-4335,
💻 www.volcanturrialbalodge.com.
Die rustikale Lodge mit Reitställen und Milchwirtschaft ist idyllisch am Fuße des Turrialba-Vulkans gelegen. Gemütliche Zimmer mit TV, Ofen und Blick auf den nur 5 km entfernten Vulkan. Ideal für Reitausflüge zum Volcán Irazú und Volcán Turrialba; Reittouren werden organisiert. $50 p. P. inkl. VP.

Der Norden

Stefan Loose Traveltipps

La Fortuna In den dampfenden Thermalbädern die Muskeln entspannen und sich danach im Catarata Fortuna erfrischen. S. 162

2 **Arenal** Leuchtende Lavafontänen und glühende Felsbrocken wirft der Arenal in die Tropennacht hinaus. S. 170

4 **Monteverde** Auf Hängebrücken durch den Nebelwald pirschen und in die Augen von Faultieren und Affen sehen. S. 181

Rara Avis Für einige Tage der Zivilisation entfliehen und in dichten Regenwald eintauchen. S. 185

Finca Pedro y El Lobo / Sarapiquí Wanderpaddeln bis an die Karibikküste oder durch das Vogelparadies Caño Negro. S. 190

Río Frío Grenzerfahrung auf dem Wasser: Per Lancha nach Nicaragua reisen. S. 194

Im Galopp durch die Vulkanlandschaft von **La Fortuna**, windsurfend auf dem **Lago Arenal**, im Drahtseilakt über tropfenden Nebelwald oder im Schlauchboot auf dem **Río Sarapiquí** – Costa Ricas Norden ist ein Eldorado für Abenteuersportler. Haupttouristenattraktionen sind dabei zweifellos der Lava spuckende **Volcán Arenal** und die Märchenwelt von **Monteverdes Nebelwaldreservaten**. In den umliegenden, weitgehend abgeholzten Tiefebenen **Llanuras de San Carlos** und **Llanuras de Guatuso** ertönt das Kreischen lauter Motorsägen. Privatreservate versuchen hier die letzten Flecken tropischen Regenwaldes zu retten und bieten Ökotourismus im Dschungel an. Je weiter nördlich, desto ländlicher wird Costa Rica. Ein Besuch des **Refugio Caño Negro**, der Heimat zahlloser Kaimane und Wasservögel, lässt sich gut mit einem Abstecher nach **Nicaragua** verbinden.

La Fortuna und der Lago Arenal

La Fortuna

La Fortuna steht auf der Reiseroute fast aller Costa Rica-Besucher. Der kleine, touristische Ort liegt zu Füßen des mächtigen **Vulkans Arenal**, dem einzigen, Feuer spuckenden Berg des Landes und einem der aktivsten Vulkane weltweit. Blicke, Aussichtsterrassen und Hotelbalkons richten sich im Ort auf den explosiven Kegel im Westen, der sich leider allzu oft mit einem dichten Wolkenkleid umhüllt. Reisegruppen pilgern abends zu seiner Nordseite, in der Hoffnung, Zeuge einer Eruption zu werden. Doch die Ausbrüche sind nicht vorhersehbar. Mitunter spuckt der Arenal mehrmals täglich Lava, dann wieder ist es tagelang ruhig um ihn. Wer aber eine klare Nacht erwischt (in der Trockenzeit ist dies am wahrscheinlichsten) und erlebt, wie der Vulkan grollend Lavafontänen und glühende Felsbrocken in den Nachthimmel schleudert, und wie orangerote, zähe Lavaflüsse an seinen dunklen Hänge talwärts fließen, begreift, warum der Berg den Indianern einst heilig war.

La Fortuna ist eines der größten Zentren für **Abenteuersport** in Costa Rica. Neben Exkursionen zum Chato- und Arenal-Vulkan bieten eine Vielzahl von Tourveranstaltern Mountainbike-, Abseiling-, Rafting-, Kajak- und Reittouren an.

Für Reisende, die mit dem Bus unterwegs sind, ist La Fortuna die beste Ausgangsbasis, um die Arenal-Gegend zu erkunden. Im Ort gibt es eine breite Auswahl an günstigen Unterkünften und Transportmöglichkeiten.

Aktivitäten

Wanderungen zum **Chato-** und **Arenal-Vulkan** s. S. 170 ff., „Parque Nacional Volcán Arenal" und „Observatory Lodge".

Zum Wasserfall **Catarata Río Fortuna** geht es über die Brücke Richtung Stierarena, nach 2 km rechts abbiegen, von hier sind es noch 4 km Schotterpiste. Eine kurze (ungefähr 10 Minuten), aber sehr steile Wanderung führt zu diesem 75 m hohen Bilderbuchwasserfall. Früh aufbrechen, dann hat man das Paradies noch für sich allein. ◷ 8–17 Uhr, Eintritt 3500C.

Vier Thermalbäder laden auf dem Weg zum Vulkan zum entspannenden, heißen Bad in der Natur ein. Anschließend werden die Besucher in den Spas mit Lavaerdepackungen und Massagen verwöhnt. Viele Hotels in La Fortuna verkaufen vergünstigte Eintrittskarten zu den Baldi- und Tabacón-Thermen.

Balneario Tabacón, 12 km westlich von La Fortuna, 🖳 www.tabacon.com, mit heißen Wasserfällen, Cocktailbars, Restaurant und Spa, ist das luxuriöseste und teuerste Thermalbad. ◷ 11–22 Uhr; Eintritt $55, ab 19 Uhr $50. **Baldi Termae**, 4 km westlich von Fortuna, 🖳 www.baldihotsprings.com, ist eine günstigere Alternative zum Tabacón; es verfügt über zwölf heiße und vier kalte Pools, Wetbars, Restaurant und Spa, ◷ 10–22 Uhr; Eintritt $25, Kinder unter 5 Jahren zahlen den halben Preis. Las Fuentes, gegenüber vom Tabacón, ist zwar ohne Vulkanblick und weniger luxuriös, das Wasser aber dampft genauso.

Puentes Colgantes (hängende Brücken), 4 km östlich vom Thermalbad Tabacón, 🖳 www.puentescolgantes.com. Fünfzehn Brücken überspannen mehr als 3 km Regenwald, davon sind

Thermalquellen im Balneareo Tabacón

sechs Hängebrücken. Die Puente de la Catarata und Puente Pilón haben Vulkanblick; spezielle Morgenführungen und Nachtwanderungen werden angeboten. ⌚ 7.30–16.30 Uhr; Eintritt $20, Kinder bis 12 Jahre frei.

Zum **Skytram**, ☏ 479-9944, 💻 www.skytram.net, gelangt, wer am Arenalsee nach der Brücke rechts abbiegt. Das Touristenvergnügen, das 1 km per Seilbahn über die Baumkronen und anschließend 2,8 km Canopytour umfasst, ist unter Umweltschützern umstritten. ⌚ 7–20 Uhr, letzte Canopy-Tour um 16.30 Uhr.

Übernachtung

La Fortuna hat eine breite Auswahl an Backpackers und günstigen Hotels. Die Mehrzahl der Hotels mittlerer und oberer Preisklasse liegt an der Straße Richtung Vulkan. Empfehlenswerte, ruhige Unterkünfte abseits der Touristenströme sind die Arenal Eco Lodge–Vaccaciones con Campesinos (s. u.) oder die Unterkünfte auf dem Weg zum Catarata Río Fortuna (s. o.). Weitere Übernachtungsmöglichkeiten in der mittleren bis hohen Preiskategorie bietet das kleine, wenig touristische Dorf El Castillo, westlich von Fortuna.

La Fortuna Zentrum

Hotel Dorothy, neben der Stierarena, 200 m südlich, 50 m östlich der Kirche, ☏ 479-8068, 💻 www.hoteldorothy.com. Farbenfrohes, ruhig gelegenes, sauberes Hostel, geleitet vom freundlichen Noel; 20 Zimmer teils mit Vulkanblick. Internet gratis; Dorm $6 p. P.; DZ $18.

La Choza Inn, 250 m westlich vom Postgebäude, bei Eagle Tours, ☏ 479-9091. Geräumiger, schöner, rustikaler Schlafsaal; die DZ mit TV liegen im Annex und haben teilweise feuchte Wände. Gemeinschaftsküche, Internet gratis; D
DZ ab $20.

Lago de Nicaragua
(Lago Cocibolca)
ISLA MANCARRÓN
ISLA MANCARRONCIATA
ISLA SAN FERNANDO
257
Islas Solentiname
ISLA LA VENADA
ISLA ZAPOTE
NI
San Carlos
Colón
Los Chiles
Lomas Buenavista
Birmania
México
San José
Delicias
Upala
San Isidro
Llanura de Guatusos
San Emilio
Parque
Refugio Nacional de Vida Silvestre Caño Negro
Caño Negro
Lago Caño Negro
Brisas
Chimurria Abajo
Angeles
San Macario
Amparo
Pavón
Medio Queso
Canalete
Col. Puntarenas
Fila Caño Negro
Cordillera de Guanacaste
Guayabal
Volcán Miravalles
2026
Ujuminica Alligator Farm
Caño Ciego
414
Buenavista
AL
Lago Mogote
Co. La Giganta
Zona Protectorata Miravelles
1082
Limonal
Fortuna
Tomo
San Bernardo
PARQUE NACIONAL VOLCÁN TENORÍO
1916
Volcán Tenorío
Palmera
San Jorge
San Rafael de Guateso
Pataste
Reserva Indígena Los Guatusos
143
Jicarito
Co. Jiguero 1058
Lago de Cote
Tierras Morenas
Guadalajara
Sabalito
Arenal
Venado
Monterrey
Tigra
Mirador
Palmira
Bagaces
Montano
Laguna de Arenal
Tronadora
Unión
Sta. Eulalia
Palma
Los Angeles
142
Guaria
Balneareo Tabacón
Sangregado
1633
Volcán Arenal
Fortuna
GUANACASTE
Sandilla
Tilarán
Corobici
Queb. Grande
Chiripa
Minae-Büro/ Eingang NP
1100
Volcán Chato
Finca Co. Chalo
Chachagua
Hda. Tamarindo
Las Cañas
Vergel
711
Co. Jabilla
Libano
S. Miguel
Cordillera de Tilarán
PARQUE NACIONAL ARENAL
1315
Co. Los Perdidos
660
Dos de Tilarán
1052
Campos de Oro
San José
Reserva Santa Elena
Bebedero
San Miguel
Cabaceras
Pocosol
PARQUE NACIONAL PALO VERDE
Hda. Taboga
La Cruz
Santa Elena
Reserva Biológica Bosque Nuboso Monteverde
1327
Co. Pocosol
Sierra
Las Juntas de Abangares
Cerros
18
Pueblo Nuevo
Tempisque
Guacimal
35
6
4
CA 1

DER NORDEN
N
0 5 10 15 20 km
NICARAGUA
ALAJUELA
HEREDIA
San Juan
Sabalo
Santa Cruz
Negro
Pocosol
Medio Queso
Infiernito
Conchuda
San Carlos
Tres Amigos
L. Maquenque
L. Gunacas
Cureña
Toro
Marias
Sucio
Pital
Cuarto
Sardinal
Sarapiquí
Guácimo
Pto. Viejo
Peje
San Lorenzo
Balsa
Laguna
Aguas Zarcas
210
463
648
502
431
337
339
2183
2267
2014
2150
Pocosol
Tiricias
Jocote
Crucitas
Concho
Chamorro
San Antonio
Moravia
Recreo
Sta. Rita
Coopevega
Betania
Boca Tapada
Acapulco
Boca Sahino
Santa Rosa
SanGerardo
Sahino
Pangola
Sardinal
Sta. Teresa
Chambacu
Boca Arenal
IGriega
San Rafael
Puerto Viejo de Sarapiquí
Tanque
Angeles
Muelle
Bajos de Chilamate
Pital
250
35
San Gerardo
Vega
Palmera
Tabla
Magsaysay
Corte
Sta. Rita
4
141
La Virgen
Estación Biológica La Selva
San Isidro
Jabilos
Aguas Zarcas
Buenos Aires
Bosque
Florencia
Las Horquetas
Valle Azul
Sta. Clara
Venecia
San Roque
Ciudad Quesada (San Carlos)
140
Río Cuarto
San Ramón
La Tigra
Vieja
Ciudad Cutris
Wasserfall
PARQUE
Angeles
Estación Biológica El Plastico
San Miguel
Río Frio
Colón
Sucre
NACIONAL
Rara Avis
San Lorenzo
Volcán Platanar
JUAN CASTRO
Cariblanco
NACIONAL
Buena Vista
Volcán Porvenir
BLANCO
Volcán Congo
BRAULIO CARILLO
Zapote
PARQUE NACIONAL VOLCÁN POAS
Chinchona
Santa Clara
32
Laguna
Palmira
Bajos del Toro
La Paz Waterfall Gardens
San José
Guápiles

Der Norden

Ruhig, aber zentral

Hostel La Posada Roca Virgen, 200 m nördlich, 25 m westlich der Banco Nacional, ✆ 479-9363, ✉ rocavirgenfortuna@costarricence.cr. Sauberes Hostel in ruhiger Gegend, geleitet von zwei sympatischen jungen Ticas; Zimmer teils mit Privatbad und TV; Gemeinschaftsküche; Fahrradvermietung, Internet gratis; günstige Tickets für die Baldi-Therme. Kreatives Ambiente, gute Tipps. EZ ab $8; DZ ab $10.

Arenal Backpacker, ✆ 479-7000. Das Bruder-Team des Pangea Hostels aus San José leitet auch diesen neuen, eingezäunten Luxusbackpacker. Dorms mit AC und guten Matratzen; große, kahle DZ mit TV, manche mit Balkon und Vulkansicht; Gemeinschaftsküche; Pool mit Liegewiese; Internet gratis; großer Parkplatz; beliebt bei Nordamerikanern; Dorm $11, DZ $52.
Cabinas Rosymari, neben Hotel Dorothy, 200 m südlich, 75 m östlich der Kirche, ✆ 479-9610. Einfache, sehr saubere, geräumige Zimmer mit Plastikmöbeln und Kitchenette, freundliche Besitzerin; ideal für Familien oder kleine Gruppen mit schmalem Geldbeutel; $10 p. P.
Hotel Monte Real, 100 m südlich, 25 m westlich der Escuela La Fortuna, ✆ 479-9357, 💻 www.monterealhotel.com. 9 makellose Zimmer in ruhiger Gegend, teils mit AC, TV, Kühlschrank, umgeben von Rasenfläche; Internet gratis, Pool; Parkplatz; Kinder unter 12 Jahren gratis. ❹
Cabinas Las Gemelas, gegenüber vom Hotel Monte Real, ✆ 479-8483. Makellose, helle Zimmer mit großer Dusche und Hintergarten bei malender Besitzerin; Parkplatz. EZ $15, DZ $25.
Cabinas Arsol, 100 m östlich der Clínica de Seguro, ✆ 479-9913. Die oberen Zimmer mit Vulkanblick sind am schönsten; auch Apartments mit Küche für 6 Pers. ❷–❹
Hotel San Bosco, 100 m nordöstlich vom Park, ✆ 470-9050, 💻 www.arenalvolcano.com. 34 kleine, ruhig gelegene Zimmer mit Gemeinschaftsbalkon und Vulkanblick; großer Pool, Kinderbecken und Jacuzzi; sehr freundliche Rezeption, Frühstück inkl. ❺
El Sesteo Hotel, 500 m nördlich vom Park, Richtung Agua Azul, ✆ 479-0079, ✉ info@elsesteoonline.com. 18 neue, schöne Blockhäuser, eng aneinander gereiht; Pool und Restaurant; das Hotel ist für Rollstuhlfahrer geeignet; der freundliche Besitzer ist der Leiter von Sunset Tours. ❹

Am Weg zum Wasserfall

Cabinas la Catarata, 2 km vor dem Fortuna-Wasserfall, ✆ 479-9753. Fünf einfache rustikale, schön geschnittene Holzhäuser in verschiedenen Größen (bis zu 6 Pers.) am Fluss; große Rasenfläche mit Tischtennisplatte; Parkplatz; ideal für Familien; sehr gutes Preis-Leistungs-Verhältnis. ❸

Am Weg zum Vulkan

Catarata Eco Lodge, von La Fortuna 1,5 km die Straße in Richtung Vulkan fahren, hinter dem Friedhof links in den Schotterweg einbiegen, von hier sind es weitere 1,5 km bis zur Lodge, ✆ 479-9612, 💻 www.cataratalodge.com. Ein Ökotourismusprojekt mit 9 sauberen, teils muffigen Zimmern im Grünen; Vulkanblick; Internet, Restaurant; Frühstück inkl.; Kinder unter 10 Jahren frei. ❹
Montaña de Fuego Resort und Spa, 9 km westlich von La Fortuna, ✆ 460-1220, 💻 www.montanadefuego.com. Große, luxuriöse Anlage mit schön geschnittenen Häusern, zwei Pools, Spa, Jacuzzi; alle 66 Zimmer haben AC und Vulkanblick. ❻
Miradas Arenal, 4 km westlich von Tabacón, ✆ 460-5828, 💻 www.miradasarenal.com. 10 süße, farbenfrohe Häuser mit Badewanne, AC, Kühlschrank, TV und Veranda; umgeben von Rasenfläche; Vulkanblick; Frühstück inkl. ❺
Erupciones Inn, 10 km westlich von La Fortuna. 6 schlichte, geräumige Bungalows mit Vulkanblick, teils mit Jacuzzi; vergünstigter Eintritt zur Baldi-Therme; freundliche kanadisch-costa-ricanische Familie; das Frühstück fällt etwas dürftig aus. ❺
Lost Iguana Resort, nach dem Staudamm rechts der Ausschilderung folgen, ✆ 461-0122, 💻 www.lostiguanaresort.com. Luxus-Hotel,

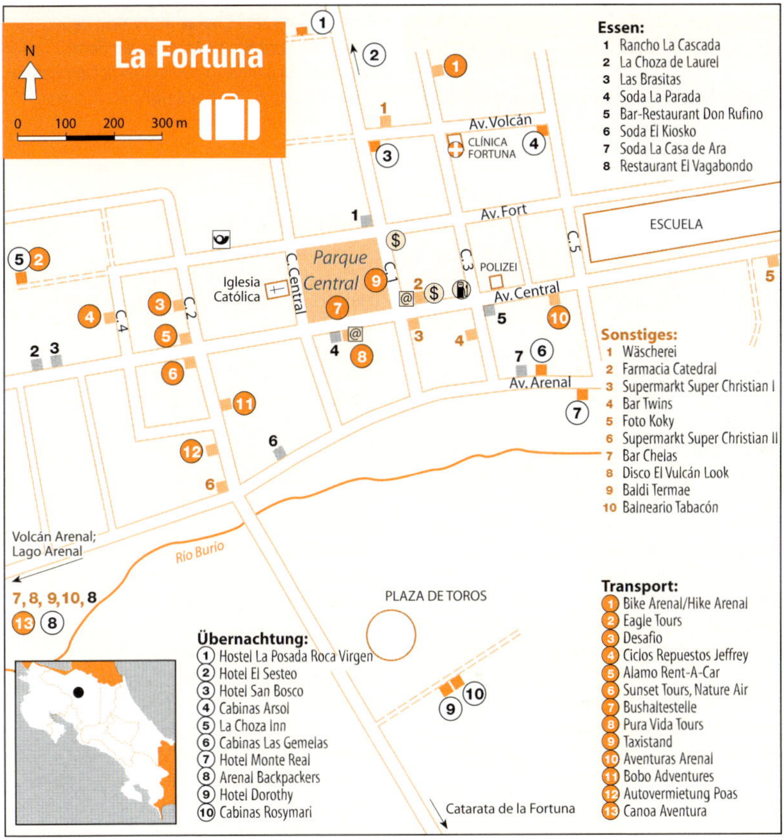

idyllisch in Hügeln gelegen, 66 helle Zimmer mit urigen Holzmöbeln und großer Veranda mit atemberaubendem Blick auf den Vulkan. Alle Zimmer mit Kühlschrank, TV und AC. ❻

Observatorio Volcan Arenal, Straße Richtung Nationalpark, 7 km vom Park, ✆ 692-2070, 💻 www.arenalobservatorylodge.com, nur 2,7 km vom Vulkan entfernt. Nordamerikanische Vulkanforscher kauften die ehemalige Farm für Forschungszwecke; Zimmer sehr unterschiedlicher Ausstattung; teils mit Blick auf den Arenalsee oder Vulkan. Aussichtsdeck; 350 ha tropisches Privatreservat mit Wanderwegen; Pool und Jacuzzi; Kinder bis 6 Jahre gratis, bis 12 Jahre die Hälfte. Frühstücksbuffet inkl. ❺–❻

Linda Vista Lodge, auf der Straße Richtung Nationalpark, 6 km hinter dem Park, ✆ 692-2090, 💻 www.hotellindavista.com, steil auf einem Hügel gelegen. Die Zimmer sind nichts Besonderes, die Sicht aus den großen Fenstern aber ist atemberaubend; teils mit Vulkan-, teils mit Seeblick. Jacuzzi, Pool. Frühstück inkl.; sehr zuvorkommender Service. ❺–❻.

Essen

El Novillo, 10 km westlich von La Fortuna. Kein tolles Ambiente, dafür exzellente Steaks, Fisch- und Hühnchengerichte zu günstigen Preisen; einige Tische mit Vulkanblick. 🕓 10–23 Uhr.

Vaccaciones con Campesinos

Arenal Eco Lodge–Vaccaciones con Campesinos, 1,5 km westlich von La Fortuna, hinter dem Friedhof links abbiegen, nach 800 m auf der rechten Seite, ✆ 479-9526, 💻 www.arenaloasis.com. Privatfinca mit schönen, rustikalen, weit auseinander stehenden und geräumigen Blockhäusern bei dem reizenden Ehepaar Doña Rosa und Don Fernando. Diese Unterkunft abseits des Touristenpfades eignet sich auch gut für Familien. Großer Garten, Vulkanblick; Internet, Frühstück inkl.; die Finca nimmt an Wiederaufforstungsprojekten teil. ❸

El Vagabondo, 1 km westlich von La Fortuna. Riesige Auswahl an leckerer, original italienischer Holzofenpizza in rustikalem Ambiente; auch Pasta; mittlere Preisklasse. 🕒 12–23 Uhr.
Las Brasitas, 275 m westlich von der Autovermietung Alamo, serviert mexikanische Gerichte. 🕒 So–Do 10–22, Fr und Sa 10–23 Uhr.
La Choza de Laurel, 300 m westlich von der Autovermietung Alamo; rustikales, touristisches Restaurant mit Fleisch, Fisch und Pasta. Das gegrillte Hähnchen ist zum Fliegen lecker; untere Preisklasse. 🕒 12–24 Uhr.
Rancho la Casacada, schräg gegenüber der Banco Nacional. Landestypische Küche. 🕒 18–23 Uhr. Günstige landestypische Gerichte gibt es außerdem in der **Soda La Casa de Ara**, der **Soda El Kiosko** und der beliebten **Soda La Parada**, gegenüber der Bushaltestelle.
Restaurant und **Bar Don Rufino**, an der Hauptstraße, edles, kleines Restaurant mit einer Mischung aus costa-ricanischer, italienischer, kolumbianischer und peruanischer Küche; neben Ceviche und Casado gibt es raffiniert zubereiteten Tilapia in Avocadosoße; 🕒 18–2 Uhr.

Nachtleben

Das Tanzbein schwingen kann man in der Discothek **Volcán Look**, 4 km westlich von La Fortuna (Mi–Sa) oder in der Disco des Restaurants **Rancho La Cascada**.

Beliebte Bars sind **Chelas** (Karaoke), neben dem Costa Rica Backpacker, außerdem **Twins**, 25 m südlich vom Restaurant Don Rufino und, für Nachteulen, **Bar Luigi's**, Av. Central, Ecke C. 4.

Touren

In La Fortuna läuft beinahe alles über Tourveranstalter. Individualreisende treffen an den Eintrittskassen mitunter auf erstaunte Kassierer, die nicht wissen, was sie Einzelreisenden als Eintritt berechnen sollen. Beliebte Tourziele sind der Vulkan Arenal und Vulkan Chato im Nationalpark Arenal, der Fortuna-Wasserfall, die Caño Negro Reserva und die Hängenden Brücken. Außerdem werden Aktivitäten wie Rafting, Kajaking, Canopy, Reiten und Mountainbiking angeboten.

Jeep / Boot / Jeep

Statt den Arenalsee ganz zu umfahren, bieten einige Tourveranstalter landschaftlich reizvolle Jeep/Boot/Jeep-Touren an. Die Touristen werden dabei per Jeep zum Boot gebracht, am gegenüberliegenden Seeufer wieder abgeholt und nach Monteverde transportiert.

Pferd

Diverse Tourveranstalter bieten landschaftlich sehr reizvolle Reittouren von La Fortuna entlang des Arenalsees nach Monteverde. Die Touren dauern fünf Stunden. Drei Stunden sitzt man davon im Sattel, der Rest wird mit Auto und Boot zurückgelegt. Das Gepäck wird im Auto transportiert. Gewarnt sei vor schlammigen Wegen und unterernährten Pferden. Verantwortungsbewusste Tourveranstalter sind weiter unten aufgelistet.

Tourveranstalter

Canoa Aventura, 1,5 km westlich von La Fortuna, ✆ 479-8200, 💻 www.canoa-aventura.com. Vier als Naturführer ausgebildete Brüder und eine Schwester leiten Kanu- und Floatingtouren, Wanderungen zum Volcán Chato, Touren zur Reserva Caño Negro und Reittouren in kleinen Gruppen. Empfehlenswert.

Wer führt mich?

Tourveranstalter in La Fortuna bieten eine Vielfalt an Touren an, von denen sie jedoch meist nur einen Bruchteil selbst leiten. Für den Rest engagieren sie Führer anderer Tourbüros und dadurch erhöht sich der Preis für die Teilnehmer. Vor dem Kauf einer Tour sollte man sich daher vergewissern, dass sie wirklich vom Veranstalter selbst durchgeführt wird.

Bike Arenal / Hike Arenal, ✆ 479-9454, 💻 www.bikearenal.com, 💻 www.hikearenal.com. Mehrstündige bis mehrtägige Mountainbiketouren in der Arenal-Gegend und durch ganz Costa Rica; außerdem ein- bis mehrtägige Wandertouren mit maximal 8 Pers., u. a. zum Cerro Chato und im Nationalpark; auch Vogelbeobachtungstouren.
Sunset Tours, ✆ 479-9800, 💻 www.sunsettourcr.com. Einer der ersten Touranbieter in La Fortuna; Touren u. a. zu den hängenden Brücken, zum Nationalpark, zum Cerro Chato Krater und in die Reserva Caño Negro.
Aventuras Arenal, ✆ 479-9133, 💻 www.arenaladventures.com. Schlauchboottouren (Floating) auf dem Peñas Blancas, Bootstouren auf dem Arenalsee; günstige Touren zum Caño Negro Reservat.
Desafio, hinter der Kirche, ✆ 479-9464, 💻 www.desafiocostacica.com. Spezialist für Rafting; Touren im Rio Arenal (II-III) und Río Toro (IV); auch Kajaktouren und Reittouren nach Monteverde.
Bobo Adventures, ✆ 479-9112. Spezialist für Touren zu den Venado-Höhlen, $40 p. P.
Eagle Tours, ✆ 479-9091, 💻 www.eagletours.net. Vulkantouren; Reittouren zum Wasserfall; Jeep/Boot/Jeep-Transport nach Monteverde ($19 morgens, $25 abends).

Sonstiges

Apotheke
Farmacia Catedral, 25 m östlich vom Park, ✆ 479-9778, 🕓 Mo–Sa 8–20.30, So 8–19 Uhr.

Autovermietung
Poas, im Hotel Montañas de Arenal, ✆ 479-8027, 💻 www.poasrentacar.com, 🕓 Mo–So 7–18 Uhr.
Alamo Rent-A-Car, hinter der Kirche, ✆ 470-0000, 🕓 Mo–So 7.30–18 Uhr.

Fahrradreparatur
Ciclos Repuestos Jeffrey, 200 m westlich vom Park, ✆ 479-8122, 🕓 Mo–Fr 7–18, Sa 7–15 Uhr.
Ciclo Fortuna, 75 m östlich der Kirche, 🕓 Mo–Sa 8–17 Uhr.

Fahrradvermietung
Pura Vida Tours, an der Hauptstraße, ✆ 470-0454, 5 Std. für $10; auch Scooter für $35.
Bike Arenal, 50 m nördlich der Klinik, hat die besten Fahrräder in La Fortuna. $15 für 5 Std., $20 pro Tag (s. auch Touren).

Fotogeschäft
Foto Koky, an der Hauptstraße, 🕓 Mo–Fr 7.30–12 und 13.15–18, Sa 9–17 Uhr.

Geld
Banco Nacional, am Park, 🕓 8.30–15.45 Uhr.
Banco de Costa Rica, an der Hauptstraße, 🕓 Mo–Fr 9–16 Uhr.
Banco Popular, an der Hauptstraße, 🕓 9–15.30, Sa 8.30–11.30 Uhr.

Internet
Viele Tourveranstalter bieten Internetservice an. **Expediciones Fortuna** (teuer) und **Pura Vida Tours** liegen an der Hauptstraße; je weiter weg von der Hauptsstraße, desto günstiger werden die Tarife.

Medizinische Hilfe
Clinica Fortuna, 200 m nördlich der Bomba Servicentro Fortuna, ✆ 479-9501.

Nature Air
Im Büro von Sunset Tours (s. Touren).

Post
Nördlich der Kirche, 🕓 Mo–Fr 8–12 und 13–16.30, Sa 8–12 Uhr.

Supermärkte

Super Christian I und **II**, an der Südostecke vom Parque Central, bzw. neben der Brücke Richtung Catarata, ⌚ Mo–Sa 7–22, So 8–17 Uhr.

Taxis

Tarife: Baldi 1500C; Tabacón 4000C; Observatorio $20; Nationalpark $13; Puentes Colgantes $15.

Wäscherei

Gegenüber vom Hotel San Bosco. Die meisten Hotels bieten Wäscheservice.

Transport

Busse

Fortuna besitzt keinen Busbahnhof. Die Busse fahren an der Südseite des Parkes ab. Wichtige Verkehrsknotenpunkte in der Umgebung sind Tilarán und San Carlos (Ciudad Quesada). Von dort fahren Busse nach Monteverde, Guanacaste, an die Pazifikküste, in die Sarapiquí-Gegend und zur Grenze nach Nicaragua (Los Chiles).

San José, 2x tgl., 4 1/2 Std.
Upala, 2x tgl.
Ciudad Quesada, 2x tgl., 1 Std.
Tilarán, 2x tgl.; 3 1/2 Std.

Shuttle-Busse

Interbus, neben Sunset Tours, 3 479-9796, und **Fantasy Bus**, ✆ 232-3681, 💻 www. greyline costarica.com, bieten Transport nach Monteverde, Guanacaste, zur Peninsula Nicoya, an die Karibik und nach San José.

Easy Ride, ✆ 258-5373, 💻 www.easyride. cr.com, täglicher Shuttle nach San José, $25.

2 HIGHLIGHT

Parque Nacional Volcán Arenal

MINAE-Büro ✆ 461-8499
Öffnungszeiten 8–16 Uhr
Eintritt $6
Gründungsjahr 1991
Größe 12 000 ha
Besucherzahl 60 000 Personen pro Jahr
Transport
Auto: 14 km westlich von La Fortuna links zum Parkeingang abbiegen (1,5 km).
Busse: Busse von La Fortuna in Richtung Tilarán halten an der Abzweigung zum Park. Von hier sind es 2 km Fußmarsch.

Der Parque Nacional Volcán Arenal umschließt den ruhenden **Volcán Chato** (1100 m) und seinen jüngeren, aktiven Bruder **Volcán Arenal** (1643 m), den man ebenfalls lange für erloschen hielt. Noch in den 1930er-Jahren führten Exkursionen zum Arenal-Krater. „Cerro Arenal" (Berg) – nicht einmal „Volcán Arenal" nannten ihn die Einheimischen mehr. Bis zum 29. Juli 1968, als ein Erdbeben den Berg aus seinem fast 400-jährigen Schlaf riss. Mit einer gewaltigen Explosion meldete sich der Vulkan zurück und begrub die Orte Tabacón und Pueblo Nuevo sowie 78 Menschen unter Lava, Geröll und Asche. Seitdem spuckt der Arenal kontinuierlich – manchmal mehrmals täglich, dann wochenlang gar nicht – Lava und sogenanntes Lockermaterial (Gesteinsbrocken und Asche) aus seinem Krater. Diese lagern sich in den für einen Stratovulkan typischen Schichten um seinen Schlot an.

Wanderwege im Park führen zu den **erkalteten Lavaströmen** der verschiedenen Eruptionen. Besucher werden gebeten, die Absperrungen und Gefahrenhinweise unbedingt zu respektieren. Mehrere leichtsinnige Touristen versuchten in der Vergangenheit, den Krater während seiner Ruhephasen zu erklimmen. Sie kamen dabei ums Leben und riskierten obendrein das der Rettungstrupps. Die letzten Opfer, die der Vulkan forderte, waren eine Mutter mit Kind und Führer, die im August 2000 auf der Ostseite des Vulkans von toxischen Gasen und Schlammlawinen überrascht wurden. Das achtjährige Mädchen und der Führer starben an ihren Verbrennungen.

Wanderwege

Der 1 km lange **Las Heliconias Trail** führt zu einem erkalteten Lavastrom von 1968, und auf dem 2,8 km langen **Las Coladas** gelangt man zu einem Lavastrom aus dem Jahr 1992. Ein 1,3 km langer Wanderweg befindet sich auch auf dem **Sendero**

Mirador, dies ist der äußerste Punkt, bis zu dem man sich dem Vulkan im Park nähern darf. Oft ist die Sicht auf den Arenal jedoch aus der Distanz besser. Sendero Los Tucanes und Sendero Pilón waren zur Zeit des Schreibens geschlossen.

Arenal Observatory Lodge

Das lediglich 2,7 km vom Vulkan Arenal entfernte Observatorium diente nordamerikanischen Vulkanforschern in den 1970er-Jahren als Forschungsstation und wurde 1987 zum Hotel umgebaut. Die privaten Wanderwege sind auch Nicht-Gästen zugänglich und bieten eine Alternative zum Nationalpark; Eintritt 1500C p. P.

Eine kostenlose 3-stündige Führung durch den benachbarten **Nationalpark** (Parkeintritt $6) beginnt jeden Morgen um 8.30 Uhr am Hotel. **Sendero La Catarata**, der beliebteste und leichteste Wanderweg, führt zu einem Wasserfall, umgeben von Palmen und Farnen (1 Std. Hin- und Rückweg).

Anstrengender ist der **Sendero Lava Vieja**, der hinab zum Fluss Agua Caliente und von dort durch ein erkaltetes Lavafeld von 1992 zum Fuß des Vulkans führt. Diese Region gehört bereits zur Risikozone. Die Vegetation hier hat sich regeneriert, an manchen Stellen steigt weiterhin Dampf auf. Der Rundweg dauert 4 Std.

Eine 4–5-stündige (Hin- und Rückweg) steile Wanderung führt zum Krater des Cerro Chato, dem älteren, 3500-jährigen schlafenden Bruder des Arenal-Vulkans. Sein Krater ist mit einer grünen Lagune gefüllt und leider oft von Wolken umgeben. An die Wanderung lässt sich ein Abstecher zum Catarata Fortuna anschließen (insgesamt 6 Std.).

Um den Lago Arenal nach Tilarán

16 km westlich von La Fortuna steht der **Presa Sangregado**, ein 88 mal 58 m großer Staudamm, mit dem die staatliche Energiebehörde ICE das Flusswasser des Rio Arenal staut und die Tiefebene zwischen der Cordillera Guanacaste und Cordillera Tilarán in eine Seenlandschaft verwandelte. Aus der einstigen kleinen, natürlichen Laguna Arenal entstand so der **Lago Arenal**, der größte See Costa Ricas. Das Wasser wird vom See durch Tunnel in zwei Wasserkraftwerke bei Tilarán geleitet, die 70 % der gesamten Elektrizität in Costa Rica produzieren. In fast 30 m Tiefe liegen die versunkenen Orte Arenal und Tronadora sowie einige präkolumbische Siedlungen. 3500 Menschen mussten 1973 für das Staudammprojekt umsiedeln, 10 Fisch- und 400 Vogelarten sind seitdem hinzugezogen.

Der **Arenalsee** mit seinen kleinen Inseln fügt sich in die grüne Hügellandschaft ein als wäre er natürlichen Ursprungs. Eine streckenweise von Schlaglöchern zerfressene Straße führt am nördlichen und westlichen Seeufer entlang durch die Ortschaft Nuevo Arenal bis nach Tilarán. Die von dichten Schilfgürteln umsäumte Strecke ist malerisch und erinnert – bis auf den Vulkan – an eine Voralpenlandschaft. Viele bayrische, österreichische und schweizerische Expats haben sich, vom milden Klima angezogen, am Seeufer niedergelassen. Von November bis April wehen am Arenalsee starke Winde mit einer Geschwindigkeit von bis zu 100 km/h. Sie machen den westlichen Seeabschnitt zu einem der besten Wind- und Kitesurfreviere weltweit.

Übernachtung

Arenal Lodge, hinter dem Staudamm rechts, 2 km in Richtung hängende Brücken. 50 attraktive Zimmer unterschiedlicher Ausstattung,

Heiliger Baum

La Ceiba Tree Lodge, 21 km westlich vom Staudamm, ✆ 692-8050, 💻 www.ceibatree-lodge.com. 5 hübsche, schlichte Zimmer mit einer großen Veranda und spektakulärer Sicht auf den Arenalsee; im Haupthaus befindet sich die Honeymoonsuite. Attraktion des Hotels ist ein majestätischer, 500-jähriger, preisgekrönter Ceiba-Baum, um den Baumverehrer nackt im Reigen tanzten, denn der Ceiba-Baum war den Indianern heilig. Einige Besucher kommen eigens hierher, um den Baum zu sehen. Freundliche, hilfsbereite deutsche Leitung. ❺–❻

umgeben von privatem Dschungel mit Wanderwegen. Fantastische Sicht auf den Arenal; sehr gutes, aber teures Restaurant. ❺

Hotel Los Héroes, 14 km westlich vom Staudamm, ✆ 692-8012, 💻 www.pequenahelvecia.com, eine Miniatur-Schweiz mit Hotel, Kapelle und einer 3 km langen Eisenbahn, die durch Tunnel und über Brücken zum Restaurant mit Panoramablick fährt. Zimmer mit urigen Möbeln und Fensterläden mit Herzen; auch Apartments mit Küche und Badewanne; Pool und Jacuzzi; Frühstück inkl. ❹–❻

Cabinas Alondra, 9 km vor Nuevo Arenal, ✆ 692-8036, 692-8042, geräumige, saubere Cabinas mit Veranda. Leider ist der Blick auf den See durch Strommasten versperrt; Restaurant; Frühstück inkl. ❸

Essen

Gingerbread, neues Restaurant mit israelischem Koch; ⏲ Di–Sa 11.30–15 und 17–21 Uhr.

Las Lajas, 2 km vor Nuevo Arenal. Landestypische Gerichte, bekannt für gute Casados und Tilapia; beliebt bei Tourgruppen. ⏲ 8–21 Uhr.

Restaurant Los Heroes, im Hotel Los Heroes. Internationale Gerichte und schweizerische Spezialitäten wie Rösti und Käsefondue.

Toad Hall, 16 km westlich vom Staudamm. Gut zum Frühstücken, frisches Brot, Müsli, Waffeln, Fruchtsäfte auf hübscher, kleiner Terrasse mit Seeblick. ⏲ 8.30–16 Uhr.

Nuevo Arenal

1973 errichtete Costa Ricas Energiebehörde ICE die kleine Ortschaft Nuevo Arenal als Ersatz für das alte Arenal, das beim Staudammprojekt überflutet wurde. Im Ort gibt es Internet, Bank, frisches Brot, Weißwurst, Hefeweizen und einige günstige Übernachtungsmöglichkeiten. Nuevo Arenal wird vorwiegend von Tagesausflüglern besucht.

Übernachtung

Cabinas Rodriguez, ✆ 694-4237, am Sportplatz. Die günstigste Unterkunft im Ort, saubere Zimmer teils mit Privatbad; Gemeinschaftsküche. EZ ab 2500C. ❶

Cabinas Catalina, ✆ 694-0033. Nagelneue Zimmer mit TV und guten Matratzen, aber trauriger Sicht auf eine Mauer; Restaurant. ❷–❸

Aurora Inn, am Sportplatz, ✆ 694-4590. Hübsche holzvertäfelte Zimmer mit Veranda und Seeblick; Kajaks, Pool, Jacuzzi und Restaurant. ❸–❹

Essen

Tom's Pan, am Ortseingang, deutsche Bäckerei mit Café und Restaurant; Kuchen, Brot, sehr leckere Bratwurst, gemischte Wurstplatten und Erdinger Hefeweizen. Beliebt zum Frühstücken; Thomas vermietet auch Kajaks. ⏲ Mo–So 7.30–17 Uhr.

Restaurant Mavericks, im Hotel Aurora, gute Fleisch- und Fischgerichte. ⏲ ab 18 Uhr.

Soda Amalia, am Sportplatz, beste Soda im Ort; leckere Fischsuppe mit Milch.

Soda Rancho dos Bocas, an der Ortsausfahrt Richtung Tilarán, geleitet von einer Frauenkooperative; günstige Casados und gefüllte Tortillas. ⏲ 9–21 Uhr.

Sonstiges

Apotheke
Farmacia Arenal, im Zentrum. ⏲ Mo–Sa 8–19 Uhr.

Geld
Banco Nacional, am Sportplatz. ⏲ Mo–Fr 8.30–15.45 Uhr.

Internet
Café Internet Pedro, im Zentrum. ⏲ 10.30–20 Uhr.

Kajaks
Bei **Tom's Pan**, $10 p. P./Std., $16 für Doppelkajak.

Post
Im Zentrum, ⏲ Mo–Fr 8–12 und 13–17.30 Uhr.

Supermarkt
Super Chavez, im Zentrum, ⏲ Mo–Sa 7–21, So 8–20 Uhr.

Transport

Busse nach **Tilarán** 7x tgl., **Fortuna** 2x tgl., **Guatuso** und **San Carlos** 1x tgl.

Weiter nach Tilarán

An den Hängen des windigen Westufers drehen sich kräftig Armeen von Windrädern. Von Dezember bis April gleiten hier Wind- und Kitesurfer über den See. Das **Tilawa Hotel** (s. u.) verleiht die Ausrüstung dazu: Windsurf- ($35/Std. oder $45/Tag) und Kiteboardverleih ($50/Std.), ⌚ 7–17 Uhr.

Übernachtung

Hostel Lake Arenal, ✆ 694-4218, an der Ortsausfahrt von Nuevo Arenal. Kurz hinter dem Restaurant Rancho dos Bocas links abbiegen; sehr schöne Lage am Fluss. Rustikales, etwas chaotisches Hostel mit moderner Küche und Pool; Frühstück inkl.; kanadische Leitung. Dorm $10 p. P.

Mystica Resort, ✆ 692-1001, 💻 www.mysticalodge.com. Auf einem Hügel gelegenes, ruhiges Hotel mit Seeblick; 6 geräumige, schlichte Zimmer in unterschiedlichen Farben mit großer Veranda; Rasenfläche mit Spielgerüst; Yogastunden in der HS; Restaurant. ❺

Tilawa Hotel, ✆ 695-5050, 💻 www.tilawa.com. Imposante Eingangshalle; die großen Zimmer fallen dagegen schlicht aus; ältere Badezimmer; teilweise Seeblick; viel Zement; Pool und Spa. Das Hotel hat ein umfangreiches Freizeitprogramm und vermietet Surfbretter. ❺

Essen

Caballo Negro, 2 km vor Tilarán. Gute deutsche Küche, Steaks, vegetarische Gerichte. Willi vermietet auch Zimmer. ⌚ 7–20 Uhr.

Mystica, im Hotel Mystica, sehr leckere, italienische Holzofenpizza, hausgemachte Ravioli und Pasta mit Macadamiasoße. Untere bis mittlere Preisklasse. Das Restaurant hat Seeblick und einen Spielplatz für Kinder. ⌚ 7.30–21 Uhr.

Tilarán

Den meisten Touristen dient das freundliche Tilarán nur als Umsteigeort auf der Busstrecke von Monteverde nach La Fortuna. Weitere Busverbindungen bestehen von Tilarán nach San José, zur Pazifikküste und nach Guanacaste.

Übernachtung

Hotel Mary, an der Südseite des Parkes, ✆ 695-5479. Saubere Zimmer mit TV, teils mit Privatbad und AC, Wäscheservice, Parkplatz; EZ ab 3000C. $

Hotel El Sueño, 75 m nördlich vom Taxistand, ✆ 695-5347. Auf edel gemacht; kleine, saubere, dunkle Zimmer mit Teppichauslegware und Plüschbetten; gute Matratzen; Parkplatz. Schlafsaal ab $6, DZ ab $20.

Hotel Central, 100 m östlich, 25 m südlich der Südostecke des Parks, ✆ 695-5363. Die billigste Unterkunft im Ort; saubere Zimmer mit Gemeinschaftsbad; Anstrich nicht mehr taufrisch; bessere Zimmer im oberen Stock, Matratzen teils durchgelegen; ab 2500C p. P.

Hotel Guadalupe, 100 m südlich, 25 m östlich der Südostecke des Parks, ✆ 695-5043. Makellose Zimmer; Parkplatz und Restaurant. ❸

Sonstiges

Apotheke

Farmacia Sara, ✆ 695-5607, gegenüber von Pali, ⌚ Mo–Sa 7–20 Uhr.

Fahrradreparatur

Ciclo Tila, gegenüber dem Taxistand am Park, ✆ 695-6540, ⌚ Mo–Fr 8–12 und 13.30–18, Sa 8–16 Uhr.

Geld

Banco Popular, 250 m östlich der Nordostecke des Parks, ⌚ Mo–Fr 9–15.30, Sa 8.30–11.30 Uhr.

Banco Nacional, an der Südseite des Parks, ⌚ Mo–Fr 8.30–15.45 Uhr.

BCR, 100 m östlich, 100 m nördlich der Nordostecke des Parks, ⌚ Mo–Fr 9–16 Uhr.

Internet
Cybercafé Tilarán, 75 m nördlich der Nordostecke des Parks. ⌚ Mo–Sa 9–22, So 12–20 Uhr.

Medizinische Hilfe
Cruz Roja, 100 m östlich vom Supermarkt Pali, ✆ 695-5256.

Polizei
Neben dem Busbahnhof.

Supermärkte
Pali, 100 m östlich der Nordostecke des Parks, ⌚ Mo–Do 8.30–19, Fr und Sa 8.30–20, So 8.30–13 Uhr.
Supermarkt Zamora, 100 m südlich der Nordostecke des Parks, ⌚ Mo–Sa 7–19 Uhr, So 8–12 Uhr.

Tankstelle
200 m nördlich der Nordostecke des Parks.

Taxis
Taxis Unidos Tilarán, am Park; Tarife: Nuevo Arenal 8000C. Fortuna 25000C. Monteverde 25000C.

Telefone
Am Park.

Transport

Der Busbahnhof liegt 25 m westlich der Nordwestecke des Parks.
Busse fahren nach:
Ciudad Quesada, 2x tgl.
La Fortuna , 5x tgl.
St Elena / Monteverde, 1x tgl.
San José, 5x tgl.
Puntarenas, 3x tgl.
Guatuso, 1x tgl.
Cañas, 7x tgl.

Monteverde und Santa Elena

Eine holprige, ausgewaschene Lehmpiste führt in die hügelige Elfen- und Feenlandschaft Monteverdes. Über den Wäldern schweben – fliegenden Teppichen gleich – lange, dichte Nebelschwaden. Unaufhörlich tropft es sanft auf Blechdach und Windschutzscheibe. Der Weg ist für Ochsen- und Pferdekarren gedacht, nicht für die Dutzenden sperrigen Blechvehikel, die ihn täglich befahren. Er ist ein Relikt aus ruhigeren Zeiten, als Monteverde noch eine kleine Quäkersiedlung war (s. Kasten).

Santa Elena ist das Zentrum Monteverdes. Drei große Privatreservate umgeben den kleinen Ort. Die **Reserva Monteverde, Reserva Santa Elena** und der **Bosque Eterno de los Niños** sind sowohl einzigartig in ihrer Vegetation als auch in ihrer Entstehungsgeschichte und ihrem Management. Monteverdes Quäkergemeinde machte 1962 den Anfang und stellte 554 ha Nebelwald unter Schutz. Mitte der 1980er-Jahre entstand, dank des Engagements von Schulkindern, der Bosque de los Niños, das größte Privatreservat Costa Ricas. Eine schwedische Grundschulklasse sammelte 1986, u. a. durch Theateraufführungen am schwedischen Königshof, Geld für Monteverdes Wälder. Ihrem Beispiel folgten Kinder aus über 40 Ländern, die sich an sehr unterschiedlichen Spendenaktionen beteiligten. Im Fall der Santa Elena Reserva übergab die costaricanische Regierung der Gemeinde Monteverde das Land unentgeltlich auf unbestimmte Zeit.

Verwaltet werden die Reservate durch Nicht-Regierungsorganisationen oder, wie die Reserva Santa Elena, von der Elterngemeinschaft des örtlichen *Colegios*. So unterschiedlich die Interessensgemeinschaften sind, ihr Ziel ist dasselbe: der Schutz der Wälder. Mit den Einnahmen erwerben sie weiteres Land, forsten auf und finanzieren Forschungs- und Umweltprojekte. Die Eintrittsgelder der Reserva Santa Elena gehen ausschließlich an die Schulen der Umgebung. Die Reserva Monteverde (mit vollem Namen Reserva Biológica Bosque Nuboso Monteverde) legt vorausschauend 15 % ihrer Einnahmen in Aktien an, um das Fortbestehen ihres Schutzgebietes

Quäker in Monteverde

Anfang der 1950er-Jahre verließen elf Quäkerfamilien ihre Heimat Alabama, um im wenig besiedelten Monteverde ein ländliches Leben in Einfachheit, Abgeschiedenheit und Frieden zu führen. Die kleine Glaubensgemeinschaft, die im 17. Jahrhundert in England gegründet wurde und zu den traditionellen Friedenskirchen zählt, wählte nicht ohne Grund Costa Rica als neue Heimat, ein Land, das nur wenige Jahre zuvor seine Schwerter zu Pflugscharen umgewandelt hatte. Kriegsdienstverweigerung und Protestmärsche hatten die *Friends,* wie sich die Quäker untereinander nennen, in den USA oft in Konflikt mit der Staatsgewalt gebracht.

In Monteverde gründeten sie eine Milchwirtschaftskooperative, die so genannte Lechería, und holzten die umgebenden Nebelwälder für Kuhweiden ab. Ihr Monte-Rico-Käse wurde zum Renner und machte sich bald über die Grenzen Costa Ricas hinweg einen Namen.

Mitte der 1960er-Jahre erkannten die Quäker, wie wichtig der Baumbestand für den Schutz der kontinentalen Wasserscheide war, die sich mitten durch Monteverdes Nebelwald zieht. Sie legten daraufhin die Reserva Bosque Enterno an, die sie mit der Hilfe von amerikanischen Wissenschaftlern 1972 zur Reserva Bosque Nuboso Monteverde erweiterten.

Das Reservat wurde – in einer Zeit, als der Naturschutz in Costa Rica noch in den Kinderschuhen steckte – zum Vorreiter für die Entstehung weiterer Privatreservate im Land.

Quäker leben heute nur noch wenige in Monteverde. Denn um die märchenhaft-mystischen Nebelwaldreservate hat sich zu ihrem Leidwesen eine der Haupttouristenregionen Costa Ricas entwickelt, wo Besucher auf Stahlseilen über Baumkronen jagen und Serpentarien, Ranarien und Mariposarien wie Pilze aus dem Boden schießen. So sehr sich die Region auch verändert, an der Holperpiste halten die Einwohner fest. Sie soll den Touristenstrom eindämmen und Besucher mindestens zwei Nächte im Ort halten.

auch dann zu gewährleisten, wenn der Tourismus in Monteverde einmal abflauen sollte.

Santa Elena

Santa Elena ist das Zentrum Monteverdes. Trotz ansteigender Touristenzahlen hat sich der kleine Ort seinen einfachen, ländlich-rauen Charakter bewahrt. Auf drei staubigen Straßen, die zu einem Dreieck zusammenlaufen, befindet sich alles, was das Herz eines Reisenden begehrt: günstige Hotels und Backpackers, Restaurants, Supermärkte, Banken und Internetcafés. Busse verbinden Santa Elena mehrmals täglich mit den benachbarten **Nebelwaldreservaten** und dem Rest des Landes.

Übernachtung

Santa Elena hat eine Fülle guter, günstiger Unterkünfte, oft mit Berghüttencharme. Die Hotels oberer Preisklasse befinden sich hauptsächlich an der Straße zur Reserva Monteverde und werden überwiegend von Pauschaltouristen besucht. Viele Hotels nehmen auch in den Monaten Juli und August Hochsaisonpreise.

Im Zentrum

Camping s. Pension Monteverde und Sunset Hotel.

Mar Inn B&B, 350 m nördlich der Banco Nacional, ✆ 645-5279. Hüttenambiente mit 8 einfachen, schönen, sauberen Zimmern; teils mit Privatbad. Gemeinschaftsbalkon; Frühstück inkl., EZ ab $12, DZ ab $24.

Hotel Don Taco, 400 m nördlich der Banco Nacional, ✆ 645-5263, 💻 www.hoteldontaco.com. 23 saubere Zimmer; Standardzimmer mit älteren Möbel oder gemütliche Cabinas mit großer Fensterwand und Blick auf den Golf von Nicoya; hübsch angelegter Garten, Restaurant. ❸

Hotel Camino Verde, ✆ 645-6304, 💻 www.exploringmonteverde.com. Backpacker im Herzen von Santa Elena mit sehr sauberen, einfachen, engen Dorms für 4 Pers. (obere Zimmer schöner); teils mit Privatbad, teils mit

Was ist Nebelwald?

Nebelwald wächst überall dort, wo – der Name sagt es – immerzu Nebel herrscht. Monteverdes Nebel entsteht durch die von der Karibik herbeiziehenden, feuchtwarmen Winde. Sie kühlen in den Hügeln ab, kondensieren und umgeben ganzjährig, als dichte Nebelschwaden, das Blätterdach von Monteverdes Wäldern. Dort löst sich der Nebel zu Niederschlag auf und tropft konstant auf die unteren „Stockwerke". Im Wald herrscht somit 100 % Feuchtigkeit, direktes Sonnenlicht jedoch dringt kaum ein. Um zu überleben und zumindest an etwas Licht zu gelangen, wachsen die kleineren Pflanzen daher auf den Stämmen der umgebenden Baumriesen (Epiphyten).
Wegen seiner knorrigen, dem Wind ausgesetzten, zwergwüchsigen Bäume und der üppigen, von Nebelschleiern umrahmten Pflanzenwelt im Waldesinneren vergleichen viele Besucher den Nebelwald mit einem Märchenwald. Quetzalrufe, Froschlaute und Affengebrüll aus der Ferne, der intensive Geruch nach feuchtem Humus und Laub, scheue Tieraugen im Dickicht und kühle Nebeltropfen auf der Haut machen eine Wanderung durch Monteverdes Nebelwälder zu einem Erlebnis für alle Sinne.

Fenster auf den Gang; Gemeinschaftsküche. ❶–❷

Pensión Santa Elena, 25 m südöstlich der Banco Nacional, ✆ 645-5051, 💻 www.pensionsantaelena.com. Beliebter, alternativ angehauchter Backpacker im Herzen Santa Elenas in einem alten, verwohnten Holzhaus; verschiedene Zimmertypen, teils ohne Fenster, teils mit Privatbad. Große Veranda mit Hängematten. Sehr hilfsbereite Leitung. Guter Treffpunkt, zum Schlafen aber nicht der ruhigste Ort. Camping auf der Wiese im Hintergarten möglich für $4 p. P.; Dorm $5, DZ ab $14.

Pensión Colibrí, 100 m nördlich, 80 m östlich der Banco Nacional, ✆ 645-5682. Wunderbar kitschige, saubere Zimmer im relativ engen, verwinkelten Haus der freundlichen Doña Macha. Weihnachtsgirlanden und Plastikblumen hängen hier das ganze Jahr. Ruhig gelegen. Parkplatz. ❸

Quetzal Inn, 50 m von Pension Colibri, ✆ 645-6076, saubere, schlichte Zimmer mit guten Matratzen, teils mit Privatbad; ruhig gelegen, umgeben von Grün, obere Zimmer heller; Frühstück möglich. EZ ab $10, DZ $35.

Los Cipreses, 100 m nordöstlich der Escuela Santa Elena, ✆ 645-5455, 💻 www.cipreseshotel.com. 13 geschmackvolle, sehr saubere, ruhig gelegene Zimmer unterschiedlicher Größe mit Veranda in Tico-Wohngegend; gute Matratzen. Hübsch angelegter Garten, familiäre Atmosphäre; Parkplatz; Frühstück inkl. ❹

Albergue de la Montaña Arco Iris, ✆ 645-5067, 💻 www.arcoirislodge.com. Ruhig gelegene, schöne Anlage; einfache, dunkle Holzhäuser mit kleiner Veranda und Stockbetten oder geräumige, hellere Steinhäuser auf dem Hang. Frühstücksbuffet möglich. Parkplatz; deutsche Leitung. ❸–❺

Cabañas Valle Campanas, 300 m westlich vom Friedhof, ✆ 645-5631, 💻 www.vallecampanas.com. Privatfinca mit sauberen, rustikalen Holzhäusern für 3 bis 6 Pers. mit Küche, umgeben von Grün; ideal für Paare oder Familien, die Ruhe suchen. ❹

Barrio Orquídeas

Südwestlich vom Zentrum Santa Elenas, 5 Minuten zu Fuß, liegen weitere einfache, aber ruhige Backpackerunterkünfte. Das Barrio hat Sodas, Pulperias und ein Internetcafé.

Cabinas Monteverde Paraiso, ✆ 645-5933, ($5 p. P.).

Cabinas Vista al Golfo, ✆ 645-6321, mit herrlicher Aussichtsterrasse und Gemeinschaftsküche. ❶–❷

Cabinas Sol y Luna, 400 m südwestlich vom Supermercado Esperanza, ✆ 645-5629, 💻 www.cabinassolyluna.com, hat 14 teils neue Holzcabinas unterschiedlicher Größe mit guten Matratzen und kleinem Balkon um einen hübschen Garten herum. ❸

Zur Reserva Monteverde

Camping s. La Colina Lodge.

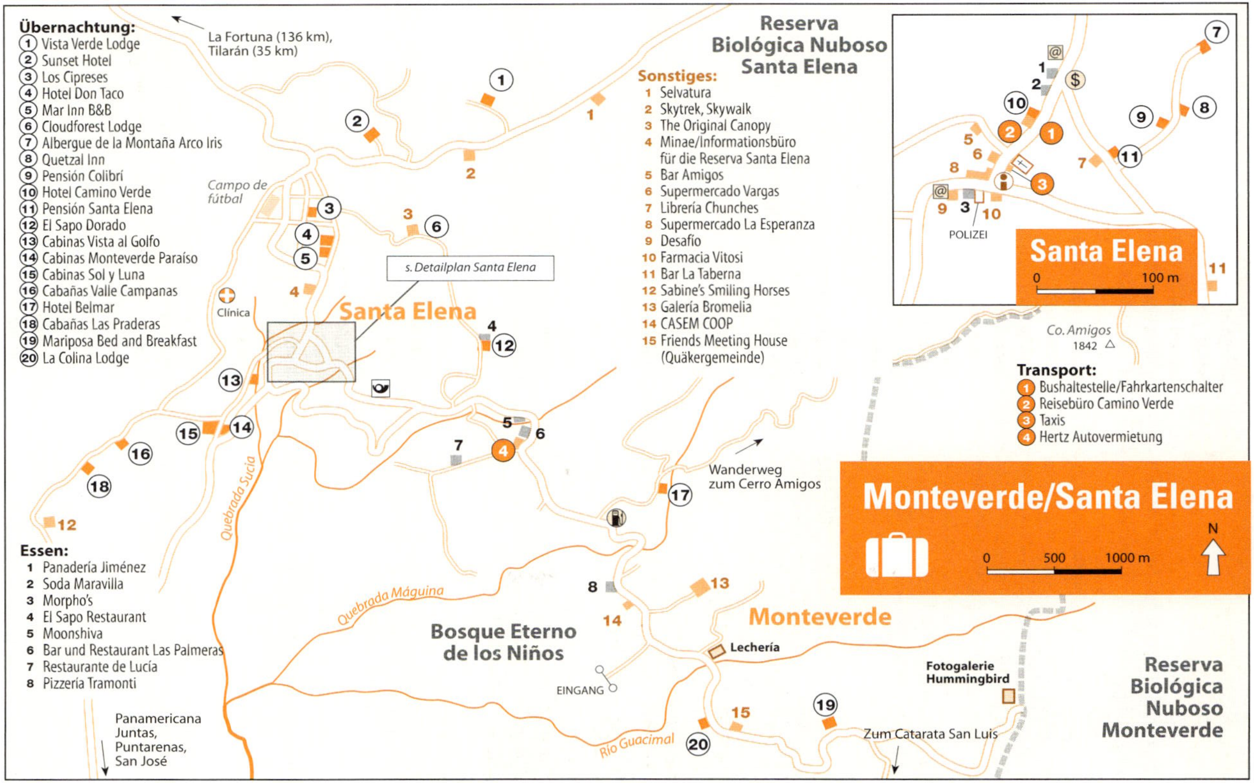
Monteverde/Santa Elena
0
500
1000 m
N
Übernachtung:
1 Vista Verde Lodge
2 Sunset Hotel
3 Los Cipreses
4 Hotel Don Taco
5 Mar Inn B&B
6 Cloudforest Lodge
7 Albergue de la Montaña Arco Iris
8 Quetzal Inn
9 Pensión Colibrí
10 Hotel Camino Verde
11 Pensión Santa Elena
12 El Sapo Dorado
13 Cabinas Vista al Golfo
14 Cabinas Monteverde Paraíso
15 Cabinas Sol y Luna
16 Cabañas Valle Campanas
17 Hotel Belmar
18 Cabañas Las Praderas
19 Mariposa Bed and Breakfast
20 La Colina Lodge
Essen:
1 Panadería Jiménez
2 Soda Maravilla
3 Morpho's
4 El Sapo Restaurant
5 Moonshiva
6 Bar und Restaurant Las Palmeras
7 Restaurante de Lucía
8 Pizzería Tramonti
Sonstiges:
1 Selvatura
2 Skytrek, Skywalk
3 The Original Canopy
4 Minae/Informationsbüro für die Reserva Santa Elena
5 Bar Amigos
6 Supermercado Vargas
7 Librería Chunches
8 Supermercado La Esperanza
9 Desafío
10 Farmacia Vitosi
11 Bar La Taberna
12 Sabine's Smiling Horses
13 Galería Bromelia
14 CASEM COOP
15 Friends Meeting House (Quäkergemeinde)
Transport:
1 Bushaltestelle/Fahrkartenschalter
2 Reisebüro Camino Verde
3 Taxis
4 Hertz Autovermietung
La Fortuna (136 km), Tilarán (35 km)
Reserva Biológica Nuboso Santa Elena
Campo de fútbol
Clínica
s. Detailplan Santa Elena
Santa Elena
Quebrada Sucia
Quebrada Máguina
Bosque Eterno de los Niños
EINGANG
Río Guacimal
Wanderweg zum Cerro Amigos
Monteverde
Lechería
Fotogalerie Hummingbird
Zum Catarata San Luis
Reserva Biológica Nuboso Monteverde
Panamericana Juntas, Puntarenas, San José
Co. Amigos
1842
Santa Elena
0
100 m
POLIZEI

Auf einer Wiese groß und schön...

Cabañas Las Praderas, 600 m westlich vom Friedhof, ✆ 645-5740, ✉ melissaargedas@yahoo.es. Sehr saubere, weit auseinander stehende Häuser unterschiedlicher Ausstattung. Gute Matratzen, Kühlschrank, Mikrowelle; ideal für Familien. Die ehemalige Farm wird von einer costa-ricanischen Familie geführt und befindet sich etwas abseits vom Zentrum in ländlicher, idyllischer Lage; Zum Grundstück gehört eine große Wiese (daher der Name). Am besten mit eigenem Fahrzeug zu erreichen. ❸

Mariposa Bed and Breakfast, ✆ 645-5013, ✉ vmfamilia@costaricense.cr. Große, saubere Zimmer in kleinem Familienbetrieb; umgeben von Wald. Auch Apartment für 4–6 Pers. mit Küche und Waschmaschine; Frühstück im Haus der Familie. $20 p. P.

La Colina Lodge, ✆ 645-5009, 🖳 www.lacolinalodge.com. Freundliche, kleine Zimmer mit schiefen Böden und handgeschnitzten Möbeln, teils mit Privatbad, in ehemaligem Quäkerhaus. Camping auf Rasen im Hintergarten ($5); Frühstück inkl., Dorm $10; DZ ab $38.

El Sapo Dorado, 500 m von Santa Elena, ✆ 645-5010, 🖳 www.sapodorado.com. 30 geschmackvoll-edle Suiten mit luxuriösem Bad, Kamin und großer Veranda; das Hotel hat private Wanderwege und ein Restaurant; Frühstück inkl. ❻

Hotel Belmar, 2 km von Santa Elena, ✆ 645-5201, 🖳 www.hotelbelmar.net. Eindrucksvolles, mehrstöckiges Chalet, umgeben von Grün; große, freundliche Zimmer mit Balkon und fantastischem Blick; Restaurant, Frühstück inkl. ❺

Cloudforest Lodge,1 km von Santa Elena, ✆ 645-5058, 🖳 www.cloudforestlodge.com. 20 am Hang gelegene, rustikale, geschmackvoll eingerichtete Holzhäuser mit Terrasse; zum Hotel gehören 30 ha Wald mit privaten Wanderwegen. ❺

Richtung Reserva Santa Elena

Sunset Hotel, 2 km von Santa Elena Richtung Reserva Santa Elena, ✆ 645-5048, 🖳 www.monteverdeinfo.com. Sehr saubere, ruhig gelegene Zimmer mit guten Matratzen, umgeben von großer Rasenfläche; von der Gemeinschaftsveranda blickt man bis auf den Golfo de Nicoya und kann wunderbare Sonnenuntergänge betrachten. Sehr gutes Preis-Leistungs-Verhältnis; Frühstück inkl., deutsche Leitung. ❸

Vista Verde Lodge, 3 km nördlich vom Skywalk, ✆ 200-5225, 🖳 www.info-monteverde.com. Fernab der Touristenhorden; einfache, helle, rustikale Zimmer mit Ofen und Berghüttenromantik. Man zahlt für die spektakuläre Sicht auf die Nebelwälder und den Arenal-Vulkan. Restaurant; Frühstück inkl. ❺

Essen

Falls nicht anders angegeben, liegen die Lokale im Zentrum von Santa Elena.

Bar und Restaurant Las Palmeras, Cerro Plano, edles Ambiente, hat sowohl internationale als auch günstige, landestypische Gerichte; Weinkarte. 🕓 11–21 Uhr.

Café Kaffa, 200 m südlich vom Supermercado Esperanza. Große Auswahl an Kaffees und frischen Frescos; man sitzt auf Matratzen. Mitunter Live-Musik und kulturelle Veranstaltungen. 🕓 11–23 Uhr.

El Sapo Restaurant, im Hotel El Sapo Dorado. Sehr schmackhafte, kreative Fusion-Küche mit italienischem, asiatischem und costaricanischem Einfluss. Spezielle Teller für Veganer und Vegetarier; mittlere Preisklasse.

Moonshiva, Cerro Plano, israelische Küche in esoterisch angehauchtem Ambiente, manchmal Live-Musik und Kinoabende. 🕓 11–22 Uhr.

Morpho's, neben Desafio Tours, beliebt bei Backpackern. Frische Obst- und Gemüsesäfte, Joghurtshakes, Salate, Hamburger und Casados; auch vegetarische Teller. 🕓 11–21.30 Uhr.

Panadería Jiménez, beliebt zum Frühstücken. 🕓 Mo–Sa 5–18.30, So 5–10 Uhr.

Pizzería Tramonti, Richtung Reserva Monteverde, leckere original italienische Holzofenpizza, auch Pasta und Gegrilltes; mittlere Preisklasse. 🕓 11.30–15 und 17.30–22 Uhr.

Restaurante de Lucía, Cerro Plano, Fleisch vom Grill und Fischgerichte, die satt machen, in gemütlicher Taberna; mittlere Preisklasse. 🕓 11–22 Uhr.

Im Privatreservat Rara Avis

Eine Soda in aller Munde ...

Soda Maravilla, sehr beliebte, günstige Soda, zutapeziert mit Grußblättern aus aller Welt; leckere Fischgerichte, Meeresspezialitäten und Casados; auch vegetarische Teller. Kann zur Mittagszeit sehr voll werden ⏲ 6–21 Uhr.

Nachtleben

Live-Musik gibt es mitunter in der **Galería Bromelia**, im Restaurant **Moonshiva** und im **Café Kaffa** (s. Essen); die Veranstaltungen und Konzerte werden auf Aushängen bekannt gegeben.
Nach 22 Uhr haben die **Bar Amigos** (hauptsächlich Einheimische) und die **Bar La Taberna** (Touristen und Ticos) geöffnet.

Touren

Mountainbike

El Viadante, gegenüber vom Hotel Sapo Dorado, 150 m Richtung Cloudforest Lodge, ✆ 645-6475. In dieser Hügellandschaft ist Radfahren nur für Leute mit dicker Wadenmuskulatur empfehlenswert; $15 pro Tag.

Pferd

Diverse Veranstalter bieten landschaftlich sehr reizvolle Reittouren von Santa Elena entlang des Arenalsees nach La Fortuna an. Die Touren dauern 5 Std., 3 Std. sitzt man im Sattel, der Rest wird mit Auto und Boot zurückgelegt. Das Gepäck wird im Auto transportiert. Gewarnt sei vor schlammigen Wegen und unterernährten Pferden. Verantwortungsbewusste Touranbieter sind: **Desafio**, ✆ 645-5874, 🖳 www.monteverdetours.com, bietet u. a. Reittouren auf gesunden Pferden nach Fortuna an.

Sabine's Smiling Horses, ✆ 645-6894, 🖳 www.smilinghorses.com, Vollmond- und Sonnenuntergangstouren, Touren zu Wasserfällen und nach Fortuna, für Anfänger und Sattelfeste auf gesunden Pferden. Sabine kennt die Gegend wie ihre Satteltasche.

Sonstiges

Apotheke

Farmacia Vitosi, ⌚ Mo–Fr 8–20, Sa 9–20 Uhr.

Autovermietung

Hertz, Cerro Plano, ✆ 645-6923. ⌚ Mo–Sa 8–18 Uhr.

Bücher

Librería Chunches, Postkarten, neue und gebrauchte Bücher in englischer und spanischer Sprache; am Aushang werden Konzerte und Veranstaltungen bekannt gegeben. ⌚ Mo–Fr 8–19, Sa 8–18 Uhr.

Fahrradreparatur

Ciclo Monteverde, Richtung Sunset Hotel, ✆ 645-6322.

Feste

Jan–April: **Festival Musica Monteverde** mit Konzerten aus Latin, Jazz und Klassik; einige gratis.

Fotogeschäft

In der Souvenirabteilung des Supermercado Esperanza und in der Farmacia Visconti; Wegwerfkameras, Digitalkarten und Filme. ⌚ Mo–Sa 6–20, So 9–20 Uhr.

Geld

Banco Nacional, im Zentrum. ⌚ Mo–Fr 8.30–15.45 Uhr.

Informationen

Cámara de Empresas Turisticas Monteverde, ✆ 645-6565, hat Ortspläne von Monteverde für $1, ⌚ Mo–So 8–20 Uhr. Bessere Informationen gibt es im Reisebüro Camino Verde oder in der Pension Santa Elena.

Minae, im Zentrum, Information zur Reserva Santa Elena. ⌚ Mo–So 7–21 Uhr.

Internet

Atmosphaera Internet, im Zentrum, $2 pro Std. ⌚ 9–20 Uhr.

Tranquilo Internet, im Barrio Orquídeas, neben Cabinas Vista del Golfo, 500C pro Std. ⌚ 10.30–19 Uhr.

Kunsthandwerk

CASEMCOOP, ca. 2 km auf dem Weg zur Reserva Monteverde, Kunsthandwerk-Kooperative, in der einst acht Frauen beschäftigt waren; heute sind es mehr als achtzig. ⌚ 8–17 Uhr.

Medizinische Hilfe

Klinik, 300 m südöstlich vom Plaza de Deporte, ✆ 645-5076.

Post

Am Ortsausgang, Richtung Reserva Monteverde, ⌚ Mo–Fr 8–12, 13–16.30, Sa 7.30–12 Uhr. Briefe kann man auch beim Supermercado Esperanza abschicken.

Reisebüro

Camino Verde, ✆ 645-6304, Busfahrkarten zur Reserva Santa Elena, Tica-/Nica-Bustickets, nationale Flugtickets und Touristeninformation. ⌚ Mo–Fr 6–21 Uhr.

Religion

Friends Meeting (Quäkergemeinde), Richtung Reserva Monteverde, vor dem Hotel Fonda Vela, die Treffen finden jeden Sa und So um 10 Uhr ohne Pastoren statt. Menschen aller Glaubensrichtungen sind willkommen; keine Angst, hier soll niemand konvertiert werden.

Supermärkte

Supermercado La Esperanza, größter Supermarkt im Ort mit Souvenirgeschäft; hier gibt es günstig Regenponchos. ⌚ Mo–Sa 6–20, So 9–20 Uhr.

Supermercado Vargas, gute Auswahl an Spirituosen. ⌚ Mo–Sa 7–20, So 8–20 Uhr.

Taxi

✆ 645-7272; Tarife: Reserva Monteverde 3000C (nur Hinfahrt), Reserva Santa Elena 3500C (nur Hinfahrt).

Telefon
Vor der Kirche und gegenüber vom Supermarkt Vargos; Telefonkarten sind im Supermercado Esperanza erhältlich.

Wäscherei
Wäscheservice im Buchladen Chunches und im Hotel CaminoVerde für $5.

Nahverkehr

Busse nach:
Reserva Santa Elena, Abfahrtzeiten der Busse s. S. 183. Fahrkarten ($1 p. P.) werden im Reisebüro Camino Verde verkauft; die Busse fahren vor dem Reisebüro ab.
Außerdem bringt Transporte Fran, ✆ 645-6181, Gäste in Minibussen für $2 direkt vom Hotel zur Reserva.
Reserva Monteverde, Abahrtzeiten der Busse s. rechts. Nähere Auskünfte unter ✆ 645-6296.

Transport

Busse
Fahrkartenschalter an der Hauptstraße, im Zentrum von Santa Elena, ✆ 645-5159, ⌚ Mo–Fr 5.30–7, 7.30–11.30 und 13.30–17 Uhr; Sa und So 5.30–7, 7.30–11.30 und 13.30–15 Uhr; Fahrkarten mindestens einen Tag vorher kaufen.
Chomes (Kreuzung an der Interamericana; hier steigt man in die Busse nach Nicoya, Liberia, Playas del Coco um), 1x tgl.
La Irma (Kreuzung an der Interamericana; hier steigt man in die Busse nach Nicoya, Liberia, Playas del Coco und Nicaragua um), 1x tgl.
Puntarenas (via **Las Juntas**), 1x tgl.; 4 Std.; (über **Lagartos**) 1x tgl.; 3 Std.; 1015C.
San José, 2x tgl., 4–5 Std., 1940C; mit Transmonteverde, ✆ 645-4159.
Tilarán, 2x tgl.

Shuttle-Busse
Interbus, ✆ 283-5573, und **Fantasybus**, ✆ 232-3681, fahren nach Fortuna, San José, an die Zentralpazifikküste, nach Guanacaste und zur Peninsula de Osa.

4 HIGHLIGHT

Reserva Monteverde

Reservierung und Information ✆ 645-5122, www.cct.or.cr
Öffnungszeiten 7–16 Uhr
Eintritt $15, Studenten (Studentenausweis mitbringen) und Kinder bis 12 Jahre $7,50. Führungen beginnen um 7.30, 11.30 und 13 Uhr und dauern 2 1/2 Std. Nachtführungen dauern 2 Std. und beginnen um 19.30 Uhr. Eine Führung kostet $15 p. P. bzw. $17 p. P. mit Transport. Der Eintrittspreis ist darin nicht enthalten.
Gründungsjahr 1972
Größe 10 500 ha
Besucherzahl 76 000 Personen pro Jahr
Unterkunft
Refugio Eladios ($5 p. P.) und **Refugio Alemán** ($3,5 p. P.) mit Kochgelegenheiten. Kerzen, Verpflegung, Schlafsack, Toilettenpapier mitbringen. Die Wanderung ist nur mit Führer möglich ($20 pro Gruppe). Der Führer kehrt am gleichen Tag zurück, die Gruppe kehrt allein zurück.
Albuerge La Casona, am Parkeingang, mit Frauen- und Männerschlafräumen. $38 p. P., VP inkl. Für alle Unterkünfte ist eine Reservierung erforderlich.
Transport
Die 4,8 km lange Piste von Santa Elena zum Eingang der Reserva ist zu **Fuß** zu bewältigen, in der Hauptsaison ist die Straße jedoch recht stark befahren und staubig. Eine bessere Alternative sind Busse.
Busse: Von Santa Elena um 6, 7.30, 9.30, 11.30 und 13 Uhr, ✆ 645-6296.
Zurück um 6.40, 8, 10.40, 12 und 13.50 Uhr.
Ausrüstung: Gute Wanderschuhe, Regenschutz, Jacke, Mückenschutz; Gummistiefel verleiht die Parkverwaltung.

Acht Kilometer östlich von Santa Elena liegt das älteste und bekannteste Naturreservat Monteverdes. Es wurde 1972 von dem Quäker Wilford Guindon und dem nordamerikanischen Biologenehepaar George und Harriet Powell gegründet. 554 ha der Fläche hatte die Quäkergemeinschaft bereits Mitte der 1960er-Jahre unter Schutz gestellt. Verwaltet wird der Naturpark heute durch die Nicht-Regierungsorganisation Centro Científico Tropical, eine Gruppe vorwiegend nicht-costa-ricanischer Wissenschaftler, die Anfang der 1960er-Jahre entscheidend am Umdenken im Land („weg von der Abholzung, hin zum Nationalparksystem") beteiligt war.

Das Reservat liegt auf der kontinentalen Wasserscheide, d. h. es wird sowohl vom pazifischen Klima als auch vom atlantischen Klima (starke Passatwinde) beeinflusst. Im Park herrschen vier verschiedene Mikroklimate. Bambus- und Zwergwälder, gigantische Baumfarne und gewaltige Würgebaume wachsen in den insgesamt sechs verschiedenen Ökosystemen. So genannte „Aufsitzerpflanzen", d. h. Kletterpflanzen, Bromeliengewächse und 500 Orchideenarten haben sich auf den Baumriesen eingenistet. Ein Drittel dieser Orchideen sind endemisch, 28 Arten kommen sogar nur in Monteverde vor.

130 verschiedene Säugetierarten, darunter die fünf Wildkatzen Puma, Jaguarundi, Margay, Ozelot, Tigrillo und Jaguar, schleichen über die weichen Torf- und Humusböden. Dazu gesellen sich 500 Vogelspezies wie der Quetzal und der Tukan, sowie 120 Amphibien- und Reptilienarten. Die 2,5 cm große Goldkröte (Sapo Dorado), die Wissenschaftler erst Mitte der 1960er-Jahre im Reservat entdeckten, wurde seit 1988 nicht mehr gesichtet und gilt als ausgestorben.

Wanderwege

Lediglich 2 % des Naturreservats, das sogenannte Triangulo, sind der Öffentlichkeit zugänglich. In der Trockenzeit halten sich mitunter 170 Personen gleichzeitig im Park auf. Führungen verlassen den Parkeingang im 15-Minuten-Takt, auf den Hauptrouten ist man daher selten allein. Die insgesamt zehn Wanderwege führen alle durch Nebelwald und sind mit Holz oder Steinen befestigt. Die einzelnen Wege lassen sich als Rundwege kombinieren. Tiere sieht man selbst mit aufmerksamen Führern nur sehr selten. Sie halten sich meist in dem nicht der Öffentlichkeit zugänglichen Parkabschnitt auf. Bei der Parkverwaltung sind Wanderkarten erhältlich. Zu den beliebtesten Wegen zählen der **Sendero Tosi** und der sich anschließende, zum Wasserfall weiterführende **Sendero Quebrada Cuecha** (insgesamt 0,8 km).

Auf der Touristenroute liegen außerdem der **Sendero Camino** (2 km), ein exzellenter Weg zum Schmetterlinge- und Vögelbeobachten, der breiter und höher gelegen ist als die übrigen Wege und dadurch mehr Sonnenlicht erhält, sowie der **Sendero Bosque Nuboso** (1,9 km), einer der schönsten Pfade des Reservats. Eine Broschüre zu diesem Pfad ist für $1 bei der Parkverwaltung erhältlich. Sendero Camino und Bosque Nuboso beginnen beide am Parkeingang und enden an der kontinentalen Wasserscheide, in der Nähe des **Miradors La Ventana**, von dem man bei gutem Wetter bis auf den Golfo de Nicoya blickt. Am Mirador wachsen die für den Nebelwald typischen, zwergwüchsigen Bäume.

Steiler und matschiger sind die ineinander übergehenden, streckenweise von Heliconien und Bambuswäldern umgebenen **Sendero Roble** und **Sendero Chomogo**. Weitere, nicht befestigte Wanderwege führen, weg von den Tourgruppen, zu den Refugios der Reserva (s. Unterkunft, Kasten).

Ungestört im Nebelwald

Wer die Touristenhorden meiden möchte, sollte die Reserva Monteverde am Anfang oder Ende der Regenzeit oder erst nach 13 Uhr besuchen, wenn die Führungen bereits vorüber sind. Am ungestörtesten und intensivsten erlebt man den Nebelwald aber, wenn man sich mehrere Tage im Reservat, abseits der Touristenpfade aufhält. Zwei einfache Schutzhütten im Park bieten dafür günstige Übernachtungsmöglichkeiten.

Reserva Santa Elena

Information ✆ 661-8290,
www.monteverdeinfo.com/reserve
Öffnungszeiten 7–16 Uhr
Eintritt $12 p. P.; Führungen $15 p. P. (3 Std.)
Gründungsjahr 1992
Größe 580 ha
Besucherzahl 20 000 Personen pro Jahr
Transport
Ein anstrengender, steiler, 6 km langer **Fußmarsch** führt von Santa Elena zur Reserva.

Busse: Von Santa Elena um 6.30, 8.30, 10.30, 11.30 und 13.30 Uhr. Zurück um 11, 13 und 16 Uhr.
Ausrüstung Regenkleidung, festes Schuhwerk; Gummistiefel verleiht die Parkverwaltung.

Die Reserva Santa Elena ist höher gelegen, nebliger und weniger touristisch als die Reserva Monteverde. Auf vier Wanderwegen, zwischen 1,4 bis 4,8 km, erlebt der Besucher die gleiche Fauna und Flora wie in der Quäker-Reserva; die Chancen Tiere anzutreffen liegen hier sogar um Einiges höher (Klammeraffen halten sich z. B. nur in diesem Reservat auf) Der Naturpark wird von einer Elterngemeinschaft der örtlichen Schule verwaltet, die Einnahmen kommen ausschließlich der Gemeinde zugute.

Wanderwege

Alle Wanderwege führen durch Nebelwald. Wanderkarten sind bei der Parkverwaltung erhältlich. Der 1,4 km kurze Rundwanderweg **Youth Challenge** führt zu einem Aussichtsturm, von dem man bei klaren Wetterverhältnissen eine schöne Sicht auf den Vulkan Arenal hat (früh aufbrechen).

Geführte Touren nehmen meist den 3,4 km langen Sendero Encantado. Nur wenige Touristen wandern auf dem nicht befestigten 4,8 km langen Sendero Caño Negro, der ebenfalls einige Aussichtspunkte auf den Vulkan Arenal bietet.

Bosque Eterno de los Niños

Information ✆ 645-5003, 💻 www.acmcr.org
Öffnungszeiten 8–19.30 Uhr
Eintritt $7; Kinder bis 12 Jahre gratis; Führungen bei Dunkelheit beginnen um 17.30 Uhr, dauern 2 Std. und kosten $15 oder $17 p. P. mit Transport.
Gründungsjahr 1986
Größe 22 500 ha
Unterkunft
In der Reserva befinden sich zwei rustikale, biologische Forschungsstationen mit Küche, die für Wissenschaftler und Touristen geöffnet sind.
Die **Station San Gerardo** liegt auf 1220 m Höhe im westlichen Parkabschnitt und blickt auf den Vulkan Arenal. Die Herberge ist zu Fuß von der Reserva Santa Elena zu erreichen (s. „Wanderwege").
Die **Station Poco Sol**, auf 720 m Höhe gelegen, liegt im östlichen Parkabschnitt, 12 km nordwestlich der Ortschaft San José de Tigre (auf der Strecke San Ramon nach Fortuna); $45 p. P., inkl. VP. Eine Reservierung ist drei Wochen im Voraus erforderlich.
Transport Siehe Reserva Monteverde.

Der Bosque Eterno de los Niños ist das größte Privatreservat Costa Ricas. „Ewiger Wald der Kinder" wurde das Naturschutzgebiet zu Ehren der Hunderten von Kindern benannt, die durch weltweite Spendenaktionen den Kauf, Schutz und die Wiederaufforstung des Waldes ermöglichten.

Das Naturschutzgebiet ist tiefer gelegen als die übrigen Reservate, hier wächst bereits kein Nebelwald mehr, sondern Prämontanewald.

Nasenbären, Agutis, Kapuzineraffen, Flussotter, Füchse und Gürteltiere zählen zu den Parkbewohnern. Kinder haben freien Eintritt, für sie steht außerdem die Casita Bosque de los Niños bereit, mit Spielen und Aufgaben rund um den Wald, in spanischer und englischer Sprache. Verwaltet wird das Reservat durch die Nicht-Regierungsorganisation Asociación Conservacionista de Monteverde, die eng mit der Gemeinde zusammen an Umweltprogrammen arbeitet und Wiederaufforstungsprojekte durchführt.

Wanderwege

Vom Parkeingang in Monteverde aus ist lediglich der 2, 5 km lange **Sendero Bajo del Tigre** zugänglich. Die übrigen, insgesamt 17 km langen Wanderwege beginnen an den biologischen Stationen San Gerardo und Poco Sol (s. Unterkunft). Eine zweitägige Wanderung führt vom Parkeingang zur Station Poco Sol. Übernachtet wird dabei in einer Schutzhütte der Reserva Monteverde. Die Wanderung ist nur mit Führer und vorheriger Reservierung möglich.

Sehenswertes / Aktivitäten

Sieben Kilometer von Santa Elena Richtung Reserva Monteverde befindet sich der **Orchideen-**

…en. Im Proyecto de Investigación Orquídeas Monteverde wachsen über 400 Orchideenarten, darunter Costa Ricas Nationalblume und die kleinste Orchideenart der Welt. Die schönen Epiphyten dienen als Forschungsmaterial; für jede Art wird hier Blütezeit, Verbreitung, Habitat und Befruchtung bestimmt und erforscht. ◷ 8–16 Uhr; Eintritt $5, Führung inkl.

Die alte Quäker-Molkerei **Lechería**, rund 3 km Richtung Reserva Monteverde, ist nach wie vor in Betrieb. Heute wird sie von 70 costa-ricanischen Familien als Kooperative geleitet, die Quäker liefern lediglich die Milch ihrer Kühe ab. Teure Führungen mit Diashows geben einen Einblick in die Käseherstellung; durch ein Guckfenster kann man gratis einen Blick in die Fabrik werfen. Joghurt, Eis und der bekannte Monte Rico-Käse werden hier verkauft. ◷ Mo–Sa 7.30–16.30, So 7.30–12.30 Uhr; Führungen kosten $8.

Die kleine Fotoausstellung der National Geographic-Fotografen Michael und Patricia Fogden in der **Fotogalerie Hummingbird**, vor dem Eingang zur Reserva Monteverde, zeigt in erster Linie Aufnahmen von Kolibris. Am Eingang locken mit Zuckerwasser gefüllte Vogeltränken die kleinen Vögel an. ◷ 8.30–16.30 Uhr.

Ein insgesamt 3-stündiger, steiler **Wanderweg** führt hinter der Tankstelle am Hotel Belmar zum Fernsehturm auf den Cerro Amigos (1840 m), den höchsten Berg der Umgebung. Von hier hat man einen fantastischen Blick auf den Vulkan Arenal und den Pazifik bis ins benachbarte Nicaragua.

Die Straße Richtung San Luis führt zum **Catarata San Luis**, einem 130 m hohen Wasserfall, an dem Baden möglich ist. Viele Tourveranstalter bieten Reittouren an. Der Wasserfall liegt auf dem Grundstück einer privaten Finca. Eintritt $8 p. P.

Canopy

Skytrek, 2 km vor der Reserva Santa Elena, 💻 **www.skytrek.com**. 11 Kabel überspannen 2 km Wald; das längste Kabel ist 427 m lang und 127 m hoch. Canopy jeweils um 7.30, 9.30, 11.30, 13.30 und 14 Uhr; Erwachsene $44, Kinder $31 (Kombiticket mit Skywalk $50 bzw. $32).

Canopy – Adrenalinkick im Nebelwald

Einmal wie Tarzan oder Jane durch den Urwald schwingen, das ist die Idee der Canopy-Touren, die ihren Anfang in Monteverdes Nebelwäldern nahmen und nun wie Pilze in ganz Costa Rica aus dem Boden schießen. Ganz so elegant sieht es dann doch nicht aus, wenn selbsternannte Urwaldkönige sich mit Bauhelm und Gärtnerhandschuhen ausgerüstet und von Becken- und Brustgurten umschnallt, von Plattform zu Plattform stürzen.

Die lauten Schreie aber, die durch den Urwald hallen, wenn sie den festen Boden unter den Füßen verlieren und ihr Gewicht vollends dem Stahlseil anvertrauen, können es mit dem dramatischen Schrei des Dschungelhelden aufnehmen. Sanften Ökotourismus und einen Einblick in die oberen Stockwerke der Regenwälder versprechen die Canopy-Veranstalter. Von Wald und Tieren jedoch bekommt man aber herzlich wenig mit, denn an ihnen rauscht man wie in einem Schnellzug vorbei.

Selvatura, 800 m vor der Reserva Santa Elena, 💻 www.selvatura.com, hat 15 Kabel. Canopy jeweils um 8.30, 11, 13, 14.30, 15 und 18 Uhr; Erwachsene $45, Kinder bis zu 12 Jahren $25.

The Original Canopy, am Hotel Cloudforest Lodge, 💻 www.conopytour.com, hat 7 Kabel und gehört zu den Pionieren des Canopy in Costa Rica. Touren beginnen um 7.30, 10.30 und 14.30 Uhr; Erwachsene $45, Studenten $35, Kinder $25.

Die Veranstalter empfehlen lange Hosen, gutes Schuhwerk, eine Jacke und Sonnenschutz.

Ebenfalls aus der Vogelperspektive, aber auf langsamere und weniger abenteuerliche Art, erlebt man den Nebelwald bei **Skywalk**, 💻 www.skywalk.co.cr (🕒 7–16 Uhr; Eintritt $17; Kinder $7; Transport $2 p. P.; Touren mit Führer $10 p. P.) und Selvatura. Hier wandert man in einer Höhe von bis zu 60 m über eine Reihe von Hängebrücken.

Von Rara Avis bis zur Ciudad Quesada (San Carlos)

Die Route führt – in einem weiten Bogen – quer durch die zwei nördlichsten Provinzen Costa Ricas: Heredia und Alajuela. Von den vor Hitze dampfenden Ananas- und Palmenplantagen des Nordostens geht es vorbei an den letzten Flecken **tropischen Regenwaldes** hinauf in die auf 650 m Höhe gelegene **Ciudad Quesada**. Naturfreunde können im **Privatreservat Rara Avis** für einige Tage der Zivilisation entfliehen; leichter zugänglich ist der Regenwald an der Forschungsstation **Estación Biológica La Selva**. Rafter kommen im kleinen Ort **La Virgen** auf ihre Kosten, denn dort bieten diverse Veranstalter Touren auf dem wild schäumenden **Río Sarapiquí** an. Ein Abstecher zu den fünf eindrucksvollen **La Paz-Wasserfällen** ist von der Ortschaft San Miguel aus möglich.

Privatreservat Rara Avis

Ein unverfälschtes Naturerlebnis im Dschungel bietet das Privatreservat Rara Avis, 📞 764-1111, 💻 www.rara-avis.com. Die Wanderwege sind unbefestigt, Vögel werden nicht mit Zuckerwasser angelockt, die nächste Ortschaft (Las Horquetas) liegt 15 km entfernt. Eine Landepiste sucht man hier vergeblich. Um die nervenaufreibende, anstrengende **Traktorfahrt** kommt niemand herum. Sie ist Teil des Abenteuers, wie ein Ritus, den man durchlaufen muss, um in die Urwaldgemeinde aufgenommen zu werden.

Rara Avis liegt in 700 m Höhe, es herrschen angenehme 22 °C Durchschnittstemperatur. Kein Tag vergeht ohne Regen (7 m pro Jahr) – nicht umsonst ist man im Regenwald. Vier Tukan-, neun Papageien- und 24 Kolibriarten sowie Falken und Habichte leben im Schutzgebiet, das an den Parque Nacional Braulio Carrillo angrenzt. Klammer-, Brüll-, Kapuzineraffen und auch Nasenbären sind relativ leicht zu entdecken. Von Tapiren, Jaguaren, Pumas und Ozeloten sieht der Wanderer meist nur die Spuren. 500 verschiedene Baumarten, darunter wertvolle Edelhölzer, ragen majestätisch bis zu 40 m in die Höhe. „Laufende" Palmen bewegen sich im Laufe ihres Lebens durch das Heranwachsen neuer Stelzwurzeln immerhin um einen Meter vorwärts.

Rara Avis zählt zu Costa Ricas Pionieren im **Ökotourismus**. Bereits 1983 kaufte der nordamerikanische Biologe Amos Bien 409 ha Regenwald auf. Die Interessensgemeinschaft Friends of Rara Avis erwarb weitere 558 ha. Bien wollte mit dem Reservat Alternativen aufzeigen, wie aus Regenwald wirtschaftlicher Nutzen gezogen werden kann, ohne dem Wald dabei zu schaden. Mit der Urwald-Seilbahn, einem Vorläufer des heutigen Canopy, machte Rara Avis international Schlagzeilen und lockte hauptsächlich junge, deutsche Naturfreunde an.

Die Seilbahn besteht seit 1995 nicht mehr, dafür führen bis zu 10 km lange Wanderwege durch den Primärwald. Nach wie vor ist Ökotourismus die Haupteinnahmequelle des Reservats, das 14 Costa Ricanern und Nicaraguanern einen Arbeitsplatz verschafft. Außerdem werden Schmetterlinge für Zoos, Baumkeimlinge für Aufforstungsprojekte sowie Orchideen und Bromelien als Zierpflanzen gezüchtet.

Ausrüstung: Es kommt zwar selten vor, aber der Traktor kann steckenbleiben. Deshalb nur das Nötigste mitnehmen; im Rara Avis-Büro gibt es Schließfächer. Wichtig sind Socken, Regenschutz, Taschenlampe und Badesachen; Gummistiefel sind ebenfalls im Büro erhältlich.

Übernachtung

Im Reservat

Die relativ hohen Zimmerpreise enthalten VP und den 3-stündigen Traktortransport zum Reservat.

Las Casitas, sehr einfache Zimmer mit Stockbetten, Schaumstoffmatratzen und kalten Außenduschen für 3–4 Pers.; beliebt bei Gruppen. $50 p. P. ❻

River Edge Cabins, rustikale Zimmer mit Balkon in abgeschiedener Lage; Privatbad mit Warmwasser. EZ $95, DZ ❻

Waterfall Lodge, großes Chalet, idyllisch auf einem Hügel gelegen; rustikale Zimmer mit Stockbetten und Privatbad; Warmwasser; Veranda mit fantastischem Ausblick. EZ $85, $75 p. P., DZ ❻

In Las Horquetas

Cabinas Buenas Aires, vor der Klinik, ✆ 764-1238. Saubere, große Zimmer. ❷

Sueño Azul Resort, 1 km vom Ortszentrum, ✆ 764-4244, 💻 www.suenoazulresort.com. Große Luxus-Anlage im Ranchstil mit 55 geschmackvoll schlichten Zimmern; Yogasaal, Pool und Spa. ❻

Transport

Zum Rara Avis-Büro in Las Horquetas

Auto

Von der Carretera 32 Richtung Puerto Limón links auf die Carretera 4, in Richtung Puerto Viejo de Sarapiquí abbiegen und die zweite Einfahrt nach Las Horquetas nehmen. Das Rara Avis-Büro ist ausgeschildert. Am Büro befindet sich ein bewachter Parkplatz.

Busse

Der 6.30-Uhr-Direktbus von **San José** in Richtung PuertoViejo de Sarapiquí trifft rechtzeitig zur Traktorabfahrt um 9 Uhr in Las Horquetas ein. Zurück in die Hauptstadt fahren 7x tgl. Busse im 90-Minutentakt von 7.30–18 Uhr; 1 1/2 Std.; mit Guapileños, ✆ 221-2596.

Außerdem besteht Busverbindung von Las Horquetas nach **Puerto Viejo de Sarapiquí**, **Guápiles** und **Ciudad Quesada** (San Carlos).

Zum Reservat

Der **Traktor** fährt täglich um 9 Uhr am Rara Avis-Büro ab und kehrt um 14 Uhr vom Reservat zurück, meist rechtzeitig, um den letzten Bus nach San José abzupassen. Alternativ können Besucher die Strecke per Pferd zurücklegen ($25 p. P.), die letzten 3 km sind Fußmarsch. Die Traktorfahrt ist nicht geeignet für Schwangere oder Personen mit Rückenproblemen.

Von Ameisen, die Pilze züchten

Zu Millionen kreuzen sie des Wanderers Pfad: Armeen von Blattschneideameisen, die in straffer Linie, lange Straßen bildend, Blattstücke, doppelt so groß wie sie selbst, in ihren Kiefern tragen. Die Pflanzenstücke sammeln sie nicht als Nahrung – Ameisen können Zellulose nicht verdauen –, sondern sie zerkauen die gesammelten Blätter, Blüten und Gräser zu einem Brei. Mit diesem „Humus" bedecken sie den Boden ihrer unterirdischen Nester und züchten Pilze auf ihm.

Dabei gehen sie in strikter Arbeitsteilung vor: Eine Kaste schneidet die Blätter und transportiert sie zum Nest. Eine andere säubert die Pflanzenstücke und zerkaut sie. Wieder andere setzen die Pilzkulturen oder jäten sorgfältig eingedrungene Fremdpilze, die hier und da wie Unkraut aus dem Boden schießen. Die weiße Bakterienkruste auf ihrem Rücken setzen die Ameisen mitunter als Schädlingsbekämpfungsmittel ein, um zu verhindern, dass der Pilz überhand nimmt.

Auch für Ernte und Abtransport der Ausbeute sorgt eine Spezialeinheit. Der Pilz bedankt sich für die Pflege mit dicken, zuckerhaltigen Pilzfäden (Hyphen), von denen sich die kleinen Gärtner ernähren: eine Nahrungssymbiose im Urwald.

Estación Biológica La Selva

Leichter machbar und weniger abenteuerlich als ein Aufenthalt in der Reserva Rara Avis ist ein Besuch des Regenwaldes im Privatreservat La Selva, ✆ 766-6565, 💻 www.ots.ac.cr. Das 1613 ha große Reservat wird von der internationalen Nichtregierungsorganisation Organisation for Tropical Studies (OTS) geleitet, einem der weltweit führenden Institute in der Erforschung des tropischen Regenwaldes.

Wanderungen ohne Führer sind im Reservat nicht möglich. Für Touristen werden jedoch täglich lehrreiche **Waldführungen** angeboten, darunter Nacht-, Vogel- und Bootstouren. Die befestigten Wege sind auch für Rollstuhlfahrer geeignet. Mehr als 70 % des Forschungsterrains bestehen aus Primärwald. Rund 1900 Pflanzen-, über 400 Vogel-, 70 Fledermaus- und Schlangenarten, fünf der insgesamt sechs einheimischen Wildkatzenarten sowie Faultiere, Affen, Pekaris (Nabelschweine), Agutis und Nasenbären leben im Reservat. Viele Tiere wandern von der auf 35 m Höhe gelegenen Reserva in die bis zu 2900 m hohe Cordillera Central des benachbarten Nationalparks Braulio Carrillo. Die Forschungsstation bietet **Übernachtungsmöglichkeiten** in rustikalen Cabinas mit Balkon, Privatbad und VP oder in Familienhäusern mit Küche an. ❻

Eintritt (mit 3-stündiger Führung) $28 p. P.; Kinder $20. Touren finden jeweils um 8 und 13.30 Uhr statt. Eine Anmeldung ist erforderlich. Die Forschungsstation liegt auf der Busroute San José–Puerto Viejo de Sarapiquí.

Puerto Viejo de Sarapiquí

Der kleine Ort Puerto Viejo de Sarapiquí schmiegt sich eng an das Ufer des Río Sarapiquí. Der 83 km lange Fluss entspringt am Volcán Barva und mündet über den Grenzfluss Río San Juan in den Atlantik. William Walker (S. 211, Kasten) drang einst über den Sarapiquí nach Costa Rica ein. Vor dem Bau der Eisenbahn wurden auf dem Fluss Kaffeesäcke nach Puerto Limón verschifft.

Contra-Milizen nutzten den Sarapiquí während des nicaraguanischen Bürgerkrieges als Zufahrt, um an die 30 km nördlich gelegene, stark umkämpfte Grenze zu gelangen. Seit Einkehr des Friedens trägt der Río Sarapiqui hauptsächlich Touristen auf Boots- und Kajaktouren stromauf und stromabwärts. Viel mehr gibt es in Puerto Viejo nicht zu tun.

Übernachtung

In Puerto Viejo

Cabinas Laura, ✆ 766-6316, Richtung Bootsanleger. Saubere Cabinas im Hinterhof eines Bekleidungsgeschäfts. ❷

Hotel Ara Ambigua, 400 m nördlich der Iglesia La Guaria, ✆ 766-7101, 💻 www.hotelaraambigua.com. 19 saubere, ruhige Zimmer mit TV in attraktiver Hanglage; Pool; Frühstück inkl.; EZ $20, DZ $45.

Hotel Bambú, ✆ 766-6005, 💻 www.elbambu.com. Das beste Hotel in Puerto Viejo und das einzige mit AC; die 17 Zimmer im neueren Anbau haben Balkon und Blick auf den Bambusdschungel; Internet; Restaurant. ❹

Hotel Mi Lindo Sarapiquí, ✆ 766-6281. Saubere Zimmer im „el puro centro" de Puerto Viejo. Vordere Zimmer mit Straßenlärm. Restaurant. EZ 8200C; DZ 13 000C.

Umgebung von Puerto Viejo

Hotel Gavilán, ca. 2 km südlich von Puerto Viejo, ✆ 766-6743, 💻 www.gavilanlodge.com. 100 ha großes Privatreservat mit 13 rustikalen, einladenden Zimmern (2–4 Pers.); Privatbad und Veranda. Hübscher Gemeinschaftsbereich, Wanderwege. Beliebt bei Vogelbeobachtern. ❹

Posada Andrea Cristina, 1 km westlich vom Ortszentrum, ✆ 766-6265. Saubere, liebevoll dekorierte Zimmer, umgeben von großem Garten. Freundliche Tico-Familie; Frühstück inkl. ❸

Selva Verde, 7 km westlich von Puerto Viejo, ✆ 766-6800, 💻 www.selvaverde.com. 40 geräumige Zimmer in Stelzenhäusern mit großer Veranda; Pool; 500 ha Dschungel mit Wanderwegen; hauptsächlich nordamerikanische Gäste. VP inkl.; das Reservat ist auch Nicht-Gästen geöffnet, Eintritt $15. ❺

Essen und Sonstiges

Restaurant Mi Lindo Sarapiquí, Frühstück und landestypische Gerichte. Hay Ceviche!

Geld
Banco Popular, ⌚ Mo–Fr 8.45–15, Sa 8.15–11.30 Uhr.
Banco Nacional, ⌚ Mo–Fr 7.30–15.45 Uhr.

Internet
Am Ortseingang, ⌚ Mo–Sa 8–20 Uhr.

Kanuverleih
Am Anlegesteg, $20 p. P./Std.

Medizinische Hilfe
Klinik, ✆ 766-6307.

Taxis
Asociación de Taxis Puerto Viejo de Sarapiquí, am Sportplatz, ✆ 766-6319.

Informationen / Autovermietung
Souvenir Rio Sarapiquí, an der Hauptstraße; Tourinformation; Autovermietung.

Touren

1–2-stündige Bootstouren auf dem **Río Sarapiquí** kosten $40 p. P. (bei mindestens 3 Teilnehmern). Für $200 pro Boot (maximal 5 Personen) gelangt man an **die nicaraguanische Grenze**.
Stattliche $400 pro Boot (maximal 5 Personen) werden verlangt für eine Tour nach **Tortuguero**. Boote und Kapitäne warten am Anlegesteg. Der Preis enthält Hin- und Rückfahrt; Kapitän und Boot warten bis zu zwei Nächte in Tortuguero.

Transport

Busse fahren nach:
Ciudad Quesada (San Carlos) über **La Virgen**, 10x tgl., 5.30–19 Uhr alle 1–2 Std.; 2 1/2 Std.; mit Guapileños, ✆ 221-7990.
San José, 7x tgl., 5.30–17.30 Uhr; 1 1/2 Std.
Guápiles, 7x tgl., 5.30–19 Uhr; 1 Std.; mit Guapileños.

La Virgen / San Miguel

Der winzige Ort La Virgen ist die Ausgangsbasis für Rafting- und Kajaktouren auf dem Río Sarapiquí. Im Ort gibt es eine Bank und Internet. Vom benachbarten San Miguel führt eine landschaftlich sehr reizvolle Straße vorbei am Wasserfall Garden La Paz (S. 137) ins Valle Central.

Das Lokal Bar El Río, bei Cabinas El Río, serviert landestypische Gerichte in idyllischer Lage am Sarapiquí. La Virgen liegt auf der Busroute Puerto Viejo – Ciudad Quesada.

Aktivitäten
Rafting und Abenteuersport, d. h. Kajaking, Rafting (I–V) und Mountainbiking, bieten **Aventuras del Sarapiquí**, ✆ 766-6768, 🖳 www.sarapiqui.com.

Aguas Bravas, ✆ 292-2072, 🖳 www.aguasbravas.co.cr, veranstaltet Rafting (III, IV), Kajaking, Floating, Reit- und Mountainbiketouren.

Hacienda Pozo Azul, ✆ 438-2616, 🖳 www.haciendapozoazul, ist auf Rafting (I-IV), Canopy mit 12 Kabeln, Rapelling, Mountainbike- und Wandertouren spezialisiert.

Das **Sarapiquí Outdoor Center** in La Virgen, 75 m nördlich der Kirche, ✆ 761-1123, ✉ sarapiquioutdoor@hotmail.com, bietet Raftingtouren.

Entspannung im Thermalbad ist bei **Recreo Verde** in Venecia, südwestlich von Los Chiles, ✆ 472-1020, angesagt: Vier heiße und drei kalte Pools, Volleyball- und Fußballplatz; beliebt bei Ticos; Tagespass $12; Kinder $6; auch Camping (teuer) und Cabinas.

Wandern kann man im Tirimbina Rainforest Center (TRC), 1,6 km nördlich von La Virgen, 🖳 www.tirimbina.org. Besucher betreten das 345 ha große Privatreservat über die längste Hängebrücke Costa Ricas (262 m). Ein insgesamt 9 km langes, befestigtes Wegenetz führt durch das Schutzgebiet. Mit dem Erlös aus dem Tourismus finanziert die Nichtregierungsorganisation Umwelterziehung an insgesamt 82 Schulen in der Sarapiquí-Gegend.

Übernachtung

In La Virgen
Cabinas El Río, am Ortsausgang Richtung Ciudad Quesada, ✆ 761-01384. Saubere, einfache

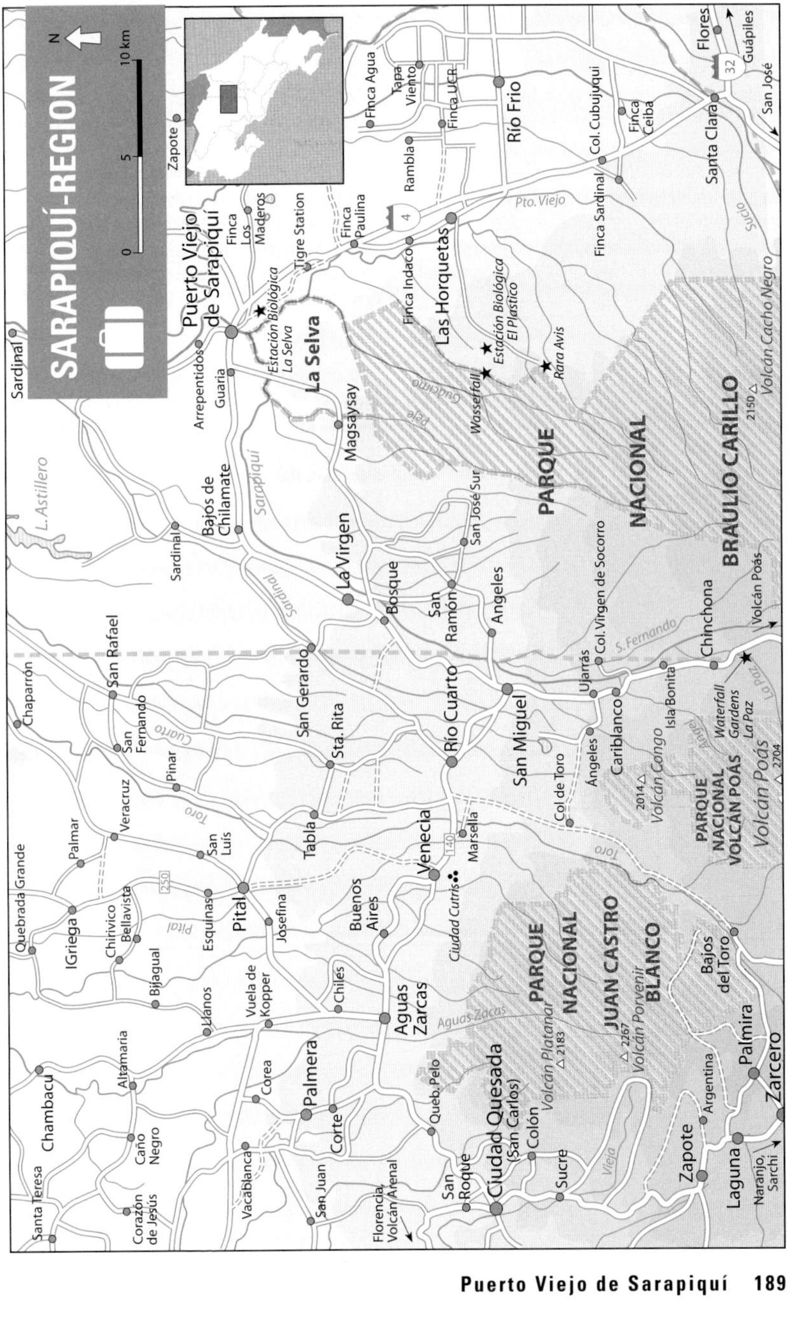
SARAPIQUÍ-REGION
N
0
5
10 km
Puerto Viejo de Sarapiquí
La Selva
Estación Biológica La Selva
Tigre Station
Finca Los Maderos
Finca Paulina
Finca Agua
Tapa Viento
Finca UCR
Rambla
Río Frío
Las Horquetas
Finca Indaco
Estación Biológica El Plastico
Rara Avis
Wasserfall
Pto. Viejo
Finca Sardinal
Col. Cubujuqui
Finca Ceiba
Santa Clara
Flores
Guápiles
San José
Sucio
Volcán Cacho Negro
2150
PARQUE NACIONAL BRAULIO CARILLO
Sardinal
Zapote
Arrepentidos
Guaria
Magsaysay
Bajos de Chilamate
Sarapiquí
L. Astillero
La Virgen
Bosque
San José Sur
San Ramón
Angeles
Col. Virgen de Socorro
S. Fernando
Chinchona
Volcán Poás
Waterfall Gardens La Paz
La Paz
San Rafael
Chaparrón
San Fernando
Cuarto
San Gerardo
Sta. Rita
Río Cuarto
San Miguel
Ujarrás
Cariblanco
Isla Bonita
Ángeles
Col de Toro
Volcán Congo
2014
PARQUE NACIONAL VOLCÁN POÁS
2704
Pinar
Veracruz
Toro
Palmar
San Luis
Tabla
Marsella
Venecia
140
Quebrada Grande
IGriega
Chirivico
Bellavista
Esquinas
Pital
250
Josefina
Buenos Aires
Ciudad Cutris
PARQUE NACIONAL JUAN CASTRO BLANCO
Bajos del Toro
Bijagual
Llanos
Vuela de Kopper
Chiles
Aguas Zarcas
Aguas Zacas
Volcán Platanar
2183
Volcán Porvenir
2267
Palmira
Zarcero
Altamaria
Chambacu
Corea
Palmera
Corte
Queb. Pelo
Ciudad Quesada (San Carlos)
Colón
Argentina
Zapote
Santa Teresa
Caño Negro
Corazón de Jesús
Vacablanca
San Juan
Florencia, Volcán Arenal
San Roque
Sucre
Vieja
Laguna
Naranjo, Sarchí
4
32

Holz-A-Frames mit weit heruntergezogenen Blechdächern und TV; $20 für 3 Pers., $35 mit AC; Camping am Fluss kostenlos.
Cabinas Jenny, 150 m nördlich der Kirche, ✆ 761-1168. Kleines, einfaches Holzhaus am Río Sarapiquí mit Veranda und Blick auf den Fluss; 4000–5000C für 3–4 Personen.
Rancho Leona Lodge, ✆ 761-1019, 🖳 www.rancholeona.com, rustikale Zimmer mit Gemeinschaftsbad und -küche; originelle Sauna im Garten; am Fluss gelegen; auch Kajaktouren. $12 p. P.

Umgebung von La Virgen

Centro Neotropico Sarapiquí, 2 km östlich von La Virgen, ✆ 761-1004, 🖳 www.sarapiquis.org. 24 relativ kleine Zimmer im Rancho-Stil. 350 ha Urwald und Park umgeben die Anlage; das Museum (Eintritt $12) und die kleine Ausgrabungsstätte mit präkolumbischen Gräbern (Eintritt $7) stehen auch Nicht-Gästen offen; stark auf Gruppen und Profit ausgerichtet. ❺
Hotel Las Quintas, 5 km nördlich von La Virgen, 🖳 www.laquintasarapiqui.com, ✆ 761-1052. Saubere, geräumige Zimmer mit privater kleiner Veranda und Blick auf Garten. Teils AC. Wanderwege. Restaurant. Familienbetrieb. ❺
La Laguna de Lagarto Lodge, von der Straße Richtung San Carlos/Ciudad Quesada, in der Ortschaft Aguas Zacas rechts Richtung Pital abbiegen. Von Pital führt eine Schotterpiste nach Boca Tapada; von hier sind es weitere 7 km zur Lodge (ausgeschildert). Eine der ersten Öko-Lodges der Region, bietet 20 rustikale Zimmer mit Balkon und Lagunenblick in einer der abgelegensten Regionen des Landes. Auf dem 10 km langen Wegenetz durch das 500 ha große, private Regenwaldreservat kann der Besucher mit Glück den seltenen, grünen Ara sowie rote und grüne Pfeilgiftfrösche entdecken. Reit- und Kanutouren auf dem Río San Juan; Restaurantservice; deutsche Leitung. 2x tgl. fahren Direktbusse von San José nach Pital, mit Anschluss nach Boca Tapada. Gäste werden bei Voranmeldung abgeholt. Die Lodge bietet auch Transfer von San José an. ❹

Peter und der Wolf

Finca Pedro y el Lobo, von La Virgen den Sarapiquí überqueren, dann rund 3 km Richtung San Ramón, ✆ 761-1406, 🖳 www.fincapedro.com, einfache, gemütliche Zimmer mit Küche, teils mit Privatbad, beim freundlichen, deutschen Kajaker Peter; große Rasenfläche zum Zelten. Abseits vom Touristenstrom. Gutes Ziel für Paddler; Peter bietet auch Wanderpaddeltouren an. ❷

Camping

Finca Pedro y el Lobo, s. o., bietet idyllische Zeltstellplätze für $10 p. P., inkl. Frühstück.
Cabinas El Río, s. o., hat ebenfalls einen hübschen Campingplatz (gratis).
Sarapiquí Outdoor Center, 75 m nördlich der Kirche in La Virgen, ✆ 761-1123, ✉ sarapiquioutdoor@hotmail.com, verlangt $10 p. P.

Ciudad Quesada

Von einem Plateau auf einer Höhe von 650 m blickt Ciudad Quesada, die Hauptstadt der Provinz Alajuela, hinab auf die umliegende saftiggrüne Weidelandschaft und die schlappohrigen, buckligen Zebu-Rinder. San Carlos, wie die Stadt unter Einheimischen genannt wird, ist das Zentrum für Milch- und Fleischproduktion in der Zona Norte. Für Touristen ist die Arbeiterstadt wenig attraktiv. **Busreisenden** aber bietet sie wichtige Anschlüsse in die Arenal- und Sarapiquí-Gegend sowie in den Norden, an die nicaraguanische Grenze.

Übernachtung

San Carlos hat zahlreiche billige, schmuddelige Absteigen, die unter der Woche von Arbeitern belegt sind. Es folgt eine Auswahl von sauberen Hotels:
Hotel del Valle, 200 m nördlich, 50 m westlich vom Park, ✆ 460-0718. Älteres Hotel mit großen Zimmern; EZ 5000C, DZ 8000C, So geschlossen.
Hotel Don Goyo, ✆ 406-1780, südlich der Tribunales de Justicia. Die Zimmer in den oberen Etagen sind schöner. EZ 5500C, DZ 10 000C.

Hotel La Central, am Park, ✆ 460-0301. Modernes Gebäude; die Zimmer in den oberen Etagen sind größer und schöner. EZ 8000C.
Hotel Conquistador, 700 m südlich vom Park, EZ 6000C, DZ 10 000C.

Essen

Mercado Central, hier bieten mehrere sehr saubere und günstige Sodas *Comida Tipica* an. Glaubt man den Einheimischen, macht die **Soda Lorena** das Rennen.
Coca Loca Steak House am Parque Central, ist Treffpunkt für Karnivoren. Außer Fleischspeisen stehen aber auch Pasta- und Fischgerichte auf der Speisekarte. ⌚ 11–23 Uhr.

Sonstiges

Geld

Bancredito, am Park, ⌚ Mo–Fr 9–16 Uhr.
Banco Nacional, am Park, ⌚ Mo–Fr 8.30–15.45 Uhr.

Internet

Internet, 75 m östlich vom Mercado Central, ⌚ Mo–Sa 9–20 Uhr.

Souvenirs

La Ranita, 100 m südlich vom Park, Souvenirs aus Leder.

Supermärkte

Supermercado Granada, an der Nordseite des Parks. ⌚ 7–24 Uhr. Weitere große Supermärkte befinden sich am Busterminal.

Transport

Der Busbahnhof liegt ungefähr 2 km nördlich vom Park. Taxis nehmen für die Strecke 500C, Busse kosten 110C. Fahrkarten werden nur für die Busse nach San José und Puerto Viejo de Sarapiquí (in der Dulceria Bettel) verkauft.
Busse fahren nach:
San José, 5–18 Uhr stdl.; 2 1/2 Std.; 1055C; mit Autotransporte San José-San Carlos, ✆ 460-5064.
La Fortuna, 6x tgl., 6–18 Uhr; 1 Std.; mit Coopatrac, ✆ 475-8565.
Los Chiles, stdl., 4.30–17.30 Uhr; 2 Std.; mit Chilsaca, ✆ 460-1886.
Pital, 2x tgl.
Puerto Viejo de Sarapiquí (über **La Virgen**), 8x tgl., 4.40–18.30 Uhr; 2 1/2 Std.; mit Guapileños, ✆ 221-7990.
Tilarán, 2x tgl.; mit Transporte Tilarán, ✆ 258-5792.
Upala (über **San Rafael de Guatuso**), 4x tgl., 11–18.30 Uhr; mit Empresarios Unidos Del Norte.
Venado, 2x tgl.; mit Transporte Tilarán.

Von der Ciudad Quesada (San Carlos) Richtung Nicaragua

Große Teile des stark landwirtschaftlich geprägten hohen Nordens von Costa Rica, besonders die Grenzregion zwischen Costa Rica und Nicaragua, waren während des Contra-Krieges Niemandsland für Touristen. Seit Friedenseinkehr strömen jedoch wieder Vogelkundler und Naturliebhaber in das **Refugio Nacional de Vida Silvestre Caño Negro**, eines der bedeutendsten Feuchtgebiete Mittelamerikas. Der kleine Grenzort **Los Chiles** – zu Kriegszeiten eine wichtige Versorgungsbasis der Contra-Milizen – dient heute als Sprungbrett für einen Abstecher nach Nicaragua. Lanchas (überdachte, große Motorboote) setzen von hier über den malerischen Río Frio ins Nachbarland über.

Richtung Upala musste der einst dichte Regenwald Zitrusplantagen, Reisfeldern und Kuhweiden weichen. In bescheidenen, aus Brettern zusammengezimmerten *Sodas* leisten sonnengegerbte Campesinos mit kniehohen Gummistiefeln dem Durchreisenden Gesellschaft beim Almuerzo. Auf der Strecke bietet sich ein Besuch des Tropfsteinlabyrinths **Cuevas de Venado** oder ein holpriger Abstecher von Upala zum **Parque Nacional Volcán Tenorio** (S. 281) an. **Upala** selbst hat außer Reis- und Getreidesäcken wenig zu bieten. Die Carretera 4 führt weiter bis nach Nord-Guanacaste.

Refugio Nacional de Vida Silvestre Caño Negro

MINAE-Büro ✆ 471-1309
Öffnungszeiten 8–16 Uhr
Eintritt $4; Kinder $1; gezahlt wird entweder am Bootssteg oder im Minae-Büro, rund 100 m vom Ortszentrum
Gründungsjahr 1984
Größe 9969 ha
Transport Siehe Caño Negro, Transport

Tierfreunde werden in Caño Negro nicht enttäuscht: Die Artenvielfalt ist überwältigend. Kaimane säumen das Flussufer, Sackflügelfledermäuse krallen sich an Baumstämmen fest und Jesus Christ Lizards flitzen über die Wasseroberfläche. In erster Linie aber ist Caño Negro ein Eldorado für Vogelfreunde. Insgesamt 307 Vogelarten, darunter rosa Löffler, schwarze Anhingas, Silberreiher, Pfeifgänse, Eisvögel und die größte Kolonie von Kormoranen wurden im Reservat registriert. Ein Drittel davon sind Zugvögel. Besuchszeit für Vogelfreunde sind die regenarmen Monate von Januar bis März, wenn der Wasserpegel des Río Frio sinkt und die Feuchtgebiete bis auf wenige Lagunen eintrocknen.

Caño Negro auf eigene Faust

Wer auf eigene Faust reist, erlebt mehr. Das trifft auch auf Caño Negro zu. Denn viele Tourveranstalter in Fortuna führen Touristen in die Irre. Als Caño Negro-Tour verkaufen sie Tagesausflüge, die meistens nicht ins Reservat, sondern – um Eintrittsgelder zu sparen – in die Umgebung führen. Durch lange Anfahrtswege und gemeinsames Frühstück verlieren Teilnehmer kostbare Morgenstunden, in denen die Tierwelt am aktivsten ist. Die Motorboote und großen Gruppen verschrecken zudem die Vögel. Im kleinen, friedlichen Ort Caño Negro, direkt am Reservat gelegen, bleiben dagegen wenige. Mit erfahrenen, lokalen Führern, Kanus und einer Handvoll sauberer Unterkünfte lädt der Ort dazu ein, die Lagunen und Feuchtgebiete nach eigenem Gusto und Rhythmus zu entdecken.

Caño Negro ist ein Reservat, kein Nationalpark, d. h. nur 40 % des Schutzgebietes sind im Besitz des Staates, der Rest ist Privatland. Land- und Viehwirtschaft, selbst Fischen ist begrenzt im Reservat erlaubt. Dass diese Regelung unvereinbar mit Naturschutz ist, liegt auf der Hand. Laut ASOPROCOSARENA, 💻 www.canonegro.org, einer lokalen Naturschutzorganisation, stellen illegaler Fischfang, Chemikalien in der Landwirtschaft, Waldrodung, Trockenlegung von Land und das Jagen von Kaimanen, deren Häute in der Lederindustrie verarbeitet werden, akute Bedrohungen für das Reservat dar. Die Organisation zieht gegen die Umweltsünder vor Gericht.

Übernachtung

Albergue und Camping Caño Negro, 300 m nördlich der Iglesia Católica, ✆ 461-2029. Saubere einfache, rustikale Stelzenhäuser; $10 p. P. Auch Camping für 1500C p. P.
Hotel del Campo, am Ortseingang, 💻 www.hoteldecampo.com, ✆ 471-1012. Sieben weiße Steinbungalows, umgeben von Garten; Blick auf Lagune; mit AC $10 Aufschlag; der schweizerische Wirt ist Mitbegründer der örtlichen Umweltschutzgruppe. ❹
Martin Pescador (Kingfisher Lodge), 50 m östlich vom Minisuper, ✆ 471-1369, ✉ kingfisher@racsa.co.cr. Ruhig und schön gelegen sind diese vier rustikalen Holzhäuser mit Veranda; teils mit AC; günstigere Zimmer vermietet der freundliche Don Antonio bei sich zu Hause. ❸

Essen und Touren

Soda la Palmera, am Bootsanleger, und **Restaurante El Pueblo**, im Ortszentrum, servieren gute, günstige, landestypische Kost. Mitten im Ort befindet sich auch ein kleiner Minisuper.

Touren

Lokale Führer warten am Bootsanleger.
Pantanal Tour, in Caño Negro, ✆ 816-3382, bietet 2-stündige Boots- und Kanutouren mit Führer durch die Reserva an, $40 für 2 Pers. Zweistündige Reittouren kosten $16.

Transport

Auto
Von San Carlos (Ciudad Quesada) der Carretera 35 Richtung Los Chiles folgen; rund 6 km südlich von Los Chiles zweigt an der Kreuzung „El Jobo" links eine Sandpiste nach Caño Negro ab (19 km). Caño Negro ist auch über Upala zu erreichen.

Busse
Los Chiles, 2x tgl.; ungefähr 1 Std.; Bus kommt aus Upala.
Upala, 2x tgl.; ungefähr 1 Std.; Bus kommt aus Los Chiles.

Shuttle-Busse
Direkten Transport von La Fortuna nach Caño Negro (und Kanutouren mit Führer) bietet **Canoa Aventura**, in La Fortuna, 💻 www.canoa-aventura.com, ✆ 479-8200 an.

Los Chiles

Von Los Chiles geht es nur zu Wasser weiter – per Lancha über den **Río Frío** nach **Nicaragua** (s. Kasten S. 194). Hier macht es nichts, das letzte Boot zu verpassen, denn Los Chiles hebt sich ab von den übrigen, filzigen Grenzorten, in denen man ungern die Nacht verbringt. Drei saubere Unterkünfte warten im Ort auf Spätankömmlinge.

In Los Chiles herrscht eine entspanntere Atmosphäre zwischen „Ticos" und „Nicas" als im übrigen Land. Viele der costa-ricanischen Einwohner beteiligten sich an den Kämpfen gegen die Somoza-Diktatur. Später diente Los Chiles den US-gestützten Contras als Versorgungsbasis.

Per Lancha nach Nicaragua

Die Grenzformalitäten in Los Chiles, ✆ 471-1223; ⏲ 8–17 Uhr, sind meist schnell und unkompliziert erledigt. Eventuelle Visa-Überschreitungen werden an diesem Grenzposten relativ lax gehandhabt. Die Einreise nach Nicaragua kostet $7, die Ausreise $2. Reisende sollten Dollar oder Cordoba bei sich tragen.
Die 1 1/2-stündige Lanchafahrt nach San Carlos (Nicaragua) ist malerisch. Der Fluss ist Verkehrsstraße, Wohnort, Arbeits- und Spielplatz für Mensch und Tier zugleich. Schildkröten und Vögel sieht man häufig, Affengebrüll hallt aus den Baumkronen. Nicaraguanerinnen stehen knietief mit großen Waschbrettern im Fluss. Daneben nehmen Jungen planschend ihr Abendbad. Am Flussufer liegen junge Latinas auf umgestürzten Baumstämmen und werfen, gestrandeten Nixen gleich, den Passagieren betörende Blicke zu. Die Alten beobachten das Treiben von Schaukelstühlen auf ihren Holzveranden. Zu träge sind sie, um noch auf das Winken der mehrmals täglich vorbeifahrenden Bootspassagiere zu reagieren.
Die Reise gibt zudem einen Einblick in die harte Realität von Costa Ricas armen Nachbarn: Touristen teilen sich das Boot mit nicaraguanischen Migrantenarbeitern. Viele von ihnen verdienen ihr Brot illegal auf den Plantagen und Fincas in Nord-Costa Rica und setzen sich dabei der Gefahr aus, deportiert zu werden.

Übernachtung

Hotel Central, südlich der Casa Pastoral, ist die günstigste Unterkunft im Ort. Sehr einfache Zimmer. ❶
Hotel Jabirú Inn, 100 m westlich, 100 m nördlich der Bushaltestelle, ✆ 471-1496. Saubere, ruhig gelegene Zimmer mit Veranda; teils mit AC und TV. ❷–❸
Hotel Rancho Tulipán, gegenüber der Immigración, ✆ 471-1414, ✉ albertorodriguez@racsa.co.cr. Saubere Zimmer mit AC; Restaurant; Internet. ❸

Sonstiges

Geld
Banco Nacional, am Sportplatz, ⏲ Mo–Fr 8.30–15.45 Uhr.

Internet
Im **Hotel Rancho Tulipán**, gegenüber der Immigración.
Internet Multiservicios, gegenüber vom Fußballplatz, ⏲ Mo–So 8–20 Uhr.

Supermarkt
Palí, am Sportplatz, ⏲ Mo–Do 8.30–19, Fr und Sa 8.30–19.30, So 8.30–15 Uhr.

Touren
Bootstouren auf dem Río Frio ($70–75 für 2 Pers.) und nach Nicaragua bieten das Hotel Jibarú, das Hotel Rancho Tulipán sowie die Bootskapitäne am Anlegesteg an.

Transport

Busse
Die Busse halten gegenüber der Soda Pamela.
Ciudad Quesada (San Carlos), stdl.; 2 Std.; mit Chilsaca, ✆ 460-1886.
San José, 2x tgl.; 5 Std.
Upala (über **Caño Negro**), 2x tgl.; 2 Std.

Boote (Lanchas)
San Carlos (Nicaragua), 10.30, 12 und 16 Uhr; 1 Std. 20 Min.; 5000C.
Zurück nach Los Chiles (Costa Rica), 10.30, 13.30 und 16 Uhr.
Bei viel Andrang gibt es weitere Abfahrtszeiten.

Cuevas de Venado

Rund 3 km südlich der kleinen Ortschaft Venado befinden sich die Cuevas de Venado, ein Labyrinth aus zehn unterirdischen **Tropfsteinhöhlen**, das 1945 zufällig von zwei Holzfällern entdeckt wurde. 2700 m der Höhlen wurden bisher erforscht, Höhlenforscher schätzen, dass die Grotten vor rund 60 Millionen Jahren entstanden.

Ein entführerischer Kuss – oder: Das Stockholm-Syndrom in Costa Rica

Im März 1996 veröffentlicht Costa Ricas einflussreichste Tageszeitung *La Nación* ein Foto, das in Deutschland und Costa Rica gleichermaßen heftige Empörung und Diskussionen auslöst: Das Bild zeigt einen Kuss zwischen der damals 25-jährigen deutschen Geisel Nicola Fleuchaus und ihrem 33-jährigen nicaraguanischen Entführer Julio César Vegas. 71 Tage lang wurde die junge Arzthelferin gemeinsam mit ihrer schweizerischen Reiseleiterin Susanne Siegfried im nicaraguanischen Dschungel gefangen gehalten. Fünf maskierte, bewaffnete Männer vom Rebellen-Kommando *Viviana Gallardo* hatten die Frauen am Silvesterabend aus einer Dschungel-Lodge im Norden Costa Ricas entführt. Sie fordern unter anderem über 1 Million Dollar Lösegeld und die Entlassung von Häftlingen. In San José geht die Bevölkerung auf die Straße und demonstriert für die Freilassung der beiden Frauen. Auf Wunsch der Entführer übernimmt ein Priester die Vermittlerrolle. Die Familien der Geiseln bringen schließlich 200 000 Dollar Lösegeld auf. Ein Kuss zwischen Opfer und Täter ist das Allerletzte, womit Angehörige und die Öffentlichkeit rechnen.

„Man macht Dinge wie (...) unterwürfige Dienstleistungen, die man sonst nie machen würde. Alles nur, um den Entführern zu gefallen, damit sie dich nett finden und nicht töten", äußert sich die in Costa Rica lebende Siegrid später in einem Interview. Ein automatischer, unbewusster Überlebensmechanismus, der dazu führen kann, dass sich Geiseln mit den Entführern identifizieren, und der seit dem Stockholmer Banküberfall mit Geiselnahme von 1973, bei dem sich eine Bankangestellte in einen der Entführer verliebte, als „Stockholm-Syndrom" bekannt wurde. Durch ihre emotionale Nähe zu Vegas rettete Nicola Fleuchaus vermutlich ihr eigenes Leben und das ihrer Reiseleiterin.

Wenige Wochen nach Freilassung der beiden Frauen gingen Julio Vegas und einer seiner Komplizen der Polizei ins Netz. Siegrid veröffentlichte ihre Erfahrungen in einem Buch, 1999 drehte der deutsche Regisseur Uwe Janson einen Fernsehfilm über die Entführung. Costa Ricas Norden hat sich seit Einkehr des Friedens in Nicaragua von einem touristischen Niemandsland in ein attraktives Touristenziel verwandelt.

Durch vier der insgesamt zehn Gewölbe finden Führungen statt. Drei Schwierigkeitsstufen stehen dabei zur Auswahl und auch die Richtung: auf- oder abwärts. Mit Maske, Helm, Gummistiefeln und Lampe bewaffnet steigt der Besucher hinab in die Unterwelt, mitunter geht es dabei auf allen Vieren durch sehr enge und nasse Passagen. Unbedingt Wechselkleidung mitnehmen. Duschen sind am Eingang vorhanden. ⏲ 8–16 Uhr, Eintritt $10. Um lange Wartezeiten zu vermeiden, ist eine Voranmeldung unter ✆ 478-8008 ratsam.

Busse nach Venado fahren von San Carlos um 7 und 14.30 Uhr. Zurück geht es um 6 und 13.30 Uhr. Diverse Tourveranstalter in Fortuna bieten Höhlentouren inkl. Transport an.

Indianerreservat Maleku

Rund 600 Maleku-Indianer leben in den drei Siedlungen **Margarita**, **Tonjibe** und **El Sol**. Bis auf einige Palenque-Hütten, in denen Holzschmuck und Trinkflaschen aus Kokosnussschalen verkauft werden, unterscheidet sich das Reservat jedoch kaum von einem gewöhnlichen costa-ricanischen Ort.

Die Maleku bilden den kleinsten der insgesamt acht Indianerstämme in Costa Rica. Im Krieg gegen die US-amerikanische Reifenindustrie, zu Anfang des 20. Jahrhunderts, wurde der Stamm fast völlig ausgerottet. Der Krieg entbrannte, als sich die Maleku gegen die Abholzung der Gummibäume auf ihrem Land wehrten. Heute lebt der Indianerstamm von Fischerei, Kakao- und Palmenanbau und dem Erlös aus dem Verkauf von Kunsthandwerk an Touristen. Ihre Sprache haben sich die Malekus bewahrt, und auch ihre traditionellen Riten üben sie nach wie vor aus.

Viel zu sehen gibt es nicht im Reservat, es sei denn, man schließt sich einer zweistündigen Heilpflanzentour an oder bleibt bei einer der Familien, die Übernachtung und traditionelle Maleku-Gerichte anbieten. Das Reservat liegt auf der Busroute Upala – Fortuna (s. Upala, S. 196, oder Fortuna, S. 162).

San Rafael de Guatuso

Das kleine, brütendheiße, staubige Nest San Rafael de Guatuso liegt an den Ufern des Río Frío, 6 km westlich vom Indianerreservat Maleku. Im Ort gibt es ein paar Supermärkte, Internet, eine Bank und eine Tankstelle. Es besteht eine überraschend gute Busanbindung an die größeren Orte des Nordens sowie nach San José und Guanacaste.

Empfehlenswert sind die sauberen Zimmer bei **Cabinas El Gordo**, ✆ 464-0009, mit AC; Parkplatz; 4000C p. P.

Transport

Busse fahren nach:
Cañas (über **Bijagua / Nationalpark Tenorio**), 7x tgl. zwischen 5–17.30 Uhr.
Ciudad Quesada, 4x tgl. zwischen 5.15 und 13.30 Uhr (Bus kommt aus Upala).
La Fortuna, 4x tgl. zwischen 4.15 und 12.15 Uhr.
San José, 4x tgl. zwischen 8 und 16.30 Uhr; mit Transporte Cañas, ✆ 258-5792.
Upala, 4x tgl. zwischen 8 und 19.30 Uhr (Bus kommt aus Ciudad Quesada).

Upala

Nur 9 km südlich der nicaraguanischen Grenze liegt Upala. Der kleine Ort wurde von Nicaraguanern mitgegründet und lebt hauptsächlich von der Landwirtschaft. Busse fahren von hier zur **Reserva Caño Negro** und nach **Los Chiles**, dem Grenzübergang nach Nicaragua. Südlich führt die von Schlaglöchern zerfressene Carretera 6 zum **Nationalpark Volcán Tenorio** und weiter bis ins Herz des trocken-heißen Guanacaste.

Übernachtung

Hotel Upala, am Park, ✆ 470-0169. Einfache, hellhörige Zimmer mit alten Matratzen, teils mit AC; Parkplatz; EZ ab 4000C; DZ ab 7000C.
Cabinas Maleku, am Park, ✆ 470-0142, eine Klasse höher als das Hotel Upala. Parkplatz; EZ 6000C, DZ 9000C.

Sonstiges

Geld
Banco Propular, 100 m östlich der Brücke nach Chimurria, ⌚ Mo–Fr 9–15.30; Sa 8.30–11.30 Uhr.
Banco Nacional, gegenüber von Radio Cultura Upala, ⌚ Mo–Fr 8.30–15.45 Uhr.

Fahrradreparatur
Ciclo Zanate, 50 m nördlich vom Park, ✆ 470-1067, ⌚ Mo–Sa 7–18; So 8.30–11.30 Uhr.

Internet
Café Internet@up, am Park, ⌚ Mo–Fr 8–12 und 13–21; Sa 9–12 und 13–17 Uhr.

Medizinische Hilfe
Cruz Roja, an der Südseite des Parks, ✆ 470-0080.

Supermarkt
Palí, an der Hauptstraße, ⌚ Mo–Fr 8.30–19; Sa 8–19.30; So 8–12 Uhr.

Post
200 m südlich vom Park, ⌚ Mo–Fr 9–12 und 13–17.30 Uhr.

Polizei
Neben der Post.

Transport

Busse fahren nach:
Los Chiles (via **Caño Negro**), Mo–Sa 2x tgl.; So 1x; 2 Std.; 750C.
San José, in kurzen Abständen zwischen 4.30 und 14 Uhr, mit Transporte Upala, ✆ 256-2246, und Transportes Cañas, ✆ 470-0197. Außerdem 1x tgl. über **Ciudad Quesada** (San Carlos).

Nord-Guanacaste

Stefan Loose Traveltipps

Liberia Sich zu den Alten in den Schatten der La Agonía-Kirche setzen und einen Hauch vergangenes Liberia erleben. S. 198

2 **Nationalpark Rincón de la Vieja** Dampfender Boden und Schlamm spuckende Erdlöcher – eine Landschaft wie aus dem Fantasyfilm. S. 206

5 **Ritt auf Poseidons Rücken** Wellenreiten am Hexenfelsen (Roca Bruja), einem der Topsurfreviere der Welt. S. 213

Kitesurfing Mit Drachen im Rücken wie ein Pelikan fliegen und über die friedliche Bahía Salina gleiten. S. 215

Guanacaste, der Nordwesten Costa Ricas, ist die sonnigste und flächenmäßig zweitgrößte Provinz des Landes. Es ist die Heimat des Sabanero, des costa-ricanischen Cowboys. Trocken und verdörrt erstrecken sich die unendlich weiten Ebenen der Vieh-Haziendas unter der erbarmungslosen Sonne. Im Hintergrund ragt dramatisch das schroffe Relief der **Cordillera de Guanacaste** hervor, die aus einer Kette von neun verschiedenen Vulkankratern gebildet wird. Unvorstellbar, wie sich in der Regenzeit binnen weniger Wochen diese staubige, wüstenähnliche Landschaft in eine Myriade von Grüntönen verwandelt.

Bis 1824 gehörte Guanacaste – das damalige Partido de Nicoya – zum benachbarten Nicaragua. In einem Referendum entschied sich die Bevölkerung dafür, sich Costa Rica anzugliedern. 1836 wurde die Annexion legal besiegelt, bereits 20 Jahre später konnten die Guanatecen ihren Patriotismus für das selbst gewählte Vaterland unter Beweis stellen. In der Schlacht von Santa Rosa, im heutigen Nationalpark Santa Rosa, besiegten sie William Walker (s. S. 211, Kasten) und dessen Gefährten und sicherten damit die Souveränität ihres Landes.

Heute zählt Guanacaste zu den Haupttouristenregionen Costa Ricas. Exzellente Wassersportbedingungen und Dutzende von weißen **Sandstränden** an der Pazifikküste, aktive **Vulkane, Thermalquellen** und **Höhlen** im Landesinneren sowie Sonne pur locken Touristenscharen aus aller Welt an. Die Baubranche boomt. Maklerschilder säumen die Strände. Einkaufszentren, Golfplätze, Eigentumswohnungen und Hotelanlagen schießen wie Pilze aus dem Boden. Playa Flamingo, Playa Coco, Playa Tamarindo, leicht gelangt man da auf den ausgetretenen Gringo-Pfad. Doch mit ein wenig Mühe kann man noch immer abgelegene Strände für sich entdecken und echten costa-ricanischen Lebensstil und Folklore erleben.

Ein Baum mit Ohren

Die Provinz Guanacaste verdankt ihren Namen einem Baum, einem Baum mit Ohren oder einem Baum, der hören kann („Guautil" bedeutet in der Nahua-Sprache Baum und „Nacaztli" Ohr). Der sonnen- und wasserliebende Baumriese trägt nämlich gen Ende der Trockenzeit braune Hülsenfrüchte, die der Form eines Menschenohrs ähneln. Der Guanacaste, leicht erkennbar an seiner ausladenden, schattenspendenden Baumkrone, erreicht im Durchschnitt einen Durchmesser von vier und eine Höhe von 15 Metern. In der Trockenzeit wirft er seine großen, harten Blätter für ein bis zwei Monate ab. Von der Rinde bis zur Frucht, aus beinahe jedem Stück, ziehen Tier und Mensch Nutzen. Die braunen, harten Hülsenfrüchte sind in der Trockenzeit eine wichtige Nahrungsquelle für Rinder, Pferde, Tapire und Papageien. Aus der Rinde wird Hustensirup hergestellt; zerstampft und fermentiert ergibt sie ein gutes Waschmittel. Das termiten- und feuerresistente Holz eignet sich hervorragend zum Haus-, Möbel- und Bootsbau und ist der Grund, warum der "Ohrenbaum" nur noch in geschützten Gegenden sein Höchstalter von 60 bis 70 Jahren erreicht. Seit 1959 zählt der Guanacaste-Baum offiziell zu den Nationalsymbolen Costa Ricas.

Liberia

Ciudad Blanca, weiße Stadt, nannte man einst die Hauptstadt und Eingangspforte Guanacastes aufgrund ihrer weiß gepflasterten Straßen und weiß gekalkten Häuser. Und wer heute in praller Mittagssonne auf den inzwischen schwarz geteerten, vor Hitze dampfenden Straßen geht, wünscht sich sehnlichst die alten Zeiten zurück.

Liberia heute ist eine Stadt der Kontraste, in der sich Vergangenheit und Moderne dicht aneinanderschmiegen und sich kleinstädtische Provinzidylle mit einem Hauch von internationalem Flair paart. Hier stehen alte **Kolonialhäuser** mit Wänden aus Viehmist und Sand neben modernen Einkaufszentren und Schnellrestaurantketten aus Zement, wird jahrhundertealte Sabanero-Kultur gepflegt und gleichzeitig in modernen Labors Weltraumforschung betrieben.

Mit einer reichen Auswahl an günstigen Unterkünften bietet sich Liberia als ideale Ausgangsbasis für Ausflüge zum nahe gelegenen **Volcán Rincón de La Vieja**, zum **Nationalpark**

Santa Rosa und an die Nordpazifikküste an. Mehrmals täglich verbinden Busse die Stadt mit dem Süden Guanacastes, den Stränden Playas del Coco und mit Nicaragua.

Sehenswertes

Im Stadtzentrum, vorwiegend in der Calle Real, stehen die für Guanacaste typischen **Bahareque-Häuser**, deren Wände aus Viehmist und Sand gebaut und mit einer Kalkschicht überzogen sind. Charakteristisch sind auch die **Puertas del Sol**, große Holzpforten, die ganze Häuserwände ersetzen und das Haus durchlüften und mit Sonnenlicht versorgen.

Die kleine **Ermita de la Agonía** aus dem Jahr 1790 öffnet nur für anderthalb Stunden täglich ihre Tore und bietet dem Neugierigen einen Einblick in das alte Liberia. Dann nämlich versammeln sich die Alten der Stadt zum Tratsch und gemeinsamen Rosenkranzbeten im kühlen, weiß gekalkten Gotteshaus. Die holzgeschnitzten Heiligenbilder stammen aus dem 18. Jahrhundert, als die religiöse Holzschnitzkunst noch der Aufsicht der katholischen Kirche unterlag und die Künstler sich an strenge Vorgaben zu halten hatten. ⏲ tgl. 14–15.30 Uhr.

Übernachtung

In Liberia kommt es trotz der relativ großen Auswahl an Unterkünften oft zu Engpässen, dies gilt insbesondere für die Wochenenden oder an den Tagen der Fiestas cívicas (s. Feste). Früh eintreffen oder vorher reservieren ist ratsam!

Zentrum

B+B Hospedaje Puente Real, 400 m südlich der Antigua Governación, noch vor der Puente Real, ✆ 666-1112, 818-5372 (Handy). Neue Unterkunft im modernen Familienhaus mit kleinen, schönen, sehr sauberen Zimmern mit Gemeinschaftsbad, unten Gemeinschaftsraum mit TV, Wäscheservice, Parkplatz, Frühstück inkl., Transport zum Vulkan Rincón de la Vieja. 6000C p. P. mit Gemeinschafts-, 7000C p. P. mit Privatbad.

Cabinas Paraíso, 150 m östlich der Feuerwehr, ✆ 666-3434. Einfache, kleine, saubere Zimmer mit Gemeinschaftsbad und TV, ruhig, etwas abseits vom Zentrum, schweizerische Leitung, Transport zum Rincón de la Vieja. ❷

Daysita Hotel, weitab vom Zentrum, am östlichen Stadtrand beim Fußballstadion, ✆ 666-0197, 💻 www.hoteldaisytaliberia.com. Große, etwas altmodische Anlage im Kolonialstil mit großem Swimmingpool, Zimmer mit AC, Frühstücksbüffet und Fahrradbenutzung inkl., Touren, Restaurant. ❹

Hospedaje Condeja, 300 m südlich, 25 m westlich der Farmacia Lux, ✆ 666-1165. Einfache, unterschiedlich große, holzgetäfelte Zimmer im 2. Stock mit Gemeinschaftsbad (könnte sauberer sein), bei der sehr freundlichen Doña Carla, auch von Ticos gern benutzt, Parkplatz. $6 p. P.

Hostal Ciudad Blanca, 200 m südlich, 150 m östlich der Antigua Governación, ✆/📠 666-3962. Ruhig, etwas abseits des Zentrums in gehobenerer Wohngegend, saubere Zimmer mit TV, AC und sehr kleinem Privatbad, obere Zimmer schön und hell, untere Zimmer etwas dunkel und muffig, Parkplatz. ❸

Hotel Casa Real, gegenüber vom Hotel La Posada del Tope, ✆ 666-3876, 812-8600 (Handy), 💻 www.posadadeltope.com. Charmantes Hotel im Kolonialstil mit Dekorationsstücken aus dem alten Liberia, schöne, große DZ mit TV, teils mit Außentoilette. ❷

Hotel Guanacaste, 25 m westlich vom Pulmitan Busbahnhof, ✆ 666-0085, 💻 www.higuanacaste.com. Keine besonders malerische Umgebung, dafür in unmittelbarer Nähe aller wichtigen Busbahnhöfe, 10 Min. zu Fuß ins Stadtzentrum. Saubere, einfache Zimmer mit Stockbetten und harten Matratzen, 15 % Rabatt

Quadratisch, praktisch, gut

Casa Vieja, 200 m südlich, 50 m westlich der Municipalidad, ✆ 665-5826. Neues, zentral gelegenes Hotel, etwas unpersönlich, dafür blitzblanke Zimmer verschiedener Größe und Ausstattung mit Fenster auf den Gang, riesige Duschen und Betten, winziger, ummauerter Hintergarten, 8000C p. P.

NORD-GUANACASTE
N
0
5
10
15
20 km
NICARAGUA
Escamequita
S. Antonio
El Ostional
Peñas Blancas
483
Co. Copernon
Copalchi
Carrizales
385
Vueltas
Cacao
Rosario
440
Alto Filipinas
La Garita
CA 1
Naranjo
Conventillos
La Cruz
Sapoá
ISLA BOLAÑOS
Bahía Salinas
Playa Pochotes
Animas
Golfo de Santa Elena
B. Jobo
Pto. Soley
Las Pilas
Soley
Mesas
Co. El Hacha
455
El Hacha
Playa Mostrencal
Brasilito
Salinas
Interamericana
ISLA JUANILLA
Hacha
REFUGIO NACIONAL DE SILVESTRE BAHÍA JUNQUILLAL
Sta. Rita
Playa Cuajinquil
Cuajiniquil
B. Playa Blanca
Playa Blanca
ISLA LOS NEGRITOS
PARQUE NACIONAL GUANACASTE
Peninsula Sta. Elena
Sector Murciélago
711
Cabo Sta. Elena
ISLA PELADA
PARQUE NACIONAL SANTA ROSA
Minae-Büro
Potrero Grande
Playa Coloradas
Sector las Pailas
Dry Tropical Forest Research Centre
Islas Murciélago
Ollie's Point
Co. El Ingles
316
ISLA COLORADA
B. Potrero Grande
Sta. Rosa
Hacienda Sta. Rosa (La Casona)
Potrerillos
B. Nancite
Roca Bruja (Witches Rock)
Playa Naranjo
GUANACASTE
Bahía Naranjo
Esterón
Jobo
Hda. Los Ahogados
234
Co. Carbonal
Llano de la Palma
Tempisque
Pto. Culebra
Nacascolo
Hda. La Culebra
Golfo de Papagayo
Bahía Culebra
B. Prieta
Playa Panama
Mte. Galan
Playa Hermosa
Panama

Lago de Nicaragua
(Lago Cocibolca)
AGUA
Cardeñas
Orosi
El Tigre
La Virgen
Colón
El Cairo
Montañas Las María
Sta. Cecilia
Hda. Inocentes
San Cristóbal
Brasilia
Lomas Buenavista
Birmania
Sta. Rita
Volcán Orosi
1487
Estación Biológica Pitiya
San José
El Pinol
L. Come
Co. Cacao
1659
Estación Biológica Cacao
Copey
Sta. Clara
Cordillera de Guanacaste
Col. Dos Ríos
Porvenir
Moreno Cañas
ALAJUELA
Brisas
Fila Caño Negro
Quebrada Grande
Volcán Rincón de la Vieja
1895
Sector Las Pailas
1916
Volcán Santa María
San Isidro
Finca Armenia
Aguas Claras
CASTE
PARQUE NACIONAL RINCÓN DE LA VIEJA
Pital
Hda. Rincón de la Vieja
Hda. Sta. Maria
Sector Santa Maria
Guayabal
Volcán Miravalles
2028
Co. La Giganta
Buenavista
Cañas Dulces
Ingaray
Curubandé
San Jorge
Pueblo Nuevo
Lag. Mogote
El Muerto
Guayabo
Zona Protectorata Miravelles
Limonal
La Ese
Fortuna
Colorado
1082
Cereceda
Río Chiquito
San Roque
Liberia
Tomo
San Bernardo
327
Co. Pilar
Santa Fé
Sta. Ana
Finca Guaria
Hda. San Rafael
Hda. Monteverde
Sta. Rosa
Salitral
Sabalo
Cañita
Mena
Sucio
Orosi
Haciendas
Pizote
Cucaracho
Góngora
Caño Negro
Guacalito
Canalete
Ahogados
Tizate
Colorado
Potrero
Enmedio
Salto
Blanco
Tenorito
Corobici
4
6

Italienisch mit Crêpes

Sapori d'Italia, an der Av. 25 de Julio, ungefähr 20 m östlich von den Tribunales. Ein römischer Koch, original italienische Zutaten, Pizza-, Pasta- und Meeresspezialitäten, geht es noch italienischer? Zum Frühstück gibt es Crêpes. Helles Restaurant mit AC, gern von italienischen Expats besucht. ◷ Mo–Sa 6–22 Uhr.

für International-Hosteling-Mitglieder, Restaurant, samstags Karaoke-Nacht, Transport zum Rincón de la Vieja ($10 p. P.). Camping $6 p. P., Schlafsaal $7 p. P., Zimmer mit Privatbad $15p. P., DZ $28.

Hotel La Casona, Calle Real, Ecke Av.6, ✆ 666-2971. Zentral gelegen, schlichte, freundliche, helle Zimmer mit Privat- oder Gemeinschaftsbad im alten Kolonialhaus, teils mit TV und AC, Frühstück und Mittagessen möglich, Transport zum Rincon de la Vieja ($10 p. P.). Zimmer mit Gemeinschaftsbad $6 p. P., DZ mit Privatbad ab $20.

Hotel La Posada del Tope, Calle Central, 150 m südlich der neuen Kirche, ✆ 666-3876, 812-8600 (Handy), 🖳 www.posadadeltope.com. Gleicher Besitzer wie im Hotel Casa Real, EZ und DZ ohne Fenster. Günstige Autovermietung (Geländewagen ab $45/Tag), Transport zum Vulkan Rincón de la Vieja ($10 p. P.), Santa Rosa Nationalpark ($15 p. P.), Palo Verde $ 40 p. P., Schlafsaal $5, DZ $10.

Hotel La Siesta, Calle 4, Ecke Av. 4–6, ✆ 666-2950, ✉ lasiestaliberia@hotmail.com. Einfache Zimmer für bis zu 4 Personen. Bad, TV und AC, schöne Gartenanlage mit Liegestühlen und kleinem Pool; Zahlung mit Kreditkarte möglich. ❸

Hotel Liberia, Calle Central, ✆ 666-0161, ✉ hotelliberia@hotelliberia.com. Beliebter Treffpunkt für Rucksackreisende, viel Informationsmaterial, gemischter Schlafsaal mit hellhörigen Wänden und durchgelegenen Matratzen oder DZ teils mit Privatbad,. Schöner Garten im Innenhof mit Hängematten, Wäscheservice, Transport zum Rincon de la Vieja ($10 p. P.), Schlafsaal $5, DZ ab $10.

Hotel Primavera, an der Südseite des Parkes, ✆ 666-0464, im Herzen Liberias. Zimmer nach hinten versetzt, nicht direkt an der Hauptstraße. Einfache, saubere, nüchterne Motelzimmer mit Schreibtisch, TV, teils mit AC. ❸–❹

An der Interamericana

Hotel Boyeros, ✆ 666-0722, ✉ hboyeros.com, 🖳 www.hotelboyeros.com. Große Anlage, beliebt bei amerikanischen Touristen. Pool mit Liegestühlen, 30 Min. freies Internet, Klettergerüste und Kinderrutsche, Kinder unter 10 Jahren frei. ❹

Hotel del Aserradero S.A., 200 m nördlich von Burgerking, ✆ 666-1939, ✉ abalto@racsa.co.cr. Hotel im Ranch-Stil, großzügig geschnittene Zimmer, teils mit AC, großer Garten mit Schaukelstühlen, Kaffeemaschine und Mikrowelle für alle, Restaurant nebenan. ❸

Hotel El Bramadero, schräg gegenüber der ESSO-Tankstelle, ✆ 666-0371, 🖳 www.hotelelbramadero.com. Langweilige Zimmer mit AC und TV mit Pool. ❸

Hotel El Punto Bed and Breakfast, 150 m südlich der EMESA-Tankstelle, ✆ 388-1023, ✉ elpunto@liberia.co.cr. Hebt sich von den benachbarten *american style* Hotels ab, unglücklicher Standort, dafür schöne, helle, farbenfroh eingerichtete Zimmer (für 2–4 Pers.) mit Warmwasser, Mikrowelle, Hochbett und Kitchenette. Gemeinschaftsleseecke, Wäscheservice gratis, Sprachschule angeschlossen, Frühstück inkl., Touren. ❸

Essen

Bar Restaurant Las Tinajas, am Park, nette Terrasse zum Draußensitzen, beliebt für ein kühles Bierchen, auch Grillgerichte. ◷ Mo–So 10–23 Uhr.

Café Cal, Av. 2, Ecke C. Central, hübsches Café mit selbst gemachtem Kuchen, Eis, (Obst-) Salaten, Fruchtsäften, Kaffee, Cappuccino, europäischem Frühstück. ◷ Mo–Fr 9–16, Sa 13.30–18 Uhr.

Die Deutsche Bäckerei, 2 km südlich vom Flughafen, mit Café Europa, ◷ tgl. 6–18 Uhr (s. Kasten S. 203).

Eine Auswanderergeschichte

Nach gutem Vollkornbrot mit Biss sehnt sich so manch deutscher Urlauber fern der Heimat. Guanacaste hat es: Frisches, kerniges Brot, hergestellt in der **Deutschen Bäckerei** vom Bäckermeister Hans Valentin Berié. Aus Sehnsucht nach Sonne verkaufte der waschechte Bayer 1994 seinen Bäckereibetrieb im Herzen Schwabings und zog mit Ehefrau Bettina ins sonnenverwöhnte Guanacaste. Bereits neun Monate später stand die Bäckerei, dazu ein selbstgebauter Holzofen. Hans aber war pleite. Mit Geldspritzen von den Geschwistern aus Deutschland und 18-Stunden-Tagen ohne Urlaub schaffte er es: Der Betrieb zählt heute 35 Angestellte und einen weiteren Bäckermeister als Geschäftspartner. Fünf Lieferwagen beliefern regelmäßig rund 400 Hotels, Supermärkte und Privathaushalte im Raum Guanacaste mit ungefähr 100 verschiedenen Backwaren. In der Bäckerei selbst befindet sich das *Café Europa*, ein Restaurant-Café mit deutschen Backwaren und Gerichten. Die deutsche Bäckerei liegt 2 km von Liberia auf der Straße zum Flughafen und hat täglich von 6 bis 18 Uhr geöffnet.

Doña Columbia, an der Av. 25 de Julio, ungefähr 30 m östlich von den Tribunales. Rustikale Holzbänke umrunden den Grill, gegessen werden die Grillspezialitäten von Holzbrettern. Nachspeisentipp: gegrillte Kochbanane mit Sahne-Butter-Honig-Füllung. 🕓 Mo–Sa 11–22, So 17–22 Uhr.
El Café Liberia, C. 8, Av. 25 de Julio–Av. 2. Typisches Expat-Café mit AC, Zeitungen auf Spanisch und Englisch und frisch gemahlenem Kaffee aus einer beeindruckenden Kaffeemühle. Frisch belegte Bagles, Sandwiches, Kuchen, Kaffee. 🕓 Mo–Fr 10–18 Uhr.
El Pilón, ungefähr 250 m nördlich der Banco de Costa Rica. Landestypische Gerichte; beliebt bei Ticos und Touristen. 🕓 tgl. 7–17 Uhr.
La Cocina de mi Tierra, Calle Central, neben Internet Planet. Einfache, saubere Soda in altem Kolonialhaus, beliebt bei Ticos. 🕓 Mo–So 7.30–21.30 Uhr.
Gegenüber, mit ähnlicher Speisekarte, zu ähnlich günstigen Preisen, **Soda Rancho Dulce**, Casados in allen Ausführungen, große Auswahl an Frescos.
Los Comales, 225 m nördlich der Banco de Costa Rica. Das landestypische Esslokal öffnet bereits um 6 Uhr zum sättigenden Gallo Pinto-Frühstück. 🕓 tgl. 6–21 Uhr.
Mercado Central, am Busbahnhof; Essenstände mit landestypischen Gerichten, 🕓 tgl. 6–19 Uhr.
Pan y Miel, Av. 3, C. 0-2 für Frühaufsteher! In dieser Bäckerei gibt es unter der Woche Cappuccino und Croissants bereits ab 6 Uhr. 🕓 Mo–Sa 6–20, So 7–17 Uhr.
Pizza Pronto, Ecke Av. 4, C. 1. Schönes, rustikales Ambiente, Lehmofenpizza mit großer Auswahl an Belägen, wie wär's mit einer Pfirsich-Ananas-Tomate-Käse-Honig-Pizza? Große Pizzen für 2–3 Pers., auch Pasta-Gerichte, mittlere Preisklasse.
Restaurant Elegante, C. Central, Av. 0-2, und **Copa de Oro**, schräg gegenüber, bieten günstige chinesische Speisen in Turnhallenambiente.
Restaurante Paso Real, große Auswahl an kreativen Fisch- und Meeresfrüchtegerichten, auch Pasta- und Fleischgerichte; beliebt bei Touristen, vom Balkon überblickt man den Park, gehobenere Preisklasse, 🕓 tgl. 11–22 Uhr.

Sonstiges

Autovermietung
An der Straße zum Flughafen reiht sich eine Autovermietung an die andere; günstige Angebote hat das Hotel La Posada del Tope.

Einkaufen
Talabartería, gegenüber vom Gimnasio Municipal; Hüte, Gürtel, Stiefel, Sättel, alles, was ein echter Sabanero braucht. 🕓 Mo–So 8–21 Uhr.

Feste
Anfang März: **Fiestas Cívicas**, 10 Tage Feuerwerk, Musik, Stierrodeos.
25. Juli: **Día de Guanacaste**, patriotische Stimmung mit Pferdeparaden, Volkstänzen, Musik und Rodeos.

In der letzten Septemberwoche: **La Semana Cultural**, Fest zum Gedenken an die Gründung Liberias mit Musik, Tanz, Kunst und typischen Speisen aus Guanacaste.

Geld

Banco de Costa Rica, Mo, Mi, Fr 9–15.30, Sa 10–15.30 Uhr.
Banco Nacional, Mo–Fr 8.30–15.45, Sa 9–13 Uhr.
Bañes, Mo–Fr 9–18.30, Sa 9–12.30 Uhr.
Banco Popular, Mo–Fr 8.15–15, Sa 8.15–11.30 Uhr.

Informationen

Touristeninformation, Av. 6, Ecke Calle 1, mit Museum über die Sabanero-Kultur, war wegen Geldmangels zur Zeit der Recherche allerdings vorübergehend geschlossen.
Information zu Touren in die Umgebung gibt es in den meisten Hotels.

Internet

Internet Planet, Calle Central, mit AC. Mo–So 8–22 Uhr.
Internet Cibermania, 500C pro Std., auch internationale Telefonate, 8–22 Uhr.

Reisebüro

Liberia Travel, schräg gegenüber der Farmacia Lux, 665-3146, 822-2334 (Handy), liberiatravel@costarricence.cr. Flüge, Hotelreservationen, Touren.
Viajes Colón, gegenüber von Pizzahut, u.a. Flugtickets; 665-2302.

Supermärkte

Supercompro, im Zentrum, tgl. 8–21 Uhr.
Palí, ebenfalls im Zentrum, tgl. 8–19.30 Uhr.
Jumbo Perimercado, im neuen Einkaufszentrum an der Interamericana, sehr große Auswahl, tgl. 8–22 Uhr.

Taxis

Am Park, 666-3330.

Telefone

Im Park.

Touren

Auf dem Weg zum Nationalpark (Las Pailas und Santa Maria Sektor) bieten viele Hotels Pferdetouren an.
Adventure Tours, im Hotel Hacienda Guachipilan, 375-1543, 383-2787, www.canyonlodgecr.com, Canopy, Rafting (Level I–II), Klettern.

Unterhaltung

Pooles, Billardtische, 1000C pro Std., 200 m von der alten Agonia-Kirche. 15–22 Uhr.

Wäscherei

Lavandería Clean, 25 m südlich der Post, 665-4010, Mo–Fr 8–20, Sa 8–18 Uhr.

Transport

Busse

Am **Pulmitan-Busbahnhof**, Av. 7, C. 12–14, fahren die Busse nach San José, Peñas Blancas und Playa del Coco ab.
San José, stdl. von 4–20 Uhr; nur die zwei ersten Morgenbusse sind Direktbusse, 2135C; Direktbus 3 1/2 Std., sonst 4 1/2 Std.; mit Pulmitan, 666-0458.
Peñas Blancas (Grenze zu **Nicaragua / Santa Rosa Nationalpark**), 7x tgl., 665C, 1 1/2 Std.; mit Pulmitan.
Playa del Coco, von 5–18.30 Uhr stdl.; Mittagspause von 11–12.30 Uhr; 310C, 1 Std.

Am **Busbahnhof Liberia**, Av. 7, C.12–14, fahren die Busse zum Flughafen, zu den Stränden Nord-Guanacastes und in die Städte Canas, Puntarenas, Nicoya und Santa Cruz ab.
Cañas, 4 x tgl.; 1 1/2 Std.; schneller ist es, den Bus nach San José zu nehmen und in Cañas auszusteigen.
Flughafen, 9 x tgl. von 5.30–17.30 Uhr (s. Flughafenbus).
Puntarenas, 7 x tgl.; mit Reina del Campo, 663-1752.
Nicoya (über **Santa Cruz**), ungefähr jede1/2 Std. von 4.30–20.20 Uhr, am Wochenende weniger Verbindungen; mit La Pampa, 665-5891.
Santa Cruz (s. Nicoya).
Playa Tamarindo, 10 x tgl.; mit La Pampa.

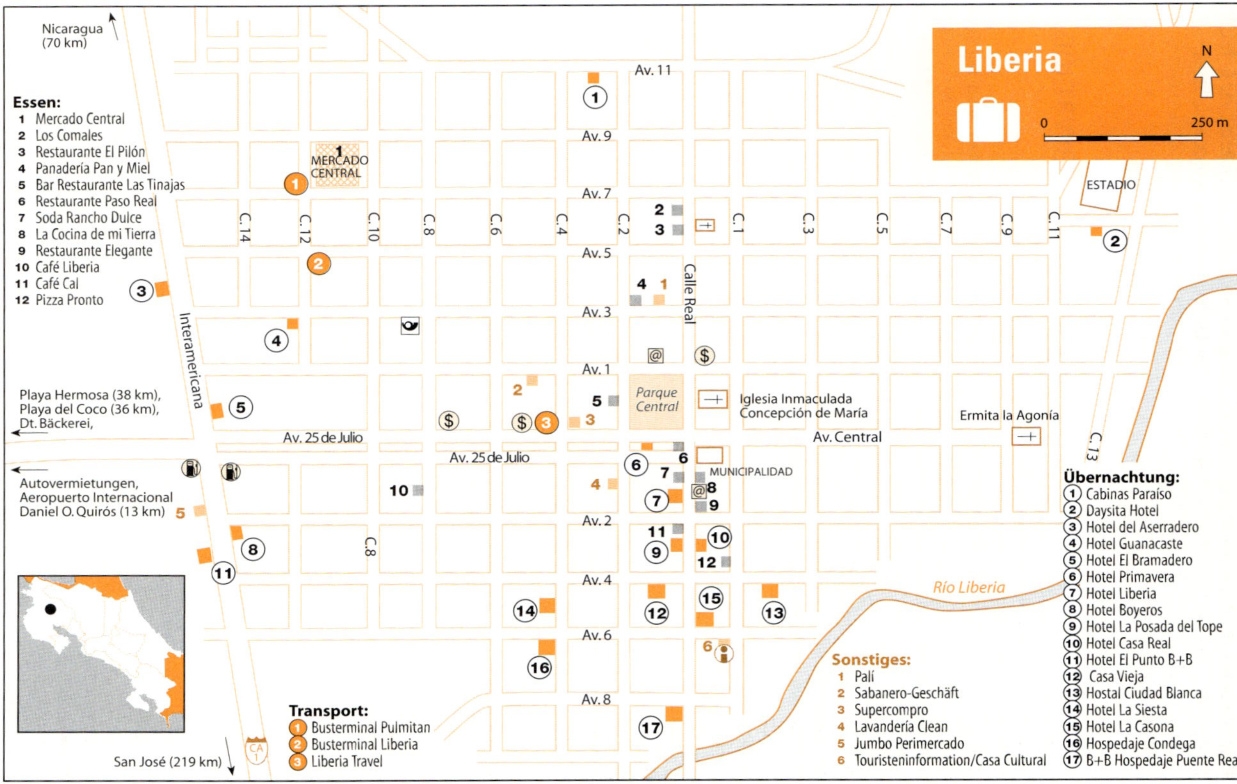
Liberia
N
0
250 m
Nicaragua (70 km)
Essen:
1 Mercado Central
2 Los Comales
3 Restaurante El Pilón
4 Panadería Pan y Miel
5 Bar Restaurante Las Tinajas
6 Restaurante Paso Real
7 Soda Rancho Dulce
8 La Cocina de mi Tierra
9 Restaurante Elegante
10 Café Liberia
11 Café Cal
12 Pizza Pronto
MERCADO CENTRAL
ESTADIO
Av. 11
Av. 9
Av. 7
Av. 5
Av. 3
Av. 1
Av. Central
Av. 2
Av. 4
Av. 6
Av. 8
Av. 25 de Julio
C. 14
C. 12
C. 10
C. 8
C. 6
C. 4
C. 2
C. 1
C. 3
C. 5
C. 7
C. 9
C. 11
C. 13
Calle Real
Interamericana
Parque Central
Iglesia Inmaculada Concepción de María
Ermita la Agonía
MUNICIPALIDAD
Río Liberia
Playa Hermosa (38 km), Playa del Coco (36 km), Dt. Bäckerei,
Autovermietungen, Aeropuerto Internacional Daniel O. Quirós (13 km)
San José (219 km)
CA 1
Transport:
1 Busterminal Pulmitan
2 Busterminal Liberia
3 Liberia Travel
Sonstiges:
1 Palí
2 Sabanero-Geschäft
3 Supercompro
4 Lavandería Clean
5 Jumbo Perimercado
6 Touristeninformation/Casa Cultural
Übernachtung:
1 Cabinas Paraíso
2 Daysita Hotel
3 Hotel del Aserradero
4 Hotel Guanacaste
5 Hotel El Bramadero
6 Hotel Primavera
7 Hotel Liberia
8 Hotel Boyeros
9 Hotel La Posada del Tope
10 Hotel Casa Real
11 Hotel El Punto B+B
12 Casa Vieja
13 Hostal Ciudad Blanca
14 Hotel La Siesta
15 Hotel La Casona
16 Hospedaje Condega
17 B+B Hospedaje Puente Real

Playa Hermosa, 7x tgl.; mit La Pampa.
Puntarenas, 7x tgl.; 3 Std.; schneller ist es, den Bus nach San José zu nehmen und in Puntarenas auszusteigen.

Internationale Busse

Am **Hotel Guanacaste** fahren die Busse nach Nicaragua und Honduras ab.
Die nachstehend genannten Busgesellschaften fahren direkt nach Nicaragua, Umsteigen ist nicht erforderlich. Alle Busse verfügen über AC und TV, sie fahren vom Hotel Guanacaste ab, dort werden auch die Fahrkarten verkauft. Billiger ist die Fahrt mit dem regulären Bus nach Peñas Blancas (s. u.), von wo aus man zu Fuß die nicaraguanische Grenze überquert und dann – auf nicaraguanischem Boden – in einen Bus Richtung Granada oder Rivas umsteigt.
Tegucigalpa (Honduras) via Rivas, Managua, Masaya und Granada, alle in Nicaragua, 4x tgl., $12,50; außerdem fährt 1x tgl. ein Bus mit mehr Beinfreiheit für $20 inkl. Mittagessen. Busgesellschaft: Transnica, ✆ 505-223-4242 (San José) oder ✆ 506-270-3133 (Managua).
Granada (Nicaragua) via Rivas, Managua und Masaya, 1xt gl.; $10. Busgesellschaft: Central Line, ✆ 505-221-9115, 257-7214 (San José), ✆ 506-254-5441,-5569 (Managua).
León (Nicaragua) via Rivas, Diriamba und Managua, 1x tgl., $12,50. Busgesellschaft: Nica Expreso.

Flüge

Der **Aeropuerto International Daniel Odiber Quirós**, ✆ 668-1010, 13 km östlich von Liberia gelegen, wird sowohl von den nationalen Fluglinien Sansa und Nature Air als auch von Fluglinien aus den USA und Kanada angeflogen. Ein weiterer Ausbau des Flughafens ist geplant. Sansa und Nature-Air verbinden täglich mit San José und Playa Tamarindo.
Nature Air fliegt außerdem von Liberia nach **Granada** (Nicaragua).

Flughafentransport

Flughafentaxi, ✆ 372-5606, 368-7355, $12 nach Liberia, $30 zum Playa del Coco, $65 zum Playa Tamarindo.
Flughafenbus nach Liberia, 9x tgl. von 6–18 Uhr, rund 30 Min.,155C; mit Transporte Urbano, ✆ 665-0248.

Area de Conservación Guanacaste

Nördlich von Liberia, zu beiden Seiten der Interamericana, erstreckt sich die Area de Conservación Guanacaste, ein Zusammenschluss aus den vier landschaftlich sehr unterschiedlichen Naturparks **Parque Nacional Rincón de la Vieja**, **Parque Nacional Guanacaste** und **Parque Nacional Santa Rosa** sowie dem **Refugio de Vida Silvestre Bahía Junquial**. Ziel dieser Allianz ist es, statt einzelner, isolierter Naturschutzgebiete einen zusammenhängenden „biologischen Korridor“ für Wildtiere zu schaffen. Denn in der Trockenzeit wechseln viele Tiere ihr Habitat und wandern aus den flachen, ariden Trockenwaldebenen der Santa Elena Halbinsel in die gebirgigen Feucht- und Regenwaldregionen der Cordillera Guanacaste.

Die Nationalparkverwaltung bemüht sich, weiteres Weideland aufzukaufen und arbeitet mit den Farmern der Umgebung in Wiederaufforstungsprojekten zusammen. Mit 120 000 ha Fläche gehört der Parkverbund bereits heute zu den größten Schutzgebieten Costa Ricas.

2 HIGHLIGHT

Parque Nacional Rincón de la Vieja

Der Nationalpark Rincón de la Vieja ist Teil der **Cordillera de Guanacaste**, die eine natürliche Grenzlinie zwischen dem Pazifischen und dem Atlantischen Ozean zieht. Aus ihr entspringen 32 Flüsse und 16 Bäche, die weite Teile der Provinz Guanacaste mit Trinkwasser versorgen. Der Park bietet eine ideale Gelegenheit Vulkanismus aus nächster Nähe zu erleben. Den Besucher erwartet eine Landschaft wie aus einem Fantasy-

Film. Schmatzende, Schlamm spuckende Erdlöcher, knorrige hartblättrige Bäume, zu Lehmskulpturen erstarrte Pflanzen und überall Schwefelgeruch. Ein gut ausgeschilderter, leicht begehbarer Pfad führt zu einem Miniaturvulkan, einer Schwefellagune und brodelnden Schlammquellen.

Die Wanderung zum Krater des aktiven Vulkans **Rincón de la Vieja**, der zuletzt 1995 Asche spuckte, ist mit mehr Anstrengung verbunden und dauert sieben bis acht Stunden. Bei klarer Sicht hat man vom Kraterrand (selten!) einen überwältigenden Blick auf die Nicoya Peninsula und den großen Lago Cocibolca im benachbarten Nicaragua. Der ruhende, höher gelegene Schwesterkrater **Santa Maria** (1916 m), liegt im Parksektor **Santa Rosa**, dem weniger touristischen Parkabschnitt. Er ist mit Vegetation überwachsen und nicht zu erklimmen. Im Santa Maria-Sektor ist Zelten erlaubt.

Flora und Fauna: Der Park umfasst aufgrund seiner Höhenunterschiede und vulkanischen Aktivität verschiedene Vegetationszonen. *Bosque tropical humedo* und *Bosque tropical seco* dominieren mit Bäumen wie dem Guanacaste-Baum, der Balsamfeige und dem Weißgummibaum. Je weiter man sich dem Krater nähert, desto kleinwüchsiger und buschartiger wird die Vegetation. Die Kratergegend selbst ist vegetationslos. Im Februar/März blüht am Wasserfall Catarata Escondida Costa Ricas Nationalblume, die Orchidee Guaria Morida.

Tapiren begegnet man hauptsächlich in der Kratergegend, Waschbären halten sich gerne am Parkeingang auf und Morphofalter sieht man auf dem Wanderpfad zu den Wasserfällen. Außerdem leben im Park über 300 Vögel sowie Brüll-, Kapuziner- und Klammeraffen. Um einen Jaguar oder Puma zu sehen, bedarf es viel Zeit und Geduld. Vorsicht vor den heimtückischen, Fruchtfliegen ähnlichen *Bojones* am Parkeingang. Ihre Stiche jucken fürchterlich und halten lange an (lange Hosen anziehen und Insektenspray mitnehmen).

Sektor Las Pailas

MINAE-Büro ☏ 661-8139, ☏ 666-8151
Öffnungszeiten Di–So 7–15 Uhr
Gründungsjahr 1973
Größe 14 083 ha
Besucherzahl 30 000–33 000 Personen pro Jahr
Transport
Auto: Von Liberia 5 km auf der Interamericana Richtung Peñas Blancas (Grenze) fahren, dann nach rechts Richtung Curubande abzweigen, von hier sind es weitere 20 km Schotterpiste bis zum Parkeingang. Es werden 700C Mautgebühr von der Hacienda Guachipilan verlangt.
Busse: Es gibt keinen öffentlichen Bus zum Vulkan. Diverse Hotels in Liberia bieten morgens für rund $10 (Hin- und Rückfahrt) Transport mit Minibus an.

Wanderungen

Ortskundige Führer warten am MINAE-Büro, alle Wanderungen sind jedoch gut ohne Führer zu bewältigen.

Sendero Las Pailas (3 km Rundwanderweg)
Dieser 3 km lange Rundweg führt zu den kleineren, vulkanischen Aktivitäten im Park, darunter eine **Schwefellagune, Fumarole** und ein **Miniaturvulkan**. Der gut ausgeschilderte, ebene Weg ist der beliebteste und touristischste von allen Wanderwegen und regelmäßiges Ziel von Tourgruppen, man ist selten allein. Vom Rundweg zweigt ein Pfad zum Santa Maria-Sektor des Parks ab (insgesamt 8 km).

Poza Río Blanco, Cataratas Escondidas, Catarata La Congreja (5 km einfache Strecke)
Der Weg führt am Rio Blanco entlang durch den Wald, ein Abstecher zur Poza Río Blanca bietet sich an (links gehen Treppen steil hinab). Man überquert die **Quebrada Escondida**, einen kristallklaren Bach, der sich streckenweise seinen Weg unterirdisch bahnt. Später gabelt sich der Weg, rechts geht es zum **Catarata Escondida**, links zum 500 m weiter entfernten **Catarata La Congreja**. Der Weg bietet einige schöne Panoramaaussichten bis zum Pazifik.

Der letzte Abschnitt ist eine Kletterpartie, es geht über Wurzeln und Felsen steil hinab zum Wasserfall. Picknick- und Badesachen rausholen! Im Sommer kann der Weg auch per Pferd zurückgelegt werden – der letzte Abschnitt lässt sich aber nur zu Fuß bewältigen.

Krater (8 km einfache Strecke)
Der Aufstieg zum Krater ist die landschaftlich eindrucksvollste und gleichzeitig anstrengendste Wanderung im Park, der Weg ist deshalb weitaus weniger von Touristen überlaufen. Bei sehr windigen und nebligen Wetterverhältnissen ist der Aufstieg gesperrt.

Es ist ratsam, früh und in Begleitung von mindestens einer weiteren Person aufzubrechen, da der Aufstieg Kletterpartien umfasst und Wetterumschwünge und Wind am Krater nicht zu unterschätzen sind. Ausreichend Wasser, Sonnenschutz, Schuhe mit Profil und Windjacke mitnehmen!

Der Pfad führt durch Wald hoch zum 1400 m über dem Meeresspiegel gelegenen **Sitio Copelares**. Hier ändert sich die Vegetation schlagartig, statt Baumriesen dominieren nun knorrige, heckenartig miteinander verwachsene Bäume. Rund 2 km vor dem Krater verlässt man das Dickicht, vor einem erstreckt sich eine beeindruckende, vegetationslose Vulkanlandschaft. Es folgen die steilsten und anstrengendsten 2 km zum Kraterrand. Der Weg gabelt sich; der Aufstieg rechts ist um 500 m kürzer, aber steiler. Vorbei geht es an den tiefen Vulkanfurchen, Steinhäufchen weisen den Weg. Eine Gratwanderung führt entlang des Kraterrandes zum Aussichtspunkt, von wo man bei gutem Wetter Blick auf die **Nicoya Peninsula** und den großen **Lago Cocibolca** in Nicaragua hat.

Man sollte sich hier maximal 15 Minuten aufhalten, denn dies ist ein aktiver Vulkan und die toxischen Dämpfe können gesundheitsschädigend sein. Südlich des Kraters liegt der **Lago los Jilgueros**.

Entspannung garantiert

Hotel Borinquen, 3 km von der Buena Vista Lodge, ✆ 690-1900, 💻 www.borinquenresort.com. Luxuriöse, helle Bungalows, hinter Hecken versteckt, mit stilvollen Landhausmöbeln und großer Veranda; englischer Rasen umgibt die Anlage. Der Renner ist der mit der Natur harmonierende Spa- und Pool-Bereich mit Thermalquellen und vulkanisch beheizter Sauna. Yogaplattform abgelegen im Wald, Pferderanch; gern von Flitterwöchlern besucht, Touren. Ein Ort zum Entspannen. ❻

Übernachtung

Die Hotels sind in der Reihenfolge vom Vulkan Richtung Liberia aufgelistet. Camping s. Rincón de la Vieja Mountain Lodge.

Hacienda Guachipilan, ✆ 442-2818, 666-8075, 💻 www.guachipelin.com. Die Hazienda, die jedem Nationalparkbesucher 700C zur Überquerung ihres Grundstückes abzwackt, ist stark auf Gruppen ausgerichtet. Schlichte Zimmer, Swimmingpool, Wellness-Bereich, Frühstück inkl., großes Restaurant mit Mittags- und Abendbuffet, auch für Nicht-Gäste. ❺

Rincón de la Vieja Mountain Lodge, ✆ 200-0238, 💻 www.rincondelaviejalodge.com, 2 km von der Hauptzufahrtstraße zum Vulkan. Rustikale Holzhäuser mit Hand geschnitzten Möbeln und Veranda, umgeben von großer Rasenfläche und Pferdeweiden, 360 ha Privatreservat mit Wanderwegen, Reittouren, Canopy, Kinder unter 10 Jahren gratis, Camping $5. ❻

In Curubande

Aroma de Campo, ✆ 665-0008, 830-1821 (Handy), 💻 www.aromadecampo.com. An einem Hang gelegenes, kleines familiäres Hotel mit vier hübschen, großen, unterschiedlich eingerichteten Zimmern, Mosaikwaschbecken, niederländische Leitung, Frühstück inkl., gemeinsames Abendessen auf der Terrasse. In der HS reservieren. ❺

Posada El Encuentro Lodge, ✆ 848-0616, ✉ encuentrocr@gmail.com. Sehr gute Sicht auf Vulkan und Talebene, einfache bunte Häuser, von innen auf edel gemacht, Zimmer im Haus schöner. Swimmingpool, freundliche Leitung. ❺–❻

Rancho Curabande Lodge, ✆ 665-0375, 💻 www.rancho-curubande.com. Schöne Sicht auf den Vulkan, saubere Zimmer mit Gemeinschafts- oder Privatbad, mit/ohne AC, oder Blockhäuser mit voll ausgestatteter Küche, Frühstück und Abendbrot möglich, Kinder bis zu 12 Jahren gratis. ❸–❹

Richtung Cañas Dulce

Buena Vista Lodge, 18 km von der Interamericana Richtung Cañas Dulces, ✆ 690-1414, ✉ info@buenavistalodgecr.com. Kasernenartige, monotone Anlage mit großem Pool und Spa- Bereich; stark auf Gruppen ausgerichtet, großes Tourangebot; Kinder 0–4 Jahre gratis, Kinder zwischen 5 und 8 Jahren zahlen die Hälfte. ❹

Sektor Santa Maria

MINAE-Büro ✆ 200-0296
Öffnungszeiten 8–16 Uhr, Ankunft für Camper auch später möglich, die Parkwächter leben im Park
Gründungsjahr 1973
Größe 14 083 ha (zusammen mit Sektor Las Pailas)
Besucherzahl Ungefähr 400 Besucher pro Jahr, deutlich weniger als im Las Pailas-Sektor
Unterkunft
Schöner Campingplatz auf der Wiese gegenüber des alten Haziendagebäudes, $2 p. P. Gaskocher mitbringen, Feuermachen ist im Park nicht erlaubt.
Transport
Auto: Von Liberia kommend: 150 m vor der alten Agonia-Kirche geht es rechts nach San Jorge (19 km) und zum Nationalpark (rund 25 km). Von Bagace kommend: In Guayabo zweigt vor der Tankstelle links ein Schotterweg nach San Jorge ab, von dort sind es weitere 7 km zum Parkbüro. Für beide Anfahrtswege ist Vierradantrieb nötig!
Busse: Kein öffentlicher Busverkehr von Liberia, Hotel-Minibusse fahren nur den Las Pailas-Sektor an. Die Rinconcito Lodge organisiert Transport für ihre Gäste ($20).

Legende von Curabande und Mixcococa

Um die tiefen Falten des wuchtigen Vulkanmassivs Rincón de la Vieja rankt sich die Legende von Curabande und Mixcococa, zwei Häuptlingskindern aus zwei verfeindeten Stämmen, die sich unsterblich ineinander verliebten. Als Curubandes Vater von der verbotenen Liebe erfuhr, entführte er Mixcococa und warf ihn hinab in die Tiefen des Kraters. Die untröstliche Curubande zog sich daraufhin in die Einsamkeit der Vulkanhöhen zurück, wo sie ein Kind gebar, das sie dem Geliebten als Geschenk in den Krater gab. Curubande lebte bis in ihr hohes Alter als angesehene Heilerin am Vulkan. Von ihr bezieht der Asche spuckende Berg seinen Namen: Rincón de la Vieja, Ort (wörtlich: Ecke) der alten Frau.

Der höchste Vulkan des Parks, der **Volcán Santa Maria**, liegt verloschen und von Vegetation überwachsen im gleichnamigen Santa Maria-Sektor. Bis 1973 befand sich hier eine der größten Haziendas der Region mit Kaffee-, Zuckerrohrplantagen und Viehzucht. Das alte Haziendagebäude beherbergt heute das Parkbüro sowie ein kleines Museum mit alten landwirtschaftlichen Geräten und Fotos vom (unbedeckten!) Rincón de la Vieja- Krater.

Es gibt keinen Wanderweg zum Krater. Kurze Pfade führen zu heißen und kalten Thermalquellen, einem Wasserfall und einem **Aussichtspunkt**, von dem man einen Blick auf Liberia, den Golf von Nicoya und den Golf von Papagayo hat. Ein 8 km langer Wanderweg verbindet die Hazienda mit dem Las Pailas-Sektor. Den Santa Maria-Sektor besuchen merklich weniger Touristen. Die Chance Tiere zu sehen, liegt daher erheblich höher.

Übernachtung

Die Unterkünfte liegen idyllisch in der winzigen Ortschaft San Jorge zwischen den Vulkanen Santa Rosa und Miravalles. Zur Hazienda im Nationalpark sind es 7 km. Alle Hotels sind einfach-rustikale Unterkünfte weitab vom

In der Hazienda La Casona verstecke sich William Walker 1856 vor seinen Verfolgern

Haupttouristenpfad, ideal für Naturliebhaber. Ein luxuriöses Kettenhotel befand sich zur Zeit des Schreibens im Bau. Anfahrt siehe Sektor Santa Maria.

Albergue Miravieja Lodge, ✆ 666-4945, 💻 www.miravieja.co.cr. Sehr einfache Kabinen im verwilderten Garten, überteuert; Touren zum Vulkan, Camping ($6 pro Zelt), Cabina $14 p. P.

Rincón de Gaetano, ✆ 374-9720, von der Rinconcito Lodge 300 m in Richtung Aguas Claras, dann links abzweigen (ausgeschildert). Versteckt und verwunschen-romantische Herberge abseits des Touristenpfades mit rustikalen, einfachen Holzhütten mit Privatbad, umgeben von Orangenbäumen. Gemeinschaftsküche, kleine Bibliothek, Gemeinschaftsrancho mit Hängematten, Frühstück inkl. ❸

Rinconcito Lodge, ✆ 666-2764, 200-0074 (Handy), 💻 www.rinconcitolodge.coml Kleiner Familienbetrieb, rustikale, geräumige Holzhäuser mit Warmwasser und Veranda, wildromantisches Ambiente, Kühe und Pferde. Ideal für Familien, gutes Preis-Leistungs-Verhältnis. Pferdetouren zum Nationalpark und Miravalles-Vulkan, Restaurantservice, gutes Frühstück (extra). ❸

Camping Im Nationalpark und in der Albergue Miravieja Lodge.

Parque Nacional Guanacaste

MINAE-Büro ✆ 666-5051
Öffnungszeiten Anmeldung erforderlich
Eintritt $6
Gründungsjahr 1991
Größe Rund 38 000 ha
Besucherzahl Sehr wenig besucht
Unterkunft
In jedem Parksektor befindet sich eine Forschungsstation mit einfachen Unterkünften. Anmeldung erforderlich unter ✆ 666-5052.
Station Cacao, 4 Schlafräume mit Duschen und Küche.
Station Maritza, 4 Schlafräume mit Duschen, Forschungslabor und Klassenzimmern.
Station Pitilla, 2 große Schlafräume mit Duschen. Forschungslabors. Keine Elektrizität.
Transport
Anfahrt nur mit eigenem Auto und Vierradantrieb; in der Regenzeit sind die Wege mitunter unpassierbar.
Sektor Cacao, von Liberia kommend, auf der Interamericana bei Potrerillos nach rechts Richtung Quebrada Grande abzweigen. Von dort sind es 18 km Richtung Norden bis zur Station.
Sektor Maritza, auf der Interamericana geht gegenüber der Abzweigung nach Cuajinicil

William Walker

William Walker. Patriotismus und Stolz erweckt dieser Name in Mittelamerikanern. Denn was für Südamerikaner die Befreiungskriege gegen die Kolonialmächte waren, stellt für diese Staaten, die nie einen Unabhängigkeitskrieg gegen Spanien führten, die gemeinsame Schlacht gegen William Walker dar. Der Anwalt und Arzt aus Nashville, Tennessee, machte sich 1855 den Bürgerkrieg zwischen liberalem und konservativem Lager in Nicaragua zunutze. An der Seite der Liberalen schlug er das nicaraguanische Nationalheer, nahm darauf die Hauptstadt Granada ein und setzte eine Marionettenregierung ein.

Dann erst verkündete er sein eigentliches Ziel: Mittelamerika wollte er in eine Union von Sklavenhalter-Staaten umwandeln, unter weißer, angelsächsischer Herrschaft. Für die Plantagenbesitzer und Kapitalisten seiner Heimat war dies ein Grund, in den jungen Expansionisten und damit in ihre eigene Zukunft zu investieren. Einer der größten Förderer Walkers war **Cornelius Vanderbildt**, Gründer des nordamerikanischen Dampfschiff- und Eisenbahnimperiums Accessory Transit Company. Er hoffte, mit Walker an der Macht, in Nicaragua eine Bahnstrecke zwischen Pazifik und Atlantik bauen zu können und gewährte deshalb Hunderten von Walkers Söldnern freie Überfahrt auf seinen Schiffen nach Nicaragua. Als Walker die Baurechte einem Rivalen zusprach, wechselte Vanderbildt die Seiten und unterstützte von da an das mittelamerikanische Heer.

1856 marschierten Walkers Truppen in Costa Rica ein, ihr Aufenthalt war jedoch von kurzer Dauer. In lediglich einer Viertelstunde wurden sie bei Santa Rosa (S. 212) vom costa-ricanischen Heer mit Sicheln und Harken in die Flucht geschlagen. Die Ticos folgten Walker nach Nicaragua, wo sie bei Rivas noch einmal auftrumpften. Hier warf am 11. April 1856 der 19-jährige **Juan Santamaria** aus Alajuela eine Fackel in die Hütte, in der sich Walkers Heer verschanzte. Juan kam dabei in den Flammen um. Er zählt heute zu den wichtigsten Nationalhelden Costa Ricas. Ihm zu Ehren errichtete man ein Denkmal in San Josés Parque Nacional.

Auch Walkers Heer erlitt schwere Verluste, der Anführer selbst aber entkam. Inzwischen hatte sich eine Koalition aus guatemaltekischen, salvadorianischen, costa-ricanischen und panamesischen Truppen gebildet, sogar Liberale und Konservative in Nicaragua legten ihre Kontroversen kurzzeitig bei und schlossen sich dem Bündnis gegen den gemeinsamen Feind an. Der schaffte es noch, sich zum Präsidenten von Nicaragua zu ernennen, bevor er am 1. Mai 1857 kapitulierte und zurück in sein Heimatland verschifft wurde. Drei Jahre später wurde Walkers Filibusterei ein Ende gesetzt, als er, 33-jährig, während eines Aufenthalts in Honduras von der honduranischen Armee erschossen wurde.

eine schlechte Schotterpiste zur Station (18 km) ab.

Sektor Pitilla, erreichbar über die Ortschaft Santa Cecilia. Die Station liegt 9 km von Santa Cecilia.

Bereits aus weiter Ferne weisen die im Sonnenlicht leuchtenden, erloschenen Vulkankegel **Orosi** (1487 m) und **Cacao** (1659 m) dem Reisenden den Weg zum Nationalpark Guanacaste. Der Park ist jedoch nur wenig auf Tourismus eingestellt und wird hauptsächlich für Forschungszwecke genutzt. Über 300 Vogel- und 1000 Schmetterlings- und Mottenarten leben im Feucht- und Regenwald, der die Vulkane umgibt. Außerdem haben Nasenbär, Faultier, Puma, Jaguar und Tapir hier ihr Zuhause.

Wichtige Flüsse, darunter der 144 km lange **Río Tempisque**, entspringen in der Kratergegend und versorgen das trockene Guanacaste mit vulkanischem Wasser. Im Maritza-Sektor befindet sich das präkolumbische Erbe verschiedener Indianerstämme, eine beeindruckende Kollektion von Hunderten von **Petroglyphen**. Von hier führt ein Wanderweg zum Cacao-Sektor, dem Ausgangspunkt für Exkursionen zum Cacao-Krater.

Übernachtung

Richtung Quebrada Grande

Von der Interamericana führt vom Polizeiposten in Portrerillos eine erstaunlich gut zementierte Straße in Richtung Quebrada Grande. In dieser sehr ländlichen Gegend, zwischen den Vulkanen Cacao und Rincón de la Vieja, haben sich einige Fincas dem Agrotourismus geöffnet und bieten eine ideale Gelegenheit, um guanacatekische Lebensweise und Campesino-Leben kennen zu lernen. Einmal täglich fahren Busse von und nach Liberia (Abfahrt in Liberia um 15 Uhr; Abfahrt bei der Albergue Bromelias um 6.20 Uhr).

Albergue Bromelias und **Agro Eco Lodge**, rund 15 km hinter der Finca Nueva Zelanda, ✆ 389-2208. Familienbetrieb an den Nordhängen des Vulkans Rincón de La Vieja: Zwei einfache Herbergen mit Stockbetten. Solarenergie; Touren zu den Vulkanen; VP inkl. ❸

Finca Nueva Zelanda / Curabande Lodge, 18 km von der Interamericana in Richtung Quebrada Grande, ✆ 257-2026 (San José, ✆ 691-8177, www.curubanda.com, Familienfinca mit Gemüseanbau und Viehzucht, die in der Wiederaufforstung mit dem Nationalpark Santa Rosa zusammenarbeitet. Große, einfache Zimmer mit guten Matratzen, Warmwasser und Badewanne; außerdem romantisch-rustikales, zweistöckiges Haus; unten Kamin-, oben Schlafzimmer mit luxuriösem Bad und großer Veranda. Gemeinsames Essen mit der Familie; Reittouren zu beiden Vulkanen. Voluntarios willkommen. Transfer von Liberia möglich; Frühstück inkl. ❸–❺

Parque Nacional Santa Rosa

Der Nationalpark Santa Rosa hat mit drastischen Wasserproblemen zu kämpfen und musste deshalb bereits mehrmals schließen.

Sektor Santa Rosa

MINAE-Büro ✆ 666-5051
Öffnungszeiten 8–16 Uhr
Eintritt $6
Gründungsjahr 1971
Größe 38 800 ha

Unterkunft und Verpflegung

Camping: Am Playa Naranjo; Picknicktische und Kochgelegenheit, $2 p. P. Es gibt kein Trinkwasser! Kochen nur mit Kohle oder Gas erlaubt. Wasser, Kohle und Kochausrüstung mitbringen. Nicht unter großen Bäumen zelten (Überflutungsgefahr); die Ostseite des Campingplatzes ist trockener. Proviant im Auto deponieren oder an Bäume hängen; viele Urlauber mussten vorzeitig zurückkehren, weil Waschbären ihren Proviant aufgefressen hatten. Mückenschutz mitnehmen.

Cabinas: 7 km vom Parkeingang; sehr einfache Zimmer für 8 Personen in Stockbetten mit sauberen Gemeinschaftsbädern; Verpflegung möglich; Voranmeldung erforderlich, $15 p. P.

Transport

Auto: An der Interamericana, 10 km hinter Potrerillos, liegt auf der linken Seite der Nationalparkeingang. Von hier sind es 7 km zum Museum und 20 km zum Playa Naranjo.

Busse: Der Bus aus Liberia (Richtung Peñas Blancas) hält an der Interamericana am Nationalparkeingang. Die Entfernungen zu den Parkattraktionen sind sehr groß. In der Hauptsaison ergattert man morgens leicht eine Mitfahrgelegenheit.

Safari Irigaray, ✆ 691-0097, Transport von Surfbrettern und Camping-Ausrüstung zum Playa Naranjo.

Sicherheitshinweise Keine Zigaretten und Feuer im Park; mit Schrittgeschwindigkeit fahren; Vorsicht vor gefährlichen Strömungen und Krokodilen in Flussmündungen.

Der Park war einst Schauplatz der bedeutendsten Schlacht in der Geschichte Costa Ricas. Hier versteckte sich 1856 in der Hazienda **La Casona** William Walker mit Soldaten und wurde vom

5 HIGHLIGHT

Ritt auf Poseidons Rücken

Am Ende der 20 km langen, knochenbrecherischen Piste zum Strand Playa Naranjo liegt einer der besten und am schwersten zugänglichen Surf-Spots des Landes, der **Roca Bruja**, der „Hexenfelsen". In der Regenzeit, wenn die Strecke für Autos nicht passierbar ist, die Wellen aber große Tunnel schlagen, legen passionierte Surfer den Weg zu Fuß zurück und schleppen Surfbrett, Campingausrüstung, Grillkohle und Proviant Huckepack (s. auch S. 224, Boote nach Roca Bruja). Vier Kilometer weiter in Richtung Nordosten erreicht man den weißen Sandstrand **Playa Nancite**, an dem in der Regenzeit Tausende von Bastard-Schildkröten ihre Eier ablegen. Zugang zum Strand haben ausschließlich Wissenschaftler; Besucher benötigen eine Sondergenehmigung von der Parkverwaltung.

costa-ricanischen Heer blitzartig in die Flucht geschlagen, (s. S. 211, Kasten). Heute beherbergt die Hazienda ein Museum mit einigen antiken Möbeln, alten landwirtschaftlichen Geräten sowie Informationstafeln zur Schlacht. 2001 fiel das geschichtsträchtige Gebäude dem Racheakt zweier Holzfäller zum Opfer und brannte bis auf die Fundamente ab. Die Brandstifter wurden zu 20 Jahren Gefängnis verurteilt, das Gebäude konnte mittels landesweiter Spendenaktionen wieder aufgebaut werden.

Verschiedene Wanderwege führen durch die sehr unterschiedlichen Terrains des Parkes, u. a. an der Küste entlang, durch Mangrovenwälder oder durch tropischen Trockenwald (s. S. 280, Kasten).

Die Mehrzahl der Tiere, die Klammer-, Brüll- und Kapuzineraffen, Ameisen- und Nasenbären, halten sich in der Trockenzeit an den Wasserlöchern um den Los Patos-Weg auf. Am Parkeingang gibt es Wanderkarten.

Sektor Murciélago

MINAE-Büro Kein Telefon, nur Radioverbindung; Information zur Straßenbeschaffenheit und Anmeldung für das Zelten auf der Isla Murciélago sowie über den Santa Rosa-Sektor
Öffnungszeiten 7–18 Uhr; die Parkwächter wohnen im Park
Eintritt $6
Gründungsjahr 1971
Größe S. Sektor Santa Rosa
Unterkunft
Camping am Parkeingang (Picknicktische, Kochgelegenheit, Trinkwasser, Duschen) $2 p. P., oder auf der Isla Murciélago (nur mit Voranmeldung beim Sektor Santa Rosa). Es gibt kein Trinkwasser auf der Insel!
Transport
Auto: Von der Interamericana 20 km nördlich vom Eingang zum Santa Rosa-Sektor links auf die Straße nach Cuajiniquil abbiegen. In Cuajiniquil führt von der Bar La Casona links ein Schotterweg in den Wald. Bei der nächsten Gabelung geht es rechts zum Playa Cuajinicil, links führt der Weg, an Schule und Polizeistation vorbei, zum Nationalpark (9 km). Von nun an immer rechts halten. Die Parkzufahrt überquert drei Flüsse, ein Parkbesuch ist daher nur in der Trockenzeit und mit Vierradantrieb ratsam.
Busse: Busse fahren von Liberia nach Cuajinicil. Es fährt kein Bus zum Park. Von Cuajinicil sind es 9 km Fußmarsch zum Nationalparkeingang und weitere 17 km zum Playa Naranjo.

Die Hauptattraktion des Murciélago-Sektors ist der **Playa Blanco**, am äußersten Zipfel der Halbinsel Santa Elena gelegen und einer der schönsten und abgeschiedensten Strände Costa Ricas. Die Mehrheit der Besucher legt die vom Parkeingang 17 km lange und schwierige Piste per Geländewagen oder Mountainbike zurück. Der **Mirador Los Pargos** (9,6 km vom Parkeingang) bietet eine herrliche Sicht auf die Bucht Santa Elena.

In der **Poza El General** (400 m vom Parkeingang) soll einst der nicaraguanische General Somoza mit seinem Harem gebadet haben. Sein Heimatland liegt nur 30 km nördlich von hier.

Zu Zeiten des nicaraguanischen Bürgerkrieges (1981–1990) befand sich im Murciélago-Sektor ein Trainingslager für die Contras, die von den USA gestützten Konterrevolutionäre (s. S. 94, Geschichte). Kurz vor dem Nationalparkeingang sieht man noch die Reste der inzwischen von Gras überwachsenen, **geheimen Landebahn**, die unter der Reagan-Regierung gebaut wurde und mit der die USA Costa Ricas Neutralität im Konflikt verletzten. Dem Nationalpark vorgelagert liegt die große **Isla Murciélago**, ein beliebtes Ziel von Tauchgesellschaften. Die Insel selbst ist vom Tourismus nur wenig berührt, Camping jedoch ist bei Voranmeldung möglich. Fischerboote fahren von Cuajiniquil zur Insel.

Cuajiniquil

Cuanjiniquil ist ein kleines, idyllisch gelegenes, armes Fischerdorf, das – davon bekommt der Durchreisende, wenn überhaupt, nur wenig mit – von Prostitution und Drogen nicht verschont geblieben ist. Tourismus ist hier, trotz der benachbarten Nationalparks, nur wenig entwickelt. Die zwei einzigen Unterkünfte befinden sich 1,5 km außerhalb des Zentrums, in Richtung Fischerhafen.

Übernachtung und Essen

Cabinas el Manglar, ✆ 679-1090, ✉ ecoarco-hardfishing.it. Einfache, saubere, rustikale Zimmer, teils mit Privatbad, im 2. Stock mit Sicht auf Mangroven; in Weihnachtszeit und Semana Santa unbedingt reservieren. ❷–❸

Fisch mit Musik

Bar und Restaurant Arrecife, an der Straße Richtung Muelle, neben dem Supercompro. Wem die schnulzige Latino-Musik nichts ausmacht, auf den warten hier günstiger, lecker zubereiteter frischer Fisch, Meeresfrüchte und großzügige Salatportionen, 🕓 tgl. 11–21Uhr.

Cabina Kami, hinter dem Supercompro, ✆ 679-1191. Eine einzige, neue, sehr einfache und saubere Cabina mit separatem Privatbad nebenan; freundliches Mutter-Tochter-Team. ❷

Sonstiges

Supermarkt

Supercompro, an der Straße Richtung Muelle, gut bestückt. 🕓 Mo–Sa 8–18, So 8–14 Uhr.

Touren

Fischer am Hafen bieten Touren zur Insel Murciélago an. Es gibt keine organisierten Touren, man muss den Preis selbst aushandeln.

Transport

Busse nach **Liberia**, 2x tgl. Abfahrt vom Ortszentrum und 2x tgl. Abfahrt vom Supermarkt Supercompro; 1 Std., 600C.

Refugio Nacional de Fauna Silvestre Bahía Junquillal

MINAE-Büro ✆ 679-9692
Öffnungszeiten 7–19 Uhr, die Parkwächter wohnen auf dem Gelände
Eintritt $4
Gründungsjahr 1988
Größe 505 ha
Besucherzahl 2500 Personen pro Jahr
Unterkunft
Camping für $2; Kochen nur mit Kohle und Gas erlaubt.
Transport
Auto: Von der Interamericana biegt 20 km nördlich vom Eingang zum Nationalpark Santa Rosa links die Straße nach Cuajiniquil ab. Am Ort vorbeifahren und der Hauptstraße Richtung Muelle folgen; nach rund 1,5 km führt rechts, gegenüber vom Supercompro, ein Schotterweg zur Bahía Junquial (4 km) und zur Bahia Salina (21 km).
Busse: Von Liberia nach Cuajiniquil, den Rest zu Fuß.

Das Refugio Nacional de Fauna Silvestre Bahía Junquillal ist ein beliebtes Ausflugsziel costaricanischer Familien. Sie schlagen ihre Zelte an der zwei Kilometer langen, ruhigen und sicheren **Schwimmbucht** auf, von der man einen herrlichen Blick auf die Sonnenuntergänge über dem Muñecos-Inselarchipel hat. In der Zeit von Dezember bis April tummeln sich in dem kleinen Naturpark jeden Tag bis zu 200 Besucher.

Von der Bahía Salinas Richtung Nicaragua

Bahía Salinas

Die kleinen Inseln, schroffen Felsen und der schier endlose Flickenteppich von Grün, der die friedliche Bahía Salinas in der Regenzeit umgibt, erinnern an die Ursprünglichkeit und raue Schönheit des schottischen Hochlands. Wind, Weite und Ruhe findet man hier an der äußersten Nordpazifikküste, 28 km von Nicaragua – und relativ wenige Touristen. Die wehen erst ab November mit den Passatwinden ein, zu Beginn der Kitesurf-Saison.

Die von der Karibik herbeiziehenden Winde sind auch Ursache des sogenannten Papagayo Upwellings, das man in Mittelamerika nur am Isthmus von Tehuántepec (Südmexiko) und in der Panamabucht beobachtet. Die oberste Wasserschicht wird dabei landeinwärts geweht, kälteres Wasser steigt aus der Tiefe nach und bringt Meeresorganismen mit an die Oberfläche. Die Bucht ist daher sehr fischreich und lockt viele Meeresvögel an. Auf der größten Insel, **Isla Bolaños,** nisten braune Pelikane, amerikanische Austernfischer und Fregattenvögel. Vom Fischerhafen Puerto Soley kann man sich dem Vogelschutzgebiet mit Booten nähern, der Zutritt zum Eiland ist jedoch nur mit Parkgenehmigung gestattet.

Strände

Die weißen Sandstrände **Playa Rajada** und **Rajadita** eignen sich gut zum Schwimmen. Von hier erlebt man berauschende Sonnenuntergänge, vom **Playa Pochote** und **Puerto Soley** paradiesische Sonnenaufgänge. **Playa Manzanillo** mit der vorgelagerten Isla Dispensa ist ein beliebtes Schnorchelrevier, die steinigeren **Playa Copal** und **Papaturras** locken vor allem Kitesurfer an.

Übernachtung und Essen

Playa Copal

Progetto Pura Vida, 676-1055, 389-6794 (Handy), www.progettopuravida.com. Ältere Anlage mit praktisch eingerichteten, hellen, geräumigen Häusern mit Holzdielen und Küche für 4–8 Pers. Kleiner Swimmingpool und Hintergarten, 100 m vom Meer, Blick auf die Bucht. Beliebt bei Kitesurfern, auch ideal für Familien; italienische Leitung. ❸–❺

Restaurante Copal, internationale Küche und herrlicher Blick auf die Bahía Salina.

Playa Coyotera

Hotel Ecoplaya, 676-1010, www.ecoplaya.com. 36 helle, dicht nebeneinander stehende Bungalows verschiedener Größen; geflieste Zimmer mit Badewanne, Mini-Kitchenette, Kühlschrank, AC, Deckenventilator und kleinem Vorgarten; Blick auf die Isla Bolaño, 3 Swimmingpools, teures Internet, tägliches Sportprogramm: Aerobic, Volleyball, Mountainbike-, Kayak-, Kitesurf-Touren; riesiges palmenbedecktes Restaurant mit Windschutz. ❻

Bolaños Bay Resort, 676-1063, farviena@racsa.co.cr. Überproportional große Anlage für 150 Gäste mit wenig einladenden Zimmern. Sehr schöne Lage, Hotel harmoniert aber nicht mit Umgebung. ❺

Sonstiges

Fahrradverleih

Proyecto Turístico Aromal, 676-1112.

Kajakverleih

Im **Hotel Ecoplaya** und **Proyecto Turístico Aromal,** 676-1112.

Kitesurfing

Sun-tours-and-fun, 826-5221 (Handy), www.suntoursandfun.com, Kurse, Ausrüstung und Zimmervermietung ❸.

Reiten

Finca El Muñeco, vor der Abfahrt zum Playa Coyotera.

Schnorcheln / Tauchen

Isla Dispensa und Playa Manzanillo sind gute Schnorchelreviere.
Frank's Dive Center, im Hotel Bolaño, ✆ 827-4109, ✉ franksdiving@yahoo.de.

Supermarkt

Minisuper in El Jobo.

Transport

Von der kleinen Ortschaft El Jobo sind es 17 km Schotterpiste bis La Cruz.
Busse nach **La Cruz**, 3x tgl., 1 Std.; Transport in einem gelben Schulbus.

La Cruz

La Cruz ist die letzte nennenswerte Ortschaft vor der 22 km entfernten **Grenze nach Nicaragua.** Aufgrund der Grenznähe genießen die Einwohner von La Cruz das Privileg, ohne Pass nach Nicaragua kommen und sich zwei Tage im Nachbarland aufhalten zu dürfen. Für sie entfällt auch die für Costa Ricaner üblicherweise erhobene Visagebühr von $25. Auch Europäer zahlen keine Visagebühr für Aufenthalte von bis zu drei Monaten.

Der kleine, unspektakuläre Ort hat einige günstige Unterkünfte und bietet sich als Ausgangsbasis für Ausflüge an die nahe gelegene **Bahía Salinas** an. Wer auf der Durchfahrt ist, sollte den Panoramablick auf die Bucht an der Ortsausfahrt nicht versäumen.

Übernachtung und Essen

Cabinas Maryel (kein Schild am Haus), gegenüber vom Busbahnhof, ✆ 679-9747. Sehr einfache Cabinas mit Privatbad im Hintergarten einer Tico-Familie. ❶
Cabinas Santa Rita, vor dem Gericht, ✆ 679-9072. Saubere, einfache Zimmer verschiedener Größe, teils mit Privatbad und AC, bei der freundlichen und sehr frommen Doña Rosa Amelia. EZ 3500C/4700C.
Hotel Bellavista, am Ortseingang Richtung Bahía Salinas, ✆ 679-8060. Zweistöckiges, blau-gelbes Haus mit Swimmingpool; oben kahle Zimmer mit Gemeinschaftsbad (Bad nicht sehr sauber); unten Zimmer mit Privatbad. Sehr freundliche, holländisch-costa-ricanische Leitung, EZ 3500C/5000C.
Hotel La Mirada, 300 m östlich vom Park, Richtung Interamericana, ✆ 679-9084. Ehemals Hotel Julia, im Umbau begriffen, es entstehen Zimmer mit AC und Kühlschrank. Nachfragen lohnt sich.
Günstige **Sodas** mit leckerem, frischem Fisch gibt es im Hotel Bellavista und neben dem Hotel Amalia.

Villa mit Meeresblick

Hotel Amalia, ✆ 679-9618. Alte Künstler-Villa, erfrischend anders als die üblichen Tico-Hotels; große, saubere Zimmer mit Privatbad und Warmwasser im 2. Stock; schöne Gemälde vom verstorbenen Künstlergatten zieren die (nicht türkisfarbenen!) Wände; vom Gemeinschaftsbalkon fantastische Sicht auf die Bahia Salinas; Parkplatz. $15 p. P.

Sonstiges

Apotheke

Farmacia Sanangel, 125 m nördlich vom Park, ✆ 679-8048, ⌚ Mo–Fr 8.30–13 und 14.30–20.30, Sa 9–13 und 15–20 Uhr.

Geld

Banco Popular, 100 m östlich vom Park, ⌚ Mo–Fr 8.45–15, Sa 8.15–12 Uhr.
Banco Nacional, an der Ausfahrt zur Interamericana, ⌚ Mo–Fr 8.30–15.45 Uhr.

Internet

Multiservicios B+F, 50 m östlich vom Park; Fax und Internet, ⌚ Mo–Sa 8–22 Uhr.

Medizinische Hilfe

Clínica de Santa Cruz, an der Interamericana gegenüber der Banco Nacional, ✆ 679-9116.
Rotes Kreuz, 200 m östlich vom Park.

Post

Auf der gegenüberliegenden Seite des Taxistandes am Park. ⌚ Mo–Fr 8–12 und 13–17.30 Uhr.

Supermarkt

Supercompro, ⌚ Mo–Sa 8–18, So 8–17 Uhr.

Tankstelle

An der Ausfahrt zur Interamericana, gegenüber der Banco Nacional.

Taxis

Am Park, ✆ 679-9112. Tarife: Playa Copal 6000C. Ecoplaya 8000C. Peñas Blancas 6000C (20 Min.). Junquial 10 000C.

Transport

Busfahrkartenschalter ⌚ tgl. 7.30–12.30 und 13.30–16.30 Uhr.
Busse fahren nach:
El Jobo / Bahía Salina, 3x tgl., 1 Std., 400C (gelbe, ausrangierte amerikanische Schulbusse).
San José (über **Cañas**), Mo–Do 7x tgl., am Fr und am Wochenende 8x tgl.; mit Transporte Deldu, ✆ 679-9323.

Peñas Blancas / Grenze nach Nicaragua

Peñas Blancas ist der wichtigste und meistgenutzte **Grenzübergang** nach Nicaragua. Bereits etliche Kilometer vor der Grenze führt die costaricanische Polizei Passkontrollen durch, um den starken Zustrom an illegal eingereisten Nicaraguanern zu dämmen. Busse werden regelmäßig angehalten, den Pass sollte man stets griffbereit haben. Zur Weihnachts- und Osterzeit herrscht in Peñas Blancas Hochbetrieb, dann kehren die Nicaraguaner, die im Besitz von Pass und Visum sind, hier für die Zeit der Feiertage in ihre Heimat zurück; der Rest umgeht die Grenze und überquert heimlich in einer Lancha den Grenzfluss Río San Juan.

Peñas Blancas gibt dem Reisenden einen Vorgeschmack auf das wesentlich ärmere und chaotischere, dafür oft lebendigere und authentischere Nicaragua, das hinter dem Gitterzaun liegt. Der lang gezogene Grenzbereich ist lukrativer Arbeitsplatz für filzige Schuhputzerjungen, die mit vom Leimschnüffeln gezeichneten Gesichtern täglich in klapprigen Bussen anrollen und ihr Bänkchen zwischen ausgelutschten Orangenschalen aufstellen.

„Freeesco, Freeesco", rufen beleibte, weiß beschürzte Frauen und jonglieren dabei geschickt das in Plastiktüten abgefüllte Getränk zwischen ihren Fingern. Mumienhaft, in farbenfrohe Hängematten eingewickelt, torkeln Händler durch die Duftschwaden frittierter Platanos, die aus den improvisierten Küchen am Straßenrand herüberziehen. Bienvenido en Nicaragua!

Sonstiges

Autovermietung

Budget, ✆ (505) 867-7016, 💻 www.budget.com.ni, ⌚ 7.30–18 Uhr.

Geld

Bank ⌚ Mo–Fr 8–19.30, Sa, So 8–17.30 Uhr; die Bank tauscht ausschließlich Dollars und Euro. Bei den Geldwechslern können Colones und Cordoba umgewechselt werden. Der Geldautomat akzeptiert nur Visacard und gibt nur Cordoba aus.

Transport

Busse nach Nicaragua

Rivas, alle 30 Minuten. Rivas ist ein wichtiger Verkehrsknotenpunkt im Süden von Nicaragua.

Nach Nicaragua

Grenzübergang Nicaragua, ✆ 565-0014, ⌚ 6–22 Uhr, $7 Grenzgebühren; $1 Steuern, sofern man den Grenzbereich verlässt.

Der schnellste Weg

Der schnellste Weg **von San José nach Nicaragua** ist, den Direktbus nach Peñas Blancas zu nehmen, von dort zu Fuß die Grenze zu überqueren und auf nicaraguanischem Boden in den Bus nach Rivas zu steigen (s. Transport). Auf diese Weise erspart man sich die lange Wartezeit, die eine Fahrt im Tica-/Nicabus kostet. Denn der fährt erst dann weiter, wenn jeder Passagier die Pass- und Gepäckkontrolle durchlaufen hat (und der Busfahrer sein mehrgängiges Menü verspeist hat).
Gleiches gilt aber **nicht** für die Route **Nicaragua–San José**. In diese Richtung fahren weniger Busse. Lange Warteschlangen sind nicht ungewöhnlich, oft muss man ein bis zwei Busse abwarten, um einen Sitzplatz zu ergattern. Häufig sind dies keine Direktbusse, d. h. es werden sämtliche guanacatekischen Kuhdörfer abgeklappert, bevor der Bus in der Hauptstadt eintrifft. Die Tica-/Nicabusse sind daher auf dieser Strecke trotz langwieriger Pass- und Gepäckkontrollen schneller. Wer sich dennoch für die erste Variante entscheidet, sollte früh aufbrechen, nach der allgemein in den Tropen gültigen Faustregel: Je jünger der Tag, desto besser die Busverbindung!

Von hier fahren Busse nach Granada, Managua und San Juan del Sur. Colectivos und Taxis fahren zum Fähranleger zur Isla Ometepe.

Busse nach Costa Rica

San José (über **La Cruz**),7x tgl.; 5 Std.; mit Deldu, ✆ 679-9323.
Liberia, 7x tgl.; mit Pulmitan, ✆ 666-0458.
Taxis warten am Grenzgitter nach Costa Rica.

Süd-Guanacaste und Peninsula de Nicoya

Stefan Loose Traveltipps

Playa Junquillal Bei Sonnenuntergang über den Strand galoppieren, dass der Sand hoch durch die Lüfte fliegt. S. 238

Refugio de Fauna Silvestre Ostional Zeuge sein, wie zigtausende von Schildkröten bei Mondschein aus den Fluten steigen. S. 240

Santa Cruz Unblutige Stierkämpfe und staubige Dorfrodeos mit lassowerfenden Sabaneros. S. 242

Parque Nacional Barras Hondas In unterirdische Grotten steigen und bizarre Skulpturen aus Kalkstein sehen. S. 249

6 **Sámara und Montezuma** Strandpartys, Badebuchten und Küstenstraßen mit Panoramablick. S. 254 und 266

Bei Ebbe auf die Isla Cabuya wandern Zu den Grabhügeln aus Muscheln und Palmenwedeln. S. 270

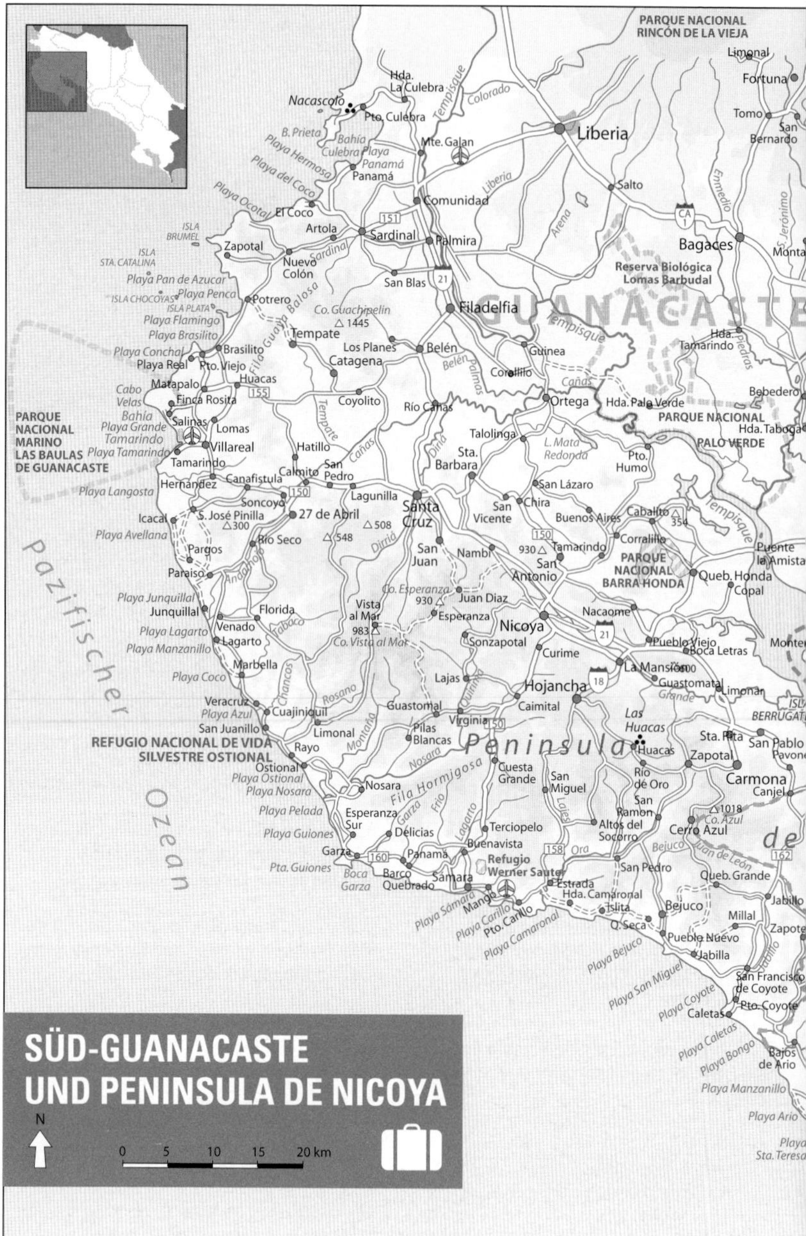

SÜD-GUANACASTE UND PENINSULA DE NICOYA

Am Atlantik nach Süden

Playa del Coco

Der graue, drei Kilometer lange Sandstrand zählt bei Weitem nicht zu den attraktivsten Stränden des Golfo de Papagayo, doch mit seinem breiten Angebot an Nachtleben, Restaurants, Supermärkten und Transportanbindungen bildet der 5000 Einwohner-Ort unumstritten das pulsierende Zentrum des Golfes.

Übernachtung

Bed and Breakfast Laura's House, 250 m östlich der Bar Lizard's Lounge, ✆ 670-0751, 819-3552 (Handy), 💻 www.laurashousecr.com. Sechs frisch renovierte Zimmer, teils mit AC und TV, freundliche Tica-Leitung, Fahrradverleih, Büchertausch. ❸–❹

Cabinas Casa Talamanca, an der Hauptstraße, 1,5 km vom Strand, neben Hotel Flor de Itabo, ✆ 670-0717, 💻 www.casatalamanca.de. DZ und Apartments mit Küche für 4–7 Pers., TV, kein Discolärm, Fahrradverleih, deutsche Leitung. ❸

Cabinas Chale, vom Coco Verde Hotel 100 m Richtung Strand, dann 600 m rechts, ✆ 670-0036, 💻 www.cabinaschaleplayasdelcoco.com, einfache, saubere Zimmer für 2–5 Pers. mit Privatbad und Kühlschrank in Strandnähe. ❸

Cabinas Coco Económico, neben der Bar Bongo, ✆ 670-0155, ✉ cocoeconomico@aol.com. Neue, kleine Cabinas für 2 Pers. mit AC und TV auf wenig reizvollem Kieselsandplatz; jede weitere Person $10 extra. ❹

Cabinas El Coco, 100 m östlich des Parks, ✆ 670-0256, ältere Anlage am Meer. Zimmer mit Privatbad, teils mit AC, TV und Meeresblick, Frühstück inkl., Discolärm! Zimmer ohne Meeresblick etwas vernachlässigt; schlechtes Preis-Leistungsverhältnis, man zahlt für die Strandlage. ❸–❹

Cabinas Catarino, an der Hauptstraße, 200 m vom Strand, ✆ 670-0156. Große Zimmer mit

Nachtruhe

Wer ruhig schlafen will, sollte sich seine Unterkunft in Playa del Coco sorgfältig aussuchen, denn drei Bar-Discotheken sorgen für schlaflose Nächte! Faustregel: Je weiter weg vom Zentrum, desto ruhiger die Bleibe.

Privatbad für 1–3 Pers., an Wochenenden Discolärm, $8 p. P.

Cabinas Sol y Mar, 200 m südlich der Banco Nacional, ✆ 670-1111, 📠 670-0808, saubere, unpersönliche Cabinas mit Swimmingpool, AC, TV, Kochgelegenheit. ❺

Camping Doña Emilce, ✆ 670-1105, neben Hotel Laura's House. Kleiner Campingplatz mit Grill- und Duschmöglichkeit, 1500C p. P.

Camping Ecológico, am Strand, 150 m von Bar La Vida Loca. Etwas verwilderter Campingplatz unter Mangobäumen mit altem Kühlschrank und Kochmöglichkeit. 2000C p. P.

Hospedaje Arrecife, neben der Kirche. Sehr kleine, einfache aber saubere Einzelzimmer mit dünnen Bretterwänden, die nicht zur Decke reichen, Gemeinschaftsbad und -küche. Im Haupthaus schönere, größere Zimmer mit Gemeinschaftsbad und Küchenbenutzung. Leiser als Cabinas Catarino, $9 p. P. im Annex, $14 p. P. im Haupthaus.

Hotel Coco Palms, am Fußballplatz, 100 m vom Strand, ✆ 670-0367, 💻 www.hotelcocopalms.com. 28 dunkle, saubere Zimmer unterschiedlicher Ausstattung, auch Apartments mit Kühlschrank und Mikrowelle, Pool, Wellnessbereich, Wäscheservice, Restaurant, Sushi Bar, Kinder unter 6 Jahren gratis. ❹–❺

Hotel La Flor de Itabo, an der Hauptstraße, ✆ 670-0438, 💻 www.floritabo.com. Sportfischerabsteige, ruhig gelegen. Zimmer mit AC, TV und Kühlschrank, Bungalows nur mit TV, Apartments mit Küche, Badewanne, AC und TV, großer Swimmingpool mit Liegewiese, Casino. ❺–❻

Hotel Mar y Mar, 75 m westlich vom Park, Strandnähe, ✆ 670-1212, 📠 670-0279. Einfache, schöne, helle, saubere und geräumige Zimmer in zweistöckigem Holzhaus mit TV, Mikrowelle, 6000C p. P. oben, 7500C p. P. unten.

La Puerta del Sol, an der Lizard-Bar rechts abbiegen, 2. Straße noch mal rechts, ✆ 670-0195, ✉ hotel@sol.racsa.co.cr. Ruhige freundliche, farbenfrohe Anlage im italienischen Design mit persönlicher Note, kreativ aus Zement gebaut, Zimmer mit Sitzdusche, kleiner Swimmingpool. Frühstück inkl., sehr gutes italienisches Restaurant. ❻

Essen

El Sol y La Luna, renommiertes kleines Restaurant im Hotel La Puerta del Sol, hausgemachte Pasta, italienische Weine. ⏲ ab 18 Uhr.

Jardín Tropical, am Strand, günstige Casados und Fischgerichte, auch Frühstück. ⏲ Mo–So 7.30–20.30 Uhr.

Louisiana Bar und **Grill**, Cajun- und Creole-Küche, hauptsächlich Fisch und Meeresfrüchte, auch Kombinationen aus verschiedenen Gerichten möglich, Portionen oft ausreichend für 2 Pers., nicht billig.

Papagayo Pura Vida Bar-Restaurant, am Meer, leckere Paella aus Meeresfrüchten, auch Fleisch- und Pastagerichte. ⏲ Mo–So 11–22 Uhr.

Papagayo Seefood, Besitzer hat Fischfangflotte, frischer Fisch und Meeresfrüchte garantiert. ⏲ 11.30–22.30 Uhr.

Restaurante Casino Playas del Coco, mit über 50 Jahren eines der ältesten Restaurants an der Pazifikküste. Gute Meeresspezialiäten und Fischgerichte, auch Pasta und Fleischgerichte, man sitzt nett am Meer. ⏲ 6–22 Uhr.

Nachtleben

Bongos, Bar-Restaurant und Disco, bis in die frühen Morgenstunden geöffnet.

Discothequa Loomas, am Strand, vorwiegend einheimisches, junges Publikum, ⏲ 18–2 Uhr.

La Vida Loca Beach Bar und Grill, am Strand, auf der anderen Seite der Brücke. Bar bis zum Rand gefüllt mit originellem Strandgut, Lehmkrokodil und Meerjungfrau am Eingang, Publikum aus aller Welt ab Mitte 20 aufwärts,

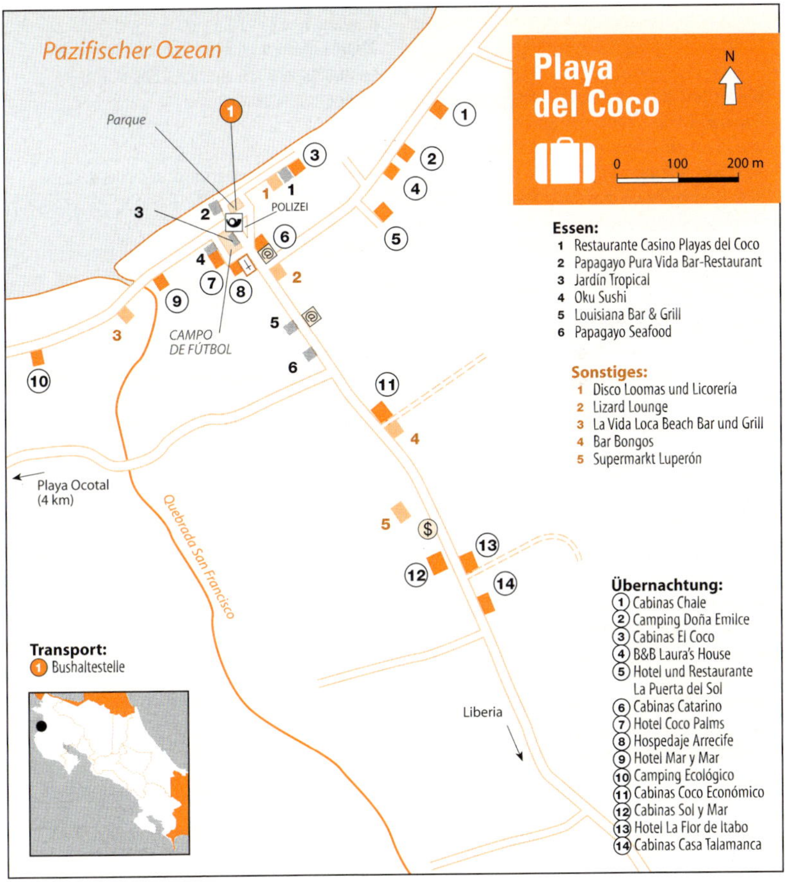

Billardtische, Tischtennisplatten, Classic Rock, R+B, Blues. ⏲ 15–3 Uhr.
Lizard Lounge, beliebtester Ort zum Tanzen, gemischtes Publikum gemischten Alters. Reggae, Hip-Hop. ⏲ ab 16 Uhr.

Sonstiges

Apotheke

Farmacia Cocos, ✆ 670–1186, Ö Mo–Sa 8.30–20, So 10–18 Uhr.

Autovermietung

Budget, im Maklerbüro Coldwell Banker, ✆ 670-0805.

Sushi im Boot

Oku Sushi, im Hotel Coco, wird sehr gelobt. Sushi mit frischestem Fisch, 10 Stück pro Portion, für den großen Hunger auch Sushi-Boote mit 50 oder 70 Stück.

Sonnenlikör

Beim Genuss eines echten costa-ricanischen Cacique-Likörs fallen die Sonnenuntergänge von Playa del Cocos noch wesentlich farbiger aus. Der Spirituosenladen am Strand, neben dem Casino-Playas-del-Coco-Restaurant, führt ihn und andere Getränke zum Mischen. Salud!

Fahrradverleih

Bei **Cabinas Coco Económico** (s. Übernachtung), $7 pro Tag.

Feste

Ende Jan: **Fiestas Civicas** mit Rodeos, Tanz und lauter Musik.
Mitte Juli: **Fiesta de la Virgen del Mar**, geschmückte Fischerboote zu Ehren der Virgen del Mar, der Schutzpatronin der Fischer.

Geld

Banco Nacional, neben demSupermarkt (s. u.), 🕓 Mo–Fr 8.30–15.45 Uhr.

Internet

Internet y Cabinas Katalino, billigstes Internet im Ort, 800C pro Std. 🕓 8–20 Uhr.
El Juice Bar, auch Fax, 1000C pro Std. 🕓 8–20 Uhr.
Coconet Internet, im Centro Comercial El Pueblicito, mit AC, Fax; auch internationale Telefonate, 1200C pro Std.

Post

Gegenüber der Bushaltestelle. 🕓 8–12, 13.15–17.30 Uhr.

Schnorcheln

Gutes Schnorcheln am Playa Ocotal, 2 km von Playa del Coco und gut mit dem Rad zu erreichen. Schnorchelausrüstung gibt es bei **Roca Bruja Surf**, **Rich's Dive Center** und **Papagayo Marines** für rund $8.

Scooter

Roca Bruja Surf, $25/4 Std., $30/8 Std., Benzin inkl.; **Cabinas Económico** $25 pro Tag.

Segeln

Drums of Bora, ✆ 670-1033, 845-9448 (Handy), veranstaltet auch spezielle Segeltörns bei Sonnenuntergang.

Supermarkt

Supermercado Luperón, große Auswahl, 🕓 Mo–Sa 7–20, So 7–12 Uhr.

Surfen

Playa del Coco an sich ist kein Surfstrand, von hier fahren aber die Boote zu den Surfspots Roca Bruja und Ollie's Point ab.
Roca Bruja Surf, ✆ 670-1020, 823-7882 (Handy), 💻 www.costaricasurftrips.com. Verleih von Boogieboards, Surfausrüstung ($25), Surftouren mit Boot zum Roca Bruja und Ollie's Point (nur für erfahrene Surfer, $300; max. 5 Pers.).

Tauchen

Deep Blue Diving, ✆ 670-1004, 💻 www.scuba-diving-in-costa-rica.com, am Eingang des Coco Verde Hotels; dt. Leitung.
Rich Coast Diving, ✆ 670–0178, 💻 www.richcoastdiving.com, freundliche holländische Leitung.
Summer Salt Dive Center, ✆ 670-0308, 824-7258 (Handy), 50 m südlich vom Park, 🕓 Mo–So 8.30–18 Uhr.

Taxis

Am Fußballplatz. Tarife: Playa Ocotal 2000C. Playa Hermosa 4000C. Playa Panama 5000C. Liberia 10 000C.

Telefonieren

Am Hafen, Telefonkarten im Supermarkt und bei Soda Jardin Tropical.

Transport

Zwischen Playa del Coco und den benachbarten Stränden **Playa Hermosa**, **Playa Panama** und **Playa Ocotal** gibt es keine Busverbindung, Touristen nehmen jedoch oft Anhalter mit.
Busse fahren nach:
Liberia, stdl. 5–18 Uhr, 350C.
San José, 3x tgl., 2506C.

Playa Conchal / Brasilito / Flamingo, Bus in Richtung **Liberia** nehmen, am **Cruz de la Comunidad** aussteigen; an dieser staubigen Straßenkreuzung halten die Busse zu den nördlichen Stränden sowie nach **Belén**, **Santa Cruz** und **Nicoya**. Geduld mitbringen.

Playa Hermosa

Ohne lärmende Diskotheken, galt Playa Hermosa bisher als ruhiges Gegenstück zum lebhaften Playa del Coco. Nun hat den Ort eine gewaltige Bauwelle erfasst, und die umgebenden Hügel, mit Blick aufs Meer und grandiose Sonnenuntergänge, sind heiß begehrte Baugrundstücke bei pensionierten Expats. Das Meer vor dem 2 km langen, schönen Sandstrand hat keine Unterströmungen und eignet sich gut zum Schwimmen.

Übernachtung

Zweite Strandzufahrt

Beach Resort Villa Acacia, ✆ 672-1000, 💻 www.villacacia.com. Sehr gepflegte Anlage mit 8 oktogonalen Häusern mit Küche und außerdem 8 hellen, geschmackvoll schlicht eingerichteten Zimmern mit Kühlschrank und Balkon. Swimmingpool, Internet, Konferenzsaal, Frühstück inkl., 100 m zum Strand. ❻

Casa Cunningham, 50 m vom Strand, gegenüber vom Hotel El Velero, ✆ 672-0025, ✉ gaviotalouise@hotmail.com. Tadellose, schön geschnittene Apartments mit Küche für 2–4 Pers., außerdem ältere Zimmer mit Stockbetten, TV, kleinem Bad und Kochgelegenheit, Garten mit Grillmöglichkeit: Jede weitere Person $25. ❹–❻

Ecotel, am Strand, 50 m südlich von Aguasport, ✆ 672-0175, ✉ ecotelcostarica@hotmail.com. Backpackerunterkunft, von außen nicht einladend, innen aber sauber. Schlafnischen durch große Tücher abgetrennt, nur ein abschließbarer Schlafraum mit Holzwänden. $15 pro Pers., $20 für 2 Pers.

Iguana Inn, ✆ 672-0065, einfache Zimmer, teils mit Privatbad, im zweistöckigen Holzhaus, große Terrasse, Küchenbenutzung, Minipool, 3 Minuten vom Strand. ❸

Playa Hermosa Inn, ✆ 672-0063, 💻 www.costa-rica-beach-hotel.com, am Strand. Zimmer verschiedener Größe und Qualität mit Kühlschrank, teils mit Meerblick und AC. Frühstück inkl., Kinder bis 5 Jahre gratis, zwischen 6–12 Jahren $5. ❺

Villa Belmar, 100 m nördlich vom Hotel El Velero, ✆ 672-0276, ✉ info@hotelvillabelmar.com. Neues Hotel in ruhiger Lage mit geschmackvoll-schlichten, hellen Zimmern mit AC und TV, Swimmingpool, Kajak- und Schnorchelausrüstung, Privatzugang zum Strand, Frühstück inkl., chilenische Leitung. ❺

Essen

Zweite Strandzufahrt

Bar und Restaurant Pescado Loco, einfaches Restaurant mit Fisch- und Seafoodgerichten sowie landestypischer Küche, leckere Seafood-Teller. Hauptort zum Ausgehen, 🕓 8–22 Uhr.

Restaurant Aguasports, am Strand, neben Agua Sport. Meeresspezialitäten und Fisch, große Auswahl an Frühstücksgerichten.

An der Hauptstraße

Ginger, Restaurant in auffällig lila-farbener Stelzenkonstruktion. Fisch und Meeresfrüchte zubereitet nach fantasievollen Rezepten mit asiatisch-tropischem Einfluss – wie wär's mit gegrillten Shrimps in Honig-Rosinen-Zitronen-Chili-Marinade oder gepfeffertem Thunfisch auf tropischen Früchten? 🕓 Di–So 17–22 Uhr.

Monkey Bar Grill, Richtung Playa Coco. Schöner, offener, palmengedeckter Rundbau auf Stelzen mit Meeresblick, mexikanische Spezialitäten, Pizza und große Auswahl an Ofenkartoffeln; Cocktails, Bier. 🕓 Mo–Sa 12–22 Uhr.

Psychedelic Pizza

Pizza `n Love, witziges Restaurant am Strand, ganz im Flower Power-Stil der 60er-Jahre gehalten, quadratische Pizzen benannt nach Jimi Hendrix, The Doors, JFK – Vorsicht bei der Magic Mushroom Pizza! 🕓 10.30–22 Uhr.

Sonstiges

Internet
Im **Hotel Villa Acacia**, $3 pro Std. für Nicht-Hotelgäste.

Nachtleben
Bar Pescado Loco, s. Essen.

Tauchen
Diving Safaris, ✆ 672-0012, 🖳 www.costaricadiving.net.

Wassersport
Agua Sport, ✆ 672-0050, 🖳 www.costa-rica-beach-hotel.com. Kajaks, Tretboote, Surfboards, Windsurfen, Schnorchelausrüstung, Touren.

Transport

Busse fahren nach:
Liberia, 7x tgl.; mit La Pampa, ✆ 665-5891.
San José, 1x tgl.; mit Tralapa, ✆ 223-5859.

Playa Panama

Playa Panama mit seiner ruhigen Schwimmbucht war einst ein beliebter Campingstrand bei Ticos, die gern ihren Müll am Strand hinterließen. Seit 2002 ist das wilde Zelten hier gesetzlich verboten. Das Verbot stieß auf heftigen Protest in der Bevölkerung, da es nicht, wie verkündet, aus Umweltgründen, sondern vielmehr auf Druck der benachbarten Luxushotels verhängt wurde. Sie befürchteten mit Wildcampern vor der Tür einen herben Imageverlust. Zelten ist dennoch weiterhin möglich, auf dem neu errichteten, exquisiten Zeltplatz El Guanacaste.

Nördlich vom Playa Panama schließt sich die **Bahía Culebra** an. Anfang der 1990er-Jahre sollte diese Region zum Cancún Costa Ricas werden, mit rund 20 000 Hotel- und Ferienzimmern. Die mexikanische Firmengruppe Situr investierte rund $2,5 Milliarden in das Projekt; den **Umweltschutz** stellte die costa-ricanische Regierung bei dieser Devisensumme hinten an. Unter anderem sollten die letzten Flecken tropischen Trockenwaldes gerodet werden und in der trockensten Region Costa Ricas mehrere Golfplätze entstehen.

Umweltgruppen liefen Sturm. Nach heftigen Korruptionsskandalen, in denen auch das costa-ricanische Tourismusministerium verwickelt war, und nach dem Konkurs der Situr-Gruppe, übernahmen Mitte der 1990er-Jahre US-amerikanische Investoren das Projekt. Der Wolf im Schafspelz ging geschickt mit der Mode und legte sich einen Öko-Namen zu: Ecodesarrollo Papayo nannte er sich. 2004 konnte so an der Bahía Culebra der Hotelriese Four Seasons seine Pforten öffnen mit 145 Zimmern und hoteleigenem Golfplatz. Weitere Luxusresorts, darunter die Occidental- und die Hiltongruppe, ziehen nach.

Zum **Übernachten** steht Camping El Guanacaste, ✆ 672-0295, bereit, ein neuer, sehr gepflegter De-Luxe-Campingplatz zwischen alten Bäumen mit sehr guten sanitären Anlagen und Soda, 2000C p. P. Infos zum **Transport** s. Playa Hermosa.

Playa Brasilito

Mit günstigen Unterkünften, einer guten Busanbindung und paradiesischen Schnorchel- und Badestränden in unmittelbarer Umgebung, eignet sich Playa Brasilito gut als Ausgangsbasis, um die Pazifikküste zu erkunden. Leider wird der graue Sandstrand zunehmend als Zufahrt zum benachbarten, strahlend weißen Muschelstrand **Playa Conchal** missbraucht. Denn seitdem dort ein großes Luxushotel eröffnet hat, ist der direkte Einfahrtsweg zum feinen Muschelstrand nur noch Hotelgästen gewährt. Busse nach Santa Cruz s. Playa Portrero.

Übernachtung

Aparthotel Nany, am Ortseingang, Richtung Playa Conchal, hinter Supermercado Lopez, ✆ 654-4320, 🖳 www.apartotelnany.com. Saubere, große Zimmer mit Kochgelegenheit, Kinderrutsche und -schaukel, in Touristenkomplex mit Internet, Supermarkt und Apotheke; überteuert. ❻
Cabinas Conrra, vor der Brücke vor dem Fußballplatz rechts abbiegen, ✆ 654-4887.

Sehr saubere Zimmer mit großen Betten (Matratzen teils durchgelegen), Küche, TV, einige mit AC, eng an Familienhaus angeschlossen, kleiner Hintergarten. 30 000C für 4 Pers., 36 000C für 6 Pers. ❹,

Cabinas Ojos Azules, ✆ 654-4346, 💻 www.cabinasojosazules.com. Schlichte, saubere Zimmer, teils mit AC und spärlich ausgestatteter Gemeinschaftsküche, schweizerische Leitung. ❸

Camping Brasilito, am Strand, ✆ 654-4452, 💻 www.brasilito-conchal.com. Großer Campingplatz unter Leitung des netten Hans aus Bayern. Kühlschrank, Kochgelegenheit und Beleuchtung bis 22 Uhr, Toilettenpapier mitbringen! Auch einfache Zimmer mit Privatbad, weitere Zimmer im Bau, Camping 2000C p. P., Zimmer 5000C p. P.

Conchal Hotel, am Ortseingang von Brasilito, Richtung Playa Conchal, ✆ 654-9125, 💻 www.conchalhotel.com. Schöne Anlage mit viel Grün, Bungalows mit AC, TV, Frühstück inkl., Restaurant im Ranchostil, französische Leitung. ❻

Hotel Brasilito, am Fußballplatz, Richtung Strand, ✆ 654-4237, 💻 www.hotelbrasilito.com. Strandnähe, Zimmer nichts Besonderes, teils mit AC ($7 extra) und Meeresblick, Pferdetouren, gutes Restaurant. Von internationalem Team geleitet. ❸

Las Cabinas Gloria, hinter Pizzeria Il Forno, ✆ 654-4878. Sehr saubere Zimmer mit kleinen Betten, AC und TV. ❸

Essen

Gecko Restaurant, bekannt, beliebt, tagsüber Snacks und Salate, abends Fisch und Meeresfrüchte, Fleisch- und Pastagerichte, auch Frühstück. 🕓 7–22 Uhr.

Happy Snapper, Ortsausgang Richtung Flamingo, Seafood-Teller, auch Pasta- und Fleischgerichte, Frühstück von 8–11 Uhr.

La Casita del Pescado, kleine Soda am Strand, auch Casados, 🕓 10–22 Uhr.

Steakhouse Rancho Nany, beim Aparthotel Nany. 🕓 10–22 Uhr.

Ofenfrisch

Pizzeria Il Forno, am Ortseingang Richtung Playa Conchal, schönes Ambiente in Rundhäusern, große Auswahl an Pizzen (auch außer Haus), außerdem Fisch und Meeresfrüchte, Pasta, Weine aus Italien, Spanien und Chile. 🕓 12.30–21.30 Uhr.

Sonstiges

Apotheke

Hinter Super Lopez, 🕓 Mo-So 8–20 Uhr.

Internet

Rancho Mani, hinter Supermarkt Lopez, oft Probleme mit Verbindung. 🕓 9–21 Uhr.

Medizinische Hilfe

Nächste **Privatklinik** in Tamarindo und Vocas; bei ernsthaften Verletzungen nach Nicoya fahren.

Supermärkte

Super Lopez, am Ortseingang, weitere Supermärkte am Fußballplatz.

Playa Flamingo

Playa Flamingo ist eine weitere nordamerikanische Strandkolonie an der Pazifikküste, in der sich überwiegend betuchte Sportfischer niedergelassen haben. Busverbindungen s. Playa Portrero.

Übernachtung und Essen

Flamingo Marina Resort, ✆ 654-4141, 💻 www.flamingomarina.com. Große Anlage auf mehreren Ebenen mit großzügig geschnittenen, hellen Räumen mit AC, Meeressicht und überdachtem Balkon, Swimmingpool. ❻

Mariner Inn, ✆ 654-4081, unter dem gleichnamigen Restaurant. Saubere, praktische Zimmer im Junggesellenstil mit Privatbad, AC und TV, günstigste Unterkunft in Flamingo. ❸

Restaurant Mar y Sol, französisches Luxusrestaurant auf dem Hügel mit spektakulärer Sicht auf Flamingo-Bucht. Breite Auswahl an Weinen. ⌚ 16–22 Uhr.
Mariner Inn und **Marie's Restaurant** sind für dieses teure Pflaster günstigere Optionen, die Speisekarten sind vollkommen auf amerikanischen Geschmack ausgerichtet. ⌚ 6–21.30 Uhr.

Sonstiges

Autovermietung
Economy, ✆ 654-4152, ✉ flamingo@economyrentacar.com.

Fahrräder
Aquacenter Diving, $15 pro Tag.

Geld
Banco de Costa Rica, auf dem Hügel im großen gelben Condominium-Komplex, ⌚ Mo–Fr 9–16 Uhr.

Kajaks
Aquacenter Diving, $45 proTag für 2 Pers.

Tauchen
Dive Center Pacific Coast Dive, ✆ 827–4525 (Handy), 🖳 www.pacificcoastdiving.com.
Aquacenter Diving, im Flamingo Marina Resort, ✆ 654-4141, 🖳 www.aquacenterdiving.com, auch Boogieboards ($12 pro Tag).

Playa Potrero

In Playa Portrero, einer kleinen Ortschaft, die ihren Tico-Charakter bewahrt hat, endet die Busstrecke. Weiter, Richtung **Playa Coco**, geht es in der Trockenzeit nur mit Geländewagen über den 16 km langen „Affenpfad" oder zu Fuß: Bei Ebbe kann man vom schwarzen, brennend heißen Playa Portrero kilometerweite Strandspaziergänge zu den paradiesisch weißen Sandstränden **Playa Prieta**, **Playa Penca** und **Pan Azucar** unternehmen.

Die **Islas Catalinas** sieht man in der Ferne. Noch ziehen hier Pelikanschwärme ihre Runden auf der Suche nach Sardinen. Touristen trifft man wenig. Die Tage vor dem Sturm sind jedoch gezählt – die Grundstücke sind bereits verkauft und erste Spatenstiche für weitere Luxushotels genommen.

Übernachtung

Playa Portrero
Sehr einfache, günstige Zimmer gibt es in der **Bar Las Brisas**.
Hotel Bahía Esmeralda, 100 m östlich vom Fußballplatz, ✆ 654-4480, 🖳 www.hotelbahia esmaralda.com. Gepflegte Anlage mit Kokospalmen und Swimmingpool, saubere Zimmer mit einfacher Einrichtung und TV, schöner sind die schlichten Apartments mit Küche. Fahrradverleih, Touren, italienisches Restaurant. ❺

Playa Penca
Cabinas La Penca, 125 m vom Strand, ✆ 654-4535. Saubere Zimmer mit AC und Kühlschrank, freundliche Besitzer, wenig reizvolle Umgebung, Restaurant. ❹

Playa Prieta
Villas Estival, am Strand, ✆ 654-4579, 🖳 www.costarica-beach.com, 12 schöne Ferienhäuser unterschiedlicher Größe, die verschiedenen Privatbesitzern gehören. Ruhige Lage. Ideal für Volleyballer und Familien. Volleyballspielen ist auf der riesigen Grünanlage am Hotel oder – 20 m weiter – am Strand möglich. Außerdem Swimmingpool, Kinderbecken und Grill. Kajak- und Reittouren werden angeboten. Eine der wenigen Hotelanlagen gehobener Klasse, die Costa Ricanern gehört. Empfehlenswert. $160 kostet die Übernachtung in einer 4-Personen-Villa, $200 in einer 6-Personen-Villa.

Playa Pan de Azucar
Hotel Sugar Beach, 3 km von Playa Portrero, ✆ 654-4242, 🖳 www.sugar-beach.com. Luxushotel in ruhiger abgeschiedener Lage mit fantastischem Blick auf die Pan Azucar-Bucht. 30 schlichte, stilvolle Zimmer mit Rattan-Einrichtung, Kühlschrank, AC, TV und Balkon,

großes Open-Air Restaurant mit Meeresblick, Touren, Anfahrt am besten im Geländewagen; Kinder unter 12 Jahren gratis. ❻

Essen und Nachtleben

Playa Portrero
Im sterilen Centro Commercial, Richtung Sardenal, gibt's eine italienische Eisdiele, wo 18 verschiedene Sorten leckerer Eiskrem aus tropischen Früchten verkauft wird. ⌚ 7.30–23.30 Uhr.
Bar und Restaurant Las Brisas, am Strand. Landestypische Küche mit günstigen Casados, 2000C.
Bar Costa Azul, im Ortszentrum an der Ecke des Fußballplatzes, typische Tico-Bar.
Bar und Restaurant Las Brisas, am Strand; landestypische Küche. Die Attraktion der Umgebung für Touristen und Einheimische ist Ladies' Night bei *Musica Latina*.
Restaurant Jauja, im Hotel Bahia Esmeralda, italienische Küche und Weine; Pasta, aber keine Pizza (!).

Transport

Busse fahren nach:
Santa Cruz (über **Flamingo**, **Playa Brasilito**, **Playa Conchal**, **Belén**), 7x tgl., ca. 2 Std.; mit Folkloriko, ✆ 680-3161.
San José, 2x tgl.; mit Tralapa, ✆ 223-5859.

Playa Tamarindo

Tamarindo ist ein Mekka für partyhungrige Sonnen- und Wellenanbeter aus aller Welt. Das einst kleine Fischerdorf hat sich aufgrund der umliegenden exzellenten Surf Spots und seiner Nähe zum Liberia-Flughafen in einen der meistbesuchten, rapide wachsenden Touristenorte Costa Ricas verwandelt – alle Schattenseiten inbegriffen.

Tamarindo lässt keinen Wunsch unerfüllt: Reiseveranstalter bieten Touren quer durch Costa Rica an, Unterkünfte gibt es für jeden Geldbeutel, mehrmals täglich bestehen Bus- und Flugverbindungen nach San José. Das Tanzbein schwingen kann man jede Nacht zu einem anderen Rhythmus, und wer wochenlang auf Bohnen-Reis-Diät war, kann hier (auch als Vegetarier) nicht billig, aber sehr gut international schlemmen.

Tamarindos Magnet ist zweifellos sein langer weißer **Sandstrand**: Laufsteg, Sonnenbank und Flirtmeile in Einem und täglich bewacht von vier Rettungsschwimmern auf rostigen, stählernen Hochsitzen. Denn die Bahia Tamarindo hat ihre Tücken: Schwimmen ist zwar möglich, gute Schwimmer legen sogar die Strecke von Punta San Francisco zur Captin's Island zurück, doch muss man an den felsigen Abschnitten im Wasser mit Unterströmungen rechnen.

Die Flussmündung des Río Matapalo wird von **Mangrovenwäldern** gesäumt, die 1991 zum Schutzgebiet erklärt wurden. Nur sechs Monate im Jahr werden die Tamarindo-Mangroven mit Süßwasser gespeist. In der Trockenzeit, wenn die Flüsse ausgetrocknet sind, tritt ausschließlich Salzwasser mit der Flut ein, und das herauskristallisierte Salz setzt sich dann auf den Mangrovenblättern ab. Das Naturschutzgebiet ist besonders beliebt bei Wandervögeln und Krokodilen. Statt die Flussmündung zu Fuß zu durchwaten, sollte man sich daher von Fischerbooten auf das gegenüberliegende Ufer, zum **Playa Grande,** übersetzen lassen, der abschnittsweise bereits dem **Nationalpark de las Baulas** angehört.

Wer Touristenhorden meiden will, sollte Guanacastes Cancun umgehen und stattdessen die weiter südlich gelegenen, weniger touristischen Strände **Playa Junquial, Playa Negra** und **Playa Avellanas** aufsuchen.

Übernachtung

Am Strandboulevard
Cabinas Rodamar, neben Restaurant Frutas Tropicales, ✆ 654-0109. Günstige, einfache und saubere Zimmer in Strandnähe, Zimmer mit Privatbad im besseren Zustand: frisch gestrichen und gute Matratzen, Campingplatzatmosphäre. ❷–❸
La Laguna El Cocodrilo, am Ortseingang, 50 m vor dem Best Western Hotel, ✆ 653-0255, 💻 www.lalagunadelcocodrilo.com. Beliebtes Hotel. Helle, schlichte Zimmer mit AC, TV und Terrasse, teils mit Meeresblick, umgeben von

Zwischen Burger King und Mama Delhi

Villas Macondo, schräg gegenüber vom Diria Hotel zwischen Burger King und Mama Delhi in den schmalen, unzementierten Weg einbiegen, nach 200 m rechts, ✆ 653-0812, 💻 www.villasmacondo.com. Eine kleine, hübsche, gepflegte Anlage abseits des Lärms, von einem freundlichen deutschen Paar geleitet. Zimmer teils mit AC, Kühlschrank, TV, außerdem zweistöckige Apartments (bis 5 Pers.) mit Küche, TV und AC im Schlafzimmer. Swimmingpool, Hängematten und gut ausgestattete Gemeinschaftsküche. Viele Informationen, empfehlenswert! ❹–❻

schöner Gartenanlage, direkter Strandzugang, Touren, französische Bäckerei und Restaurant, in der HS oft ausgebucht, Reservierung ratsam. ❺

Tamarindo Diria Beach & Golf Resort, ✆ 653-0031, 💻 www.tamarindodiria.com. Riesige, protzige 4-Sterne-Anlage zu beiden Seiten des Strandboulevards, älterer Teil umgeben von schönem Garten, neuer Abschnitt zugepflastert mit Konzertbühne, Zuschauertribüne und großem Swimmingpool mit Bar. Die 125 Zimmer mit AC und TV fallen vergleichsweise bescheiden aus, hoteleigene Golfplätze 2 km entfernt. ❻

Witch's Rock Surf Camp, ✆ 653-12 38, 💻 www.witchsrocksurfcamp.com, für Surfer mit dem nötigen Kleingeld. Zimmer teils mit Meeresblick, Frühstück inkl., unten Restaurant mit Surfvideos, meist einwöchige Übernachtungs-/Surfpakete. ❺–❻

Straße vom Playa Conchal hoch

Cabinas Arco Iris, 400 m zum Strand, ✆ 653-0330, 💻 www.hotelarcoiris.com. Alternativ angehauchtes Hotel mit familiärem Ambiente, 5 einfache, kreativ gestaltete Bungalows unterschiedlicher Größen mit Mosaikduschen und Kühlschrank, Terrassen mit Hängematten, umgeben von Dschungel, kleiner Wellnessbereich, Yoga- und Kapoeira-Unterricht, vegetarisches Restaurant. ❹

Casa Eleri, 100 m vom Tennisclub, ✆ 653-0762, 💻 www.eleri.net, etwas abseits auf einem Hügel gelegen. Einfache Apartments mit Küche, Schlafzimmer hat AC, Terrasse, großer Swimmingpool. ❹

Coral Reef, ✆ 653-0291, sehr einfacher Backpacker in Strandnähe. Großer Schlafsaal für 16 Pers.(!) mit Stockbetten und sehr einfachem Gemeinschaftsbad, Kochmöglichkeit, großer Gemeinschaftsbereich mit Hängematten. Preise für Dorms fallen in der NS bis zu 60 %, Dorm $10 p. P., DZ $20.

Hostel Playa Tamarindo, 100 m vom Strand, ✆ 653-0944. Sehr sauberer De-Luxe-Backpacker, Schlafsäle für 6 Pers., nur einige mit Fenster, dafür AC, Schließfächer, große Sofasitzecke mit TV, voll ausgestattete Gemeinschaftsküche, Terrasse, Wäscheservice, überwiegend Surfer, mehr Fernsehen als Kommunikation, $10 p. P., $9 p. P. für HI-Mitglieder.

Hotel Mamiri, ✆ 653-0079, 💻 www.hotelmamiri.com. Große, helle Zimmer mit indisch-balinesischem Dekor und kleinem Bad, Apartments mit Küche und AC, kleiner Innengarten, auch Apartments bis 4 Pers. ❸–❹

Pasatiempo, ✆ 653-0096, 💻 www.hotelpasatiempo.com. Gelbe Bungalows mit geschmackvoll-schlichten, hellen Zimmern, große Betten, AC und Terrasse mit Hängematte, kleiner Pool mit Liegestühlen, Restaurant im Rancho-Stil, ruhig. ❻

Richtung Playa Langosta

Capitán Suizo, ✆ 653-0075, 💻 hotelcapitansuizo.com. Stilvoller Luxus am Meer für Gäste, die Ruhe suchen. Anlage schmiegt sich in Natur ein, 28 große, geschmackvoll eingerichtete Zimmer mit großem Balkon. Acht schlichte Bungalows, teils mit Meeresblick, umgeben von großen Bäumen, Swimmingpool und Kinderbecken, Volleyballplatz, sehr freundliches Personal, schweizerische Leitung. ❻

Am Playa Langosta

Villa Alegre, 300 m südlich vom Hotel Capitan Suizo, ✆ 653-0270, 💻 www.villaalegrecostarica.

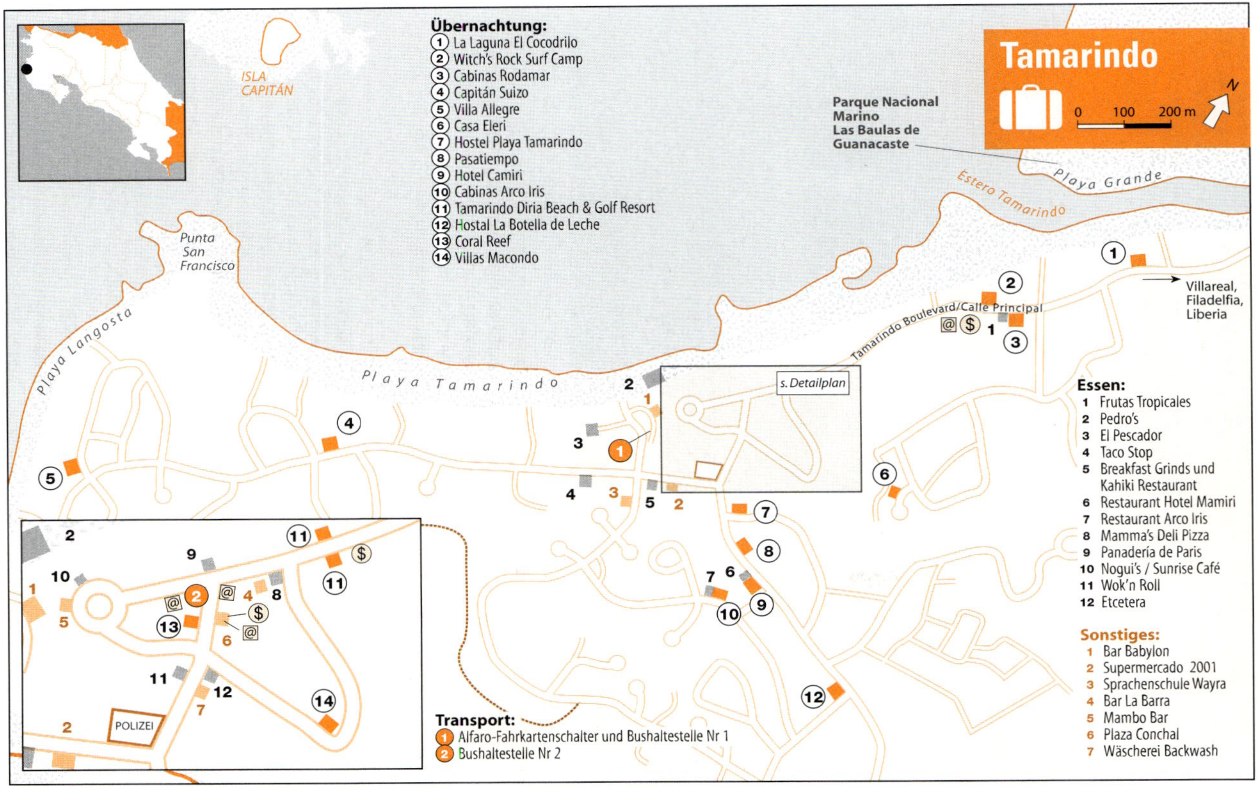

Tamarindo
0 100 200 m
N
Übernachtung:
1 La Laguna El Cocodrilo
2 Witch's Rock Surf Camp
3 Cabinas Rodamar
4 Capitán Suizo
5 Villa Allegre
6 Casa Eleri
7 Hostel Playa Tamarindo
8 Pasatiempo
9 Hotel Camiri
10 Cabinas Arco Iris
11 Tamarindo Diria Beach & Golf Resort
12 Hostal La Botella de Leche
13 Coral Reef
14 Villas Macondo
Essen:
1 Frutas Tropicales
2 Pedro's
3 El Pescador
4 Taco Stop
5 Breakfast Grinds und Kahiki Restaurant
6 Restaurant Hotel Mamiri
7 Restaurant Arco Iris
8 Mamma's Deli Pizza
9 Panadería de Paris
10 Noguí's / Sunrise Café
11 Wok'n Roll
12 Etcetera
Sonstiges:
1 Bar Babylon
2 Supermercado 2001
3 Sprachenschule Wayra
4 Bar La Barra
5 Mambo Bar
6 Plaza Conchal
7 Wäscherei Backwash
Transport:
1 Alfaro-Fahrkartenschalter und Bushaltestelle Nr 1
2 Bushaltestelle Nr 2
ISLA CAPITÁN
Punta San Francisco
Playa Langosta
Playa Tamarindo
Parque Nacional Marino Las Baulas de Guanacaste
Estero Tamarindo
Playa Grande
Tamarindo Boulevard/Calle Principal
Villareal, Filadelfia, Liberia
s. Detailplan
POLIZEI

Playa Tamarindo: Strandwacht

Echt Kuh(l)

Hostal La Botella de Leche, 400 m aufwärts vom Plaza Conchal, ✆ 653-0189, 💻 www.labotelladeleche.com. Originelles, lebhaftes Partyhostel ganz im Zeichen der Kuh: schwarz-weiß gefleckte Tapeten, Uhren, Fahrräder ... Schöne saubere Dorms mit AC, DZ mit AC und Gemeinschaftsbad, moderne Gemeinschaftsküche, großer Gemeinschaftsraum mit Sandsäcken und TV, hübscher kleiner Hintergarten mit Grill. Fahrräder, Surfbrettverleih $10 pro Tag, $10/12 p. P. für Schlafsaal, $12/14 für ein DZ in der NS/HS.

com. 5 Zimmer und 2 luxuriöse Ferienbungalows mit Küche, kreativ jeweils im Stil eines anderen Landes eingerichtet, familiär, 4-Gänge-Frühstück, einige Zimmer rollstuhlgeeignet. ❻

Essen

Breakfast Grinds, im Kahiki Restaurant, serviert das, was der Name verspricht.

El Pescador, in der Nähe des Alfero-Fahrkartenschalters (s. Karte Nr. 3), bietet Fisch und Meeresspezialitäten, aber auch Sandwiches und landestypische Gerichte bei Latino-Musik.

Etcetera, neues Restaurant, alt bewährter Koch; internationale Fusion-Küche und internationale Weine, teuer. 🕒 9–22 Uhr.

Frutas Tropicales, an der Strandmeile, gegenüber von Witches Rock Surf Camp. Landestypische Küche: Casado, Ceviche; außerdem Salate, Fruchtsäfte, auch Frühstück. 🕒 7–23 Uhr.

Kahiki, neben dem Supermercado 2001. Neues Restaurant, kreative Gerichte mit polynesisch-asiatischem Einfluss, große Auswahl an Margarita-Cocktails. 🕒 Mi–Mo 18–22 Uhr.

Mamas Delhi Pizza, an der Strandmeile, hat günstige italienische Pizzastücke und Salate, auch außer Haus, ideal für den Strand. ⌚ Mo–Sa 11–22 Uhr.
Nogui's / Sunrise Café, im 2. Stock in einem Gebäude am Strand. Frühstück für einen guten Start in den Tag; große Auswahl, Meeresblick, aber etwas langsame Bedienung.
Panadería de Paris, zwei Filialen: in der Galeria del Mar im Zentrum und neben dem Hotel La Laguna El Cocodrilo. Französische Leckereien für den Strand, Pain de Chocolat, Baguettes, Croissants, Tartes au Pommes, Quiches, Kaffee.
Patschanga, im Hotel Mamiri, sehr beliebtes Restaurant. Mediterrane Küche mit nettem Ambiente.
Pedro's, am Strand, einfaches Restaurant auf Holzbänken unter Zeltdach. Günstige, üppige Portionen Fisch und Meeresspezialitäten, teils lange Wartezeiten, auch Casado und leckere frische Salate.
Restaurant Arco Iris, neben den Cabinas Arco Iris. Leckere internationale vegetarische Gerichte mit italienisch-indischem Einfluss, frische Pasta, Currys, Salate, tägliches Spezialmenü, auch Fischgerichte. ⌚ 7–12 und ab 17.30 Uhr.
Taco Stop, an der Straße nach Playa Langosta. Günstige mexikanische Tacos, von denen ganz Tamarindo schwärmt, auch vegetarische Optionen. ⌚ 11.30–21 Uhr.
Wok'n Roll, im Zentrum. Leckere Sushi- und Wokgerichte mit verschiedenen Reissorten zur Auswahl; man sitzt draußen auf Stühlen oder drinnen auf Sofas. Spiele zum Zeitvertreib, denn der Service ist langsam. Auch Gerichte außer Haus. ⌚ 12–21.30 Uhr.

Nachtleben

Im schnell wachsenden Tamarindo wechseln die trendigen Clubs ständig, am besten hört man sich vor Ort um. Eine große Disco mit Klimaanlage ist im Bau. Drei Vorschläge:
Babylon, in Strandnähe; Surfer-Bar in den Reggae-Farben. Do: Reggae, Sa: Live-Musik, Merengue- und Salsa-Nacht. ⌚ ab 19 Uhr.
La Barra, Publikum ab 25 Jahren aufwärts, Mischung aus Expats und Einheimischen. Mi: Latino Musik, Sa: DJ mit Tanzmusik.

Schluss mit der Bohnen-Reis-Diät!

Heute mal kein Casado, keine Bohnen, kein *Huevo revuelto*. Und wenn Reis, dann nur nett als Sushi in Alge verpackt. Denn Tamarindos Restaurantsszene lockt mit einer lukullischen Vielfalt, die vom Apfelstrudel übers indische Curry bis hin zum polynesisch zubereiteten Fisch reicht. Mmmmm....

Mambo Bar, kleine, eher schäbige Strandbar. Mi und Fr Ladies Night, Do: Reggae Night. ⌚ Tgl. 20.30–2.30 Uhr.

Touren

Mangroventouren mit Kajak

Tamarindo Adventures, ✆ 653-0108, 💻 www.tamarindoadventures.net.
Iguana Tours, ✆ 653-0148, 💻 www.iguanasurf.net.
Außerdem gibt es einige Canopy-Anbieter, die $35 p. P. verlangen.

Segel- / Schnorcheltouren

Mandingo Sunset Cruise und **Suave Snorkel Express**, ✆ 653-0031, 💻 www.tamarindosailing.com, Segeltouren bei Sonnenuntergang mit Getränken und Snacks, Schnorcheltouren, Treffpunkt tgl. um 8 Uhr (schnorcheln $52 p. P.) und 15 Uhr (segeln $60 p. P.) vor dem Restaurant El Pescador.

Sonstiges

Apotheken

Farmacia Pacifico, ✆ 653-0711, neben dem Hotel Diria.
Farmacia Tamarindo, ✆ 653-1239.

Autovermietung

Europcar, ✆ 653-1809, Plaza Esmeralda.
Budget Rent A Car, ✆ 653-0756, neben Iguana Surf.
Alamo, ✆ 653-0727, gegenüber vom Hotel Diria.

Fahrradverleih /-reparatur

Blue Trax, ✆ 653-1705, ✉ info@bluetraxcr.com, Strandfahrräder $15 pro Tag, Mountainbikes $20 pro Tag, Mountainbiketouren.

Fitnessstudio

Planetarium Sport Gym, gegenüber vom Backpacker La Botella de Leche.

Geld

Banco BAC, am Plaza Conchal, ◷ Mo–Fr 9–18, Sa 9–13 Uhr.
Banco Nacional, Calle Principal, ◷ Mo–Fr 8.30–15.45 Uhr.
Banco Banex, Calle Principal, gegenüber vom Hotel Diria im Playa Esmeralda Komplex. ◷ Mo–Fr 9–18.30, Sa 9–12.30 Uhr.

Internet

Verschiedene Internetcafés am Strandboulevard sowie im Plaza Conchal.

Medizinische Hilfe

Pacific Emergencies, ✆ 653-1226, 378-8265 (nach 20 Uhr).
24 Std. Emergency Service, ✆ 653-0611.

Post

Am Plaza Conchal, ◷ Mo–Sa 9–17 Uhr.

Rafting / Kajaking

Costa y Ríos, ✆ 653-1475, Rafting auf dem Tempisque-Fluss bei Liberia, Schwierigkeitsstufe III und IV.
Tamarindo Adventures, ✆ 653-0108, 💻 www.tamarindoadventures.net, Kajaktouren.

Schnorcheln

Gute Buchten zum Schnorcheln befinden sich an den benachbarten Stränden Playa Grande und Playa Langosta; Schnorchelausrüstung bei **Tamarindo Adventures** (s. o.).

Sprachschule

Instituto de Wayra, ✆ 653-0359, ✉ spanishw@sol.racsa.co.cr. Klassenzimmer unter Palmendächern, beim Restaurant Kahiki die Straße links hoch.

> **Platzkarte**
>
> Busfahrkarten nach San José sollte man mindestens 1–2 Tage im Voraus am Alfero-Verkaufsschalter, ✆ 653-0268, gegenüber der Babylon Bar, kaufen, denn sonst ergattert man kein Ticket mehr! Wer mit viel Gepäck und Surfbrett reist, sollte übrigens hier statt im Zentrum einsteigen.

Supermärkte

Supermarkt 2001, ◷ Mo–Sa 7–22, So 8–21 Uhr. Ein **Automercado** liegt am Ortsausgang, zwei weitere Supermärkte sind im Bau.

Surfen

Tamarindo lockt vor allem Surfanfänger an, sie reiten die Wellen um die Flussmündung. Fortgeschrittene Surfer nehmen Tamarindos Nachtleben wahr, tagsüber aber reiten sie die Wellen am benachbarten Playa Avellena und Playa Negra. Folgende Surfschulen bieten Transport dorthin an:
Banana Surf Club, neben dem Restaurant Wok'n Roll, ✆ 653-1270, ✉ visualxcape@sbcglobal.net. Surfschule, Surf-Touren, Surfbrett-Verleih ($25 pro Tag).
Hightide / Tamarindo Adventures, ✆ 653-0108, Surfbrett-Verleih, Surf- und Kajaktouren.
Iguana Surf, ✆ 653-0148, 💻 www.iguanasurf.net. Surfschule (spezialisiert auf Anfänger), Surfbrett- und Boogieboard-Verleih ($20–25 pro Tag), Surfutensilien, Schnorchelausrüstung, Transport nach Montezuma, Santa Teresa/Malpais, Surf-Touren für Fortgeschrittene nach Playa Negra, Playa Grande. Schließfächer. ◷ Mo–So 8–18 Uhr.
Witch's Rock Surf Camp, ✆ 653-1238, 💻 www.witchsrocksurfcamp.com, Surf-Touren.

Tanzen

Bar-Restaurant La Caracola, ✆ 831-8403, Salsa- und Merengue-Unterricht.

Tauchen

Agua Rica Diving Center, 653-0094, www.aguarica.net.
The Edge, 350-3670, info@costaricaexotic.com, Tauchgeschäft in Flamingo, Tauchgänge an den Stränden Flamingo und Tamarindo.
Pacific Coast Dive, 827-4525, pacificcoastdiving.com, mit Filialen in Playa Flamingo, Playa Brasilito und Playa Tamarindo.

Toiletten

Burger King sei hier seiner Originalität wegen (ein in ein Schnellrestaurant umgewandelter alter Bus – im Fahrerabteil bestellt und zahlt man) und sauberer Toiletten in Strandnähe erwähnt.

Wäscherei

Backwash, 700C pro kg, Mo–Sa 8–20 Uhr.

Yoga

Arco Iris, 653-0330, Ashtanga und Hatha Yoga, Pilates. Anrufen, um aktuelle Kurse zu erfahren, $8.
Casa Azul, vor dem Hotel Capt'n Suizo, Mo, Mi, Fr 7.30–9.15 Uhr, $15.

Transport

Busse

San José, 3x tgl.; mit Alfero, 653-0268.
Liberia (über **Huevas** und **Playa Brasilito**), 10x tgl.; mit La Pampa, 665-5891.
Santa Cruz, 8x tgl.

Shuttle-Busse

Fantasy Bus, neben Milagro Hotel, 232-3681, 220-2126.
Tamarindo Shuttle, 653-1326, -0885, www.tamarindoshuttle.com, teuer.

Flüge

Der **Flugplatz**, Eigentum des Hotels Diria, liegt 3 km nördlich vom Zentrum.
San José, tgl. mehrere Flüge mit Sansa und Nature Air. Nature Air fliegt außerdem von Tamarindo nach **Boca De Torros** (Panama).

Parque Nacional Marino Las Baulas de Guanacaste

MINAE-Büro 653-0470, www.minae.go.cr
Öffnungszeiten 8–16 Uhr
Eintritt Tagsüber kostenlos, $16 von Mitte Okt bis Mitte Feb (Eiablagezeit). In der Schildkrötensaison wird nur eine beschränkte Anzahl von Besuchern in den Park eingelassen. Für Schildkröten-Touren ist eine Voranmeldung 8 Tage im Voraus beim MINAE-Büro erforderlich.
Gründungsjahr 1991
Größe 374 ha an Land und 21 600 ha im Meer
Besucherzahl 5677 Personen (von Oktober–März, nachts)
Unterkunft Keine, nur für freiwillige Helfer
Transport Es gibt keine öffentlichen Busse zum Playa Grande, für Individualreisende ist die Anfahrt über Tamarindo am einfachsten. Von hier kann man per Fischerboot zum Playa Grande übersetzen oder sich einer organisierten Tour anschließen.
Parkregeln während der Schildkröten-Tour Kameras, Videogeräte und Taschenlampen sind verboten; möglichst absolute Stille; möglichst nur den feuchten Strandabschnitt betreten.

Der Nationalpark Las Baulas erstreckt sich über die vier Strände **Playa Carbon**, **Playa Grande**, **Playa Ventanas** und **Playa Langosta** und reicht rund 20 km von der Küste hinaus aufs Meer. Die Strände Playa Grande und Playa Langosta zählen dabei zu den wichtigsten **Eiablageplätzen** der Lederschildkröte im Pazifik, Schwimmen und Surfen sind hier jedoch erlaubt. Jährlich legen am Playa Grande rund 100 Weibchen ihre Eier ab. Es ist einerseits ein unvergessliches Erlebnis zu beobachten, wie eine Baula, einer alten Dame von Adel gleich, im Mondschein aus dem Ozean steigt, sich sorgfältig einen geeigneten Platz zur Eiablage wählt und dann mit kräftigen Schaufelbewegungen eine Grube gräbt. Man kommt jedoch nicht umhin sich als Eindringling zu fühlen, besonders wenn mehrere Besuchergruppen gleichzeitig ein Tier umlagern.

Waren es Ende der 80er-Jahre noch 1504 Weibchen, die am Playa Grande ihre Eier ablegten, so sind es heute nur noch zwischen 50 und 110 Baulas. Hauptursachen für diesen drastischen Rückgang sind die zunehmende Strandbebauung, das illegale Sammeln der Schildkröteneier und Fischereinetze, in denen sich die Reptilien verfangen. Die Lederschildkröte ist heute vom Aussterben bedroht. Die Parkverwaltung führt gemeinsam mit den nicht-staatlichen Organisationen Marviva und Earthwatch Nachtpatrouillen und Forschungsarbeit durch. Man fragt

Die Lederschildkröte, die Greisin des Ozeans

Die Lederschildkröte gehört zu den ältesten Tieren auf Erden und ist mit einer Länge von bis zu 2,5 Metern und einem Gewicht von rund 500 Kilogramm die längste und schwerste unter ihren Artgenossen. Ihr Körper jedoch ist so stromlinienförmig geschnitten, dass die enormen Körpermaße sie nicht in der Fortbewegung hindern. Im Gegenteil, mit ihren fast drei Meter langen Vorderbeinen – die Hinterbeine lenken nur – dringt sie in Tiefen von rund 800 Metern vor und legt am Tag Strecken bis zu 70 Kilometer zurück. Satellitenbehaftete Tiere zeigten, dass die Baula von ihrem Nistplatz in den tropischen Gewässern Zentralamerikas zur Futtersuche bis in die subpolaren Regionen Chiles hinunterwandert. Dort findet sie ihre Hauptnahrungsquelle: Quallen. Die Fähigkeit, ihre Körpertemperatur auf 18 0C konstant zu halten, lässt sie auch in kalten Gewässern überleben. Ihren Namen gibt ihr der Panzer, der nicht aus dem für Meeresschildkröten typischen festen, knöchernen Rückenschild besteht, sondern aus hunderten lose zusammenhängenden Knorpelplatten, die mit einer öligen, weiß gescheckten, lederartigen Hautschicht überzogen sind.

Eine Baula ist mit zehn Jahren geschlechtsreif. Alle zwei bis drei Jahre verlassen die Weibchen das Wasser und legen im Zeitraum zwischen September und März bis zu sechs Mal ihre Eier ab. Dabei wählt sich das Reptil stets Strände mit einer leichten Kurvung und ohne Steine aus. Die Beschaffenheit des Sandes ist entscheidend, da die Grube sonst beim Ausgraben wieder zufällt.

Ist die passende Stelle gefunden, gräbt die Baula mit den Hinterbeinen eine fast ein Meter tiefe Grube, in die sie sich hineinlegt. Während der Eiablage nimmt die Baula ihre Umgebung kaum wahr, ein Kettenreflex läuft ab. Ein Weibchen legt ca. 70 große und 30 kleinere, unfruchtbare Eier ab, deren Bedeutung bis heute noch unklar ist. Anschließend schüttet sie die Grube mit Sand zu. Rund zwei Stunden bleibt ein Weibchen zur Eiablage am Strand, dann ist für die Lederschildkröte die Arbeit getan, sie steigt zurück ins Meer, Eier und Schlüpflinge sind von nun an sich selbst überlassen.

Die Eier bleiben rund 50–70 Tage im Sand, die Temperatur der Umgebung entscheidet über das Geschlecht der Embryos. Am Playa Grande entstehen bei einer Temperatur von über 29,5 Grad Celsius Weibchen, zeigt das Thermometer weniger an, entwickeln sich Männchen. Die ca. fünf Zentimeter großen Lederschildkrötenjungen verlassen ihre Eierschale unter der Sanddecke und schaufeln sich nachts ihren Weg zur Sandoberfläche hinauf. Der Weg ins Meer ist der gefährlichste Abschnitt, denn Waschbären, Vögel, Krebse und Hunde lauern auf die Jungtiere. Große Lebensabschnitte der Lederschildkröte sind nach wie vor unerforscht. Besonders von den Männchen und heranwachsenden Schildkröten weiß man wenig, da sie das Meer nicht verlassen.

Die Lederschildkröte ist vom Aussterben bedroht. Man schätzt ihren Bestand auf weltweit 30 000 Tiere, dabei ist die Lage der pazifischen Baula am kritischsten, ihre Zahl wird auf rund 3000 Weibchen geschätzt. Hauptgründe für den drastischen Rückgang sind u. a. das illegale Eiersammeln, die zunehmende Strandbebauung – das Licht schreckt die Weibchen ab und desorientiert die frisch geschlüpften Tiere – sowie die Fischereinetze, in denen sich viele Baulas verfangen und wo sie verenden.

sich jedoch, worin der Sinn aller Schutzmaßnahmen besteht, wenn in unmittelbarer Nähe eines der am schnellst wachsenden Touristenzentren des Landes dem Nationalpark zu Leibe rückt, und die Regierung nichts unternimmt, die stetig fortschreitende Bebauung zu stoppen.

Wer Interesse hat mitzuhelfen, Eier und Schlüpflinge zu zählen, Nachtwache zu schieben und Nester in Sicherheit zu bringen, kann sich bei der Parkverwaltung unter ✆ 653-0470, 💻 www.minae.go.cr, melden. Es ist kein spezielles Hintergrundwissen erforderlich, man wird von Biologen in die Arbeit eingeführt.

Playa Avellana, Playa Negra

Wellen, Sand und Sonne, wohin das Auge blickt, erwarten den Besucher an den südlich von Tamarindo gelegenen, wenig touristischen und kaum bebauten Stränden Playa Avellana und Playa Negra. Beide Strände sind aufgrund ihrer vielen und zuverlässigen Breaks exzellente Surfreviere für fortgeschrittene Wellenreiter. Playa Avellena, unter Kennern auch Little Hawaii genannt, lockt dazu mit nahezu perfekten Tunnelwellen. Für Nicht-Surfer laden die kilometerlangen, fast menschenleeren Strände zu langen Strandspaziergängen ein.

Übernachtung und Essen

Playa Avellana

Cabinas Las Olas, 300 m östlich, 200 m nördlich vom Restaurant Lola's, ✆ 658-8315, 💻 www.cabinaslasolas.co.cr. 10 schöne, rustikale, weit auseinander stehende Holzbungalows mit Terrasse, Kinderspielplatz; eine lange Holzbrücke führt über Mangroven direkt zum Strand. Surfbrettverleih, Kajak-, Schnorchelausrüstung, Mountainbike-Touren und Restaurant. Empfehlenswert. Frühstück inkl. ❺

Camping, ✆ 658-88230, schöner, einfacher Campingplatz am Strand, 1500C p. P., Kinder 1000C.

Restaurant Gregorius, im Ort, serviert günstige landestypische Gerichte.

Die fesche Lola

Bei **Lola's** am Strand gibt es Pizza, Nachos, Salate, Fruchtsäfte und kühles Bier; die Gäste dürfen auf originellen Stühlen Platz nehmen. Das Lokal wird gern von Tagesausflüglern besucht. Keine Imbisspreise! 🕓 Di–So 11–15 Uhr Mittagessen, bis 17 Uhr Snacks, bis 18 Uhr Getränke.

Straße nach Playa Negra

Kontiki Restaurant und Hotel, ✆ 658-8117, ✉ kontikiplayanegra@yahoo.com. Saubere Zimmer verschiedener Qualität und Größe mit Gemeinschaftsbad in Holzhäusern auf Stelzen, mitten im Grünen, bei netter peruanischer Familie. Internet (1000C pro Std.), Wäscheservice, Restaurant, 15 Min. zum Strand. $10 p. P.

Mono Congo Lodge, ✆ 658-8261, 💻 www.monocongolodge.com. Wunderschönes, mehrstöckiges, auf Steinpfosten gebautes Holzhaus mit etwas schrulliger, aber freundlicher Besitzerin. Rustikale Zimmer mit holzgeschnitzten Möbeln, AC und TV, teils mit Privatbad, großer Gemeinschaftsbereich, Dachterrasse mit toller Aussicht, ruhig, Frühstück inkl. ❺

Am Strand

Hotel Playa Negra, ✆ 658-8034, 💻 www.playanegra.com. Wie ein Dorf der Schlümpfe liegen die 10 runden, mit Palmstroh gedeckten Zementbungalows am Meer. Restaurant im großen Rancho-Gebäude. ❻

Essen und Sonstiges

Café Playa Negra, im Ortszentrum, serviert peruanische und internationale Küche, kein besonders schönes Ambiente, aber Ventilatoren. 🕓 7–21 Uhr.

Im **Restaurante Flor de Lys** gibt es den unentbehrlichen, landestypischen Casado. 🕓 12–21 Uhr.

Los Tucas, in Pataconis, am Weg nach Santa Cruz, serviert leckere Platanos-Gerichte.

Nach dem Aufstehen Capoeira

Cabinas Uhaina, ✆ 658-8178. Schöne, rustikale und saubere Blockhäuser mit Kühlschrank, Privatbad und großen rustikalen Stockbetten bei netter, französisch-brasilianischer Familie. Surf- und Capoeira-Unterricht, 10 Min. zum Strand. ❸

Internet

Café Playa Negra, nur ein Computer, 1500C pro Std.

Surfen

Surfing School Playa Negra, ✆ 658-8178.

Transport

Autofahrer sollten sich in der Regenzeit unbedingt nach der Straßenbeschaffenheit erkundigen, da die unzementierte Piste über mehrere Flüsse führt. Vierradantrieb ist daher unverzichtbar (Anfahrt über Huacas).
In der Regenzeit gibt es zu keinem der Strände eine **Busverbindung**, die nächsten Anschlussmöglichkeiten nach Santa Cruz befinden sich in Junquial oder im 3 km entfernten Pinilla. In der Trockenzeit besteht eine Busverbindung von San José an die Strände. Außerdem sind Mitfahrgelegenheiten in der Hochsaison leicht zu ergattern, und Shuttle-Busse der Tamarinder Surfschulen fahren beide Strände an.

Playa Junquillal

Playa Junquillal gilt noch immer als Geheimtipp unter den Pazifikstränden. Der 2 km lange, geschützte Strand besticht durch seine raue, wilde Schönheit, seine Mangrovengebiete und Tidepools. Playa Junquillal eignet sich gut zum Surfen und Schnorcheln; Schwimmen ist aufgrund der starken Strömungen und hohen Wellen gefährlich. Der Strand ist ein weiterer Nistplatz der Lederschildkröte. Das illegale Eiersammeln betraf fast 75 % der Nester, so dass der World Wide Life Fund 2004 ein Projekt startete, welches die Gemeinde mit in die Schutzmaßnahmen einband.

Die dahinterliegende, weit auseinander gezogene Ortschaft Junquillal ist bisher vom Bauboom verschont geblieben, nur einige Europäer haben sich hier an den Hügeln niedergelassen. Man trifft auf eine breitere Auswahl an Unterkünften und Restaurants als an den benachbarten Stränden Playa Negra und Playa Avellana.

Übernachtung

Cabinas Rojelia, neben der Pulperia Rojelio, ✆ 658-8114. Sehr saubere, einfache Zimmer mit AC und Privatbad, weitere Zimmer im Bau, Preis verhandelbar. ❸
Camping Junquillal, am Strand, 100 m hinter dem Hotel Villa Serena, ✆ 658-8089. Zelten unter A-Frame-Blechhütten mit Holzplattform, Open-Air-Dusche mit Holzzaun, 2500C p. P.
Hotel El Castillo Divertido, ✆ 658-8428, 💻 www.costarica-adventureholidays.com. Selbstgebaute, bunte Burg auf einem Hügel. Sechs einfache Zimmer mit Privatbad (nicht mehr ganz neu), Burggarten und Meeresblick, Schlagzeug und Keyboard auf dem Burgsims. Wer keine laute Musik mag, ist hier fehl am Platz. Deutsche Leitung. ❸
Hotel Guacamana, ✆ 658-8431, 💻 www.guacamayalodge.com. Karg eingerichtete, teils etwas muffige Bungalows in großer, gepflegter Anlage, auf Hügel gelegen, mit herrlicher Sicht aufs Meer. Swimmingpool, Touren, gutes, beliebtes Restaurant, freundliches Bruder-Schwester Team aus der Schweiz. ❺
Hotel Hibiskus, an der Pulpería Rojelio vorbei, 50 m vom Strand, ✆ 658-8437. Kleines hübsches Hotel mit tadellosen Zimmern, Frühstück inkl., Restaurantservice nur bei Voranmeldung, deutsche Leitung. ❹
Hotel Tatanka, ✆ 658-8426, ✉ tatanka@racsa.co.cr. Gelbe Hotelanlage mit sauberen Zimmern, Pool, Restaurant. ❹
Hotel Villa Serena, am Strand, ✆ 658-8430, 💻 www.land–ho.com. Schöne, saubere Zimmer, umgeben von gepflegter Parkanlage, mit Balkon/Terrasse, AC, Wellness-Bereich,

Hotel zum Überkochen!

Casas Pelícano, ✆ 658-9010, 🖳 www.casaspelicano.co.cr. Zwei traumhafte Häuser mit Küche und Terrasse, nur 30 m vom Strand entfernt; umgeben von einem schönen Garten mit Pool. Wunderbar ruhig. Außerdem Kochschule mit Kochkursen, die auf die Bedürfnisse der Kunden zugeschnitten werden. Deutsche Leitung. ❺

Aerobic, Schnorchelausrüstung, Kajaks, Touren, Frühstücksbuffet, Restaurant, viele amerikanische Gäste. ❻

Essen

Pizzería Tatanka, im Hotel Tatanka, große Auswahl an leckerer, original italienischer Pizza.

Restaurant Guacamaya, im Hotel Guacamana, beliebtes Restaurant mit internationaler und schweizerischer Küche in großem Open-Air-Rancho mit Meeresblick.

Restaurant Lakampu, günstige peruanische Küche, beste Lage und bestes Ambiente im Ort. Meeresblick, beeindruckende präkolumbische Replik-Masken, Sofas und Hängematten, ideal für Sonnenuntergänge, Menü auf Holzbrettern, auch Tanzfläche.

Restaurant La Puesta del Sol, ✆ 658-8442, ist ein exquisites italienisches Restaurant. Hier gibt's nur Abendessen und nur mit Reservierung; teuer, aber sehr gut.

Sonstiges

Fahrradverleih

Im Hotel Playa Junquillal, $15 pro Tag.

Internet

Im **Minisuper**, 1600C pro Std.

Kajaks

Kajak-Verleih im **Hotel Land Ho** am Strand.

Polizei

Playa Junquillal und Playa Negra haben keine Polizei-Dienststelle, die am nächsten gelegene befindet sich in Paraiso.

Supermärkte

Pulpería Rojelia und **Minisuper**

Surfen

Hotel Playa Junquillal am Strand verleiht Surfbretter ($25 pro Tag) und Boogieboards ($15 pro Tag).

Telefon

Bei der Pulpería Rojelia.

Touren

Paradise Riding, ✆ 658-8162, 🖳 www.paradiseriding.com, veranstaltet Reittouren mit tollen, sehr gepflegten Pferden und ebensolcher Ausrüstung. Gute Führung; herrliche Ausritte an menschenleeren Stränden oder ins Binnenland. Leider relativ teuer: Zwei Stunden kosten $49.

Transport

Es besteht keine Busverbindung zwischen Playa Junquiall und den südlichen Stränden. Busreisende müssen nach Santa Cruz zurückfahren und dort umsteigen. Busse nach **Santa Cruz** fahren 5x tgl.

Von Playa Junquillal nach Ostional

Wer mit dem Auto oder Fahrrad unterwegs ist, kann direkt vom Playa Junquillal an der Küste entlang zu den südlich gelegenen, relativ wenig besuchten Schwimm- (Playa Manzanillo und Playa Azul) und Surfstränden (Playa Marbella, San Juanillo) weiterfahren. Die Küstenpiste ist in der Regenzeit aufgrund von Überschwemmungen mitunter nicht befahrbar. Unbedingt vorher informieren; ein Vierradantrieb ist sehr empfehlenswert. Alternativ kann man Playa Marbella auf einem Umweg über Santa Cruz erreichen.

Übernachtung

Al Mare, am Playa Lagarto zwischen Playa Junquillal und San Juanillo, ✆ 350-8871, ✉ tatotime@interfree.it. 6 Bungalows in sehr ruhiger, abgeschiedener Lage; etwas nüchtern eingerichtet, aber sauber. AC, Terrasse und Mini-Pool; nur wenige Schritte vom Meer; gut zum Schwimmen für Kinder. Nicht die schönste Anlage, aber gut zur Durchreise. Italienisches Restaurant mit hausgemachter Pasta und Meerblick. Frühstück inkl. ❺

Casa Mango, rund 6 km nördlich von San Juanillo, ✆ 682-8032, ✉ donjim2000@yahoo.com. Drei komplett holzverkleidete, saubere Zimmer mit Gemeinschaftsbad; außerdem ein Rancho mit Küche, auf gepflegter Mango-Finca mit Hühnern, Pferden, Katzen und Hunden; einfaches Restaurant. Ausritte ($35 für 1 1/2 Std.). Sehr freundliche Leitung. Von August bis November geschlossen.

Hotel Luna Azul, 1 km von Ostional Richtung Marbella, ✆ 821-0075, 🖳 www.hotellunaazul.com. Friedliche, wunderschöne Anlage mitten im Grünen. 7 helle, kleine Häuser mit großem Balkon. Pool, Jacuzzi, Restaurant, Frühstück inkl. Schweizerische Leitung; in der Regenzeit Anfahrt mit Vierradantrieb über Marbella. ❻

Refugio Nacional de Fauna Silvestre Ostional

Information Asociación de Desarrollo Integral de Ostional (ADIO), ✆ 682-0470, 🖳 ostionalcr.tripod.com

Eintritt $6 Parkeintritt, $7 für einen Führer der Associacion de Desarrollo Integral de Ostional (ADIO). Die Gruppen bestehen aus max. 8 Pers. (siehe Parkregeln), keine Anmeldung nötig.

Gründungsjahr 1992

Größe 284 ha

Besucherzahl 5000 Personen pro Jahr.

Transport Siehe Ostional

Hinweise Keine Fotos bei Nachtführungen (Fotos und Videos vom Projekt sind bei ADIO (siehe oben) erhältlich, der Erlös fließt direkt in das Projekt); keine Taschenlampen; Rauchen verboten; als Gruppe zusammenbleiben

Das Tierschutzgebiet Ostional ist einer der wichtigsten Nistplätze der olivgrünen Bastardschildkröte in Costa Rica. Die Lara, wie sie auf Spanisch aufgrund ihres schnabelförmigen Mauls nach einer Papageienart genannt wird, ist mit einer Gesamtlänge von bis zu 80 cm und mit einem Gewicht zwischen 35 und 45 kg die kleinste unter den Meeresschildkröten. Sie kommt ganzjährig mindestens einmal pro Monat zur Eiablage an Land, die Hauptnistzeit aber findet während der Regenzeit statt, zwischen Juli und Dezember, während der abnehmenden Mondphase. Dann füllt sich der Playa Ostional für drei bis acht Nächte in Folge mit Hunderttausenden von Schildkrötenweibchen, die wie kleine programmgesteuerte Roboter über- und untereinander krabbelnd, ihr Nistprogramm abwickeln. Die bisher größte dieser Massenankünfte fand im November 1995 statt, als 500 000 Weibchen am Playa Ostional zur Eiablage erschienen.

Aber auch die Lara ist vom Aussterben bedroht. Als Verzehrerin von Mollusken, Fisch und Krustazeen werden ihr vor allem die Netze der Krabbenfangflotten zum tödlichen Verhängnis. Höchstens dreißig Minuten kann sie unter der Wasseroberfläche überleben, dann verendet sie. Seit 1987 läuft in Ostional ein außergewöhnliches Projekt, das den Einwohnern erlaubt, eine begrenzte Anzahl an Eiern zum Verzehr und Verkauf zu sammeln (s. Kasten).

In wesentlich geringerem Umfang kommen auch die Carey, die grüne und die Lederschildkröte zur Eiablage an den Playa Ostional, jedoch einzeln, nicht in Gruppen.

Ostional

Direkt an das Refugio Ostional schließt die kleine Ortschaft Ostional an. Die Busverbindungen nach Santa Cruz sind begrenzt, des-

Legale Eier – Das Projekt Ostional

Man hatte mir das kleine Fischrestaurant in Guanacaste wärmstens empfohlen, doch als ich das große „Se vende Huevos de Tortugas"-Schild (Verkaufe Schildkröteneier) am Eingang sah, machte ich auf der Stelle kehrt. Verärgert fragte ich die Besitzerin, wie sie denn Schildkröteneier öffentlich anpreisen könne, wo doch jeder weiß, dass die Tiere vom Aussterben bedroht und das Sammeln der Eier illegal ist. Ich boykottiere Ihr Geschäft, sagte ich und wandte mich dem Ausgang zu. Ein kräftiger Arm zog mich zurück und reichte mir eine Quittung: „Lee, lesen Sie!" forderte sie mich auf. Ich las: Associación de Desarollo Integral de Ostional-ADIO. „Haben Sie etwa noch nichts von dem Projekt gehört?"

Vor zwanzig Jahren gründeten die Einwohner des Dorfes Ostional diese Organisation, um dem illegalen Eierdiebstahl am Playa Ostional ein Ende zu machen, gleichzeitig aber der Gemeinde nicht eine wichtige Einkommensquelle zu rauben. Man einigte sich auf einen Kompromiss. An den ersten zwei Tagen einer **Arribada** (Massenankunft von Schildkröten) sammeln die Mitglieder von ADIO auf rund 900 m des insgesamt 7 km langen Strandes Schildkröteneier. Es sind die erstgelegten Eier, die meist von den Hunderttausenden von Schildkröten, die in den Folgetagen ihre Nester bauen, beschädigt und zertrampelt werden. ADIOs Beute beträgt dabei ungefähr ein Prozent einer Arribada. Außerhalb der Sammelzeiten gehen die Mitglieder am Strand Patrouille um zu verhindern, dass Eier gestohlen werden. Die

260 Mitglieder starke Organisation hat strikte Aufnahmebedingungen. Es dürfen nur Kinder der Mitglieder, die in Ostional geboren und über 15 Jahre alt sind, dem Verein beitreten. Das Projekt trägt sich selbst, ist aber gesetzlich von der costa-ricanischen Regierung abgesegnet. Die biologische Fakultät der Universität von Costa Rica überwacht zudem die Entwicklung der Schildkrötenpopulation.

Die kleinen runden, Pingpong-Bällen ähnelnden Eier werden in Plastiktüten verpackt – aufgrund ihrer elastischen Schale zerbrechen sie nicht – und für 30C pro Ei verkauft. Der Käufer erhält eine gestempelte Quittung, die die Eier als legal gesammelt ausweist. Auf dem Markt steigt der Preis bis zu 100C pro Ei. Nach wie vor besteht der Glaube, dass die Schildkröteneier eine aphrodisierende Wirkung haben. Sie sind außerdem begehrt wegen ihres hohen Protein- und niedrigen Colesterinwertes und werden gekocht, das Eigelb mit Milch und Likör verrührt oder in Suppen und herzhaften Torten verzehrt.

Freiwillige können sich mit ADIO per ✉ adiotort @racsa.co.cr oder ✆/☏ 682-0470 in Kontakt setzen, die Unterbringung erfolgt in Familien.

halb bietet Gilberto Rojas, ✆ 682-0462, 817-1525 (Handy) einen Taxiservice an. Nach Gilberto kann man auch in der Soda Cochito fragen.

Übernachtung und Essen

In der Schildkrötenhauptsaison füllen sich die Zimmer im Ort schnell, Reservierung empfehlenswert.

Cabinas Melvin, hinter Pulpería Melvin, ✆ 682-0430, -6443. Beste Budget-Unterkunft im Ort, sehr saubere Zimmer verschiedener Größe mit Bad, teils mit Kühlschrank, 3000–5000 p. P.

Cabinas Ostional, ✆ 682-0428, nicht so schöne Zimmer wie bei Melvin, aber sauber und gute Matratzen, etwas muffig.

Am Strandeingang liegt ein namenloser **Campingplatz**, ✆ 682-0947, mit Blick aufs Meer, 1000 p. P.

Soda Cochito und **Soda Marazul** servieren landestypische Gerichte.

Transport

Auto

Von der Hauptstraße nach Nosara biegt links, vor dem Supermarkt Paloma, die Straße nach Ostional ab. Vom Río Ostional sind es weitere

4 km zum Ort. Achtung, diese Strecke ist nur mit Vierradantrieb ratsam, in der Regenzeit ist sie mitunter gar nicht befahrbar, da die Flüsse Río Montaña und Río Ostional stark ansteigen.

Busse

Santa Cruz, 1–2x tgl., in der Regenzeit wird die Busverbindung zeitweise eingestellt. Oder Taxi nach **Nosara**, dort in den Bus nach **San José** oder **Nicoya** umsteigen

Santa Cruz

Santa Cruz trägt stolz den Titel *Ciudad Nacional Folclórica* – Stadt der Folklore, doch außer einer Marimba-Werkstatt, einigen Tortillaständen und der hellblauen Folklórica-Buslinie spürt man im Alltag wenig von Folklorestimmung. Die kommt erst auf bei den Fiestas Cívicas (s. S. 243, Feste und Feiertage), wenn weite Röcke im Hüpferschritt fliegen, wagemutige Kerle ihre rippenbrecherische Rodeo-Akrobatik auf dem Rücken wilder Stiere vorführen und der Yiepia-Seufzer des Sabanero von den Häuserwänden widerhallt.

Santa Cruz ist ein wichtiger Verkehrsknotenpunkt, um an die Strände Playa Tamarindo, Playa Brasilito und Playa Sámara zu gelangen, und bietet eine gute Gelegenheit, den Proviant für die Weiterreise an die teure Pazifikküste aufzustocken.

Sehenswertes

Die rosafarbene Kirche, von der lediglich der Turm die Erdbeben des vergangenen Jahrhunderts überstanden hat, ist mit dem gegenüberliegenden **Ciosco** das Auffälligste, was Santa Cruz an Architektur zu bieten hat.

In der Kirche befindet sich eine dunkelhäutige Christusstatue, der **Cristo Negro**, in ganz Lateinamerika auch nach seiner guatemaltekischen Heimatstadt unter dem Namen „Jesus de Esquipulas" bekannt. Der Legende nach bereiste die Heiligenfigur, der heilende Kräfte nachgesagt werden, ganz Zentralamerika und traf 1804 mit einem Missionar in Santa Cruz ein. Als der Missionar angeklagt wurde, sich an Spendengeldern zu bereichern, verließ er schnellstens die Stadt und hinterließ dabei – versteckt in einem hohlen Baum – die Heiligenfigur. Statt des Baumes steht dort heute die Kirche von Santa Cruz.

Gegenüber der Kirche erhebt sich der auffällige, mit präkolumbischen Motiven dekorierte Zement-Ciosco des aus Santa Cruz stammenden Künstlers Mario Garitos, dessen Werke auch in anderen Orten Guanacastes zu bewundern sind. Wer mehr von seiner Zementkunst sehen will, kann den Künstler besuchen. Sein Holz(!)haus mit fantasievollem Zementinterior liegt 600 m westlich und 75 m nördlich der Municipalidad. Es ist Geschmacksache, aber auf jeden Fall ungewöhnlich anders!

Ein Besuch der **Fábrica de Tortillas** (s. Essen) ist Kochunterricht und Gaumenschmaus in einem. Vom Esstisch kann man die Metamorphose der zähen, weißen Teigmasse in einen fliegenden Frisbee bis zum essfertigen, knusprig-braunen Maisfladen verfolgen. Die 16 Köchinnen – und der eine Hahn im Korb – haben sich als Kooperative zusammengeschlossen und stopfen seit 1975 hungrige Mäuler. Ein Muss!

Übernachtung

Die Unterkünfte sind in Santa Cruz allesamt nicht überwältigend, viele hätten ein Facelifting nötig.

Cabinas Permont, links an der Hauptstraße Richtung Nicoya, ✆ 680-0173. Saubere und preiswerte Zimmer mit Blick auf den tristen Hinterhof bei der freundlichen Doña Marisca. ❶

Hospedaje Isabel, 125 m östlich der Kirche, ✆ 680-0173, 396-4669. Saubere, frisch gestrichene, kleine, schmale Ein-Personen-Cabinas mit Bretterwänden, harten Liegen und sauberem Gemeinschaftsbad im chaotischen Hintergarten eines Chiropraktikers, 3000C p. P.

Hotel La Pampa, südwestlich des Plaza de los Mangos, ✆ 680-0586. Saubere, große, karg eingerichtete Zementräume mit Privatbad, teils mit AC, Parkplatz. ❷–❸

La Calle de Alcala, 100 m östlich vom Busbahnhof Tralapa, ✆ 680-0000, ✉ hotelalcala@hotmail.com. Schöne, große, ältere Anlage mit Pool und Liegewiese. Zimmerqualität unterschiedlich, einige Räume frisch gestrichen, andere muffig. AC,

Santa Cruz: El Ciosco vom costa-ricanischen Künstler Mario Garitos

Billardtisch, Restaurant-Bar mit gigantischen Lautsprechern, Wäscheservice, Parkplatz. ❹

Palenke Diria, etwas außerhalb des Zentrums, gegenüber der Banco Nacional, ✆ 680-0080. Großes Gebäude mit rotem Ziegeldach, ältere Anlage mit riesigem Innengarten und Pool, freundliches Personal. Beliebt bei Ticos. Neuere Zimmer mit AC, schlechteres Preis-Leistungs-Verhältnis als im Alcala-Hotel. ❹

Essen und Nachtleben

Casafonda, am Plaza de los Mangos. Meeresspezialitäten, Fleisch und Pasta, nettes Ambiente, sehr sauber, beliebt bei Touristen. ⌚ 6–22 Uhr.

Marisquería Mimoi, von der Hauptstraße nach Nicoya/Liberia 200 m in Richtung Stadtzentrum. Günstige Meeresfrüchte. ⌚ Mo–Sa 11–22 Uhr.

Bar Bongos, 400 m östlich der Banco Nacional, an der Straße Richtung Nicoya.

La Conga Discoteca, dröhnender Reggaeton, ⌚ Fr und Sa.

Sonstiges

Feste

Mitte Januar, **Semana Cultural** mit Marimba-Musik und Tanz aus der Region. Die **Fiestas Civicas** mit Rodeos und Corridas schließen sich unmittelbar daran an.

25. Juli, **Día de Guanacaste**, Musik, typische guanatecische Spezialitäten.

Geld

Banco Popular, an der Kirche, ⌚ Mo–Fr 8.30–15, Sa 8.30–11 Uhr.

Banco de Costa Rica, 200 m nördlich des Plaza de los Mangos, ⌚ Mo–Fr 9–16 Uhr.

Banco Nacional, an der Straße nach Liberia/Nicoya, schräg gegenüber von der Tankstelle, ⌚ Mo–Fr 8.30–15.45 Uhr.

Vom Frisbee zum Maisfladen

Fábrica de Tortillas / Coopetortillas, 700 m südlich vom Plaza. In dieser großen, rostigen Scheune werden die besten Tortillas im Ort gemacht. Beim Essen sieht man den Köchinnen beim Kneten und Teigfrisbees in die Luft werfen zu. Die leckeren Maisfladen gibt es mit verschiedenen Füllungen. Gegessen wird auf kleinen Holzhockern oder langen Bänken. Beliebt bei Ticos. Günstig und empfehlenswert. ◷ 4–17 Uhr.

Internet

I-Café Santa Cruz, 150 m westlich der Post, schnelle Verbindung, ◷ 8–20 Uhr, 500C pro Std.
Internet Cybermania, 100 m nördlich, 50 m westlich der Kirche, 600C pro Std.

Polizei

Am Mercado Central.

Supermärkte

Kleine Supermärkte im Zentrum, **Palí** im Barrio Buenos Aires.
Mercado Central, am Busbahnhof, wo die Busse zu den Stränden abfahren, ◷ Mo–Sa 7–19 Uhr.

Wochenmärkte

Feria de la Agricultura, 100 m vom Plaza de los Mangos, gegenüber der Escuela Josephina. Obst-, Gemüse-, Fischstände. ◷ Sa 5–14 Uhr.

Taxis

Am Plaza de los Mangos.
Tarife: Nicoya 7000C. Playa Tamarindo 12 000C. Liberia 18 000C.

Tankstelle

Gegenüber vom Hotel Diria an der Straße nach Nicoya.

Transport

Busse

Die Busse nach San José füllen sich schnell, Fahrkarten mindestens einen Tag im Voraus kaufen!

Busbahnhof am Mercado Central, von hier fahren die Busse nach Guaitil (Chorotega-Keramik) und zu den Stränden Guanacastes ab.
Guaitil, 3x tgl., 155C.
Pinilla (Richtung Playa Avellena), 2x tgl.
Playa Junquillal, 3x tgl.
Playa Ostional, **Playa Marbella**, 1x tgl.
Playa Portrero (über **Playa Brasilito** und **Playa Flamingo**), 6x tgl., 2 Std., 835C (1 1/2 Std.); mit Folklorika, ✆ 680-3161.
Playa Flamingo (über **Playa Brasilito**), 2x tgl.; mit Folklorika.
Playa Tamarindo, 7x tgl.; mit Transportes Cabovella, ✆ 680-1318.

Busbahnhof am Plaza de los Mangos; hier fahren die Busse nach Nicoya, San José und Liberia ab.
San José (über **Puente de la Amistad**), 5x tgl.; mit Tralapa, ✆ 654-4626.
San José (über **Liberia**; die Route über Liberia nach San José dauert 1 Std. länger als über Puente de la Amistad), 4x tgl., 2435C; mit Tralapa.
Nicoya, alle 30 Min. von 5.30–21.20 Uhr, am Wochenende weniger Verbindungen; mit La Pampa, ✆ 680-0111.
Liberia (über **Filadelfia**, **Cruz de la Communidad**), alle 30 Min. von 4.30–22.30 Uhr, am Wochenende weniger Verbindungen, 1/1/2 Std.; mit La Pampa.

Playa del Coco, Bus Richtung Liberia nehmen, am **Cruz de la Comunidad** in den Bus nach Playa Coco umsteigen.

Nicoya

Nicoya ist für Touristen weniger interessant als das 23 km südlich gelegene Santa Cruz. Die

Töpfernde Füße – Keramik aus Guaitil

Zwölf Kilometer östlich von Santa Cruz, im kleinen Dorf Guaitil, wo sich igluförmige Lehmöfen aus Pferdemist, Erde und Ziegeln wie Bienenstöcke aus der Landschaft erheben, ist die Jahrtausende alte **Chorotega-Kultur** lebendig. Die Mehrzahl der rund 100 Familien hier verdient sich ihren Lebensunterhalt mit der Herstellung von Tonvasen, -töpfen und -figuren und greift dabei auf das Material, die Formen, Muster und Farben ihrer Vorfahren zurück. Bis 1985 wurde das Töpferhandwerk von einer Frauenkooperative betrieben, die wenigen männlichen Töpfer waren Machismen ausgesetzt. Heute sind Mann und Frau gleichermaßen am Kunsthandwerk beteiligt, jedes Tongefäß durchläuft verschiedene Hände einer Familie; die eine Hand formt, die andere malt, poliert, graviert ...

Der Ton und die Naturfarben stammen aus der Umgebung Guaitils. Der Ton wird zum Trocknen unter der Sonne ausgebreitet, dann mit Mörser und Hammer zerkleinert und schließlich gesiebt, um störende Steine zu entfernen. Dem trockenen, feinen Tonpulver wird feiner Sand und Wasser beigemengt, um anschließend mit den Füßen zu einer homogenen Masse gestampft und getreten zu werden. Als Töpferwerkzeuge dienen Löffel zum Formen, Maiskolbenblätter und Leder zum Glätten, Federkiele und Blechstücke zum Gravieren und der unentbehrliche Sukio-Stein zum Polieren. Das fertig geformte Tongefäß erhält eine Grundierung aus weißer Curialfarbe und wird nach dem ersten Trocknen und Polieren mit präkolumbischen Motiven in roter und schwarzer Naturfarbe dekoriert. Es folgt eine zweite, mehrtägige Trockenzeit und weiteres Polieren, bevor das Gefäß 35 bis 45 Minuten bei einer Temperatur zwischen 900 und 1000 Grad Celsius im Lehmofen gebrannt wird.

Fairer Handel

Viele Töpfer beklagen sich darüber, dass die Touristenbusse lediglich ein einziges, angeblich überteuertes Geschäft anfahren und den Rest der Werkstätten ignorieren. Sie bitten die Besucher darum, verschiedene Ateliers zu besuchen und Qualität und Preise der Keramikware zu vergleichen. Keine Angst, in Guaitil geht es angenehm entspannt zu, es wird niemand zum Kauf gedrängt!

Stadt war zwar bereits im 8. Jahrhundert v. Chr. ein wichtiges Handelszentrum der Chorotega, einem aus Mexiko nach Zentralamerika eingewanderten Indianerstamm (S. 83, Geschichte), Spuren aus dieser Zeit findet man heute jedoch kaum noch. Ein Relikt ist die Fiesta de Maiz, eine Art Erntedankfest zu Ehren des Sonnengottes, das im Laufe der Kolonisation und Christianisierung in einen christlichen Kontext gestellt wurde. Der Sonnengott musste dabei einer dunkelhäutigen Jungfrau weichen, und der erdverbundene Name Fiesta de Maiz wurde durch den frommeren Namen Fiesta de la Virgen Guadalupe ersetzt. Die leckeren Maisspezialitäten aber, die am 12. Dezember aufgefahren werden, die Rosquillas, Cajetas, Pozole und der sämige Chicha-Trank, sind über die Jahrhunderte unverändert geblieben.

Nicoyas einzige Sehenswürdigkeit ist die kleine, frisch renovierte, im schlichten Franziskanerstil erbaute **Iglesia de San Blas** aus dem 16. Jahrhundert, eine der ältesten Kirchen Costa Ricas. Als die Spanier zu ihrer Einweihung den Erzbischof und Märtyrer St Blas statt der von den Indios innig verehrten Virgen de Guadalupe zum Stadtpatron ernannten, rebellierten die Indianer. Die Spanier handelten daraufhin rasch: Sie gaben der Stadt zwei Schutzpatrone, der Kirche zwei Glocken und den Nicoyanern schenkten sie auf diese Weise zwei freie Tage zum Feiern. (Der Marienkult um die Virgen de Guadalupe stammt ursprünglich aus Mexiko, wo im Jahr 1531 einem Indigenen die Jungfrau erschienen war und er darauf zum Christentum konvertierte. Seitdem wird sie in ganz Zentralamerika von den Indianern als Schutzpatronin verehrt.)

Nicoya bietet sich als Ausgangspunkt für einen Abstecher zu den 15 km entfernten Kalksteinhöhlen des **Parque Nacional Barra Hondas** an und ist ein wichtiger Verkehrsanknüpfungspunkt für Busse an die Strände Samara und Nosara, in die nördlich gelegenen Städte Santa Cruz und Liberia sowie – über die neue Brücke Puente de la Amistad – aufs Festland, nach Puntarenas und San José.

Sehenswertes

Im Kircheninneren der **Iglesia de San Blas**, einer Franziskanerkirche aus dem 16. Jahrhundert, befinden sich holzgeschnitzte Heiligenfiguren aus dem 15.–17. Jh. und eine Standuhr aus Deutschland mit mechanischem Uhrwerk vom Anfang des 20. Jhs. ⌚ Mo–Fr 8–16, Sa 8–11 Uhr.

Im **Cabildo** (Gemeinderat), gegenüber der Kirche, wurde der Anschluss Nicoyas an Costa Rica besiegelt, eine Wandtafel erinnert an das historische Datum, den 25. Juli 1824.

Übernachtung

Hotel Curime, an der Straße Richtung Playa Samara, 250 m südlich der Polizeistation, ✆ 685-5238. Riesige. parkähnliche Anlage mit vielen Bäumen, Zimmer verschiedener Qualität: ältere, geräumige Zimmer, sauber, aber die Farbe blättert ab, neue Zimmer mit schönen rustikalen Stockbetten, teils AC.Volleyballplatz, Fußballfeld, Restaurant, Swimmingpool, für Familien gut geeignet. Parkplatz, 15 Min. zu Fuß ins Zentrum, gute Preise bei Belegung mit mehreren Personen. ❸–❹

Hotel Jenny, 100 m südlich vom Park, Eingang nicht beim Hotelschild, sondern an darauf folgender Ecke, ✆ 685-5050, 📠 686-6471. Typisch chinesisch geführtes Hotel: sehr saubere, kahle, unpersönliche Zimmer, lange Gänge mit großen AC-Kästen, gute Matratzen, Reißverschlussschränke, Privatbad und TV. ❸

Hotel Las Tinajas, gegenüber vom Busbahnhof (mit Bussen Richtung Santa Cruz), ✆ 685-5238. Relativ sauber, türkisblaue Wände, knarrende Holzdielen, teils AC. ❷

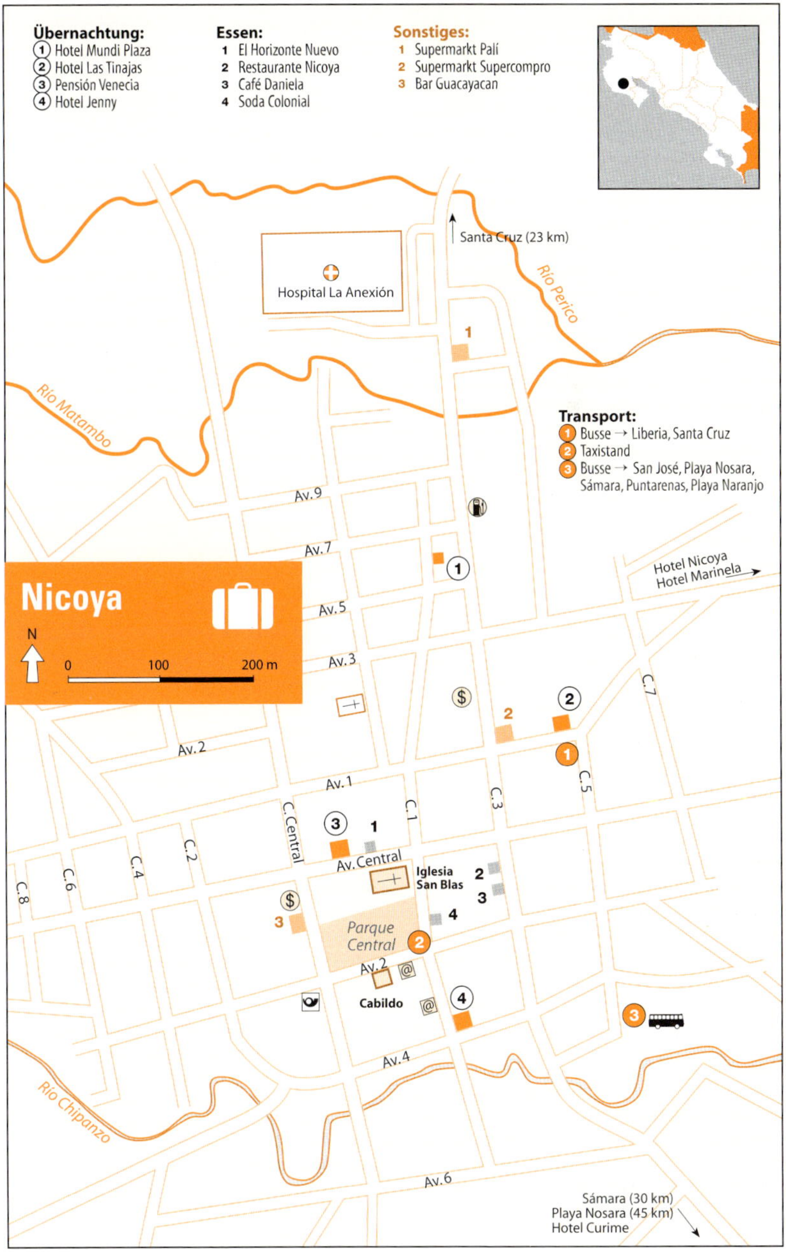

Übernachtung:
1 Hotel Mundi Plaza
2 Hotel Las Tinajas
3 Pensión Venecia
4 Hotel Jenny
Essen:
1 El Horizonte Nuevo
2 Restaurante Nicoya
3 Café Daniela
4 Soda Colonial
Sonstiges:
1 Supermarkt Palí
2 Supermarkt Supercompro
3 Bar Guacayacan
Transport:
1 Busse → Liberia, Santa Cruz
2 Taxistand
3 Busse → San José, Playa Nosara, Sámara, Puntarenas, Playa Naranjo
Nicoya
N
0 100 200 m
Santa Cruz (23 km)
Hospital La Anexión
Río Perico
Río Matambo
Río Chipanzo
Hotel Nicoya
Hotel Marinela
Av. 9
Av. 7
Av. 5
Av. 3
Av. 2
Av. 1
Av. Central
Av. 2
Av. 4
Av. 6
C. Central
C. 1
C. 2
C. 3
C. 4
C. 5
C. 6
C. 7
C. 8
Iglesia San Blas
Parque Central
Cabildo
Sámara (30 km)
Playa Nosara (45 km)
Hotel Curime

Hotel Marinela, 500 m östlich, 50 m nördlich der Banco Nacional, ✆ 686-7272, -7552. Ruhig; etwas abseits vom Zentrum gelegene, sehr saubere Zimmer mit AC, TV, Privatbad, gute Wahl. 8000C p. P., 11 000C/2 Pers., 13 000C/ 3 Pers.
Hotel Nicoya, rund 500 m östlich der Banco Nacional, ✆ 686-6331, 389-9745. Recht eng bebaute, familiäre Anlage, saubere Zimmer mit vielen aneinander gereihten Betten. Terrasse, AC, Swimmingpool und kleine Liegewiese. ❸
Hotel Venecia, am Park, ✆ 685-5325, scheunenartiges Gebäude mit sehr einfachen, weiß gekalkten Zimmern mit Gemeinschaftsbad, nicht sehr sauber. Im Annex Zimmer mit Privatbad, 2200C/5000C p. P. ohne/mit Bad. ❶

Essen und Nachtleben

Café Daniela, ein Block östlich vom Parque Central, C. 3, Av. 0–2, serviert neben Casados und Salaten auch hausgemachte Kuchen, Gebäck, Frescos und Kaffee, Frühstück. ⌚ Mo–Fr 7–21.45, So 17–21.45 Uhr.
Mercado Central, neben dem Bahnhof der Busse Richtung San José. Hier gibt's landestypische Küche.
Restaurante Nicoya, nicht die typische Turnhallenatmosphäre; chinesische Küche, auch Fischgerichte und große Auswahl an Salaten. ⌚ 10.30–15 und 17–22.30 Uhr.
Soda Colonial und **El Horizonte Nuevo**, am Park, sind günstige Sodas.
Bar Guayacana, am Park, beliebter Abendtreffpunkt der Einheimischen, gelegentlich Live-Musik, ⌚ 13–2 Uhr.

Sonstiges

Feste

Ende Jan/Anfang Feb: **Días Patronales de San Blas**. Musik und Folkloretänze auf dem Plaza Central
25. Juli: **Día de Guanacaste**. Ganz Guanacaste feiert die Annexion Guanacastes durch Costa Rica.
12. Nov: **Pica de Leña**. Das farbenfroheste Feste der Stadt, an dem Hunderte von traditionellen Ochsenkarren, voll geladen mit Brennholz, durch die Stadt zur Jungfrau von Guadalupe gezogen werden, wo die Ochsenwagenfahrer Speis und Trank erhalten.
12. Dez: **Día Patronal de la Virgen de Guadalupe**. Die Jungfrauenstatue wird zeremoniell durch Nicoyas Straßen getragen und schließlich zur Messe zurück in die Kirche gebracht. Traditionelle Maisspezialitäten und Feuerwerk.

Geld

Banco Popular, ⌚ Mo–Fr 9–16.30, Sa 8.15–11.30 Uhr.
Banco de Costa Rica, am Park, ⌚ Mo–Fr 9–16 Uhr.
Geldautomat an der Municipalidad am Park.

Internet

Ciberclub, 50 m südlich vom Park, 350C pro Std. ⌚ Mo–Sa 8.15–21, So 14–19 Uhr.
Internet Net Seasons, am Park, neue Computer, AC, schnelle Verbindung, 500C pro Std. ⌚ Mo–Sa 8.30–10 und 12–22 Uhr.

Medizinische Hilfe

Hospital La Anexión, am nördlichen Stadtrand, ✆ 685-5066, ist die wichtigste Klinik auf der Peninsula Nicoya.

Taxis

Taxis Unidos, ✆ 686-6857. Die Blechunterstände am Park sind Taxistände, keine Bushaltestellen! Taxis stehen auch am Krankenhaus und beim Mercado Central.

Telefon

Telefonzellen am Park, Telefonkarten gibt es in der Soda El Parque.

Transport

Der **Hauptbusbahnhof** mit Bussen nach Nosara, Samara, San José und Puntarenas liegt 200 m östlich, 200 m südlich vom Parque Central.
Busse fahren nach:
Playa Nosara, 4x tgl., 2 1/2 Std., in der Regenzeit bis zu 4 Std., 875C; mit Traroc, ✆ 685-5352.
Playa Carillo (über **Playa Sámara**), 12x tgl; So, Feiertage: 7x tgl. (der letzte Bus fährt nur bis Playa Sámara).

Loose-Autorin auf die Hörner genommen

Wer den Süden Guanacastes im Januar oder Februar bereist, sollte eines der Recorridos de Toros nicht verpassen: Stierrodeos, die in vielen Dörfern stattfinden und auf denen heitere, trunkene Volksfeststimmung herrscht. Im Redondel, der hölzernen Stierarena, führen die Sabeneros ihre Reitkünste vor und fangen mit dem Lasso im Galopp die Stiere an den Hörnern ein. Spannender wird es beim Stierrodeo, bei dem mutige Kerle sich auf dem wild ausschlagenden Stier zu halten versuchen. In den Pausen füllen selbsternannte, junge Toreros die Arena und provozieren die Stiere mit wedelnden Tüchern. Zum blutigen, spanischen Dolchstich kommt es dabei nicht, schwere Unfälle aber gibt es auch hier jedes Jahr. Eine der ersten Frauen, die sich bei diesem reinen Männerspektakel mit der Kamera in Nicoyas Stierarena wagte, war die Autorin selbst. An ihr fand der Stier Santo Blanco einen solchen Gefallen, dass er sie mit seinen Hörnern mehrmals heftig gegen die Absperrung presste und anschließend in die Lüfte schleuderte. So unvergesslich dieses Erlebnis auch war, vom Nachmachen wird strengstens abgeraten! Bleibt auf den Zuschauerrängen!

San José (über Liberia), 5x tgl.; mit Alfaro, ✆ 222-2970, 222-2666, 223-2160 (San José).
Puntarenas (Richtung **Nationalpark Barra Hondas**), 2x tgl., 3–3 1/2 Std., 1150C (Barra Hondas 350C); mit Tralapa.
Liberia (über **Santa Cruz**) alle 30 Min. von 3.50–22 Uhr, am Wochenende weniger Verbindungen; mit La Pampa, ✆ 680-0111.
Playa Naranjo, 3x tgl.
Playa del Coco, Bus Richtung Liberia nehmen, am **Cruz de la Comunidad** in einen Bus nach Playa del Coco umsteigen.
Busse nach Santa Cruz, Belen und Filadelfia fahren vom **Busbahnhof** gegenüber dem Hotel Las Tinajas ab.
Liberia (über **Santa Cruz**, **Belén**, **Filadelfia**), Mo–Sa 3.50–20.30 Uhr im 30-Min-Takt, sonntags und feiertags weniger Verbindungen, mit La Pampa, ✆ 680-0111.

Parque Nacional Barra Hondas

MINAE-Büro ✆ 659-1099,
✉ guiasbarrahonda@sinac.go.cr
Öffnungszeiten 7.30–16 Uhr, Besuch der Höhle 7.30–14 Uhr, Herbergsrezeption bis 21 Uhr
Eintritt $6 p. P.
$14 Führer für 1–4 Pers., $16 für 5–7 Pers.
$12 Kletterausrüstung für Gruppen von 1–7 Pers., $31 ab 8 Pers.
Gründungsjahr 1974
Größe 22 955 ha
Besucherzahl 4500–5000 Personen pro Jahr
Unterkunft / Verpflegung
Camping, $2 p. P.
Herberge mit einfachen rustikalen Zimmern, Stockbetten, $4 p. P.
Verpflegung bei vorheriger Anmeldung möglich, Getränke am Parkeingang erhältlich, Pulperia, Bars und Restaurants findet man im Barrio Cubillo, 1 km vom Parkeingang entfernt.
Transport
Busse: Von Nicoya ins Barrio Curillo um 11.30 und 16 Uhr, von dort 1,5 km Fußmarsch zum Parkeingang.
Vom Barrio Curillo nach Nicoya um 7 und 12 Uhr.
Man kommt nicht darum herum, mindestens eine Fahrt per Taxi zu machen.
Taxi: 7000C pro Fahrt.
Ausrüstung Bequeme Schuhe und lange Hosen für Höhlenbesteigung, Fernglas, Sonnenschutz.

Die Hauptattraktion des Nationalparks Barra Honda liegt unter der Erde: 42 Kalksteingrotten unterhöhlen den tropischen Trockenwald bis zu einer Tiefe von 220 m. Erst in den 60er-Jahren, als das Gebiet des heutigen Nationalparks noch im Besitz einer Finca war, entdeckte man die Höhlen, 19 von ihnen hat man bisher erforscht, und in der **Nicoya-Höhle** stieß man dabei auf menschliche Skelette sowie auf Tongefäße und Speerspitzen aus präkolumbischer Zeit. Die einzige der Öffentlichkeit zugängliche Höhle ist die **Cueva Terciopelo** mit einer Tiefe von 41 Metern.

Oberirdisch erheben sich die Hügel, aus denen die Grotten einst entstanden, der höchste von ihnen ist der **Cerro Coralillo** mit einer Höhe von 550 Metern. Wie die Höhlen, bestehen auch die Hügel aus Kalkgestein, genauer, aus den Skeletten abgestorbener Korallenriffe, die vor mehr als 60 Millionen Jahren durch tektonische Plattenbewegung aus dem Meer an die Oberfläche gedrückt wurden. Das Regenwasser, das durch die verschiedenen Erdschichten sickerte, vermischte sich mit dem von Pflanzenwurzeln und Bodenorganismen ausgestoßenen Kohlendioxid und bildete eine leichte Säure, die Kohlensäure, die den Kalk im Laufe der Jahrtausende zerfraß und Höhlen formte.

Wanderungen

Der Abstieg zur **Terciopelo-Höhle** ist ausschließlich in Begleitung von zwei Parkwächtern und mit Kletterausrüstung erlaubt, Kindern unter elf Jahren ist der Besuch dieser Höhle aus Sicherheitsgründen untersagt, sie können stattdessen die leichter zugängliche **Cuevita-Grotte** besuchen. Die Höhlentour beginnt mit einem steilen, vertikalen Abstieg über eine Leiter in eine Tiefe von zunächst 17 m und führt dann durch vier der insgesamt fünf Säle mit bizarren Stalagmiten und Stalagtiten in eine Tiefe von 41 m hinab. Für die gesamte Tour inkl. Hin- und Rückwanderung zum Parkeingang muss man vier Stunden einplanen. Mit etwas Glück lassen sich auf dem Weg Brüll- und Kapuzineraffen, rote Aras, Gürteltiere und Zwerghörnchen erspähen.

Empfehlenswert ist ein Abstecher zum 500 m von der Höhle entfernten **Mirador**, von dem sich eine Panoramasicht über den tropischen Trockenwald bis zum Golf von Nicoya und von der anderen Seite bis auf den Pazifik bietet.

Playas de Nosara

Die drei Strände von Nosara, **Playa Guiones**, **Playa Pelada** und **Playa Nosara**, liegen rund 5 km von der Ortschaft Nosara entfernt und bieten Yogis, Surfern, Schnorchlern, Schwimmern und Vogelkundlern die jeweils passende Nische für ihr Hobby.

Der 5 km lange, weiße Sandstrand **Playa Guiones** ist das Surfrevier unter dem Dreigespann und bildet, mit den meisten Unterkünften und Restaurants, auch sein Zentrum. Obwohl auch hier der *american lifestyle* dominiert, hebt sich Playa Guiones von den übrigen nordamerikanischen Strandkolonien ab. Die über 1000 Hektar Küstenland, die bereits Ende der 1960er-Jahre von einem Amerikaner aufgekauft wurden, stehen heute unter der Verwaltung der engagierten Nosara Civic Association (NCA). Es ist der Verdienst dieser Organisation, dass die drei Strände nicht mit Hotelriesen bebaut wurden, sondern unter Naturschutz stehen, und die Ortschaft Nosara über eine weiterführende Schule verfügt. 300 m außerhalb des Ortes, in Richtung Nicoya, liegt das **Nosara Yoga Institute**, wo in mehrwöchigen Kursen Yogalehrer aus- bzw. weitergebildet als auch täglich Kurse für Touristen angeboten werden.

Am kleineren **Playa Pelada** haben sich überwiegend europäische Expats niedergelassen. Playa Pelada ist mit seinem vorgelagerten Riff, den vielen Tidepools und Felshöhlen der Schwimm- und Schnorchelstrand. Bei Ebbe kann man, an den Felsklippen vorbei, zum Mangroven umsäumten, dunklen **Playa Nosara** laufen, an dessen Flussmündung die Einheimischen noch mit Hand und Schnur ihren Fisch fangen und vorübergehend in den Felsspalten frischhalten. Playa Nosaras hohe Wellen machen den Strand zu einem beliebten Ziel für fortgeschrittene Surfer. Steil oberhalb, auf dem Hügel gelegen, erstreckt sich das 50 ha große **Privatreservat Nosara**, in dem u. a. Affen, Wasch-, Nasen- und Ameisenbären, Gürteltiere, Krokodile sowie mehr als 270 Vogelarten ein Zuhause haben.

Die Ortschaft Nosara, in der vorwiegend Ticos leben, ist bis auf einige typische Tico-Bars, Supermärkte und die Landebahn wenig interessant.

Übernachtung

Die Playas von Nosara sind – dies gilt für Unterkünfte und Restaurants gleichermaßen –

ein teures Pflaster. Es gibt nur eine geringe Auswahl an Budget-Unterkünften.

Playa Guiones

Casa Romantica, ✆ 682-0272, 💻 www.casa-romantica.net. 8 ruhige Zimmer mit TV. Schöner Garten, Frühstück inkl., Restaurant, Strandnähe, Zimmer mit AC $10 extra, Kinder unter 12 Jahren $6. Schweizerische Leitung. ❺–❻

Casita Romantica, ✆ 682-0019, 💻 www.hotelcasaromantica.com. Die kleinere Version der benachbarten Casa Romantica, aber mit mehr Ambiente. Freundliche, kleine Bungalows mit Küche, ruhig gelegen, Pool, Eigentümerwechsel steht bevor, AC $10 extra. ❻

Club Guiones, ✆ 682-4082, hebt sich ab vom amerikanischen Stil der restlichen Hotels, 4 hübsche, romantische, saubere Zimmer im Holzhaus mit großer Blumenterrasse, Restaurant. ❸

Enchanted Jungle, ✆ 682-0621, ✉ tigerboxer@hotmail.com. Zelten ($10 p. P.) und einfache Zimmer bei ehemaliger amerikanischer Profi-Boxerin; Fitnessstudio und Boxring. ❸

Giardino Tropicale, ✆ 682-4000, 💻 www.giardinotropicale.com. Rustikale Zimmer mit Terrasse, De-Luxe-Zimmer mit AC, Suiten mit Kochutensilien, 17 m langes Schwimmbad, Kinderbecken, rollstuhlfreundlich, 5 Min. zum Strand. Touren, Restaurant, extra Bett $5. ❺

Hotel Café de Paris, ✆ 682-0087, 💻 www.cafedeparis.net, am Ortseingang. Helle Häuser für bis zu 5 Pers.; Zimmer mit begehbarer Garderobe, Kühlschrank, AC, teils mit Küche; großer Pool, Gartenanlage, Kinoleinwand und Basketballplatz, viele Touristeninfos, Restaurant. Französisch-schweizerische Leitung. Jede weitere Person $10. ❺–❻

Solo Bueno, 💻 www.solobuenohostel.com. Sauberes, neues Hostel mit gut ausgestatteter Gemeinschaftsküche. Strandnähe, Camping im Hintergarten möglich. Surfbrett- und Fahrradverleih. Schlafsaal $10/12 p. P., Camping $5 pro Zelt.

> **Ein Zuhause in der Ferne**
>
> **Villa Mango Bed and Breakfast**, ✆ 682-0130, 💻 www.villamangocr.com. Heimeliges Hotel: helle, stilvoll-schlichte Zimmer mit AC und schön gekacheltem Bad, Sitzdusche, Terrasse in originellem Design; Pool, Garten, Gemeinschaftsterrasse mit bezauberndem Meeresblick, Gemeinschaftswohnzimmer mit Büchern und CDs. Charmante französisch-portugiesische Leitung. ❻

The Gilded Iguana, ✆ 682-0259, 💻 www.gildediguana.com. Schöne, schlichte Zimmer mit AC, Kühlschrank, Toaster, ältere Zimmer in Barnähe, neuere Zimmer ruhiger gelegen und mit AC. Überwiegend amerikanische Gäste. ❹–❺

Camping siehe Enchanted Jungle und Solo Bueno Hostel.

Playa Pelada

Hotel Lagarta Lodge, ✆ 682-0035, 💻 www.lagarta.com. Kleine, ruhig gelegene Lodge umgeben von 50 ha Privatreservat, steil an einem Hügel gelegen. 6 Zimmer mit frisch renovierten Badezimmern, ideal für Naturfreunde, herrlicher Blick auf die Flussmündung. 10 Min. zum Strand, Kinder bis 12 Jahre gratis, freundliche schweizerische Leitung. ❺

Poncho's Cabinas, ✆ 682-0591, ✉ ponchonosara@racs.co.cr. Zimmer in verschiedenen Größen mit Mikrowelle, Kühlschrank und Kitchenette bei einem selten lachenden amerikanischen Besitzer. ❺–❻

Posada Refugio del Sol, ✆ 682-0287, 💻 www.refugiodelsol.com. 5 neue, hübsche Zimmer mit mediterranem Flair, kleiner Terrasse, Hängematten und Innengarten beim freundlichen, weltgereisten Galizier José; spanische Paella auf Anfrage. ❸

In Nosara

Backpackers Bunkhouse, am Fußballplatz neben der Diskothek, ✆ 682-0249, ✉ nosarabunkhouse@yahoo.com, einziger

Backpacker in der Umgebung, hatte zur Zeit der Recherche geschlossen, eine Wiedereröffnung ist nicht ausgeschlossen, anrufen!
Las Cabinas Aguil, an der Hauptstraße kurz vor Nosara, ✆ 682-0142, war zur Zeit der Recherche die günstigste Unterkunft an den Playas de Nosara. Saubere Zimmer in wenig reizvoller Kieselsteinumgebung, Matratzen teils durchgelegen.

Essen

Playa Guiones

Café de Paris, Croissants, Kuchen, Baguettes, ⌚ 7–22 Uhr.
Dolce Vita, an der Straße Richtung Nicoya, mediterrane Küche, besonders empfehlenswert sind die Seafoodteller. ⌚ ab 18 Uhr.
Restaurant Gilded Iguana, im Hotel Gilded Iguana, sehr guter Fisch, ⌚ bis 22 Uhr.
Restaurant Giardino Tropicale, im gleichnamigen Hotel. Leckere Holzofenpizza, auch Pasta, abends Meeresfrüchte, keine Kreditkartenzahlung. ⌚ 12–15 und ab 18 Uhr.
Soda Tica, gute Soda an der Ortseinfahrt mit leckeren, günstigen Casados, auch Frühstück. ⌚ Mo–Sa 8–15 Uhr.

Playa Pelada

Allison's Sunsetbar, Bar und Restaurant, toller Meeresblick. ⌚ Bar ab 16 Uhr, Sushi ab 18 Uhr, Mo geschlossen.
British Pub Red Lion, 2 Min. vom Strand, englischer Open-Air-Pub mit Fish and Chips, Barbecue, großer Auswahl an Bier, Billard, Darts. Ein Expat-Treff. ⌚ 8–2 Uhr, Happy Afternoon 12–18 Uhr: $1 pro Bier!

> **Illegal bei Kerzenschein**
>
> **Luna Bar**, am Strand. Restaurant-Bar mit tollem Ambiente. Berauschende Sonnenuntergänge, sanfte Musik, Kerzenschein, Pizza aus dem Holzofen, leider jenseits der 50-Meter-Grenze gelegen – die ersten 50 m der Strandlinie dürfen in Costa Rica nicht bebaut werden – und somit illegal. ⌚ 11–22 Uhr.

Olga, einfache Blechhütte am Strand, günstiger, guter frischer Fisch und landestypische Gerichte, auch Frühstück. ⌚ ab 6 Uhr.
Pelikan, ✆ 682-0057, neben dem Hotel Rancho Suizo, schweizerisch-französisch-italienische Gerichte, der Renner ist das Pfeffersteak mit Kartoffelgratin. Paella mit frischen Meeresfrüchten nur auf Vorbestellung. ⌚ Frühstücksbuffet 7.30–10 Uhr, Happy Hour 17–18 Uhr; Long drinks und Bier zum halben Preis. Abendessen ab 19 Uhr.
Restaurant Lagarto Lodge, gutes, teures Restaurant, Fondue mit Meeresfrüchten, Fischsuppe, Pasta, BBQ am Wochenende. ⌚ Frühstücksbuffet 7.30–9.30 Uhr, Mittagessen ab 12 Uhr, Abendessen 18–20 Uhr.
Restaurante Boca del Río, einfaches Restaurant am Strand mit günstigen, frischen Fischgerichten, am Wochenende auch Ceviche. ⌚ 7.30–19 Uhr.
Restaurant Panchos, neben dem Supermarkt Pancho. Schmackhaftes mexikanisches Essen bei einem anscheinend nie lächelnden Wirt. ⌚ 11.30–21 Uhr.

Richtung Nosara

Restaurante Típico La Casona, üppige Portionen landestypischer Küche im großen Open-Air-Rancho, auch Pizza.

In Nosara

Dragon Azul, 120 chinesische Gerichte zur Auswahl. ⌚ 10–24 Uhr.
Nosara hat außerdem mehrere kleine günstige **Sodas**.

Nachtleben

Playa Guiones

Im **Casa Tucán**, in der **Surfbar Blew Dog** und in der Bar vom Hotel **Gilded Iguana** finden gelegentlich Live-Konzerte statt.

In Nosara

Disco Tropicana, einzige Disco in der Region. ⌚ ab 22 Uhr.
Bar Bambú, am Fußballplatz.

Sonstiges

Autovermietung
National, von Nicoya kommend, kurz hinter der ersten Einfahrt nach Playa Guiones, ✆ 682-0254, ◷ 8–17 Uhr.

Fahrradverleih
Frog, Playa Guiones. ◷ Mo–Fr 11–21, Sa und So 10–22 Uhr.
Enchanted Jungle, Playa Guiones, $10 pro Tag.

Fitnessstudio
Nosara Gym, Playa Guiones, $10 pro Tag, $25 pro Woche.

Geld
Es gibt **keinen Geldautomaten** an den Playas de Nosara.
Banco Popular, Playa Guiones, kein Geldautomat, ◷ Mo, Mi, Fr 9–15.30 Uhr.

Internet
Am besten, man wartet mit dem Chatten, denn die Internetpreise hier sind die höchsten im ganzen Land!
Café de Paris, $6 pro Std.
Rey de Nosara, Nosara Zentrum, $4 pro 45 Min., ◷ 9–17 Uhr.
Minisuper Delicias del Mar, Playa Guiones, $12,50 pro Std., ◷ Mo–Sa 8.30–13 und 14.30–18.30 Uhr.

Kajakverleih
Iguana Expeditions, (s. Touren) verleiht Kajaks für $25 pro Tag.

Kino
Café de Paris, Playa Guiones, zeigt 1x pro Woche einen Film auf Englisch und Französisch, auch für Nichtgäste. Verzehr ist Pflicht.

Medizinische Hilfe
Cruz Roja, in Nosara, ◷ 7–15.30 Uhr.

Post
In Nosara, ◷ Mo–Fr 7.30–12 und 13–18 Uhr. Der Minisuper Delicias del Mar (s. Supermärkte) und das Café Paris in Playa Guiones haben Briefkästen; der Minisuper verkauft auch Briefmarken.

Reisebüros
Flugreservierung im **Sansa-Büro** an der Straße nach Nosara, ✆ 682-0856, ◷ 9–12, 14–16 Uhr.
Nosara Travel, Playa Guiones, ✆ 682-0070, 💻 www.nosaratravel.com, vorher anrufen, damit jemand im Büro ist. Sansa- und Nature Air-Buchung, Autovermietung.

Spiele
Frog, Playa Guiones, Verleih von Karten- und Brettspielen, DVDs, Surfbrettern, englischsprachigen Büchern. ◷ Mo–Fr 11–21, Sa und So 10–22 Uhr.

Sprachenschule
Rey de Nosara, Nosara, ✆ 682-0215, 💻 www.reydenosara.itgo.com. Ein-Schüler-ein-Lehrer-Unterricht unter deutscher Leitung, $18 pro Std.

Supermärkte
Minisuper Delicias del Mar, Playa Guiones, ◷ Mo–Sa 8.30–13 und 14.30–18.30 Uhr.
Poncho's Market, Playa Pelada, ◷ tgl. 8–21 Uhr, bald mit Internet.
Supermercado Tatiana, Nosara, ◷ 7–20 Uhr.
Weitere Supermärkte entlang der Hauptstraße in Richtung Nicoya.

Surfen
In Playa Guiones und an den benachbarten Stränden finden von Sep–Nov nationale und internationale Surf-Wettbewerbe statt.
Nosara Surfshop, Playa Guiones, Surfbrett-Verleih ($15–20 pro Tag) und -reparatur.
Coconut Harry's, Playa Guiones, Surfunterricht und Surfbrett-Verleih ($20 pro Tag).
Sweet Water, Playa Guiones, hinter Hotel Gilded Iguana, Surfbrett-Verleih $20 pro Tag, Boogieboards $5 pro Tag, Surfunterricht.

Telefon
Playa Guiones, vor Café Paris, Auslandstelefonkarten für $10 im Café.

Namaste!

Nosara Yoga Institute, ✆ 682-007, 💻 www.nosarayoga.com. Aus- und Weiterbildungskurse für Yogalehrer sowie täglich Yogaunterricht für Touristen ($10 pro 90 Min.), Yogamatten werden gestellt. Es wird auch um 6.15 Uhr Yoga-am-Strand angeboten ($5 pro 45 Min.); eigenes Handtuch mitbringen. Genauen Kursplan und Zeiten erfragen.

Touren

Kajaktouren: **Iguana Expeditions**, ✆ 829-3926, und **Nosara Natural Kajaking**, ✆ 351-0214.
Reittouren: **Boca Nosara Tours**, ✆ 682-0610, 💻 www.holidaynosa.com. 1 Pers. $45, 2 Pers. $40 p. P., 3–4 Pers. $35 p. P.

Wäscherei

Im Café Paris.

Transport

Busse

San José (über **Nicoya**), Mo–Sa 4x tgl., So 3x tgl.; mit Alfaro, ✆ 222-2666. Einsteigen kann man in Nosara am Fußballplatz, gegenüber der Pulperia, oder an der Kreuzung in Playa Guiones.
Playa Sámara, Bus Richtung Nicoya nehmen, an der Bomba (Tankstelle) in **Samara** aussteigen und die restlichen 5 km zu Fuß, per Anhalter oder mit einem Bus aus Nicoya zurücklegen.

Flüge

San José, tgl. mit Sansa und Nature Air.

6 HIGHLIGHT

Sámara

Der palmenumsäumte Korallenstrand Playa Sámara mit der vorgelagerten Isla Chora besitzt eine der ruhigsten Schwimmbuchten der Peninsula und ist sowohl unter Einheimischen als auch ausländischen Touristen ein beliebtes Urlaubsziel fern jeder Hektik. Die lebendige kleine Gemeinde, eine gesunde Mischung aus Ticos und Expats aus aller Welt, engagiert sich auch abseits des Strandlebens: Das Comité Ambiental Playa Sámara setzt sich für die Erhaltung der bedrohten Mangrovenwälder in der Umgebung ein und führt in Zusammenarbeit mit den Schulen Müllsammelaktionen durch.

Außerdem ist Sámara mehrmals im Jahr Austragungsort außergewöhnlicher kultureller und sportlicher Veranstaltungen wie des 83 km langen Mountainbike- Ausdauerrennens Vuelta de la Soledad oder – am benachbarten Buena Vista Strand – dem Festival Intercultural, bei dem internationale Künstler aller Sparten (Theater, Musik und Tanz) auftreten. Wer Glück hat, für den wird nach Sonnenuntergang der Strand selbst zur Bühne, wenn Feuerakrobaten ihre Fackeln in den tropischen Sternenhimmel werfen. Seit Eröffnung der Puente de la Amistad erfährt Sámara zum Leidwesen seiner Einwohner eine rege Bautätigkeit und einen steigenden Touristenzustrom.

Übernachtung

Cabinas Arena, an der Hauptstraße zum Strand, ✆ 656-0320. Einfache akzeptable Zimmer in Türkis, teils mit TV, freundlicher Tico-Besitzer. Bei Redaktionsschluss Renovierungsarbeiten. 5000–6000C p. P.
Cabinas Bahía, am Strand, ✆ 656-0106, zur Zeit der Recherche vorübergehend geschlossen; es lohnt sich nachzufragen, ob inzwischen wiedereröffnet.
Cabinas Casa Paraíso, 100 m von Villas Kalinda Richtung Hauptstraße, ✆ 656-60741. Neue, große, geflieste Zimmer mit Privatbad und Terrasse in nicht sehr reizvoller Umgebung. ❸
Cabinas El Ancla, am Strand, ✆ 656-0254, saubere, einfache, große, holzgetäfelte Zimmer mit Privatbad, Gemeinschaftsveranda mit Meeresblick, Restaurant; sehr beliebt bei Rucksacktouristen. ❷
Cabinas Entre Dos Aguas, 200 m vom Strand, ✆ 656-0641, 💻 www.samara.net.ms. Ruhig gelegenes, beliebtes Hotel mit 7 hübschen

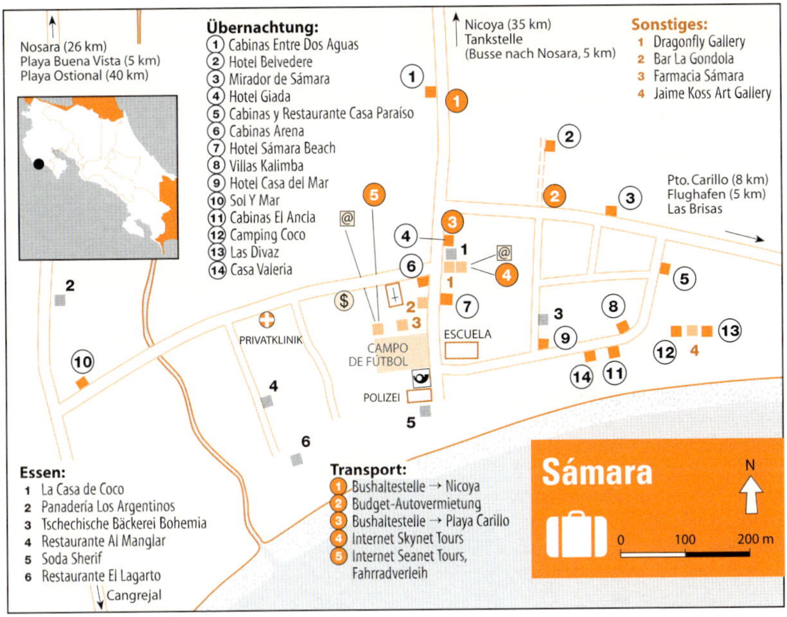

Zimmern verschiedener Größe, schöne Steinduschen, Garten, großer Pool, sehr freundliche italienische Leitung, Wäscheservice, Frühstück inkl. ❸

Las Divaz, am Strand, ✆ 656-0259, 🖳 www.lazdivaz.com. Schlichte, luftige Bungalows, umgeben von Grün, benannt nach den großen Divas der Welt, teils mit Küche, Frühstück inkl.; hier weht die Regenbogenfahne. ❺

Hotel Belvedere, ✆ 656-0213, 🖳 www.belvederesamara.net. Schöne, ruhig gelegene, gepflegte Anlage, umgeben von Grün, etwas abseits vom Zentrum; große Zimmer mit Kühlschrank oder praktische Apartments mit Küche; Pool und Whirlpool. Sonnenterrasse, Wäscheservice, beliebt bei Familien, deutsche Leitung. ❹–❺

Hotel Casa del Mar, 75 m östlich der Schule, ✆ 656-0264, 🖳 www.casadelmarsamara.com. Beliebtes Hotel in Strandnähe. 6 saubere Zimmer mit Balkon und Gemeinschaftsbad zur Straße, 11 geräumige Zimmer mit Privatbad und Balkon im ruhigeren Hintergarten; Kühlschrank und AC optional, Jacuzzi, Liegestühle, Frühstück inkl., sehr freundlicher Service, Reservierung ratsam. ❸–❺

Hotel Giada, an der Hauptstraße zum Strand, ✆ 656-0132, 🖳 www.hotelgiada.net. Zweistöckiges Hotel mit 24 freundlichen kleinen Zimmern mit Rattanmöbeln, TV, AC, direkt am Pool, obere Zimmer mit mehr Privatsphäre. Liegewiese, Touren, Restaurant, Kinder unter 12 Jahren 50 % Rabatt, italienische Leitung. ❺

Hotel Las Brisas, ✆ 656-0250, 🖳 www.brisas.net. Große geflieste Zimmer mit AC, TV und schönem modernen Bad, AC, großer Pool, Ziel deutscher Reisegesellschaften, sehr unfreundliche Rezeption. ❻

Mirador de Sámara, ✆ 656-0044, 🖳 www.miradordesamara.com. Großer Hotelkomplex auf Hügel mit herrlichem Meeresblick und -brise; geräumige, luftige Zimmer mit Minikühlschrank, TV, Kaffeemaschine, Safe und überdachter Terrasse, oder schön geschnittene, praktische Apartments verschiedener Größe mit

Zwischen Palmen am Strand

Casa Valeria, am Strand, ✆ 656-0511, ✉ casa valeriaßhotmail.com. Schöne, zentrale, einfache Unterkunft am Strand. Zimmer verschiedener Ausstattung und Größe. Hängematten zwischen Palmen am Strand; große Gemeinschaftsküche; sauber und gepflegt.

Zementboden, großer Fensterwand. Terrasse, deutsche Leitung. ❺

Hotel Sámara Beach, an der Hauptstraße zum Strand, ✆ 656-0218, ✉ samara@racsa.co.cr. 2-stöckige, ältere Anlage im Motelstil, kahle Zimmer mit AC, Einbauschrank und Badewanne, untere Zimmer ähneln Kellerzimmern, oben schöner mit Balkon; großer Pool mit Liegestühlen und Kokospalmen, Frühstück inkl. ❻

Sol y Mar, Straße nach Congrejal, ✆ 656-0925, neue Zimmer mit Privatbad im typischen Tico-Türkis, Restaurant. ❹

Villas Kalimba, 250 m von der Post, ✆ 656-0929, 🖳 www.villaskalimba.com. Schöne, geschmackvoll eingerichtete Bungalows für 3–4 Pers. in Strandnähe mit rustikalen Möbeln, Küche, Stereoanlage, TV, großem Schwimmbad, Palmengarten. ❻

Camping Coco, ✆ 656-0496, Sandplatz am Meer mit Blick auf die Insel Chora, Strom bis 22 Uhr, 1500 p. P.

Essen und Nachtleben

Panadería Los Argentinos, Straße Richtung Cangrejal, hinter Cabinas Sol. Selbst gebackenes Bananenbrot, Schokoladenkuchen und argentinische *Alfajores*.

Casa Paraíso, einfaches kleines Tico-Restaurant, von dem ganz Sámara schwärmt. Serviert Fisch- und Meeresspezialitäten. 🕓 Mo–So 12–15 und 17.30–21.30 Uhr.

Restaurant Al Manglar, große Auswahl an exzellenter, hausgemachter Pizza, außergewöhnliche Pastagerichte, z. B. Penne Wodka mit Makrelen, Butter-Walnuss-Ravioli; auch Fisch. 🕓 17.30–22 Uhr.

Restaurante El Lagarto, am Strand, sehr gute Fisch- und Fleischgerichte vom Holzgrill, auch vegetarisch; schönes Ambiente, manchmal Live-Musik. Tipp: Nicht in Grillnähe setzen, sonst schwitzt man noch mehr! 🕓 17.30–23 Uhr.

Restaurante La Casa de Coco, Fisch, Casados, umfangreiche Weinkarte, 🕓 12–22 Uhr.

Soda Pablitos, in Cangrejal; beliebter Treffpunkt und günstige landestypische Küche

Soda Sheriff, am Strand. Frischer Fisch, günstige Casados und üppiges Frühstück.

Bar La Góndola, gegenüber vom Hotel Sámara Beach, ist ein Treffpunkt der Nachtschwärmer.

Sonstiges

Apotheke

Farmacia Sámara, am Fußballplatz, ✆ 656-0123, 🕓 8–12 und 13.30–20 Uhr.

Autovermietung

Budget, an der Straße Richtung Carillo, in einem der Chalets des Hotels Chalets Coquito, ✆ 656-0078, 🕓 Mo–So 8–18 Uhr.

Internet Skynet Tours, 🖳 www.skynettours.com, vermietet ebenfalls Fahrzeuge.

Feste

Ende Feb: **Festival Intercultural**, s. Playa Buena Vista.

Ende Sep: **Vuelta de la Soledad**, Mountainbike-Ausdauerrennen über 83 km, nationale und internationale Teilnehmer, Profis und Amateure, am Abend Siegerehrung und Konzerte.

Galerien

Dragonfly Galerie, neben Internet Skynet. Schmuck, Masken, Lampen aus Holzwurzeln.

Koss Galery, am Strand, vorwiegend Kalligraphien vom lokalen Künstler Jaime.

Fahrräder

Internet Skynet Tours, $10 pro Tag.

Geld

Banco Nacional, an der Straße Richtung Nosara, 🕓 Mo–Sa 8.30–15.45 Uhr.

Mangokuchen mit Kokoskruste

Tschechische Bäckerei Bohemia, hinter dem Hotel Casa del Mar. Sehr leckeres Gebäck, süß und herzhaft, selbst gemachter Mango-, Schokoladen- und Ananaskuchen, außerdem Vollkornbrot, Sandwiches und Pizza. Beliebt zum Frühstücken. ⏲ Mi–Mo 6–16 Uhr.

Internet

Internet Skynet Tours, Interbus- und Fantasy-Bus-Tickets, Telefonkarten, Autovermietung. ⏲ Mo–Fr 8–22, Sa und So 8–20 Uhr, 1200C pro Std.
Internet Seanet, am Sportplatz, 1200C pro Std. ⏲ 9–21 Uhr.

Medizinische Hilfe

Privatklinik Dr. Soto, neben Restaurant Dorado, ✆ 656-0992, Arzt spricht Englisch. ⏲ Do–Di 8–19 Uhr.
Öffentliche Klinik, in Cangrejal, ✆ 656-0166.
Rotes Kreuz, ✆ 685-5458.

Post

Am Strand, neben der Polizei, ⏲ Mo–Fr 8–12 und 13.15–17.30 Uhr.

Scooter

Internet Skynet Tours, $30/Tag (Kreditkarte, Pass und Führerschein obligatorisch).

Sprachschule

Intercultura, ✆ 656-0127, zeigt auch Filme und veranstaltet Touren und Tanzstunden. 1 Woche $250, 2 Wochen $465, Unterbringung in Familien möglich.

Surfen

Sámara ist in erster Linie ein Surfrevier für Anfänger, Fortgeschrittene reiten die Wellen am 12 km entfernten Playa Camaronal.
Surfunterricht gibt es bei **Jesse's Sámara Surf School** am Strand, ✆ 656-0055.

Tauchen

Pura Vida Dive School, ✆ 656-60237, ✉ puravidadive@samarabeach.com.
Villa Kunterbunt, ✆ 656-0235. Schnorcheln kann man vor der Isla Chora.

Tourveranstalter

Internet Seanet / Internet Skynet, ✆/℡ 656-0920, 💻 www.skynettours.com. Delphin-, Tauch-, Schnorchel- und Kajak- sowie Reittouren, Canopy.
Sámara Tours and Transport, Transport durch ganz Costa Rica, Surf-Safaris, ✆ 829-7249, 836-9888, ✉ samaratours@yahoo.com.
Tío Tigre Tours, 100 m nördlich vom Hotel Casa del Mar, ✆ 656-0098, Kajak-, Schnorchel-, Reit-, Delphintouren.
Canopy Wingnuts, ✆ 656-0153.

Wäscherei

Neben dem Hotel Giada, ⏲ Mo–Sa 9–12 und 13–17 Uhr.

Transport

Busse

Carrillo (Bus kommt aus Nicoya und hält an der Hauptstraße), **Montezuma** oder **Malpais / Santa Teresa**, s. Shuttle-Busse.
Nicoya (Bus kommt aus Carillo), Mo–Sa 12x tgl., So, Feiertag, 7x tgl., 1 Std., 605C; mit Traroc.
Nosara, direkte Busse von Sámara Zentrum nach Nosara gibt es nicht, man muss den aus Nicoya kommenden Richtung Samara an der Tankstelle, 5 km außerhalb Sámaras, abfangen. Eine Mitfahrgelegenheit zur Tankstelle bekommt man leicht.
San José, 2x tgl., 5 Std.; mit Alfaro.

Shuttle-Busse

Aktuelle Abfahrtszeiten und Fahrkarten für die Shuttle-Busse **Fantasy Bus, Interbus**, sowie von lokalen Reiseveranstaltern hat das **Skynet Internetcafe**, ✆ 656-0920, 💻 www.skynettours.com.

Flüge

Der Flughafen liegt zwischen Playa Sámara und Playa Carillo.
San José, tgl. mit Sansa und Nature Air.

Playa Buena Vista

Majestätisch überblickt eine eindrucksvolle, japanische Holzpagode den herrlichen Playa Buena Vista-Strand. Sie füllt sich jedes Jahr im Februar, wenn sich internationale Akteure aus Theater, Tanz und Musik zum **Festival Intercultura** hier ein Stelldichein geben. Initiator des Festivals ist die Associación Intercambio Cultural Alegría (AICA), die 2003 von dem deutschen Geschwisterpaar Anette und Frank Nierhoff gegründet wurde. Ziel AICAs ist, Touristen und Einwohnern in Guanacaste ein Kulturprogramm zu bieten, das sonst nur in San José zu haben ist.

AICA organisiert ferner Workshops, Konzerte, Schüleraustausch und unterstützt Naturschutzprojekte in der Umgebung, ✆ 656-8112, 💻 www.alegria-cr.de.

Übernachtung

Alegría, ✆ 390-9026, 💻 www.alegria-cr.de, Zentrum für kulturelle Veranstaltungen und Seminare. 120 m² große Pagode im japanischen Baustil für Konzerte und Workshops. Überwältigender Meeresblick, einfache Unterkunft für Festivalteilnehmer und Festivalbesucher. ❷

The Flying Crocodile, 6 km nördlich von Sámara, ✆ 656-8028, 💻 www.flying-crocodile.com. Fantasievoll gestaltete Zimmer und Häuser, inspiriert von Gaudi, alle in unterschiedlichem Design, teils mit Küche. Pool. Frühstück und Internet inkl., Fahrrad- und Surfboard-Verleih. 10 Min. vom Strand. Das Hotel bietet Ultralightflüge an. ❺

Playa Carrillo

Acht Kilometer südlich von Sámara, gut mit dem Fahrrad oder per Kanu zu erreichen, liegt parallel zur Straße der palmenumsäumte, halbmondförmige **Playa Carrillo**. Die Bucht hat keine gefährlichen Strömungen und ist daher ideal zum Schwimmen und Schnorcheln. Am Strand selbst gibt es keine Hotels oder Restaurants; die Unterkünfte befinden sich auf den angrenzenden Hügeln.

Carrillo ist bekannt als Urlaubsort der berüchtigten Michigan Boys, einer Sportfischer-Clique aus den Vereinigten Staaten, die sich jedes Jahr im Guanamar Beach Resort einmietet und regelmäßig mit skandalträchtigen Orgien für Schlagzeilen sorgt.

Einige Hotels vorwiegend mittlerer Preisklasse befinden sich an den umliegenden Felshängen. Einkaufen kann man im Supermarkt Minisuper Carrillo, 🕓 7–19 Uhr. Carrillo Tours, gleich daneben, ✆ 656-0024, veranstaltet Kajak- und Reittouren.

Von Carrillo nach Playa Caletas

Die malerische **Küstenstrecke** von Carrillo nach **San Miguel** führt durch eine der abgelegensten, vom Tourismus noch wenig berührten Regionen der Peninsula und bietet herrliche Panoramaaussichten über den Pazifik. In Serpentinen führt die Schotterpiste vorbei am Naturschutz- und Schildkröten-Nistgebiet **Playa Camaronal** sowie der paradiesischen Schwimm- und Schnorchelbucht **Playa Islita**. Die Abgeschiedenheit, die Meeresnähe und eine Landebahn ohne Flugterminal machen diese Region zum idealen Schlupfloch für Drogenschmuggler. Noch besteht keine Busverbindung, angeblich hat die Busfirma Arsa aber die Rechte für die Busstrecke bereits gekauft. Die Route durchkreuzt mehrere Flüsse, mit dem Auto sollte man daher nur bei Ebbe und in der Trockenzeit fahren. Vorsicht, es sind schon einige Geländewagen hier stecken geblieben! Alternativ gelangt man landeinwärts über San Pedro, Cangrejal, Bejuco und Pueblo Nuevo nach San Miguel.

Wer in **Playa San Miguel** und dem benachbarten **Playa Coyote** verweilt, ist entweder Surfer oder will sich für einige Tage an den einsamen Stränden vom Rest der Welt ausklinken. Immerhin versorgen zwei Bars die drei Hotels vor Ort. Landeinwärts gelangt man zum kleinen Ort **San Francisco de Coyote** mit zwei Budgetunterkünften und einer täglichen Busverbindung nach Jicaral und San José. Von hier führt eine Piste (nur in der Trockenzeit befahrbar) zum **Playa Caletas** und der eindrucksvollen, breiten Flussmündung des Río Jabillo. Die Organisation

PRETOMA leitet am Playa Caletas ein erfolgreiches Projekt zum Schutz der hier nistenden grünen, Bastard- und Lederschildkröte.

Übernachtung

Pueblo Nuevo / Bejuco

Jungle Butterfly Farm, ✆ 655-8070, ✉ mike@junglebutterfly.com. Neue, rustikale Zimmer mit Kitchenette, an einem Hügel mit spektakulärem Meeresblick gelegen.

San Miguel

Eco Hotel Arca de Noe, 1 km vor Playa San Miguel, ✆ 655-8065, 💻 www.hotelarcadenoe.com. Einfache, orangefarbige Zimmer im Haupthaus; Steinbungalows mit AC und TV im Hintergarten; Pool, Parkplatz, Frühstück inkl., Fahrradvermietung, Kajak- und Reittouren, sehr hilfsbereites Management, italienische Leitung. ❹–❺

Hotel Pelícano, 20 m vom Strand, ✆ 655-8046, originelles 3-stöckiges, blaues Holzhaus, Zimmer mit Privatbad und guten, dicken Matratzen, Stockbetten, AC geplant, Terrasse mit Meeressicht, Frühstück inkl., beliebt bei Surfern, gut bestückte Bar. ❸

San Francisco de Coyote

Cabinas Muco, ✆ 655-1015, einfache, saubere Zimmer mit Privatbad, Kühlschrank und Kochgelegenheit, umgeben von Autowracks und Traktoren, 10 000C für 4 Pers.

Cabinas Rey, ✆ 655-1055, ✉ cabinasrey@yahoo.com. Sehr kleine, saubere Zementcabinas für 1 Pers. mit Gemeinschaftsdusche. Die Wände reichen nicht bis zur Decke. Außerdem 3-Bett-Zimmer mit Kochmöglichkeit, Waschmaschine und Privatbad, 2000C p. P., $20 für 3-Bett-Zimmer.

Playa Caletas

Camping Bar-Restaurant Las Caletas, 200 m vom Strand, 500C Unkostenbeitrag.

Casa Caletas, ✆ 880-7941, 💻 www.casacaletas.com. Edles Hotel auf Hügel gelegen, fantastische Sicht auf Flussmündung und Meer, kleine, helle Zimmer mit riesigen, raumausfüllenden Bambusmöbeln und kleiner Terrasse. Pferdestall. Beliebt bei älteren, wohlsituierten Gästen. Leider bietet das Hotel in dieser freundlichen Umgebung auch lärmende Touren auf Jetskiern an, österreichisch-deutsche Leitung. ❻

> **Fisch im Tanga**
>
> **Restaurante Tanga**, am Strand von Playa Caletas, hat günstigen, frischen leckeren Fisch.

Essen

Marisquería Chepito, in San Francisco de Coyote, hinter Cabinas Rey, serviert leckeren frischen Fisch. ⌚ 7–22 Uhr.

Sonstiges

Internet

Hotspot Internet, bei Cabinas Rey in San Francisco de Coyote; 1200 pro Std.

Supermarkt

Pulpería bei Cabinas Rey.

Taxis

Taxis Coyote, ✆ 650-0778.

Transport

Busse

Playa Naranjo (Fähre), ab Playa Coyote (über **San Francisco de Coyote**, umsteigen in **Jicaral**), 2x tgl.; mit Arsa, ✆ 258-3883, 650-0179.

San José, 2x tgl., ab Playa Bejuco (über **San Francisco de Coyote**, umsteigen in **Jicaral**); mit Arsa, ✆ 258-3883, 650-0179.

Flüge

Tägliche Verbindung mit Sansa und Nature Air zwischen Punta Islita und **San José**.

Der Golf von Nicoya

Der Golf von Nicoya trennt die Nicoya-Halbinsel vom Festland ab. Zwei Fähren setzen mehrmals täglich von Puntarenas nach Paqueras und zum Playa Naranjo über, schneller erfolgt die Überfahrt über die weiter nördlich gelegene Puente de la Amistad.

Noch ist die sehr ländliche Golfküstenregion wenig vom Tourismus berührt, die Menschen hier leben hauptsächlich von Landwirtschaft, Vieh- und Krabbenzucht. **Mangrovengebiete**, **Strände** und rund **ein Dutzend Inseln** erwarten den neugierigen Entdeckergeist. Die Eilande sind zum Teil Vogelschutzgebiete, teils Fischerdörfer, teils sind sie unbewohnt, wie auch die ehemalige Gefängnisinsel **San Lucas**, auf der sich einst das Land seiner Kriminellen entledigte (s. S. 262, Kasten). Aufgrund des geringen Tourismus werden die Strände leider nicht täglich gesäubert und sind bisweilen durch angeschwemmtem Müll und Strandgut verschmutzt.

Paquera

Von der Fähre führt eine zementierte Straße an der malerischen Bahia Gigante vorbei bergauf. Nach sieben Kilometern erreicht man Paquera, das Eingangstor des Golfes von Nicoya. Der Ort ist umgeben von großen Mangoplantagen, hier laden die Laster aus San José die Obstvorräte für die Großstädter ein. Es gibt einige günstige Unterkünfte, für die meisten Reisenden ist Paquera jedoch nur eine Durchgangsstation auf dem Weg nach Montezuma oder Mal Pais/Santa Teresa.

Übernachtung

Cabinas Ginana II, ✆ 641-0240, neue, kleine, hübsche Zimmer mit tiptop Bad. ❸
Cabinas Lo Nuestro, am Ortsausgang Richtung Montezuma, ✆ 641-0889, ✉ lonuestro@racsa.co.cr. Sehr kleine Zimmer mit kleinem Privatbad und guten Matratzen, könnte sauberer sein, 7000C p. P.
Cabinas Margeritas, ✆ 641-0003, Zimmer mit Stock- und Doppelbett, TV, kleines Bad, könnte sauberer sein, teils mit AC, 7000C/9000C (4 Pers.).
Cabinas Riviera, ✆ 815-4986, 830-3295. Neue, makellose Zimmer mit Kühlschrank und TV, 10 000C (3 Pers.).
Hotel Ginana I, ✆ 641-0119, tadellos saubere, karge Zimmer mit AC, Motelstil, Restaurant, verhandlungsbereite Besitzerin. ❸

Sonstiges

Geld
Banco Popular, 🕓 Mo–Fr 8.30–15, Sa 8.30–11 Uhr.

Internet
Gegenüber der Tankstelle, 1200C pro Std.

Medizinische Hilfe
Clínica Paquera, ✆ 641-0107.
Cruz Roja, neben der Bank, ✆ 641-0403.

Supermarkt
Megasuper, 🕓 Mo– Sa 8–20, So 8–15 Uhr.

Taxis
An der Hauptstraße und am Fähranleger. Tarife: Nach Curú 4000C. Zur Fähre 1500C. Nach Playa Naranjo 12 000C. Nach Montezuma 15 000C.

Telefon
Schräg gegenüber vom Supermarkt Megasuper.

Touren
Turismo Curu, ✆ 641-0004, Schnorchel- und Tauchtouren zur Isla Tortuga.

Transport

Auto
Die Straße von Paquera nach Tambor ist gut asphaltiert, hinter Tambor wird die Strecke kurvig und ist mit Schlaglöchern übersät.

Busse
Montezuma (über **Tambor** und **Cobano**); die Busabfahrtszeiten richten sich nach den Ankunfts- und Abfahrtszeiten der Fähre (s. Fähre).
Santa Teresa / Malpais, den Bus Richtung Montezuma nehmen, in **Cobano** in den Bus Richtung Malpais umsteigen (s. Transport Cobano).

Fähre

Puntarenas, 5x tgl., Erwachsene 760C, Kinder 455C, Pkw 4550C, Motorrad 1350C. Personenfähre nach **Don Bernadino**, Mo–Sa 2x tgl., ✆ 641-0515, 641-0047.

Von Paquera nach Playa Naranjo

Eine 26 km lange, sehr holprige Schotterpiste führt von Paquera nach Playa Naranjo und bietet einige schöne Ausblicke auf den Golf. Am Weg liegt Playa Blanca, ein bei Einheimischen und Fischern beliebter Korallenstrand, von dem man eine gute Sicht auf die ehemalige Gefängnisinsel Isla San Lucas hat und Kajaks mieten kann.

Eine durchgehende Busverbindung von Paquera nach Playa Naranjo gibt es nicht, der Bus endet in Río Grande. Taxis nehmen für die Strecke stolze 25 Dollar. Wer mit schmalem Geldbeutel unterwegs ist und den nördlichen Teil der Peninsula ansteuert, sollte aufs Wasser ausweichen, von Paqueras mit der Fähre nach Puntarenas übersetzen und dort auf die Fähre nach Playa Naranjo umsteigen.

Übernachtung

Hotel Oasis del Pacífico, ✆ 641-8090, 💻 www.oasisdelpacifico.com. Ältere, große, etwas monotone Anlage am Golf. 36 saubere Zimmer mit Bad, älterer Pool, große Rasenfläche, ruhig gelegen, gut für Familien, in der Nähe des Fähranlegers, $10 extra mit AC, Kajaks. ❹

Hotel Paradiso, ✆ 641-8193, rund 5 km von Hotel Bahia Luminosa Richtung Playa Naranjo. Pool, Billard, Tischtennis, Kajaks. ❸

Playa Naranjo

Playa Naranjo besteht hauptsächlich aus dem Fähranleger und ist kein Ort zum Bleiben. Die Busabfahrtszeiten richten sich nach dem Fährfahrplan. Busse verbinden mit Nicoya und Jicaral, von wo man Anschluss nach San Francisco de Coyote und die benachbarten, herrlichen, wenig besuchten Strände hat (s. „Von Carillo nach Playa Caletas“).

Übernachtung

Hotel El Paso, ✆ 641-8133, muffige, aber saubere Zimmer mit AC und Privatbad, Pool. Nahe Fähranleger, Frühstück inkl.; Restaurant nur in der HS geöffnet. ❸

Hotel Maquinay, 1 km vom Fähranleger Richtung Nicoya, ✆ 641-8011, 💻 www.maquinaylaperla. Neue, schöne DZ mit Ventilator; ältere, muffige Zimmer mit großem Futon und AC; Apartments weiter oben am Hügel, Restaurant, unter belgischer Leitung. ❸

Die Inseln des Golfes

Die Mehrzahl der Golf-Inseln ist nicht oder kaum vom Tourismus erschlossen, es gibt daher, wenn überhaupt, nur wenige, einfache Unterkünfte.

Die **Isla Tortuga** ist die bei Weitem am meisten besuchte Insel und vor allem bei Tauchern und Schnorchlern beliebt. Tagestouren zur Isla Tortuga beginnen in Montezuma, Boote fahren auch von Jaco und Puntarenas ab. Tauchtouren kann man in Paquera oder dem Naturreservat Curu buchen. An Wochenenden und Feiertagen füllt sich die Insel und es herrscht reger Bootsverkehr.

Die **Isla Chira** ist nach der Isla de Cocos die zweitgrößte Insel des Landes. Hier leben rund 3500 Menschen vom Fischfang, von der Landwirtschaft und vom Salzabbau aus dem Golf. Seit Mitte der 1990er-Jahre gibt es eine Schule; früher mussten die Schüler zum Festland pendeln. Ein Boot zur Insel legt täglich vom Fischmarkt in Puntarenas ab. Ferner verlassen Colectivos die Costa de Pajaros (bei Chomez) täglich um 7.15 und 15.20 Uhr. Zurück aufs Festland geht es um 7, 13 und 16 Uhr. Die Überfahrt dauert 15 Minuten. Private Boote setzen von San Pablo über. Auf der Insel gibt es drei Unterkünfte, darunter die **Cabinas de la Amistad**, ✆ 661-3261, die auch Touren anbieten.

Die **Isla San Lucas**, auch bekannt als **Isla de Los Hombres Solos** – die Insel der einsamen

Ein Wille stärker als Mauern

Die bröckelnden, dicken Gefängnismauern der Isla San Lucas waren vor wenigen Jahrzehnten Schauplatz einer Tragödie, die einen Waisenknaben aus San José 40 kostbare Lebensjahre kostete. Auf diesem Eiland im malerischen Golf von Nicoya, 20 km von Puntarenas entfernt, vollzog sich die erstaunliche Verwandlung eines Analphabeten in den bekanntesten und meist gelesenen **Schriftsteller** Costa Ricas: ein Mann, auf dessen Recht und Menschenwürde man trampelte und der im Schreiben ein Ventil fand, um sich das zum Himmel schreiende Unrecht von der Seele zu schreiben. 45 Jahre zum Bau verdonnert, im härtesten Gefängnis des Landes, von dem man sagte, wer dort länger als vier Jahre absitzen müsse, verließe die Insel nie wieder lebendig. Eingelocht für eine Tat, die er nicht begangen hatte: den Raub der Juwelen aus der Basilika in Cartago und die Ermordung des Wächters.

Die Unschuldsbeteuerungen des Angeklagten stießen auf taube Ohren, Anwälte weigerten sich, seine Verteidigung zu übernehmen, die katholische Kirche exkommunizierte ihn. Auf seine Brust wurde die Häftlingsnummer 1713 eintätowiert, die den damals 19-jährigen José Léon Sanchez, Kind einer Prostituierten und eines Salzverkäufers, am 13. Mai 1950 für den Rest der Welt zur Nummer degradierte. Es folgten Jahrzehnte der Isolation, seelischer und körperlicher Folter und vergeblicher Fluchtversuche. Vier Jahre davon vegetierte Sanchez in einem Kellerverlies, lediglich eine Viertelstunde Tageslicht gewährte man ihm täglich. Die Gefängnisleitung schlug aus seinem Schicksal Gewinn und ließ Touristen auf die Insel, um das Monstruo de la Catedral, wie die Zeitungswelt ihn landesweit brandmarkte, mit eigenen Augen zu sehen. Sanchez brachte sich das Lesen und Schreiben bei, er schrieb die täglichen Demütigungen nieder, mit Bleistiftstummeln auf Zementsäcken, die die Gefangenen als Schlafunterlage benutzten. Immer wieder verlor er dabei wichtige Kapitel, da Mitinsassen ihm seine ungewöhnlichen Manuskripte wegnahmen, um sich ihr Schlaflager zu richten. In der Gefängniswerkstatt baute er eine Druckerpresse aus Holz. Mit gestiftetem Papier und Tinte druckte er 100 Exemplare seines Romans, die aufgrund Vaterlands beleidigenden Inhalts von der Gefängnisverwaltung konfisziert und vor seinen Augen verbrannt wurden. Zehn Drucke rettete ein Gefängniswärter vor den Flammen und verscherbelte sie auf dem Festland. Wie durch ein Wunder gelangte ein Exemplar davon an den Bibliotheksdirektor der Universität von Costa Rica und so an die Öffentlichkeit. Der Roman La Isla de Los Hombres Solos ging um die Welt, wurde in mehr als fünf Sprachen übersetzt und verkaufte sich über zwei Millionen Mal.

Sanchez schrieb weitere 27 Bücher, für fünf seiner Werke wurde er – teils noch zu Haftzeiten – mit dem nationalen Buchpreis geehrt. 1980, nach dreißig Jahren Haft, durfte er die Gefängnisinsel verlassen. Das Gesetz sei falsch ausgeführt worden, hieß es. Weitere 18 Jahre später, im Juni 1998, fast ein halbes Jahrhundert nach seiner Einkerkerung, sprach der oberste Gerichtshof ihn von aller Schuld frei und gestand ein, im Fall José Léon Sanchez gegen die Menschenrechte verstoßen zu haben. Sanchez spendete einen Teil seines Entschädigungsgeldes der costaricanischen Polizei zur Errichtung eines DNA-Labors sowie der Universität von Costa Rica zur Gründung eines Lehrstuhls für Gefangenenrecht. Heute lebt er bei Heredia und lehrt an einer costa-ricanischen Universität.

Männer – galt von 1873 bis 1991 als das Alcatraz Costa Ricas. Von der Fähre nach Playa Naranjo aus erahnt man den Anlegesteg und die bröckelnden Gefängnismauern. 1991 verteilte man die Insassen auf Gefängnisse auf dem Festland. Seitdem ist die Insel offiziell für die Öffentlichkeit gesperrt und die obszönen Mauergraffitis ehemaliger Gefangener sind nur den Augen des einsamen Inselwächters zugänglich. Dennoch bieten einige Fischer Touren zur Insel an, der Wächter wird dann mit Trinkgeld und Zigaretten zufrieden gestellt. Demnächst soll die Isla San

Lucas in einen historischen Park umgewandelt werden.

Die **Isla Venado** mit rund 1000 Einwohnern erreicht man per Boot von La Penca, 3 km östlich von Jicaral. Es gibt sehr einfache Unterkünfte auf der Insel. Die Organisation ASEPALECO (Asociación Ecológica Paquera, Lepanto y Cóbano), ✆ 650-0607, 💻 www.asepaleco.org, bietet zweitägige Touren zur Isla Venado an.

Isla Caballo hat keine Unterkünfte. Hier leben rund 200 Fischer, umgeben von tropischem Trockenwald und Strand. Die Nachbarinsel Bejuca ist unbewohnt.

Von Paquera nach Montezuma / Malpais

Reserva de Vida Silvestre Curú

Parkbüro ✆ 641-0100,
✉ refugiocuru@yahoo.com,
💻 www.curuwildliferefuge.com
Öffnungszeiten 7–16 Uhr
Eintritt $8 p. P.
Gründungsjahr 1983
Größe 84 ha
Besucherzahl 10000 Besucher pro Jahr
Unterkunft / Verpflegung $6 p. P. Die einfachen Holzcabinas mit Meeresblick sind oft von Wissenschaftlern und Studenten belegt. Früh reservieren. Keine Elektrizität (Kerzen mitnehmen). Keine Ventilatoren, es kann sehr heiß werden! Verpflegung: $3 Frühstück, $4 Mittag-, $4 Abendessen.
Transport
Auto: Curú liegt 6 km von Paquera in Richtung Montezuma. Von der Eingangspforte zweigt ein Sandweg links ab, es sind weitere 2 km bis zum Strand und Parkbüro.
Busse: Der Bus nach Montezuma lässt Besucher am Haupteingang des Naturparks aussteigen, von hier aus sind es weitere 2 km Fußmarsch durch Weideland zum Reservat.
Ausrüstung Mückenspray, Schwimmsachen

Ein Besuch im Tierschutzgebiet Curú ist kein Ausflug in unberührte Natur. Die Reserva ist Teil einer privaten Finca und reicht lediglich 200 m von der Küste ins Landesinnere. Rings herum erstrecken sich die Viehkoppeln, Mango- und Edelholzplantagen der Finca, die nachhaltige Landwirtschaft betreibt. Entgegen der üblichen Nationalparkpraktik, auch bei großen Schäden nicht in den Naturkreislauf einzugreifen, schaltet sich der Mensch in Curú handfest ein. So wurden der bereits in den 60er Jahren auf der Halbinsel ausgestorbene Klammeraffe und der rote Ara neu ausgesetzt. Beide Arten konnten sich reproduzieren. Für Forschungszwecke konstruierte man in der Bucht ein künstliches Riff aus 7500 alten Autoreifen. Außerdem legen täglich vom **Playa Curú**, dem Herzen des Schutzgebietes, Tauchboote zur **Isla Tortuga** ab.

Die Artenvielfalt in dem kleinen Curú ist erstaunlich, über 230 Vogelarten, Pumas, Langschwanzkatzen, Kojoten, Aras und Kolonien von Strandkrabben bevölkern die unterschiedlichen Ökosysteme vom Feucht- und Trocken- bis zum Mangrovenwald, die man auf elf Wanderwegen erkunden kann. **Playa Curú**, **Playa Quesara**, **Poza Colorada** und der außerhalb der Reserva gelegene **Punta Blanca** sind zudem paradiesische, sichere Badestrände.

Im Reservat kann man Reitpferde mieten: $10 für die erste Stunde, jede weitere Stunde kostet $5. Tauch- und Schnorcheltouren bietet Buceo Aventura, ✆ 641-0004, an. Das Büro befindet sich in Paquera.

Tambor

Ruhig und friedlich liegt Tambors Bucht, eingekesselt von den kahlen, von der Sonne versengten Hügeln der Peninsula Nicoya. Die angrenzende, weit auseinander_gezogene Ortschaft Tambor ist ein Tipp für all jene, die Entspannung fern des Trubels suchen. Die Touristenhorden bleiben hier aus, sie ziehen auf ihrem Weg nach Montezuma am Ort vorbei oder bleiben in den einige Kilometer nördlich gelegenen Luxusresorts.

Während Tambors Jugend Zeichen im Umweltschutz setzt und die Teodoro Salamanca-Schule stolzer Träger der Bandera Ecológica

Villa Kunterbunt

Villas Bahía del Mar, ✆ 683-0506, 💻 www.villasdelabahia.com. Relativ dicht beieinander stehende, schöne, saubere 2-stöckige Holzhäuser für 1–6 Pers. in unterschiedlicher Farbe und Größe, ausgestattet mit Rattanmöbeln, Sitzecke, Küche, Badezimmer mit Wanne. Großer Pool, von Grün umgeben. Kajaks; 200 m vom Strand, 10 Min. zum Zentrum, ideal für Familien. Wochen- und Monatstarife, gutes Preis-Leistungs-Verhältnis. Von Dezember bis Pfingsten und im Juli reservieren. ❸

(s. S. 265, Kasten) ist, zerstörte der benachbarte spanische Hotelriese Barcelo Tambor Beach Resort wichtige Ökosysteme der Umgebung. Unter anderem wurden die umliegenden Mangrovengebiete entwässert und – entgegen costaricanischem Gesetz – zu nahe am Meer gebaut. Die Regierung beschied daraufhin die Schließung des Hotelkomplexes.

Mehr als ein Jahrzehnt sind seitdem vergangen, aber das Barcelo steht nach wie vor. Mit über 400 Zimmern, eigenen Supermärkten, Straßen, Geschäften, Flugplatz, Diskothek, Zoo, Tennis- und Golfplätzen sowie dem neu entstandenen Delphin Beachfront Resort mit 69 Luxusvillen. Verflüchtigt haben sich allein die Wale. An sie erinnert nur noch der wohlklingende Name, Bahía Ballena, Bucht der Wale.

Übernachtung

Cabinas Cristina, Richtung Strand, ✆ 683-0028. Schnörkellose kleine, helle, saubere Zimmer bei der freundlichen Doña Cristina, teils mit Privatbad; gute Matratzen, Gemeinschaftsterrasse, umgeben von Garten, obere Zimmer besser, untere Zimmer sehr düster. ❷–❸
Cabinas El Bosque, an der Hauptstraße, ✆ 683-0031. Saubere, frisch gestrichene, einfache Zimmer mit Privatbad und kleiner Terrasse; großer Hintergarten, Straßenlärm. ❸
Costa Estrada, 800 m Richtung Paquera, ✆ 683-0073. Saubere Zimmer, teils mit Küche und AC, unten muffig. Restaurant. ❷–❸
Hotel Tambor Tropical, ✆ 683-0011, 💻 www.tambortropical.com. 10 luxuriös-geschmackvolle, geräumige, achteckige Holzhäuser mit handgeschnitzten Türen, Veranda, Meeresblick und Küche. Großer Pool; keine Kinder unter 16 Jahren. ❻
Camping, neben der Bar Los Gitanos, ✆ 683-0043, laut, nebenan oft Karaokenächte, 1500C p. P.

Essen und Nachtleben

Restaurant Bahía Ballena, am Yachtclub. Üppige Portionen leckerer Meeresfrüchte, unfreundliche Bedienung.
Restaurant Cristina, bei Cabinas Cristina. Gute günstige Casados und Fisch.
Restaurant Mariana, am Strand, günstigste Soda im Ort, 🕓 Di–So 12–21 Uhr.
Trattoria Mediterrania, an der Hauptstraße neben der Schule, sehr schmackhafte, hausgemachte Pizza, Pasta und Meeresspezialitäten. 🕓 Di–So 17–22 Uhr.
Los Gitanos, am Strand, hallenartige Tico-Bar mit Karaoke und Tanz, 🕓 ab 21 Uhr.

Sonstiges

Autovermietung

Budget, neben Tambor Internet, ✆ 683-0583, 🕓 Mo–Sa 8–18, So 8–16 Uhr.
Eurocar, ✆ 638-0137, im Sansa-Büro.

Internet

An der Hauptstraße Richtung Paquera, mit AC, auch Fax, 1800C pro Std. 🕓 9–19 Uhr.

Kajakverleih

Im Hotel Villas Bahia del Mar, $10 pro Std., $25 pro Tag, $35 Tour auf dem Rio Panica.

Sansa-Büro

✆ 683-0137, ✉ tambor@flysancsa.com, 🕓 Mo–Fr 8–16, Sa 8–12 Uhr.

Supermarkt

Lapa Minisuper, mit Briefkasten. 🕓 Mo–Sa 8–12 und 13–20 Uhr.

Die Bandera Azul

Hoch gehisst weht die blaue Fahne stolz an 57 Stränden Costa Ricas. Für Touristen bedeutet sie die Garantie für einen sauberen Strand, für die Strandgemeinden die Gewissheit, dass die Touristen kommen. Doch nicht jeder Strand darf sich mit der begehrten Fahne schmücken.
Seit 1996 besteht in Costa Rica das Programm Bandera Azul Ecológica, dessen Ziel es ist, das Umweltbewusstsein in der Bevölkerung zu fördern. Drei Mal pro Jahr inspiziert eine Arbeitsgruppe vom Ministerium für Tourismus gemeinsam mit Experten für Ab- und Trinkwasser die am Wettbewerb teilnehmenden Strände bezüglich Wasserqualität (35 %), Trinkwasserqualität (15 %), Sicherheit (10 %), Müll und Abwasser (10 %) sowie Umweltaufklärung und -management (10 %). Dabei werden nur die Strände mit der blauen Flagge ausgezeichnet, die 90 % der Anforderungen erfüllen. De-Luxe-Strände erhalten eine Flagge mit vier weißen Sternen, sie haben die 100-%-Marke erreicht und stechen hervor durch Installationen wie Behindertenrampen, Duschen, Erste-Hilfe- und Informationsstände. Verschlechtert sich eine Strandgemeinde in ihren Umweltbemühungen, riskiert sie, die Flagge wieder zu verlieren.
Das Konzept, das Costa Rica zum Vorreiter in Mittelamerika machte, übernahm man aus Spanien, wo die EU ein ähnliches Programm fördert. Im Gegensatz zum europäischen Vorbild gibt es für die Gewinner in Costa Rica kein Geld. Eine blaue Flagge aber lockt die Touristen an und bringt so indirekt die Kassen zum Klingeln. Der Wettbewerb wurde auf Gemeinden im Landesinneren sowie Schulen und Universitäten ausgeweitet. Sie werden neben Trinkwasserqualität, Sanitäranlagen, Sicherheit und Sauberkeit auch nach Umweltschutzprojekten bewertet.
Von den 380 Stränden in Costa Rica erhielten seit 1996 folgende elf Strände die blaue Fahne in Folge.

- → Bahía Junquillal
- → Ocotal
- → Playa Grande
- → Tamarindo
- → Conchal
- → Manuel Antonio Blanca
- → Espadilla Sur
- → Gemelas
- → Puerto Escondido
- → Playa Blanca in Punta Leona
- → Puerto Vargas

Taxis
Hotels rufen Privattaxis an.

Telefon
Am Lapa Minisuper und am Strand.

Transport

Busse / Shuttle-Busse
Tambor wird vom Paquera-Montezuma-Bus bedient.
Außerdem Shuttle-Busse nach: **Arenal, Monteverde, Tamarindo, Jacó, San José**. Betreiber ist Montezuma Expeditions, ✆ 642-0919.

Flüge
San José, mehrmals täglich mit Nature Air und Sansa.

Cóbano

Cóbano ist das Versorgungszentrum der umliegenden Strände. Hier gibt es eine Bank, Supermärkte und Kliniken. Ansonsten ist der Ort für Touristen wenig attraktiv. In Cobano gabelt sich der Weg; nach Montezuma sind es weitere 7 km geradeaus, nach Malpais/Santa Teresa (11 km) geht es rechts ab. Wer mit dem Bus von Paquera nach Santa Teresa/Mal Pais unterwegs ist, muss hier umsteigen.

Als günstige **Unterkunft** bieten sich die Cabinas El Sueño Feliz, 50 m westlich der Banco Nacional, im Hintergarten einer costa-ricanischen Familie, an, ✆ 642-0485. Die einfachen, sauberen Zimmer haben (3-stöckige!) Stockbetten und Privatbad. Preis: 4000C p. P.

Sonstiges

Apotheke
Farmacia Amiga, neben Emergencias 2000, ✆ 642-0685.

Fahrradreparatur
Ciclo Duan, neben Emergencias 2000, ✆ 642-0685.

Geld
Banco Nacional, ⌚ Mo–Fr 8.30–15.45 Uhr.

Internet
Internet Maroco, 100 m nördlich der Bank, mit AC. Neue, aber langsame Computer, 1200/Std. ⌚ Mo–Fr 8.30–18, Sa 10–14 Uhr.

Medizinische Hilfe
Emergencias 2000, 150 m vom Zentrum Richtung Montezuma, ✆ 642-0950, 380-4125, 24 Std.-Service; Privatklinik.
Clínica Pública, hinter dem Fußballfeld, ✆ 642-0208.

Supermärkte
Super Guzman, ⌚ 7–20.30 Uhr.
Megasuper, gegenüber von Emergencia 2000, ⌚ Mo–Sa 8–20, So 8–16 Uhr.

Taxis
Gegenüber der Banco Nacional, ✆ 642-0000. Tarife: Montezuma 3000C. St Teresa (El Cruz) 6000C. Paquera, Fähre 15 000C. Reserva Curu 11 000C.

Tankstelle
An der Ortseinfahrt von Paquera her.

Telefon
An der Bank.

Transport

Busse fahren nach:
Paquera, 7x tgl., 1 3/4 Std.
Montezuma, 7x tgl., 30 Min.
San José, Mo–Sa 2x tgl., So 1x tgl.; mit Rodriguez Hermanos, ✆ 389-7177.

Es besteht außerdem eine Busverbindung zwischen Cóbano und **Santa Teresa / Malpais**.

6 HIGHLIGHT

Montezuma

Montezuma, zweieinhalb holprige Busstunden vom Fähranleger in Paquera entfernt, ist das Sammelbecken der Kreativ-Alternativen oder solcher, die es gerne sein wollen. Kleine Boutiquen bieten selbst entworfene, originelle Strandbekleidung an, auf großen Decken präsentieren Althippies und Weltenbummler ihren Silber- und Muschelschmuck, und wer der eigenen Gestaltungskraft Ausdruck verleihen will, für den gibt es im Zeitungsladen Zeichenpapier und Aquarellfarben.

Der lockere und ungezwungene Geist „Montefumas" (*fumar* bedeutet „rauchen"), wie die dem Haschisch nicht abgeneigte Multikultigemeinde auch genannt wird, lässt am Strand so manche Hüllen fallen, zum Ärgernis der Einheimischen. In der Hauptsaison platzt das einstige Fischerdorf, das ehemals nur per Boot vom Festland zu erreichen war, aus allen Nähten und große Blechkarossen parken den schmalen Ortseingang zu. Abseits vom Trubel lockt eine paradiesische Umgebung mit Wasserfällen, Tidepools aus Lavagestein, Sandstränden und dem Naturreservat Cabo Blanco.

Übernachtung

Nördlich vom Zentrum
Campingplatz, am nördlichen Ortsrand, rund 10 Min. zu Fuß zum Zentrum; $3p. P.
Mochila Inn, an der Hauptstraße, vor der Ortseinfahrt, versteckt im Wald, ✆ 642-0030, 💻 mochilainn@hotmail.com. Neue knallig-gelbe Unterkunft mit sehr sauberen, hellen Zimmern und Gemeinschaftsküche, Bad draußen, 150 m zum Strand, keine „Mochila"-Preise! ❸
Ylang Ylang, leider führt die einzige Hotelzufahrt über den Strand, ✆ 642-0636, 💻 www.ylangylangresort.com. Luxuriöse,

originelle, höhlenartige Bungalows mit Dreieckstüren und großer Open-Air-Dusche, abgeschiedene Lage, sehr zuvorkommender Service, 10 Min. nach Montezuma Zentrum, holländisch-amerikanische Leitung. ❻

Im Zentrum

El Capitán, ✆ 642-0069, große Auswahl an sehr sauberen Zimmern unterschiedlicher Größe und Matratzenqualität, teils mit Privatbad; Gemeinschaftsbalkon mit Meeresblick, $10 p. P. mit Gemeinschaftsbad. ❸

Hotel El Pargo Feliz, ✆ 642-0064, einfache, saubere Zimmer mit Privatbad und großem Gemeinschaftsbalkon. Garten, einige Zimmer mit Kinderbett, Meeresblick, Strandnähe. ❸

Hotel El Tajalin, hinter der Kirche, ✆ 642-0061, 💻 www.tajalin.com. Mehrstöckiges Hotel, riesige, helle Zimmer mit Holzdielen, Sitzecke, großen Duschen, Kühlschrank, AC. Ruhig und doch zentral gelegen, teils Blick auf die Straße. ❸–❺

Hotel Luz de Mono, ✆ 642-0090, 💻 www.luzdemono.com. 6 kreativ eingerichtete Häuser mit Bambusmöbeln und Open-Air-Badewanne, verbunden durch Wege aus großen Zementmuscheln und morschen Holzbrücken, alle verschieden; großes Gemeinschafts-Rancho mit Schaukel, Tanzfläche, Hängematte; ein Ort zum Feiern. Restaurant, Frühstück inkl. ❺

Hotel Moctezuma, ✆ 642-0058. Relativ saubere Zimmer verschiedener Größe mit Privatbad in zwei unterschiedlichen Gebäuden. Terrasse bzw. Balkon, teils mit Meeresblick, aber nicht die ruhigste Bleibe! ❷–❸

Montezuma Pacífico, an der Kirche, ✆ 642-0204. Zentral gelegen, aber ruhige Zimmer mit AC, einige mit Privatbalkon. ❸

An der Straße Richtung Wasserfall / Playa Las Manchas

Cabinas Las Manchas, am Playa las Manchas, ✆ 642-0415, 💻 www.beach-hotel-manchas.com. Hotel mit eigenem Strand, ruhige Anlage. 3 Zimmer mit Gemeinschaftsbad, ein Bungalow mit Küche. Hängematten, Schnorchelausrüstung, Wäscheservice. Anlage wirkt etwas zusammengeflickt; teuer. ❹

Das Meer im Hintergarten

Hotel Amor de Mar, gegenüber vom Wasserfall, ✆ 642-0262, 💻 www.amordemar.com. Geschmackvoll-rustikale Zimmer am Meer; der Hit sind die großen, luftigen, zweistöckigen Holzhäuser mit Küche und liebevollen Details. Meeresblick, großer Garten, Tidepools vor der Tür, selbst gebackenes Brot, sehr freundliches Personal, deutsche Leitung. Eine der schönsten Unterkünfte im Ort ❸–❻

Hotel Cabinas El Tucán, an der Straße Richtung Wasserfall, ✆ 642-0284. Sehr saubere Zimmer mit türkisblauen Wänden. Die Zimmer mit Privatbad sind schöner und haben bessere Matratzen. ❷–❸

Hotel El Jardín, ✆ 642-0074, 💻 www.hoteleljardin.com. Große, gepflegte Anlage am Hang gelegen, mit 15 makellosen Zimmern mit Terrasse, AC, einige mit Meeresblick, ein Haus für 4 Pers. mit Küche, umgeben von tropischem Garten, Schwimmbad, Jacuzzi, 100 m vom Strand. ❻

Hotel Los Mangos, an der Straße Richtung Wasserfall, ✆ 642-0076 💻 www.hotellosmangos.com. Ruhige, gepflegte, orangefarbene Anlage mit blauen Balkonen. 10 schlichte Zimmer mit Kühlschrank, teils mit Privatbad, 10 Bungalows auf einem Hügel mit Terrasse und Meeresblick. Swimmingpool, Jacuzzi, Wellness-Bereich; Yogaunterricht im Yoga-Pavillon mit Meeresblick – auch für Nicht-Gäste, griechische Leitung. ❸–❺

Hotel Lucy, ✆ 642-0284, am Meer. Sehr saubere Zimmer, teils mit Privatbad. ❷

Montezuma Paradise, an der Straße Richtung Playa Manchas, ✆ 642-02771. Gelbes Künstler-Haus in paradiesischer Strandlage, große saubere Zimmer mit Gemeinschaftsbad, teils mit Meeresblick (teurer); gut ausgestattete Gemeinschaftsküche, großer Tidepool vor der Tür. ❸

Pensión Jenny, am Ende des Fußballplatzes, ✆ 642-0306. Blumenumranktes Familienhaus in Tico-Wohngegend. Saubere Zimmer mit schmalen Doppelbetten und Gemeinschaftsbalkon, $ 20 p. P.

Essen

Café Vanilla, leckere Frescos; Frühstück für Frühaufsteher mit Pan integral oder Müsli; auch Eis. ⏲ Mo–Sa 7–18 Uhr.
El Sano Banano, große Auswahl an vegetarischen Gerichten, außerdem Frühstück, vom Haferflockenbrei über Tofu bis zu Popeye-Frühstück mit Spinat und Eiern; Salate, Sandwiches mit Pan integral, Pasta; mittlere Preisklasse, ⏲ 7–23 Uhr.
L'Angelo Allegro, gute, frisch zubereitete Pizza und Pasta mit knusprigem Brot, ⏲ 16–21 Uhr.
Playa de los Artistas, sehr schön am Strand gelegen, jeden Abend anderes Menü, Qualität schwankend, keine frischen Frescos. Gut besucht, ein Ort zum Gesehenwerden, etwas gekünstelte Atmosphäre, bemüht sich ein wenig krampfhaft, alternativ zu sein, gehobenere Preisklasse.
Soda Las Gemelas, die Königin unter Montezumas Sodas. Üppige Portionen zu günstigen Preisen, freundliche Bedienung, auch Frühstück. ⏲ 8–21 Uhr.
The Bakery Café, Birchermüsli, selbstgebackenes Brot, Sandwiches zum Mitnehmen, Kuchen, Vegetarisches aus aller Welt: Falafel, Hummus, indische Currys, Thai-Tofugerichte. ⏲ 10–16 Uhr.
Ylang Ylang Restaurant, am Strand, am Ylang-Ylang Hotel. Veganisch, Rohkost und Sushi, mittlere Preisklasse.

Touren

Canopy (1 km von Montezuma), **Kajak-**, **Reittouren**, Tagesausflüge zur **Isla Tortuga** und Touren zum Naturreservat **Cabo Blanco** gehören zum Standardprogramm der Tourgesellschaften.
Reittouren, Information im **Bakery Cafe**, nach Rio Bonito, Malpais, Santa Teresa am Strand entlang, mit Bademöglichkeiten, mehrsprachige Führer, $25, ungefähr 4 Std.

Kein Cocolores

Restaurante Cocolores, so sollte ein Restaurant sein: Im Grünen, mit Blick auf die Brandung; leichte Brise, saftig gegrilltes, zartes Fleisch, leckere, knackige Salate, gekühltes Bier und eine flinke, freundliche Bedienung. Nicht protzig, akzeptable Preise, auch vegetarische Gerichte. ⏲ Di–So 12–21 Uhr.

Tourveranstalter

Aventuras en Montezuma, ✆ 642-0052, 💻 www.zumatours.net.
Canopy, im Zentrum, schräg gegenüber von Chicos Bar, ✆ 642-0808, 💻 www.montezuma traveladventures.com.
Cocozuma Travellers, ✆ 642-0911, 💻 www.cocozumaCR.com.
Montezuma Eco Tours , ✆ 642-0467.
Travel Adventure, 642-0808, ✉ info@traveladventures.co.cr.
Tropical Montezuma Tours, ✆ 642-0164, ✉ tropicalmontezumatours@yahoo.com.

Sonstiges

Bücher

Librería Topsy, kleine Bibliothek mit internationalen Büchern, guter deutscher Literatur, Landkarten, Aquarellblocks und -farbe, Stifte, Spielzeug, Zeitungen. ⏲ Mo–Fr 8–16, Sa und So 8–12 Uhr.

Fahrräder

Bei **Tropical Montezuma Tours**, $15 pro Tag, und bei **Ecotours**.

Fitness

Mo, Mi, Fr im **Hotel Luz de Mono**, $10.

Geld

Sollte man vorher in Cobano abheben, denn in Montezuma gibt es keine Bank, und die privaten Geldautomaten (Strandzeile; Umtausch von Traveller's Cheques beim Restaurant Sano Banano) nehmen hohe Gebühren.

Internet

Internet Sano Banano, kleines Internet mit AC und neuen Macintosh-Computern.
Travel Adventures, 1000 pro Std., langsam!
Tropical Montezuma Tours, 1200 pro Std.

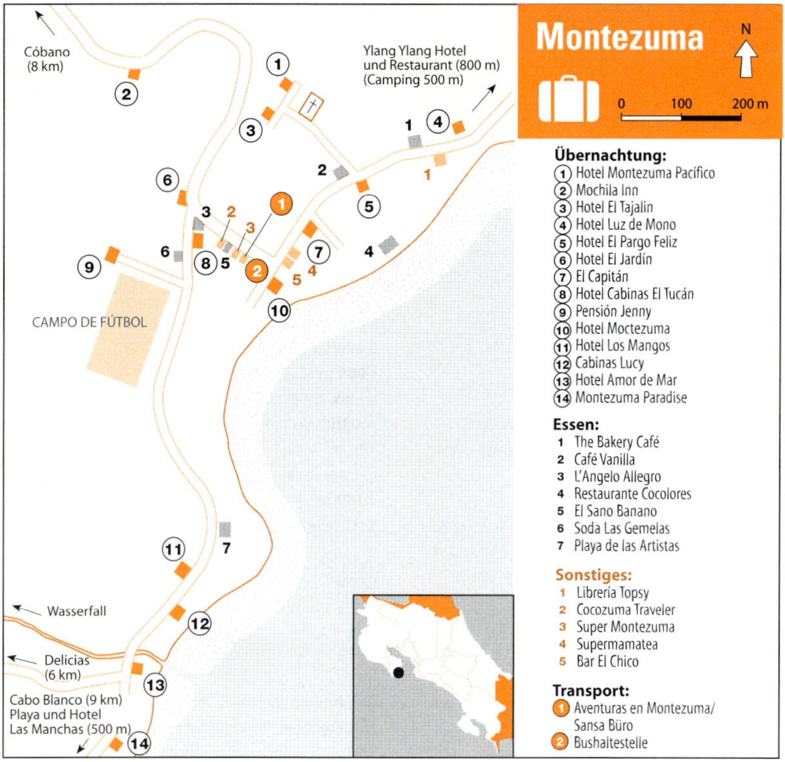

Kajakverleih

Tropical Montezuma Tours verlangt $30 für 3 Std.

Medizinische Hilfe

Es gibt zwei **Krankenhäuser** (Clínicas) in Cobano.

Nachtleben

El Chico, vorne Billiardtische und Bar, am Meer Sitze auf Lavagestein, Tische im Sand, Cocktails.
Los Cocolores, hin und wieder Live-Musik.

Sansa-Büro

Bei **Aventuras en Montezuma**.

Sprachenschule

Learn Spanish, ✆ 642-0534, 💻 www.horizontes–montezuma.com. Gruppen- und Einzelunterricht, einwöchiger Survival-Kurs, 2–4-wöchige Intensivkurse.

Supermärkte

Super Montezuma, im Zentrum,
🕒 7–22 Uhr.
Supermamatea, im Zentrum,
🕒 7–24 Uhr.

Tauchen

Informationen bei **Aventuras en Montezuma**.

Taxi

✆ 642-0456, 815-9075. Preise: Flugplatz Tambor $25. Paquera $35. San José $160. Playa Naranjo $60. Malpais $25. Cobano 3000–3500C.

Telefone
Vor der Kirche.

Yoga
Montezuma Yoga, im Los Mangos Hotel, ✆ 642-0076, 💻 www.montezumayoga.com, 90 Min $10.
Ylang, Ylang Beach Hotel, 90 Min. $10.

Wäscherei
Pensión Jenny am Fußballplatz, außerdem in der **Soda Las Gemelas**.

Transport

Busse
Malpais (über **Cóbano**) 10, 14 Uhr, direkte Verbindung; 10.30, 14.30 Uhr, in **Cóbano** in den Bus Richtung Malpais umsteigen.
Paquera, 6x tgl.
Reserva Cabo Blanco, 5x tgl. Einen frühen Bus nehmen, damit genügend Zeit für den Strand bleibt; die Parkwächter machen um 16 Uhr Feierabend.
San José, Mo–Sa 2x tgl., So 1x, 9 Std.; mit Rodriquez Hermanos, ✆ 642-0740.

Shuttle-Busse
Nach Arenal, Monteverde, Tamarindo, Jacó und San José mit
Tur Bus Montezuma Expeditions, ✆ 642-0919, 💻 www.montezumaexpeditions.com.
Nach Malpais / Santa Teresa 3x tgl., $5; mit **Montezuma Ecotours**, ✆ 642-0467.

Taxiboote
Jaco, 1x tgl., 1 Std., $30, mit Cocozuma Traveller, ✆ 642-0911.

Cabuya

An Cabuya ziehen die meisten vorüber: die Wale und Delphine zu Wasser, auf ihrer Wanderung in Richtung Bahía Ballena, die Touristen zu Lande auf dem Weg zum **Naturreservat Cabo Blanco**. Dabei ist der friedliche, idyllisch von Weiden und Meer umgebene 300-Seelen-Ort eine ruhigere, weitaus weniger touristische Alternative zum oft überlaufenen Montezuma und zudem nur zwei Kilometer vom **Naturpark Cabo Blanco** entfernt.

Auf der kleinen, vorgelagerten **Isla Cabuya**, die nur bei Ebbe zu Fuß zu erreichen ist, bestattet das Dorf seine Toten. Vom Inselrand strahlt dem Besucher der weiße Friedhofsbogen entgegen. Wind und Salz haben den Gräbern zugesetzt, verwittert und schief ragen die Holz- und Eisenkreuze zwischen Kokosnüssen und Palmenwedeln hervor. Statt Blumengestecken schmücken schwere Meeresmuscheln die Grabhügel. Wer den kleinen Ausflug macht, sollte sich vorher genau über die Gezeiten informieren oder seine Sachen im Dorf deponieren, denn bei Flut bleibt nichts anderes übrig, als zum Festland zurück zu schwimmen oder – Robinson Crusoe nacheifernd – sieben Stunden bis zur nächsten Ebbe auf der Insel auszuharren.

Cabuya machte vor einigen Jahren heroisch Schlagzeilen, als die Einwohner 40 missgeleitete, an der Küste gestrandete Delphine auf Anhänger luden und zurück ins Wasser brachten. Immerhin überlebten 32 Tiere die Rettungsaktion.

Übernachtung und Essen

Cabinas Rosauria, ✆ 642-0333, Häuser zur monatlichen Vermietung. Einfache 2-stöckige Stelzenhäuser, unten Bad und Küche, oben Schlafraum, Möbel abgenutzt, $60 pro Monat.
Cabo Blanco Hotel, ✆, 642-0332. Älteres, grünes 2-stöckiges Hotel, Zimmer mit hässlichen Wänden, niedrige Decken und Linoleumboden. Bunter Möbelmix, teils mit AC, schöne, große Gemeinschaftsveranda, ruhig am Meer gelegen, Pool. ❹–❺
Hotel und Camping Cabo Blanco, an der Straße Richtung Montezuma hinter dem Cabo Blanco Hotel auf der rechten Seite am Strand. 2-stöckiges Holzhaus in herrlicher Lage, im 2. Stock einfache schiffskajütenähnliche, holzausgekleidete Zimmer (nichts für Klaustrophobiker), im 1. Stock schönere, größere Cabinas mit Meeresblick und breiten Stockbetten, beide mit akzeptabler Außentoilette. Auch Camping für 1500 C p. P. möglich, Kochgelegenheit, reizende Tico-Familie.

Ziehbrunnen in Guanacaste

Hotel Celaje, am Strand, 1 km vom Nationalpark, ✆ 642-0374, 🖳 www.celaje.com. Schlicht-edle, 2-stöckige, palmstrohgedeckte A-Frame-Holzbungalows am Meer, umgeben von Weidelandschaft. Pool, Jacuzzi, Fahrradverleih. Reit-und Kajaktouren, Restaurant, HP möglich. Belgische Leitung. ❺

Hotel und Restaurant El Ancla de Oro, ✆ 642-0369, 🖳 caboblancopark.com/ancla. Kleine, holzgetäfelte Zimmer mit rot-weißen Schachbrettfliesen und großen Betten ❸. Rustikale, helle „Jungalows" – Holzstelzenhäuser mit Veranda, teils mit Küche, umgeben von Palmengarten, Restaurant. ❸–❺

Eine günstige **Soda** befindet sich neben dem Minisupermarkt, 800 m vor dem Eingang zum Naturreservat.

Sonstiges

Internet

Im Restaurant Cayote, sehr langsam und teuer.

Supermarkt

Minisuper, 800 m vor dem Eingang zum Naturreservat.

Surfen

Am Playa Ceclos.

Touren

Kajaktouren und **Schnorcheltouren** beim Campingplatz Cabo Blanco, ✆ 822-2165, $35 für 3 Std.

Transport

Busse nach **Montezuma** 5x tgl., Fahrpreis 400C. Der Bus fährt vom Eingang der Reserva ab und hält im Cabuya-Zentrum.

Reserva Natural Absoluta Cabo Blanco

MINAE-Büro ✆ 642-0093, Information unter: 645-5277, -5890, ✉ cablanco@ns.minae.go.cr

Öffnungszeiten Mi–So 8–16 Uhr
Eintritt $8
Gründungsjahr 1963
Größe 1256 ha zu Land, 4420 ha im Meer
Transport
Der Bus von Cabuya fährt direkt zur Parkeinfahrt, dort ist auch ein Parkplatz. 20 Min. Fußweg vom Dorf.
Ausrüstung Sonnenschutz, Trinkwasser, Badesachen

Die Eröffnung des Naturreservats Cabo Blanco am südlichsten Zipfel der Peninsula Nicoya war der bahnbrechende Schritt auf dem Weg zu Costa Ricas weit verzweigtem Netzwerk von Nationalparks und Naturreservaten. Zu einer Zeit, als Costa Ricas Regierung noch Prämien an seine Bevölkerung zahlte, um abgelegene Waldgebiete in Ackerland umzuwandeln, drehte ein skandinavisches Ehepaar, das nach Costa Rica ausgewandert war, den Spieß um. Statt weitere Flächen abzuholzen, kauften Olof Wessberg und Karen Morgenson entwaldete Fincagrundstücke auf, ließen den Wald sich regenerieren und überzeugten die Regierung, diese Fläche als Naturschutzgebiet auszuweisen. Welche Interessenskonflikte hinter diesen Bemühungen standen, zeigt, dass Wessberg bei ähnlichen Bemühungen bei der Errichtung des Nationalparks Corcovado 1975 von Holzfällern ermordet wurde.

Das Naturreservat Cabo Blanco besteht nur zu 15 % aus Primärwald, der Rest ist Sekundärwald, der in den mehr als 40 Jahren seit Bestehen der Reserva heranwachsen konnte und mit einer Artenvielfalt von 150 Bäumen besticht, darunter Zedern, Weissgummi- und Pochotebäume. Ursprünglich war der Zutritt zum Reservat nur Wissenschaftlern und Parkwächtern gestattet, heute ist der Cabo Blanco der Öffentlichkeit zugänglich. Der Zustrom an Touristen nimmt zum Leidwesen der Tiere zu. Ein vier- bis viereinhalbständiger Wanderweg führt zum **Playa Cabo Blanco**.

Gegenüber liegt die **Isla Cabo Blanco**, ein wichtiges Nistgebiet für Meeresvögel, vor allem von braunen Pelikanen, Fregattenvögeln, Lachmöwen und Costa Ricas größter Kolonie an Brauntölpeln. Im Laufe der Jahre überdeckten sie die Inselfelsen mit ihrem Kot und gaben so der Insel und dem Naturpark ihren Namen, Cabo Blanco – weißes Kap.

Ferner führt ein anderthalbstündiger Rundwanderweg durch das Reservat, in dem eine Vielzahl von Tierarten, darunter Brüll-, Kapuziner- und Klammeraffen, Rehe, Oceloten, Pakas, Faul- und Gürteltiere leben. Vom Ameisenbär oder Jaguar sind höchstens die Spuren anzutreffen.

Malpais und Santa Teresa

Malpais und Santa Teresa zählen zu den besten Surfrevieren Costa Ricas. Von der Hauptkreuzung El Cruz, dem schlagenden Herzen der beiden Ortschaften, zweigen zwei Straßen wie große Adern in entgegengesetzte Richtungen ab. Das wohl einzige Ortsschild ganz Costa Ricas, fast unlesbar mit Surfaufklebern überdeckt, zeigt an: Links Malpais, rechts Santa Teresa. Das heißt, links drei ruhige, wenig bebaute, felsige Strandkilometer, die an einem kleinen pittoresken Fischerhafen enden, direkt neben dem Naturschutzgebiet Cabo Blanco (einen Zugang zum Naturreservat gibt es von hier leider nicht). Und rechts fünf Kilometer paradiesischer Sandstrand für die junge, feiernde Surfgemeinde aus aller Welt.

Parallel zum Santa Teresa-Strand, zu beiden Seiten der staubigen Piste, reihen sich Hotels, Surfshops und Restaurants fast lückenlos aneinander. Ähnlich mag einst Tamarindos Metamorphose vom Fischerdorf zum Touristenzentrum begonnen haben. Trotz zunehmender Beliebtheit bietet der breite Playa Santa Teresa genügend Platz, um auch in trauter Zweisamkeit die grandiosen Sonnenuntergänge zu bewundern.

Übernachtung

In Malpais

Cabinas Bosquemar, ✆ 640-0600. Sehr saubere Zimmer mit einem Mix aus Holz und Plastikmöbeln, Linoleumboden, Kühlschrank, Kochgelegenheit, Veranda zur Straße mit Hängematte, großer Hintergarten mit Pool, Jacuzzi und großer Liegewiese, ideal zum Entspannen. ❸

Camping Elimar, am Strand, 1,5 km von El Cruz, ✆ 640-0540, 384-1325. Etwas chaotischer Zeltplatz bei vielgereistem Tico-Anwalt, Kochgelegenheit, Waschmaschine ($2), Internet ($2 pro Std.), $3 p. P.

Camping und Cabinas Marazul, am Meer, ✆ 640-0075. Zelten 2000C p. P. Spielautomaten, am Freitag Strandparty.

Casitas Las Caracolas, 800 m von El Cruz, ✆ 640-0189. Geräumiges, stilvoll eingerichtetes Haus, Schlafzimmer mit AC, großes Bad mit Open-Air-Dusche, Terrasse mit Meeresblick, Swimmingpool, ideal für Familien. Romantisches, kleines Haus auf Zementsockel, ideal für Pärchen, auch für längerfristig. ❸–❻

Mal Pais Surf Camp Resort, ✆ 640-0031, 💻 www.malpaissurfcamp.com. Riesige Anlage mit großen Rasenflächen, Unterkünfte verschiedener Preisklassen, Camping $7 pro Zelt; Schlafsaal mit Betten auf Kieselsteinen unter Blechdach, von Holzgitter eingezäunt, $12.50 p. P. Zimmer mit Stockbetten und Gemeinschaftsbad $30. 17 m Pool, Billardtisch, Tischtennisplatte, Babysitting- und Wäscheservice, Safe. überwiegend Surfer, Surfbrett-Verleih $15–20, $40 pro Unterrichtsstunde.

Moana Lodge, ✆ 640-0230, 💻 www.moanalodge.com. Neue, kleine, originelle Hotelanlage auf verschiedenen Ebenen am Hang gelegen, unterschiedlich ausgestattete Zimmer mit Holzdielen und

Tico Rock

Malpais nennt sich auch eine der beliebtesten und erfolgreichsten Bands Costa Ricas. Das Sextett gründete sich im Jahr 2003 und füllt seitdem mit seiner Musik, einer Mischung aus Folk, Latin, Jazz und Rock, die Stadien des Landes. Gemeinsam mit der costa-ricanischen Plattenfirma Papaya Music schrieb es im Land Musikgeschichte: Die erste CD UNO verkaufte sich über 10 000 Mal und brachte der Band im Jahr 2006 die goldene Schallplatte. Malpais tritt landesweit auf, Stammplatz der Band aber ist das Jazzcafé in San José.

-wänden, exotische Masken, Möbel mit Zebramuster, überdachte Sitzecken, kleiner Patio, AC, Jacuzzi, Gemeinschaftsküche. Ungefähr 100 m vom Strand. ❺–❻

Oasis Bungalows, 200 m von El Cruz, ✆ 640-0259, ✉ oasismalpais@racsa.co.cr. Schlichte, helle, schöne Zimmer mit Privatbad, Veranda, teils mit AC und Open-Air-Küche; Swimmingpool, belgisch-israelische Leitung. ❹–❺

Pacha Mama, 1,2 km von El Cruz, ✆ 640-0195, 💻 www.pacha-malpais.com. Saubere Zimmer mit Küche im gleichen Raum, Privatbad; für Backpacker: großes 3-stöckiges Tippi ($10 p. P.), Matratzenlager, kein Ventilator!, Kochgelegenheit mit Kühlschrank, Fahrrad- ($5/Tag) und Surfboard-Verleih ($5–10 pro Tag), deutsche Leitung. ❹

Ritmo Tropical, fast an El Cruz, ✆ 640-0174, hübsche, helle Bungalows am Hang mit Safetybox und Terrasse, Swimmingpool. ❹

Sunset Reef, neben dem Fischerhafen, ✆ 282-4160, 💻 www.sunsetreefhotel.com. 14 große, holzausgekleidete, gemütliche Zimmer mit AC, Einbauschränke, Hüttenatmosphäre, idyllisch gelegen, Restaurant, Kinder unter 12 Jahren frei. ❻

Star Mountain Eco Resort, 2 km von Malpais an der Straße Richtung Cabuya, ✆ 640- 0101, 💻 www.starmountaineco.com, an einem steilen Hügel gelegen. Schlichte, geräumige Zimmer mit Minikühlschrank, begehbarer Garderobe, riesiger Dusche und Terrasse mit Schaukelstühlen, ruhig im Grünen gelegen; Frühstück inkl. Die Anlage macht einen etwas verschlafenen und desorganisierten Eindruck. ❻

Vista de Olas, bei der großen Antenne steil den Hang hinauf, ✆ 640-0183, 💻 www.bungalows-vistadeolas.com. Gelbe, geschmackvoll eingerichtete, oktogonale Bungalows mit Open-Air-Mosaikdusche, ruhig und friedlich, atemberaubender Ausblick auf traumhafte Sonnenuntergänge, großer Pool, Jacuzzi, Frühstück inkl. Der Service erhält gemischte Beurteilungen, Anfahrt mit geländegängigem Fahrzeug (!) ❻

Entspannung pur

Florblanca Resort, Richtung Manzanillo, ✆ 640-0232, 💻 www.florblanca.com. Ein Resort zur Erholung und Entspannung, abseits des Trubels gelegen. Luxuriöse, sandfarbene Bungalows, versteckt eingebettet in die Natur, mit Zimmern auf verschiedenen Ebenen. Bambusmöbel, Pflanzen, große Spiegelwand, Himmelbett, Open-Air-Badewanne; Wellness-Bereich. Täglich Yoga- und Pilates-Unterrichtsstunden. Große überdachte Lese- und Gemeinschaftshalle mit Meeresblick.

In Santa Teresa

Cabinas El Jardín, ✆ 640-0208. Große, saubere Zimmer mit Gemeinschaftsbad und spärlich ausgestatteter Gemeinschaftsküche, umgeben von riesigem Garten mit Liegewiese und Hängematten, gut im Schuss. ❸

Camping Paraíso Azul, am Strand, beim Restaurant Roca Mar, ✆ 640-0003. Sandboden, $5 p. P. Zimmer in altem, umgebautem Lastwagen mit Küche und Kühlschrank $40.

Daneben: **Camping Roca del Mar**, 2000C p. P.

Casa del Mar, 300 m vom Fußballplatz, ✆ 640-07641, 💻 www.casadelmarhostel.com. Neues, kleines, freundliches Hostel, Schlafräume mit Gemeinschaftsbad, Gemeinschaftsküche; Surfbrettverleih und Surfunterricht.

Casa Zen, 50 m gegenüber vom Super Costa, ✆ 640-0523, 💻 www.zencostarica.com. Orange-gelbes Haus mit verschiedenen, sauberen Unterkunftsmöglichkeiten: Camping ($5), Schlafsaal ($12), dunkle DZ ($22), recht eng aufeinander gebaut, abgenutzte Gemeinschaftsküche. Trotz meditativer Musik und Yogaplattform keine „Zen"-Ruhe, lebendiges Treiben, Treffpunkt für alternative Surfer, Restaurant. ❶–❸

Cuesta Arriba, am Ortsende, 100 m nördlich der Lola Bar, ✆ 640-0607. Weißes, großes bumerangförmiges Gebäude mit sehr sauberen Loftzimmern, Stockbetten. Großer Gemeinschaftsbereich mit TV und DVD, fantastisch ausgestattete Gemeinschaftsküche,

Frühstück inkl., freundliches argentinisches Besitzerpaar. $12 p. P.
Franks Place, El Cruz, ✆ 640-0096, 💻 www.frankplace.com. Hier muss jeder vorbei, egal ob er nach St Teresa oder Malpais will. Unterkünfte verschiedener Preisklassen, kleine, karge, saubere Zimmer mit Gemeinschaftsbad $16 p. P.; Zweistöckige, schöne Bungalows mit Kühlschrank; große, helle, saubere Zimmer mit TV, großer Fensterwand und Kühlschrank. Überwiegend amerikanische Gäste, Restaurant. ❸–❹
Funkey Monkey, 200 nördlich vom Fußballplatz, ✆ 640-0317, 💻 www.funkey-monkey-lodge.com, abseits der Hauptstraße. Verschiedene Unterkunftsmöglichkeiten: Neue, saubere, geschmackvolle Schlafräume für 8 Pers. auf zwei Stockwerken mit Stockbetten, Minikühlschrank, Open-Air-Dusche ($12 p. P.); Bungalows ($65/2 Pers.); weiter oben moderne Apartments mit AC und rustikalen Holzmöbeln für 2–4 Pers. ($120), tschechische Leitung.
Horizon Yoga, ✆ 640-0524, 💻 www.horizon-yogahotel.com. Steil an einem Hügel gelegen. Sehr schöne, kleine, rustikale Bungalows mit Einbauküche, AC, geschmackvolles Leinen-Holz- Interieur; Teehaus, Pool, Yogaplattform, israelische Leitung. ❺

Treffpunkt für Wellenbummler

Tranquilo Backpacker, 400 m nördlich von Frank's Place, hinter dem Supermarkt Super Ronnie, ✆ 640-0589, 💻 www.tranquilobackpackers.com. Neuer, hellgelber, 2-stöckiger Backpacker, großzügig geschnitten, fern der Hauptstraße. Verschiedene Unterkunftsmöglichkeiten: Camping $5, Schlafsaal $10, Loft mit Privatbad $12, DZ mit Gemeinschaftsbad $30, mit Privatbad $35, Frühstück inkl. Große Gemeinschaftsveranda mit Hängematten, Küche mit 3 Kühlschränken, freundliche Rezeption, Büchertausch, Surfboardverleih ($10 pro Tag), Surfunterricht, kostenloses Internet. Gute Wahl.

Essen

In Malpais

Marazul, einfaches, günstiges Restaurant mit Fisch und Meeresspezialitäten und Meeressicht. ◷ 9–21 Uhr.
Ritmo Tropical, große Auswahl an guter Pizza und Pasta, ◷ ab 20 Uhr.

In Santa Teresa

Mahpa Sushi, originelle, tropische Sushi-Kreationen, z. B. mit Mango, Basilikum und Frischkäse; im Café gibt es morgens frischgebackene Bagels und Muffins.
Playa Carmen Restaurant, von Frank's Place geradeaus Richtung Strand; beliebt für Pizza und Pasta.
Soda Las Piedras, beliebte Soda, Spezialität: argentinisches BBQ, auch Fisch und vegetarische Gerichte. ◷ Mo–Sa ab 8 Uhr.

Nachtleben

Mittwochs Live-Musik und DJ im **Mal Pais Camp Resort** in Malpais.
Santa Teresa wächst unaufhörlich, Bars und Restaurants schließen und öffnen über Nacht, am besten erkundigt man sich vor Ort, was gerade angesagt ist. Zwei Vorschläge:
Tabu Bar, am Meer. Mo, Fr und So ist Fiesta.
La Lora Amarilla, Disco-Bar, Tanzen, Live-Musik, Salsa, Merengue, Latino-Nächte.

Sonstiges

Autovermietung

Budget, in Santa Teresa, ✆ 640-0500, ◷ Mo–Sa 8–18, So 8–16 Uhr.

Fahrradverleih

Ciclo Segura, vor dem Supermarkt Maya. Strandfahrrad $7 pro Tag, Mountainbike $10 pro Tag. ◷ Mo–Sa 8–17 Uhr.
Casa Zen, $10 pro Tag.

Geld

Es gibt keine Bank! Hohe Gebühren für Geldumtausch und Geldabheben. Die am nächsten gelegene Bank befindet sich in Cobano.
Super Ronny (ab 9 Uhr): Umtausch von Reiseschecks, 3,5 % Provision; Umtausch von Euro und Dollar gegen 5 % Provision.

Frank's Place, privater Geldautomat, 5 % Provision, ⌚ 9–18 Uhr.

Internet

Internet Gaviota, neben Supermercado Olas, mit Kameras, auch Fax und internationale Telefonate. ⌚ Mo–Fr 8–21, Sa und So 9–16 Uhr.
Internet, neben Supermarkt Ronny, 1400C pro Std. ⌚ 8–20 Uhr.

Kino

Casa Zen, 2x pro Woche englischsprachige Filme mit spanischen Untertiteln.

Medizinische Hilfe

Centro Médico Santa Teresa, in einem ausrangierten Eisenbahnwaggon, schräg gegenüber von Cabinas Charlies, ✆ 392-4791, 24 Std. Notfalldienst.

Pilates / Tanz / Massage

Manos Que Sanan, ✆ 823-8600, 888-7343.

Schnorcheln

Am Playa Las Suecas.

Supermärkte

Alle 2 km ein Supermarkt mit Internet und Telefonen.
Supermarkt Costa, größter Supermarkt im Ort, gegenüber von Casa Zen, ⌚ 7–21 Uhr.
Super Maya. ⌚ 7–21 Uhr.
Super Ronny. ⌚ 7–22 Uhr.

Surfen

Playa Carmen ist ideal für Surfanfänger, die Strömungen hier sind nicht sehr stark. Weiter nördlich, in Richtung Santa Teresa, werden die Wellen größer und schneller und bieten ideale Voraussetzungen für diejenigen, die die Kunst des Wellenreitens bereits beherrschen. Viele Unterkünfte verleihen Surfbretter und bieten Surfunterricht an.

Taxis

Bei Frank's Place. Tarife von Malpais: Santa Teresa 4000C. Flughafen Tambor $35. Montezuma $25. Cobano $15. Tambor $30. Samara $100 (im Winter $150).

Touren

Tropical Tours, ✆ 640-0384, Canopy, Reittouren, Tauchtrips.

Yoga

Horizon Yoga Center, 4000C pro Unterrichtsstunde.

Transport

Auto

Die Mehrheit der Besucher unternimmt den Ausflug nach **Cabo Blanco** von Montezuma aus, von wo es direkte Busverbindungen zum Reservat gibt und die Zubringerstraße in gutem Zustand ist. Von Malpais gibt es keine Busverbindung zum Naturpark, für Selbstfahrer existiert aber eine sehr schlechte, schmale Erd-/Lehmpiste, die zur Zeit der Recherche unter Ausbesserungsarbeiten stand. Sie führt über die Hügel ins 7 km entfernte Cabuya, zweimal geht es durch Flüsse, die nach heftigen Regengüssen nicht immer passierbar sind. Von Cabuya sind es weitere 2 km auf einer gut befahrbaren Straße zum Parkeingang.

Busse

Cóbano, 3x tgl.
San José, Mo–2x tgl., So 1x; mit Rodriguez Hermanos, ✆ 389-7177, 642-0740.

Shuttle-Busse

Arenal, Monteverde, Tamarindo, Jaco, San José; mit TUR-Bus Montezumaexpeditions, ✆ 642-0482, 💻 www.montezuma expeditions.com.
Montezuma, 3x tgl.; mit Montezuma Ecotours, $5, Abfahrt bei El Cruz, vor Frank's Place.
Arenal, Monteverde, Tamarindo, Samara, San José; tgl., mit Tropical Tours, ✆ 640-0384, 640-1900.

Playa Manzanillo

Jedes Jahr an einem Sonntag im März – das genaue Datum bestimmen die Gezeiten – wacht Playa Manzanillo aus seinem Dornröschenschlaf auf. Dann strömen Hunderte von Besuchern mit

Schaufel und Eimer bewaffnet an den Strand, um am Strandburgenwettbewerb teilzunehmen oder lediglich die kurzlebigen, fantasievollen Nixen, Drachen und Sandburgen, Kunstwerke, die von der nächsten Flut schmatzend verschlungen werden, zu bewundern und auf Fotos zu verewigen. Das Gewinnergeld bleibt in der Gemeinde und kommt Schul-, Sport- und Umweltprogrammen zugute.

Zu Fuß kann man bei Ebbe(!) von Manzanillo bis zum **Playa Coyote** wandern, vorbei an herrlich einsamen Stränden und Flussmündungen (Achtung: Krokodile). Auf Hotels und Restaurants trifft man erst wieder in Playa Caletas. Für die Strecke sind mindestens vier Stunden einzuplanen.

Übernachtung

Cabinas Atardecer Dorado, am Strand, ☏ 394-1185, 827-1113, neue Zimmer unterschiedlicher Größe, teils mit Küche. ❸

Zopilote Surfcamp, in den Hügeln von Playa Hermosa de Cobano, Schulnähe, ☏ 390-9148, 💻 www.zopilote-surfcamp.com. Große Schlafräume für 7 Pers. in Stockbetten oder kleinen DZ. Große, moderne Bar, riesige Dachterrasse mit Hängematten, Schlagzeug, TV und Meeressicht. Gemeinschaftsküche, Surfpakete mit HP, Transfer und Surftrips. 1 Woche $540, 2 Wochen $1000.

Sonstiges

Feste

Im März Strandburgenwettbewerb. Der Wettbewerb findet an einem Sonntag statt, die Fiesta mit Musik, Künstlern, Rodeo beginnt bereits am Donnerstag zuvor.

Supermarkt

Pulperia und Restaurant, 50 m neben Cabinas Atardecer.

Transport

Es gibt keine **Busverbindung** zwischen Santa Teresa und Manzanillo.

Die Küstenstraße von Santa Teresa endet in Manzanillo. Um nördlich in Richtung Sámara zu fahren, müssen **Autofahrer** die Ortschaft durchqueren und nach 5 km, an der Kreuzung links, Richtung Betel/Bajos de Ario abbiegen.

> **Abseits vom Trubel**
>
> **Lodge Ylang Ylang**, ☏ 359-2616, 💻 www.lodgeylangylang.com, das einzige Hotel in Manzanillo. Ruhig und abseits auf einem Hügel gelegen, fünf 2-stöckige, schlicht-edle, palmstrohgedeckte Häuser mit geschmackvollem Dekor im Tribal-Design. Minibar, TV, Pool, Yoga, grandiose Sicht auf Bergketten und Meer. Französische Leitung. ❻

Auf der Interamericana nach Süden

Volcán Miravalles

Der Volcán Miravalles (2028 m) ist der höchste unter den neun Vulkankratern der Cordillera Guanacaste. 1946 stieß er das letzte Mal Rauch aus. Das Gebiet um den Vulkan ist als Schutzgebiet, nicht aber als Nationalpark ausgewiesen, es gibt daher kein MINAE-Büro und keine offiziellen Wanderwege. Private Tourveranstalter bieten jedoch Tagestouren zum Krater an.

Am Fuß des Vulkans verschandeln hässliche Strommasten die idyllische Landschaft. Sie wurden von der **Planta Geotérmica Miravalles** aufgestellt, ein Geothermie-Kraftwerk, das aus Erdwärme (Geothermie) Elektrizität erzeugt. Gelbe Gefahrenschilder weisen überall auf das Kraftwerk hin. Das **Centro de Actividad Volcánica Las Hornillas** an den Vulkanhängen, 400 m südlich, 2 km östlich der Planta Geotérmica Miravalles, ☏ 839-9769, 💻 www.hornillas.com, ist der einzige Ort, wo Touristen den Miravalles-Vulkan aktiv (als Fumarole) erleben können. Besucher dürfen sich hier unter freiem Himmel in vulkanischem Schlamm suhlen. Auch Pferdetouren werden angeboten. 🕓 8–16 Uhr. Eintritt $10 p. P.

Volcán Miravalles: Vulkanisches Schlammbad unter freiem Himmel

Thermalquellen findet man in fast allen Hotels (s. Übernachtung), sie werden überwiegend von costa-ricanischen Tagesausflüglern besucht. **Thermomania**, 💻 www.thermomania.com, ein zubetonierter Freizeitpark, hat zudem eine Wasserrutsche und Sauna, 🕓 8–22 Uhr, Eintritt 2000C p. P.

Übernachtung

Die Unterkünfte in der Miravalles-Gegend sind entweder steril und unpersönlich oder leicht schmuddelig. Viel schöner sind die Bleiben im nahe gelegenen Santa Maria-Sektor des Volcán Rincón de La Vieja (s. Transport).

Complejo Aguas Termales Yökö, 500 m hinter dem Hotel El Guayacán, 📞 673-0410, 💻 www.yokotermales.com. Anlage mit makellosen Zimmern und großen Betten, umgeben von golfplatzartiger Rasenfläche mit herrlicher Sicht auf den Vulkan; 5 Pools, Thermalbad, Jacuzzi, Wasserrutsche, Wassermassage; Restaurant; auch für Tagesausflügler; Frühstück inkl. ❺

El Guayacán, 4 km von Guayabo, Richtung Agua Claras, dann 1 km rechts Richtung Proyecto Geotérmico, 📞 673-0349, 💻 www.thermaleselguayacan.com. Langweilige Anlage mit sauberen, neuen Zimmern im typischen Tico-Türkis, kleine Thermalbäder im Vorgarten; viel Zement. ❸

Estación Biológica Rincón de Piedra, 400 m südlich, 800 m östlich der Planta Geotérmica, 📞 827-7151. Rustikale Holzcabinas im Wald für Naturfreunde ohne Ansprüche. Küche, Touren. ❹

Las Brisas Cabinas und Restaurant, 1 km von Guayabo, Richtung Aguas Claras, 📞 673-0333. Einfache Cabinas, die einen neuen Anstrich nötig haben, nicht sehr sauber. ❷

Weitere sehr einfache Unterkünfte gibt es in Fortuna.

Sonstiges

Informationen

Informationsbüro mit Kunstgalerie, 3 km nördlich von Guayabo, ✆ 673-0662, ⌚ Mo–Fr 7–17 Uhr.

Touren

Centro de Aventuras Volcán Miravalles, 7 km nördlich von Guayabo, ✆ 673-0697, 💻 www.vulcanoadventuretour.com. Wanderungen zum Vulkankrater und Canopytouren.

Macadamia Tour, Finca Anita, 400 m von Colonia Liberdad, ✆ 388-1775, 💻 www.fincalaanita.org. Der Besucher bekommt einen Einblick in den Pflanz-, Ernte- und Verpackungsprozess einer Macademia-Plantage. Kostproben inkl.

Transport

Auto

Von Liberia kommend, zweigt in Bagace links, vor der Tankstelle, die Straße zum Vulkan Miravalles ab (27 km). Von Guayabo führt eine malerische Schotter-/Lehm-Piste über die Ortschaft San Jorge zum Santa Maria-Sektor des Rincón de la Vieja-Nationalparks.

Busse

Von Guayabo nach **San José** um 5, 15 Uhr; außerdem mehrmals täglich Busse nach **Bagace**.

Von Fortuna bestehen Busverbindungen nach **Aguas Claras, Liberia** und **San José**.

Reserva Biológica Loma Barbudal

MINAE-Büro ✆ 671-1062
Öffnungszeiten Mo–Fr 8–16, am Wochenende 8–15 Uhr
Eintritt $6
Gründungsjahr 1986
Größe 2614 ha
Besucherzahl 1000 Pers. pro Jahr
Unterkunft
Campingplatz ; $2 p. P.; auch Cabinas.
Transport
Auto: 13 km südlich von Liberia an der Ortschaft Pijije nach rechts abbiegen. Von hier sind es weitere 6 km zum Parkeingang.
Busse: Bus nach Bagace, von dort per Taxi zum Nationalparkeingang.

Die Reserva Loma Barbudal ist der **Insektenpark** unter Costa Ricas Naturschutzgebieten. Hier leben über 60 Schmetterlingsarten, Motten, Wespen und über 250 Bienenarten, darunter auch die afrikanisierte Biene, eine aggressive Bienenzüchtung, die einem brasilianischen Forschungslabor entflog und sich seitdem auf dem süd- und nordamerikanischen Kontinent verbreitet. In der Trockenzeit bestäuben sie die Blüten der bedrohten Mahagoni-, Rotholz- und Jabillobäume, die die letzten Flecken von Costa Ricas Trockenwald bilden (s. S. 280, Kasten).

Von den Früchten der Bäume ernähren sich in der Dürrezeit die seltenen roten Aras, Brüll- und Klammeraffen sowie Nasenbären. Kurze Wanderwege führen zu den Baumriesen und zu einem Wasserfall, an dem Baden erlaubt ist. Anfang der 90er Jahre fielen 90 % der Reserva einem Brand zu Opfer, der Wald konnte sich seitdem jedoch weitgehend natürlich regenerieren.

Parque Nacional Palo Verde

MINAE-Büro ✆ 200-0125, ✉ paloverdeguanacaste@lycos.com
OTS (Organization for Tropical Studies), ✆ 524-0628, 💻 www.ots.ac.cr
Öffnungszeiten 8–12, 13–16 Uhr (MINAE-Büro); das Eingangstor ist 6–18 Uhr geöffnet.
Eintritt $6
Gründungsjahr 1978
Größe 182 00 ha
Besucherzahl 5000 Personen pro Jahr
Unterkunft / Verpflegung Campingplatz mit Zementfundament ($2 p. P.), außerdem sehr einfache Cabinas mit 3 Stockbetten pro Zimmer; Wände reichen nicht bis zur Decke, Außentoilette; keine Kochgelegenheit, dafür Soda.

Transport

Auto: An der Einfahrt nach Bagace führt gegenüber der Tankstelle eine sehr steinige Piste an Rinderkoppeln vorbei zum Park (32 km); die letzten 10 km sind bereits Nationalparkgebiet, bitte Fuß vom Pedal. Geländewagen sehr empfehlenswert.

Busse: Mit dem Bus bis zur Einfahrt nach Bagace, von hier sind es 32 km zum Nationalparkeingang; am besten kreuzt man früh auf und hofft auf eine Mitfahrgelegenheit oder Taxi.

Taxis: Taxis warten an der Tankstelle an der Einfahrt nach Bagace; wenn kein Geländewagen zur Verfügung steht, organisieren die Fahrer Taxis mit Vierradantrieb; 10 000C zum Park.

Der Nationalpark Palo Verde zählt mit 14 Vegetationszonen zu den biologisch vielfältigsten Naturschutzgebieten Costa Ricas und das, obwohl der Park in einer der trockensten Regionen des Landes liegt. Der Besucher trifft hier auf die letzten Reste tropischen Trockenwaldes, der einst Mittelamerika von Südmexiko bis Panama bedeckte. Über die Hälfte des Parkes aber nehmen **Feuchtgebiete** ein, Salz- und Süßwassermarschen, die vom Río Tempisque sowie der vom Golf de Nicoya eintretenden Flut gespeist werden und Palo Verde zu einem **Eldorado für Vogelkundler** machen. 300 Arten einheimischer Wasservögel bevölkern den Park. In der Trockenzeit gesellen sich zu den Fisch- und Silberreihern, Ibisen, Tukanen und dem weltweit größten Storch, dem Jabiru-Storch, Tausende von Zugvögeln aus Nordamerika. Sie versammeln sich von Januar bis März um die **Lagunen Palo Verde, Varillal** und **Piedra Blanca**, wo sie im tiefen Wasser leicht Futter finden.

Landschaftlich reizvoller aber ist ein Besuch zur Regenzeit (Mai–November), wenn die ausgetrockneten Marschgebiete sich in ein Mosaik von Grüntönen verwandeln. 55 Reptilien- und Amphibienarten, darunter die größte Krokodilpopulation in Costa Rica, leben an den Flussufern. Oft begegnet man schwarzen und grünen Leguanen, Brüll- und Kapuzineraffen und – Kühen. Letztere bilden Teil der Maßnahmen, die die Parkverwaltung gegen ein dichtes Gestrüpp, die Pflanze *Typha Dominguensis*, ergriffen hat. Das Unkraut wird über die Flussläufe verbreitet und verdrängt die Feuchtgebiete, so dass die Vögel zur Futtersuche auf die angrenzenden Reisanbaugebiete ausweichen und dort von Bauern erschossen werden. Die *Typha* wird daher mit Traktoren ausgerissen, und anschließend von den Kühen gefressen.

Trockenwald

Ein halbes Jahr sengende Hitze, anschließend sechs Monate sturzbachartige Regenfälle – das sind extremste Klimabedingungen, auf die sich Guanacastes Vegetation eingestellt hat: Der hier ansässige Trockenwald besitzt im Gegensatz zum Regenwald lediglich zwei Stockwerke. Um Wasser zu sparen, werfen die bis zu zwölf Meter hohen Bäume des oberen Stockwerks in der Trockenzeit ihr Laub ab. Licht gelangt dann auf das untere Stockwerk; die kleineren Bäume, Sträucher und Hartgräser können heranwachsen.

Der mittelamerikanische Trockenwald erstreckte sich einst von Südmexiko bis Panama. In Costa Rica haben klägliche 5420 ha überlebt, überwiegend in Guanacaste (Santa Rosa Nationalpark, Palo Verde Nationalpark, Reserva Biológica Lomas Barbudal). Der Rest wurde bereits zu Kolonialzeiten für Weideland abgeholzt. Weitere Flächen fallen jedes Jahr Waldbränden zum Opfer, wenn die Brände, die Farmer zum Abbrennen alten Weidelandes legen, auf die angrenzenden Waldgebiete übergreifen.

Ein Besuch der Region zwischen Januar und April lohnt sehr, dann stehen der Poro-, Poui-, Malinche- und Corteza-Amarilla-Baum in Blüte und malen, oft jeweils nur für einen Tag, ein Meer orange- und pinkfarbener, roter und gelber Pastelltupfer in die trostlos versengte Savannen-Landschaft.

Wanderwege

Die Wanderwege gehen zu beiden Seiten der Hauptzufahrtstraße ab und führen wieder auf sie zurück. Der kurze **Sendero La Roca** (540 m) führt zu einem Mirador mit Blick über die Marschgebiete, den Río Tempisque und bis zum Golf von Nicoya.

Der **Sendero Cerros Calizos** oder **Guayacan** (1460 m) ist ein felsiger, steiler Weg, der streckenweise durch Dickicht mit beeindruckend dicken, spiralförmigen Lianen und Luftwurzeln führt. Von den **Aussichtspunkten Guayacan** und **El Cactus** hat man eine atemberaubende Sicht auf die flachen, weiten Marschgebiete und auf den sich durch die Ebene schlängelnden, breiten Río Tempisque.

Der **Sendero El Mapache** (710 m) ist ein kurzer Wanderweg durch Laub- und immergrünen Wald, der **Sendero La Venada** (2100 m) dagegen führt durch die Palo Verde-Marsch. Für Vogelkundler gibt es einen Hochstand in der Marsch.

Krokodile sind am besten vom Boot aus zu beobachten. Bootstouren, ✆ 698-1020, beginnen in Puerto Humo oder am Anlegesteg des Nationalparks. Die Boote fahren zur **Isla de los Pájaros**, sie müssen dort einen Abstand von 50 m zum Vogelschutzgebiet einhalten.

Parque Nacional Volcán Tenorio

MINAE-Büro ✆ 200-0135
Öffnungszeiten 8–14 Uhr
Eintritt $6
Gründungsjahr 1995
Größe 12 717 ha
Besucherzahl 5000 Personen pro Jahr.
Transport
Auto: Von der Interamericana führt die Carretera 6 Richtung Upala zum Ort Bijagua (ungefähr 33 km). 3 km hinter Bijagua zweigt rechts ein Weg über die kleine Ortschaft San Miguel zum Haupteingang Pilón ab. Der Parkabschnitt La Paz ist über den Ort Guatuzo zu erreichen. Dort sind die Wanderwege jedoch in schlechterem Zustand.
Busse: Es fährt kein öffentlicher Bus zum Nationalpark. Busse von Cañas, Upala und San José fahren nach Bijagua, von hier sind es 17 km zum Parkeingang. Taxis berechnen für die Strecke 12 000C.

Vier Vulkankrater ragen aus dem Regen- und Feuchtwald des wenig touristischen Nationalparks Tenorio heraus: Carmela, Montezuma, Tenorio I und II. Unterhalb von ihnen, im Dickicht zwischen Flüssen, Orchideen, wilden Avocadobäumen und Heliconienstauden leben Otter, Boas, Pumas, Kapuzineraffen und Agutis. Tapire ernähren sich von den Früchten des endemischen Jicara-Danto-Baumes, der nur in der Cordillera Guanacaste wächst und Früchte und Blüten am Baumstamm trägt.

Ein dreistündiger Rundwanderweg führt zum Wasserfall **Catarata Celeste** (30 m), zur **Laguna Azul** und dem **Río Celeste**. Mineralien färben dessen Flusswasser himmelblau („celeste"). Baden ist jedoch ausschließlich in den **Thermalquellen** des Parkes erlaubt. Der Aufstieg zum Krater Tenorio, der sich in der Regenzeit in eine Lagune verwandelt, dauert 5–6 Std. (nur Hinweg). Die Parkverwaltung rät jedoch von der Kraterwanderung aufgrund der schlechten Wegverhältnisse ab.

Übernachtung

In Parknähe

Camping und Cabinas Soda Celeste, 1 km vor dem Nationalparkeingang. Scheunenartiges Gebäude auf einem Hügel gelegen; einfache, saubere Zimmer mit blitzblankem Fliesenboden; sehr freundlicher Besitzer. Soda, Camping. 1000C p. P., EZ 3500C p. P.

Hüttenzauber

La Carolina Lodge, 6 km nördlich von Bijagua rechts abbiegen, der Zufahrt zum Nationalpark folgen und vor der Ortschaft San Miguel links abbiegen, ✆ 466-6079, 💻 www.lacarolinalodge.com. Die Carolina Lodge ist eine Rinder- und Gemüsefarm, idyllisch am Fluss gelegen, mit einfachen, rustikalen Blockhütten. Ideal für Naturfreunde; keine Elektrizität, Zimmer mit Kerzen, teils Kamin; abends sind die Wege mit Petroleumfackeln beleuchtet. Traditionelle Mahlzeiten werden im Holzofen zubereitet. Tour zum Nationalpark und VP inkl. ❹

Bei Bijagua

Albergue Heliconias, von der Banco Nacional in Bijagua, 3,5 km rechts, ✆ 466-8483, 💻 www.laheliconias.org. In dem 1100 ha großen Privatreservat liegen 6 einfache Herbergszimmer mit Stockbetten für 2–4 Pers.; durch die Hanglage kann es mitunter ziemlich zugig werden. Die Herberge wird von einer Landwirtschaftskooperative geleitet; bei gutem Wetter Blick bis zum Lago Nicaragua; teure Touren zum Nationalpark; Restaurant. Frühstück inkl. ❸

Transport

Busse kommen aus **San José** (3x tgl.) und fahren über **Cañas** und **Bijagua** nach **Upala**. Busgesellschaft: Transnorte, ✆ 221-9022.

Cañas

Eine große, blecherne Stierarena und eine hübsche Kirchenfassade aus Mosaiksteinen sind die einzigen nennenswerten Hingucker im brütendheißen Guanacaste-Nest Cañas. Der freundliche Ort aber bietet sich als Ausgangsbasis für Abstecher zum Palo Verde-Nationalpark (S. 280) oder Raftingtouren auf den nahe gelegenen Flüssen Río Corobicí und Río Tenorio an (s. weiter unten). Busse verbinden regelmäßig mit dem Norden des Landes (Upala) und dem Arenalsee (Tilarán).

Übernachtung

Hotel El Corral, an der Interamericana, neben Supercompro, ✆ 669-1467. Von außen schön, dunkle Zimmer, könnten sauberer sein. Straßenlärm; Veranda mit Blick auf Hauptstraße und Friedhof; Parkplatz; Nähe zu Bushaltestellen nach Liberia und Puntarenas. EZ 7500C. ❸

Hotel Cañas, Calle 0-2, Avenida 5, ✆ 669-0039. Saubere Zimmer mit guten Matratzen, teils mit TV und AC, frische Farbe nötig, Restaurant, freundliche Leitung. EZ ab 5500C, DZ 8000C.

Nuevo Hotel Cañas, an der Interamericana, ✆ 669-1294, gleicher Besitzer wie vom Hotel Cañas. Helle, neue Zimmer mit fantastischen Matratzen, TV, AC, Zimmer gehen nach hinten raus (weg vom Straßenlärm). ❹

Cabinas Coribicí, Calle 5, Ecke Ave 2, am Ortsrand, 200 m östlich, 100 m südlich der Kirche, ✆ 669-0241, die beste Budget-Unterkunft im Ort. Saubere, ruhige Zimmer mit Privatbad und TV ; Parkplatz; EZ 5000C, DZ 7000C.

Camping und Hotel Capazuri, ungefähr 2 km nördlich von Cañas in Richtung Liberia, ✆ 669-6280, ✉ capazuri@racsa.co.cr. Großer, gepflegter Zeltplatz auf Rasen unter Bäumen mit Pool ($7 p. P.); außerdem saubere, einfache, überteuerte Zimmer mit Privatbad und AC. Am Wochenende laut! ❹

Essen

Restaurante Lei Thu, Av. 1, C. 2–4. Gute, günstige, chinesische Gerichte; Restaurant hat AC. 🕓 10–22 Uhr.

Soda Mimi, Av. 7, C. 1–3. Günstiges, landestypisches Essen in rustikaler Soda; beliebt bei Einheimischen; es gibt Ceviche. 🕓 6–22 Uhr.

Sonstiges

Apotheken

Farmacia Farmatodo, 50 m hinter der Kirche an der Av. 1, ✆ 669-0748. 🕓 Mo–Sa 7.30–21, So 8–12 und 15–20 Uhr.

Farmacia Siglo XXI, am Kirchplatz. 🕓 Mo–Sa 8–21, So 8–13 und 15–20 Uhr.

Fahrradreparatur

Ciclo Monstro, Avenida 5, Calle 0–1, am Basketballplatz, ✆ 889-3172. 🕓 Mo–Fr 8–12 und 13.30–19 Uhr.

Fotogeschäft

Foto Fely, Av. 3, C. 1–3. 🕓 Mo–Sa 8–12 und 14–18 Uhr.

Geld

Banco Nacional, am Kirchplatz, Av. 1, C. Central. 🕓 Mo–Fr 8.30–15.45 Uhr.

Banco de Costa Rica, Av. 0, C. 4. 🕓 Mo–Fr 9–16 Uhr.

Parque Nacional Barra Honda: Leguan

Internet

Internet Cyberc@ñas, Av. 3, C. 1–3. ⌚ Mo–Sa 8.15–21, So 14–21 Uhr.
@Mouseinternet, Av. 5–6, C. 0, am Basketballplatz. ⌚ Mo–Fr 8–21, So 13–21 Uhr.

Medizinische Hilfe

Klinik an der Interamericana, gegenüber der Tankstelle San Carlos, ✆ 669-0092.

Post

Neben Supercompro. ⌚ Mo–Fr 8–12 und 13–17.30 Uhr.

Supermärkte

Palí, Av. 5, C. 2–4, hinter der Stierkampfarena. ⌚ Mo–Do 8–19, Fr, Sa 8–20, So 8.30–18 Uhr.
Supercompro, an der Hauptstraße; große Auswahl. ⌚ Mo–Sa 8–20, So 8–14 Uhr.

Tankstelle

Zwei große Tankstellen an der Ortseinfahrt am Rand der Interamericana.

Taxis

Am Kirchplatz oder Busterminal, ✆ 679-0898. Tarife: Nationalpark PaloVerde 25 000C. Vulkan Tenorio 20 000C.

Telefon

Am Kirchplatz.

Transport

Der **Busbahnhof** liegt am Mercado Municipal, nördlich des Zentrums, Av. 11–13, Ecke C. 0. Busse Richtung Liberia und Puntarenas halten auch an den Haltestellen auf der Interamericana; wer dort einsteigt, findet jedoch meist keinen Sitzplatz mehr.

Busse fahren nach:
Puntarenas, 9x tgl.
Liberia, 15x tgl., etwa 1 Std.
Tilarán (Arenal-See), 8x tgl.; 250C, 40 Min.
San José, 9x tgl., 1330C, 3 Std.
Upala, 7x tgl.; 820C, 1 1/2 Std.

Die Umgebung von Cañas

5 km nördlich von Cañas bieten zwei Tourveranstalter Rafting- und Floatingtouren auf den Flüssen **Río Corobicí** und **Río Tenorio** an. Eine Floatingtour ist ideal zum Fotografieren und Tiere beobachten. Das Schlauchboot treibt langsam den Fluss hinab, der Führer rudert. Anstrengender und abenteuerlicher sind die Raftingtouren ab Schwierigkeitsstufe 3 in den oberen Flussläufen.

Safaris Corobicí, ✆ 669-6191, ✉ safaris@racsa.co.cr, 4,5 km hinter Cañas, an der Interamericana Richtung Liberia, rechte Seite (wer mit dem Bus reist, den Fahrer bitten bei „Las Pumas" zu halten). Safaris Corobicí bietet ausschließlich Floatingtouren auf dem 300 m entfernten Río Corobicí und 5 km entfernten Río Tenorio an. Eine Voranmeldung ist nicht nötig, möglichst morgens eintreffen. Schwimmsachen, Sonnenschutz, Hut, Fernglas mitnehmen. Die Touren kosten: $37 (2 Std.), $45 (3 Std.), $60 (halber Tag). Kinder bis zu 14 Jahren zahlen den halben Preis. ◷ 7–15 Uhr.

Rincón Corobicí Rafting, 5 km hinter Cañas, auf der Interamericana Richtung Liberia, rechte Seite, im Restaurant Rincón Corobicí, ✆ 669-6262, ✉ rincor@racsa.co.cr. Außer Floatingtouren auf dem Río Tenorio und Río Corobicí werden Raftingtouren der Schwierigkeitsstufe 3 und 4 auf dem Río Tenorio und der Schwierigkeitsstufe 4 auf dem Río Zapote angeboten. Für das Floating ist keine Voranmeldung nötig. Die halbtägigen Raftingtouren beginnen um 9 Uhr, mindestens einen Tag vorher reservieren. Mitnehmen: Schuhe, Badezeug und bequeme Kleidung, die nass werden darf, Sonnenschutz, Kleidung zum Wechseln, Fernglas. Rafting $ 85 (inkl. Mittagessen); Floating $38.

Soda Rincón Corobicí, am Río Corobicí gelegen, serviert landestypische Gerichte. Erschöpfte Rafting-Teilnehmer stillen hier ihren Hunger. ◷ Mo–So 8–17 Uhr.

Centro de Rescate Las Pumas, 4 km nördlich von Cañas, hinter Safaris Corobici, ✆ 669-6044, 🖳 www.laspumas.com. Das Tiergehege Las Pumas wurde Mitte der 60er-Jahre von der schweizerischen Tierschützerin Lilly Bodmer gegründet. Hier leben 80 Wildtiere, die illegal als Haustiere gehalten und von der Polizei konfisziert wurden. Die Mehrzahl davon sind vom Aussterben bedrohten Wildkatzen wie Pumas, Jaguare und Ozelotkatzen, außerdem Affen und Vögel. Je extravaganter und farbiger das Federkleid oder der Pelz, desto begehrter sind sie als Hausdekoration. Die konfiszierten Tiere kommen zunächst in Quarantäne, dann entscheidet der Tierarzt, ob sie noch in der Lage sind, in freier Wildbahn zu überleben. Viele Tiere sind bereits zu sehr an den Menschen gewöhnt oder haben Verletzungen und bleiben im Gehege. Der Eintritt ins Gehege ist gratis, um Spenden wird aber gebeten.

Puente de la Amistad

780 m lang und 13,30 m breit ist die **Puente de la Amistad**, die den Río Tempisque überquert und die Nicoya Halbinsel mit dem Festland verbindet. 27 Millionen Dollar kostete der moderne Stahlträgerbau, der von Taiwan finanziert und gebaut wurde. Im April 2003 wurde das „Symbol für Solidarität und Freundschaft" zwischen den beiden Ländern eingeweiht. Naturschutzorganisationen werfen Taiwan und der Costa Ricanischen Regierung allerdings vor, dass Taiwan mit dieser „Schenkung" Bedingungen verbindet und costaricanische Fischfanggesetze umgehen will. Denn mehrere hundert Tonnen Haifischflossen werden jährlich für teure Suppen nach Asien exportiert. Den Haien werden – entgegen costa-ricanischem Recht – zuvor brutal die Flossen abgehackt. Die verstümmelten Körper werden meist lebendig zurück ins Wasser geworfen.

Leckere, günstige landestypische Küche serviert die Soda Mi Finca an der Straßenkreuzung Puente de la Amistad, Liberia und Puntarenas; das Restaurant ist allerdings sehr touristisch, ◷ 6–21 Uhr.

Zentrale Pazifikküste

Stefan Loose Traveltipps

Puntarenas Mit der Fähre über den Golfo de Nicoya fahren, vorbei an Scherenschnittbergen und der Insel der einsamen Männer. S. 286

Parque Nacional Manuel Antonio Frühmorgens die Touristenhorden umgehen und den Totenkopfäffchen beim Spielen zusehen. S. 303

Schlemmen Die Kochkünste im kleinen Ojochal genießen und danach am paradiesischen Playa Ventana „Bauch" zeigen. S. 310

Mit feinen weißen Sandstränden, hohen Wellen zum Surfen, versteckten Badebuchten und Hauptstadtnähe war Costa Ricas Pazifikküste seit jeher ein Touristenmagnet. Heute hat ein gewaltiger Bauboom die Küste gepackt (s. S. 296), Kasten „Der Ausverkauf eines Landes"), Fischerdörfer sind vielerorts Expat-Kolonien gewichen und die Preise explosionsartig in die Höhe geschnellt. Die beliebten Nationalparks **Manuel Antonio** und **Carara** ähneln an Wochenenden mehr Freizeitparks als Schutzgebieten.

Am südlichen Küstenabschnitt jedoch, wo die Costañera ihre glatte Asphaltschicht verliert, ebbt der Touristenstrom ab und das alte Costa Rica kommt zum Vorschein: Ölpalmenplantagen beherrschen die Landschaft; gesattelte Pferde warten an Pulperias, statt ihrer Finca verkaufen die Campesinos hier noch Schweine. **Playa Matapalo, Uvita und Ojochal** sind immer noch Strandparadiese abseits des Haupttouristenstromes. Mit der Asphaltdecke kommt jedoch auch die Veränderung.

Von Puntarenas nach Jacó

Puntarenas

Costa Ricas einst wichtigste Hafenstadt Puntarenas liegt auf einer schmalen Landzunge im **Golfo de Nicoya** und ist heute eine der letzten „Tico"-Städte an der stark touristischen Pazifikküste. Am **Paseo de los Turistas**, einer langen Strandpromenade im Westen der Stadt, stehen die Relikte aus der Blütezeit des Kaffeehandels: die ehemalige Capitanía, der alte Anlegesteg, das einstige Zollgebäude sowie große, Zweck entfremdete oder leer stehende Lagerhallen und Silos.

Am **Estero** im Osten mischt sich der penetrante Fischgestank mit dem Geruch von Verwesung und Müll. Fischer säubern hier abends ihre Netze und werfen die Reste vom Fang in die großen, gierigen Schnäbel der Pelikane. Die untergehende Sonne taucht die rostenden Bootsriesen in ein sattes Buddha-Orange, das selbst dem ältesten Kahn noch Würde verleiht.

In Puntarenas machen vorwiegend Einheimische Urlaub. Die übrigen Touristen setzen meist direkt mit der Fähre auf die Peninsula de Nicoya über – dort sind die Strände schöner.

Geschichte

Die Geschichte von Puntarenas war stets eng mit dem Meer verbunden. Bereits um 1500 v. Chr. gab es in der Golfregion rund 150 **Indianersiedlungen**; Ausgrabungen fanden in den Orten Los Sueños, Orucu, La Malla de Tirines und Chomes statt. Die verschiedenen Indianerstämme – Nicoyas, Corobicís, Abangares, Orotinas, Chomes und Zapandis – lebten vom Molluskenfang und Salzabbau. Aus den Mollusken gewannen sie Perlen und Tinte. Die Flüsse Río Tarcoles und Río Barranca dienten ihnen als wichtige Handelswege ins Landesinnere.

Puntarenas war eine der ersten Regionen Costa Ricas, die die Spanier kolonialisierten. Anfang des 16. Jahrhunderts wurden die Ureinwohner zunächst als Minenarbeiter nach Peru und Panama verschifft, später unter dem Encomienda-System versklavt. Zu Beginn des 19. Jahrhunderts avancierte Puntarenas zum wichtigsten Exporthafen des Landes. **Kaffee** wurde von hier nach Europa verschifft. Die Kaffeehändler aus San José bauten sich in der Hafenstadt Sommerhäuser, in denen sie die Exportsaison verbrachten. Unter ihnen auch Juan Moras, Präsident von 1849 bis 1859, der mit der historischen Schlacht gegen William Walker (S. 211, Kasten) als Held in die Landesgeschichte einging und nach einem Regierungsputsch ins Exil nach Guatemala floh. Als Moras 1860 nach Costa Rica zurückkehrte und die Regierungstruppen herausforderte, wurde er ohne Urteilsspruch am heutigen Plaza Mora y Cañas in Puntarenas exekutiert.

Mit der Eröffnung neuer Exportrouten, dem Ausbau des Straßennetzes und zuletzt mit der Errichtung des Containerhafens im 18 km südöstlich gelegenen Caldera nahm Puntarenas' Bedeutung als Hafenstadt ab. Heute legen hier nur noch Kreuzfahrtschiffe an.

Sehenswertes

Einen Besuch wert ist das kleine **Museo Histórico Marítimo** in der Av. Central. In dem ehemaligen Stadtgefängnis wird den Besuchern anschaulich die Geschichte, Kultur und Natur der Region erklärt, 🕓 Di–So 9.45–17.15 Uhr. Im gleichen Gebäude befindet sich das **Casa de la Cultura** mit Theater-, Tanz-, Musikveranstaltungen und Ausstellungen costa-ricanischer Künstler. 🕓 Mo–Fr 9–16 Uhr.

Daneben steht die kleine, steinerne **Catedral** aus dem Jahr 1902, die aus der sonst üblichen Turnhallenkirchenarchitektur der 1960er-Jahre heraussticht. 🕓 tgl. 6–12 und 15–19 Uhr.

Der breite **Paseo de los Turistas** führt am Hafen entlang, wo sich die Hotels und Fischrestaurants der Stadt befinden, und endet am alten Bahnhofsgebäude, in dem sich heute der **Parque**

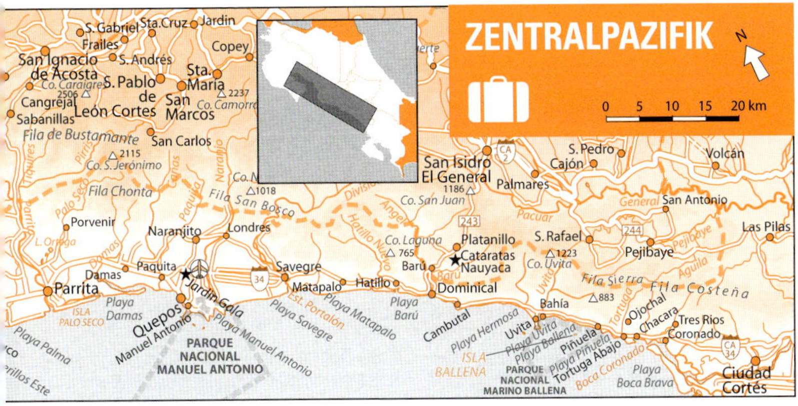

Marino del Pacífico, 🖳 www.parquemarino.com, befindet. In diesem Meerespark sind u. a. Krokodile untergebracht, die man etwas weiter südlich, am Río Tárcoles, besser in freier Wildbahn erleben kann. 🕓 Di–So 9–17 Uhr. Den Strand von Puntarenas besuchen hauptsächlich einheimische Urlauber.

Übernachtung

Alamar, Paseo de los Turistas, Ecke C. 31, ✆ 661-4343, 🖳 www.alamarcr.com.
26 helle, farbenfrohe Zimmer und Apartments mit Küche; Pool und Jaccuzzi; Frühstück inkl. ❺

Cabinas Familiares Midey, Av. 2, C.13–15.
Blitzsaubere Zimmer mit Küche; gutes Preis-Leistungs-Verhältnis; geleitet von einer freundlichen kanadisch/costa-ricanischen Familie. ❹

Hotel Cabezas, C. 2–4, Av. 1a, ✆ 661-1045.
Sehr saubere, kleine Zimmer mit dünnen Holzwänden und Gemeinschaftsbad (3500C p. P.). Die DZ mit Privatbad gehen zur Hauptstraße hinaus. Parken kostet 1500C extra. Beliebt bei Rucksackreisenden. ❷

Hotel Chorotega, Av. 3, Ecke C. 1, ✆ 661-0998.
Auffälliger Flachbaukasten mit sehr sauberen und hellen Zimmern; teils mit AC und privatem Bad; bei den Zimmern mit Gemeinschaftsbad reichen die Wände nicht bis zur Decke. Sehr zentral gelegen, deshalb nicht die ruhigste Unterkunft. ❸

Fiesta de La Virgen del Mar

Jedes Jahr im Juli gedenkt Puntarenas seiner Schutzpatronin La Virgen de Carmen – auch La Virgen del Mar genannt –, die vor beinahe hundert Jahren schiffbrüchige Perlentaucher aus Puntarenas im Sturm vor dem Ertrinken gerettet haben soll. Feierlich wird die Heilige vom Barrio Carmen zur Kathedrale getragen. Fischer schmücken an diesem Tag die Masten und Vorderdecks ihrer Boote mit Schwänen, Seepferdchen und Engeln aus Pappmaché und fahren Regatten. Que viva la Virgen del Mar!

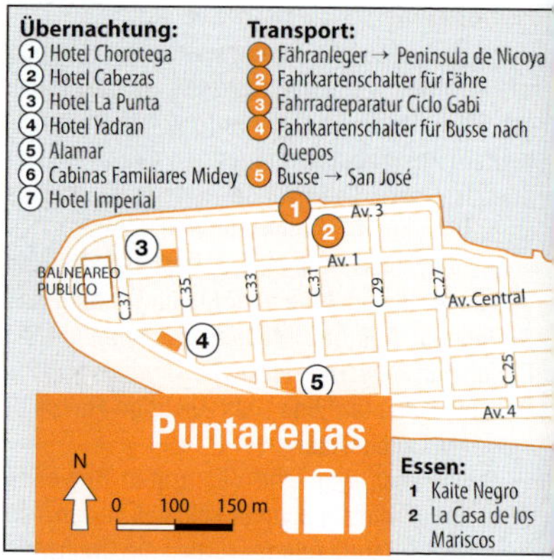

Hotel Imperial, Paseo de los Turistas, C. 0–2; schräg gegenüber der Capitanía, ✆ 661-0579. Gelbes, altes Haus mit schönem Garten und einfachen, großen, hellen Zimmern mit dünnen Wänden. ❸

Hotel La Punta, am westlichen Ortsende, Av. 1, Ecke C. 35, ✆ 661-0696. Hübsche, ältere, große Zimmer mit Balkon. Nah am Fähranleger gelegen. ❸

Hotel Yadran, am westlichen Ortsrand, Paseo de los Turistas, Ecke C. 37, ✆ 661-2662, 🖳 www.hotelyadrancr.com. Ein 60er-Jahre-Flachbau mit 42 sauberen, geräumigen Zimmern unterschiedlichen Standards; die Superior-Zimmer haben AC, Balkon, Kühlschrank und Meeressicht. Zum Hotel gehören Konferenzsäle, Pool, Diskothek; in praktischer Nähe zum Fähranleger gelegen. ❺–❻

Essen

Verschiedene Fischrestaurants befinden sich am Paseo de los Turistas, darunter auch **La Casa de los Mariscos**, zwischen C. 7 und 9. Zwischen dekorativen Bojen und Rettungsreifen werden Ceviche, frischer Fisch und Meeresfrüchte serviert. 🕓 Mi–Mo 11–22 Uhr.

Kaite Negro, Ecke Av. 1, C. 17, leckerer Fisch und Meeresfrüchte zu günstigen Preisen in Garagenatmosphäre; beliebt bei Einheimischen. 🕓 Mi–Di 11–22 Uhr.

Sonstiges

Apotheke

Farmacia Puntarenas, Av. 1, Ecke C. 1, ✆ 661-3075; ⌚ Mo–Sa 8–20, So 8–17 Uhr.

Fahrradreparatur

Ciclo Gaby, Av. 1, C. 1–3, ✆ 661-0348; ⌚ Mo–Fr 8–18, Sa 8–17 Uhr.

Geld

Banco de Costa Rica, Av. 3, Ecke C. Central; ⌚ Mo–Fr 9–16 Uhr, und im Centro de Comunicación Internacional; ⌚ Mo–Sa 10.30–19, So 10.30–18 Uhr.
Banco Nacional, C. 1, Ecke Av. 3; ⌚ Mo–Fr 8.30–15.45, Sa 9–13 Uhr.

Internet

Internet Tecnologías Modernas, neben dem Casa de la Cultura; Laptops unterm Zeltdach; ⌚ Mo–Fr 8–19, Sa 8–16 Uhr.
Internet Puntarenas, neben dem Casa de la Cultura; ⌚ Mo–Sa 9–21.30, So 10.30–19.30 Uhr.

Medizinische Hilfe

Clínica Médica La Fortaleza, Calle Principal, ✆ 661-1316; ⌚ 7.30–20 Uhr.

Supermarkt

Palí, C. 1, Av. 1–3, ⌚ Mo–Do 8–19, Fr und Sa 8–20; So 8–18 Uhr.

Taxi

750C kostet die Fahrt vom Busbahnhof zum Fähranleger.

Informationen

Oficína de Turismo, am Paseo de los Turistas, gegenüber der Uferpromenade, im 2. Stock des Centro Comunicación Internacional, ✆ 661-2980, ⌚ Mo–Fr 8.30–17.30, Sa 8.30–12.30 Uhr.

Transport

Busse

Die Busse nach Quepos, Guanacaste und zur Isla de Pájaro fahren am Paseo de las Turistas, gegenüber vom Restaurant Chirripó ab. Busse nach San José fahren am nördlichen Ende des Paseo de los Turistas, Ecke C. 2, ab. Ein Taxi vom San José Busbahnhof zum Fähranleger kostet rund $2.
Costa de Pájaros, 4x tgl.
Liberia, 8x tgl. von 4.40–15 Uhr; 2 1/2 Std.
Monteverde, 2x tgl.
Nicoya, **Santa Cruz**, 2x tgl.
Quepos (über **Jacó**), 5x tgl. von 5–16.30 Uhr; 1060C; 3 1/2 Std.
San José, stdl. von 4–19 Uhr; 2 1/2 Std.
Tilarán (über **Cañas**), 2x tgl.

Shuttle-Busse

Interbus, ✆ 283-5573, 💻 www.interbusonline.com, fährt nach **Fortuna**, **Manuel Antonio**,

Monteverde, an die **Guanacaste-Strände** und nach **San José**.

Fähren

Der Anleger und Fahrkartenschalter für die Fähren zur Peninsula de Nicoya befindet sich am nordwestlichen Ende von Puntarenas an der Av. 3, zwischen C. 31 und C. 33. Der Fahrkartenverkauf beginnt rund 30 Min. vor Abfahrt. Autos sollten rechtzeitig eintreffen, denn die Fähren füllen sich schnell. Am Anleger gibt es Telefone, Pulperías und Sodas.

Paquera, 4 Fähren von 8.30–22.30 Uhr, außerdem tgl. 2 Personenfähren, jeweils mit der Gesellschaft Peninsular, ✆ 641-0118.
7 Fähren von 5–22.30 Uhr; mit der Gesellschaft Naviera, ✆ 661-2084. Die Überfahrt dauert 2 Std.

Playa Naranjo; 4 Fähren von 6.30–19.30 Uhr; 1 1/2 Std.; mit der Gesellschaft Coontramar, ✆ 661-1069. Tarife: Erwachsene 760C, Kinder 455C; Auto 4400C.

Lanchas

Isla Chira, Abfahrt an der Costa de Pájaros (s. Busse); 2x tgl.; 4000C (hin und zurück); 30 Min.

Die Schatzinsel Isla de Coco

600 km südlich oder anderthalb Tage mit dem Boot, liegt die Isla de Coco vom costa-ricanischen Festland entfernt, umgeben nur von Himmel und Wasser. Der Legende nach versteckten Piraten und Walfänger hier ihre Schätze und inspirierten den schottischen Schriftsteller Robert Louis Stevenson zu seinem berühmten Roman *Treasure Island* (Die Schatzinsel). Auf der Insel leben heute lediglich Nationalparkwächter, die illegales Fischen um das Eiland herum verhindern sollen, sowie Wissenschaftler, die mit einem elektrisch betriebenen U-Boot die Unterwasserwelt erforschen. Freizeittaucher müssen an Bord ihres Schiffes schlafen, denn es gibt keine Unterkunft auf der Insel. Um Touristen möglichst vom Eiland fernzuhalten, sind die Preise für Tauchtouren hoch. Eine zehntägige Tauchreise von Puntarenas aus kostet pro Person rund $3000.

Parque Nacional Carara

MINAE-Büro ✆ 383-9953
Öffnungszeiten 7–16 Uhr
Eintritt $8
Gründungsjahr 1998
Größe 5180 ha
Besucherzahl 30 000–40 000 Personen pro Jahr
Transport Die Parkstation Quebrada Bonita befindet sich auf der linken Seite der Costañera, 3 km hinter der Brücke über den Río Tárcoles. Busse, die auf der Strecke Puntarenas–Jacó verkehren, halten auf Wunsch vor dem Park.

Im Nationalpark Carara (*Carara* bedeutet in der Sprache der Huetar-Indianer „Krokodil") trifft tropischer Trockenwald auf tropischen Regenwald. Besuchern bietet der Park eine gute Gelegenheit, den seltenen **roten Ara** zu entdecken, denn im Schutzgebiet lebt Costa Ricas zweitgrößte Population des farbenprächtigen Papageien (s. S. 340, Kasten „Der Nussknacker von Osa").

Ein kurzer Rundwanderweg führt von der Parkstation **Quebrada Bonita** durch den südlichen Parkabschnitt. Das Naturerlebnis wird hier leider vom Verkehrslärm der Costañera beeinträchtigt. Lohnenswerter ist der 4 km lange **Sendero Laguna Meandrica** im nördlichen Parkabschnitt. Dieser Weg führt durch Galeriewald am **Río Grande de Tárcoles** entlang. Ein Pfad zweigt zur **Laguna Meandrica** ab, an deren Ufer Spaziergänger Krokodile und Wasservögel beobachten können. Insgesamt 400 Vogelarten teilen sich die Parkoase mit Kapuzineraffen, Nasenbären, Agutis, Pfeilgiftfröschen und Tukanen.

Zu den **Gräbern der Huetar-Indianer** führt kein Pfad; Parkwächter weisen Besuchern den Weg dorthin. Der Nationalpark Carara ist aufgrund seiner Nähe zu San José ein beliebtes Ausflugsziel von Tagestour-Veranstaltern und deshalb in der Hauptsaison oft überfüllt. Weniger Betrieb herrscht in der Regenzeit von April bis November.

Ein Kapitän mit seinem Boot in Puntarenas

Von Tárcoles nach Jacó

Die Hauptattraktion von Tárcoles sind seine Krokodile. Am **Playa Tárcoles** bieten Tourveranstalter (**Jungle Crocodile**, ✆ 385-6591; **Crocodile Man**, ✆ 637-0426; $25 p. P.) zweistündige Krokodiltouren im Motorboot an. Gratis können Besucher die zähnefletschenden Reptilien von der Costañera aus auf der Sandbank unterhalb der Brücke bestaunen.

Zwei Kilometer südlich vom Ort zweigt eine Straße zum **Catarata Manatial** ab. Die Wanderung zum Wasserfall, der mit 290 m angeblich der höchste Wasserfall des Landes ist, dauert 40 Minuten. Schwimmen ist möglich. Eintritt: stolze $15 p. P. ⌚ 7–16 Uhr.

Fünf Kilometer vor den Fällen bietet das Hotel Villas Lapas, 🖳 www.villalapas.com, fünfmal täglich sowohl **Canopy**- ($40 p. P.) als auch **Skyway-Touren** über fünf 50 m hohe Hängebrücken ($30 p. P.) im Regenwald an. Im kristallinen Wasser des schönen, aber steinigen **Playa Agujitas** baden vorwiegend Einheimische.

Die feinen weißen Sandstrände **Playa Blanca** und **Playa Manta** am benachbarten **Punta Leona** zählen zu den saubersten und schönsten Stränden Costa Ricas und werden regelmäßig mit der Bandera Azul – dem Symbol für einen sauberen Strand – ausgezeichnet (s. S. 265, Kasten „Die Bandera Azul"). Trotz eines Gerichtsurteils, das verfügte, dass die Playas der Öffentlichkeit gehören und jedem Besucher kostenlos zugänglich sein müssen, wird nach wie vor nur Gästen der großen Hotelanlage freier Zugang gewährt, alle anderen müssen $20 p. P. Eintritt zahlen.

Playa Herradura ist das ruhige Gegenstück zum benachbarten, umtriebigen Jacó. Zweieinhalb Monate lang drehte hier 1992 der englische Regisseur Scott Ridley den Kolumbus-Film *Die Eroberung des Paradieses*. Heute ist die Zufahrt zur halbmondförmigen Bucht eine einzige Baustelle mit Eigentumswohnungen und Luxusresorts. Wen das nicht stört: Zum Schwimmen ist der Strand ideal. Busse verbinden stdl. Playa Herradura mit Jacó.

Übernachtung und Essen

Cabinas Las Almendras, am Playa Herradura, ✆ 637-8156. Einfache, saubere Cabinas. $20 p. P.
Cabinas del Río, am Playa Herradura, ✆ 637-8891. Einfache Cabinas, teils mit Küche. $20 p. P.
Hotel Punta Leona, in Punta Leona, ✆ 231-3131, 💻 www.hotelpuntaleona.com. Apartments und kleine, einfache Ferienbungalows mit AC auf einem riesigen, abgeschirmten Gelände. Pool, Tennis- und Minigolfplatz; elektrische Shuttle-Busse bringen die Gäste zum Strand. Hauptattraktion sind die paradiesischen Sandstrände; Ziel deutscher Reiseveranstalter. ❻
Steve and Lisa's, in Tárcoles. Comida Típica mit Meeresblick; beliebt bei Touristen, ⏲ tgl. 6–22 Uhr.

Sonstiges

Autovermietung
Europcar, am Ortseingang von Playa Herradura, ✆ 637- 8292.

Tauchschulen
Herradura Divers, am Playa Herradura, ✆ 637-7123, 💻 www.herraduradivers.com. Tauchgänge u. a. zur Isla Tortuga ($161) und Isla Herradura ($99), ⏲ tgl. 8–16 Uhr.

Auf einer Welle

Vorbei sind die Zeiten, als das Surfen ein Männersport war und Frauen nur (knapp bekleidet) in Surfmagazinen abgebildet wurden. Längst greift „frau" selbst zum Brett, sogar in den klassischen Macho-Ländern Lateinamerikas.
Die amtierende Surf-Weltmeisterin Susana Milichava kommt aus Peru, auch Costa Ricas Lisbeth Vindez hat mehrfach nationale und internationale Wettbewerbe gewonnen. Jung, attraktiv, mit muskulösen Oberarmen, langer Mähne und breitem Rücken, auf den bereits so mancher Brecher gewaltvoll niederschmetterte, schneiden sie die Wellen riskanter als einige männliche Kollegen und rücken so das Frauenbild der Surfmagazine zurecht.
Costa Ricas größte Nachwuchshoffnung ist die 15-jährige Natalie Bernold aus Tamarindo. Mit sechs Jahren stand sie in Puerto Viejo (Karibik) zum ersten Mal auf dem Brett, der Vater brachte ihr das Surfen bei. „Früh aufstehen, eine gewaltige Welle sehen, mich von ihr tragen lassen – das ist ein Glücksgefühl, das musst du selbst erlebt haben" erzählt Natalie, die Costa Ricas Surferinnenszene dominiert. Zwar surfen heute viele Mädchen in ihrer Freizeit, „was uns aber fehlt, sind Sponsoren. Sonst würden sicherlich mehr Frauen die professionelle Laufbahn einschlagen", sagt Natalie, die selbst davon träumt, wie Weltmeisterin Susana Milichava einmal mit dem Surfbrett um die Welt zu reisen.
Dass Frauen nicht erst heute das Surfen für sich entdecken, bezeugen jahrhundertealte hawaiianische Gesänge. Sie berichten unter anderem von der 100 kg schweren Schönheit Ke-ai-o-Mamala, die so bezirzend auf ihrem Surfbrett die polynesische Inselwelt umkreiste, dass ein Häuptling sie von der Welle weg heiratete. Weitere Pionierarbeit leistete in den 1960er- und 1970er-Jahren die große Garde kalifornischer Surferinnen, darunter Joyce Hoffmann und Margo Oberg, die jahrelang die Weltrangliste anführten. Damals mussten sich Surferinnen oft noch in Neoprenanzüge für Männer zwängen. Heute gibt es spezielle Surfkleidung, Surfschulen und Surfmagazine für Frauen. Geschlechtertrennung ist jedoch in vielen Ländern nicht mehr nötig, „man(n)" reitet heute „auf einer Welle".
Zum Schluss – welche Strände können die Surfamazonen zum Wellenreiten empfehlen? „Jacó und Tamarindo für Anfänger – dort sind die Wellen nicht so hoch – und für Fortgeschrittene Playa Hermosa bei Jacó oder die berühmte Salsa Brava in Puerto Viejo." Buen Surf!

Jacó

„Es una porquería, una porquería“ (...eine Schweinerei, eine Schweinerei“) – hört man Costa Ricaner oft über die rapide Verwandlung des einst kleinen Fischerdorfs in das Sündenbabel Costa Ricas klagen. Jacó ist heute das Zentrum für Prostitution, Drogen und Party im Land und fester Bestandteil *Gringolandias*. An der wenig attraktiven, kilometerlangen Avenida Pastor Díaz reihen sich Einkaufszentren, Sportfischerbars, Leuchtreklamen und mehrstöckige Betonskelette aneinander. Am Wochenende füllt sich der traditionelle Hausstrand der Josefiner nach wie vor mit Einheimischen. Bei all dem Andrang ist Jacós Strand überraschend schön geblieben. Er gilt als einer der besten Plätze im Land, um Surfen zu lernen.

Übernachtung

Jacó hat eine Fülle an Hotels jeder Preisklasse. In der Nebensaison purzeln die Preise.
Die ruhigen Unterkünfte befinden sich am südlichen und nördlichen Ortsende von Jacó.

Apartotel Catalina, südliches Ortsende, in der C. Hidalgo, ✆ 643-1237, 💻 www.hotelcatalinacr.com. Gepflegte Anlage mit hellen, geschmackvollen Zimmern; Küche, kleine Terrasse, kleiner Pool; teils AC; empfehlenswert. ❹–❺

Cabinas Calu, C. Bohío, neben Hotel de Haan, ✆ 643-1107, blitzblanke Cabinas mit guten Matratzen; Küchenmitbenutzung; Parkplatz; besser als das De Haan-Hotel nebenan. ❸

Cabinas Caracol, am nördlichen Ortsende; an der Fusion-Bar links, Richtung Meer abbiegen; ✆ 643-1716. Einfache, saubere Cabinas mit Bad und TV; nicht weit von der Bushaltestelle nach San José entfernt. ❷

Cabinas Las Palmas, am nördlichen Ortsende, beim Supermercado Las Chancletas rechts einbiegen; ✆ 643-3005. Kahle, saubere, einfache Cabinas um einen schönen großen Palmengarten herum; teils mit AC. ❸–❹

Cabinas Solmarena, C. Anita, ✆ 643-1124. Zweistöckiges Haus; oben edle Zimmer mit schönen Holzmöbeln, guten Matratzen, AC und kleinem Balkon; unten saubere, einfache Cabinas; 50 m vom Strand entfernt. ❷–❸

Untypisch Jacó

El Paraíso Escondido, am südlichen Ortsrand, 150 m östlich der Iglesia Católica, ✆ 643-2883, 💻 www.hoteljaco.com. Schöne, gepflegte Anlage im Hazienda-Stil; schlichte Zimmer mit guten Matratzen; einige mit AC und Küche; spezielle Familienzimmer für 6 Personen. Garten mit großem Pool; Fahrradverleih ($5 pro Tag); 350 m vom Strand entfernt. Sehr gutes Preis-Leistungs-Verhältnis; ruhig; schweizerische Leitung. ❹

Camping El Hicaco, C. Hicaco, ✆ 643-3004, in Zentrums- und Strandnähe; Schließfächer; 2000C p. P. Parken kostet 1000C.

Hotel De Haan, C. Bohío, ✆ 643-1795, 💻 www.hoteldehaan.com. Kleine Dorms für $10 p. P.; auch DZ; Pool; Internet; Kochgelegenheit. ❸

Hotel Los Ranchos, C. Las Olas, ✆ 643-3070. Schöne Anlage mit praktischen, schlichten Zimmern; die Zimmer im 2. Stock sind schöner; teils mit Kochgelegenheit; auch Ferienbungalows (bis zu 7 Pers.); Pool. ❸–❺

Hotel Mar de Luz, nördlich vom Zentrum, ✆ 643-3259, 💻 www.mardeluz.com. Schöne Anlage mit gemütlichen Zimmern. Ideal für Wassernixen: zwei Pools, ein Kinderbecken, ein Jaccuzzi; freundliche, holländische Leitung; Frühstück inkl. ❺

Hotel Pochote Grande, am nördlichen Ortsende, ✆ 643-3236, 💻 www.hotelpochotegrande.net. Hübsch angelegte, ruhige Anlage mit 24 großen, hellen und praktischen Zimmern; Minikühlschrank und große Balkons; Pool, direkter Strandzugang; beliebtes Ziel deutscher Reiseveranstalter; deutsche Leitung. ❺

Essen

Bar-Restaurant Tabacón, Meeresfrüchte in Kokosnuss und tropischer Mango-Papayasoße. Schwarzwälderkirschtorte als Nachtisch! Große Auswahl an Cocktails; Bar-Atmosphäre; mitunter Live-Musik. 🕓 Mo–Sa 16–24, So 11–24 Uhr.

Caliche's Wishbone, Av. Pastor Díaz, gegenüber der Banco Nacional. Pizzen, Ofenkartoffeln,

Sandwiches, Salate. ◷ Do–Di 12–15 und 18–22 Uhr.
Colonial, Av. Pastor Díaz, Ecke C. Bohío. Fisch, Meeresfrüchte, Steak; spezielle Kinderteller. Samstags Buffet mit Fisch, Meeresfrüchten und Wein; gehobenes Ambiente.
Parrilla Argentina, Av. Pastor Díaz, Ecke C. Cocal. Steak und Fisch vom Holzofengrill in rustikalem Ambiente. ◷ ab 16 Uhr.
Soda Garrobito, von der Av. Pastor Díaz in Richtung Klinik/Costañera abbiegen; die Soda liegt gegenüber dem Centro Odontólgo. Günstige Comida Típica und Fischgerichte; schneller Service. Beliebt bei Touristen und Einheimischen. ◷ Mo–Fr 6–19, Sa und So 6–18 Uhr.
Soda Marea Alta, Av. Pastor Díaz, gegenüber der C. Barahona. Günstiger, leckerer Fisch und Meeresfrüchte; großzügige Portionen. Hay Ceviche. ◷ 6–22 Uhr.
Sushi-Tsunami, Av. Pastor Díaz, im 2. Stock des Centro Comercial Galdone. Sushi in Bar-Atmosphäre. ◷ 16–22.30 Uhr.

Nachtleben

Jacós Nachtleben ist landesweit berüchtigt und ein beliebter Tummelplatz für US-amerikanische Sportfischer. Am Wochenende füllen sich die Bars und Discos außerdem mit Costa Ricanern aus San José.
Disco Monkeybar, Av . Pastor Díaz, gegenüber der Calle Las Palmeras; hier wird vorwiegend Hip Hop und Reggae bis in die frühen Morgenstunden aufgelegt.
Nacho Daddy's Disco, Av. Pastor Díaz im Centro Comercial II Galdone. Bis früh um 5 Uhr bevölkern Nachtschwärmer die Tanzfläche.
Bar Plankton, im gleichen Gebäude wie Nacho Daddy, ist der Treffpunkt von Jacós jüngerem Publikum.
Beatle Bar, am nördlichen Ortsrand; hierher zieht es vorwiegend „Gringos" fortgeschrittenen Alters, die sich mit Prostituierten vergnügen.

Sonstiges

Autovermietung
Nacional, Av. Pastor Díaz, gegenüber der C. Hicaco, ✆ 643-1752.
Payless, auf der Av. Pastor Díaz, gegenüber der C. Las Olas, ✆ 643-3224, ◷ Mo–So 7.30–17.30 Uhr.
Budget, ✆ 643-2665, an der Bushaltestelle nach San José, ◷ Mo–Sa 8–18 und So 8–16 Uhr.

Apotheke
Farmacia Jacó, ◷ tgl. bis 22 Uhr.

Fahrradreparatur
Ciclo El Condor, Av. Pastor Díaz, neben der Soda Marea Alta, ✆ 643-2325, ◷ Mo–Sa 7–19.30 Uhr.
Ciclo de Pacífico, hinter Hotel Roblemar, ◷ Mo–Sa 8–12 und 13–17 Uhr.

Fahrradverleih
Rent A Bike Hortenzia, C. Morales, ✆ 643-1618; coole Bananabikes; auch Triciclos für Paare mit Kind, $10, ◷ tgl. 8–17 Uhr.

Geld
Banco de Costa Rica, Av. Pastor Díaz, beim Centro Comercial am Plaza Jacó, ◷ Mo–Fr 9–16 Uhr.
Banco Nacional, Av. Pastor Díaz, nördlich von Más X Menos, ◷ Mo–Fr 8.30–15.45 Uhr.
Banco Popular, Av. Pastor Díaz, südlich von Más X Menos, ◷ Mo–Fr 9.30–15.45, Sa 8.30–12 Uhr.

Internet
Internet Internaciones, Av. Pastor Díaz, neben dem Roca Loca Surfshop.
Internet Mexican Joe's, Av. Pastor Díaz, neben der Restaurant-Bar Tabacon, ◷ tgl. 7–24 Uhr.

Medizinische Hilfe
Clínica Santa Catalina, 400 m östlich von Pops, ✆ 643-5059.

Post
Am südlichen Ortsrand, ◷ Mo–Fr 8–12 und 13–16.30, Sa 7.30–12 Uhr.

Reisebüros
Soluciones, Av. Pastor Díaz, gegenüber vom Roca Loca Surfshop, ✆ 643-3560; Interbus- und Tica-Busfahrkarten; Flugtickets.

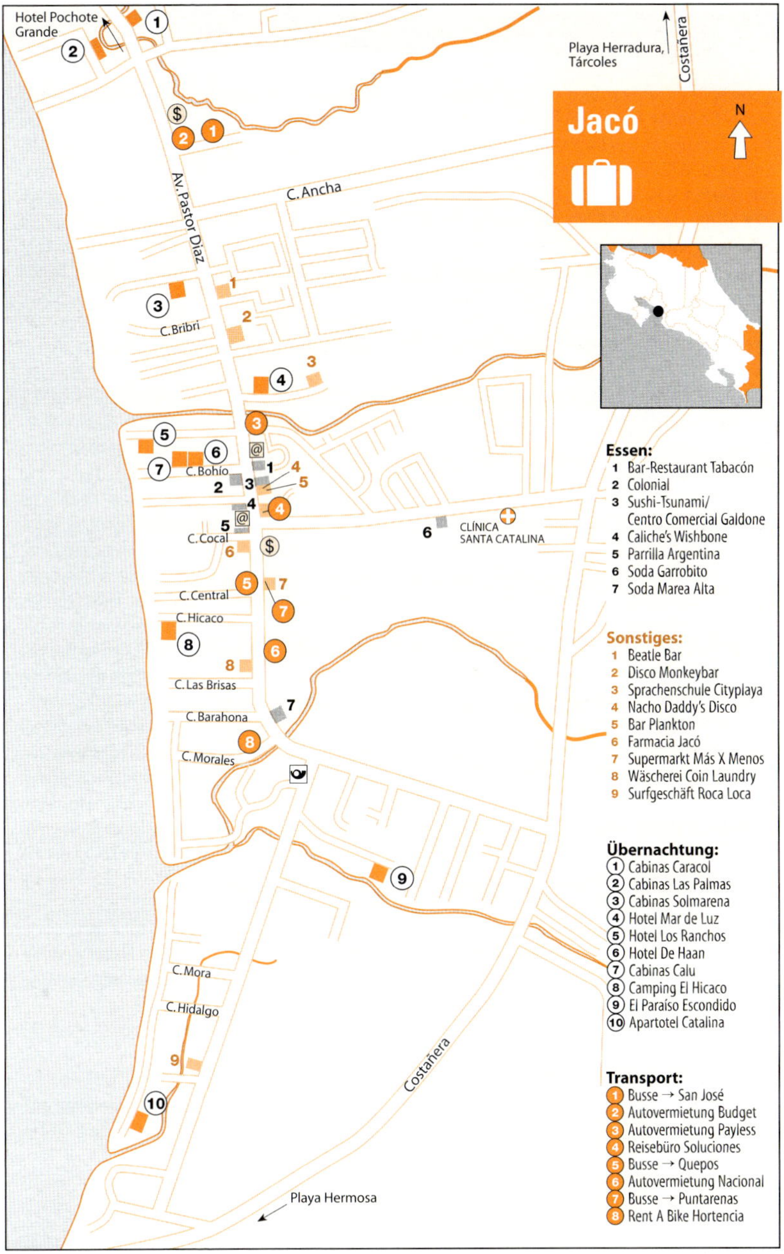
Jacó
N
Hotel Pochote Grande
Playa Herradura, Tárcoles
Costañera
C. Ancha
Av. Pastor Díaz
C. Bribri
C. Bohío
C. Cocal
C. Central
C. Hicaco
C. Las Brisas
C. Barahona
C. Morales
C. Mora
C. Hidalgo
CLÍNICA SANTA CATALINA
Playa Hermosa
Essen:
1 Bar-Restaurant Tabacón
2 Colonial
3 Sushi-Tsunami/ Centro Comercial Galdone
4 Caliche's Wishbone
5 Parrilla Argentina
6 Soda Garrobito
7 Soda Marea Alta
Sonstiges:
1 Beatle Bar
2 Disco Monkeybar
3 Sprachenschule Cityplaya
4 Nacho Daddy's Disco
5 Bar Plankton
6 Farmacia Jacó
7 Supermarkt Más X Menos
8 Wäscherei Coin Laundry
9 Surfgeschäft Roca Loca
Übernachtung:
1 Cabinas Caracol
2 Cabinas Las Palmas
3 Cabinas Solmarena
4 Hotel Mar de Luz
5 Hotel Los Ranchos
6 Hotel De Haan
7 Cabinas Calu
8 Camping El Hicaco
9 El Paraíso Escondido
10 Apartotel Catalina
Transport:
1 Busse → San José
2 Autovermietung Budget
3 Autovermietung Payless
4 Reisebüro Soluciones
5 Busse → Quepos
6 Autovermietung Nacional
7 Busse → Puntarenas
8 Rent A Bike Hortencia

Der Ausverkauf eines Landes

Century 21 – Land For Sale – Condominiums for sale – Se vende Finca – an Costa Ricas Pazifikküste wimmelt es von Immobilien- und Verkaufsschildern. Wie Pilze schießen Betonskelette aus dem Boden; das Land steckt in einem Bauboom wie es ihn nie zuvor erlebt hat. Dabei sind die Bauherren im seltensten Fall Costa Ricaner. Tausende Hektar Land werden jährlich von Europäern und – noch häufiger – von Nordamerikanern aufgekauft. Für Letztere ist Costa Rica, was Mallorca für die Deutschen ist: Weniger als zwei Stunden dauert ein Direktflug von Miami nach San José, Hin- und Rückflug sind bereits für weniger als $300 zu haben. Mehrere Zehntausend Amerikaner strömen jährlich in das kleine Tropenland. Viele treibt der Wunsch, außer einem braunen Teint auch ein günstiges Grundstück zu erwerben, möglichst in Strandnähe. Die Käuferschicht ist breit: Rentner, die sich einen Altersruhewohnsitz suchen; Umweltschützer, die Regenwald aufkaufen; Amerikaner, die unzufrieden mit der Regierung im Heimatland sind. Mit den Immobilien wird u. a. Schwarzgeld gewaschen oder Geld angelegt. Für die Campesinos ist die Summe, die ihnen die „Fincahunters" zahlen, ein kleines Vermögen. Viele verprassen das Geld jedoch in kurzer Zeit. Da sie zumeist keine Ausbildung besitzen, enden sie schnell in den Slums von San José, als Tagelöhner oder bei den zahlreichen Filialen der Alcoholicos Anonymos im Land. Ihre Finca wird derweil oft um ein Vielfaches des Verkaufspreises wieder verschachert. Costa Ricas Grundstückspreise schnellen dramatisch in die Höhe.

Die kleine Bananenrepublik mit der stabilen Demokratie war seit jeher ein beliebtes Einwandererland: Tausende von Chinesen, Europäern, Jamaicanern, Nicaraguanern, Kolumbianern und Nordamerikanern fanden in Costa Rica eine neue Heimat. Viele von ihnen trugen dabei entscheidend zu Costa Ricas relativ hohem Lebensstandard und Fortschritt bei. Das Nationalparksystem und zahlreiche Umweltprojekte wären ohne die Initiative nordamerikanischer und europäischer Expats undenkbar gewesen. Zahnärzte haben Hochkonjunktur (weil Ausländer sich günstig die Zähne sanieren lassen), die Schwulen- und Frauenbewegung profitiert von den neuen Vorbildern, und endlich kann das Land der „olas largas" – der großen Wellen – auch eigene Surfer auf Wettbewerbe schicken. Costa Ricaner werden nämlich häufig von Expats gesponsert.

Auf der anderen Seite wachsen die Expat- und Touristengettos an, in denen costa- ricanische Kultur, Lebensstil und Sprache oft gänzlich ignoriert werden. Der deutsche Ballermann ist hier der amerikanische Sportfischer, der sich mit meterlangem Marlin-Fisch ablichten lässt und den Sextourismus im Land ankurbelt. Einheimische arbeiten als Gärtner, Zementmischer, an der Rezeption oder als Prostituierte; gegen die reichen Einwanderer können sie selten konkurrieren. Vielerorts fühlen Ticos sich bereits wie Fremde im eigenen Land. „Wir haben unsere Seele an den Teufel verkauft", sagt ein junger Guanatece. Äußerungen wie diese hört man selten im anpassungsfreudigen Costa Rica. Doch versteckt unter den Baseballkappen und USA-T-Shirts brodelt er, der alte Rebellionsgeist aus William Walkers Zeiten.

Als einziges Land in Zentralamerika hatte Costa Rica zur Zeit des Schreibens den Freihandelsvertrag mit den USA noch nicht ratifiziert. Die Beitrittsfrist läuft am 1. März 2008 ab.

Pacific Travel, Av. Pastor Díaz, Flugtickets, ✆ 643-2449.

Sprachenschule

Cityplaya, neben dem Hotel Mar y Luz, ✆ 643-2123, 💻 www.costarica-spanish school.com.

Supermarkt

Más X Menos, neben der Banco Nacional; große Auswahl, 🕓 So–Do 8–21; Fr und Sa 8–22 Uhr.

Surfen

Roca Loca, neben Hotel Paraíso, ✆ 643-3357. Surfunterricht, Surfbrettverleih.

Taxi

Asotaxi Jacó, ✆ 643-2020. Tarife: Playa Hermosa 2500C; San José $80; Manuel Antonio $60.

Wäscherei

Coin Laundry, Av. Pastor Díaz, zwischen C. Hicaco und C. Las Brisas; Selbstbedienung oder Wäscheservice. ⌚ Mo–Sa 7–12 und 13–17 Uhr.

Transport

Busse

Die Busse nach San José fahren vom nördlichen Ortsrand, am Centro Comercial Plaza Jacó neben der Banco de Costa Rica, ab. Die Busse nach Puntarenas und Quepos fahren von der Av. Pastor Díaz vor dem Supermarkt Mas X Menos ab.

Puntarenas, 6x tgl. von 6–19 Uhr; 1 1/2 Std.; 650C; der Bus kommt aus Quepos.

Quepos, 6x tgl. von 6.30–18 Uhr; 2 Std.; 650C; der Bus kommt aus Puntarenas.

San José, 5x tgl. von 5–17 Uhr; 3 Std.; 1250C; mit Transporte Jacó, ✆ 643-3135.

Shuttle-Busse

Fantasy Bus, ✆ 643-3231, 1x tgl. nach San José, Arenal, Monteverde, Tamarindo und Manuel Antonio.

Interbus, 💻 www.interbusonline.com, ✆ 283-5573, fährt San José, La Fortuna, Monteverde und die Strände auf der Peninsula de Nicoya und in Guanacaste an.

Boote

Tourveranstalter bieten Transport per Schnellboot von Jacó nach **Montezuma** (Halbinsel Nicoya) an. Eine Fahrt kostet rund $35 p. P.

Playa Hermosa

Playa Hermosa, nur 5 km südlich von Jacó, ist das Surfrevier fortgeschrittener Wellenreiter. Schwimmen ist jedoch aufgrund der starken Strömungen gefährlich. In Playa Hermosa leben überwiegend US-amerikanische Surfer. Als Brian, der Besitzer von Cabinas Rancho Grande, sich hier vor 17 Jahren im Wohnwagen niederließ, gab es nur ein Hotel im Ort und freie Sicht aufs Meer, heute hat Hermosa das Baufieber gepackt.

Übernachtung und Essen

Das Preis-Leistungsverhältnis am Playa Hermosa stimmt bei vielen Unterkünften nicht. Ausnahmen sind:

Cabinas Rancho Grande, neben der Schule, ✆ 643 7023. Die günstigste Unterkunft im Ort; 11 große Zimmer mit Bad beim freundlichen Surfer Brian. ❷

Cabinas Las Arnas, ✆ 643-7013. Große, hübsche, holzvertäfelte Cabinas in Strandnähe; Surfbrettverleih. ❹

Goola Organic Café. Zum Frühstück werden Salate und Sandwiches serviert, ab 16 Uhr wechselt die Speisekarte zu Empanadas und Pizza.

Restaurant Jammin', ehrt seinen Helden Bob Marley mit dessen Lieblingsgericht auf dem Speiseplan: „Fisch in Krabbensoße"; daneben gibt es auch mexikanische Gerichte.

Weiter nach Quepos

Playa Esterillos

22 km südlich von Jacó liegt das Surfrevier Playa Esterillos mit einem feinen, grauen Sandstrand. Zwischen den Ortsteilen Esterillos Este, Central und Oeste liegen jeweils rund 2 km Abstand. Mit Supermarkt, Disco und Surferbars bildet der westliche Ortsteil (Oeste) das Zentrum im Dreiergespann; hier lebt der höchste Anteil an Costa Ricanern. Der kleine Fischerhafen soll jedoch bald verschwinden, ein Golfplatz und Luxushotel sind bereits geplant.

Esterillo Central und Oeste sind kleine, ruhige Urlaubsorte, in denen sich überwiegend Surfer niedergelassen haben. Puesta del Sol, Esterillos Este, ✆ 778-8070, erteilt Surfunterricht: $40 für 90 Min.; 3 Tage für $100, und vermietet auch Surfbretter. Schwimmen ist in ganz Esterillos gefährlich, denn es herrschen starke Unterströmungen.

Übernachtung

Albergue La Felicidad, Esterillos Centro, ✆ 778 68 24, 💻 www.lafelicidad.com. Rustikale Zimmer mit guten Matratzen, Kühlschrank und AC; Veranda mit Meeresblick; Pool; Restaurant, Frühstück inkl. Vorwiegend Surfer. ❹–❺
Cabinas Maliye, Esterillos Oeste, gegenüber vom Hotel Serena; ✆ 778-7085. Einfache Cabinas für 3 Pers., teils mit Küche, AC und TV. ❸
Hotel Dolce Vita, Esterillos Oeste, am Strand, 50 m von der Bar Bubba's, ✆ 643-3485, 💻 www.resortladolcevita.com. Hübsche, sehr saubere 2-stöckige Apartments mit AC und Küche; kleine Bar und Pool. Freundliche italienische Leitung. ❹
Hotel El Pelican, Esterillos Este, ✆ 778-8105, 💻 www.pelicanhotelcr.com. Ältere Anlage am Meer, große Zimmer auf zwei Etagen; hauptsächlich Surfer-Gäste. Frühstück inkl. ❺
Hotel Serena, Esterillos Oeste, ✆ 778-8020. Geräumige, saubere Zimmer; Pool; Restaurant; vorwiegend einheimische Urlauber. ❹
La Puesta del Sol, Esterillos Este, ✆ 778-8070, 💻 www.lapuestadelsolcostarica.com. Hotel und Surfschule; große, helle, schlichte Zimmer in familiärem Ambiente; teils mit Küche; am Strand. ❺

Essen

Bubbas on the Beach, Esterillos Oeste, Surferbar am Strand. Fisch und Flüssiges, 🕒 tgl. 9–21 Uhr.
Pizzeria Italiano Azul, Esterillos Oeste, große Auswahl an original italienischer Pizza; außerdem Pasta mit Meeresfrüchten, Sandwiches, Ceviche; auch Frühstück, 🕒 tgl. 9–11 und 6–22 Uhr.
Restaurant Tulu, Esterillos Este, peruanische und internationale Küche, 🕒 tgl. 8–22 Uhr.

Im Blütenmeer

Hotel Fleur D'Esterillos, Esterillos Este, ✆ 778-8045, ✉ fleurdesterillos@racsa.co.cr. Hübsche, schlicht-romantische Ferienhäuser in verschiedenen Größen mit Küchenzeile, umgeben von Blumengarten. Pool, Gemeinschaftsrancho mit Hängematten; beliebt bei europäischen Gästen. ❺

Paritta / Playa Palo Seco

So weit das Auge reicht: Palmenplantagen, Meer und Strand. Zum Surfen aber fehlt den Wellen der Schwanz und zum Schwimmen ist die Strömung zu stark. Dafür lädt der menschenleere Playa Palo Seco zu kilometerlangen Spaziergängen ein. Das Hotel Timarai verleiht zudem Fahrräder ($15 pro Tag) und Boogieboards ($20 pro Tag). Palo Seco erreicht man, indem man am Ortsende von Paritta hinter der Brücke rechts abbiegt. Von hier sind es rund 4 km zum Strand.

Übernachtung

Hotel La Isla, rund 3 km vom Hotel Beso del Viento, ✆ 779-9393, 💻 www.laislahotel.com. Ältere, große Anlage mit wenig Ambiente. Große Cabinas mit Kitchenette; Restaurant; auf große Gruppen ausgerichtet. Frühstück inkl. ❺
Timarai, rund 3 km vom Hotel La Isla, ✆ 770-8355, 💻 www.timarai.net, ist das Produkt einer kolumbianischen Architektin und eines spanischen Sportlers; alte kolumbianische Bauweise; Zimmer in verschiedenen Größen und Ausstattung. Das Sportangebot steht stark im Kontrast zu den sonstigen Anstrengungen „öko" zu sein: Wasserski, Motorflüge, ATV-Touren. ❻

Rainmaker Reserve

Rund 17 km südlich von Parrita zweigt eine Straße links nach San Rafael de Norte (7 km) und zum **Rainmaker Reserve**, 💻 www.rainmakercostarica.com, ab (ausgeschildert). Das rund 1500 ha große Privatreservat liegt in der Gebirgskette Fila Chonta und besteht zu 90 % aus Primärwald, durch den sechs Hängebrücken mit einer Gesamtlänge von 250 m führen. Ein Besuch ist nur als Tour möglich. Es werden Nacht-, Canopy- und Vogeltouren angeboten. Sie dauern 2–3 1/2 Stunden und kosten zwischen $60 und 90 p. P.

Vom Winde geküsst

Beso del Viento, rund 4 km von Paritta; ✆ 779-9674, 🖳 www.besodelviento.com. Sechs helle, geschmackvoll eingerichtete Zimmer mit persönlicher Note; drei davon sind Apartments mit Platz für 4 Personen; teils mit AC. Restaurant mit französischem Koch. Frühstück inkl. ❺

Quepos

Auf den ersten Blick wirkt Quepos (der Name erinnert an die Quepos-Indianer, die bis Ende des 19. Jahrhunderts in der Region lebten) nicht als wäre es eines der Haupttouristenzentren im Land. Am Strand ist Wochenmarkt; marode Holzhütten säumen die Flussmündung; Kinder schwimmen zwischen den weißen Sportfischerjachten im Hafenbecken. Im kleinen Zentrum aber findet der Besucher alles, was das Touristenherz begehrt: Tourveranstalter, Supermärkte, Souvenirgeschäfte und internationale Restaurants.

Bis Mitte des 20. Jahrhunderts baute die United Fruit Company in Quepos Bananen an. Wie vielerorts zerstörten auch hier Pilze die Plantagen, aber der Konzern stellte rechtzeitig auf Ölpalmen um, so dass der Ort einer Krise entging. Mit einer Vielzahl an günstigen Unterkünften und häufigenBusverbindungen ist Quepos die ideale Ausgangsbasis für einen Besuch des beliebten **Parque Nacional Manuel Antonio**.

Die Hotels höherer Preisklasse befinden sich an der 7 km langen Straße Richtung Nationalpark. Die malerische Aussicht und Nähe zu den exklusiven, weißen Strandstränden zog bereits Mitte der 1960er-Jahre Expats aus aller Welt an. Heute zählt die schmale Serpentinenstrecke mit einer Fülle an Bars, Clubs, Casinos und einer lebendigen Schwulenszene zu den vornehmen Partyzentren im Land.

Übernachtung

In Quepos

Cabinas Doña Alicia, 20 m nördlich der Escuela República Korea, ✆ 777-3279. Helle, große, blitzsaubere Zimmer mit Kühlschrank und schönen Möbeln; teils mit AC; ruhig und sicher. Parkplatz. ❷

Cabinas Estefan, 100 m südlich der Iglesia Católica, ✆ 777-4452. Saubere, große Cabinas in wenig inspirierender Umgebung. ❷

Cabinas Hellen, 100 m südlich, 100 m östlich der Banco de Costa Rica, ✆ 777-0504, sehr saubere, helle Cabinas mit Kühlschrank. Parkplatz. ❸

Hotel El Parque, an der Strandmeile, nördlich vom Park, ✆ 777-0063. Einfache, etwas karge, dafür große, helle und saubere Zimmer mit älteren Möbeln und TV; dünne Wände; teilweise AC; freundliche Leitung. ❷

Hotel La Macha, an der Nordseite des Fußballplatzes, neben der Post, ✆ 777-0216. Die günstigste Bleibe in Quepos: Zimmer unterschiedlicher Qualität; teils sehr einfach, aber sauber; teils mit Bad. Der Gemeinschaftsbalkon bietet Logenplätze für das abendliche Fußballspiel. Check-out ist bereits um 9.30 Uhr! ❷

Hotel Sanchez, schräg gegenüber der Banco Costa Rica, ✆ 777-0491. Kleine, saubere Zimmer, teils mit Bad, teils mit AC (die besseren Zimmer liegen im 2. Stock). Kleine Veranda zum Leutebeobachten; eine Soda gehört zum Hotel. ❷–❸

Hotel Villa Romantica, an der Ausfahrt Richtung Manuel Antonio, ✆ 777-0037, 🖳 www.villa romantica.com. 15 helle, geschmackvolle Zimmer mit AC und Blick auf den Pool. Oben mit Balkon, unten mit Terrasse. Viel Grün; Frühstückbuffet; bestes Hotel im Ort mit stolzen Preisen; deutsche Leitung. ❻

International Backpackers, 125 m östlich der Bushaltestelle, ✆ 777-2798, 🖳 www.wide mouthfrog.org. Großzügig geschnittener, sauberer Backpacker; Zimmer verschiedener Standards liegen um einen Garten herum; turnhallenartiger Dorm mit Stockbetten für $9; schöne, große DZ; Gemeinschaftsküche; Pool; TV- Bereich; viel Informationsmaterial. ❸

An der Strecke zum Nationalpark

Die Hotelpreise in der Manuel Antonio-Region sind in der Hauptsaison oft unverschämt hoch, das Preis-Leistungsverhältnis stimmt bei vielen Unterkünften nicht. Dennoch gibt es vereinzelt

Cabinas und in Nationalparknähe sogar einen Campingplatz.

Camping und Cabinas Ramirez, ✆ 777-5044, 400 m vor dem Nationalpark; Camping kostet 2000C p. P. Auch einfache Cabinas; Disconähe. ❹

Cabinas Piscis, rund 5,5 km von Quepos, auf der rechten Straßenseite, ✆ 777-0046. Eine der günstigsten Unterkünfte in Manuel Antonio; saubere Cabinas, teils mit Bad; 10 Min. zu Fuß zum Nationalpark. ❷–❸

Hostel Vista Serena, 2 km von Quepos, auf der rechten Straßenseite, ✆ 777-5162, 💻 www.vistaserena.com. Schlafsaal für 13 Pers. ($10 p. P.) und kleinere Dorms zu je 4 Pers.; Gemeinschaftsküche.

Hotel Casitas Eclipse, rund 4,5 km von Quepos, auf der linken Straßenseite, ✆ 777-0408, 💻 www.casitaseclipse.org. Weißgekalkte, luxuriöse Ferienbungalowanlage im Stil eines mediterranen Dorfes; teils behindertengerecht; drei Pools, zwei Bars; ein Spa. ❻

Hotel La Mariposa, rund 4 km von Quepos, auf der rechten Straßenseite, an der Einfahrt zum Hotel Paradol, ✆ 777-0355, 💻 www.hotelmariposa.com. Herrschaftliches Luxushotel mit handgeschnitzten Möbeln, Meeresblick und schmiedeeisernen Balkonen. Französische Eleganz und französische Leitung. Die günstigeren Standard- und Deluxe-Zimmer befinden sich im weniger attraktiven, neuen Anbau. Beliebt bei Flitterwöchlern. ❻

La Plantación Big Rubys, rund 6 km von Quepos, auf der linken Straßenseite, ✆ 777-1332, 💻 www.bigrubys.com; hier weht die Regenbogenflagge! Schlichte, geräumige Zimmer, versteckt in der Gartenanlage; im Pool ist FKK-Baden erlaubt. Viel Gemeinschaftsraum. In der Nebensaison purzeln die Preise um mehr als 50 %. Deutlich mehr Männer als Frauen. ❻

Villas de la Selva, 6 km von Quepos, auf der rechten Straßenseite, ✆ 777-0434, 💻 www.villasdelaselva.com. Angenehm kühle, weiße Ferienwohnungen in verschiedenen Größen mit riesigen Wohnterrassen; teils mit Küche; fantastische Meeressicht; beliebt bei Familien. In der Hauptsaison reservieren. ❻

Essen und Nachtleben

Dos Locos, im Zentrum, mexikanische Gerichte. Mitunter Live-Musik. 🕒 Mo–Sa 7–23, So 11–22 Uhr.

El Gran Escape, an der Strandmeile, Fisch und Meeresfrüchte, zubereitet nach Gusto des Gastes; auch mexikanische Gerichte. Mittlere Preisklasse. 🕒 Mi–Mo 8–23 Uhr.

El Patio de Milagro, an der Strandmeile, schattiges, luftiges Café; Crêpes mit Schokoladen- und Kokosfüllung; Müsli; Omelettes; beliebt zum Frühstücken, 🕒 tgl. 7–11.30 Uhr.

Escalofrío, im Zentrum, riesige Auswahl an Pizza; klassisch italienisch oder fruchtig-süß, mit Pfirsich-, Apfel-, Ananasbelag. Auch Salate und Pasta. 🕒 Di–So ab 14.30 Uhr.

L'Angelo, im Zentrum, winziges, italienisches Café und Lebensmittelgeschäft mit Sandwiches, Pasta, Espresso und italienischen Delikatessen. 🕒 Mo–Sa 8–20 Uhr.

Restaurante La Lampera, im Zentrum, italienische Holzofenpizza; auch Fisch und Meeresfrüchte; Weinkarte, 🕒 tgl. 15–23 Uhr.

Soda Costa de Oro, im Zentrum neben der Banco Popular. Günstige Comida Típica; beliebt bei Rucksackreisenden. 🕒 Mo–Sa 6–20.30 Uhr.

Tropical Sushi, neben dem Hotel Ramus; nicht billig, aber es rollt ein echter Japaner! 🕒 Mi–Mo 17–23 Uhr.

Bar Disco Arco Iris, an der Straße Richtung San José, hinter der Brücke auf der rechten Seite. Die Diskothek wird vorwiegend von Einheimischen frequentiert.

Sonstiges

Apotheke

Farmacia Quepos, an der Strandmeile, neben dem Hotel El Parque, ✆ 777-0038; 🕒 Mo–Sa 7–20, So 7–12 Uhr.

Autovermietung

Hertz, am Sportplatz, ✆ 777-3365, 🕒 tgl. 7.30-18 Uhr.

Fahrradreparatur

Ciclo Centro, neben Restaurant La Lampera, ✆ 777-0606. 🕒 Mo–Sa 8–17.30 Uhr.

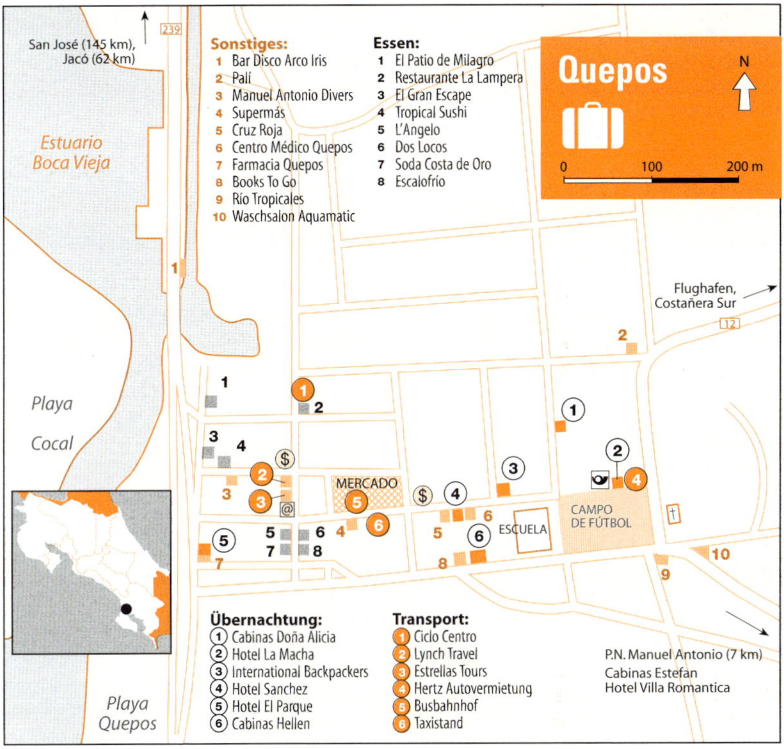

Geld

Banco de Costa Rica, moderner Betonklotz im Zentrum, 🕓 Mo–Fr 9–16 Uhr.
Banco Nacional, gegenüber von den Bomberos (Feuerwehr), 🕓 Mo–Fr 8.30–15.45 Uhr.
Banco Popular, 50 m östlich vom ICE-Gebäude. 🕓 Mo–Fr 8.15–15.30, Sa 8.15–11.30 Uhr.

Internet

Compunet, 75 m südlich der Banco Nacional, 🕓 Mo–Sa 9–22, So 16–22 Uhr.

Medizinische Hilfe

Cruz Roja, gegenüber der Banco Costa Rica, ✆ 777-0116, 🕓 24 Std.
Centro Médico Quepos, neben Hotel Sanchez, ✆ 777-2422; hier wird auch Englisch gesprochen. 🕓 Mo–So 9–21 Uhr.

Post

Am Fußballplatz. 🕓 8–12 und 13–17, Sa 8–12 Uhr.

Reisebüro

Lynch Travel, gegenüber der Banco Nacional, ✆ 777-1170, 💻 www.lynchtravel.com, Interbus- und Tica-Busfahrkarten; Autovermietung; Nature Air- und Sansa-Tickets.

Supermarkt

Supermás, schräg gegenüber dem Busterminal; gute Auswahl, 🕓 Mo–Sa 8–20, So 8–12 Uhr.
Palí, kurz vor der Ortsausfahrt, Richtung Flughafen, 🕓 Mo–Do 9–19, Fr und Sa 8–20, So 9–13 Uhr.

Tauchschule

Manuel Antonio Divers, neben dem Hotel Malinche, 💻 www.manuelantoniodivers.com, 📞 777-3483. Tauchgänge zur Isla Larfo, Isla Olohuita und La Roca del Faro.

Touren

Books To Go, an der Schule, 📞 777-1754, Touren, Bücher, Skype-Anrufe und Interbus-Fahrkarten.
Estrella Tour, im Zentrum, neben Internet Compunet, 📞 777-1286. Mountainbike-Touren in die umliegenden Berge; 2-stündige Touren ($45 p. P.) und Abenteuertouren mit Übernachtung ($75 p. P.).
Río Tropicales, am Ortsausgang Richtung Manuel Antonio, 📞 777-4092, 💻 www.aventurash2o.com. Rafting- (Schwierigkeitsstufe IV und V) und Kajaktouren auf dem Río Savegre.

Wäschereien

Lavandería Frog, schräg gegenüber von der Schule, 🕓 Mo–Sa 8–17 Uhr.
Tico Lavandería, neben dem Hotel Mar y Luna, und
Aquamatic, am Ortsausgang nach Manuel Antonio; Selbstbedienung, 🕓 Mo–Sa 8–17 Uhr.

Transport

Busse

Der **Busbahnhof** befindet sich im Ortszentrum, neben dem Mercado Central.
Fahrkarten nach San José sollten sich Busreisende mindestens 2 Tage im Voraus besorgen. 🕓 Mo–Sa von 6–17 und So von 6–14 Uhr.
Manuel Antonio, alle 20 Min. von 5.30–21.30 Uhr.

Kapuzineraffe im Parque Nacional Manuel Antonio

Parrita, 12x tgl. von 5.30–19.30 Uhr; 1 Std.; 300C; mit Pacífico.
Puntarenas (über **Jacó**), 6x tgl. von 4.30–17.30 Uhr; 2 bzw. 3 1/2 Std.
San José, Mo–Sa 5x tgl.; 3 1/2 Std. (Direktbus); mit Transporte Morales.
San Isidro (über **Matapalo**, **Uvita**, **Dominical**), 2x tgl.; 2 bzw 4 Std.; mit Transporte Blanco.
Uvita, 2x tgl.; mit Transporte Morales.

Flüge

San José, 3x tgl. mit Sansa und 4x tgl. mit Nature Air.
Außerdem Flüge u. a. nach **Palmar, Arenal, Tamarindo, Puerto Jiménez** und **Bocas del Toro** (Panama). Flugtickets sind im Reisebüro Lynch erhältlich, s. „Sonstiges“.

Parque Nacional Manuel Antonio

MINAE-Büro ✆ 777-0644
Öffnungszeiten Di–So 7–16 Uhr
Eintritt $8; 2-stündige Führungen kosten $20 p. P.
Gründungsjahr 1972
Größe 1983 ha Land- und 55 210 ha Meeresfläche
Besucherzahl 160 000 Personen pro Jahr
Transport
Busse nach Quepos fahren alle 30 Minuten von der Haltestelle vor dem Hotel Manuel Antonio ab. Mo–Sa fahren 5x tgl. Direktbusse von Manuel Antonio über Quepos nach San José; 2305C.
Der **Shuttle-Bus** Interbus, ✆ 283-5573, www.interbusonline.com, pendelt außerdem zwischen Manuel Antonio und Fortuna, Jacó, Monteverde, Guanacaste, der Peninsula de Nicoya, San José und Sierpe.

Der Parque Nacional Manuel Antonio steht nach dem Parque Nacional Volcán Poás an zweiter Stelle der meistbesuchten Nationalparks in Costa Rica. Ende der 1960er-Jahre kauften Expats das Gelände auf (eines der wenigen Gebiete, das nicht zum Imperium der United Fruit Company zählte), um es vor drohender Abholzung und Bebauung zu schützen; 1972 wurde der Nationalpark gegründet.

Hauptattraktion des Schutzgebietes sind zweifellos die paradiesisch weißen Sandstrände mit kristallklarem Wasser. Ideal zum Schwimmen ist der ruhige, leider oft überfüllte, 400 m lange **Playa Manuel Antonio** (Playa 2). Bei Ebbe kann man am westlichen Ufer, zur Isla Punta Catedral hin, eine steinerne, präkolumbische Unterwasserfalle entdecken, mit der die Indianer Schildkröten und Fische fingen. Stärkerer Wellengang herrscht am **Playa Espadilla**; der **Playa Puerto Escondido** ist nur bei Ebbe zu erreichen.

Verschiedene Wanderwege führen durch den Park. Vom **Mirador** eröffnet sich ein Panorama-

Lebensretter Kokosnuss

Durstlöscher, Energie- und Blutspender: Agua de Coco, der Saft der Kokosnuss, ist ein wahres Wundermittel.
Rund einen Liter Wasser enthält eine grüne, unreife Frucht. Im Reifeprozess verwandelt sich die klare, leicht süßliche Flüssigkeit in festes, weißes Kokosmark. Sportler schwören auf das natürliche, kalorien- und fettarme Getränk, das mehr Mineralien enthält als Energiegetränke aus dem Supermarktregal. Als Medizin hilft Agua de Coco bei Nieren- und Leberleiden, äußerlich angewandt, lindert es Allergien und Hautausschläge. Während des Zweiten Weltkrieges wurde das sterile Kokoswasser sogar schwer verwundeten Soldaten als Ersatz für Blutplasma injiziert.
Was bisher nur frisch von der Palme in den tropischen Anbauländern getrunken wurde, ist nun weltweit als Tetrapack erhältlich. Lange experimentierten Nahrungsmittelexperten damit, den schnell verderblichen Saft haltbar und exportfähig zu machen, denn Erhitzen tötet die wertvollen Nährstoffe ab. Ein neues Filtrierverfahren brachte die Lösung. Das Patent ist bereits vergeben – Isostar und Co bekommen Konkurrenz, und für die Kleinbetriebe in Lateinamerika, Asien und Indien öffnet sich – hoffentlich – bald ein neuer, lukrativer Markt.

blick über die paradiesische Bucht. Weitere drei Aussichtspunkte befinden sich auf dem Wanderweg um die **Isla Punta Catedral**, die heute aufgrund von Sedimentanlagerung mit dem Festland verbunden ist. Die 12 vorgelagerten Inseln sind wichtige Nistplätze für Meeresvögel. Im Park leben außerdem die vom Aussterben bedrohten Totenkopfäffchen *(Mono Tití)*, Kapuzineraffen, Faultiere, Wasch- und Nasenbären. Große Teile des Primärwaldes wurden Mitte der 1990er-Jahre bei Wirbelstürmen zerstört.

Die malerische Lage und die Traumstrände locken täglich Hunderte von Touristen nach Manuel Antonio. Ungestörtes Wandern und Tiere beobachten ist daher oft nur in den frühen Morgenstunden möglich. Die Parkregeln hören schlagartig mit der Parkgrenze auf. Am Playa 1, kurz vor dem Eingang zum Schutzgebiet, herrscht bereits buntes Strandtreiben mit Wasserski, Strandmusik, Imbissbuden und Blechlawinen.

Von Quepos nach Süden

Playa Matapalo

Playa Matapalo gilt auch heute noch als ein Geheimtipp an der Pazifikküste. Vorwiegend europäische Urlauber besuchen den wenig besiedelten, kilometerlangen, feinen grauen Badestrand und unternehmen von hier Ausflüge zum Nationalpark Manuel Antonio, zum Bergdorf San Andres oder machen Reittouren am Strand. Von September bis November nisten Meeresschildkröten in Matapalo; die Hotels vermitteln Touren mit lokalen Führern.

Safari-Feeling

Rafiki Safari, ✆ 368-3100, 💻 www.rafikisafari.com. Nördlich von Matapalo, im Ort Savegre von der Costañera Richtung El Silencio abbiegen, von dort sind es weitere 10 km (ausgeschildert), Wagen mit Vierradantrieb empfehlenswert. Neun luxuriöse Wohnzelte mitten in der Natur; große Terrassen, elektrische Beleuchtung; warme Duschen; Blick auf den Savegre-Fluss. Südafrikanische Dekoration; Rancho-Restaurant mit Wein und Wurst aus Südafrika; exzellent zum Vogelbeobachten und für Kajak-Touren. Beliebt bei Flitterwöchlern. ❻

Übernachtung

Alle nachstehend genannten Hotels befinden sich in Strandnähe.

Albergue Suiza, ✆ 787-5068, 💻 www.matapaloplaya.com. Geräumige Zimmer auf zwei Etagen (im Erdgeschoss etwas muffig); große Terrasse; Boogieboards und Liegestühle zum Mitnehmen an den Strand; große Auswahl an Frühstück; (Birchermüsli!); sicherer Parkplatz; Restaurant; gute Informationen; der schweizerische Besitzer will leider verkaufen. ❸

Bahari Beach, ✆ 787-5014, 💻 www.baharibeach.com. 4 luxuriöse Safarizelte mit eigenem Bad; hübsch eingerichtet, mit Meeresblick; Liegewiese mit Pool und Jacuzzi; günstigere Cabinas mit AC im Restaurantgebäude; Frühstück inkl.; österreichische Leitung. ❺–❻

Dreamy Contentment, ✆ 787-5223, edle, weiße, geschmackvoll eingerichtete Ferienhäuser mit Küche und Meeresblick. ❻

Soda El Mar; ✆ 787-5278; vermietet sehr einfache und saubere Cabinas, teils mit AC. ❷–❸

Essen und Internet

El Express del Pacifico, im Pueblo Matapalo, an der Einfahrt zum Strand. Französische Küche und internationale Gerichte. Beliebt bei belgischen und französischen Expats, 🕓 tgl. 10–21 Uhr.

Restaurant Albergue Suiza, am Playa Matapalo in der Albergue Suiza; schweizerische Spezialitäten wie Käserösti mit Rippli; nur in der Hochsaison geöffnet.

Restaurant Chasa, im Pueblo Matapalo, vor der Brücke, gegenüber vom Fußballplatz; Comida Tipica mit frischem Fisch, 🕓 Mo–Sa 6.30–20 Uhr.

Soda Pulpería Mar, am Playa Matapalo, Comida Tipica mit frischem Fisch; auch Frühstück, 🕓 tgl. 6–20 Uhr.

Zum Wohlfühlen

Cabinas Matapalo, ✆ 787-5246. Gemütlich-romantische, hübsch dekorierte Cabinas mit Badewanne und Kitchenette. Ideal für kleine Familien; sehr gutes Preis-Leistungs-Verhältnis. In der Hauptsaison oft ausgebucht. Zum Wohlfühlen. ❸

Innetzugang gibt es in der **Soda El Mar**, ⏲ tgl. 6–20 Uhr.

Transport:

Die Costañera zwischen Quepos und Dominial ist nicht asphaltiert.
Busse fahren vom Pueblo Matapalo ab, rund 1,5 km vom Playa Matapalo entfernt, nach:
Dominical, 3x tgl.; 30 Min. (Bus kommt aus Quepos oder San José).
Quepos, 5x tgl. von 6–15.30 Uhr; 1 1/2 Std. (Bus kommt aus Uvita oder San Isidro).
San Isidro (über **Dominical**), 2x tgl. (Bus kommt aus Quepos).
San José (über **Quepos**), 1x tgl.; 4 1/2 Std. (Bus kommt aus Uvita).
Uvita, 1x tgl. (Bus kommt aus San José).

Dominical

Mit konstanten „breaks" und hohen Wellen ist Dominical ein weiteres Anlaufsziel für Surfer. Der Strand wird von Rettungsschwimmern bewacht; Dominical steht kurz vor dem Bauboom, bereits jetzt werden überhöhte Preise für einfache Unterkünfte verlangt. Zum Schwimmen eignet sich der benachbarte, ruhige **Playa Dominicalito** besser. Umspült von der Pazifikbrandung, tischt das Restaurant La Parcela am **Punta Dominical** Meeresspezialitäten auf – bei Sonnenuntergang *der* Ort für ein romantisches Abendessen zu zweit.

Sehenswertes

10 km östlich von Dominical, an der Strecke nach San Isidro, befinden sich die **Cataratas Naucaya**. Zu den beiden Wasserfällen von 20 und 50 m Höhe werden halbtägige Reittouren veranstaltet. Kaum jemand legt die Strecke zu Fuß zurück (der Fußmarsch hin und zurück dauert rund 4 Std.), denn durch die Pferdehufe ist der Weg meist aufgeweicht. Der Eintritt zu den Fällen kostet $3 p. P., für die Reittour werden $45 p. P. verlangt, inkl. Frühstück und Mittagessen. Beginn: Mo–Sa um 8 Uhr. Eine Reservierung ist erforderlich, ✆ 787-8013.

Bessere Wandermöglichkeiten bietet das **Privatreservat Hacienda Barú**, ✆ 787-0003, 💻 www.haciendabaru.com. Ein insgesamt 7 km langes Wegenetz führt durch Regenwald, Mangroven, Feuchtgebiete und zum 3 km langen Strand. Außerdem werden Baumkletter-, Vogel- und Nachttouren angeboten. Touristen stehen sechs hübsche Holz-Ferienhäuser zur Verfügung ❺. Barú ist ein beliebtes Ziel von Tourgruppen. Eintritt: $6, ⏲ tgl. 7–19 Uhr.

Übernachtung

Falls nicht anders angegeben, befinden sich die Unterkünfte in Dominical.
Camping Antorches, ✆ 787-0307, 💻 www.campingantorchas.net. Zelten entweder im eigenen ($5 p. P.) oder im geliehenen Zelt ($7 p. P.); Schließfächer; auch saubere, sehr einfache Cabinas; Kochgelegenheit. ❷
Cabinas Punta Dominical, am Punta Dominical, ✆ 787-00164, 💻 www.laparcela.net. Rustikale, schlicht-edle Holzhäuser mit guten Matratzen, Balkon und Meeresblick; heute darf nicht mehr so nah am Strand gebaut werden. Restaurant. ❻
Paraíso Tropical, an der Straße Richtung San Isidro, gegenüber vom Wasserfall Nauyaco, ✆ 787-8016; schöne, helle, saubere Cabinas mit TV und AC; Restaurant. ❹.
Piramys Albergue, am südlichen Ortsende, ✆ 787-0196, 💻 www.piramys.com. Saubere, helle Cabinas mit eigenem Bad bei spanischer Aussteigerfamilie aus Zaragoza. Gemeinschaftsküche. Etwas abseits gelegen; bessere Wahl als die teuren Holzverschläge im Ortszentrum. ❷
Posada del Sol, 30 m südlich der Schule, ✆ 787-0085; drei saubere Cabinas im Ortszentrum. ❸

Tortilla Flats, am Strand, ✆ 787-0033, 🖳 www.tortillaflatsdominical.com. Einfache Cabinas für 3–4 Pers.; teils mit AC; teils muffig; vorwiegend Surfer. ❸–❹

Villas Río Mar, rund 800 m nördlich vom Zentrum, ✆ 787-0052, 🖳 www.villastiomar.com. Beste Unterkunft in Dominical: 40 hübsche kleine Ferienhäuser mit Palmstrohdach und Bambusmöbeln; teils mit AC und Kitchenette; schöne, große Gartenanlage; Restaurant; spezielle Angebote für Hochzeitsreisende; holländische Leitung. ❺

Essen und Nachtleben

Ristorante Confusione, am südlichen Ortsende. Italienisches Restaurant mit großer Auswahl an Pasta, Fisch; Tiramisu, ◷ tgl. 15–23.30 Uhr.

Café de Ensueño, am südlichen Ortsende. Kuchen, ökologisch angebauter Kaffee, Sandwiches, exzellente Smoothies; gut zum Frühstücken, ◷ tgl. 6.30–17 Uhr.

Bar-Restaurant Maracatu, an der Hauptstraße; vegetarische und vegane Gerichte; Sandwiches, Salate. Am Rasta-Pasta-Abend gibt es so viel Pasta, bis man selbst zur Nudel wird. Nicht billig. ◷ tgl. ab 11 Uhr.

Solo Bueno, am der Ortseinfahrt; bekannt für leckere Sandwiches; auch Kuchen und Eis.

Tortilla Flat, am Strand. Surfer stärken sich hier mit einem deftigen Frühstück aus Eiern, Bratkartoffeln und Toast; auch hausgemachtes Bananenbrot oder Müsli. Breite Auswahl an Sandwiches; spezielle Dinner-Karte mit asiatisch-tropischer Fusion-Küche; freundliche Bedienung mit Blume hinterm Ohr.

Außerdem bieten mehrere, günstige **Sodas** Comida Típica an.

Das Großereignis der Umgebung ist die **Samstags-Disco** im Hotel Rocaverde, rund 2 km südlich von Dominical.

Sonstiges

Geld

Banco de Costa Rica, an der Costañera, Plaza Pacífico, kurz vor der Einfahrt nach Dominical, ◷ Mo–Fr 9–16 Uhr.

Straße zu adoptieren

Ob in Guanacaste, auf der Peninsula de Osa oder in Monteverde: Laut ächzende Brücken und tückische Schlaglöcher machen das Autofahren in Costa Rica zum Abenteuer. Heftige tropische Regenfälle und erbarmungslose Hitze haben die Asphaltdecke vielerorts aufgebrochen. Das Straßennetz wurde zwar in den letzten Jahren erweitert, die alten Straßenbeläge jedoch selten erneuert.

Costa Ricas Straßenbelag ist heute vielerorts in einem schlechteren Zustand als im wesentlich ärmeren Nachbarland Nicaragua. Und das, obwohl sich der Straßenverkehr seit Stilllegung der Eisenbahn um ein Vielfaches verstärkt hat.

Was einigen ein Segen ist, bereitet anderen Sorgen. So greift die Strandgemeinde Tamarindo bereits zur Selbsthilfe und ruft in großen Zeitungsannoncen zu Spenden auf, um eine neue Asphaltdecke zu finanzieren. Man will schließlich die Touristen nicht verlieren. Andere Regionen, wie die Peninsula de Osa oder Monteverde, halten an ihren Lehmpisten fest, in der Hoffnung, so den Touristenstrom zu dämmen und die Tier- und Pflanzenwelt zu schützen.

Immerhin, ganz untätig war Costa Ricas Regierung nicht. Gemeinsam mit der Asociación de Seguridad y Embellecimiento de Carreteras Nacionales (ASECAN) rief das Transportministerium die Initiative „Adopta Una Carretera" („Straße zu adoptieren") ins Leben, in der Privatfirmen und Organisationen sich der vernachlässigten „Straßenkinder" annehmen können. Die Asphaltdecke wird dabei jedoch nicht angerührt. Stattdessen werden die Höllenpisten mit Grünflächen und Blumen umpflanzt, damit wenigstens das Auge was zu lachen hat, wenn der Hintern schon schmerzt.

Dinner For Two

Restaurante La Parcela, am Playa Dominicalito, allein für die Aussicht lohnt sich der Weg. Umgeben von Pazifikwellen springt einem der Fisch fast auf den Teller: Fisch und Meeresfrüchte; Crêpes mit Meeresfrüchten; Flambés zum Dessert; Weinkarte. Stilvoll-schlichtes Ambiente; idealer Ort für ein romantisches Dinner zu zweit; 🕓 tgl. 7–21 Uhr.

Informationen

Dominical Tour & Info Center im gleichen Gebäude wie das Ruta Maya Internetcafé, bietet außer Infos auch Fahrradverleih, Autovermietung, Touren und einen Shuttleservice. 🕓 tgl. 8–17 Uhr.

Internet

Ruta Maya Internetcafé, am Ortseingang.

Medizinische Hilfe

Clínica Gonzalez Arellano, an der Hauptstraße; 📞 787-0129, 🕓 tgl. 8.30–18.30 Uhr.

Supermarkt

An der Costañera, im Centro Comercial. 🕓 Mo–Sa 8–20, So 9–17 Uhr.

Surfen

Green Iguana im Hotel Diu Wak, 💻 www.greeniguanasurfcamp.com, ist eine Surfschule.

Surfbretter und Surfunterricht gibt´s auch in der **Albergue Piramys**.

Transport

Busse fahren vom Restaurante Coco Suizo im Ortszentrum ab nach:

Quepos (über **Matapalo**), 4x tgl.; 2 1/2 Std. (Bus kommt aus Uvita oder San Isidro).

San José, 2x tgl.; 6 Std. (Bus kommt aus Uvita).

San Isidro, 2x tgl.; 11/2 Std. (Bus kommt aus Uvita).

Uvita, 2x tgl.; 45 Min. (Bus kommt aus San Isidro).

Uvita

Uvita, 17 km südlich von Dominical, liegt am nördlichen Rand des **Parque Nacional de Ballenas**. Der Ort bietet gute Schwimm- und Schnorchelmöglichkeiten; im Sommer ziehen gelegentlich Buckelwale mit ihrem Nachwuchs an der Küste vorbei. Uvita ist in zwei Teile geteilt: das wenig attraktive Zentrum an der Costañera und der attraktive Bahia-Abschnitt an der Küste und in Nationalpark-Nähe. Bis heute ist der Ort von Bauboom und Touristenhorden verschont geblieben und konnte weitgehend seinen Tico-Charakter bewahren.

Übernachtung

Cabinas Helga, Bahía, 📞 743-8016. Saubere einfache Cabinas bei zwei netten älteren Damen; teils mit eigenem Bad (4000–5000C p. P.). Auch Camping im gepflegten, großen Garten (1500C); Soda. Leider soll das Grundstück verkauft werden.

Cabinas Los Laureles, Uvita Zentrum, 📞 743-8235, 💻 www.cabinasloslaureles.com. Schlichte Cabinas in verschiedenen Größen, mit AC und Kühlschrank; umgeben von Grün. ❸

Cabinas Punta Uvita, Bahía, 📞 743-8015, einfache, saubere Cabinas unterschiedlicher Größe mit ordentlichen Matratzen; teils mit eigenem Bad (3000–5000C p. P.) Auch Camping im Hintergarten, zwischen Pferden und Booten (1000C p. P.) Nationalparknähe.

Canto de Ballenas, Bahía, 📞 743-8085, ✉ cantodeballenas@racsa.co.cr. Sehr schöne rustikale, geräumige Ferienhäuser, geleitet von einer Gruppe von Campesinos; Swimmingpool; Restaurant; Frühstück inkl.; Kinder bis zum 10. Lebensjahr zahlen die Hälfte. Ruhig. ❺

Südlich von Uvita

Hotel Bavaria, 5 km südlich von Uvita, 📞 786-5191, 💻 www.finca-bavaria.de. Auf einem steilen Hügel mit fantastischer Sicht auf den Nationalpark liegen diese 3 hübschen, schlichten und rustikalen Steinbungalows mit Terrasse. Swimmingpool; Restaurant mit Schweinerippe und Bratkartoffeln. Die blau-

Walaussichten

La Cusinga Lodge, 5 km südlich der Uvita Brücke, zwischen KM 166 und 167, ✆ 770-2549, 💻 www.cusinga.com. Ein weiteres Hotel mit einem spektakulären Meeresblick. Wunderschöne, schlichte und luftige Holzhäuser; das Holz stammt aus Wiederaufforstungsprojekten. Solarenergie; teils rollstuhlgerecht eingerichtet. Wanderwege führen zum Nationalpark. Frühstück inkl. ❻

weißen Pfeiler lassen keinen Zweifel: Hier lebt ein waschechter Bayer. ❺

Hotel Resort Cristal Ballena, ✆ 786-5354, 💻 www.cristal-ballena.com, am Playa Ballena, 7 km südlich von Uvita. Wie ein Flughafenterminal ragt das weiße Rezeptionsgebäude aus der großen, blau-weißen Luxusanlage heraus. 17 geräumige, schlichte Suiten mit AC, Balkon, Pool und spektakulärem Blick auf die Bucht. Österreichische Leitung. ❻

Essen

El Balcón de Uvita, von der Costañera geht es gegenüber der Tankstelle steil bergauf (ausgeschildert); nur mit Vierradantrieb zu bewältigen. Thailändische Gerichte in einem kleinen, hübschen Restaurant mit asiatischem Flair und herrlicher Sicht auf die Bucht; steil an einem Hügel gelegen.

La Fogata, 200 m westlich der Puente Río Uvita; Grillhähnchen und Holzofen-Pizza; 🕒 Mo–Fr 17–21, Sa und So 12–21 Uhr.

Restaurante Marino Ballena, am Supermarkt Don Israel, Fisch, Meeresfrüchte und Comida Típica, auch Frühstück. 🕒 Mo–Sa 6.30–22, So 6.30–21 Uhr.

Sonstiges

Geld

Banco Nacional, ein mobiler Bankautomat in einem Lastwagen steht beim Supermarkt Don Israel an der Costañera.

Internet

Rainforest Café, neben dem Don Israel Supermarkt; Laptops können auch auf dem Balkon angeschlossen werden; drinnen AC und Café; auch Fax, 🕒 Mo–Sa 8–18, So 11.30–18 Uhr.

Supermarkt

Supermercado Don Israel, 🕒 tgl. 6.30–21 Uhr.

Surfen

Restaurante Los Almendros, ✆ 743-8022, vermittelt Surfunterricht bei erfahrenen, einheimischen Surfern und verleiht Surfbretter.

Touren

Ballena Tours, vor Cabinas Punta Uvita, ✆ 818-3100, Schnorchel-, Wal-, und Delphintouren. 🕒 tgl. 6–17 Uhr.

Transport

Busse

Die Busse fahren im Zentrum, vor der Soda El Viajero ab. Nur einige Busse fahren bis ins Bahía-Viertel.

San José (über **Dominical**, **Matapalo**, **Quepos**), 2x tgl.; 7 1/2 Std.

San Isidro (über **Dominical**), 2x tgl.; 2 1/4 Std.

Shuttle-Busse

San José, 1x tgl.; $30; mit Ersa, ✆ 294-5806.

Parque Nacional Marino Ballena

MINAE-Büro ✆ 786-5392
Öffnungszeiten 8–16 Uhr
Eintritt $6
Gründungsjahr 1989
Größe 5375 ha Meeres- und 115 ha Landesfläche

Wale (spanisch: *Ballenas)* gaben diesem Nationalpark seinen Namen. Denn in den Sommermonaten ziehen vorwiegend Buckelwale an der Bucht vorüber. Sie kommen aus den Polarmeeren, um sich in Costa Ricas warmen Gewässern zu paaren oder Junge zu werfen. Bei Ebbe ist der Küstenstreifen des Parks über eine Sandbank mit der Isla Ballena verbunden und formt – aus der Luft betrachtet – den Umriss einer Walflosse.

Der Nationalpark erstreckt sich über 15 Küstenkilometer und umfasst die vier Strände **Playa Uvita**, **Playa La Colonia**, **Playa Ballena** und **Playa Piñuela**, von denen lediglich Playa Uvita und Playa La Colonia bei Ebbe miteinander verbunden sind. Fünf verschiedene **Mangrovenarten** wachsen im Park; das **Korallenriff** hat durch den Ausbau der Costañera schwere Schäden erlitten. Die vorgelagerten Inseln sind beliebte Nistplätze von Meeresvögeln.

Besucher haben die Möglichkeit, am schönen Playa Punta Uvita zu schnorcheln. Der ruhige Playa la Colonia ist eine beliebte Anlaufstelle bei Sonnenuntergang; Camping ist hier erlaubt (Achtung: Diebe). Vom Playa Ballena aus kann man im Sommer gelegentlich Wale erspähen; versteckt daneben – und nur bei Ebbe zugänglich – befindet sich der kleine **Playa Arco**, ein beliebtes Versteck für Verliebte. Der südlichste, fast 1,5 km lange, ruhige **Playa Piñuela** ist ein guter Bade- und Kajakstrand.

Ojochal

Ojochal ist eine freundliche, ruhige und internationale Expat-Gemeinde, umgeben von paradiesischen Stränden. Vom Hausstrand **Playa Tortuga** blickt man auf die Peninsula de Osa und erlebt herrliche Sonnenuntergänge. Playa Tortuga wurde in den 1990er-Jahren schwer von Wirbelstürmen verwüstet. Gut zum Schwimmen eignet

Wa(h)lheimat Costa Rica

Jedes Jahr im Winter wandern die Buckelwale aus den Nordpolarmeeren in die tropischen und subtropischen Gewässer Mittelamerikas, um sich zu paaren oder zu kalben. Auf dieser mehrere tausend Kilometer langen Reise nehmen die großen Meeressäuger keine Nahrung auf, sie leben ausschließlich von den Fettreserven, die sie sich im Laufe des Sommers angefressen haben.

Buckelwale sind polygam, sie paaren sich mit verschiedenen Partnern. In der Balzzeit werben mehrere Bullen gleichzeitig um ein Weibchen. Dabei singen sie oft stundenlang das gleiche Lied, jeder auf seine individuelle Art. Nur zum Luftholen unterbrechen sie den Minnesang, der mit über 600 Lauten und einer Lautstärke von 190 Dezibel zu einem der facettenreichsten und lautesten Laute im Tierreich zählt. Nach 12 Monaten gebären die Muttertiere bis zu 4 m große Waljunge, die durch die fettreiche Muttermilch schnell auf eine Größe von 7 bis 9 m heranwachsen.

Wer Glück hat, kann an der Bahia Ballena oder an der Peninsula de Osa die akrobatischen Sprünge der Buckelwale beobachten – ihren Namen erhielten sie aufgrund des charakteristischen Buckels, den sie beim Abtauchen machen. Die Farbmusterung und Form der Fluke (Hinterflosse) unterscheidet sich bei jedem Buckelwal. Wie beim Menschen der Fingerabdruck, ist sie das unveränderliche Erkennungsmerkmal des Buckelwals, an dem Wissenschaftler ein Einzeltier identifizieren.

Da sich Buckelwale bevorzugt in Küstengewässern und Buchten aufhalten, waren sie lange eine leichte Beute für Walfänger. Der Walfang ist heute in Costa Rica verboten, stattdessen bieten rund 45 Tourveranstalter Waltouren in der Bahía Ballena und auf der Peninsula de Osa an. Eine Tour kostet zwischen $50 und $65 p. P. Bei rund 40 000 Touristen im Jahr ist der Verdienst so lukrativ, dass viele Fischer das Netz an den Nagel hängen. Die Coalición Costarricense Por Las Ballenas, ein Zusammenschluss aus zwölf nationalen und internationalen Tierschutzorganisationen, setzt sich für den Schutz von Walen und Delphinen in Costa Rica ein und bildet die Tourveranstalter aus. Dennoch zeigen Forschungsstudien, dass die Meeresriesen verhäuft abtauchen und ausweichen, , da der Motorenlärm der Boote möglicherweise ihren Gesang stört. Walfreundlicher sind Kajaktouren.

sich der wilde, schöne **Playa Ventana**. Die „Ventanas" (spanisch: Fenster) sind zwei Höhlen, in die man bei Ebbe hineinklettern kann.

Übernachtung und Essen

Cabinas El Jardín Tortuga, am Supermarkt vorbei; an der Schule links abbiegen und direkt nach der Brücke rechts abzweigen; neben dem Hotel El Mono Feliz; ✆ 786-5059, 🖳 www.theturtlesgarden.com. 4 einfach-rustikale Ferienhäuser mit Palmendach; teils mit Küche; umgeben von einem schönem, wilden Garten mit Fluss; Restaurant. Gastgeber ist der freundliche, weitgereiste Stefan aus Deutschland. ❹

El Mono Feliz, am Supermarkt vorbei; an der Schule links abbiegen und direkt nach der Brücke rechts abzweigen, ✆ 786-5146, 🖳 www.elmonofeliz.com. 3 rustikale Ferienhäuser aus Holz mit kleiner Küche; außerdem fünf einfache Hotelzimmer; familiäres Ambiente; großer Hintergarten; Frühstück inkl.; beliebt bei holländischen Familien; freundliche und hilfsbereite Leitung. ❹

Hotel El Perezoso, nach der Ortseinfahrt hinter der ersten Brücke in die erste Straße rechts abbiegen (ausgeschildert), ✆ 786-5117, 🖳 www.elperezoso.com. Schlichte Zimmer mit schöner Sicht; die Turmzimmer sind die beste Wahl; geleitet von einer englischen Familie; Frühstück inkl. ❹–❺

Hotel Villas Gaia, an der Costañera, ✆ 786-5044, 🖳 www.villasgaia.com. Geschmackvolle, einladende und helle Ferienhäuser im Landhausstil; teils mit AC. Ein Haus mit Küche; bewusst wurde auf TV und Telefon verzichtet; teils mit Meeresblick; Pool, Lesesaal und Bar; unter holländischer Leitung. ❺

O' Rancho SoLuna, an der Polizeistation links abbiegen, ✆ 786-5163, ✉ solunacr@yahoo.com. Lilafarbige Cabinas mit überdachter Open-Air-Küche und Wohnterrasse; auch Camping möglich. ❸

Villas El Bosque, an der Costañera, ✆ 786-5170, 🖳 www.villaselbosque.com. Kleine Anlage mit 5 Ferienhäusern unterschiedlicher Größe und Ausstattung; handgeschnitzte Möbel und Masken als Dekoration. ❺

Panadería Del Frances, neben der Pizzeria Jardin Tortuga, gutes, frisch gebackenes Brot. ⌚ Mo–Fr 11.30–18 Uhr.

Siehe auch Tippkasten „Ojochaler Gaumenfreuden".

Sonstiges

Internet

Internet Ojochal, neben dem Supermarkt; kleine Cafeteria und Informationszentrum; AC, ⌚ tgl. 8–17, in der Hochsaison 8–19 Uhr.

Supermarkt

Incaloa, neben dem Fußballfeld. ⌚ Mo-Sa 7-20, So 8-19 Uhr.

Transport

Shuttle-Bus Easyride, ✆ 253-4444, 🖳 www.easyridecr.com, fährt 2x tgl. nach **San José**; $35.

Der Süden

Stefan Loose Traveltipps

Dem Ruf des Quetzals nach Wie ein grüner Blitz stürzt sich der Göttervogel am Cerro de la Muerte vom Himmel. S. 314

7 **Der Cerro Chirripó** Von Costa Ricas höchstem Gipfel den Sonnenaufgang über den Gletscherseen erleben. S. 319

8 **Boruca** Das Rad der Geschichte einmal umgedreht: Zur Fiesta de los Diablitos werden die Spanier von den Indianern besiegt. S. 324

9 **Parque Internacional La Amistad** Wandern zwischen jahrhundertealten Giganten und an Riesenfarnen vorbei ins „Tal der Stille." S. 325

Bahía Drake Per Kajak den Río Claro entdecken und in türkisblauen Buchten schnorcheln. S. 329

Parque Nacional Corcovado Roten Aras, Affen und Tapiren in freier Wildbahn begegnen. S. 338

10 **Eine Oase der Ruhe** Die Yoga-Farm bietet günstige Entspannung im Regenwald und bei Meeresrauschen. S. 346

DER SÜDEN
N
0
5
10
15
20 km
San Rafael
Mesas
San Gabriel
Volcán
Buenos Aires
Cabagra
1464
Co. Chibeta
Playa Hermosa
Uvita
Playa Uvita
Pejibaye
San Antonio
Cartago
Peje
Pejibaye
883
Queb. Grande
Fila Sierra
Zapote
Aguila Abajo
Playa Ballena
Piñuela
Playa Piñuela
Tortuga Abajo
Chacara
Tortuga
Aguila
Las Pilas
General
Florida
Mosca
Cabagra
Piedra
Fila Costeña
Tres Rios
Coronado
Boca Coronado
San Buenaventura
Playa Boca Brava
ISLA BOCA BRAVA
Colinas
San Luís
708
Co. Tigre
Térraba
Potrero Grande
Guineal
Fila Retinto
1070
Boruca
RESERVA INDÍGENA BORUCA
Paso Real
Coto Brus
Ojo de Agua
Ciudad Cortés
Palmar Norte
Pto. Nuevo
Río Grande de Térraba
RESERVA INDÍGENA CURRÉ
Fila Limón
Changuena
Limón
Valle
ISLA BOCA CHINA
Delicias
Palmar Sur
Palma
HUMEDAL NACIONAL TÉRRABA-SIERPE
ISLA EL COCO
PUNTARENAS
Villa Colón
Fila Costeña
Coto
Paraíso
Boca Guarumal
Sierpe
Sierpe
VALLE DE DIQUIS
Venecia
Co. Anguciana
1707
ISLA VIOLÍN
Lago Tigre
Potrero
Sábalo
Lago Porvenir
Olla
Chacarita
Piedras Blancas
La Navidad
Lago Sierpe
Playa Violín
Guerra
Playa Ganado
Chocuaco
Salto
647
Co. Chocuaco
Esquinas
Briceño
ISLA DEL CAÑO
Bahía Drake
Drake
L. Chocuaco
Boca Rincón
PARQUE NACIONAL PIEDRAS BLANCAS
579
Casa Orquideas Jardín Biológica
Pta. Agujitas
Agujitas
Drake
Rincón
Pto. Escondido
Playa Cativo
Playa San Josecito
Co. Brujo
617
Charcos
RESERVA INDÍGENA GUAYMI DE OSA
La Palma
Golfito
San Pedrillo
San Pedrillo Ranger Station
Agujitas
Pavón
Rivito
Rincón
PENINSULA DE OSA
Barrigones
Playa San Josecito
Playa Gallardo
Playa Cacao
PARQUE NACIONAL CORCOVADO
Los Patos
Agujas
Lajitas
Golfo Dulce
Playa Llorona
Corcovado
Sirena
Los Patos Ranger Station
Sandalo
Pta. Tigre
Lago Corcovado
Tigre
Puerto Jiménez
Zancudo
Playa Zancudo
Coto
Dos Brazos
Playa Platanares
Playa Zapote
Sábalos
Pazifischer Ozean
Playa Corcovado
Pavo
Pavo
745
Co. Rincón
Nuevo
Platanares
Playa Sirena
Sirena
Claro
Madrigal
Playa Madrigal
Carate
Playa Carate
Agua Buena
326
Co. Osa
Boca de Pavón
Playa Tamales
Finca Ojo de Agua
Playa Sombrero
Pavones
Pta. Matapalo
Cabo Matapalo
Nicaragua
Punta Banco

Wie keine andere Region in Costa Rica lädt der weite, paradiesische Süden zu tagelangen Treks durch nahezu unberührte Natur ein: Kraxelnd bei Minusgraden durch die Moränenlandschaft des landeshöchsten Berges **Chirripó**. Grenzüberschreitend durch das schroffe, unwegsame **Talamanca-Gebirge** nach Panama. Oder Tapiren und roten Aras auf der Spur durch den **Corcovado Nationalpark**, eine der artenreichsten Regionen der Welt. Die Möglichkeiten, die eigenen körperlichen Grenzen auszutesten und die *last frontier* zu spüren, sind vielfältig. Durch die lange Isolation vom Rest des Landes konnten im Süden seltene Pflanzen- und Tierarten überleben, die in anderen Landes- und Weltteilen bereits ausgestorben sind. Engagierte Naturschützer kämpfen mit Initiativen von Waldfreikauf, Tierpatenschaften bis hin zu Rund-um-die-Uhr-Nestbewachungen um das von Holzfällern und Wilddieben bedrohte Paradies.

Geschichte

Eines der eindrucksvollsten Zeugnisse präkolumbischer Zivilisation sind die rätselhaften Granitkugeln in der Palmar-Sierpe-Region (s. S. 327, Kasten). Der erste Kontakt zwischen Ureinwohnern des Südwestens von Costa Rica und den spanischen Konquistadoren fand im Jahr 1522 statt, als der spanische Eroberer Gil Gonzalez an der heutigen Grenze zu Panama Schiffbruch erlitt und darauf die Gastfreundschaft der Térraba-Indianer genoss. Franziskanermönche ließen sich später in den Indianersiedlungen Boruca und Térraba nieder und führten – selbst nach heftigen Indianerrevolten Ende des 18. Jhs. – ihre Missionierungsversuche hartnäckig fort.

Im Süden Costa Ricas lebt heute die Mehrheit der indigenen Bevölkerung. Während des Ausbaus der **Panamericana** (s. S. 315, Kasten „Mut zur Lücke") Mitte der 1960er-Jahre verloren viele Indianer ihr Land. Seit Ende der 1970er fristen die Boruca-, Térraba-Indianer in Reservaten in den Gebirgsregionen der Cordillera Talamanca, der Fila Costeña sowie in den Wäldern der Peninsula de Osa ihr Dasein und kämpfen damit, jahrhundertealte Tradition mit modernem Leben zu vereinbaren.

Costa Ricas Südwesten heute ist weitgehend von Viehwirtschaft und großen Palmölplantagen geprägt. Über 50 Jahre lang baute die United Fruit Company um Golfito Bananen an und bildete den Hauptarbeitgeber der Region. Als der Konzern Mitte der 1980er abzog, machten sich viele ehemalige Plantagenarbeiter auf die Suche nach Gold. Noch heute treffen Wanderer auf der **Peninsula de Osa** auf Goldgräber, die mit Lupen und Spaten Corcovados Flussläufe absuchen.

Von San José zum Cerro Chirripó

Die Route führt von San José über Cartago und dann auf der Interamerica steil hoch auf den **Cerro de la Muerte** (3419 m) – den Berg des Todes. Der Furcht einflößende Name stammt noch aus Zeiten, als es hier keine Straße gab. Fünfzehn Tage lang dauerte der Fußmarsch von San José auf den Berg. Viele Menschen kamen bei den heftigen Wetterumschwüngen ums Leben – damals wie heute. Denn scharfe Kurven, dichter Nebel, starker Lastwagenverkehr sowie riskante Überholmanöver machen die Interamericana auf diesem Abschnitt zu einer der gefährlichsten Straßen im Land. Der umliegende kühle Nebelwald bietet eine gute Gelegenheit den **Quetzal** zu sehen. Am **Mirador de Quetzales** (KM 70) werden Vogeltouren angeboten.

Östlich der Straße liegt der **Nationalpark Tapantí**, am besten vom Valle de Orosi zugänglich (s. S. 149), und westlich die **Ruta de Los Santos**, eine Ansammlung kleiner Ortschaften, von denen jede nach einem anderen Heiligen benannt ist. Ein lohnenswerter Abstecher führt nach **San Gerardo de Dotas**, das von der Interamericana (KM 80) über eine breite, steile Sandpiste zu erreichen ist. Costa Rica macht hier seinem Namen als Schweiz Mittelamerikas alle Ehre: Saftig grüne Hügel mit Kuhweiden, kleine Holzhäuschen mit großen Blumenkübeln und Forellenteichen im Hintergarten sowie der **Río Savegre** beherrschen die Landschaft. Die Gegend um den Río Sevegre wurde 2005 zum **Parque Nacional de Los Quetzales** deklariert. Zur Zeit des Schreibens war der neue Park touristisch nur wenig erschlossen. Wir freuen uns über aktuelle Informationen.

Die Route endet in San Isidro (KM 138), der größten Stadt südlich von San José und nur 20 km vom **Cerro Chirripó**, Costa Ricas höchstem Berg, entfernt.

Übernachtung

An der Interamericana

Bosque del Tolomuco, ☏ 847-7207, www.bosquedeltolomuco.com. Drei rustikale Holzhäuser, steil an einem Hügel gelegen, bei einem freundlichen deutsch-kanadischen Paar; ideal für Vogelfreunde. ❹

San Gerardo de Dota

In und um San Gerardo de Dota befinden sich Übernachtungsmöglichkeiten in allen Preisklassen, vom idyllischen Campingplatz am Río Savegre bis zu luxuriösen Apartments mit Küche und Jacuzzi.

Cabinas El Quetzal, in San Gerardo, ☏ 740-1036. Saubere Cabinas für bis zu 7 Personen mit sehr unterschiedlicher Ausstattung; malerisch am Río Savegre gelegen. Liegewiese. Gutes Preis-Leistungs-Verhältnis. ❸

Cabina Miriam, 3 km von der Interamericana, gegenüber der Pulperia Mirador, ☏ 740-1049. Eine einfache, saubere, liebevoll eingerichtete Holzhütte, umgeben von Grün. ❸

Camping Ranchos La Isla, in San Gerardo, ☏ 740-1038, hübsch am Río Savegre gelegen, mit guten Sanitäranlagen; Restaurant; 2000C p. P.

Im Nest des Quetzals

Albergue Mirador de Quetzales / Finca Eddie Serrano, KM 70, ☏ 381-8456. Rustikale Holzhütten auf 2650 m Höhe mit herrlicher Sicht auf Nebelwald. Wärmflaschen statt Heizung; gemütliches Restaurant; Eddie bietet Mountainbike-, Quetzal- ($6 p. P.) und Reittouren ($10 p. P.) am Río Savegre an (auch für Tagesausflügler). Die beste Zeit zum Quetzale-Beobachten ist von November bis Mai. $40 p. P., inkl. Frühstück, Abendessen und Tour.

Dantica Lodge, 4 km von der Interamericana Richtung San Gerardo, ✆ 352-2761, 💻 www.dantica.com. Exquisite, kreativ-stilvoll eingerichtete Häuser mit großer Fensterfront; Badewanne und Jacuzzi; teils mit Küche; Terrasse mit Blick auf Nebelwald; Frühstück inkl.; Kinder bis 12 Jahre gratis. ❻

Trogón Lodge, ✆ 293-81781, 💻 www.grupomawamba.com. Schöne Anlage am Río Savegre; umgeben von 87 ha Wald mit Wanderwegen; die Zimmer sind relativ dunkel. Reit-, Mountainbike- und Vogeltouren. ❺

Essen

Doña Miriam, rund 100 m oberhalb der Dantica Lodge, zaubert gutes Frühstück und große Portionen frischer Forelle zu einem günstigen Preis.

Restaurante Las Cataratas, 3 km von der Interamericana Richtung San Gerardo, hat gute, frische Forellen.

San Isidro de El General

San Isidro de El General (700 m), von den Einheimischen auch **Pérez Zeledón** genannt, ist die politisch und wirtschaftlich bedeutendste Stadt im Süden Costa Ricas. Der Ort wuchs mit dem Bau der Interamericana in den 1930er Jahren und lebt zum großen Teil von der Landwirtschaft. Obgleich touristisch wenig attraktiv, ist San Isidro für Busreisende ein wichtiger Verkehrsknotenpunkt. Mehrmals täglich fahren Busse in den Süden, an die Zentrale Pazifikküste, nach San José und Panama. Selbstversorger können ihren Proviant in den gut bestückten Supermärkten aufstocken. Als Basis für den Aufstieg zum **Cerro Chirripó** ist jedoch der 17 km weiter nordöstlich gelegene kleine Ort **San Gerardo de Rivas** besser geeignet.

Übernachtung

Hotel Chirripó, an der Südseite des Parque Central. Einfache, saubere, helle Zimmer, teils mit Bad. Parkplatz. EZ 6000C, DZ 10 000C.

Mut zur Lücke: Die Panamericana

„So vast, so incomplete, so incomprehensible, it is not so much a road as it is the idea of *Pan-Americanism* itself", beschreibt der nordamerikanische Reisejournalist Jake Silverman die längste, mit dem Auto befahrbare Straße der Welt. Vom Polarkreis in Alaska bis nach Feuerland in Argentinien zieht sich die Panamericana durch dichten Urwald, Küstenstreifen und Schwindel erregende Gebirgspässe. Gut gepflasterte Abschnitte wechseln sich ab mit schlaglochzerfressenen Pisten, die in der Regenzeit unpassierbar sind. Die Idee einer Straße, die Nord- mit Südamerika verbinden sollte, entstand auf der panamerikanischen Konferenz von 1923. Mexiko machte den Anfang und beendete sein Stück Panamericana bereits 1950. Seitdem entstanden fast 48 000 Straßenkilometer, die insgesamt 16 Ländergrenzen überqueren, darunter die berühmten Streckenabschnitte des Alaska Highway und der Interamericana. Damit ist die Traumstraße fast komplett – bis auf die sogenannte Darién-Lücke zwischen dem Panama-Kanal und der kolumbianischen Grenze. Dieses 87 km lange Stück Regenwald umfasst eines der artenreichsten Ökosysteme der Welt. Zwar würde die Fertigstellung der Interamericana Kolumbien und Panama touristisch weiter erschließen und beiden Ländern neue, wichtige Handelsrouten eröffnen – für den Wald aber und die in ihm lebenden Indianer wäre es das Aus. Bleibt zu hoffen, dass die Regierungen weiterhin Mut zur Lücke zeigen und Autofahrer auch in Zukunft einen Schlenker machen oder auf Drahtesel und Wanderschuh den Dschungel durchqueren müssen – gewiss nicht weniger abenteuerlich.

Hotel Iguazú, 50 m südwestlich von Mac Donalds, ✆ 771-2571. Einfache, saubere, große Zimmer, teils mit Bad; Parkplatz; EZ ab 4000C, DZ 10 000C.

Hotel Los Crestones, an der Südostseite des Stadions, ✆ 770-1200, 💻 www.hotelloscrestones.com. Dreistöckiges Hotel im Motelstil; saubere Zimmer mit AC, TV und guten

Matratzen; die Zimmer in den oberen Etagen sind besser. Pool; familiäres Ambiente. ❸

Essen

Kafé de la Casa, nettes Café mit riesiger Auswahl an Tees und Kaffee; Kuchen; Frühstück. ⏲ Mo–Fr 6–21, Sa 6–19, So 8–17 Uhr.
La Reina del Veiles, am Parque Central, günstige landestypische Küche; beliebt bei Einheimischen. ⏲ Mo–Sa 7–21 Uhr, So hat nur die 2. Etage geöffnet.
Marisquería La Central, Ceviche und andere Fischgerichte. ⏲ Mo–Sa 6.30–19 Uhr.
Mexico Lindo, an der Südseite des Parque Central in der Geschäftsarkade, traditionelle mexikanische Gerichte; auch vegetarisch. ⏲ Mo–Sa 9.30–20.30 Uhr.
Panadería Superpan, C. 1, Av. 2–4, u. a. kleine Auswahl an Vollkornbrot und -gebäck.

Sonstiges

Apotheke
Farmacia Miravalles, am Parque Central, ✆ 771-5023, ⏲ Mo–Sa 7–20, So 7–12 Uhr.

Autovermietung
Brunca, 25 m nördlich vom Centro Comercial Los Reyes, ✆ 771-7355, ⏲ Mo–Sa 7–17 Uhr.

Fahrradreparatur
Ciclo El Valle, 25 m westlich vom Parque Central, ✆ 771-1636.

Geld
Banco Nacional, am Parque Central, ⏲ Mo–Fr 8.30–15.45 Uhr.
BAC, Av. 4, C. 0–1, ⏲ Mo–Fr 8–18, Sa 9–13 Uhr.

Internet
BTC Internet, an der Südseite des Parque Central, in der Geschäftsarkade, ⏲ Mo–Fr 8.30–21, Sa 8.30–20, So 10–16 Uhr.

Medizinische Hilfe
Hospital Clínica Labrador, 75 m nördlich vom Stadion, ✆ 772-2838, Privatklinik.

Reisebüro
Selva Mar, ✆ 771-4582, Flugbuchung und Touren.

Supermärkte
Coopeagri, am Busbahnhof für lokale Busse.
Palí, Av. 9, Ecke C. Central.
Megasuper, C. 1, Av. 6–8.

Tankstelle
Texaco, Av. Central, Ecke C. 3.

Taxis
Am Parque Central; Tarife: 8000C nach San Gerardo de Rivas (Nationalpark).

Wäscherei
Lavandería Lavakilos, neben dem Registro Civil, ✆ 825-0300, ⏲ Mo–Fr 8–18, Sa 8–16 Uhr.

Transport

Busse
Vier verschiedene Busbahnhöfe liegen verwirrend in der kleinen Stadt verstreut. Die Mehrzahl der Busse kommt aus San José. Fahrkarten rechtzeitig kaufen.

Terminal Tracopa
Östlich der Kirche, ✆ 771-0468, bedient die Golfito Region, Panama, San Vito und San José. ⏲ 4.30–19, So 4.30–15 Uhr.
David (Panama), 10 Uhr; Bus kommt aus San José.
Golfito, 2x tgl.; 4 1/2 Std.; 2815C; Bus kommt aus San José.
Palmar, 4x tgl.; 3 Std.; Bus kommt aus San José.
Paso Canoas (Grenzübergang Panama), 4x tgl.; 4 1/2 Std.; 2860C; Bus kommt aus San José.
San José, 9x tgl.; 3 Std.; 2005C.
San Vito, 4x tgl.; 4 Std.; 2205C; Bus kommt aus San José.

Terminal Musoc
An der Interamericana, ✆ 771-0414, ausschließlich Busse nach San José.
San José, 5–18.30 Uhr ungefähr stdl.; 3 Std.; 1600C.

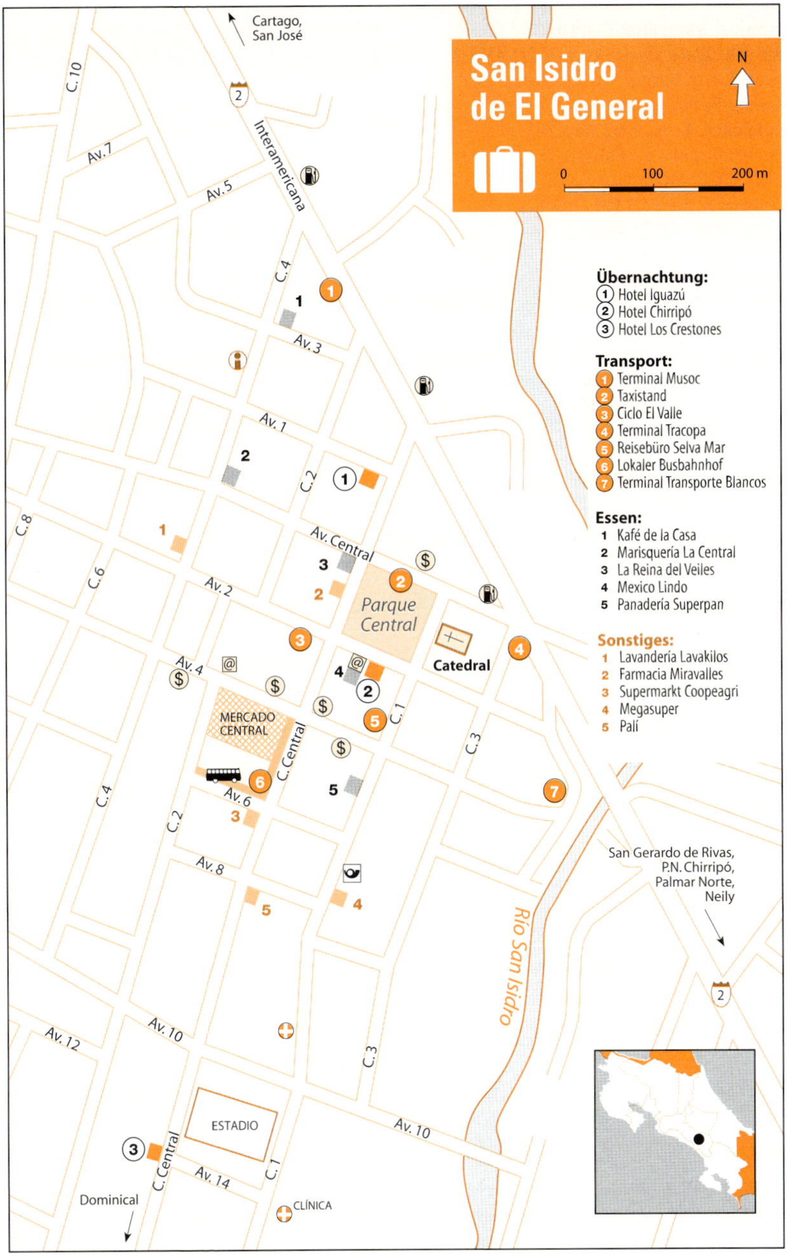
San Isidro de El General
N
0
100
200 m
Übernachtung:
① Hotel Iguazú
② Hotel Chirripó
③ Hotel Los Crestones
Transport:
1 Terminal Musoc
2 Taxistand
3 Ciclo El Valle
4 Terminal Tracopa
5 Reisebüro Selva Mar
6 Lokaler Busbahnhof
7 Terminal Transporte Blancos
Essen:
1 Kafé de la Casa
2 Marisquería La Central
3 La Reina del Veiles
4 Mexico Lindo
5 Panadería Superpan
Sonstiges:
1 Lavandería Lavakilos
2 Farmacia Miravalles
3 Supermarkt Coopeagri
4 Megasuper
5 Palí
Cartago, San José
Interamericana
Parque Central
Catedral
MERCADO CENTRAL
ESTADIO
CLÍNICA
Río San Isidro
San Gerardo de Rivas, P.N. Chirripó, Palmar Norte, Neily
Dominical
Av. 7
Av. 5
Av. 3
Av. 1
Av. Central
Av. 2
Av. 4
Av. 6
Av. 8
Av. 10
Av. 12
Av. 14
C. 10
C. 8
C. 6
C. 4
C. 2
C. Central
C. 1
C. 3

Terminal Transportes Blancos
Am östlichen Ende der Av. 4, ✆ 771-4744. Busse nach Puerto Jiménez (NP Corcovado) und in die Zentral-Pazifikregion.
Dominical, 4x tgl.; 1 1/2 Std.; 700C.
Puerto Jiménez (via **Palmar**), 2x tgl.; 7 Std.; 2 1/2 Std.; 2180C.
Quepos, 2x tgl.; 4 1/2 Std.; 1110C.
Uvita, 2x tgl.; 2 Std.; 830C.

Lokaler Busbahnhof
Am Mercado Central, Av. 6, C. 0–2, Busse zum Nationalpark Chirripó und in die nähere Umgebung San Isidros.
San Gerardo de Rivas (NP Chirripó), 2x tgl.; 1 3/4 Std.

Der Süden

San Gerardo de Rivas

Der kleine Ort San Gerardo de Rivas (1350 m), rund 3 km vom **Nationalpark Chirripó** entfernt, ist die Ausgangsbasis für einen Aufstieg zum **Cerro Chirripó**. Obwohl jährlich mehrere tausend Gipfelstürmer San Gerardo besuchen, hat der kleine Ort mit dem frischen Klima weitgehend seinen ländlichen Charakter bewahrt. Auf den umgebenden Hügeln werden Reis, Mais, Bohnen, Zuckerrohr, Kaffee und Gemüse angebaut. In Privathäusern wird selbst gemachter Käse und Joghurt zum Verkauf angeboten. Nach wie vor sind Pferde ein wichtiges Verkehrsmittel auf den unwegsamen Lehmpisten. Es gibt keine großen Hotels; die Unterkunft erfolgt überwiegend in einfachen, familiären Cabinas.

Sehenswertes

Viele Besucher berichten, dass die acht Wanderwege der relativ neu gegründeten, 280 ha großen **Cloudbridge Reserve**, 💻 www.cloudbridge.org, schöner sind als der viel besuchte Nebelwaldabschnitt des benachbarten Nationalparks. Ein Wegenetz von insgesamt 15 km führt durch das private Nebelwaldreservat, das u. a. Kapuziner- und Klammeraffen, Nasenbären und Gürteltiere sowie eine große Vielfalt an Vögeln und Schmetterlingen beherbergt. Das Reservat befindet sich 3 km östlich von San Gerardo, Richtung Nationalpark. Eintritt auf Spendenbasis.

Hänsel und Gretel-Haus

Casa Mariposa, 50 m vor dem Nationalparkeingang, ✆ 742-5037, 💻 www.hotelcasamariposa.com. Verwunschenes, gemütlich-rustikales Holzhaus bei junger, freundlicher Expat-Familie. Fünf saubere Zimmer mit guten Matratzen; guter Ausgangspunkt für Wanderer. EZ $12, DZ $20.

Voluntarios (freiwillige Helfer) sind willkommen. Nähere Auskünfte unter der Webadresse 💻 www.cloudbridge.org/volunteering.htm.

Sich aufwärmen und die müden Muskeln entspannen können müde Wandersleut in den **Balnearios** (Thermalquellen) 2 km nördlich von San Gerardo de Rivas Richtung Herradura, 🕓 7–18 Uhr. Eintritt rund $3 p. P.

Übernachtung

Albergue de Montana Pelícano, ✆ 742-5050, 💻 www.pelicano.net, am Ortseingang, 500 m nördlich vom Liceo. Schönes, rustikales, zweistöckiges Chalet, auf einem Hügel gelegen. Zimmer im Haupthaus mit Gemeinschaftsbad und großem Gemeinschaftsbalkon. Auch separate Holzbungalows mit Privatbad; Garten mit Pool. Eine der schönsten Unterkünfte im Ort. ❸
Camping ist für $5 pro Zelt beim Hotel Roca Dura am Sportplatz, (✆ 363-7318), für $4 beim Hotel El Descanso, und auf der großen Wiese vor der Albergue de Montana Pelicano möglich.
Hotel El Descanso, ✆ 369-0067, einfache und saubere Cabinas, teils mit Privatbad, beim erfolgreichen Langstreckenläufer Francisco. Die oberen Zimmer sind größer und heller. Restaurant. Transport zum Parkeingang inkl. EZ ab $8.
Hotel Urán, ✆ 388-2333, 💻 www.hoteluran.com, 75 m vor dem Nationalparkeingang; 21 saubere, einfache Zimmer. Bei den Zimmern mit Gemeinschaftsbad reichen die Wände nicht bis zur Decke; größere Zimmer mit Privatbad im Haupthaus; Frühstück ab 5 Uhr möglich; guter Ausgangspunkt für Wanderer; Parkplatz. EZ ab $12.

Essen

Bar-Restaurant Roca Pura. Wer befürchtet, den letzten Bus nach San Isidro zu verpassen, kann hier seinen Hunger mit Comida Típica stillen, die Haltestelle liegt direkt gegenüber.
🕓 7–19.30 Uhr.

Restaurant Talamanca Reserva, schön und warm. Die Speisekarte reicht von Steak, Pasta, Casado und Gallo Pinto bis zu Waffeln und einer großen Auswahl an Omeletts zum Frühstück.
🕓 8–22 Uhr.

Soda Urán, im Hotel Urán, serviert gute landestypische Küche und ist das erste Gasthaus, auf das der hungrige Wanderer nach einem langen Abstieg trifft.

Sonstiges und Transport

Internet

Im **Restaurant Talamanca Reserva**; stattliche $4 pro Std., inkl. Getränk.

Supermarkt

Supermercado Los Nubes, am Sportplatz, hat fast alles, was man für den Berg braucht,
🕓 18.30–20 Uhr.

Busse

San Isidro, 7, 16 Uhr; ungefähr 1 3/4 Std.

7 HIGHLIGHT

Parque Nacional Chirripó

MINAE-Büro ☎ 742-5083
Öffnungszeiten 6.30–16.30 Uhr
Eintritt $10
Gründungsjahr 1975
Größe 43700 ha
Besucherzahl 6000–9000 Personen pro Jahr
Unterkunft S. S. 320, Kasten „Der Berg ruft"
Transport
Autofahrer nehmen, von San Isidro kommend, die Interamericana Richtung Süden und überqueren die Flüsse San Isidro und Jilguero. Rund 500 m nach dem Río Jilguero zweigt links die Straße nach Rivas (11 km) ab. Die Asphaltierung hört in Rivas auf, von hier führt eine Piste rechts, über Canaan, nach San Gerardo de Rivas. Vierradantrieb ist empfehlenswert, besonders für den letzten Abschnitt, der zum Nationalparkeingang führt. Die Strecke ist ausgeschildert.

Ein eisiger Wind peitscht die grün-gelb-braun gefleckte morastige **Páramo-Landschaft**. Schroffes Felsgestein und Gletscherseen reflektieren die Sonnenstrahlen. In den frühen Morgenstunden, bibbernd auf dem höchsten Gipfel des Landes, glaubt man sich in Urzeiten zurückversetzt, als sei die Zeit stehen geblieben.

Costa Ricas zweitgrößter Nationalpark umgibt den mittleren Teil der **Cordillera Talamanca** mit dem höchsten Berg des Landes, **Cerro Chirripó** (3819 m). Die Gebirgskette entstand vor ungefähr 40 Millionen Jahren und bildet die Grenzlinie zwischen dem feuchten atlantischen und dem trockenen pazifischen Klima. Zwei Vegetationszonen dominieren im Park: Im unteren Abschnitt wächst **Nebelwald** (s. S. 176, Kasten „Was ist Nebelwald"), ab 3000 m Höhe beginnt Costa Ricas größte Páramo-Landschaft mit Gräsern, Flechten, Moosen und Zwergsträuchern, nicht höher als 2 m.

Ein Großteil des Eichenwaldes, der einst den Übergang zwischen Páramo-Vegetation und Nebelwald bildete, brannte beim verheerenden Feuer von 1992 ab. Tausende von Baumskeletten ragen nach wie vor dramatisch in den Himmel. Auf dem verkohlten Boden gedeiht heute eine blühende Páramo-Landschaft, Wald jedoch wird hier nicht mehr entstehen. Im Park leben u. a. Jaguare, Pumas, Wildschweine, Schlangen, Tapire und Affen, die der Wanderer aber kaum zu Gesicht bekommt.

Praktische Tipps

Mitnehmen: Sonnenhut, Sonnencreme, warme Kleidung (Handschuhe, Mütze), Socken zum Wechseln, Schuhe mit gutem Profil, Toilettenpapier, Proviant, Taschenlampe, Regenschutz.

Unterkunft: Die Herberge befindet sich auf 3400 m Höhe und bietet Platz für insgesamt

Der Berg ruft – Aufstieg zum Chirripó

Anmeldung: Für einen Aufstieg zum Chirripó ist eine vorherige telefonische Anmeldung im Minae-Büro in San Gerardo de Rivas unter ✆ 742-5083 erforderlich. Reservierungen werden Mo–Fr 6.30–12 und 13–16.30 Uhr entgegengenommen. Nur 40 Besucher dürfen täglich in den Park, die Parkverwaltung empfiehlt daher, mindestens zwei Monate im Voraus zu reservieren. Dem Besucher wird am Telefon die Bankverbindung des Nationalparks mitgeteilt. Für eine gültige Reservierung müssen Park- und Übernachtungsgebühr für die Herberge ($10 für 1–2 Tage; $15 für 3 Tage) auf das Parkkonto eingezahlt und der entsprechende Überweisungsbeleg zugefaxt werden, (die Faxnummer erhält der Besucher bei der Anmeldung). Vor dem Aufstieg müssen sich Wanderer im Minae-Büro in San Gerardo de Rivas registrieren. Ein Führer kostet $30 pro Tag (bis max. 9 Pers.), ist für die Wanderung jedoch nicht erforderlich. Für 11 000C transportieren Pferde das Gepäck (max. 14 kg) zur Herberge.

60 Personen. Die Unterbringung erfolgt in Schlafsälen zu je 4 Personen. Schlafsack (800C), Gaskocher (600C) und Decken (500C) sind in der Herberge erhältlich. Die Herberge ist sehr zugig, es gibt weder Heizung noch Feuerstelle, auch die Duschen sind kalt. Besucher werden gebeten, ihren Müll soweit wie möglich zu reduzieren und wieder mitzunehmen.

Wetter / Besuchszeit: Die Temperaturschwankungen im Park sind enorm. In den Sommermonaten fällt das Thermometer von Temperaturen über 20 °C am Tag auf bis zu minus 9 °C in der Nacht. Durch die wechselnden Frost- und Schmelzperioden entstehen im oberen Parkabschnitt bezaubernde Eiskristalle. Die **Trockenzeit** (Dez–April) ist die beste Zeit zum Wandern. Die Wanderwege sind nicht aufgeweicht und die Chance Tiere zu sehen, ist höher. Nachteile sind die Hitze und die vielen Besucher – man wandert nicht allein. Zur Semana Santa (Osterwoche) herrscht Hochbetrieb. Ab Mai beginnt die **Regenzeit**. Wanderer sollten den Regenrhythmus mitmachen, d. h. früh aufbrechen, denn gegen 13 Uhr setzt der Regen ein. Die Wege können vor allem im unteren Parkabschnitt zur Rutschpartie werden. Großer Vorteil der Regenzeit sind die relativ wenigen Besucher und die von September bis November blühende Páramo-Vegetation.

Feuergefahr: Feuer und Rauchen sind außerhalb der ausgeschilderten Bereiche in der Herberge im gesamten Park ausdrücklich verboten! Die letzten großen Waldbrände wurden durch Menschen verursacht: 1985 brannten 9000 ha, 1992 weitere 1700 ha Wald ab. Die Brandursache war jedes Mal glühende Kohle, die Touristen und ein Campesino im Park zurückließen.

Der Aufstieg: Der sieben- bis achtstündige Aufstieg zum Chirripó bedarf keines besonderen technischen Könnens, doch gute Kondition und Ausdauer sind unbedingt erforderlich, denn die insgesamt 21 km lange Strecke steigt fast kontinuierlich von 1219 m auf eine Höhe von 3819 m an. Ein Führer ist nicht nötig, der Weg ist gut ausgeschildert, Höhen- und Kilometerangaben sind regelmäßig angegeben. Die übliche Tour umfasst zwei Tage und eine Nacht.

Die Route

1. Tag: Möglichst früh (um 5 oder 6 Uhr) aufbrechen. Der Weg führt zunächst an Weidelandschaft und abgeholzten Hängen vorbei, anschließend durch Nebelwald. Nach 7 km erreicht man die **Station Llano Bonito**, wo Trinkwasser vorhanden ist. Die sanitären Anlagen sind nicht zu empfehlen, im Notfall ist hier jedoch eine Übernachtung möglich. Von hier sind es weitere 7 km zur Herberge und 13 km zum Gipfel. Es folgt der steilste Streckenabschnitt, KM 8–11. Der **Monte Sin Fé** (Berg ohne Hoffnung) auf 3200 m Höhe ist umgeben von verkohlten Baumstümpfen – Eichenwald, der 1992 einem Brand zum Opfer fiel. Die nachwachsende Páramo-Vegetation blüht von September bis Oktober. Nach einem kurzen, ebenen Abschnitt zieht der Berg die letzten 1,5 km noch einmal steil an, bevor die **Albergue Los Crestones** erreicht ist. Wenn Wanderer nicht vor Dunkelheit in der Herberge eintreffen, werden Suchtrupps losgeschickt.

2. Tag: Wer den Gipfel ausspart, verpasst den besten Teil der Wanderung. Bisher war der Aufstieg ein gutes Konditionstraining, landschaftlich aber eher enttäuschend. Noch einmal heißt es früh aufstehen (3.30–4 Uhr), denn gegen 9 Uhr verdecken bereits Wolken die Sicht. Handschuhe und Mütze mitnehmen, es herrschen ein eisiger Wind und Minustemperaturen am Gipfel. Die 4,8 km lange Schlussetappe führt durch das **Valle de Conejos** (Tal der Hasen), der letzte Abschnitt erfordert Kraxeln. Vom Gipfel hat man bei gutem Wetter eine spektakuläre Sicht über die Gletscherseen der Cordillera Talamanca bis zum Pazifik, ein unvergessliches Erlebnis in der Morgendämmerung.
Weitere mehrstündige Wanderungen führen von der Herberge zur **Sabana de los Leones** und ins **Valle Morenas**. Die meisten Besucher machen sich jedoch nach der Gipfelwanderung auf den Rückweg (4–5 Std.), um rechtzeitig den 16-Uhr-Bus nach San Isidro zu erwischen.
Statt der Hauptroute von San Gerardo werden auch 4-Tages-Touren vom **Pueblo Herradura** angeboten. Diese Tour ist nur mit Führer möglich; die Wanderer verbringen zwei Nächte im Zelt und eine in der Herberge.

Vom Cerro Chirripó nach Palmar

Weiter geht es auf der gut asphaltierten Interamericana, vorbei am südlichen Abschnitt der **Cordillera Talamanca**, wo ein halbes Dutzend **In-**

dianerreservate liegen. Der schwer zugängliche **Parque de la Amistad** und das **Privatreservat Durika** geben dem Besucher Gelegenheit, abseits des Touristenstroms weitere Gipfel der insgesamt 160 km langen Gebirgskette zu erklimmen. Südlich von **Buenos Aires** führt die Straße malerisch am breiten, schlammigen **Río Grande de Térraba** entlang ins Herz des Südens, nach Palmar, wo Jahrtausende alte Granitsphären Archäologen unlösbare Rätsel aufgeben (s. S. 327, Kasten).

Buenos Aires

Bereits in Buenos Aires, 64 km südöstlich von San Isidro, herrscht nicht mehr die kühle Frische der Chirripó-Gegend. Der Süden ist bedeutend näher gerückt. Der kleine, authentische Ort, in den sich nur wenige Touristen verirren, wird umgeben von der **Cordillera Talamanca** und sechs verschiedenen **Indianerreservaten**. Buenos Aires ist die Ausgangsbasis für Ausflüge in das **Privatreservat Durika** und die **Reserva Indígena Boruca**. Zwei Busse fahren täglich von Buenos Aires ins Boruca-Indianerreservat.

Übernachtung

Albergue Hacienda Caracol, von der Straße Richtung San Vito, 6 km südöstlich von Paso Real, links auf die Lehmpiste abbiegen (ausgeschildert), ✆ 442-9044, ✉ alberguehaciendacaracol@osacostarica.com. Ferien auf dem Bauernhof bietet diese große, abgelegene Finca mit Ziegen, Kühen und Pferden. Einfache, rustikale, saubere Zimmer, teils mit AC; $20 pro Zimmer mit Bad; $5 p. P. mit Gemeinschaftsbad; $5 Camping für 2 Personen. Anfahrt nur mit geländegängigem Fahrzeug; ideal für Familien ohne große Ansprüche.

Cabinas Violeta, bei den Bomberos (Feuerwache), ✆ 730-5252, saubere, einfache Cabinas; Weckruf vom Hahn. 3000C p. P.

Cabinas Fabi, 50 m nördlich vom Terminal de Bus Gafeso, ✆ 730-1110, auffällige grüne, saubere Cabinas mit TV. EZ 5000C; DZ 6500C.

Urlaub für einen guten Zweck

Finca Longo Mai, KM 104 der Interamericana, zwischen San Isidro und Buenos Aires, ✆ 771-4239, 💻 www.sonador.info. Die 900 ha große Finca wurde 1978 gegründet, um nicaraguanischen und später salvadorianischen Flüchtlingen eine Alternative zum Leben im Flüchtlingslager zu bieten. Heute leben 160 Europäer und Mittelamerikaner in Longo Mai. Besucher kommen bei Campesino-Familien unter und können sich mit eigenen Projekten in die Kooperative einbringen. Die Unterbringung ist sehr einfach, teils mit Badezimmer im Freien. Großes Gemeinschaftsrancho für kulturelle Veranstaltungen; Pferdeausflüge. Longo Mai wurde vom Studienkreis Tourismus Berlin mit dem Preis für sozialverantwortlichen Tourismus ausgezeichnet. VP inkl., $12 pro Tag; ab 2 Wochen $8 pro Tag.

Sonstiges

DURIKA-Büro
50 m südlich vom ICE-Gebäude, 💻 www.durika.org, ✆ 730-0657, 🕒 Mo–So 6–21 Uhr.

Fahrradreparatur
Ciclo Geminis, gegenüber der Klinik.

Geld
Banco Nacional, neben der Kirche, 🕒 Mo–Fr 8.30–15.45 Uhr.

Internet
25 m nördlich vom Megasuper, 🕒 8–21, So 14–20 Uhr.

Medizinische Hilfe
Clinica Buenos Aires, ✆ 730-0116.

Supermarkt
Megasuper, im Zentrum, 🕒 7–10, So 8–18 Uhr.

Taxis
Am Mercado Central; ✆ 730-0800. Tarife: Boruca 12 000C; PN Amistad 25 000C.

Transport

Der Busbahnhof liegt am Mercado Central.
Busse fahren nach:
Boruca, 2x tgl. (gelber Schulbus).
San Isidro, 10x tgl.; 1 Std.; 860C; mit Tracopa, ✆ 730-0205.
Ciudad Neily, 4x tgl.; 1970C; 2 1/2 Std.; mit Tracopa.
San Vito, 2x tgl.; 1695C; 2 Std.; mit Tracopa.
San José, 4x tgl.; 4 1/2 Std.; 2575C; mit Tracopa.
Puerto Jiménez, 2x tgl.

Privatreservat Durika

Das 8500 ha große Privatreservat Durika liegt 17 km südöstlich von Buenos Aires in der Cordillera Talamanca. Das Reservat wurde 1989 von einer Gruppe von 50 costa-ricanischen Naturschützern gegründet, um den Wald vor Abholzung zu schützen. Heute hat sich die Zahl der Mitglieder verdoppelt und umfasst Naturfreunde aus aller Welt. Dreißig von ihnen leben in der Reserva; sie führen dort organische Landwirtschaft, Wiederaufforstungsprojekte und Umwelterziehung in den Nachbargemeinden durch. Besuchern stehen zehn rustikale **Ferienhütten** mit einer atemberaubenden Sicht auf die Talamanca-Berge zur Verfügung.

Durika bietet sich für Wanderungen durch die Cordillera Talamanca und Besuche der umliegenden Indianerreservate an. Außerdem stehen Yoga-, Meditations-, vegetarische Koch- und Heilpflanzenkurse auf dem Programm. Mit den Einkünften aus dem Tourismus erwirbt die Organisation weitere Waldflächen. Anfahrt nur mit Vierradantrieb. Genaue Wegbeschreibungen erteilt das **Durika-Büro** in Buenos Aires, 50 m südlich vom ICE-Gebäude, 💻 www.durika.org, ✆ 730-0657, 🕒 Mo–So 6–21 Uhr. Für Busreisende wird Transport von Buenos Aires organisiert. Übernachtung $40 p. P.; VP und Führer inkl.

Indianerreservat Boruca

Weit oben, versteckt in den Gebirgszügen der Fila Costeña mit malerischem Blick auf den breiten, schlammigen **Río Grande de Térraba**, liegt Boruca, die Heimat von rund 2000 Boruca-Indianern. Selbst hier thront auf dem Dorfhügel das große, weiße Kreuz der katholischen Kirche. Bunte, kunstvoll geschnitzte Teufelsmasken (s. S. 324, Kasten „La Fiesta de los Diablitos") hängen zum Verkauf an den Hauseingängen. Gekocht wird nach wie vor über Feuer, doch der Fortschritt hat auch in Boruca nicht Halt gemacht.

Die traditionellen, palmstrohgedeckten Lehmbauten sind heute durch Zementhäuser ersetzt, es gibt eine Rundfunkstation und Telefon. An den Strommasten kündigen vergilbte Plakate das Disco-Mobil an.

Gleichzeitig aber lebt die alte Boruca-Kultur fort: Seit rund zehn Jahren wird in der Schule wieder die Stammessprache gelehrt, die die Elterngeneration nie erlernte. Das Kunsthandwerk, ein fundamentaler Bestandteil der Boruca-Kultur, hat durch den Tourismus einen neuen Aufschwung erfahren. Dabei zählen die Masken von Ismael Gonzalez zu den Meisterwerken im Ort. Weitere Schnitz- und Webkunst sowie Instrumente sind im kleinen Museum von Boruca ausgestellt und erklärt.

Übernachtungsmöglichkeiten bei einheimischen Familien bieten Yanette Gonzalez Céspedez, ✆ 730-2452, und Maria Fernandez Gonzalez. Jeweils $20 p. P., inkl. VP.

Transport

Auto

Zwei holprige Pisten führen ins Reservat. Die erste Strecke zweigt direkt hinter der Ortschaft Buenos Aires, nach Überqueren der Brücke, rechts von der Interamericana ab. Dies ist die Busroute, sie ist auch in der Regenzeit befahrbar. Der zweite, landschaftlich reizvollere Weg, ist nur in der Trockenzeit zu empfehlen. Er zweigt einige Kilometer weiter südlich ebenfalls rechts von der Interamericana ab (ausgeschildert). Für beide Wege ist ein Wagen mit Vierradantrieb erforderlich.

Busse

Buenos Aires, 2x tgl.; 2 Std.

8 HIGHLIGHT

La Fiesta de los Diablitos

Am 30. Dezember um Mitternacht erwachen Borucas grimmige Teufelsmasken zum Leben. Sobald der Laut der Concha (Muschel) vom Cerro Boruca ertönt, stürzen Dutzende von maskierten Männern den Berg hinab: Die Fiesta de los Diablitos hat begonnen. Der zweite Hauptdarsteller, der Stier, erscheint erst am Morgen darauf: Ein Drahtgerüst, mit Zweigen und Jutesäcken ausstaffiert – das Symbol für Spanien. Die fünf stärksten jungen Männer (Borucas) steigen abwechselnd in das Stiergestell, keinesfalls eine Ehrenaufgabe, um die sie sich reißen, denn in den folgenden drei Tagen wird der Stier von den Teufeln gerammt, mit Stöcken geschlagen, durch wilde Schreie provoziert und muss sich mit aller Kraft unter dem stickigen Jutematerial wehren – Schwerstarbeit. Im Dorf werden Tamales zur Stärkung gereicht und Chicha in Kokosnussschalen ausgeschenkt. Je mehr Chicha fließt, desto aggressiver wird der Kampf. Mitunter attackiert der Stier auch weibliche Zuschauer oder wirft Fernsehkameras zu Boden. Der dritte Tag ist der Höhepunkt der Fiesta, der Stier wird von den Teufeln (Indios) besiegt, symbolisch verbrannt, und während die Jute noch in Flammen steht ertönen bereits die Schlagzeugbässe zur anschließenden Disco.

Die Fiesta de los Diablitos – der symbolische Kampf und Sieg über die Spanier – ist unter Indianern in ganz Lateinamerika verbreitet. Weniger touristisch und weniger geordnet als in Boruca findet das gleiche Spektakel in kleinerem Umfang einen Monat später (5.–8. Februar) im rund 14 km entfernten Curré statt. Besucher sind willkommen. In Boruca wird eine Foto- und Videogebühr verlangt. Die Holzmasken werden nach der Fiesta verkauft. Für das Reservat stellt der Verkauf eine wichtige Einnahmequelle dar, für die Besucher sind die Masken ein wertvolles Souvenir, denn die hölzernen Teufelsgesichter tragen den Staub, die Kratzer, den Schweiß- und Chicha-Geruch des dreitägigen Kampfes in sich.

Parque Internacional La Amistad

MINAE-Büro Altamira, ✆ 815-2861 (Handy) oder über das Büro in San Isidro, ✆ 771-3155, und Buenos Aires, ✆ 730-0846
Öffnungszeiten Das MINAE-Büro in Altamira ist rund um die Uhr besetzt, die Parkwächter leben hier. Camping ist möglich, (s. Unterkunft). Für die meisten Wanderungen ist eine Anmeldung und ein Führer erforderlich (s. Abschnitt „Wanderungen").
Eintritt $7
Gründungsjahr 1982
Größe 194 129 ha
Besucherzahl Rund 60 Personen pro Jahr
Unterkunft Camping am Parkeingang Altamira $5 p. P. Einfache, rustikale Herberge ohne Elektrizität im Valle de Silencio, $6 p. P. (s. Wanderung). Rustikale Cabinas am Parkeingang Santa Maria Pittier.
Transport
Die Haupt-Parkstation liegt in Altamira; weitere Parkeingänge befinden sich in Tres Colinas und Santa Maria de Pittier.
Zur Station Altamira mit dem **Auto**: Von Buenos Aires kommend, Richtung San Vito fahren. In Las Tablas (auch Guácimo genannt) hinter der Soda La Griega links abbiegen. Von hier sind es weitere 20 km zum Park; Vierradantrieb ist erforderlich.
Busse: Es gibt zwei Möglichkeiten, den Altamira–Sektor per Bus zu erreichen. Entweder direkt, mit dem 11.30-Uhr-Bus von Buenos Aires nach Altamira (1 km vom Parkeingang entfernt), oder mit dem Bus von Buenos Aires in Richtung San Vito (oder von San Vito in Richtung Buenos Aires), mit Umsteigen in Las Tablas. Von Las Tablas fahren Busse um 13 und 17 Uhr nach Altamira. Zurück: Der Direktbus von Altamira nach Buenos Aires fährt um 4 Uhr ab; Busse nach Las Tablas fahren um 8 und 14 Uhr. Von Las Tablas gibt es Anschluss nach San Vito und Buenos Aires.

Der Parque Internacional La Amistad (PILA) bildet den Kern der 700 000 ha großen **Reserva de la Biosfera**, Costa Ricas größtem, zusammenhängenden Naturschutzgebiet, das sich aus drei Nationalparks sowie diversen Indianer- und Privatreservaten zusammensetzt. PILA umgibt den südlichen Abschnitt der insgesamt 160 km langen **Cordillera Talamanca** und zieht sich über die Landesgrenze hinweg bis nach Panama, wo weitere rund 20 0000 ha Parkfläche liegen. Der Park umfasst sowohl die größte Fläche an Primärwald als auch die größte Artenvielfalt in ganz Costa Rica.

Die Höhenunterschiede im Schutzgebiet reichen von rund 135 m in den karibischen Tiefebenen bis zu über 3000 m auf den Berggipfeln des Talamanca-Gebirges.

Im Nebel-, Regenwald und den Páramo-Gebieten leben u. a. Tapire, Falken, Pumas, Jaguare, Nasenbären und Adler, darunter auch endemische Arten und Tiere, die in anderen Landesteilen bereits ausgestorben sind.

Zu Kolonisationszeiten bildete die schwer zugängliche Talamanca-Region das Rückzugsgebiet vieler Indianerstämme. Bribrí- und Cabécar-Indianer leben bis heute im Park und konnten weitgehend ihre Kultur und Sprache bewahren, (s. S. 155, Kasten „Auf den Spuren der Hueteras"). PILA wurde 1985 von der UNESCO zum Welterbe ernannt.

Wanderungen

PILA widmet sich in erster Linie wissenschaftlicher Forschungsarbeit und wird von Touristen nur wenig besucht. Dennoch gibt es für ehrgeizige Wanderer einige anstrengende, aber landschaftlich sehr reizvolle Wanderwege durch weitgehend unberührte Natur. Die meisten Wanderungen sind mehrtägige Touren, die eine Voranmeldung im o. g. MINAE-Büro unter der oben aufgeführten Telefonnummer und einen Führer (rund $10 pro Tag) erfordern. Außerdem bietet die Reserva Durika (s. S. 323) Wandertouren durch den Nationalpark an. Die beste Wanderzeit ist während der Trockenzeit von Dezember bis April. September und Oktober sind die regenreichsten Monate.

Der **Sendero Los Gigantes de Bosques** ist der einzige Wanderweg, den Besucher ohne Begleitung eines Führers bewandern können. Der 3 km lange Pfad beginnt an der Parkstation Altamira und steigt von 1300 m auf 1500 m an. Der Weg führt an bis zu 50 m hohen Baumriesen vorbei, darunter auch am Barbasco-Baum, in dessen giftigen Saft die Indios ihre Fischharpunen tauchen.

Bedeutend länger ist die Wanderung von Altamira zum **Valle de Silencio** (15 km hin und zurück), eine anstrengende, steil ansteigende zweitägige Tour mit Übernachtung in der Herberge. Die Route steigt von 1370 m auf 2500 m Höhe an und überquert die kontinentale Wasserscheide. Nebelwald, Riesenfarne und Panoramaausblick säumen den Weg. Wanderer müssen Verpflegung und Gaskocher mitbringen, Trinkwasser ist in der Herberge vorhanden.

Im Parkabschnitt **Tres Colinas** beginnt der Aufstieg zum **Cerro Kamuk** (insgesamt 5 Tage), dem zweithöchsten Berg des Landes.

Grenzüberschreitend ist die zweitägige Wanderung (hin und zurück) vom **Parkabschnitt Pittier** zum **Cerro Fabriga** in Panama, auf dem die Reste eines Mitte der 1980er-Jahre mysteriös verunglückten nicaraguanischen Flugzeuges liegen.

Für Hartgesottene bietet ANAI in Puerto Viejo (s. S. 374, Kasten „Mit ANAI durch Talamanca") den spektakulären, 6–10-tägigen **Transtalamanca Trek** an, der von der Karibikküste aus das Talamanca-Gebirge durchquert und in Ujarrás, 11 km von Buenos Aires entfernt, endet.

Palmar

Heiß-feuchte Luft schlägt Besuchern in Palmar entgegen: Keine Brise, lautes Grillengezirpe – das Herz des Südens. Der Ort liegt im **Valle de Diquis**, zu beiden Seiten des **Río Grande de Térraba**. Früher fuhren von hier große, mit Kakao und Fleisch beladene Frachter nach Puntarenas. Heute ist der Schiffsverkehr eingestellt, der Térraba ist zu stark versandet.

In **Palmar Norte** befinden sich einige billige Cabinas und die Bushaltestellen, in **Palmar Sur** der Flugplatz und die Bananenplantagen. Beide Ortsteile sind durch eine Stahlbrücke miteinander verbunden. Zum Bleiben lädt Palmar nicht ein, die meisten Touristen steigen hier direkt in den Bus nach Sierpe oder fahren am Ort vorüber, auf dem Weg nach Puerto Jiménez und in die Golfitó Region. Doch Augen auf bei der Durchfahrt, denn das Valle de Diquis ist der Fundort Jahrtausende alter, großer **Granitkugeln** (s. S. 327, Kasten).

Übernachtung

Die Cabinas in Palmar Norte sind sehr einfach und werden hauptsächlich von Lastwagenfahrern benutzt.

Cabinas Tico-Alemán, an der Interamericana, ✆ 786-6232. Einfache, kleine, saubere Cabinas teils mit AC; Parkplatz. ❷

Cabinas Restaurant Hong Kong, an der Interamericana, ✆ 786-6230. Neue Cabinas mit AC, hinter einem chinesischen Restaurant. ❷

Casa Amarillo, am Sportplatz, ✆ 786-6251. Das Beste an diesem ausbesserungsbedürftigen, großen gelben Holzhaus sind die neuen Hochleistungsventilatoren. EZ ab 2900C; DZ 5000C.

Sonstiges

Geld

Banco Popular, an der Interamericana, gegenüber vom China-Restaurant, ⌚ Mo–Fr 8.45–15, Sa 8.15–12 Uhr.

Informationen

Osatours, neben der Bank, ✆ 786-7825, 💻 www.osacostarica.com. Infos über Hotels und Touren auf der Osa-Halbinsel, ⌚ Mo–Sa 8–17 Uhr.

Internet

Internet B+F, neben Supermercado El Sol, ⌚ Mo–Fr 8–19, Sa 9–18 Uhr.

Supermarkt

Megasuper, in Richtung Palmar Sur, vor der Brücke links, ⌚ Mo–Sa 7–20, So 8–18 Uhr.

Transport

Busse

Busse nach Ciudad Neily, Dominical, Uvita und Paso Canoa fahren von der Calle El Comercio vor der Panedería Palenquito ab.

Die Bushaltestelle für Sierpe befindet sich neben dem Restaurant Tai Peh, gegenüber von Importadora Monge.

Die Granitkugeln vom Valle Diquis

Am Fußballplatz in Palmar Norte, im Parque de las Esferas in Palmar Sur, zerbrochen am Straßenrand Richtung Sierpe und im Dickicht versteckt vor der Finca 12, stehen die imposanten Granitsphären des Valle de Diquis. Sie haben eine nahezu perfekte kugelrunde Form, reichen von wenigen Zentimetern bis zu zwei Metern im Durchmesser, ihre Oberfläche ist glatt geschliffen. Jahrhunderte lang wurden sie von dichtem Regenwald bedeckt. Erst Ende der 1930er-Jahre kamen die Kugeln bei Waldrodungen für die Bananenplantagen der United Fruit Company zum Vorschein.

Wer sie wann herstellte, was sie bedeuten, woher das Granit stammt – und wie die runden Kolosse, deren größte Exemplare bis zu 16 Tonnen wiegen, transportiert wurden – sind Fragen, auf die es bis heute nur vage Antworten gibt. Archäologen schätzen das Entstehungsdatum der mysteriösen Kugeln auf den Zeitraum zwischen 200 v. Chr. bis kurz vor Ankunft der Spanier. Die Sphären müssen große symbolische Bedeutung gehabt haben, auf Friedhöfen oder, in geometrischen Formen angeordnet, als astronomische Kalender. Die Spanier glaubten, in ihnen sei Gold versteckt, brachen sie auf und stießen auf puren Granit.

Die ursprüngliche Bedeutung der Sphären ist heute nicht mehr zu ergründen, zu viele wurden von ihrem Platz entfernt und zieren heute die Eingänge von Regierungsgebäuden oder Villen im Valle Central. Das Museo Nacional, das sich am Eingang selbst mit den runden Schönheiten schmückt, bemüht sich, mit dem Projekt Parque Temático de Las Esferas die Sphären an ihren ursprünglichen Ort zurückzubringen.

Tracopa-Busse nach San Isidro und San José fahren am Ortseingang an der Interamericana neben der Ferreteria Valerio, ab. Der Bus nach Puerto Jiménez kommt aus San Isidro und hält an der Interamericana vor der Bank Coopealianza.
Ciudad Neily, 8x tgl.; mit Térraba, ✆ 786-7627.
Dominical, 1x tgl.; mit Térraba.
Paso Canoa (Grenzübergang Panama), 7x tgl.; 1025C; 2 Std.; mit Tracopa, ✆ 786-6511.
San Isidro, 4x tgl.; 2 1/2–3 Std.; mit Tracopa.
San José, 7x tgl.; 5 Std.; mit Tracopa.
Sierpe, 6x tgl.; 1 Std.
Uvita, 1x tgl.; 1 1/2 Std.; mit Térraba.
Puerto Jiménez, 2x tgl.; .Bus kommt aus San Isidro; mit Blanco, ✆ 771-4744.

Flüge

San José, 1x tgl. mit Nature Air, 2x tgl. mit Sansa.

Sierpe und der Westen der Peninsula de Osa

„*Está mal la carretera?* Ist die Straße schlecht?", frage ich den Tankwart am *Servicentro* (Tankstelle) in **Chacarita** und schaue dabei besorgt auf die kratergroßen Schlaglöcher an der Straßeneinfahrt. Er grinst und nickt: „Está mal, muy mal." Ich bin auf dem Weg in eine der abgelegensten Regionen des Landes, die **Peninsula de Osa**, Costa Ricas *last frontier*. Nach rund 40 km ist die erste größere Ortschaft, **Rincón**, erreicht, mein Blut geronnen, meine Glieder zittern, mein Hintern schmerzt und der Leihwagen sieht aus wie ein Rallyefahrzeug. Der Radiosender sendet nur noch einen Kanal – jauchzende Sabaneros (Cowboys). Ich ziehe den Lärm der klappernden Fensterscheiben vor.

Lange war diese knochenbrecherische Piste die einzige Zufahrt ins Paradies. Heute werden Touristen und Expats mehrmals täglich auf die Halbinsel eingeflogen. Von Rincón zweigt rechts eine Holperpiste ins Tauchparadies **Bahía Drake** (ca. 90 Min.) ab. Geradeaus führt sie – mit malerischen Ausblicken auf den **Golfo Dulce** – am Indianerreservat **Alto Laguna** und der Goldgräbersiedlung **Puerto Jiménez** vorbei zum **Parque Nacional de Corcovado.**

Die Peninsula de Osa gehört zweifellos zu den Höhepunkten eines Costa Rica-Urlaubs. Mit rund 700 Baum-, 140 Säugetier-, 370 Vogel- und 8000 Insektenarten zählt die Halbinsel zu den artenreichsten Regionen der Welt. 50 % der Tier- und Pflanzenwelt trifft man in ganz Mittelamerika nur hier an, 3 % der Flora wächst sogar nur auf Osa. Dank ihrer Abgeschiedenheit blieb die Halbinsel, und damit ihre Tiere und Wälder, lange Zeit vor dem Eindringen der „Zivilisation" verschont. Heute bedrohen illegales Fischen, Jagen, Abholzen und Wilddieberei das Naturparadies.

Sierpe

Der kleine Ort Sierpe, an der Flussmündung des **Río Sierpe** gelegen, bildet das Eingangstor zur **Bahía Drake**, dem westlichen Abschnitt der Peninsula de Osa. Von hier legen die Wassertaxis zu der malerischen Bucht ab.

Sierpe wird umgeben vom größten Mangrovenwald an der Pazifikküste Mittelamerikas, dem **Humedal Nacional Térraba Sierpe**. Mangrovenwälder spielen eine bedeutende Rolle im Erosionsschutz von Fluss- und Küstenlandschaften. Indem sie das Salz bereits während der Wasseraufnahme herausfiltern oder es später über ihre Blätter ausscheiden (die ausgeschiedenen Salzkristalle sind oft auf der Blattoberfläche zu sehen), können Mangroven in salzigem Ambiente überleben. Die Rinde der roten Mangrove enthält zudem wichtige Gerbstoffe für die Lederherstellung, sie wurde aus diesem Grund stark abgeholzt. Heute steht das 33 000 ha große Feuchtgebiet, das unzähligen Krabben, Fischen und Wasservögeln eine Heimat bietet, unter Schutz. Kajaktouren durch das Mangrovengebiet veranstaltet die Marisquería Las Vegas ($10 p. P. pro Std., mit Führer).

Übernachtung und Essen

Hotel Margerita, am Fußballplatz, ✆ 788-1474. Makellose kleine Cabinas mit Holzwänden; teils mit Privatbad; sehr freundliche Leitung. EZ 3000C; DZ 7000C.

Marisquería Las Vegas, schön am Fluss gelegen. Gute Auswahl an Salaten, frischem Fisch und Meeresfrüchten beim freundlichen Kolumbianer Jorge; langsame Bedienung, aber leckeres Essen. ⌚ Mo–So 6–22 Uhr.

Sonstiges

Internet

El Fénix, im Supermarkt; $5 pro Std.!
⌚ 7–18 Uhr.

Supermarkt

Mi Viejo Sierpe, ⌚ 6–18 Uhr.

Transport

Busse

Palmar, 5x tgl. von 5.30–18 Uhr; 300C; 30–40 Min.

Boote

Bahía Drake, vom Anlegesteg der Marisquería Las Vegas, ✆ 788-1082.
Colectivos fahren von 7–12 Uhr; $15 p. P. Nach 12 Uhr wird es teurer: $100 pro Boot; 1 1/2 Std.

Bahía Drake

Versteckte Badebuchten, türkisblaues Wasser, Papageiengekreisch und nächtliche Froschkonzerte lockten bereits vor fast 500 Jahren den englischen Vizeadmiral, Sklavenhändler und Weltumsegler Francis Drake in die malerische Bucht, die heute seinen Namen trägt. Lange war die Bahía Drake das Ziel reicher Pauschaltouristen, die Tauchexkursionen an die vorgelagerte **Isla Caño** unternahmen. Mit der Straßenöffnung von Rincón nach **Agujitas** öffnet sich das Paradies heute zunehmend auch Reisenden mit schmalerem Geldbeutel. In Agujitas treffen Selbstversorger auf schlichte Cabinas, Pulperias, Sodas, Internet und Tauchveranstalter.

Aktivitäten

Ein malerischer **Küstenwanderweg** führt von Agujitas an der breiten Flussmündung des Río Claro vorbei zum beliebten Schnorchelstrand **San Josecito** (die Affen auf dem Weg sind mitunter leicht aggressiv, weil sie täglich von Schuljungen mit Steinen beworfen werden). Der Weg führt weiter bis nach San Pedrillo, der südwestlichen Eingangspforte zum **Nationalpark Corcovado** (18 km). Ein weiterer Nationalparkeingang wurde in **Los Planes** eröffnet, 4 km östlich von Agujitas. Der Parkabschnitt war zur Zeit des Schreibens kaum touristisch erschlossen, Wanderwege aber sind in Planung; Nachfragen lohnt sich.

Aktiv-Urlauber können die Küstenwanderung mit einer **Kajaktour** verbinden. An der Flussmündung des Río Claro werden Kajaks vermietet ($5 p. P./1–2 Std.). Von hier kann man zu einem versteckten Wasserfall paddeln – eine herrliche Gelegenheit zum Baden. Tauchen s. Isla del Caño.

Übernachtung

Einfache, günstige Cabinas befinden sich in Agujitas. Die Hotels höherer Preisklasse ziehen sich an der Küste entlang und bieten vorwiegend mehrtägige Pakete inkl. VP und Transport an. Mitunter werden hohe Preise für relativ einfache, rustikale Zimmer verlangt. Weitere interessante Unterkunftsmöglichkeiten, abseits des Touristenstroms, befinden sich in der Ortschaft Los Planes, 4 km östlich von Agujitas.

In / um Agujitas

Cabañas Vista al Mar, rund 30 Min. Fußmarsch auf dem Küstenwanderweg von Agujitas Richtung Playa San Josecito, zwischen La Paloma Lodge und Cabinas Las Caletas,

Pagodenzauber

Hotel Guaría de Osa, südlich vom Playa San Josecito, ✆ 358-9788, 💻 www.guariadeosa.com. Schöne, schlichte Holz-Bungalows, weit abgelegen am Strand, in Nationalparknähe. Imposante, 3-stöckige Yogapagode; Yogastunden und Massagen. Ein Ort, um sich geistig und körperlich aufzufrischen. 3 % der Einnahmen kommen Umweltschutzprojekten zugute. Ungezwungene Atmosphäre. ❺–❻

Der Süden

Rock im Regenwald

Paraíso Verde, ✉ ecologicos@yahoo.com, ✆ 770-8209 (der AB wird 1x pro Woche abgehört). Von der Minae-Station in Los Planes rund eine Stunde Fußmarsch durch den Regenwald. Nur die wichtigsten Sachen mitnehmen; der Weg zur Finca ist mitunter rutschig. Autos können an der Minae-Station zurückgelassen werden. Zelte auf der oberen Etage einer Finca bei costa-ricanischem Ex-Rockmusiker, der jetzt Gemüse, Obst und Tee anbaut. Wasserfall; weit ab vom Touristenpfad; frühzeitig anmelden, damit Alberto einkaufen kann! $40 p. P., VP und Tour inkl.

✆ 786-6150, an einem steilen Hügel mit herrlicher Sicht. Einfache Zimmer mit Privatbad bei freundlichem deutsch-costa-ricanischem Paar; bei viel Gepäck werden starke Männer aus der Nachbarschaft organisiert; Frühstück inkl. $25 p. P. Camping $10 pro Zelt, mit Küchenbenutzung.

Cabinas Bambú, in Agujitas, saubere Holzverschläge mit Wänden, die nicht bis zur Decke reichen; Gemeinschaftsbad; $7 p. P.

Cabinas Las Caletas, westlich von Agujitas, am Playa Las Caletas, 💻 www.caletas.co.cr, ✆ 826-1460, auf einem Hügel gelegen, mit Meeresblick. Fünf einfache, rustikale Zimmer unterschiedlicher Größe und Ausstattung bei schweizerisch-costa-ricanischer Familie. ❺

Cabinas Manolo, in Agujitas, ✆ 885-9114, helle, saubere, angenehm kühle Cabinas mit bad für $10 p. P.

Camping Playa Caletas, westlich von Agujitas, am Playa Caletas, sehr einfacher Campingplatz am Meer. **Jinetes de Osa Inn**, zwischen Punta Agujitas und Aguijitas, ✆ 826-9757, 💻 www.costaricadiving.com. Am Meer, umgeben von Mandelbäumen und Palmen; hübsche Zimmer, teils mit Gemeinschaftsbad, teils mit Meeresblick; Tauchschule; VP inkl. ❺

Vista Bahía Drake, in Agujitas, auf dem Hügel neben der Bushaltestelle, ✆ 847-15882. Zelte auf Holzplattform mit Bett und Elektrizität $15 p. P. Zelten mit eigener Ausrüstung $5 p. P.

Pirate Cove, nordöstlich von Agujitas, am Strand, ✆ 234-6154, 💻 www.piratecovecostarica.com. Stelzenhäuser mit Wänden aus robustem Zeltmaterial lassen die Froschkonzerte auch drinnen nicht verstummen. Größer sind die geschmackvollen Zimmer im Haupthaus mit Holzwänden; Meeresblick; Tauchschule. VP inkl. ❺

In Los Planes

In Agujitas arbeiten die Einheimischen, in Los Planes leben sie. Der Ort ist entweder zu Fuß (rund 1 Std.) oder – nur in der Trockenzeit – mit Vierradantrieb von Agujitas zu erreichen.

Albergue Ecoturismo Tesoro Verde, im Zentrum, ✆ 849 9848, 💻 www.actuarcostarica.com (die Herberge ist unter „Lodging/South Paciific" aufgelistet), ✆ 849 9848. Sehr attraktives, geräumiges, zweistöckiges Holzhaus mit Küche, Speisesaal und hübschen, rustikalen Zimmern; Außenbad; Solarenergie; große Veranda; Garten; Kajakvermietung. Von einer Fraueninitiative gegründet. $30 p. P. inkl. VP.

Essen und Nachtleben

Die Hotels höherer Preisklasse bieten meist Pakete mit VP an; für Individualtouristen gibt es einige günstige Sodas und Pulperias im Ortszentrum von Agujitas. Die Preise in der Bahía Drake sind generell höher als anderswo.

Bar El Gorro, an der Bucht, südlich von Corcovado Expeditions; vorwiegend einheimisches Publikum; Sa und So wird Merengue und Salsa getanzt; Öffnungszeiten variabel.

Restaurant-Bar Jade Mar, in Agujitas, ist ein beliebter Treffpunkt für Tourführer und Touristen.

Sonstiges

Geld

Es gibt keine Bank in der Bahia Drake; ausreichend Bargeld mitnehmen.

Informationen

Corcovado Expeditions, s. Touren, erteilt sehr gute Auskünfte.

Internet
Bei **Corcovado Expeditions**; schnelle Verbindung, ⌚ 10–20 Uhr.

Taxi
Franklin Arraya, ✆ 815-5191.

Touren
Corcovado Expeditions, an der Bucht in Agujitas, ✆ 833-2384, 💻 www.corcovado expeditions.net, sehr gut organisiertes, junges Team; Bootstouren zu den Nationalparkstationen La Sirena ($100 p. P. bei mind. 2 Pers.) und San Pedrillo ($80 p. P. bei mind. 2 Pers.); außerdem Kajak- (ab $45 p. P.), Frosch- ($30 p. P.) und Nachttouren ($35 p. P.).

Transport

Busse
La Palma, 3.45 Uhr; in La Palma gibt es Anschluss nach San José und Puerto Jiménez.

Boote
Sierpe, das Hotel Jade Mar in Agujitas bietet Bootstransfer für Individualtouristen für $15 p. P. an.

Flüge
San José, 3x tgl. mit Sansa, 2x tgl. mit Nature Air.

Reserva Biológica Isla del Caño

MINAE-Büro Kein Telefonanschluss
Öffnungszeiten 8–16 Uhr; die Parkwächter leben auf der Insel
Eintritt $8; Taucher $12 (ohne Transport)
Gründungsjahr 1976
Größe 326 ha Landes-, 2700 ha Meeresfläche
Transport
Über Tauchschulen in Agujitas. Außerdem bieten viele Hotels in der Bahía Drake sowie Veranstalter im Nationalpark Manuel Antonio (S. 303) und in Quepos (S. 299) Inseltouren an.

Wie ein großer Wal liegt die Isla del Caño rund 20 km westlich von der Drake-Bucht entfernt. Archäologen vermuten, dass Indianer die Insel zu präkolumbischen Zeiten als Friedhof nutzten. Die Grabbeilagen wurden längst geplündert, ein Wanderweg führt zu einigen kleinen Granitkugeln (s. S. 327, Kasten) und zu einem Aussichtspunkt.

Die Insel entstand durch tektonische Plattenbewegung. Die Unterwasser-Felsformationen **Bajo de Diablo**, **Cueva de los Tiburones** und **El Arco** zählen heute zu den beliebtesten Tauch- und Schnorchelrevieren Costa Ricas. Beste Zeit für Froschmänner sind die Monate November bis April. Zur Osterzeit wird die gesetzlich zugelassene Grenze von 60 Tauchern pro Tag zum Leidwesen der Tiere oft überschritten. Zu sehen gibt es u. a. Papageienfische, Manta-Rochen, Schildkröten, Riffhaie, Kraken und Seegurken. Wale ziehen auf ihrem Weg von Kanada nach Südamerika an der Insel vorbei. Das Korallenriff, das aus sechs verschiedenen Korallenarten aufgebaut ist, erlitt schwere Schäden durch die warmen El Niño-Strömungen.

Der Osten der Peninsula de Osa

La Palma und Playa Blanca

Neun lange Kilometer südöstlich von Rincón, am Rande des Indianerreservats **Alto Laguna**, liegt La Palma, die zweitgrößte Ortschaft der Peninsula de Osa. La Palma ist der Ausgangs- oder Endpunkt mehrtägiger Treks durch den Corcovado Nationalpark (s. S. 338). Die Parkstation **Los Patos** befindet sich 13 km südwestlich vom Ort und ist zu Fuß, per Pferd oder Taxi zu erreichen.

Schöner gelegen als im staubigen Ortszentrum sind die Unterkünfte am zwei km südlich gelegenen Kieselstrand Playa Blanca, der von einer klobigen Meeresjungfrau aus Zement bewacht wird. Mit etwas Glück kann der Besucher am malerischen **Golfo Dulce** Wale und Delphine beobachten. Waltouren mit Motorbooten haben die Meeresriesen jedoch in den letzten Jahren zunehmend vertrieben. Eine bessere und leisere Alternative, die Bucht kennen zu lernen, bieten Kajaks, die am Strand vermietet werden.

Übernachtung

Nördlich von La Palma

Cabinas Golfo Dulce, in Rincón, hinter der Pulpería, ✆ 735-0244 (Pulpería). Einfache, schöne Cabinas mit großer, überdachter Terrasse bei der freundlichen Doña Cecilia; hübscher Garten; mit Blick auf den Golfo Dulce. ❸

Camping Chontal, in Rincón, Zeltplatz mit Überdachung am Golfo Dulce; $5 p. P. ; auch Zelte zum Mieten mit Matratze; $8 p. P.; Kochgelegenheit.

Suital Lodge, 28 km von Chacarita, zwischen Los Mogos und Rincón, ✆ 826-0342, 💻 www.suital.com. Drei schöne, rustikale, große Stelzenhäuser aus Holz mit Veranda, umgeben von Wald; familiäre Atmosphäre; HP ist möglich. Kinder bis 12 Jahre gratis. Schweizerische Leitung. ❹

La Palma / Playa Blanca

Cabinas El Tucán, in La Palma; sechs saubere Zimmer verschiedener Größe mit buntem Möbelmix und TV. Küchenmitbenutzung. ❷

Cabinas Josanni, 200 m nördlich der Bushaltestelle, ✆ 386-8641. Blitzblanke Cabinas in verschiedenen Größen. 3900C p. P.

Cabinas Playa Blanca, am Playa Blanca, ✆ 829-9306. Helle, schöne, saubere Cabinas mit TV und großem Bad; Garten; ruhig; 5 Min. zu Fuß zum Strand. ❸

Schöner **Campingplatz** unter Bäumen am Playa Blanca; leider sind die sanitären Anlagen schlecht.

Danta Corcovado Lodge, auf halber Strecke zwischen La Palma (5 km) und Los Patos (8 km), ✆ 378-9188, 💻 www.dantacorcovado.net. Hübsche, rustikale Zimmer mit guten Matratzen und selbst geschnitzten Betten im Haupthaus; abgeschieden im Wald liegen originelle Cabinas mit Wasserhähnen und Duschköpfen aus Baumwurzeln; Für Rucksacktouristen steht ein überdachtes Matratzenlager bereit ($6 p. P.); Restaurant; gute Ausgangsbasis für Wanderungen durch den NP; Pferdetransport von/nach Los Patos möglich. ❸–❹

Osa Palmas, 300 m südlich, 700 m östlich vom Almacen Las Palmas, ✆ 352-8150. Rustikale, schöne Cabinas mit großer Dusche und Veranda; Panoramasicht auf den Golf; ländliche Umgebung. ❸

Zu Gast im Guamí-Reservat

Tamandu-Lodge, ✆ 821-4525, 💻 www.tamandu-lodge.com. Einfache Unterkunft bei der Familie Carreras im Indianerreservat Alto Laguna. Separates Gästehaus mit Dusch- und Toilettenhaus nebenan. Auf Touren werden Gäste u. a. in die Heilpflanzen und Teekräuter der Guaymi-Indianer und traditionelle Fischfangmethoden eingewiesen. Besucher werden von La Palma per Pferd abgeholt; von dort sind es noch zwei Stunden bis ins Reservat. Die Schwiegertochter Daniela ist Schweizerin und spricht Deutsch. VP und Tour inkl., $45 p. P.

Essen

Osa Palmas, 300 m südlich, 700 m östlich vom Almacen Las Palmas; großes Restaurant im Rancho-Stil mit Aussicht auf den Golfo Dulce; Pizza und landestypische Gerichte; auch Frühstück. 🕓 10–21Uhr.

Nahverkehr

Taxitarife: $25 von La Palma zur Parkstation Los Patos, $50 zur Bahía Drake und $80 nach Carate.

Transport

Busse fahren von Rincón 1x tgl. nach **San José** und **San Isidro** sowie 3x tgl. nach **Puerto Jiménez**.

Von La Palma fahren **Busse** 1x tgl. nach **San José** und **San Isidro** sowie 4x tgl. nach **Puerto Jiménez**.

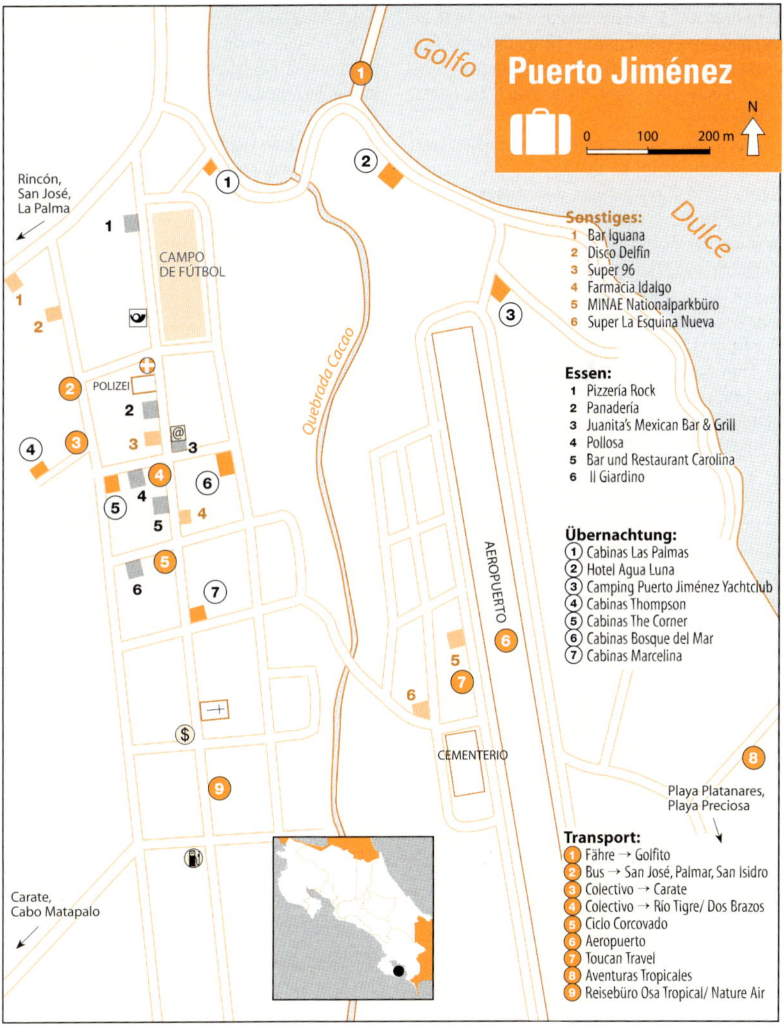

Puerto Jiménez

Puerto Jiménez, 29 km südlich von La Palma, ist das Zentrum der Osa-Halbinsel. Hier befinden sich das Nationalparkbüro, eine breite Auswahl an günstigen Unterkünften, Internetzugang sowie zwei gut bestückte Supermärkte.

In dem heißen, staubigen Nest herrscht ein raues Wildwest-Flair. Vor wenigen Jahrzehnten noch lebte der Ort von der Goldsuche. Arbeitslose Plantagenarbeiter aus Golfito kamen auf die Halbinsel, holzten ab, gruben Flussbetten um und trugen so erheblich zur Umweltzerstörung der Region bei. Seit der Gründung des Nationalparks ist das Goldschürfen im Schutzgebiet verboten.

Vereinzelt treffen Besucher auch heute noch auf Pappschilder, die in großen Filzbuchstaben Gold anpreisen, oder auf Goldgräber, die ihre Brust und Zähne mit dem begehrten Edelmetall schmücken.

Mehr als Gold sind heute die Touristen wert. Per Colectivo werden sie täglich ins 44 km entfernte Carate transportiert, dem Ausgangspunkt für Trecks durch den **Nationalpark Corcovado**. Wenige der Reisenden besuchen die reizvolle Umgebung von Puerto Jiménez, die zu Kajakausflügen auf dem **Golfo Dulce**, Radtouren zum Badestrand **Playa Preciosa** oder Wanderungen am **Río Tigre** (s. S. 336), einlädt.

Eine schöne, 6 km lange Radtour führt hinter der Landepiste in Puerto Jiménez an Weiden und blühenden Bäumen vorbei zum wenig touristischen Badestrand **Playa Platanares**.

Übernachtung

Unterkünfte der höheren Preisklasse liegen am Playa Preciosa, 6 km östlich von Puerto Jiménez, oder im 17 km südöstlich gelegenen Cabo Matapalo.

Cabinas Bosque del Mar, 100 m östlich vom Super 96, ✆ 735-5681. Einfache Zimmer, teils mit AC; die Zimmer im oberen Stockwerk sind wesentlich besser. EZ $10, DZ $20.

Cabinas Thompson, 125 m westlich vom Super 96, ✆ 735-5148. Fünf einfache, saubere Zimmer mit Privatbad und kleiner Terrasse; ruhig. Gutes Preis-Leistungs-Verhältnis. $5 p. P.

Cabinas The Corner, 100 m westlich vom Super 96, ✆ 735-5328. Dorm ($5 p. P.) und sehr einfache, saubere Zimmer. ❷

Camping Puerto Jiménez Yachtclub, ✆ 735-5051, großer, schöner Campingplatz unter Bäumen am Golfo Dulce. 1500C p. P.

Cabinas Las Palmas, 50 m vom Sportplatz in Richtung Hafen, ✆ 735-5555. Neue Zimmer in knallig tropischen Farben mit riesigen Betten und Blick auf Fischerboote; Frühstück inkl. ❹

Cabinas Marcelina, an der Nordseite der Iglesia Católica, ✆ 735-5007. Sehr saubere Zimmer mit guten Matratzen; teils mit AC; gepflegter Garten mit Sitzmöglichkeit; freundliche Tica-Besitzerin. ❸

Hotel Agua Luna, am Hafen, ✆ 735-5393. Schöne Lage; die Zimmer sind nichts Besonderes, haben aber AC und Kühlschrank. Im Neubau größere Zimmer mit Badewanne. ❹–❺

Playa Preciosa Lodge, am Playa Platanares, ✆ 818-2959, 🖳 www.playa-preciosa-lodge.de. 8 neue Zelte mit Betten und 4 runde, ältere Bungalows im Naturschutzgebiet; Fahrrad- und Boogieboardverleih. Frühstück inkl.; deutsch-costa-ricanische Leitung. ❸–❺

Essen

Günstige **Sodas** mit frischem Fisch befinden sich am Hafen.

Il Giardino, 100 m südlich, 25 m westlich vom Super 96, kleines italienisches Restaurant mit Garten und viel Ambiente. Meeresfrüchtepasta, Farfalle mit Walnusscreme, Holzofenpizza usw.; auch Sushi und Sashimi; italienische Weine; ◷ 17–22 Uhr.

Juanita's Mexican Bar and Grill, an der Hauptstraße. Tortillas, Fajitas, Nachos und Tacos in üppigen Portionen; mit Fett wird nicht gespart. Auch Frühstück. Dunkle Bar-Atmosphäre. ◷ Mo–Sa 7–22 Uhr.

Panadería Monar, an der Hauptstraße neben der Polizeistation, verkauft bereits ab 5 Uhr frisches Brot, gut geeignet als Wanderproviant. ◷ Mo–Fr 5-18, Sa 5–17, So 5–9 Uhr.

Pizzería Rock, am Fußballplatz; günstige, leckere Holzofenpizza. ◷ Do–Di 18–22 Uhr.

Pollosa, 50 m westlich vom Super 96, vom *Pollo Asado a la Leña* schwärmen Grillhühnchenfans in ganz Puerto Jiménez; einfache Holzbänke. ◷ Do–Di 11–21 Uhr.

Essen und Leute treffen

Bar und Restaurant Carolina, direkt an der Hauptstraße. Leckere Fischgerichte; große Auswahl an Frühstück: Müsli mit Obst und Joghurt, Omelettes, Pfannkuchen. Beliebt bei Touristen und Expats. Günstig. ◷ 7–22 Uhr.

Nachtleben

Bar Iguana, im Hotel Iguana, ist mehr auf Touristen ausgerichtet als die Goldgräber-Spelunken an der staubigen Hauptstraße.
Discoteca, Richtung Bar Iguana; im Dorf-Discoschuppen wird samstags bis in die frühen Morgenstunden Cumbia und Reggaeton aufgelegt. Eintritt: 1500C.

Sonstiges

Apotheke
Farmacia Idalgo, an der Hauptstraße. ⌚ Mo–Fr 8–20, So 8–12 Uhr.

Autovermietung
Tucán Travel Net, s. Touren.

Fahrradverleih
Ciclo Corcovado, 150 m nördlich der Banco Nacional, ✆ 735-5429.

Geld
Banco Nacional, die langsamste Bank in Costa Rica. Schlangestehen garantiert. Euro- und Dollartausch. ⌚ Mo–Fr 8.30–15.45 Uhr.

Internet
Caféneт El Sol, gegenüber von Super 96; auch Fax; oft sehr langsame oder gar keine Verbindung; dafür gutes Informationsbrett. ⌚ 7–23 Uhr.

Post
Am Fußballplatz; ⌚ Mo–Fr 8–12 und 13–17.30 Uhr.

Reisebüro
Osa Tropical, an der Hauptstraße, ✆ 734-4062, hier sind Sansa und Nature Air vertreten.

Supermärkte
Super La Esquina Nueva, am Friedhof, ⌚ Mo–Sa 6–12 und 13–20; So 7–12 Uhr.
Super 96, an der Hauptstraße, ⌚ Mo–Sa 6–19, So 6.30–12 Uhr.

Taxis
Tarife: Carate $60; La Palma $25; Los Patos $60.

Zeltverleih
Tucán Travel, an der Landebahn,verleiht Zelte für $10.

Tourveranstalter
Tucán Travel, an der Landebahn, ✆ 735-5826, bietet Touren zum Nationalpark an.
Mit **Aventuras Tropicales**, Richtung Playa Platanares, ✆ 735-5195, 💻 www.aventurastropicales.com, können Aktiv-Urlauber per Kajak den malerischen Golfo Dulce erkunden.
Vogelfreunde pirschen mit **Bosque del Río Tigre Tours**, ✆ 824-1372, 💻 www.osaadventures.com, bereits in der Morgendämmerung durch die Wälder von Dos Brazos (s. S. 336).

Transport

Busse
Dos Brasos, Mo–Sa 3x tgl.; So 1x tgl.; 500 C; 45 Min.
San Isidro, 2x tgl.; 6 Std.; 2180C; mit Transportes Blanco Lobo, ✆ 257-4121.
San José, 1x tgl., 9 Std.; 3180C; mit Transportes Blanco Lobo.

Colectivos
Parque Nacional Corcovado, Abfahrt um 6 und 13.30 Uhr vor der Soda Deya; rechtzeitig vorher da sein! 2 Std.; $7; mit Luis Arias, ✆ 832-8680.

Fähren
Golfito, 6 Uhr; 1 1/2 Std.; 850C; mit Empresa Don Isidro, ✆ 364-3249.
Express-Boote fahren um 6.45 und 16.30 Uhr; 25 Min.; 2000C.

Flüge
San José, 5x tgl. mit Nature Air, 3x tgl. mit Sansa.
Charterflugzeuge fliegen von Puerto Jiménez die **Parkstation La Sirena** an.

Dos Brazos

Das einstige Goldgräberzentrum Dos Brazos am Ufer des **Río Tigre** ist eine gute Alternative für Besucher, die aus Zeit- oder Konditionsgründen einen mehrtägigen Trek von Carate durch den Nationalpark Corcovado scheuen; hinsichtlich der Fauna und Flora unterscheiden sie sich nicht. Mit der touristischen Erschließung des **Nordost-Parksektors** hofft man, der Bevölkerung alternative Einnahmequellen zur illegalen Abholzung, Wilddieberei und Goldsuche zu öffnen.

Lokale Führer bieten günstig Touren durch die Umgebung an (s. Bolita Backbacker). Bekannt für fachkundige Vogel-Touren (Beginn 6 Uhr; $20 p. P. bei mindestens 2 Personen) ist die Bosque del Río Lodge, die auch Heilpflanzen-, Nacht- und Reittouren anbietet (Halbtagstouren $25 p. P., Ganztagstouren $35 p. P.).

Übernachtung und Essen

Bosque del Río Lodge, in Dos Brazos, ✆ 735-5725, 💻 www.osaadventures.com. Kleine, rustikale Lodge am Ufer des Río Tigre, mit Gemeinschaftsbad und 12 ha großem Privatreservat. Familiäres Ambiente; beliebt bei Vogelkundlern; exzellentes Essen; VP inkl.; Touren. ❻

Bolita Backpacker, fernab des Touristenpfades liegt diese Naturoase. Ein 40-minütiger Wanderweg führt von Dos Brazos an den Cabinas Los Mineros vorbei über den Río Tigre bergaufwärts (ausgeschildert). Saubere, einfache Unterkunft im Zelt mit Matratze ($4 p. P.), oder in einer Cabina ($6 p. P.). Küche; Solarduschen; Hängematten; Trinkwasser; Mango-, Cahew- und Zitronenbäume. Herrliche Sicht, mit dem Río Tigre als Vorder- und dem Nationalpark als Hintergrundkulisse. Das ideale Versteck für Naturfreunde mit wenig Anspruch. Der Besitzer kann ortskundige Führer vermitteln. Sehr empfehlenswert!

Im Ortszentrum befinden sich eine **Pulpería** und eine **Soda**.

Transport

Busse fahren Mo–Sa 3x tgl., So 1x tgl. in 30 Min. nach **Puerto Jiménez**.

Cabo Matapalo

Der malerische Südostzipfel von Osa (17 km südlich von Puerto Jiménez) ist umgeben von Mangroven, Tidepools und Wasserfällen und zählt mit den Stränden **Playa Pan Dulce** und **Playa Matapalo** zu den besten Surfrevieren der Halbinsel. Viele nordamerikanische Expats haben sich in Cabo Matapalo niedergelassen und teure Hotels eröffnet.

Übernachtung

Casa Bambú, am Playa Pan Dulce, 💻 www.casabambu.addr.com, ✆ 376-0150. Attraktives zweistöckiges, luftiges Ferienhaus aus Bambus mit Küche, Garten und Meeresblick; ruhig. ❻

Lapa Ríos, 18 km südlich von Puerto Jiménez, ✆ 735-5130, 💻 www.laparios.com. Eingebettet in ein 400 ha großes privates Regenwaldreservat liegen 16 mit Palmstroh gedeckte, edel-schlichte Bungalows mit großzügiger Terrasse; spektakuläre Aussicht auf den Pazifik; Yogaplattform; Gemeinschaftsrancho mit Aussichtsdeck; Pool; viele nordamerikanische Gäste. ❻

Sexy Bambus

Ojo del Mar, rund 15 km südlich von Puerto Jiménez, ✆ 735-5531, 💻 www.ojodelmar.com. Ein freundliches deutsches Künstler-/Heilpraktiker-Paar hat sich dieses kleine Paradies am Meer für insgesamt 14 Gäste geschaffen. Umgeben von wilder Natur stehen vier rustikale, kreative Bambushäuser mit Kerzenlicht und Außenbad. Bambusbauten sind sexy und umweltschonend, meint Bauherr Marc. Yogastunden finden morgens auf dem Yogadeck am Meer statt, außerdem gibt´s ein großes Gemeinschaftsrancho für das gesellige Abendessen. Zur Ankündigung der Mahlzeiten (Frühstück und Abendessen) wird kräftig die *Concha* geblasen. Übernachtung mit Frühstück kostet $45 p. P.

Goldgräber am Rio Tigre

Carate

Die 45 km lange Schlaglochpiste von Puerto Jiménez nimmt in Carate endlich ein Ende. Trekker springen hier erleichtert von den Holzpritschen der *Colectivos* und beginnen ihre Wanderung durch den benachbarten Nationalpark.

Selbstfahrer können ihren Leihwagen für $5 pro Nacht und $2 pro Tag auf dem Parkplatz an der Pulperia stehen lassen – wirklich kaum zu verfehlen, denn mehr Gebäude hat Carate nicht.

Übernachtung

Am Strand bieten „Zeltcamps" mit Bett und Elektrizität Unterkunft an.
Darunter die
Ecolodge La Leona, rund 2 km westlich von Carate, ✆ 735-5705, 💻 www.laleonalodge.com. 16 Zelte und Meeresblick; beliebt bei Gruppen; $20 p. P.
Luna Lodge, 2 km nördlich von Carate an einem steilen Hügel gelegen, ✆ 380-5036, 💻 www.lunalodge.com. Das Hotel zählt zu den exklusivsten und abgelegensten in ganz Costa Rica. Die Gäste können wählen zwischen geschmackvoll-luxuriösen, palmstrohgedeckten Bungalows, Zimmern im Kolonialstil oder Zelten auf Holzplattformen. Spektakuläres Yogadeck; Spa. Beliebt bei älteren, gediegenen Gästen. VP inkl. ❺–❻
Parkstation La Leona, bietet einen Zeltplatz für Besucher mit eigenem Zelt: $4 p. P.

Transport

Colectivos fahren tgl. um 8.30 und 16 Uhr nach **Puerto Jiménez**.

9 HIGHLIGHT

Parque Nacional Corcovado

MINAE-Büro In Puerto Jiménez, an der Landebahn; ✆ 735-5036, 💻 www.pncorcovado.org
Öffnungszeiten ⌚ 8–12 und 13–16 Uhr. Es ist nur eine begrenzte Anzahl an Besuchern pro Tag im Park zugelassen; eine telefonische Anmeldung ist daher bereits einen Monat im Voraus möglich und – besonders während der Hauptbesuchszeit von Dez–März sowie während der Semana Santa – ratsam. Bei der Parkverwaltung sind Wanderkarten erhältlich.
Eintritt $8
Gründungsjahr 1975
Größe 42 469 ha
Besucherzahl 20 300 Personen pro Jahr
Unterkunft An allen Parkstationen ist Camping ($4 p. P.) möglich und Trinkwasser vorhanden. In **La Sirena** befindet sich außerdem eine Forschungsstation mit sehr einfachen Cabinas mit Gemeinschaftsbad ($8 p. P.) $10 kostet ein Frühstück, $15 wird für Mittag- oder Abendessen verlangt. Es gibt kein spezifisch vegetarisches Essen.
Transport
Der Park verfügt über insgesamt **fünf Parkeingänge**: An der Pazifikküste liegen die Stationen La Leona und San Pedrillo. Im Binnenland befinden sich die Stationen Los Patos, Dos Brasos sowie der touristisch kaum erschlossene Parkeingang Los Planes.
Colectivos oder Busse verbinden Puerto Jiménez mit den Stationen Carate (rund 3 km von der Station Leona entfernt) und Dos Brazos. Die Forschungsstation und Herberge La Sirena wird zudem von Charterflugzeugen aus Puerto Jiménez angeflogen.
Zur Station Los Patos gelangt man zu Fuß, per Taxi oder Pferd von der Ortschaft La Palma (13 km).
Los Planes ist zu Fuß oder per Auto von Agujitas (Bahía Drake) zu erreichen (4 km).
Zum Puesto San Pedrillo gelangt der Besucher nur zu Fuß oder per Boot von der Bahía Drake.
Die drei Parkeingänge La Leona, San Pedrillo und Los Patos sind außerdem durch Wanderwege miteinander verbunden (s. Wanderungen.)
Ausrüstung Sonnen- und Moskitoschutz, viel Trinkwasser, Taschenlampe, Zeltausrüstung, Proviant, Kompass

Die Sonne brennt, die Moskitos stechen, der Sand unter den Füßen gibt ständig nach. Die Zeltstangen hauen gegen den Hinterschädel, schmerzhaft schneiden die Rucksackgurte ins Fleisch. Dennoch es ist ein **mehrtägiger Trek** durch den Nationalpark Corcovado, der für viele Urlauber den Höhepunkt ihres Costa Rica-Urlaubs darstellt.

Und das zu Recht: Der Anblick eines Tapirjungen, kreischender roter Aras oder eines farbenprächtigen Sonnenuntergangs über dem schwarz-blauen Pazifik lässt alle Anstrengungen und Wehwehchen mit einem Mal vergessen.

Corcovado ist das **grüne Juwel** in der Krone von Costa Ricas Nationalparks. Der Park umfasst, was Biologen als eine der artenreichsten Zonen der Welt bezeichnen: Acht verschiedene Ökosysteme, darunter Nebel-, Regen-, Mangrovenwälder und endlos lange Sandstrände. Auch heute noch werden bisher unbekannte Tier- und Pflanzenarten entdeckt.

Bis 1978 führte keine Straße auf die Peninsula de Osa; durch die Abgeschiedenheit konnten seltene Tiere, die in anderen Landes- und Weltteilen bereits ausgestorben sind, wie Jaguare, Totenkopfäffchen und Dayrie-Adler – der weltgrößte Greifvogel der Welt – überleben.

Illegales Abholzen, Wilddieberei, Goldgräber und Jäger stellen auch für den Parque Nacional Corcovado akute Bedrohungen dar. So hat die Zahl der Nabelschweine (die Hauptnahrungsquelle für Corcovados Jaguare) in den letzten Jahren alarmierend abgenommen. Zur Nahrungssuche weichen die Jaguare bereits auf Wohnsiedlungen aus, wo sie von der Bevölkerung erschossen werden.

Um eine bessere Kontrolle über das Schutzgebiet zu haben, das die größte Fläche an tropischem Regenwald an der mittelamerikanischen Pazifikküste umfasst, wurden neue Parkstationen errichtet. Solange jedoch nicht auch die Zahl der

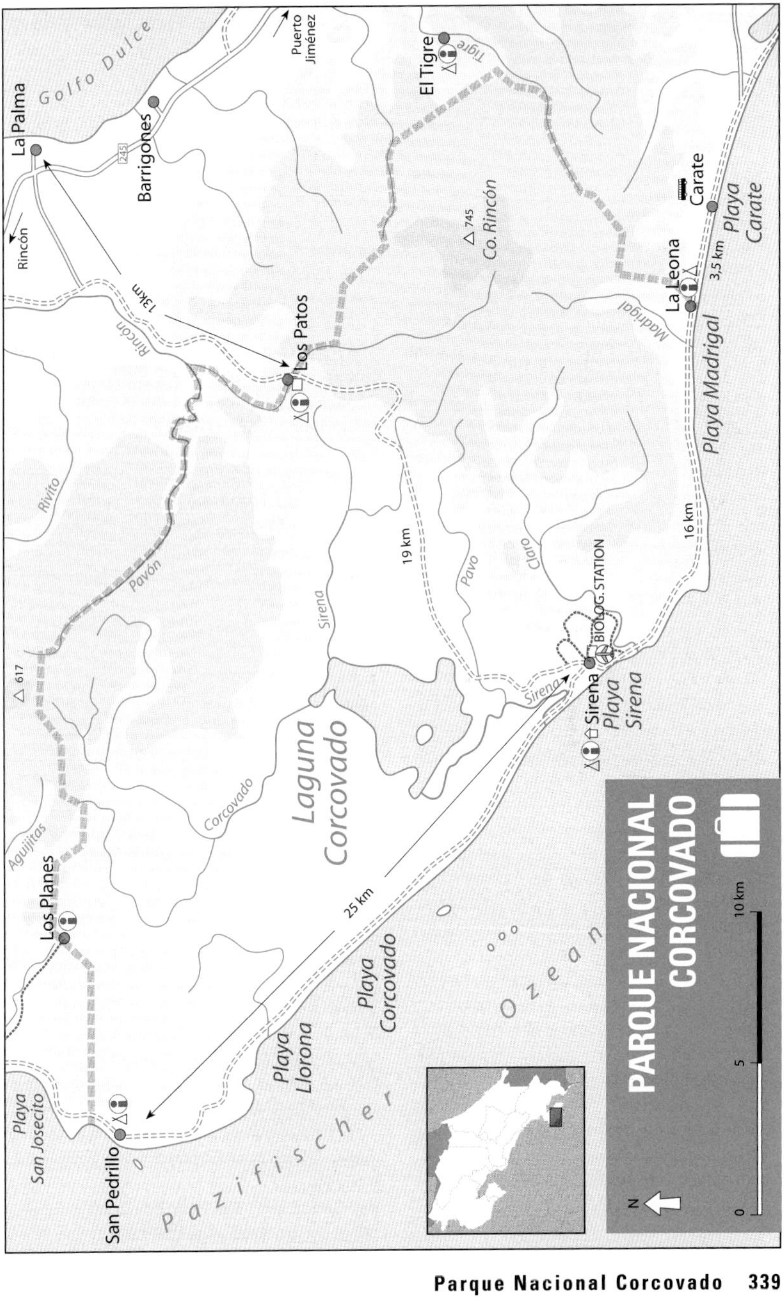
PARQUE NACIONAL CORCOVADO
Golfo Dulce
La Palma
Barrigones
245
Puerto Jiménez
Rincón
El Tigre
Tigre
Co. Rincón
745
Carate
Playa Carate
La Leona
3,5 km
Madrigal
Playa Madrigal
Los Patos
13km
Rincón
Rivito
Pavón
617
Sirena
19 km
Pavo
Claro
16 km
BIOLOG. STATION
Sirena
Playa Sirena
Laguna Corcovado
Corcovado
Aguijitas
Los Planes
25 km
Playa Corcovado
Playa Llorona
Playa San Josecito
San Pedrillo
Pazifischer Ozean
N
0
5
10 km

Der Nussknacker von Osa

Er gehört zu den Tropen wie die Ananas, die Kokosnuss, die Palmenstrände und die Sonne – der Lapa Roja (roter Ara) mit seinem leuchtend roten, bunt durchsetzten Federkleid, der Schönste und Größte unter den Papageien. Seine Heimat sind die tropischen Regenwälder, von Südmexiko bis nach Brasilien. In Costa Rica leben heute lediglich zwei nennenswerte Populationen, beide davon an der Pazifikküste: Im Carara Nationalpark und – mit 700 Aras die größte Kolonie im Land – auf der Osa-Peninsula. Dort können Besucher die geselligen Vögel auf dem Küstenwanderweg von Carate zum Nationalpark Corcovado erleben. Laut krächzend sitzen sie in den Kronen der Mandelbäume und knacken mit ihren harten Schnäbeln Nüsse und Früchte. Lapas legen jedes Jahr zwei bis vier Eier in Baumhöhlen ab. Oft entstehen heftige Kämpfe um diese Nischen, da auch Iguanas, Tukane und Bienen sie als Nistplatz nutzen. Nach rund einem Monat schlüpfen die Jungen, nackt und mit geschlossenen Augen. Bis zum ersten Lebensjahr bleiben sie unter elterlicher Obhut.
Die Zahl der roten Aras hat weltweit dramatisch abgenommen. In Costa Rica steht der Papagei auf der Liste der vom Aussterben bedrohten Tiere. In El Savador ist der Lapa Roja bereits ausgestorben. Neben der Abholzung der Regenwälder stellt die Hauptbedrohung der Aras die Nestdieberei dar. 200 bis 400 Dollar verdient ein Nestdieb pro Jungtier – ein schnell verdientes Monatsgehalt. Wenige der jungen Vögel überleben den Tierschmuggel; sie sterben an Unterernährung, Krankheiten oder erliegen den Verletzungen, die sie sich während des Transportes zuziehen. Im Nationalpark Carara geht die Organisation Lappa, 💻 www.lappa.org, erfolgreich gegen Nestdieberei vor. Nester werden rund um die Uhr bewacht, Hausdurchsuchungen durchgeführt, Wilddieben nachgestellt und Nistkästen für Aras aufgestellt. Solange jedoch die Nachfrage nach exotischen, sprechbegabten Vögeln als Haustiere im Ausland anhält, wird der lukrative Handel mit den Jungpapageien kein Ende nehmen.

Parkwächter aufgestockt wird, haben Wilddiebe und illegale Holzfäller weiterhin leichtes Spiel.

Wanderungen

Dos Brasos ist eine gute Ausgangsbasis für Tageswanderungen. Wanderer können sich aus den Wegabschnitten zwischen La Leona, San Pedrillo und Los Patos mehrtägige Treks zusammenstellen. Beste Wanderzeit ist die Trockenzeit, d. h. von Mitte Dezember bis Mitte April. In der Regenzeit ist der San Pedrillo-Wegabschnitt gesperrt.

Von Carate nach Sirena (19,5 km, 6–8 Std.)
Der Wanderweg von Carate zur Station La Sirena ist ausgeschildert und bei frühem Aufbruch gut in einem Tag zu schaffen (Achtung, Gezeiten einplanen!).

Rund 3 km westlich von Carate befindet sich die Station **La Leona**, wo Wanderer den Parkeintritt zahlen; Camping ist möglich. Rote Aras halten sich gerne in den Baumkronen am Ufer auf. Der Pfad überquert dann den **Río Madrigal** und kurz vor der Sirena-Station den breiten **Río Claro**. Wanderer haben die Wahl, am Strand in der Sonne oder durch den angrenzenden Wald im Schatten zu wandern. Viele Besucher bleiben zwei Nächte in La Sirena, um die 1–2-stündigen Wanderungen in die Umgebung wahrzunehmen. Die Chancen, hier einem Tapir zu begegnen, sind gut. Die Strecke von Carate nach Sirena ist die touristischste im gesamten Wegenetz des Parks. Man begegnet vielen Gruppen, die mit Teleskopen an Waldführungen teilnehmen.

Von Sirena nach Los Patos (20 km, rund 8 Std.)
Der Wanderweg von Sirena nach Los Patos führt weg von der Küste (und der frischen Meeresbrise) durch Primär- und Sekundärwald ins heiße Parkinnere. Die letzten sechs Kilometer sind steil, einige Wanderer bevorzugen daher den Trek in umgekehrter Richtung. Von Los Patos sind es weitere 13 km durch Goldgräbergebiet zur Ortschaft La Palma; der Pfad kreuzt dabei mehrmals den Río Rincón. In Los Patos gibt es weder Telefon noch Busverbindung. Taxis vorher bestellen!
Von Sirena nach San Pedrillo (25 km, 8–10 Std.; nur in der Trockenzeit geöffnet.)

Trekking im Corcovado

Der Corcovado Nationalpark ist nicht zu vergleichen mit dem „zahmen" Manuel Antonio-Park (S. 303). Corcovado ist Dschungel. Wanderer sind mitunter extremer Hitze und Feuchtigkeit ausgesetzt. Es gibt Moskitos und Schlangen, und es müssen Flüsse durchquert werden, in denen sich Krokodile oder Haie aufhalten können. Besucher sollten leicht packen, stets ausreichend Trinkwasser bei sich tragen (der Wasserverlust ist nicht zu unterschätzen; an allen Parkstationen ist jedoch Trinkwasser vorhanden) und sich vor Aufbruch bei den Parkwächtern über die Gezeiten informieren. Das Baden an der gesamten Küste ist nicht ungefährlich, es sind schon einige Besucher ertrunken.

Den längsten und anstrengendsten Streckenabschnitt mit sehr wenig Schatten bildet die Wanderung von La Sirena nach San Pedrillo. Der Weg führt an den Stränden Playa Corcovado und Playa Llorona entlang, zwei der wichtigsten Nistplätze für Meeresschildkröten in Costa Rica. Der Wasserfall Catarata Llorona lädt zum wohlverdienten Bad ein. Insgesamt werden drei Flüsse überquert (Gezeiten beachten!).

Vorsicht beim Durchwaten des Río Sirena: Krokodile und Haie können sich im Fluss aufhalten. Von der Station San Pedrillo sind es weitere 18 km Fußmarsch, an der malerischen Pazifikküste entlang, zur Bahía Drake.

Von Palmar Richtung Panama

Von Palmar führt die Interamericana an großen Ölpalmenplantagen vorbei in den Süden, nach Paso Canoas, der Grenze nach Panama. Lohnenswert auf dieser Strecke (besonders für Surfer und Yogainteressierte) sind die weiter unten beschriebenen kurzen Abstecher an das westliche Ufer des Golfo Dulce, z. B. zum Regenwald der Österreicher oder an die Strände Playa Zancudo, Playa Pavones und Playa Banco.

Übernachtung

Esquinas Rainforest Lodge, 10 km nördlich von Golfito, Richtung La Gambas (ausgeschildert), ☏ 775-0901, 🖳 www.esquinaslodge.com, am Rande des Piedras Blancas Nationalparks. Freundliche, rustikale Bungalows, eingebettet in den Dschungel, einige davon rollstuhlfahrergerecht; großes, palmstrohgedecktes Rancho mit Restaurant und Gemeinschaftsbereich; Pool. Die Lodge ist Teil des Projektes „Regenwald der Österreicher" (s. Kasten). Touren durch den Nationalpark. Viele deutschsprachige Gäste. VP inkl. ❻

La Casa de Árbol, km 45 auf der Interamericana, ☏ 741-1131, 🖳 www.casaarbol.com. Ein Zimmer im Baum, ein römisches Bad und fratzenhafte Wasserspeier – kurz: Eine der originellsten Unterkünfte in ganz Costa Rica. Viele Radfahrer als Gäste, die die Interamericana befahren; familiäres Ambiente bei freundlicher, portugiesisch-kanadischer Familie; HP inkl. ❺

Golfito

Trotz ihrer idyllischen Lage am **Golfo Dulce** ist die weit auseinander gezogene Hafenstadt Golfito kein Touristenort. Abends hallen die lauten Karaokeschluchzer aus den filzigen Hafenkneipen von der Fassade der alten Sardinenfabrik wider. Am Muelle Bananero, dem einstigen Bananendock, schwimmen Manta-Rochen im verschmutzten Hafenbecken. Die rostenden Eisenbahnwaggons, Kräne und Lagerhallen sind Relikte aus der Zeit des Oro Verde (grünes Gold), als die United Fruit Company hier Bananen anbaute. Im nördlichen Stadtteil, der **Zona Americana**, stehen noch die schmucken Häuser der ehemaligen *Gerentes* (Betriebsleiter).

Im südlichen **Pueblo Civil**, wo heute die Fähre nach Puerto Jiménez ablegt, lebten die Arbeiter.

Als sich United 1985, nach beinahe 50 Jahren, aufgrund von Arbeiterstreiks, Preissturz und Pilz-

Der Regenwald der Österreicher

Im Regenwald der Österreicher wird Regenwald „freigekauft". Denn der „Parque Nacional Piedras Blancas" – wie das Schutzgebiet offiziell heißt – existierte zuvor lediglich auf dem Papier. Das Gros der Waldfläche lag nach wie vor in der Hand privater Eigentümer, die wertvolle Harthölzer abholzten. Seitdem 1992 der Wiener Geiger Michael Schnitzler, Enkel des berühmten Schriftstellers Arthur Schnitzler, den Verein „Regenwald der Österreicher" gründete, konnten 65 % der Parkfläche aufgekauft und der costaricanischen Regierung geschenkt werden. Rund 16 000 Privatpersonen und Organisationen spendeten dabei insgesamt rund zwei Millonen Euro. Mit den Spenden werden auch Wildhüter finanziert, die illegalen Holzfällern und Wilddieben das Handwerk legen sollen.

62 rote Aras wurden bisher aus Aufzuchtsprogrammen im Park freigelassen. Auch ehemals in Gefangenschaft gehaltene Totenkopfäffchen, Ozeloten, Kaimane, Wasch- und Nasenbären haben im Schutzgebiet eine neue Heimat gefunden. Ein insgesamt 4–5-stündiger Wanderweg führt durch den Park zum Badestrand Playa Josecito. Außerdem werden von Michael Schnitzlers Esquinas Rainforest Lodge Touren durch den Nationalpark angeboten ($15 für 2 Pers.). Der Nationalparkeingang befindet sich in El Bonito, 8 km von der Ortschaft Las Gambas entfernt. Eintritt $4.

befall der Bananen aus der Region zurückzog, fiel Golfito in ein Chaos. Um die Wirtschaft anzukurbeln, eröffnete die costa-ricanische Regierung Anfang der 1990er-Jahre den **Depósito Libre**, ein hässlich ummauertes Einkaufszentrum am nördlichen Stadtrand, wo vorwiegend Elektrogeräte aus Panama zollfrei verkauft werden. Einkäufer müssen ihr Eintrittsticket 24 Stunden im Voraus kaufen und somit die Nacht in Golfito verbringen.

Die meisten Touristen jedoch setzen direkt mit der Fähre nach Puerto Jiménez über oder ziehen weiter, Richtung Süden, an die **Playas Zanduco, Pavones** und **Punta Banco**.

Sehenswertes

Das **Refugio Nacional de Fauna Silvestre** im nördlichen Ortsteil ist touristisch nur wenig erschlossen. Von hier führt eine Straße an der Polizeistation vorbei zum **Playa Coco** (6 km), dem besten Badestrand in der Nähe von Golfito. Die paradiesischen, weiter nördlich gelegenen, wenig touristischen Strände **Playa Josecito** (s. Kasten „Regenwald der Österreicher"), **Playa Nicuesa** und **Playa Cativo** sind von Golfito nur per *Lancha* zu erreichen (s. Transport). Einige Hotels höherer Preisklasse bieten an den Stränden Unterkunft an.

Mit einer Panoramasicht über den **Golfo Dulce** werden Wanderer nach einem anstrengenden Aufstieg zu den **Torres** (486 m) belohnt. Der steile Wanderweg zu den Rundfunktürmen beginnt gegenüber vom Hotel Samoa. Alternativ führt rund 2 km südlich vom Muellecito linker Hand eine Schotterstraße zum Aussichtspunkt hoch (8 km). Taxis nehmen für die Strecke 7000C.

Übernachtung

El Tucán I & II, ✆ 775-0553, saubere Zimmer unterschiedlicher Qualität, teils mit AC und Kühlschrank; Preise verhandelbar. ❷–❸

Hospedaje Doña Luz, im Rotlichtviertel, ✆ 775-0058. Eine der günstigsten Unterkünfte Golfitos; saubere Zimmer, teils mit Gemeinschaftsbad, bei der freundlichen Doña Luz. ❶

Hotel Golfito, am Muellecito, ✆ 775-0047. Saubere, recht karge Zimmer, teils mit AC; Gemeinschaftsbalkon mit Blick auf die Isla Congo und den Hafen. In der Nähe der Bushaltestelle und des Fähranlegers. ❷

Hotel Golfo Azul, 200 m nordwestlich vom Depósito Libre, hinter Cabinas Corcovado, ✆ 775-0871, ✉ golfoazul@racsa.co.cr. Kleine, saubere Zimmer; ruhig. ❷–❸

Las Gaviotas, am südlichen Ortseingang, ✆ 775-0062, eines der besten Hotels im Ort; große Zimmer mit AC, Terrasse und Blick auf den Golf. ❸

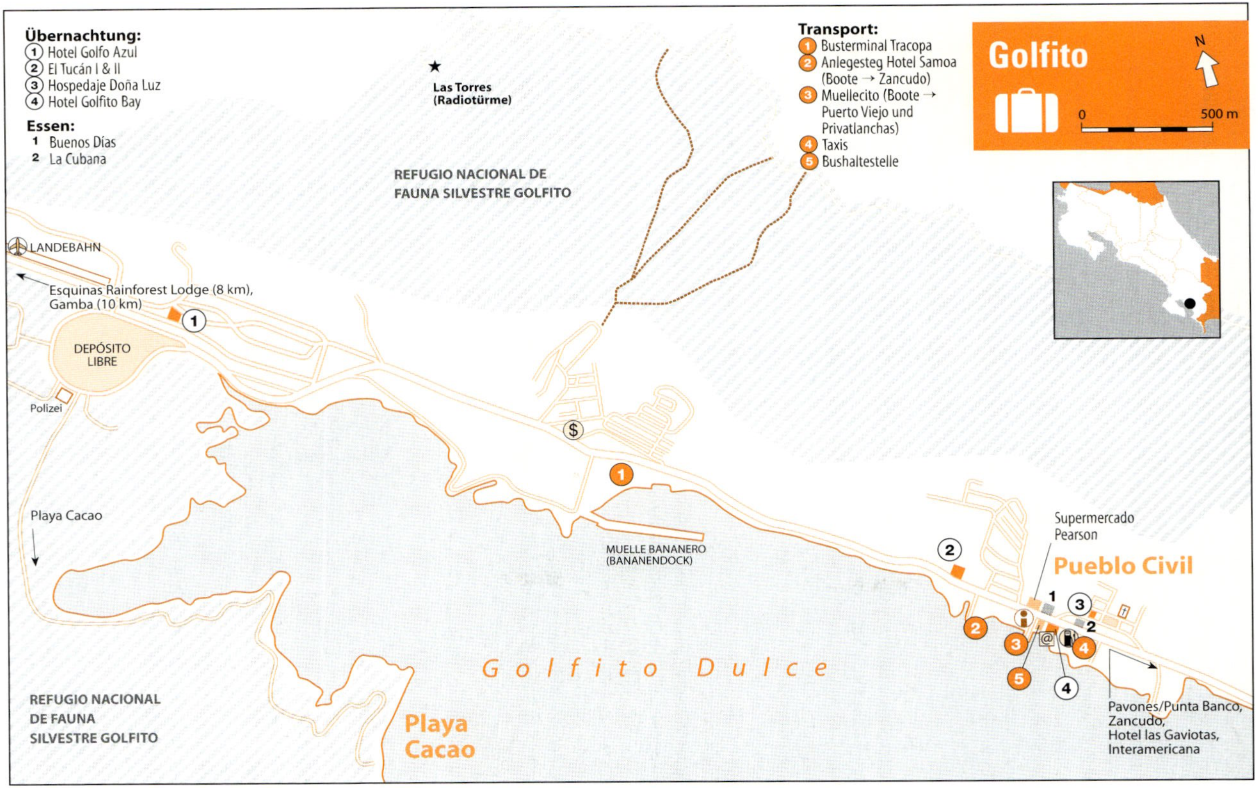
Golfito
N
0
500 m
Übernachtung:
1 Hotel Golfo Azul
2 El Tucán I & II
3 Hospedaje Doña Luz
4 Hotel Golfito Bay
Essen:
1 Buenos Días
2 La Cubana
Transport:
1 Busterminal Tracopa
2 Anlegesteg Hotel Samoa (Boote → Zancudo)
3 Muellecito (Boote → Puerto Viejo und Privatlanchas)
4 Taxis
5 Bushaltestelle
Las Torres (Radiotürme)
REFUGIO NACIONAL DE FAUNA SILVESTRE GOLFITO
LANDEBAHN
Esquinas Rainforest Lodge (8 km), Gamba (10 km)
DEPÓSITO LIBRE
Polizei
Playa Cacao
MUELLE BANANERO (BANANENDOCK)
Supermercado Pearson
Pueblo Civil
Golfito Dulce
Pavones/Punta Banco, Zancudo, Hotel las Gaviotas, Interamericana
Playa Cacao
REFUGIO NACIONAL DE FAUNA SILVESTRE GOLFITO

Essen

Buenos Días, gegenüber vom Internet. Das Essen in diesem Schnellrestaurant ist nichts Besonderes: Sandwiches, Casado, leckere Frescos, auch Frühstück. Die Klimaanlage aber ist Gold wert; ein idealer Ort, um auf den Bus zu warten. ⏲ 6–22 Uhr.
La Cubana, günstige landestypische Küche; auch Frühstück. ⏲ 7–21 Uhr.

Sonstiges

Fahrrad- / Kajakverleih
Hotel Samoa del Sur, verleiht Räder für $8/Tag und Kajaks für $3/Std.

Internet
Unter dem Hotel Golfito; ⏲ Mo–Fr 8–20, Sa 8–20, So 12–18 Uhr.

Supermarkt
Supermercado Pearson, gegenüber vom Anlegesteg, führt u. a. frische Backwaren. ⏲ Mo–So 7–18 Uhr.

Taxis
An der Tankstelle. Tarife: Playa Cacao 6000C; Paso Canoas 10 000C; Fahrten innerhalb Golfitos 400C.

Informationen
Touristenbüro, am Muellecito, ✆ 775-1820, ⏲ Mo–Fr 8–13 Uhr.

Transport

Busse
Palmar, 7x tgl.;5 Std.; mit Tracopa.
Paso Canoas (über **Ciudad Neily**), alle 90 Min. von 6–19.30 Uhr; 2 1/2 Std.; mit Golfo Dulce.
Punta Banco (über **Pavones**), 15 Uhr; 3 1/2 Std.
Pavones, 2x tgl.; 3 Std.
San José (über **Palmar**), 2x tgl.; 6 1/2 Std.; 4495C; mit Tracopa, ✆ 775-0365.

Boote
Puerto Jiménez, am Muellecito, 11.30, 13.30, 16 Uhr; Expressboote um 5 und 14 Uhr; mit Don Isidro, ✆ 364-3249.
Außerdem Privatpangas zum
Playa Cacao (1500C p. P. bei mind. 4 Pers.),
Playa Catavo (30 000C),
Playa San Josecito (30 000C),
Playa Nicuesa (30 000C). Die Bootskapitäne sitzen an der Soda El Muellecito.
Zanduco, Mo–Sa um 12 Uhr vom Anlegesteg des Hotels Samoa del Sur.

Zanduco

Im Westen der Pazifik, im Osten die **Mangroven** – dazwischen eine monotone Staubpiste, an der sich Hotels und Restaurants aneinanderreihen: Das ist Zanduco, ein langer **Strandstreifen**, an dem sich vorwiegend ältere Expats und einige Drogenschmuggler niedergelassen haben. Früher waren in Zanduco auch Schweinefarmen angesiedelt, deren Tiere mit den angeschwemmten Überschussbananen der United Fruit Company aus Golfito gemästet wurden. Schweine mitsamt Bananen sind längst verzehrt, heute haben Touristen den relativ wenig besuchten, schönen Badestrand für sich; gutes Surfen ist am südlichen Strandabschnitt möglich. Zur Semana Santa jedoch reisen Costa Ricaner mit Kind und Kegel an und verwandeln den sonst ruhigen Ort in ein Volksfest.

Übernachtung

Cabinas y Camping El Coquito, am nördlichen Ortsende, ✆ 776-0128. Einfache Cabinas ab 7000C. Auch kostenloses Camping möglich.
Cabinas Los Cocos, 200 m nördlich von Cabinas Sol y Mar, ✆ 776-0012, 💻 www.loscocos.com. Rustikale, originelle Ferienhäuser mit Küche und großer Wohnveranda in Strandlage; gut für Familien; man merkt, hier wohnen Künstler! Fahrrad-, Kajak-, und Boogieboardverleih. ❺
Hotel und Restaurant Macondo, 300 m nördlich der Bar Susy, ✆ 776-0157. Zweistöckiges Haus mit geräumigen Zimmern und hübschem, großen Garten mit Pool; Restaurant. ❸
Latitid 8 Lodge, 100 m südlich vom ICE-Gebäude, ✆ 776-0168. Schlichte, sehr schöne

Zornige Pasta

La Puerta Negra, kleines Restaurant mit hausgemachten italienischen Gerichten, darunter auch die „zornige Pasta" mit schwarzen Oliven und scharfen Chilis. ◷ Di–So 18–21 Uhr.

Holzhäuser mit AC, Kühlschrank und großer Veranda; Rancho mit Kochmöglichkeit. ❺
Sol y Mar, 1,5 km südlich vom Supermercado Tres Amigos, ✆ 776-0014, 💻 www.zancudo.com. Sehr große Cabinas mit Meeresblick. ❸
Sol y Mar, beliebt zum Frühstücken; mittags Snacks, abends hauptsächlich mexikanische und Fischgerichte; Weinkarte. ◷ 7–21 Uhr.

Essen und Nachtleben

Restaurant Macondo, im Hotel Macondo, serviert ebenfalls schmackhafte italienische Gerichte.
Restaurante Tranquilo und **Bar Susy** bieten günstige Fisch- und landestypische Gerichte.
El Coquito, hier treffen sich vor allem Einheimische, samstags wird getanzt.
Restaurant-Bar Sol y Mar, ist eher ein Touristentreffpunkt.

Sonstiges

Fahrradverleih

Cabinas Sol y Mar, $10 pro Tag, oder im **Super Bellavista**, 1000C pro Std.

Kajakverleih

Cabinas Los Cocos, verlangt $5 pro Std.

Reittouren

Restaurant Sol y Mar, vermittelt Reitausflüge.

Transport

Busse

Die Busse fahren von der Pulpería Bella Vista ab.
Ciudad Neily, 1x tgl.; 3 Std.; Passagiere nach **Pavones** oder **Golfito** müssen am Río Coto Colorado umsteigen.

Boote

Die Bootsüberfahrt von/nach Golfito ist wesentlich schneller und unkomplizierter als die Anreise mit dem Bus, die mit Umsteigen verbunden ist.
Der Bootsanleger befindet sich am nördlichen Ende des Ortes, auf der Mangrovenseite.
Golfito, Mo–Sa 7 Uhr; 2000C.
Private Wassertaxis fahren von Cabinas Locos ab. Tarife:
Golfito $15 p. P. (mind. 2 Pers.);
Puerto Jiménez $15 p. P. (mind. 4 Pers.);
mind. 1 Tag vorher anmelden.

Pavones

Pavones ist ein kleines, abgelegenes Surfrevier, in dem sich zur Regenzeit die internationale Surfgemeinde trifft und sich Wellenreiter einen Platz auf der **längsten Linkswelle** der Welt erkämpfen. Im 6 km weiter nördlich gelegenen **Punta Banco** endet die Straße.

In Sonnenanbeterstellung liegen Frühaufsteher auf dem Yogadeck der friedlichen Yoga-Farm (s. S. 346) und begrüßen die ersten Morgenstrahlen über dem Pazifik.

Außerdem bieten sich hier herrliche Wanderungen und Ausritte am wenig touristischen **Playa Punta Banco** oder ein Besuch des benachbarten Indianerreservats **Guaymí de Conte Burica** an.

Übernachtung

In Pavones:

Cabinas Las Olas, Zimmer mit guten Matratzen und Gemeinschaftsküche. $10 p. P.
Hotel La Perla, ✆ 387-6185 (Handy), ✉ fallscarolina@hotmail.com. Makellose, geräumige und helle Zimmer mit AC. ❹
Tiskita Lodge, 6 km von Pavones Richtung Punta Banco, ✆ 296-8125 (nur wochentags), 💻 www.tiskita-lodge.co.cr. Rustikale Zimmer mit Veranda und Hängematten, umgeben von großem Garten mit tropischen Früchten. Tiskita führt Umwelt- und Tierschutzprojekte in der Region durch und arbeitet mit Freiwilligen. VP inkl. ❻

10 HIGHLIGHT

Die Yoga-Farm

Ein Höhepunkt für Yoga- und Naturfreunde ist die Yoga-Farm in Punta Banco, geleitet vom Kanadier Gabriel, seiner kleinen Familie und Freiwilligen. Auch Gäste, die nicht Yoga praktizieren und die Farm der Abgeschiedenheit und Ruhe wegen aufsuchen, sind willkommen. Unterbringung erfolgt in einfachen, sauberen Dorms mit Gemeinschaftsbad und modernen Komposttoiletten, oder in Privatzimmern. Die vegetarischen Gerichte werden aus dem ökologisch angebauten Gemüse und Obst der Farm zubereitet. Außerdem steht den Gästen eine Küche zur Verfügung. Zentrum und Blickfang der Yoga-Farm ist das große, hölzerne Yogadeck mit Blick über den Regenwald auf den Pazifik. Fünfmal pro Woche finden Yogastunden statt, die Unterrichtszeiten richten sich nach den Gästen. Gabriel organisiert zudem Wanderungen und Reitausflüge in den umliegenden Regenwald und bietet Touren in das benachbarte Indianerreservat an, mit dem die Farm eng zusammenarbeitet. Bewerbungen von Freiwilligen, besonders aus den Bereichen Yoga, Tanz, Massage und Permakultur, sind willkommen. $30 p. P. pro Tag, inkl. VP und Yogastunde. Unter: 💻 www.yogafarmcostarica.org gibt es nährere Infos.
Wegbeschreibung: In Punta Banco führt am Ende der Straße ein steiler Wanderweg links den Hügel hoch; durch das erste Gatter links gehen; die Farm ist das erste Gebäude auf der linken Seite. Der Bus kommt kurz vor Dunkelheit in Punta Banco an. Taschenlampe mitnehmen!

In Punta Banco

Die Unterkünfte in Punta Banco haben keinen Telefonanschluss. **Cabinas Titiguana**, am Sportplatz; saubere, sehr einfache Zimmer. ❶
Sol y Mar, Ferienhäuser aus Holz mit Kühlschrank und Herd. Surfbrett- und Fahrradverleih; auch Monatspreise. ❷
Yoga-Farm (s. o., Kasten).

Der Süden

Essen

In Pavones

Café de la Suerte, im Zentrum; vegetarisches Restaurant mit leichten Gerichten: Pita, Sandwiches, Salate. Lecker, aber teuer. 🕓 8–17 Uhr.
Bar Esquina del Mar oder „La Cantina", am Strand; *der* Treffpunkt in Pavones; *Comida Tipica* bei Meeresblick. 🕓 6–22 Uhr.
Soda La Plaza, im Zentrum; günstiger, frischer Fisch und Meeresfrüchte.
La Piña, an der Straße Richtung Punta Banco; hoch gepriesenes, italienisches Restaurant mit Fisch- und vegetarischen Gerichten sowie hausgemachter Pasta.
🕓 13–21 Uhr.
La Manta, am Strand, am nördlichen Ortsrand, nördlich der chinesischen Klinik. Internationale Speisekarte; Thai, Kebab, Falafel usw. Mit Meeresblick. 🕓 Di–So 6–22 Uhr.

In Punta Banco

Soda Titiguana, günstige ComidaTipica.

Sonstiges

Internet

In der **Bar Esquina del Mar**, am Strand, im Ortszentrum, 1200C pro Std. 🕓 10–16 Uhr.

Kino

La Manta, am Strand am nördlichen Ortsrand, veranstaltet kostenlose Filmabende. 🕓 Di–So ab 18.30 Uhr.

Supermarkt

Super Río Claro, 75 m westlich der Escuela; größter Supermarkt im Ort. 🕓 7–19 Uhr.

Surfen

Seaking's Surfshop, im Zentrum, Surfunterricht und Surfbrettverleih.

Transport

Busse

Der frühe Bus zur Weiterfahrt kommt aus Punta Banco und hält vor dem Supermarkt

Charmante Surferunterkunft

Rancho Burica, am Ortsende, 💻 www.ranchoburica.com. „Where the bad road ends and the good life begins" lautet der Leitsatz der Rachno Burica: 20 einfache Zimmer am Strand; Frühstücksrancho; Hochsitz (zum Betrachten der Sonnenuntergänge), Palmen. Geleitet von freundlichen holländischen Wellenreitern. Ab $8 p. P.

Río Claro; der Bus am Mittag hält vor den Fischerbooten.
Golfito, 5.30 und 12.30 Uhr.
Wer zur **Grenze nach Panama** will, muss in **Conte** umsteigen.

Boote

Die örtlichen Fischer bieten Transport nach **Matapalo** oder **Puerto Jiménez** an.

Ciudad Neily

Ein längerer Aufenthalt in „Neily" lohnt sich nicht. Für Busreisende hält der Ort jedoch gute Busverbindungen bereit.

Übernachtung und Essen

Cabinas Helga, 75 m westlich vom INS, ✆ 783-3146. Große, saubere Zimmer, teils mit AC. Parkplatz. ❷–❸
Hotel Andrea, schräg gegenüber vom Busbahnhof, ✆ 783-3784. Saubere, kleine Zimmer, teils mit AC; hintere Zimmer schöner und leiser, mit kleiner Terrasse; Restaurant. ❸
Hotel Musuco, am südlichen Ortsrand, 50 m östlich und 50 m nördlich der Banco Nacional, ✆ 783-3048. Saubere Zimmer mit harten Liegen; teils mit Privatbad. Die Rezeption ist ein Museum alter Spielautomaten. EZ ab 2500C.
La Moderna, 100 m östlich vom Park. Pizza, Pasta, Fischgerichte. Üppige Portionen. Mit AC. ⏲ 7–23 Uhr.

Sonstiges

Geld

Banco Coopelanzia, südlich vom Busterminal.
Banco de Costa Rica, 200 m westlich, 400 m südlich vom Busterminal, tauscht Reiseschecks. ⏲ Mo–Fr 9–16 Uhr.

Internet

Café Internet, gegenüber vom Loaiza Supermarkt. Mit AC. ⏲ Mo–Sa 8–22 Uhr.

Supermarkt

Loaiza Super, 100 m westlich vom Hotel Andrea, ⏲ 6–20 Uhr.

Taxis

Am Busbahnhof. Tarife: Frontera 3500C (Colectivos kosten 700C p. P.), Flughafen 2000C.

Transport

Busse

Dominical, 2x tgl.; 4 1/2 Std.; 485C.
Flughafen (Finca 40s), 4x tgl.
Golfito, 12x tgl., alle 30–60 Min.
Palmar, 7x tgl.; 2 Std.; 460C; mit Térraba, ✆ 783-4293.
Paso Canoas, alle 30–60 Min. von 6–18 Uhr; 30 Min.; 255C; mit Trombus.
Puerto Jiménez, 2x tgl.; 4 1/2 Std.; 1485C.
San Vito, 9x tgl.; 2 Std.; 730C; mit Transporte Cepal, ✆ 773-3509.
San José, 5x tgl.; 8 Std.; 4145C; mit Tracopa, ✆ 783-3227.
Zancudo, 2x tgl.

Flüge

Der Flughafen **Cotos** 47 liegt 3 km südlich der Stadt.
San José, 1x tgl. mit Sansa.

Abstecher nach San Vito

Steil schlängelt sich der Bus die Serpentinen hinauf in das erfrischend kühle San Vito (950 m). Die malerische Strecke durch die Fila Costeña ist attraktiver als der Ort selbst, der Anfang der

Osterprozession in San Vito

1950er-Jahre von italienischen Kaffeebauern gegründet wurde. Dantes Name ziert Straßenschilder und den Eingang des Casa Cultural. Außerdem hinterließen die europäischen Einwanderer ein Denkmal zur italienisch-costa-ricanischen Freundschaft und knusprig-dünne Pizzaböden. Italienisch parliert man dagegen nur noch selten. Busse fahren von San Vito in den 6 km südlich gelegenen Jardín Botánico Wilson (s. weiter unten).

Übernachtung

Centro Turistico Las Huacas, am westlichen Ortsrand, ✆ 773-3115. Große, saubere Zimmer, etwas außerhalb des Zentrums; Gewerbegebietsflair. EZ 4200C, DZ 6500C.
Cabinas Las Mirlas, 300 m östlich vom Park, Richtung Sabalito, ✆ 773-3714. Niedliche, saubere Cabinas mit Blick ins Grüne. EZ ab 4000C, DZ ab 6000C.
El Ceibo, 100 m östlich vom Park, ✆ 773-3025, das beste Hotel im Ort. Relativ kleine Zimmer mit Balkon und Blick auf Wald; Restaurant. ❸

Essen

Pizzería Restaurant Lilliana, westlich vom Park. Große Auswahl an Pizzas nach traditionell italienischen Rezepten. 🕓 10.30–22 Uhr.
Panificadora del Sur, neben dem Automercado. Cappuccino, Espresso, Tiramisu, auch „Tico"-Schlemmereien. 🕓 tgl. 6.30–20 Uhr.

Sonstiges

Apotheke

Farmacia Coto Brus, im Zentrum, ✆ 773-3076, 🕓 Mo–Sa 8–18.30 Uhr.

Geld

An der Hauptstraße Richtung Friedhof ist fast jede inländische Bank vertreten.
Banco de Costa Rica, 🕓 Mo–Fr 9–16 Uhr.
Banco Popular, 🕓 Mo–Fr 8.45–15, Sa 8.15–12 Uhr.

Internet

Internet El Kiosko, neben der Banco de Costa Rica, ◷ Mo–Sa 8.30–18 Uhr.

Supermarkt

Automercado, im Zentrum, ◷ Mo–Sa 7–20, So 7–19 Uhr.

Taxis

Tarife: Jardín Botánico Wilson 2000C p. P.

Transport

Busse fahren nach:
Ciudad Neily, 4x tgl. (nur der 7-Uhr-Bus ist ein Direktbus); 2 Std.; 700C; mit Cepol, ✆ 773-3509.
San Isidro, 2x tgl.; 3 1/2 Std.; 2205C; mit Trapaco, ✆ 773-3410.
San José, 4x tgl.; 7 Std.; 3790C; mit Trapaco.

Jardín Botánico Wilson

Aus dem ehemaligen Zierpflanzen- und Teegarten des nordamerikanischen Ehepaars Robert und Catherine Wilson entstand nach deren Tod im Jahr 1973 der Botanical Garden Wilson, heute im Besitz einer nicht-staatlichen Organisation der Organization of Tropical Studies (OTS), 💻 www.ots.ac.cr. Das Gelände besteht aus 200 ha prämontanem Wald sowie mehr als 1000 Pflanzengattungen aus 212 Pflanzenfamilien. Hauptvertreter sind Farne, Bromelien, Helikonien und die größte Palmenkollektion der Welt, darunter auch die Palandra Aequatorialis-Palme, aus deren Elfenbein-ähnlicher Nuss in einigen Ländern Knöpfe hergestellt werden. Im Schutzgebiet leben u. a. mehr als 400 Vogel-, 43 Fledermaus- und 800 Schmetterlingsarten.

Vier verschiedene **Wege** mit unterschiedlichen Themenschwerpunkten führen durch Garten und Wald. Ein Selbstführungsheft ist für $1 am Eingang erhältlich. Beste Besuchszeit des Gartens sind die frühen Morgenstunden, nachmittags setzt bereits Nebel ein. Eintritt $10, Kinder bis 12 Jahre frei.

Touristen stehen außerdem zwölf attraktive, helle **Ferienhäuser** mit guten Matratzen und herrlichen Balkons ❻ zur Verfügung; ideal zum Vogelbeobachten. Eine Voranmeldung ist erforderlich. OTS erwirbt mit den Spenden- und Eintrittsgeldern weitere Waldflächen und führt Wiederaufforstungsprojekte im stark abgeholzten Valle de Coto Brus durch, ◷ 8–16 Uhr.

Der Garten liegt rund 6 km südlich von San Vito auf der **Busstrecke** San Vito–Ciudad Neily. Nur Busse, die über Agua Buena fahren, halten am Garten. Ein Taxi von San Vito kostet rund $3.

Paso Canoas (Grenzübergang Panama)

Ein buntes Chaos aus Autos, Bussen, fliegenden Händlern, Dreck, Obst- und Gemüseständen herrscht an Costa Ricas wichtigstem Grenzübergang nach Panama. Die Grenze, ✆ 732-2150, ist von 6–22 Uhr geöffnet. Schlangestehen vermeidet man am besten in den Nachmittagsstunden von 12–16 Uhr. Reisende müssen 150 US-Dollar sowie ein Weiterflug- oder Busticket vorweisen.

Paso Canoas hat eine breite Auswahl billiger, schmuddeliger Cabinas. Eine der besten **Unterkünfte** im Ort ist Cabinas Romy, ungefähr 175 m südlich der Bushaltestelle nach Neily, ✆ 732-1930. Helle, sehr saubere Zimmer mit AC, freundlicher Besitzer. Je mehr Personen sich ein Zimmer teilen, desto günstiger wird es. ❷

Supermärkte, Internet, Bank, Post und das **Instituto Panameño de Turismo** (◷ 6–23 Uhr) mit spärlicher Information über Panama befinden sich direkt am Grenzübergang.

Sonstiges

Geld

Bancrédito, an der Migración; Umtausch von Reiseschecks und von Colones in Dollar; generell schlechter Wechselkurs.
◷ 8–16.30 Uhr.

Taxis

Tarife: Colectivo-Taxis nach Ciudad Neily 700C p. P. Vom panamaischen Grenzort Chiquiri kostet ein Taxi für 2 Pers. nach **David** $25 und nach **Concepción** $12.

Transport

Von **Paso Canoas** fahren Busse (Abfahrt vor dem Postamt) nach

Ciudad Neily, alle 30 Min. von 5.15–17.30 Uhr; 30 Min.; 225C; mit Fronbus.

Golfito, ungefähr stdl. von 5.15–18 Uhr; 1 3/4 Std.; 500C.

San José (über **Palmar**), 4x tgl.: 8 Std., mit Tracopa, ✆ 732-2201.

Von **Chiquiri (Panama)** fahren Busse nach:

David, alle 10 Min. von Mo–Fr 8.30–21 Uhr; 1 1/2 Std.; mit Toyota Minibus.

Panama City (über **David** und **Bugaba**), 8x tgl.; rund 7 1/2 Std.; $14.

Express-Busse nach Panama City fahren um 21.30 und 22.45 Uhr, brauchen nur 6 Std. und kosten $17 mit PadaFront, ✆ 00507-727-7230. Günstiger ist die Fahrt mit Transporte Cinco Estrellas, 4x tgl.

Die **Fahrkartenschalter** liegen im panamaischen Grenzort Chiquiri, direkt hinter der Migración.

Karibikküste

Stefan Loose Traveltipps

11 **Karneval an der Karibik** Afrikanische Trommeln, leuchtender Federschmuck und süßer Rum aus Zuckerrohr in Puerto Limón. S. 354

12 **Der Weg ist das Ziel** Per Lancha durch das Labyrinth aus Seen, Flüssen und Lagunen ins Schildkrötenland Tortuguero. S. 360

Die Karibik auf der Zunge Wer die Karibik nicht geschmeckt hat, hat sie nicht erlebt. In Cahuita gibt es karibische Kochkunst vom Feinsten. S. 365

Playa Chiquita Ska, Reggae, Latin Jazz; während des Caribbean Music Festivals wird der Strand zur Bühne und wer will, kann selbst mitmachen. S. 374

13 **Reserva Gandoca-Manzanillo** Einsame Strandparadiese zum Schwimmen und Schnorcheln. S. 378

Costa Ricas Karibikküste erstreckt sich von den unzähligen Lagunen, Flüssen und Kanälen des Nordostens über die raue Hafenstadt Puerto Limón bis zu den traumhaft weißen Palmenstränden und der schroffen Cordillera Talamanca im Südosten des Landes. Die Latinokultur weicht hier einer afro-karibischen Kultur: Liebesschnulzen wechseln zu Reggae und Hip Hop, katholische Kirchen werden durch hölzerne Methodisten- und Baptistenkirchen ersetzt und statt Spanisch *you speak Patois*, eine Mischung aus Pidgin-Englisch und Spanisch. Es riecht und schmeckt überall nach frischer Kokosnuss, sie wird dem Brot (Pan de Coco), dem Fisch (Rondón) und Gallo Pinto, der hier Rice and Beans genannt wird, beigemengt.

Regen- und Trockenzeit gibt es am Atlantik nicht, jederzeit können sich die Schleusen des pastellfarbenen Karibik-Himmels öffnen, und wenn sie es tun, dann oft tagelang. Die Karibik ist eine Welt für sich. Immerhin war dieser Landesteil bis zum Ende des 19. Jahrhunderts vom übrigen Land isoliert und ist bis heute das vernachlässigte Stiefkind und die ärmste Region Costa Ricas. Nach wie vor ist die Nordkaribik nur per Boot oder Flugzeug zu erreichen. Der Süden wurde dagegen mit der Eröffnung der Eisenbahnstrecke bereits 1890 aus seiner Isolierung entlassen.

Geschichte

Jedes Jahr im Oktober steht die karibische Hafenstadt Puerto Limón Kopf und feiert die Ankunft von Cristopher Columbo, der 1592 an der Isla Uvita, rund 1 km von Puerto Limón entfernt, vor Anker ging. Kolumbus vermutete große Goldvorkommen an der Küste und nannte das Land deshalb „Costa Rica" – reiche Küste. Heftige Indianerwiderstände verhinderten jedoch mehrfach spanische Versuche, die Region zu kolonisieren.

Mitte des 18. Jahrhunderts ließen sich Schildkrötenjäger afro-jamaikanischer Herkunft aus Nicaragua und Panama an der Nord- und Südkaribikküste nieder. Sie wurden von den Ureinwohnern toleriert und vermischten sich untereinander. Der afrikanische Bevölkerungsanteil

verstärkte sich, als Anfang des 20. Jahrhunderts eine Eisenbahntrasse von San José quer durch die Cordillera Central nach Puerto Limón gebaut wurde.

Damals boomte die Kaffeeindustrie. Die alte Exportroute, von Puntarenas um den südamerikanischen Kontinent herum nach Europa, war zu lang. Der New Yorker Minor Keith übernahm 1871 die Leitung des Mammut-Projekts. Die Einheimischen gaben schnell unter den harten Arbeitsbedingungen auf. Chinesen, Italiener und Gefangene aus den USA wurden engagiert. Doch die Arbeiter starben in der erbarmungslosen Hitze an Malaria und Gelbfieber; über 4000 Arbeiter kostete der Bau der Eisenbahnstrecke das Leben. Keith begann verstärkt auf jamaikanische Arbeiter zurückzugreifen, in der Hoffnung, dass sie immun gegen die tropischen Krankheiten wären.

Neunzehn Jahre dauerte das Projekt. Costa Ricas Regierung ging das Geld aus. Sie zahlte Keith mit Land aus und gewährte ihm außerdem die steuerfreie Nutzung des Hafens in Puerto Limón und der Eisenbahn. Keith begann währenddessen an den Gleisen Bananen anzubauen und mit Erfolg zu exportieren. Damit waren die Voraussetzungen für die United Fruit Company, die Keith nur wenige Jahre später zu einem der einflussreichsten Männer in Zentralamerika machten sollte, geschaffen.

1890 dampfte die erste Eisenbahn von San José nach Puerto Limón. Viele der Arbeiter blieben im Land und ließen sich an der spärlich besiedelten Talamanca-Küste nieder. Ihr Geld verdienten sie unter dem gleichen Vorgesetzten – auf den Bananenplantagen der United Fruit Company. Die südliche Karibikküste war aus ihrer Isolierung befreit, die rassistische Diskriminierung aber setzte sich noch über Jahrzehnte lang fort: Bis 1949 war es Afro-Costa-Ricanern gesetzlich verboten, aus der Karibik ins Valle Central zu reisen! Die Eisenbahnära fand mit dem Erdbeben von 1991 ein abruptes Ende. Die Erdstöße hoben die Gleise um 1,5 m an und zerstörten damit eine der landschaftlich reizvollsten Zugstrecken in ganz Mittelamerika.

Von San José nach Puerto Limón

Vorbei sind die Zeiten, in der die Atlantische Eisenbahn sich schnaubend ihren Weg durch die grüne Hügellandschaft bahnte und – mit Halt in Siquirres und Turrialba – Bananen, Schulkinder, Pendler und Touristen von der tropisch heißen Karibikküste ins kühle San José und zurück beförderte. Zwei Straßen ersetzen heute das Schienennetz: Die landschaftlich reizvolle **Carretera 10** folgt der ehemaligen Eisenbahnroute. Schneller ist die **Carretera 32**, die mitten durch den **Parque Nacional Braulio Carillo** verläuft. Häufige Wetterumschwünge, Nebel, viele Kurven und starker Lastwagenverkehr machen diese Strecke jedoch zu einer der unfallträchtigsten im Land.

Der Nationalpark beeindruckt mit Höhenunterschieden, die von 30 m in den Tiefebenen bis zu 2906 m im **Sektor Volcán Barva** (s. S. 146) reichen, und einer Artenvielfalt von 70 Schlangen-, 500 Vogel-, 135 Säugetier- und rund 6000 Pflanzenarten. Mehrere kurze Wanderwege führen durch den **Sektor Quebrado**. Bei 3 m Niederschlag pro Jahr sind die Pfade meist sehr aufgeweicht, das Naturerlebnis wird zudem vom Lärm der röhrenden Lastwagen beeinträchtigt. Für wandernde Tiere ist die Autobahn verhängnisvoll. Bedenkt man aber, dass dem angrenzenden Regenwald vor 20 Jahren noch Abholzung und Zersiedlung bevorstand, war die Schaffung des 45 899 ha großen Schutzgebietes ein (bedingter) Erfolg. Die Parkzufahrt befindet sich, von San José kommend, rund 2 km hinter der Mautstelle. Busse Richtung Guápiles halten hier auf Wunsch. Nebenan kann der Naturfreund den Regenwald aus der Vogelperspektive erleben. Für stattliche $50 (Kinder und Studenten zahlen $27,50) werden Touristen per Seilbahn in leisen Gondeln in die oberen Stockwerke des Waldes gefahren; **Areal Tram**, (💻 www.rainforesttram.com.

Hat man den Nationalpark hinter sich gelassen, beherrschen Bananen- und Ananasplantagen die Landschaft. In Guácimo lehrt die **Escuela de Agricultura de la Región Tropical Húmeda** (EARTH), 💻 www.earth.cc.cr, Methoden nachhaltiger Landwirtschaft und bietet Touren durch das Forschungsgelände an. **Siquirres** ist die letzte größere Ortschaft vor Puerto Limón. Hier bog einst die Atlantische Eisenbahn nach Turrialba ab. Schwarze Costa-Ricaner mussten in Siquirres aussteigen, denn ihnen war bis 1949 die Fahrt ins Valle Central ohne Genehmigung verboten. Von Siquirres besteht Busverbindung nach Puerto Limón, Guápiles und San José.

Rund 3 km weiter östlich zweigt eine 17 km lange Schotterpiste (nur mit Vierradantrieb) zum wenig besuchten **Parque Nacional Barbilla** ab, der den karibischen Abschnitt der **Cordillera Talamanca** schützt. Nach wie vor leben Cabécar Indianer in den Gebirgszügen. Eine biologische Station bietet Übernachtungsmöglichkeiten an; die Parkleitung empfiehlt, nur mit Führer im Park zu wandern.

Parallel zu den alten Eisenbahnschienen führt die Carretera 32 schließlich über die großen Flüsse **Río Pacuare** und **Río Reventazón** (s. Raftingtouren Turrialba und Puerto Viejo) zur karibischen Hafenstadt **Puerto Limón**.

Nördliche Karibikküste

11 HIGHLIGHT

Puerto Limón

Hart schlägt der Atlantik gegen die Hafenmauer von Puerto Limón. Die Feuchtigkeit frisst an den bunten **Murals** und den schönen hölzernen Häuserfassaden. Puerto Limón versteckt seine Probleme nicht. Die Armut, Arbeitslosigkeit, Drogen, Jahrhunderte lange Vernachlässigung und Isolation vom Rest des Landes sieht man der Stadt an. Das grüne **Black Star Restaurant** ist eines der wenigen restaurierten Gebäude Limóns. Hier saß einst das Büro der United Universal Negro Improvement Association (UNIA) (s. S. 358, Kasten „If ...“), heute versammelt sich im Erdgeschoss die schwarze Bevölkerung zum Rice and Beans, der karibischen Version vom Gallo Pinto. Im **Parque Vargas** bedecken grüne Moosperücken weiße Politikerbüsten. Jungen spielen Fußball zwischen lianenumschlungenen Pavillons, verwitterten Engeln und Zementschildkröten – wie in einer versunkenen Stadt.

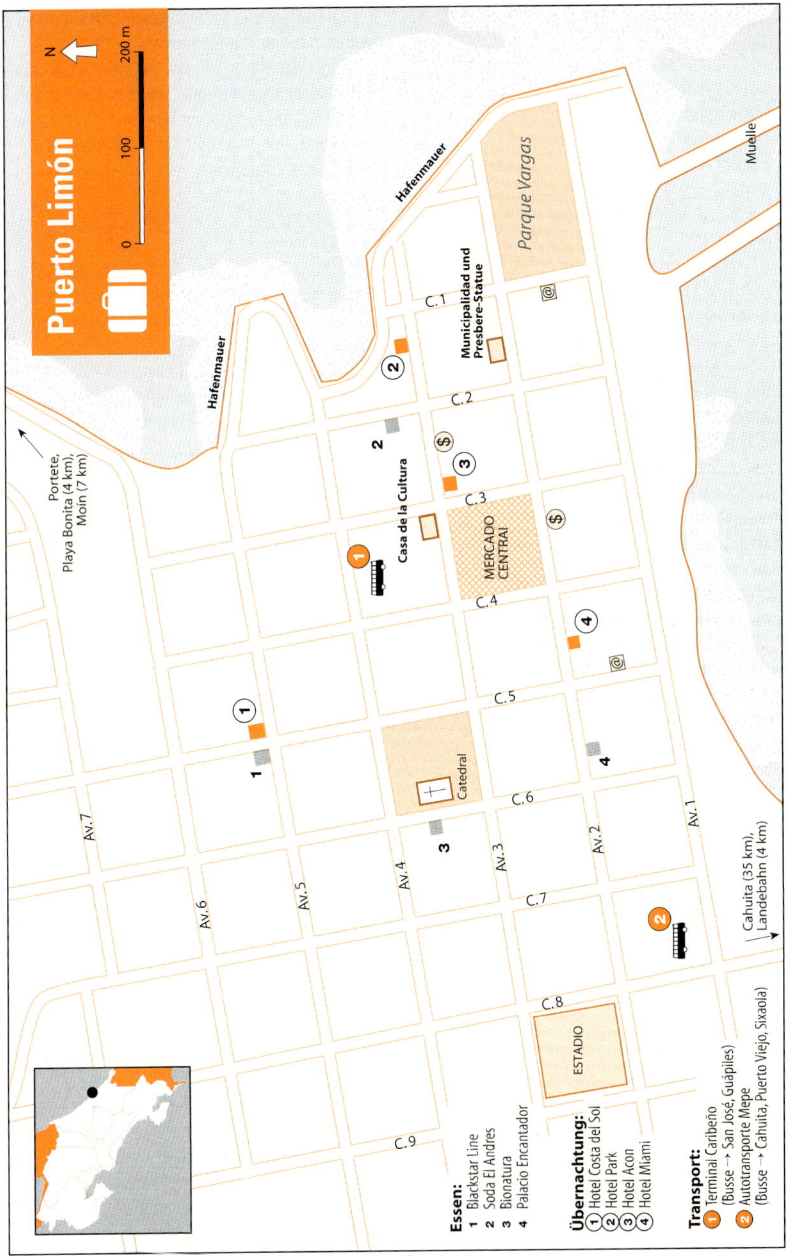
Puerto Limón
N
0
100
200 m
Portete, Playa Bonita (4 km), Moín (7 km)
Hafenmauer
Hafenmauer
Muelle
Parque Vargas
Municipalidad und Presbere-Statue
Casa de la Cultura
MERCADO CENTRAL
Catedral
ESTADIO
C.1
C.2
C.3
C.4
C.5
C.6
C.7
C.8
C.9
Av.1
Av.2
Av.3
Av.4
Av.5
Av.6
Av.7
Cahuita (35 km), Landebahn (4 km)
Essen:
1 Blackstar Line
2 Soda El Andres
3 Bionatura
4 Palacio Encantador
Übernachtung:
1 Hotel Costa del Sol
2 Hotel Park
3 Hotel Acon
4 Hotel Miami
Transport:
1 Terminal Caribeño (Busse → San José, Guápiles)
2 Autotransporte Mepe (Busse → Cahuita, Puerto Viejo, Sixaola)

Die dunkle Seite von Puerto Limón

Puerto Limón kämpft mit den Problemen vieler Hafenstädte: Drogen, Prostitution, Diebstahl. Sehenswürdigkeiten, die bei Tageslicht lohnenswert sind, wie die Hafenmauer, der Parque Vargas und der Mercado, sollten nach Anbruch der Dunkelheit möglichst gemieden werden.

Puerto Limón war einst der wichtigste Hafen an der costa-ricanischen Karibikküste. Bereits zu Kolonialzeiten wurden von hier Kakao und Edelhölzer verschifft, später Bananen exportiert. Seit dem schweren Erdbeben von 1991 docken die Containerschiffe im benachbarten Hafen Moín an, in Puerto Limón machen hauptsächlich Kreuzfahrtschiffe Halt. Für sie versucht sich die Stadt herauszuputzen, denn palmenumsäumte Traumschiffstrände gibt es hier nicht. Die erdbebensichere **Catedral,** die schmucke Municipalidad, einige Restaurants und Einkaufspassagen sollen von Hafenspelunken und lichtscheuen Hafengestalten ablenken.

Puerto Limóns raue Realität tut gut nach den sterilen Strandkolonien der Pazifikküste, Touristen aber finden außerhalb des **Karnevals** (s. Kasten „Ein Karneval für Colombo") nur selten her, denn sie fahren direkt von Moín über die Kanäle nach Tortuguero – oder gen Süden, an die traumhaften Strände Talamancas.

Sehenswertes

Im **Casa de Cultura**, Av. 3, C. 3–4, finden Theateraufführungen und Ausstellungen statt. Von Puerto Limóns **Hafenmauer** am Parque Vargas blickt man auf die **Isla Uvita**, an der Cristobal Colombo 1502 vor Anker ging. Vor der **Municipalidad** steht, die Faust zum Kampf erhoben, Presbere, der Anführer des letzten Indianeraufstandes in Talamanca (s. S. 155, Kasten „Auf den Spuren ..."), eines der wenigen Denkmäler, das den Ureinwohnern Costa Ricas gewidmet ist.

Der lebendige **Mercado Central** ist der beste Ort, um Puerto Limóns Atmosphäre einzusaugen. Hier werden karibische Spezialitäten wie Bananenessig, geraspelte Kokosnuss, Kokosöl, Kakao und *Pan Bon* verkauft. Zum Angebot gehören leider auch Hai- und Schildkrötenöl. Draußen verkaufen Händler Kunsthandwerk.

Playa Bonita und **Playa Portete**, einige Kilometer nördlich von Puerto Limón, werden hauptsächlich von Einheimischen und Surfern besucht; mit den Stränden der Südkaribik können sie es nicht aufnehmen.

Übernachtung

Hotel Acón, Av. 3, C. 2–3, ✆ 758-1010. Große Zimmer mit kleinen Gitterfenstern und alten Möbeln; gute Matratzen; AC funktioniert nicht immer; nebenan Disco. ❸

Hotel Costa del Sol, C. 5, Ecke Av. 5, ✆ 798-0909. Saubere Zimmer mit guten Matratzen; oben leiser und mit AC; Parkplatz; es lohnt sich, ein Zimmer mit eigenem Bad zu nehmen. EZ ab 3100C, DZ ab 4700C.

Hotel Miami, Av. 2, C. 4–5, ✆ 758-0490. Sehr saubere Zimmer verschiedener Größe mit ordentlichen Matratzen; teils mit AC und TV; Parkplatz. ❷–❸

Hotel Park, Av. 3, C.1–2, ✆ 798-0555, ✉ irlixie@racsa.co.cr. Das beste Hotel im Ort, große, helle Zimmer mit AC, Badewanne und Balkon mit Meeresblick; Restaurant. ❹

Essen

Bionatura, C. 6, Av. 3–4, für Vegetarier und Gesundheitsbewusste: Obstsäfte, Sojaburger, Salate; auch Frühstück. ◷ Mo–Sa 8–17.30 Uhr.

Blackstar Line, Ecke C.5, Av. 5. Günstige, karibische Küche im alten Gebäude der United Universal Negro Improvement Association (UNIA), zum Beispiel Sopa de Mondongo, Ackee, Rice and Beans mit viel Kokos; sehr beliebt bei Einheimischen.

El Faro, Richtung Playa Bonita. Meeresfrüchte, Steak und Pasta nach karibischer Art mit Kokos- und Paprikasoße; Meeresblick; gehobenes Ambiente. ◷ 10–23 Uhr.

Palacio Encantador, Av. 2, C. 5–6. Große Auswahl an guter, günstiger chinesischer Küche; empfehlenswert ist der gebratene Reis mit Meeresfrüchten. Buntes Gemisch aus Chinesen, Schwarzen und Latinos im typischen Turnhallenambiente.

Ein Karneval für Colombo

Jedes Jahr Mitte Oktober feiern die Limoner bacchantisch die Ankunft von Cristobal Colombo (Christoph Kolumbus), der 1502 auf der Isla Uvita, nur einen knappen Kilometer von der Limoner Hafenmauer entfernt, vor Anker ging. Fast eine Woche lang finden Konzerte, Schönheitswettbewerbe und Paraden statt. Große Kochtöpfe mit heißem Rondón (Fischeintopf) säumen die Straßen, leuchtend farbiger Federschmuck weht kokett in der Karibikbrise. Zum Rhythmus der Karnevalstrommeln reiben sich von Guaro-Rum und Bier enthemmte, schwitzende Leiber aneinander. Dabei sorgt ein mit jedem Jahr wachsendes Aufgebot an berittener Polizei für Ordnung. Den Karnevalshöhepunkt stellt der **Gran Desfile** dar, an dem verschiedene Tanzgruppen ihre Choreographien und Akrobatikkünste auf den Straßen darbieten und von einer Karnevalsjury bewertet werden.
Der Karneval ist zweifellos ein afro-karibisches Spektakel, dennoch treten mitunter Indio-Gruppen auf und warnen Columbus mit Kampftänzen.
Vorsicht vor Taschendieben!

Soda El Andres, Richtung Hafen, C. 2, Av. 3–4. Einfache, saubere Soda mit einer großen Auswahl an günstigen frischen Meeresspezialitäten und leckerer Ceviche.

Sonstiges

Feste
Limón Carnaval, s. o., „Ein Karneval für Colombo".

Geld
BAC, Av. 2, C. 1, ◷ Mo–Fr 8–16, Sa 9–13 Uhr.
Banco Nacional, Av. 2, C. 3, ◷ 8.30–15.45, Sa 9–13 Uhr.

Internet
Am Parque Vargas.

Taxi
Limón Taxi, am Mercado und am Busbahnhof. Tarife: Cahuita 13000C; Puerto Viejo 17000C.

If Marcus Garvey Dies ...

Puerto Limón, 1919. Der Wind zerrt an den rot-grün-schwarzen Flaggen des alten, vom Meerwasser zerfressenen Frachters *Yarmouth*. Am Ufer drängen sich die Schaulustigen, überwiegend Jamaicaner, die auf den Bananenplantagen der Umgebung arbeiten. Vor ihnen liegt das erste Schiff der Flota Negra, mit afrikanischem Kapitän und afrikanischer Besatzung – Black Presence on the Sea! Waren und Rohstoffe soll der Frachter zwischen dem afrikanischen Volk, das in Nordamerika, der Karibik und in Afrika lebt, hin und her transportieren und Afrikaner aus aller Welt zurück in ihre ursprüngliche Heimat bringen. Aufbruchstimmung liegt in der Luft – Alarmstimmung herrscht in Limóns Bananenkonzern. Der Vorstand befürchtet Streiks und Arbeiteraufstände und schaltet die costa-ricanische Regierung ein – der *Yarmouth* wird es verboten, vor Anker zu gehen.

Die Black Starline-Flotte ist das Aushängeschild der United Universal Negro Improvement Association (UNIA), die 1914 vom Jamaicaner Marcus Garvey gegründet wurde und sich zum Ziel setzte, Afrikaner weltweit zu vereinen, um sie aus der Unterdrückung zu befreien. Wie tausende Jamaicaner arbeitete Garvey selbst auf den Bananenplantagen Limóns. Er kennt die Arbeitsbedingungen, die 14-Stunden-Schichten, die tägliche Gefahr, an Malaria und Schlangenbissen zu erkranken, die fehlende materielle Absicherung und die Diskriminierung auf den Plantagen. Er ruft die Arbeiter zum Streik auf, berichtet über die Missstände in der Zeitung *La Nación* und wird des Landes verwiesen.

1921 besucht Garvey noch einmal Costa Rica, die Black Star Line wirft diesmal Anker. Enthusiastisch wird er in Puerto Limón gefeiert, eine UNIA-Filiale wird eröffnet: das Black Star Office. Weitere folgen in Cahuita und Puerto Viejo. Insgesamt 110 Filialen, sogenannte Liberty Halls, entstehen in über 40 Ländern, mit der Zentrale in Harlem. Die größte afrikanische Massenbewegung aller Zeiten ist geboren, Verlage, Fabriken, Theater von Afrikanern für Afrikaner entstehen. Die Blackstar-Flotte wird weltweit zum Symbol der Bewegung und zum Hoffnungsträger für das unterdrückte afrikanische Volk.

In Limón blüht das kulturelle Leben auf, Rede-, Literaturwettbewerbe und Theateraufführungen finden im „Blacks" statt, es wird geswingt in einem dem *Negro* feindlich gesinnten Costa Rica. Englische Schulen werden gegründet. Die Arbeiter schließen sich zusammen und zahlen in eine Gemeinschaftskasse: Wer erkrankt, wird aus ihr unterstützt.

Insgesamt drei Jahre durchquert die *Yarmouth* die Ozeane. Die Flota Negra wirft jedoch keinen Gewinn ab, ihre drei alten Frachter sind marode, sinken oder schlagen leck. Misswirtschaft und Korruption im eigenen Unternehmen und Sabotage und Spionage von Seiten der amerikanischen Regierung richten die Black Star Line zu Grunde. Garvey wird des Betrugs mit Blackstar-Aktien angeklagt und zu fünf Jahren Gefängnisstrafe in den USA verurteilt. 1927 wird er nach Jamaica ausgewiesen. Bis zu seinem Lebensende bleibt er politisch aktiv und setzt sich für die Rechte der afrikanischen Bevölkerung ein.

An Costa Ricas Karibikküste lebt Garveys Geist fort. Das grüne Black Star-Gebäude in Limón steht nach wie vor. Unter Garveys Konterfei raspeln im Erdgeschoss kräftige Köchinnen Kokosnuss und braten knusprig gelbe Plantains (Kochbananen).

Von vielen Rastafaris wird der umstrittene Idealist als Prophet verehrt. „If Marcus Garvey dies, Marcus Garvey lives!" (ein Song der US-amerikanischen Indie- Band „ Piebald").

Transport

Busse

Busse nach San José und Guápiles fahren vom Terminal Caribeño, Av. 2, C. 7–8, ab – ein guter Ort, um sich mit *Pan Bon* einzudecken.

Busse nach Manzanillo und Sixaola (via Cahuita und Puerto Viejo) fahren gegenüber von Autotransporte Mepe, Av. 4, C. 2–4, ab.

Guápiles (via **Moín** und **Siquirres**), Av. 2, C. 7–8, Terminal Caribeño, 5–18.20 Uhr, mind. 1x stdl.; 2 Std.; mit Guapileños, ✆ 710-7780.
Manzanillo (via **Cahuita, Puerto Viejo**), Av. 4, C. 2–4; 4x tgl.; 2 1/2 Std.; 880C; mit Mepe, ✆ 758-1572.
Sixaola / Grenze nach Panama (via **Cahuita**, **Puerto Viejo**, **Bribrí**), Av. 4, C. 2–4; 5–18 Uhr stdl.; 3 Std.; 1465C; mit Mepe.
San José, Av. 2, C. 7–8, Terminal Caribeño, 5–23 Uhr alle 30 Min.; 3 Std.; 1955C; mit Caribeños, ✆ 233-8430.

Flüge

San José, 3x wöchentl. mit Sansa, 1x tgl. mit Nature Air.

Moín / Cariari

Moín ist das Eingangstor zur Nordkaribik, die nur per Boot oder Flugzeug zu erreichen ist. Der 113 km lange **Canal de Tortuguero** verläuft parallel zur Karibikküste, lediglich die letzten 34 km gehen durch Festland. Die malerische, 3 1/2-stündige Bootstour führt am Sportfischerparadies **Parisma** vorbei zum **Parque Nacional Tortuguero**.

Günstiger ist die nicht weniger reizvolle Bootsfahrt von Cariari, rund 21 km nördlich von Guápiles. Hier bieten zwei verschiedene Bootsgesellschaften Transport per Lancha nach Tortuguero an (s. Transport). Mit Viajes Bananero verbringt der Fahrgast mehr Zeit auf dem Fluss als mit Viajes Clic Clic. Obgleich landschaftlich sehr reizvoll, sind die Lanchafahrten von Cariari jedoch keine speziellen Touristentouren, wie die Kanaltour in Moín, sondern ein öffentlicher Verkehrsweg. In Zukunft soll die Route über Cariari, Moín als Hauptreiseroute ablösen. Außerdem besteht eine Bootsverbindung nach Barra Colorado.

Übernachtung

Cabinas Mar y Luna, 100 m vom Mirador de Moín, ✆ 795-1132, in Moín. Sehr saubere, schnörkellose Cabinas mit guten Matratzen und AC. ❸
Hotel Maribú de Caribe, rund 3 km nordwestlich von Puerto Limón, ✆ 758- 4010. Ältere Anlage mit großen, runden, palmstrohgedeckten Bungalows am Meer; AC; Frühstück inkl. ❺
Apartotel La Cueva, Richtung Playa Bonita, ✆ 798-0579. Apartments sehr unterschiedlicher Qualität mit Küche und Meeresblick. ❹

Transport

Busse

Moín liegt auf der Busstrecke **Guápiles–Puerto Limón**; stdl. fahren Busse in beide Richtungen. Von **Cariari** fahren 9x tgl. zwischen 5.30 und 17.30 Uhr Busse nach San José; 2 Std.; 1015 C; mit Copetrac, ✆ 767-7590.

Boote

Von Moín nach Tortuguero
2x tgl., 3 1/2 Std.; $30 p. P.; mit Bananero, ✆ 709-8005. Günstiger ist die Fahrt ab Cariari, (s. u.). Außerdem bieten zahlreiche private Lanchas ihren Dienst an.

Von Cariari nach Tortuguero
Viajes Bananero, ✆ 709-8005, fährt 2x tgl. um 13.30 und 15.30 Uhr vom Bootsanleger Casa Verde/La Gueest ab. Die Bootsfahrt kostet $10 p. P. und dauert rund 1 1/2 Std. Auf Nachfrage wird ein Extratransport um 9 Uhr angeboten, hierfür werden $75 pro Boot verlangt. Die Busse zum Bootsanleger fahren tgl. um 12 Uhr vom Busbahnhof Coopetrac in Cariari ab.
Viajes Clic Clic, ✆ 709-8155, fährt tgl. um 13.30 Uhr vom Bootsanleger in La Pavona ab. Die Bootsfahrt kostet $10. Busse nach La Pavona fahren von der Polizeistation in Cariari ab.

Nach Barra del Colorado
Lanchas nach Barra del Colorado fahren tgl. um 17 Uhr vom Anlegesteg in Puerto Lindo ab; rund 1 1/2 Std. Bootsfahrt. Busse zum Bootssteg fahren tgl. um 14 Uhr vom Busbahnhof neben der Polizeistation in Cariari ab.

12 HIGHLIGHT

Der Weg ist das Ziel

Auf der Bootsfahrt von Cariari nach Tortuguero, die über den breiten, schlammigen Río Tortuguero und seine Flussarme führt, sieht der Besucher oft mehr Tiere als auf einer Tour durch die viel befahrenen Kanäle im Nationalpark Tortuguero. Krokodile sonnen sich reglos auf modernden Baumstümpfen, Vögel surfen auf Treibholz stromabwärts. Vom Ufer beugt sich meterhohes Schilfrohr herüber und fächert den Passagieren – wie Pharaonen in einer Sänfte – Luft zu. Häufig schwenkt das Wetter um. Dann verhüllt sich die Sonne und der Nebel und feine Nieselregen verwandeln die Flussgegend in eine nicht weniger reizvolle, mystische Landschaft, in der rote Blüten dem Kahnführer wie Glühlämpchen den Weg weisen und die Nester des Oropendulas, gehängten Kreaturen gleich, von Bäumen hängen.

Tortuguero

„Mis huevos no son la solucion, el problema son los tuyos. Los huevos de tortugas no son afrodisiacos." (Meine Eier sind nicht die Lösung, das Problem sind deine. Schildkröteneier sind keine Aphrodisiaka.), heißt es auf einem der Poster am Eingang der **Caribbean Conservation Corporation** (CCC), einer nordamerikanischen Nonprofit-Organisation, (s. auch Sehenswertes), die in den letzten Jahrzehnten mehr oder weniger erfolgreich Tortuguero von einem Jagdrevier für Schildkröten in ein **Schildkrötenschutzgebiet** verwandelte.

Tortuguero bedeutet auf Deutsch „Schildkrötenjäger", denn Jahrhunderte hindurch lebte der Ort vom Handel mit Panzern, Eiern und Fleisch der Reptilien. Folge war, dass Mitte der 1950er-Jahre die grüne Schildkröte kurz vor dem Aussterben stand. Durch Einsatz des CCC wurde der **Parque Nacional Tortuguero** gegründet, der die rund 30 km lange Küste, das wichtigste Nistgebiet der grünen Schildkröte in der gesamten Karibik, umfasst. Die Zahl der Meeresschildkröten hat seitdem jedoch nur gering zugenommen. Die schlimmsten Bedrohungen gehen nach wie vor vom Menschen aus: Zunehmende Strandbebauung, Fischerei, Umweltverschmutzung, illegale Jagd und Eierdiebstahl. Wissenschaftler sehen die Zahl der Meeresschildkröten, die zu den ältesten Lebewesen der Erde zählen, als wichtigen Indikator für die ökologische Lage unseres Planeten generell an.

Tortuguero, vom Atlantik und vom **Canal Tortuguero** umgeben, ist trotz ansteigendem Tourismus ein kleiner Ort geblieben. *Cabinas* und Restaurants sind vorwiegend in der Hand der schwarzen und nicaraguanischen Bevölkerung. Pro Jahr fallen rund 6000 mm Regen auf den Ort herab. Hitze und Feuchtigkeit machen dies zum idealen Biotop für unzählige Moskitos. Es sind aber die Schildkröten, die Leder-, Carey- und vor allem die grüne Schildkröte (auch Suppenschildkröte genannt; grün ist nur ihr Fett, das für die Zubereitung von Suppen verwendet wurde), die zur Nistzeit tausende Besucher in den kleinen Ort locken.

Sehenswertes

Im Besucherzentrum der **Caribbean Conservation Corporation** (CCC), 💻 www.cccturtle.org, wird anhand von Schautafeln die Fauna und Flora der Umgebung erklärt. Ein Video stellt die Geschichte und Arbeit der Organisation vor. Dazu zählt u. a. auch die Satellitenbehaftung der Tiere, von der sich die Wissenschaftler mehr Aufschluss über die Wanderrouten, Futterstellen und das Leben der Reptilien im Meer erhoffen. Immerhin spielt sich mehr als 90 % des Lebens der Meeresschildkröten im Wasser ab. Besucher können für 35 Dollar pro Jahr eine Schildkröte adoptieren und ihre Wanderroute im Internet verfolgen.

Kostspielige Projekte wie dieses ergeben jedoch erst dann einen Sinn, wenn zunächst das nackte Überleben der Reptilien gesichert ist, z. B. durch konstante Strandpatrouillen, die in Tortuguero aus Geldmangel nicht stattfinden. CCC ist eine Non-Profit-Gesellschaft mit Hauptsitz in Florida, die weltweit führend in der Erforschung von Meeresschildkröten ist. 🕓 10–12 und 14–17 Uhr, So nur nachmittags; Eintritt $1.

Mit Blick auf den Kanal

Casa Marbella, ✆ 709-8011, schön gelegenes, freundliches, gelbes Holzhaus mit schlichten, sauberen, hellen Zimmern für 2–5 Personen. Gute Matratzen; Terrasse am Kanal. Eine der besten Unterkünfte im Ort. ❸

Cerro Tortuguero 119 m, ein alter Vulkankegel im Wildreservat Barro Colorado und die höchste Erhebung weit und breit, bietet einen schönen Ausblick. Nur mit Motorboot zu erreichen. $15–20.

Übernachtung

Tortuguero hat eine gute Auswahl an günstigen, sauberen Cabinas; die Sehenswürdigkeiten, Supermärkte und Restaurants sind alle vom Ort zu Fuß zu erreichen. Die Hotels mittlerer und höherer Preisklasse liegen entlang des Río Tortuguero und bieten meist ausschließlich Pakete inkl. Transport von San José an. Nachteil dabei ist, dass der Gast vom Wassertaxi abhängig ist.

Cabinas Aracari, neben dem Fußballplatz, ✆ 709-8006. Saubere Zimmer mit Spanholzwänden und heißen Duschen. Einige haben neue Matratzen. Ringsherum ein hübscher Garten mit Picknicktischen. EZ $10; DZ $14.

Cabinas Meryscar, ✆ 709-8202, günstigste Unterkunft im Ort. Backpacker mit einfachen, sauberen Zimmern und Gemeinschaftsbad; im 2. Stock ruhiger und schöner. Küchenmitbenutzung. Das Haus ist teils ausbesserungsbedürftig, aber die neuen, freundlichen Besitzer arbeiten dran. Ab $5 p. P.

Cabinas Miss Miriam, ✆ 709-8107. Saubere Zimmer für bis zu 3 Pers. mit Balkon und hübschem, kleinen Garten; Meeresnähe. $10 p. P.

Cabinas Tortuguero, ✆ 709-8114, einfache und saubere Zimmer bei der freundlichen Italienerin Morena, teils mit Gemeinschaftsbad. Ruhig gelegen. Umgeben von gepflegtem Garten mit Hängematten. ❷–❸

Hotel Miss Junie's, ✆ 709-8102, am nördlichen Ortsende, hinter dem Anlegesteg. Relativ kleine,

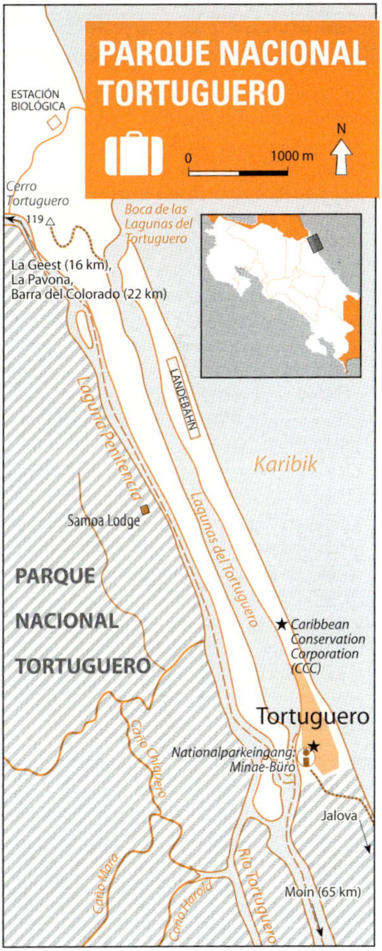

saubere Zimmer ohne Deckenventilator, aber mit guten Matratzen. Frühstück inkl. Miss Junie gehört zu den Gründungsfamilien Tortugueros. ❸

Taylor's Place, ✆ 348-7051, ruhig gelegen sind diese schönen neuen Cabinas. $15 p. P., spezielle Familienpreise.

Samoa Lodge, einen Kanal westlich von Tortuguero, ✆ 258-6137, 💻 www.samoalodge.com. Rote, geräumige Stelzenhäuser mitten im Dschungel; großes Bad

Verantwortungsbewusste Schildkrötentouren

Zu den Hauptattraktionen in Tortuguero zählen zweifellos eine Kanutour durch die Kanäle des Nationalparks und Schildkrötentouren. Leider haben beide durch den starken Touristenandrang an Reiz verloren, die einstige Stille wird heute vom Motorengeräusch der Wassertaxis erfüllt. Die Nistsaison der grünen und Karett-Schildkröte reicht von Juni bis September, die Lederschildkröte landet von März bis Mai in Tortuguero. Ein Strandbesuch ist in der Nistzeit ab 18 Uhr ohne Führer nicht erlaubt.

Die Touren werden in zwei Folgen durchgeführt, von 20–22 und von 22–24 Uhr. Die Führer informieren einander über Funkgerät, wenn eine Schildkröte landet. In der Hauptsaison versammeln sich mitunter hunderte von Schaulustigen um ein Muttertier; je mehr Schildkröten zur Eiablage eintreffen, desto besser verteilt sich die Menschenmenge. Von der eigentlichen Eiablage erleben die Besucher meist nur wenige Minuten. Einige Touristen verlassen Tortuguero enttäuscht und mit dem Eindruck, dass der Tourismus dort in einer neuen Schildkrötenjagd ausartet. Die beste Besuchszeit für Tortuguero, in der man Schildkröten sieht, aber Touristenhorden meidet, sind die Monate September und Oktober.

Die Qualität einer Tour hängt stets vom Führer ab, dies gilt besonders für Tortuguero, wo mehr als hundert Führer von MINAE zertifiziert sind, von denen einige jedoch durch unlautere Methoden und unsensibles Verhalten mehr Schaden als Gutes anrichten. Nester werden manchmal vorzeitig geöffnet, damit Touristen den Eindruck erhalten, zufällig, just im Augenblick des Schlüpfens, vor Ort zu sein. Für die Schildkrötenjungen bedeutet dies oft den Tod. Empfohlene Führer mit langjähriger Erfahrung und Fachwissen sind:

Barbara Hartung, ✆ 709-8004, 🖳 www.tinamontours.de; Schildkrötentouren und Regenwaldtouren in kleinen Gruppen; Barbara ist eine Biologin, die seit 1995 in Tortuguero lebt und arbeitet. Empfehlenswert.

Ernesto Tours, ✆ 709-8070. Ernesto hat über 20 Jahre Erfahrung als Führer in Tortuguero.

Beide verzichten bewusst auf Motorboote, ihre Kanaltouren finden im Kanu statt. In der Hauptsaison unbedingt vorher reservieren. Besucher werden gebeten, bei den Schildkrötentouren dunkle Kleidung zu tragen und auf Taschenlampen und Kameras zu verzichten.

und Kühlschrank; beliebt bei europäischen Gästen; schweizerische Leitung. VP, Touren und Transport inkl. ❻

Essen

Daling's Bakery, Banana bread, Lemon cake, Guayaba pie; auch Obstsalate und Frühstück.
Restaurant Miss Jenny, ✆ 709-8102, typisch karibische Küche mit viel Kokos; beliebt bei Tour-Gruppen. ⌚ 7–9, 12–14, 19–21 Uhr.

Sonstiges

Geld
Es gibt keine Bank in Tortuguero.

Internet
Bei **Bertie**, kurz vor dem Anlegesteg. ⌚ 8–21 Uhr.

Kanuverleih
Im **Hotel Miss Junie's**, 2 Std. kosten $5 p. P.

Kajaks
Bei **Viajes Bananero**, 1000C pro Std.

Supermärkte
Tortuguero hat zwei Supermärkte. Die Preise sind höher als anderswo, weil die Lebensmittel per Boot hergebracht werden müssen.

Transport

Boote
Barra Del Colorado, die Fahrt dauert rund 1 1/2 Std., es gibt keinen regelmäßigen Bootsverkehr. Viajes Bananero, ✆ 709 8005, 💻 www.viajestortuguerocostarica.com, bietet Wassertaxis an, eine Fahrt kostet $150 (bis zu 8 Pers.).
Cariari / Casa Verde-La Gueest, 2x tgl.; $10 p. P.; mit Viajes Bananero.
Cariari / La Pavona, 2x tgl.; 10 p. P.; mit Clic Clic, ✆ 709-8155.
Moín (über den Canal Tortuguero), 2x tgl.; 3 1/2 Std., $30 p. P.; mit Viajes Bananero.
San Juan del Norte (**Nicaragua**), rund $300 pro Boot; mit Viajes Bananero.

Buddha mag's knackig

Buddacafé, bietet internationale Gerichte; Pizza, Pasta, Crêpes und knackig-frische Salate mit selbstgebackenem Vollkornbrot; mitunter lange Wartezeiten. Drinnen und draußen Sitzmöglichkeit; idyllisch am Fluss gelegen. ⌚ 9–21 Uhr.

Flüge
San José, je 1x tgl. mit Nature Air und Sansa, untergebracht im Tortuguero Info Center, ✆ 709-8055. Flugtickets, Transfers nach Puerto Limón und Cariari, Internet.

Parque Nacional Tortuguero

MINAE-Büro ✆ 709-8086
Öffnungszeiten 6–18 Uhr
Eintritt $7
Gründungsjahr 1975
Größe 30813 ha
Besucherzahl Rund 100 000 Personen pro Jahr
Transport / Anfahrt
Der Parkeingang befindet sich am südlichen Ortsende von Tortuguero, hinter dem Anlegesteg der Bootsgesellschaft Viajes Bananero.

Der Nationalpark Tortuguero ist einer der meistbesuchten Nationalparks in Costa Rica. Er umfasst die letzten Überreste immerfeuchten Regenwaldes, der einst die gesamte Karibikküste bedeckte. Große Flächen wurden durch nordamerikanische Holzfirmen in den 1940er-Jahren abgeholzt. Der Park besteht aus insgesamt elf verschiedenen Habitaten, darunter Mangroven, Lagunen und der 23 km lange Strandstreifen, das Hauptnistgebiet der grünen Meeresschildkröte. Besucher können den Park zu Fuß – auf dem Sendero Gavilán (1,9 km) – oder per Boot auf den Kanälen (s. Touren) erkunden. Im Schutzgebiet leben seltene, oft vom Aussterben bedrohte Tiere, wie der grüne Ara, die Seekuh, der Pfeilgiftfrosch, sechs Wildkatzen- sowie rund 350 Vogelarten.

Barra del Colorado

Barra del Colorado befindet sich am äußersten Nordostende Costa Ricas, an der Flussmündung des **Río Colorado**, einem Seitenfluss des großen Grenzflusses **Río San Juan**. Wie Tortuguero ist der Ort nur per Boot oder Flugzeug zu erreichen. Barra war einst ein Zentrum der Holzfällerindustrie, die mit Beginn des nicaraguanischen Bürgerkrieges die Region verließ.

Heute wird der Ort in erster Linie von Sportfischern besucht, die nach Tarpon und Robalo fischen. Die Hotelpreise sind entsprechend hoch, Budget-Unterkünfte gibt es gar nicht. Die Mehrzahl der Lodges sind Hotels oberer Preisklasse, die Pakete für Sportfischer anbieten. Eine Ausnahme bildete bis vor kurzem die Tarponland Lodge, doch sie hat möglicherweise inzwischen geschlossen. Wir freuen uns über aktuelle Infos. Dafür liegen die Chancen im benachbarten **Refugio de Fauna Silvestre Barra de Colorado** Tiere wie den Flussotter, Krokodile, den Jaburi-Storch (der größte Storch der Welt), den seltenen grünen Ara oder die noch seltenere Seekuh zu sehen, um Einiges höher als im touristischen Tortuguero.

Transport

Es gibt keinen offiziellen Grenzübergang nach **Nicaragua**.
Lanchas fahren tgl. zwischen Barra und **Puerto Lindo** (s. S. 359, Cariari).
Außerdem verkehren private Lanchas zwischen Barra und **Tortuguero**.
Nature Air und Sansa fliegen 1x tgl. nach **Barra del Colorado.**

Südliche Karibikküste / Talamanca

Der Kanton Talamanca beginnt südlich von Puerto Limón und erstreckt sich bis an die panamaische Grenze. Touristisch ist Talamanca die attraktivste Region an der Karibikküste – und ethnisch gesehen die vielfältigste und faszinierendste in ganz Costa Rica.

Rund 70 % Talamancas bestehen aus Schutzgebieten – Naturparks oder Indianerreservate. Die Küstenregion, **Baja Talamanca** („niedriges Talamanca") umfasst den **Parque Nacional Cahuita** mit einem der wichtigsten Korallenriffe des Landes sowie das **Refugio Gandoca-Manzanillo** mit traumhaften Sandstränden, Delfinen, Walen und – äußerst selten – Seekühen in den Flussmündungen. Die touristischen „Zentren" **Cahuita** und **Puerto Viejo** (Old Harbour) sind trotz steigender Touristenzahlen noch kleine Orte mit ungeteerten Straßen, Cabinas und einer lebendigen Rastafari-Kultur. Große Hotelprojekte oder Condominiumbauten wie an der Pazifikküste gibt es in Talamanca noch nicht.

Durch die Jahrhunderte lange Isolation vom übrigen Land konnten sich in Talamanca eine eigene Kultur und ein eigener Menschenschlag herausbilden. Im gebirgigen **Alta Talamanca** („hohes Talamanca") leben nach wie vor die **Bribri-** und **Cabécar-Indianer**. Die unzugänglichen Bergketten stellten für die Indios über Jahrhunderte einen wichtigen Zufluchtsort und Hort des Widerstandes gegen die Spanier dar (s. S. 155, Kasten). Alta Talamanca wurde nie kolonialisiert, so dass die Bribris und Cabécares bis heute ihre Sprache, Kultur und Lebensweise bewahren konnten.

Geschichte

Piraten verhinderten lange die Besiedlung der Küstenregion (Baja Talamanca). Sie nutzten die vielen Buchten als Versteck, um Schiffen auf dem Weg von Panama nach Nicaragua aufzulauern. Schenkt man den Einheimischen Glauben, ist die Küste nach wie vor mit Piratenschätzen übersät, die manch einen Schatzsucher beim Versuch, sie zu heben, ins Verderben rissen. Mitte des 18. Jahrhunderts ließen sich Schildkrötenjäger afro-jamaicanischer Herkunft aus Nicaragua und Panama an der Küste nieder. Der indianische Name Talamanca (blutiges Schwert) stammt aus jener Zeit, als Schildkröten noch mit Harpunen gejagt wurden.

Die Schildkrötenjäger brachten Englisch, Cricket und die protestantische Religion ihrer Vorfahren aus den ehemals britischen Kolonien mit. Später bauten sie Kakao und Kokosnüsse an, trieben Handel mit den Indios und vermischten sich mit ihnen. Der afrikanische Bevölkerungsanteil verstärkte sich Anfang des 20. Jahrhunderts, als tausende von Jamaicanern nach Costa Rica kamen, um auf den großen Bananenplantagen zu arbeiten. Erst Ende der 1970er-Jahre wurde die Region durch eine Straße mit der Hafenstadt Puerto Limón verbunden. Seitdem haben sich verstärkt Expats aus Europa und Nordamerika in der Küstenregion angesiedelt und Talamancas Völkergemisch um mehr als 40 Nationalitäten erweitert.

Reserva Biológica Hitoy Cerere

MINAE-Büro ✆ 795-1446
Öffnungszeiten 8–16 Uhr
Eintritt $6
Gründungsjahr 1978
Größe 9950 ha
Transport
Auto: Von Puerto Limón kommend rechts, Richtung Penhurst, abbiegen und der Ausschilderung zum Reservat folgen. Vierradantrieb erforderlich.
Busse: Bus von Puerto Limón in Richtung Valle de Estrella nehmen, an der Endstation Finca 6 aussteigen. Von hier sind es weitere 15 km zum Park. Taxis nehmen für die Strecke rund $20.

Umgeben von Indianerreservaten und der Talamanca-Gebirgskette liegt dieses abgeschiedene, wenig besuchte Schutzgebiet, dem die Indios den Namen Hitoy-Cerere gaben: *Hitoy* bedeutet Wolle – für die vielen Algen und Moose – Cerere heißt klares Wasser für die zahlreichen Flüsse und Wasserfälle im Park. Mit bis zu 4 m Niederschlag pro Jahr ist dies einer der niederschlagsreichsten Naturparks im Land, das ideale Biotop für Wasser liebende Orchideen, Bromelien und Epiphyten. Ein anspruchsvoller, rund 9 km langer Wanderweg führt vorwiegend durch Primärwald, in dem Tapire, Otter, Faultiere, Brüll- und Kapuzineraffen sowie mehr als 100 Vogelarten leben.

Übernachtung

Aviarios de Caribe, ✆ 750-0775, 31 km südlich von Puerto Limón auf einer Insel am Flussdelta des Río Estrella. Sieben geräumige Zimmer mit Frühstück; Kajaktouren ($25 p. P.), Faultieraufzuchtstation; auch für Tagesausflügler. ❺

Reserva Selva Bananito, von der Straße Richtung Cahuita 1 km nach der Brücke über den Río Viscaya nach rechts, Richtung Bananito, abbiegen; von hier sind es rund 13 km zur Lodge, ✆ 253-8118, 💻 www.selvabananito.com. Ideal für Naturliebhaber: 850 ha großes Privatreservat, weit abgelegen, am Rande der Reserva de la Biosfera Amistad. 11 geräumige Stelzenhäuser mit Veranda; keine Elektrizität; Gemeinschaftsrancho. Ein Teil der Einkünfte kommt Umweltschutzprojekten in Talamanca zugute. Reit-, Wander-, Vogeltouren; Vierradantrieb empfehlenswert. Die Lodge organisiert Transport. VP inkl. ❻

Nepper, Schlepper, Langfinger

Häufig berichten Touristen von Diebstählen an der Karibikküste. Oft sind dies Fälle von Beschaffungskriminalität. Aufgepasst in Puerto Viejo, wo Passagiere von Einheimischen an den Bussen abgefangen und zu Hotels oder Cabinas geführt werden. Für jeden neuen Gast bezahlen die Unterkünfte Provision. Mehrfach kamen die „Helfer" zu einem späteren Zeitpunkt wieder, brachen ein und stahlen. Daher der dringende Rat, in Eigenregie auf Zimmersuche zu gehen und etwas mehr Geld in eine sichere Unterkunft zu investieren. Wie in ganz Costa Rica gilt auch hier: Nichts unbeobachtet am Strand liegenlassen!

Cahuita

Cahuitas wilde Zeiten sind vorbei. Die Partygäste sind weitergezogen, ins 16 km entfernte Puerto Viejo. Zurückgeblieben sind gealterte Expats, ein Zuviel an Cabinas, und leere Rastabars mit einem Gras rauchenden Bob Marley an der Wand – gang und gäbe im Reggae-swingenden Cahuita. Eine überraschend gute Restaurantszene lädt zu den Genüssen einer kreativen karibischen Kü-

Rund und gemütlich

Bungalows Aché, 150 m östlich vom Restaurant Sol y Mar, ✆ 755-0119, 💻 www.bungalowsache.com. Drei sehr geschmackvolle, runde Holz-Bungalows in ruhiger Lage; ein Haus ist behindertengerecht eingerichtet. Schweizerische Leitung. ❸

che ein. Hauptattraktion des Ortes und Ziel vieler Tagesausflügler aber ist der angrenzende **Parque Nacional Cahuita** – mit einem der faszinierendsten Korallenriffe in Costa Rica.

Übernachtung

Alby Lodge, ✆ 755-0031, 💻 www.albylodge.com. Stelzenhäuser mit Veranda und Hängematten, umgeben von einem riesigen tropischen Garten. Rancho mit gut ausgestatteter Gemeinschaftsküche; deutsche Leitung. ❸

Backpacker's Dreams, ✆ 755-0174, die günstigste Unterkunft im Ort. Von außen wenig einladend; innen saubere, sehr einfache Zimmer beim freundlichen José, der Anzüge schneidert, kocht und Kakao anbaut. $8 p. P., DZ ab $10.

Cabinas Arrecife, ✆ 755-0081, saubere Zimmer; ruhig gelegen; umgeben von Garten mit Hängematten und Pool. Eine der wenigen Unterkünfte im Zentrum mit Meeresblick; EZ $20, DZ $25.

Cabinas Atlantic Surf, ✆ 755-0116, saubere, rustikale Holz-Cabinas in Nationalparknähe beim freundlichen Kenneth. ❸

Cabinas Safari, ✆ 755-0405, **Cabinas Smith**, ✆ 755-0065, und **Cabinas Palmer**, ✆ 755-0046, haben saubere, einfache Cabinas für $15 p. P.

Cahuita Sunshine Cabins, 50 m westlich vom Nationalpark, 💻 www.geocities.com/cahuitasunshinecabins, ✆ 755-0368, saubere, gepflegte Cabinas mit Dusche oder Badewanne in Nationalparknähe. ❷

Kelly Creek, direkt am Nationalparkeingang, ✆ 755-0007. Schönes, zweistöckiges Chalet mit sauberen, geräumigen Zimmern und Veranda. Meeresblick; Restaurant mit frischer Paella; freundliche spanische Leitung. Empfehlenswert. ❹

Siatami Lodge, 600 m südlich der Haupteinfahrt nach Cahuita (links) abbiegen, ✆ 755-0374, 💻 www.siatami.com. Große, parkähnliche Anlage mit 10 farbenfrohen Häusern im Karibikstil; Küche und Terrasse; ruhig gelegen; 5 Min. zu Fuß ins Zentrum von Cahuita; ideal für Familien. ❹

Spencer's Seaside Lodge, ✆ 755-0027, rustikale, saubere, geräumige Zimmer mit herrlich großer Veranda und Meeresblick bei Rastaman Spencer. ❸

Black Beach

Bungalow El Mambo, ✆ 811-2754, ✉ jardintropical@racsa.co.cr. Großes zweistöckiges Holzhaus mit geräumigen Zimmern und schöner Gemeinschaftsveranda mit Hängematten; Fahrradvermietung. ❹

Cabinas Tito, ✆ 755-0286, saubere Cabinas mit Gemeinschaftsküche im verwilderten Hintergarten mit Hühnern und Surfbrettern. ❷

Chalet und Cabinas Hibiskus, ✆ 755-0021, 📠 755-0015, rustikale Zimmer am Meer, umgeben von tropischem Garten mit Pool. Der Hit sind die Chalets für 4–10 Pers. mit Küche und Terrasse; ideal für Familien; Reservierung ratsam; schweizerische Leitung. ❹–❻

Camping Kontiki, ✆ 393-9548, Campingplatz am Meer mit Zementfundament und Überdachung. 1500C p. P.

Essen

Cahuita überrascht den Besucher mit einem großen Angebot an kreativer, karibischer Küche, beeinflusst aus aller Welt.

Café El Parquecito, wunderbare Fruchtsäfte und Crêpes; auch Omelettes, Bananacake und Obstsalate; beliebt zum Frühstücken. ⌚ 6–15 Uhr.

Cha Cha Cha, bekannt für exzellenten Fisch und Meeresfrüchte; Einfluss aus der mediterranen und Thai-Küche; als Nachtisch gibt es flambierte Bananen. Mittlere Preisklasse. ⌚ Di–So 14–22 Uhr.

Coral Reef (Mi geschlossen) und **Roberto's** servieren frischen Fisch und Meeresfrüchte. Bei Roberto's wird die Kokosnuss noch mit der Hand geraspelt und der Fisch selbst gefangen. ⌚ 7–22 Uhr.

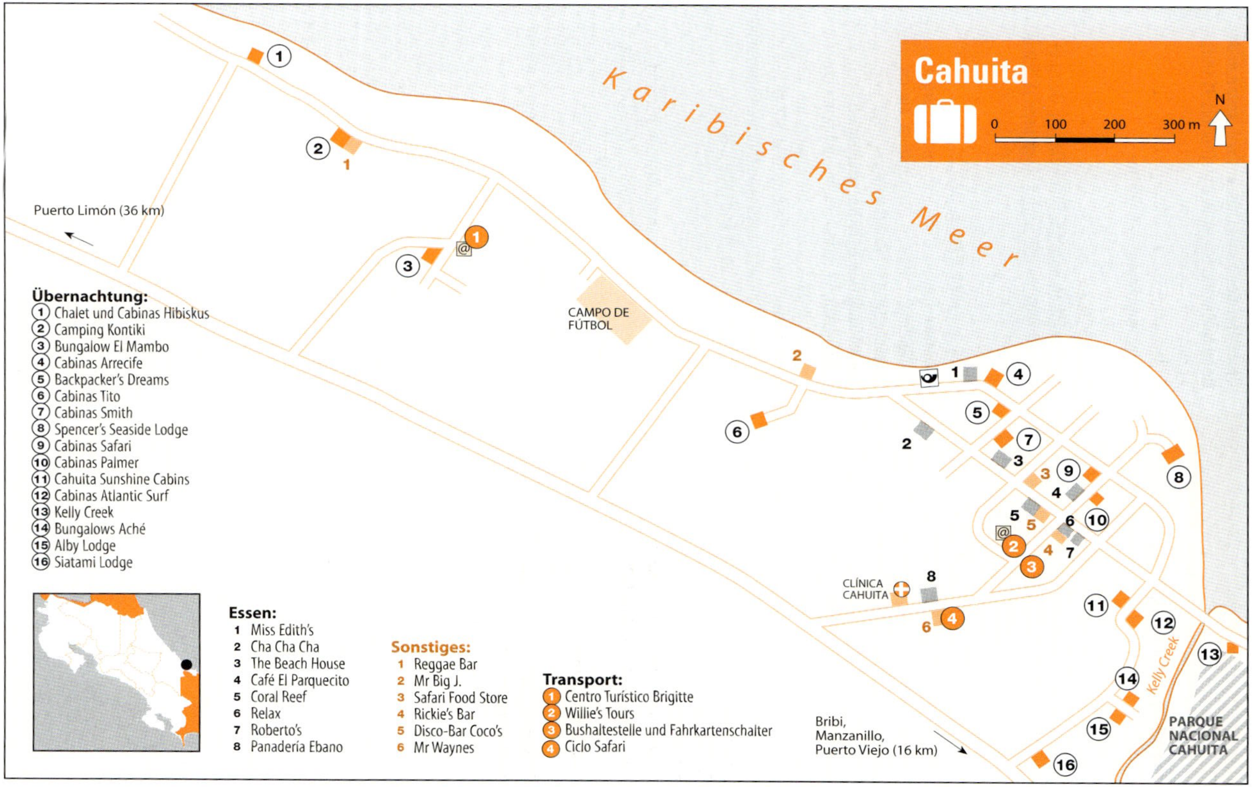
Cahuita
0 100 200 300 m
N
Karibisches Meer
Puerto Limón (36 km)
CAMPO DE FÚTBOL
CLÍNICA CAHUITA
Kelly Creek
PARQUE NACIONAL CAHUITA
Bribi, Manzanillo, Puerto Viejo (16 km)
Übernachtung:
1 Chalet und Cabinas Hibiskus
2 Camping Kontiki
3 Bungalow El Mambo
4 Cabinas Arrecife
5 Backpacker's Dreams
6 Cabinas Tito
7 Cabinas Smith
8 Spencer's Seaside Lodge
9 Cabinas Safari
10 Cabinas Palmer
11 Cahuita Sunshine Cabins
12 Cabinas Atlantic Surf
13 Kelly Creek
14 Bungalows Aché
15 Alby Lodge
16 Siatami Lodge
Essen:
1 Miss Edith's
2 Cha Cha Cha
3 The Beach House
4 Café El Parquecito
5 Coral Reef
6 Relax
7 Roberto's
8 Panadería Ebano
Sonstiges:
1 Reggae Bar
2 Mr Big J.
3 Safari Food Store
4 Rickie's Bar
5 Disco-Bar Coco's
6 Mr Waynes
Transport:
1 Centro Turístico Brigitte
2 Willie's Tours
3 Bushaltestelle und Fahrkartenschalter
4 Ciclo Safari

Die Karibik auf der Zunge

Miss Edith's, 125 m nördlich der Polizeistation. Das Warten lohnt sich: Miss Edith und ihre Töchter zaubern schmackhafte karibische Gerichte. Zum Beispiel Rondón (Fisch in Kokossoße) und als Nachtisch Maniok-Pudding oder frisch gebackenen Bananenkuchen. ⌚ 11–22 Uhr.

Panadería Ebano, neben der Klinik, Leckereien rund um die Kokosnuss: Cocopan, Pan de Coco und Cocadas (Kokoskekse). ⌚ 6–18 Uhr.
Relax, Meeresfrüchte, Pasta und Fleischgerichte mit italienisch-karibischem Einschlag; auch kreative vegetarische Gerichte: beim Tofu in Rum-Ananas-Coco-Sauce werden sogar Karnivoren neidisch. Mittlere Preisklasse. ⌚ 15–22 Uhr.
The Beach House, im Zentrum, rund 50 m nördlich vom Supermercado Palmer. Expat und Surfer-Treff; Sandwiches und kaltes Bier auf der Terrasse; mitunter Live-Musik.

Sonstiges

Fahrradverleih

Mr. Waynes und **Ciclo Safari**, gegenüber der Klinik.
Mr Big J. und das **Centro Turístico Brigitte** am Black Beach verlangen $8 proTag.

Internet

Willie's Internet, gegenüber der Bushaltestelle, ⌚ Mo–Sa 8–12 und 14–20, So 16–20 Uhr; Willie bietet auch Touren auf Deutsch an.

Medizinische Hilfe

Clínica Cahuita, ✆ 755-0383, ⌚ Mo–Do 7–16, Fr 7–15 Uhr.
Einen 24 Std.-Service hat die **Klinik** in Hone Creek.

Nachtleben

Reggae, Calypso und Roots-Musik – mitunter auch live – gibt es bis in die frühen Morgenstunden in **Rickie's Bar** und in der **Disco-Bar Coco's** im Ortszentrum, sowie in der **Reggae Bar** am Black Beach (nur bis 21 Uhr).

Supermarkt

Safari Food Store, ⌚ 6–22 Uhr.

Surfen / Kajak

The Beach House, am Black Beach, Boogie- und Surfboards ($8/Tag); Kajaktouren ($25 p. P.).

Touren

ATEC, s. S. 374, Kasten „Mit …"
Roberto's Tour, ✆ 755-0092, und **Mr Big J.**, ✆ 755-0328, beide im Ortszentrum, bieten Schnorchel- und Bootstouren für $25 p. P.
Centro Turístico Brigitte, am Black Beach, ✆ 755-0053, 💻 www.brigittecahuita.com, veranstaltet Reittouren am Strand, bei Mondschein und in die Berge ab $35 p. P. Brigitte ist eine fantastische Informationsquelle und vermietet auch einfache Cabinas.

Post

Am nördlichen Ortsende, Richtung Strand, 100 m nördlich vom Restaurant Cha Cha Cha, ⌚ Mo– Fr 8–12 und 13–16 Uhr.

Wäscherei

Mr. Big J., ✆ 755-0328.

Transport

Busse

Puerto Limón, 6.30–20 Uhr stdl.; 90 Min.; 555C; Bus kommt aus Sixaola, mit Mepe, ✆ 758-1572.
Manzanillo (via **Puerto Viejo**), 4x tgl.; 75 Min.; 590C; Bus kommt aus Puerto Limón; mit Mepe.
San José, 5x tgl.; 3295C; 4 Std.; Bus kommt aus Sixaola; mit Mepe.
Sixaola (via **Puerto Viejo** und **Bribrí**), 6–19 Uhr stdl.; 2 Std.; 915C; Bus kommt aus Puerto Limón; mit Mepe.

Shuttle-Busse

Fantasybus, ✆ 232-3681, 💻 www.graylinecostarica.com, täglich Shuttles nach **San José** und **Arenal**.

Parque Nacional Cahuita

MINAE-Büro ✆ 755-0461
Öffnungszeiten 8–16 Uhr
Eintritt Am Parkeingang Kelly Creek frei, um Spenden wird gebeten; Parkeingang Puntas Vargas $6. Parkführung $15
Gründungsjahr 1978
Größe 600 ha Korallenriff, 22 400 ha Meeresfläche,1067 ha Landesfläche
Besucherzahl 50 000 Personen pro Jahr
Parkregeln Schnorcheln nur mit Führer (s. Touren)
Transport
Der Parkeingang Kelly Creek befindet sich im südlichen Ortsteil Cahuitas. Der zweite Parkzugang Puerto Vargas liegt rund 6,5 km südlich der Einfahrt nach Cahuita an der Straße nach Manzanillo.

Karibische Küche

Wer die Karibik erleben will, muss sie schmecken: Frischer Fisch und Meeresfrüchte; dazu Plantains oder Süßkartoffeln, exotische Früchte und Gemüse. Gewürzt mit Muskat, Kokosnuss, Ingwer und feurigem Chile. Typische Gerichte sind *Rondón* (Fischeintopf mit Kokosmilch, verdirbt leicht und wird deshalb oft nur auf Vorbestellung zubereitet), *Rice and Beans*, *Jerk Chicken* (mariniertes Huhn über Holz gegrillt), *Ackee* (Ackee-Frucht mit gesalzenem Fisch) und Maniokpudding. Frisch gebackenes *Pan de Coco*, *Pan Bon* (Früchtebrot) und Bananenbrot werden von Händlern und Privathäusern entlang der Küste verkauft. Dazu ein erfrischendes Ginger Ale oder Guaro Sour – so schmeckt die Karibik, so schmeckt das Leben.

Der Cahuita-Nationalpark umgibt eines der schönsten **Korallenriffe** in Costa Rica. Das Riff ist aus 35 verschiedenen Korallenarten aufgebaut, wobei die *Coral cuerno de alce* (Elchhornkoralle) und *Coral el cerebro* (Hirnkoralle) dominieren. Im und um das Riff herum leben 140 Mollusken-, 44 Krustaceen-, 128 Algen- und 123 Fischarten.

Mit der Schaffung des Nationalparks wurde dieses sensible Ökosystem unter Schutz gestellt. Dutzende von Fincas mussten umgesiedelt werden, darunter auch Familien, deren Eltern und Großeltern zu den Gründungsvätern Cahuitas zählten und seit dem 18. Jahrhundert auf dem heutigen Parkgelände vom Fischfang, Kokosnuss- und Kakaoanbau lebten. Die Kontroversen sind beigelegt, Gemeindevertreter und Parkverwaltung bilden heute ein gemeinsames Parkkomitee.

Ein 3,5 km langer Wanderweg führt vom Parkeingang **Playa Blanca** an feinen Korallenstränden entlang zum **Punta Cahuita**, einer kleinen Landzunge, um die sich das Korallenriff lagert. Von hier sind es weitere 4,8 km zum zweiten Parkeingang, **Punta Vargas**. In den umliegenden Feucht- und Mangrovengebieten leben u. a. Kapuzineraffen, Faultiere, Tukane, Schlangen, Ameisenbären und Gürteltiere. Der Nationalpark erfreut sich deshalb großer Beliebtheit, weil die Tiere sich relativ häufig sehen lassen. Die Strände südlich von Punta Vargas sind für Touristen gesperrt. Hier nisten die echte Karett-, die grüne und die Lederschildkröte. Seit dem Jahr 2000 führt die Nichtregierungsorganisation ANAI hier Strandpatrouillen durch. Am Parkeingang **Punta Vargas** gibt es Telefone und Restaurants. Busse in Richtung Puerto Limón oder Puerto Viejo halten an der Parkeinfahrt.

Trotz Parkgründung steht Cahuitas Korallenriff nach wie unter akuter Bedrohung. Ursache dafür sind die umliegenden Bananenkonzerne, die für ihre Monokulturen großflächig Wälder abholzen und Chemikalien sprühen (s. S. 376/377, Kasten „Und, stimmt die Chemie?"). Diese gelangen durch Erosion über die Flussläufe ins Meer. Die Sedimente lagern sich am Riff an, nur die robusten Korallen überleben. Schwere Schäden erlitt Cahuitas Riff außerdem beim Erdbeben von 1991, das den Meeresgrund um 1,5 m anhob. Große Teile des Riffs starben daraufhin ab.

Puerto Viejo

Puerto Viejo ist ein Sammelbecken für partyhungrige Backpacker, Rastafaris, skurrile Gestalten und Surfer, die kommen, um die legendäre **Salsa Brava** zu reiten. Der kleine Ort boomt.

Auf der Suche nach dem Pfeilgiftfrosch

Nur 500 m nördlich vom Ortseingang von Puerto Viejo liegt die ungefähr 4 ha große experimentelle Farm **Finca La Isla Botanical Garden**, www.greencoast.com/garden.htm. Besucher können im Garten der Finca tropische Früchte essen, selbst hergestellte Schokolade probieren, etwas über Heilpflanzen lernen, den Geruch von Vanille, Ingwer und Zimt einsaugen und – Frösche küssen. Denn der bei Urlaubern so beliebte grüne Pfeilgiftfrosch, dessen Gift die Indianer für ihre Jagdpfeile benutzten, ist hier zu Hause und lebt zwischen den Bromelienstauden. Die Farm hat Fr–So von 10–16 Uhr geöffnet, der Eintritt kostet $5 p. P. Wer sich einer 2-stündigen Tour anschließt, zahlt $10.

Doch Zeit spielt in der einstigen Fischersiedlung, die heute hauptsächlich vom Tourismus lebt, nach wie vor keine Rolle. Tag und Nacht fließen unmerkbar ineinander, Frühstück wird zu jeder Zeit serviert. Denn in der drückend feuchten Tropenhitze kocht der Körper auf Sparflamme. Faultieren gleich liegen Urlauber auf den tief gebogenen Palmenstämmen am Meeresufer und lassen sich vom gleichbleibenden Reggae-Beat in den Schlummer wiegen.

Wenn der Regen einsetzt, fliehen die Touristen und Old Harbour wird zu einer große Pfütze, in der man sich selbst Stelzen – wie die der karibischen Häuser – an die Beine wünscht.

Übernachtung

Puerto Viejo ist das Partyzentrum an der Karibikküste. Ruhigere Unterkünfte liegen an den südlichen Stränden **Playa Chiquita**, **Punta Uva** und in **Manzanillo**.

Cabinas Lika, ✆ 357-8636. Sehr saubere, große und sichere Cabinas mit Kochgelegenheit beim freundlichen Roberto. Gutes Preis-Leistungs-Verhältnis. EZ $15; DZ $25.

Cabinas Tropical, ✆ 750-0283, www.cabinastropical.com. Gepflegte, ruhige Anlage mit neun sehr sauberen Zimmern bei deutsch-costa-ricanischem Paar. Gute Matratzen, teils Kühlschrank; Rolf ist Biologe und bietet Touren in die Umgebung an. ❸

Cabinas Casa Verde, ✆ 750-0015, www.cabinascasaverde.com, schlichte, helle Zimmer mit Karibikcharme und Mosaikfußboden. Teils mit Privatbad. Großer, gepflegter, tropischer Garten mit Pool. Kleines Frühstückscafé mit Hängematten. ❸–❺

Cashew Hill Jungle Lodge, kurz hinter Terraventuras rechts abbiegen, rund 300 m geradeaus, die Brücke überqueren, dann den Hügel hoch, ✆ 750-0256, www.cashewhilllodge.co.cr. Farbenfrohe Cabinas mit Veranda und Meeresblick, teils mit Küche; für Besucher, die Ruhe suchen. Tgl. Yoga- oder Thai Chi-Unterricht. EZ ab $25, DZ ab $35.

Hotel Los Sueños, hinter der Banco de Costa Rica, ✆ 750-369, www.costaricaguide.info/hotel.htm. Schlichte, farbenfrohe und saubere Zimmer in typischen Casas Caribeñas; teils mit Gemeinschaftsbad. Fahrradverleih. Gute Infos. ❷

Hotel Pura Vida, am Sportplatz, ✆ 750-0002, www.hotel-puravida.com. Zehn helle, schlichte Zimmer, teils mit Privatbad. Großer Aufenthaltsbereich mit Hängematten; bei weltgereistem, deutsch-chilenischem Paar. ❷–❸

Samasati Nature Retreat, kurz hinter dem Cahuita National Park und 6,5 km vor Puerto Viejo ist das Hotel ausgeschildert, das Rezeptionsgebäude liegt 800 m von der Hauptstraße, ✆ 756-8015. Neun exquisite Holzbungalows mit Veranda; außerdem voll eingerichtete Gästehäuser, umgeben von tropischem Garten. Yoga- und Meditationsstunden; herrliche Lage mit Meeresblick. VP inkl. ❻

Am Playa Negra

La Perla Resort, ✆ 750-0111, www.perlanegra-beachresort.com. 24 zweistöckige, schön geschnittene, rustikale Holzhäuser am Meer; Swimmingpool, Tennisplatz; Frühstück inkl.; beliebt bei Reisegruppen. ❹

Chimurí Beach Cottages, von Puerto Limón kommend, vor dem Ortsschild in Puerto Viejo, links abbiegen, ✆ 750-0119, www.

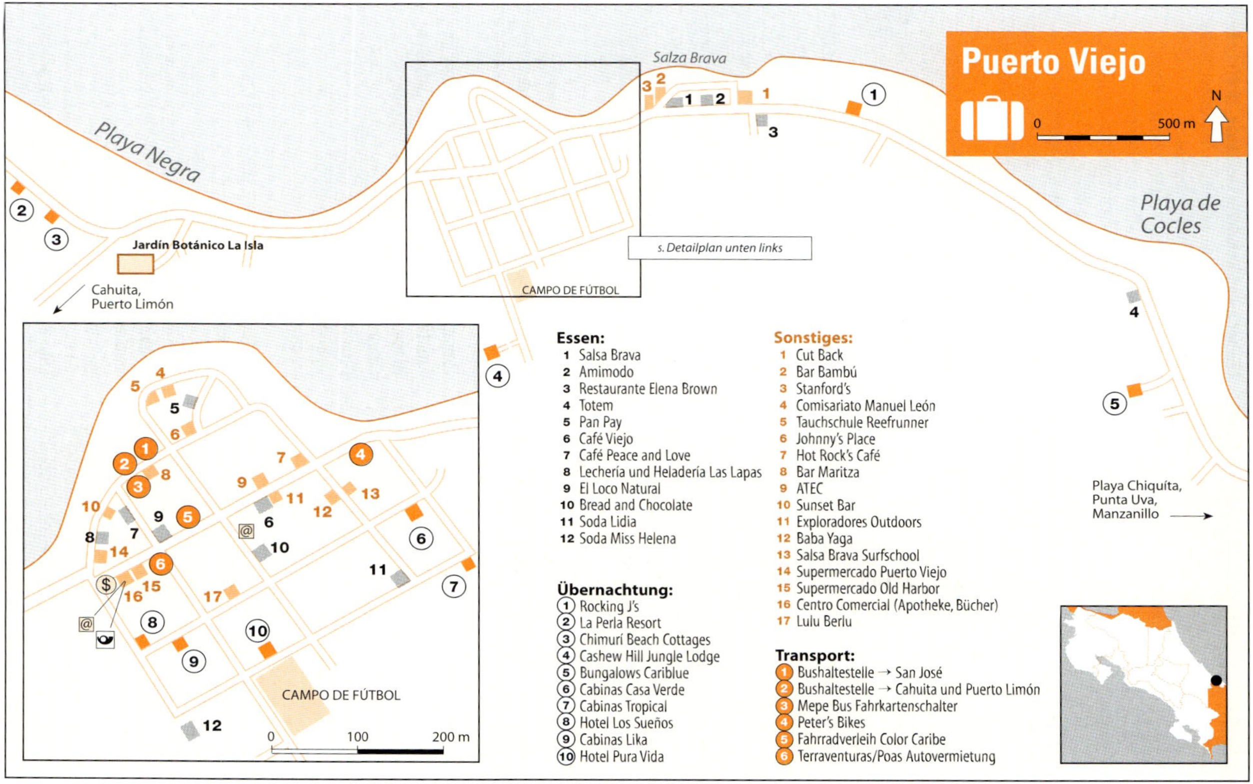
Puerto Viejo
N
0
500 m
Salza Brava
Playa Negra
Playa de Cocles
Jardín Botánico La Isla
Cahuita, Puerto Limón
s. Detailplan unten links
CAMPO DE FÚTBOL
Playa Chiquíta, Punta Uva, Manzanillo
0
100
200 m
Essen:
1 Salsa Brava
2 Amimodo
3 Restaurante Elena Brown
4 Totem
5 Pan Pay
6 Café Viejo
7 Café Peace and Love
8 Lechería und Heladería Las Lapas
9 El Loco Natural
10 Bread and Chocolate
11 Soda Lidia
12 Soda Miss Helena
Übernachtung:
1 Rocking J's
2 La Perla Resort
3 Chimurí Beach Cottages
4 Cashew Hill Jungle Lodge
5 Bungalows Cariblue
6 Cabinas Casa Verde
7 Cabinas Tropical
8 Hotel Los Sueños
9 Cabinas Lika
10 Hotel Pura Vida
Sonstiges:
1 Cut Back
2 Bar Bambú
3 Stanford's
4 Comisariato Manuel León
5 Tauchschule Reefrunner
6 Johnny's Place
7 Hot Rock's Café
8 Bar Maritza
9 ATEC
10 Sunset Bar
11 Exploradores Outdoors
12 Baba Yaga
13 Salsa Brava Surfschool
14 Supermercado Puerto Viejo
15 Supermercado Old Harbor
16 Centro Comercial (Apotheke, Bücher)
17 Lulu Berlu
Transport:
1 Bushaltestelle → San José
2 Bushaltestelle → Cahuita und Puerto Limón
3 Mepe Bus Fahrkartenschalter
4 Peter's Bikes
5 Fahrradverleih Color Caribe
6 Terraventuras/Poas Autovermietung

Frühstücken den ganzen Tag lang

Bread and Chocolate, auf einer großen Holzveranda werden hausgemachte Waffeln, Zimt-Pfannkuchen, Bagels, selbstgebackenes Brot, Obstsalate, Müsli und Joghurt serviert; beliebt zum Frühstücken. ⏲ Mi–Sa 6.30–18, So 6.30–14 Uhr.

greencoast.com/chimuribeach.htm. Drei hübsche, farbenfrohe Strandhäuser im Karibikstil am Meer mit Küche; auch längerfristig zu mieten. Der Besitzer Mauricio ist in der Reserva KeköLdi aufgewachsen und bietet Touren ins Indianerreservat an. ❸–❹

Rocking J's, am Strand, 600 m vom Ortseingang, ✆ 750-0657, 💻 www.rockingjs.com. Sicherer Backpacker mit Wächter, Überwachungskameras und Schließfächern; Hängemattenschlafsaal, Camping auf Fundament mit Überdachung ($4 p. P.), Cabinas (DZ ab $20) oder Baumhaus mit Privatbad ($30); beliebt bei jungen Weltenbummlern.

Karibikküste

Essen

Amimodo, an der Straße Richtung Manzanillo, neben der Salsa Brava. Seit 12 Jahren in Puerto Viejo, karibisch-italienische Küche; ein Klassiker sind die hausgemachten Ravioli Tropical, gefüllt mit Krabben, Ananas, Curry und Avocado oder das Hühnchen in Paprika-Papayasoße; auch Seafood-Teller; Meeresblick. Mittlere Preisklasse. ⏲ 12–22.30 Uhr.

Café Peace and Love, italienisches Café, ⏲ Mi–Mo 6–18 Uhr.

Café Viejo, kein Café, sondern ein Restaurant. Italienische Küche in stilvollem Ambiente. Nach einer teuflisch-scharfen Pizza Diabla gibt es Pistazien-Parfait mit Brombeer-Sauce. Mittlere Preisklasse. ⏲ 12–23 Uhr.

El Loco Natural, das beliebteste Restaurant im Ort; Fisch, Fleisch und vegetarische Gerichte. Dazu eine Auswahl an Saucen aus Thailand, Malaysia, Indien und Jamaica; köstliche Salate. Auch Live-Musik. ⏲ Do–Di ab 18 Uhr.

Lechería und Heladería Las Lapas, 20 m nördlich der Bushaltestelle, neben der Sunsetbar, selbstgemachte Eiskrem und Joghurt. ⏲ 10–22 Uhr.

Pan Pay, am Strand, hinter Johnny's Place, Zeitunglesen bei Kaffee und Croissant mit Meeresblick. Viele spanische Spezialitäten; beliebter Frühstückstreff.

Restaurante Elena Brown, gegenüber vom Hotel Talamanca; Miss Elena nahm den guten Ruf vom Playa Chiquita nach Puerto Viejo mit. ⏲ 12–22 Uhr.

Salsa Brava, am Strand, farbenfrohes Bar-Restaurant mit Blick auf die legendäre Salsa Brava. Hier gibt es Rondón und Coconut Flan als Nachspeise; große Auswahl an Weinen und Cocktails. ⏲ Di–So 12–22 Uhr.

Soda Lidia, eine der günstigsten Sodas im Ort; neben *Rice and Beans* wird auch Languste in Knoblauchbutter serviert; auch Frühstück; beliebt bei Einheimischen. ⏲ 8.30–21 Uhr.

Nachtleben

Nachts verwandeln sich viele zahme Restaurants in heiße, bebende Tanzschuppen. Was „in" und „out" ist, ändert sich in Puerto Viejo schnell. Einige Vorschläge:

Live-Musik gibt es mitunter im Restaurant **El Loco Natural** und in der **Bar Maritza**.

Zur Open Jam lädt die **Sunset Bar** mittwochs ab 21 Uhr ein.

Getanzt wird in der Disco-Bar **Baba Yaga**, im **Stanford's**, in der **Bar Bambú** und in **Johnny's Place**. Aufgelegt werden u. a. Reggae, Salsa, Calypso und Dancehall.

Sonstiges

Apotheke

Im Centro Comercial, ⏲ Mo–Sa 9–12 und 13–18.45 Uhr.

Autovermietung

Poas, ✆ 750-0750, im Büro von Terraventuras, im Ortszentrum.

Galerien

Lulu Berlu, gegenüber von Cabinas Guanarana, originelle Lampen, Mosaike, Masken und

Taschen aus Gummireifen, hergestellt von der französischen Künstlerin Lulu und anderen. ⌚ 9–21 Uhr.

Fahrradverleih

Color Caribe, neben dem Restaurant El Loco Natural.
Peter's Bikes und **Gallo's Rents**, an der Straße Richtung Manzanillo, vermieten Fahrräder ab $5/Tag. Wer „cool" ist, holt sich ein sogenanntes Bananabike mit hohem Lenker und Rastaflagge! Gallo's hat auch Schnorchelausrüstung und Mopeds.

Geld

Banco de Costa Rica, ⌚ Mo–Fr 9–16 Uhr. Zur Zeit der Recherche war Geldabheben nur mit Visacard möglich, Master- und Eurocard wurden nicht akzeptiert.
Das **Casa de Cambio** nebenan tauscht Dollar, Euros und Traveller Cheques. ⌚ Sa 10–16 Uhr.
Außerhalb der Banköffnungszeiten tauscht **Cabinas Almendras** Dollar und Euros gegen 1 % Provision.

Haarstyling

Andrea's Hair, vor der Bar Baba Yaga, und **Jupa House**, neben dem Mepe-Fahrkartenschalter, schmücken ihre Kunden mit Dreadlocks. ⌚ Mo–Sa 10–16 Uhr.

Internet

Im Centro Comercial, auch englischsprachige Bücher und Schreibwaren.
Jungle Internet, gegenüber der Baptist Church; mit Fax und Webkamera, ⌚ 8–23 Uhr.

Kino

Hot Rock's Cafe, der Tipp für Regentage. Filmabende unter dem Zeltdach auf Englisch mit spanischen Untertiteln; der erste Film beginnt um 18.15 Uhr; das Kino-Programm steht am Eingang. Eintritt frei, es wird allerdings erwartet, dass man etwas verzehrt.

Medizinische Hilfe

Klinik in Hone Creek, 5 km nördlich von Puerto Viejo, ✆ 756-8024.

Caribbean Food

Soda Miss Helena, entzückende Soda. Miss Helenas Spezialität ist Red snapper in einer Kokosnuss-Currysoße. Zum Frühstück gibt es (den ganzen Tag über) Banana pancake. Unbedingt das erfrischenden Ginger Ale kosten. ⌚ 7–18 Uhr.

Post

Im Centro Comercial, ⌚ Mo–Fr 8–12 und 13–17.30 Uhr.

Supermärkte

Comisariato Manuel León, einer der insgesamt zwei Comisariatos (Tante Emma-Läden, die an der ehemaligen Eisenbahnstrecke lagen), die noch überlebt haben. Hier gibt es alles, vom Schraubenzieher bis zum Guaro-Rum. ⌚ 8–17 Uhr.
Super Puerto Viejo, gegenüber von Banco de Costa Rica. Ökoprodukte, Ziegenmilch, selbstgebackenes Brot. ⌚ 6.30–20.30 Uhr.

Surfen

Salsa Brava Surf Shop, neben dem Hotel Puerto Viejo.
Caribbean Surfschool und Surfshop, ✆ 357-7703, und
Cutback, beide neben bzw. gegenüber von Cabinas David, reparieren, verleihen ($15–20/Std.) und verkaufen Boards; auch Surfunterricht.

Taxi

Charlie Bull, ✆ 836-8219, und **Luis Bermudez**, ✆ 844-9913.
Tarife: Puerto Limón 18 000C; Cahuita 6000C; Playa Chiquita 3000C; Punta Uva 4000C; Manzanillo $10.

Tauchen

Reefrunner, ✆ 750-0480, 💻 www.reefrunnerdivers.com.

Touren

ATEC s. S. 374, Kasten „Mit ...".

Mit ATEC durch Talamanca

Wanderungen in die Indianerreservate (ab $20 p. P.); schnorchelnd und zu Fuß Talamancas Naturparks erkunden ($40 p. P.); lernen, wie Schokolade hergestellt wird ($40 p. P., Mittagessen inkl.), oder für die Hartgesottenen: In 10 Tagen die Cordillera Talamanca durchqueren ($750 für 3 Pers.) – die Asociación Talamanqueña de Ecoturismo y Conservación (ATEC) macht es möglich. Die Gruppen sind klein und die Führer aus der Region. ATEC ist eine Grasroot-Organisation, die 1990 von Einheimischen und Expats gegründet wurde und **Ökotourismusprojekte** in Talamanca leitet. Ausführlichere Infos unter 💻 www.greencoast.com/atec oder im ATEC-Büro in Puerto Viejo, ✆ 750-01921.

Exploradores Outdoors, neben Café Viejo, ✆ 222-6262, 💻 www.exploradoresoutdoors.com, Raftingtouren auf dem Río Pacuare, Schwierigkeitsstufe III–IV.

Wäschereien

Lavandería Mane, gegenüber der Baptist Church, 🕓 Mo–Sa 9–19 Uhr.
Lavandería Flash, neben Soda Elena, 🕓 10–16 Uhr.

Yoga / Capoeira

In der Cashew Hill Lodge; $10 pro Unterrichtsstunde; $8 für Hotel-Gäste.

Transport

Busse

Manzanillo (via **Playa Chiquita, Punta Uva**), 4x tgl.; 30 Min.; 315C; Bus kommt aus Puerto Limón; mit Mepe, ✆ 758-1572.
Puerto Limón, 1x tgl., 6.45–19.30 ca. alle 1–2 Std.; 90 Min.; 830C; Bus kommt aus Sixaola; mit Mepe.
San José, 4x tgl. 4 1/2 Std.; 3835C; Bus kommt aus Sixaola; Fahrkarten am Mepe-Schalter kaufen; mit Mepe.
Sixaola (via **Bribrí**), 1x tgl., 6.30–19.30 Uhr ungefähr alle 1–2 Std.; 90 Min.; 810C; Bus kommt aus Puerto Limón; mit Mepe.

Shuttle-Busse

Fantasybus, ✆ 232-3681, 💻 www.graylinecostarica.com und **Interbus**, ✆ 283-5573, 💻 www.interbusonline.com; tägliche Shuttles nach **Arenal** ($39) und **San José** ($29).

Von Puerto Viejo nach Manzanillo

Südlich von Puerto Viejo befinden sich die palmengesäumten Traumstrände, die man an der Nordkaribik vergeblich suchte. Eine Küstenstraße führt von Puerto Viejo vorbei am Surfstrand **Playa Cocles** (2 km) und dem Austragungsort des jährlichen Playa Chiquita Musik-Festivals **Playa Chiquita** (5 km) zum **Punta Uva** (7 km), dem besten Schwimmstrand auf der Route.

Achtung, an der gesamten Karibikküste herrschen starke Strömungen! Auf der Strecke liegen zahlreiche ruhige Unterkünfte mittlerer und oberer Preisklasse. Die Straße endet im kleinen Ort Manzanillo (13 km), dem Eingangstor zur **Reserva Gandoca-Manzanillo**, mit guten Schnorchel- und Tauchmöglichkeiten.

Übernachtung

Gandoca

Siehe Finca Loma, S. 378, Kasten „Engagiert in Talamanca“.

Playa Cocles

Cariblue, ✆ 750-0518, 💻 www.cariblue.com. Große, gepflegte Anlage mit palmstrohgedeckten Holzbungalows; Veranda und Hängematten. Tropischer Garten mit Pool; Frühstück inkl. Vorher reservieren. ❻

Playa Chiquita

Cabinas Yemaina, ✆ 750-0110, einfache, rustikale Cabinas mit Veranda; ruhig gelegen und von Dschungel umgeben. Je näher am Meer, desto schöner die Cabina. ❸
El Tucán, rund 3 km hinter Puerto Viejo, kurz hinter der Brücke über den Río Cocles rechts abbiegen, ✆ 750-0026, 💻 www.eltucanjunglelodge.com. Schlichte

Ein Hauch von Bali

Shawandha Lodge, ✆ 750-0018, 💻 www.shawandhalodge.com. Stilvoller Luxus, eingebettet in die Natur: Palmenbedeckte, schlichte Holz-Häuser mit balinesischem Dekor und exquisiten Mosaikbädern; Restaurant. ❻

Holzbungalows mitten im Dschungel mit Veranda und Blick auf Fluss; zu den Bewohnern zählt auch ein zahmer Affe, den Irene und Wolfgang als verletztes Baby aufgezogen haben. Ideal für Naturliebhaber; Kajakvermietung. Frühstück inkl. ❸

Miraflores Lodge, ✆ 750-0038, 💻 www.mirafloreslodge.com. Geschmackvoll schlichte Zimmer mit handgeschnitzten Möbeln und Masken; teils mit Privatbad. ❹– ❺

Villas del Caribe, ✆ 750-0202, 💻 www.villasdelcaribe. Acht sandfarbene, zweistöckige Ferienbungalows auf einem 40 ha großen Grundstück am Meer. Geschmackvoll schlicht, mit AC, Küche und großer Veranda; Fahrrad- und Schnorchelverleih; Restaurant. ❺

Punta Uva

El Caracol Azul, ✆ 759-9044, blaue, zweistöckige Häuser; Küche und Veranda mit Meeresblick; beim freundlichen Mr. Eddie Brown. Ideal für Familien, empfehlenswert. $60 bis zu 3 Pers.

Manzanillo

Cabinas Arena Tropical, ✆ 759-9154, sehr saubere Holzhäuser mit Kühlschrank, umgeben von schönem Garten mit Pool. ❹

Cabinas Maxi, hinter dem Restaurant Maxi, ✆ 759-9042. Große, sehr saubere Cabinas, teils mit AC. ❸–❹

Cabinas Manzanillo, am Ortseingang, ✆ 759-9033. Farbenfrohe, saubere Zimmer mit großen Duschen und Terrasse; Fahrradverleih; Restaurant. ❸

Cabinas Veraneras, ✆ 759-9050, mehr Charme als Cabinas Manzanillo haben diese hübschen, sauberen Cabinas mit Veranda; teils mit Küche. Gutes Preis- Leistungs-Verhältnis. ❸

Camping, Anmeldung bei der Asociación de Guías Autóctonos Naturalista de Manzanillo Talamanca, am Ortseingang, ✆ 759-9064. 1000C p. P.

El Colibrí Lodge, 3 km vor Manzanillo, ✆ 759-9036, 💻 www.elcolibrilodge.com. Drei schlichte Bungalows; gute Infos; engagiert im Ökotourismus; Frühstück inkl. ❺

Pangea, ✆ 759-9204, bei Aquamar links einbiegen. Am Ende der Miss Edith Street liegen drei hübsche, saubere Holz-Cabinas mit Mosaikduschen und Muscheldekor. Veranda mit Schaukelstühlen; Garten; hier kommt Urlaubstimmung auf. ❸

Essen

Maxis Restaurant und Soda, in Manzanillo, frischer Fisch und Meeresfrüchte; Meeresblick; Weinkarte. 🕒 11.30–22 Uhr.

Rinconcito Alegre, 🕒 7–20 Uhr, und **Soda Miskito**, beide in in Manzanillo an der Miss Edith Street, servieren günstige landestypische Küche; auch Frühstück. Soda Miskito hat nur am Wochenende geöffnet. 🕒 7–21 Uhr.

Selvyn's, am Playa Cocles, Fisch, Meeresfrüchte und karibische Küche. Günstig.

Soda Paila Casera, an der Einfahrt zum Playa Punta Uva. Chilenische Soda mit frischem Fisch, Rice and Beans und chilenischen Spezialitäten. 🕒 11–20 Uhr.

Totem, am Playa Cocles, frisch zubereitete italienische Küche mit karibischem Einfluss.

Vida Sana, am Playa Chiquita, Eis, Sandwiches, Obstsalate und leckere Crêpes. 🕒 Di–So 7–18 Uhr.

Sonstiges

Playa Chiquita

Einkaufen

Tribal Market, 🕒 Mi–So 10.30–17.30 Uhr.

Feste

Seit 1999 findet jedes Jahr Ende März/Anfang April das zweiwöchige **Playa Chiquita Festival**, 💻 www.playachiquitalodge.com, statt, mit Konzerten (hauptsächlich afro-karibische Musik) und Workshops für Erwachsene und Kinder.

David gegen Goliath – Ökobananen in Talamanca

Der Bus zum Grenzübergang nach Sixaola fährt an den großen Bananen-plantagen Talamancas vorbei. Bananen sieht man jedoch keine – die Stauden sind von blauen Plastiksäcken umhüllt. Stattdessen fallen große Schilder am Straßenrand ins Auge, die vor *Agroquímicos* (Pestiziden) warnen. Abends fliegen kleine gelbe Sportflugzeuge wie Hummeln tief über die Bananenfelder und sprühen Chemikalien: 44 Kilogramm pro Hektar pro Jahr, nur wenige Meter von den Arbeitersiedlungen entfernt.

Bananen sind Talamancas grünes Gold und zugleich sein Verderben. Bereits Ende des 19. Jahrhunderts begann der Eisenbahnmagnat und spätere Gründer der United Fruit Company, Minor Keith, an den Eisenbahnschienen Bananen für seine Arbeiter anzubauen und die Früchte in die USA zu exportieren. Seitdem sind die großen transnationalen Bananenkonzerne der größte Arbeitsgeber in Talamanca, das zu den ärmsten Regionen Costa Ricas zählt. Beherrscht wird der Markt von den drei Großunternehmen Standard Fruit Co., Bandeco und Cobal, die ihre Bananen über die Konzerne Dole, Del Monte und Chiquita vermarkten. Viele der kleinen costa-ricanischen Farmen, die noch in den 1980er-Jahren Mischanbau betrieben (d. h. verschiedene Fruchtarten gleichzeitig nebeneinander anbauten), wurden von den Monokulturen verdrängt.

Es ist ein Teufelskreislauf: Monokulturen sind kurzfristig zwar die wirtschaftlich rentabelste Form der Bodenbewirtschaftung, langfristig gesehen entziehen sie jedoch dem Boden seine Nährstoffe und sind stark anfällig für Pilze und Schädlinge. Aufgrund von Bodenpilzen und Bananenkrankheiten musste die United Fruit Company in Golfito Mitte der 1980er-Jahre ihre Plantagen aufgeben; der Konzern ließ eine wirtschaftlich und ökologisch desolate Region zurück.

Durch verstärkten Einsatz von Kunstdünger und Pflanzen- und Insektenschutzmitteln sollen Seuchen und Bananenkrankheiten vermieden und zugleich höhere Ernteerträge erzielt werden. Außerdem sollen Chemikalien den Reifeprozess der Exportbananen verlangsamen. Die Bananenstauden werden mit Plastiksäcken umhüllt, in die man das Gift spritzt. Bereits geerntete Früchte werden vor dem Transport ins Ausland in einer Chemikalienlauge gebadet. Rund 283 verschiedene Chemikalien werden laut dem Organisationsnetzwerk Foro E-maús auf costa-ricanische Bananen gesprüht, darunter auch solche, die zu den *Dirty Dozen* zählen, zu jenen zwölf Pflanzenschutzmitteln, die aufgrund ihrer hohen Giftigkeit von der UN auf dem Markt verboten wurden. Der Boden der Bananenplantagen ist nach rund einem Jahrzehnt vergiftet und unbrauchbar. Neues Land wird gerodet, der Kreislauf beginnt von neuem.

Die Folgen liegen auf der Hand: Erosion, Vergiftung des Bodens, der Flüsse, der Meere und der gesamten Nahrungskette. Am sichtbarsten sind die Auswirkungen am Absterben der Korallenriffe in Cahuita oder an den Pigmentstörungen der Arbeiter hier im Bus auf dem Weg nach Sixaola. Tausende Arbeitskräfte der älteren Generation, die in den 1970er-Jahren auf den Feldern hochgiftigen Chemikalien ausgesetzt waren, sind seither unfruchtbar und warten vergeblich auf eine Entschädigung. Die Schutzmaßnahmen für Arbeiter haben sich zwar heute verbessert, u. a. sind Schutzanzüge auf den Plantagen Vorschrift, doch werden die Sicherheitsbestimmungen mitunter sehr lax gehandhabt. Viele Arbeiter werden nicht über die Gefahren aufgeklärt oder sie leben auf den konzerneigenen Fincas am Rande der Plantagen. Dort zahlen sie zwar keine Miete, nehmen aber täglich das Gift über die Haut, die Atmungswege und/oder das Trinkwasser auf. Laut Foro E-maús leiden über 70 % der costaricanischen Plantagenarbeiter an Krebs, Hautausschlägen, Seh- und Atembeschwerden. Auch die Konsumenten sind betroffen, sowohl in Costa Rica als auch in den Exportländern. Costa Rica zählt zu den Ländern mit der höchsten Zahl an Magenkrebserkrankungen.

Doch der Zweck heiligt die Mittel. Trotz der umwelt- und arbeiterfeindlichen Vergangenheit, die

von Diskriminierung, Minimallöhnen, blutigen Streikniederschlagungen bis zu den oben genannten Krankheiten reicht, wurden die großen Bananenkonzerne von Anfang an von der costaricanischen Regierung u. a. durch Steuerbegünstigungen oder preiswerten Landerwerb unterstützt. Schließlich sind Bananen – nach dem Tourismus – der größte Devisenbringer im Land.

Dank des Engagements von Organisationen wie der Corporación Educativa para el Desarrollo Costarricense (CEDECO), 💻 www.cedeco.or.cr, dem Movimiento de Agrocultura Orgánica Costarricense (MAOCO), 💻 www.agriculturaorganica.org/maoco.htm, oder dem Organisationsnetzwerk Foro E-maús, 💻 www.foroemaus.org, die sich in den 1980er- und 1990er-Jahren aus Nicht-Regierungsorganisationen, Umweltschützern, kirchlichen Vereinen und Menschenrechtsgruppen zusammensetzten, sich u. a. für ökologische Landwirtschaft und bessere Arbeitsbedingungen auf den Plantagen stark machen und sich um Gefahrenaufklärung unter der Bevölkerung bemühen, ist langsam ein Kurswechsel in der costa-ricanischen Agrarpolitik zu beobachten. So wurde im Juni 2007 das *Ley para el desarrollo, promocion y fomento de la actividad agropecuaria organica* verabschiedet, ein Gesetz, das auch kleinen und mittelständischen Ökobetrieben staatliche Förderung und Schutz zusichert, u. a. durch Ernteversicherungen und vergünstigte Kredite.

Für Talamancas Ökobauern ist das Gesetz eine Bestärkung dafür weiterzumachen und mit traditionellen Mischanbaumethoden und ohne Chemikalieneinsatz gegen Goliath weiter zu bestehen. Ihre Öko-Banane Gros Michel ist zwar kleiner als die konventionelle Gran Cavendish und ihre Schale weist den einen oder anderen braunen Fleck auf, dafür ist sie süßer im Geschmack und giftfrei! Informationen zum Verkauf von Öko-Bananen in Deutschland bietet 💻 www.banafair.de.

Manzanillo

Fahrradverleih
Bei **Cabinas Manzanillo**, 3500C pro Tag.

Supermarkt
Supermercado Carnes Luca, 6–20.30 Uhr.

Touren
Asociación de Guías Autóctonos Naturalista de Manzanillo Talamanca, am Ortseingang, 759-9064. Mehrstündige Führungen durch die Reserva ($30 p. P.), Delfintouren ($80 pro Boot), Schnorcheltouren zur Laguna Gandoca, ($25 p. P.), Reittouren ($20 pro Std.). 7–20 Uhr.

Engagiert in Talamanca

Jedes Jahr zur Schildkrötensaison von März bis Juli rekrutiert die Asociación Nacional de Asuntos Indígenas (ANAI) Freiwillige für ihre Schildkrötenschutzprogramme im Parque Nacional Cahuita und im Refugio Gandoca-Manzanillo. Zu den Aufgaben der Voluntarios zählen u. a. nächtliche Strandpatrouillen, das Verlegen gefährdeter Nester, das Zählen von Eiern und die Registrierung von ehemals markierten Schildkröten. Die Unterbringung erfolgt im MINAE-Gebäude im Nationalpark Cahuita; in Gandoca kommen die Freiwilligen bei costa-ricanischen Familien unter ($16 pro Tag, VP. inkl.). Ein Mindestaufenthalt von einer Woche ist Voraussetzung.
Längere Einsätze sind auf ANAIs **Finca Loma** in der Comunidad Gandoca möglich. Die Finca produziert u. a. Samengut, das mit der Regenwaldvegetation verträglich ist, und verteilt es an die Campesinos. Finca Loma ist von Primärwald umgeben, es gibt weder Elektrizität noch Telefon. Freiwillige zahlen $3 pro Tag für die Unterkunft und müssen sich selbst versorgen. Spanischkenntnisse sind bei beiden Projekten erforderlich. ANAI ist eine costa-ricanische Non-Profit-Organisation, die sich seit 1978 für Naturschutz, nachhaltige Landschaft und Ökotourismus in Talamanca einsetzt. Die Organisation war 1985 entscheidend an der Bildung der Reserva Gandoca-Manzanillo beteiligt und wurde für ihre Arbeit 2002 mit dem United Nations Equator Price ausgezeichnet. Weitere Informationen sind in der Zentrale in San José unter 224-3570 oder unter www.anaicr.org erhältlich.

Wassersport

Aquamor, in der Miss Edith Street, 759-9012. Delphintouren, Tauchen, Schnorcheln 5000C pro Tag, Kajak 5000C pro Tag, Boogieboards 4000C pro Tag.

Transport

Busse fahren nach:
Puerto Limón (via **Playa Chiquita**, **Punta Uva**, **Puerto Viejo**, **Cahuita**), 4x tgl.; 555C; 2 Std.; mit Mepe, 758-1572.

13 HIGHLIGHT

Refugio Nacional de Vida Silvestre Gandoca-Manzanillo

MINAE-Büro 759-9001, 500 m vor Manzanillo
Öffnungszeiten 8–16 Uhr
Eintritt Frei
Gründungsjahr 1985
Größe 5000 ha Landesfläche, 4380 ha Meeresfläche
Unterkunft Camping in Manzanillo oder Gandoca
Transport
Der **Sektor Manzanillo** umgibt die Ortschaft Manzanillo und lässt sich daher zu Fuß erreichen. Der südlicher gelegene **Sektor Gandoca** ist entweder zu Fuß vom Parkeingang in Manzanillo zu erreichen oder per Auto (nur Vierradantrieb) über die Finca 46.

Das Refugio Gandoca-Manzanillo liegt am äußersten Südost-Zipfel Costa Ricas und wird im Norden vom Atlantik, im Osten vom Grenzfluss Río Sixaola und im Süden von den Talamanca-Bergen eingegrenzt. An der Küste wechseln sich schroffe, felsige Abschnitte mit paradiesischen

Straßenschild in Manzanillo

Palmenstränden und kleinen Korallenriffen ab. Die Frischwasserlagune **Laguna Gandoca**, in die bei Flut auch Meereswasser dringt, ist ein Biotop für seltene Flora und Fauna. Hier lebt die einzige Population der Mangrovenauster in Costa Rica. Außerdem halten sich in ihr Tarpune, Delphine und – äußerst selten – die vom Aussterben bedrohte Seekuh auf. An der Flussmündung des Río Gandoca wächst der größte Bestand der roten Mangrove im Land. Der benachbarte **Playa Gandoca** ist der Nistplatz von vier verschiedenen Arten von Meeresschildkröten. ANAI führt hier – wie auch im Nationalpark Cahuita – Strandpatrouillen durch (s. S. 378, Kasten). Im Park halten sich außerdem Krokodile, Otter, Faultiere, Brüll- und Kapuzineraffen sowie Pacas auf.

Das Schutzgebiet ist von zwei Seiten zugänglich. Über Manzanillo führt ein oft sehr aufgeweichter Weg zunächst durch eine Lagune, vorbei an weißen Traumstränden ins Parkinnere bis zum Punta Mona. Von hier blickt man ins benachbarte Panama (5,5 km). Schwimmen ist möglich. Ein weiterer Pfad verbindet Manzanillo mit dem weniger besuchten Gandoca-Sektor.

Von Puerto Viejo nach Sixaola / Grenzübergang Panama

10 km südwestlich von Puerto Viejo liegt der kleine Ort **Bribrí**, ein Zentrum der umliegenden **Indianerreservate**. Touren in die Reservate sind mit ATEC (s. S. 374, Kasten) von Puerto Viejo aus möglich. Vorbei an Bananenplantagen führt die Straße weiter nach **Sixaola**, einem kleinen, trostlosen Grenzort, der nicht zum Bleiben einlädt.

Malerisch aber ist die Grenzüberschreitung über die 100 Jahre alte Stahlbrücke nach Panama. Die Brücke führt über den 146 km langen Río Sixaola, der am Cerro Chirripó (Costa Ricas höchstem Berg) entspringt und in den Atlantik mündet. Große Del Monte-Lastwagem teilen sich die Brücke mit Radfahrern und Fußgängern – meist Costa Ricaner, die mit Reissäcken und großen Benzinkanistern auf dem Rücken aus dem preisgünstigeren Panama zurückkehren.

Während sich der panamesische Grenzort Guabito mit einer 6 m hohen Mauer umgibt, ist Sixaola nach wie vor schutzlos den Launen des Flusses ausgesetzt und gerät immer wieder nach heftigen Regenfällen wegen schlimmer Überflutungen in die Schlagzeilen.

Akzeptable, aber muffige **Übernachtung** bietet Cabinas Sanchez, ✆ 754-2126, ❶. **Taxis** fahren gegenüber vom Supermarkt für $30 nach Puerto Viejo und für $35 nach Cahuita.

Transport

Busse fahren nach:
Puerto Limón (via **Bribrí, Puerto Viejo, Cahuita**), 5–18 Uhr stdl.; 3 Std.; 1465C; nicht alle Busse fahren über Puerto Viejo; mit Mepe, ✆ 758-1572.
San José (via **Bribrí, Puerto Viejo, Cahuita**), 4x tgl.; 4700C; mit Mepe.

Auf nach Panama

Grenzübergang **Costa Rica**, ✆ 754-2044; Grenzübergang **Panama**, ✆ 00507-759-7019, ◷ 7–17 Uhr (Costa Rica Zeit); 8–18 Uhr (Panama Zeit – Panama ist Costa Rica um eine Stunde voraus). Der Grenzübergang in **Sixaola** wird hauptsächlich von Urlaubern genutzt, die vorhaben, einige Tage auf dem Inselarchipel Bocas del Toro zu verbringen. Wer Panama City ansteuert, sollte dagegen den Grenzübergang **Paso Canoas** wählen, denn die Verkehrsanbindungen sind dort besser. Die Ausreiseformalitäten sind in Sixaola schnell und unkompliziert erledigt. Ein Weiterreiseticket jedoch wird verlangt. Wer keines hat, kann sich für $5 ein Busticket in der Apotheke kaufen. Vom Grenzort Guabito fahren alle 30 Min. Busse ins 16 km entfernte Changuinola (rund 30 Min.). Von dort besteht Busverbindung nach Almirante (ungefähr 45 Min.), wo die Wassertaxis zur Isla Bocas del Toro (etwa 30 Min.) ablegen. Private Minibusse bieten direkten Transport vom Grenzübergang in Guabito zum Bootsableger in Almirante an. Wer noch am gleichen Tag die Insel erreichen will, sollte früh aufbrechen.

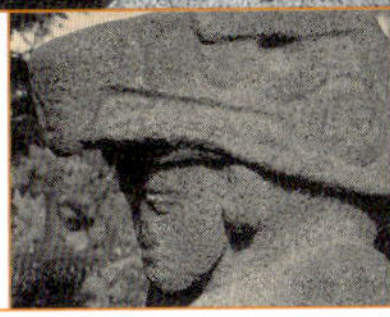

Süd-Nicaragua

Stefan Loose Traveltipps

Rivas Im „Chicken Bus" Nicaragua erkunden – bei Latinoschnulzen und geöffneten Türen. S. 382

14 Petroglyphen Die Isla Ometepe nach Felsgravuren durchkämmen und versuchen, die Symbole zu entschlüsseln. S. 392

Lago Cocibolca Mit der Fähre das „Mar Dulce" überqueren und zwischen Reissäcken unterm Sternenhimmel schlafen. S. 398

15 Isla de Solentiname Auf den Spuren des Dichter-Priesters Ernesto Cardenal, der auf dem friedlichen Archipel lebte und wirkte. S. 406

16 Río San Juan Im Morgennebel die alte Piratenroute entlang zur spanischen Festung El Castillo schippern. S. 409

Dieser Reiseabschnitt beginnt in der alten **Kolonialstadt Rivas** und führt – über Seen und Flüsse – die alte Piratenroute entlang, von Ozean zu Ozean:

Zur legendenumwobenen **Isla Ometepe**, auf der zwitterköpfige Götterstatuen und Jahrtausende alte Petroglyphen auf fruchtbarer Vulkanerde verstreut liegen.

Über den **Lago Cocibolca**, Nicaraguas größten Binnensee, nach **San Carlos**, dem Eingangstor zum Grenzfluss **Río San Juan**.

Nach **Solentiname**, einem friedlichen Inselarchipel, auf dem der Dichter und Priester Ernesto Cardenal jahrelang wirkte (s. S. 408, Kasten „Dichter, Priester, Revolutionär").

Und schließlich auf dem fast 200 km langen Río San Juan vorbei an unberührtem Regenwald und spanischen Festungsruinen, nach **San Juan del Norte**, der **Karibikregion** Nicaraguas.

Natur, Kultur, Geschichte, körperliche Herausforderung und Erholung abseits des Touristenpfades, das bietet Nicaraguas Süden zuhauf. Mit zwei Grenzübergängen in Peñas Blancas und San Carlos lässt sich die Reise vorzeitig beenden oder an späterer Stelle beginnen (siehe Routenvorschläge im Überblicksteil, S. 27).

Rivas

Rivas, günstig an der Panamericana gelegen, ist die erste Stadt, die man nach dem Grenzübergang von Costa Rica passiert. Direkt in der Mitte zwischen dem Lago Cocibolca und dem Pazifik gelegen, bildet sie einen wichtigen Verkehrsknotenpunkt.

Nur wenige Touristen besuchen den alten, kolonialen Stadtkern. Dabei zählt Rivas, das neun

nicaraguanische Präsidenten hervorgebracht hat, zu den historisch bedeutendsten Städten des Landes.

Geschichte

In Rivas kreuzten sich die Wege der Indianerstämme aus dem Norden (Maribios, Chorotegas und Nicaraos) und dem Süden (Chibchas und Mangues). Es war das erste Gebiet in Nicaragua, das von den Spaniern kolonialisiert wurde. Die Konquistadoren nannten die Region „Valle de Nicaragua", nach dem damaligen Cacique Nicarao.

Im Jahr 1856 kämpften hier Nicaraguaner und Costa Ricaner gemeinsam gegen den eroberungswütigen William Walker (s. S. 211, Kasten), der sich mit seinen Truppen in der Hacienda Santa Ursula, dem heutigen Stadtmuseum, versteckt hielt.

Mitte des 19. Jahrhunderts zogen Tausende von abenteuerlustigen Goldgräbern auf ihrer Reise von New York nach San Francisco durch die Stadt. Mit Cornelius Vanderbildts Dampfschiffgesellschaft reisten sie über den Río San Juan quer durch Nicaragua. Lediglich die 18 km lange Landstrecke zwischen dem Pazifik und Rivas legten sie per Pferdekutsche zurück.

Sehenswertes

Rivas koloniales Erbe lässt sich gut zu Fuß oder mit einem der zahlreichen Ciclo-Taxis erkunden. Im Stadtzentrum steht die große **Iglesia Parroquial de San Pedro** aus dem 18. Jahrhundert, auf deren Altargemälde der Kommunismus als sinkendes Schiff dargestellt wird. Nur 400 m westlich von hier befindet sich bereits das nächste Gotteshaus, die aus Holz erbaute **Iglesia de San Francisco** aus dem Jahr 1778. Aus dem einstigen

La Cruz de España

Auf halber Strecke zwischen Rivas und San Jorge wölbt sich ein Zementbogen über die Straße. Auf ihm erhebt sich das Cruz de España, ein Kreuz mit zwei Querbalken – das Symbol für zwei Kulturen: die der Indigenen und die der Spanier.

Denn am 12. April 1523 traf sich hier der Cacique Nicarao mit dem spanischen Eroberer Gil González Dávila. Nicarao stellte dem Christen folgende Fragen:

Saben los Espanoles (...) quien movía las estrellas, el sol y la luna? Dónde estaba el alma?
Wissen die Spanier, wer die Sterne bewegt, die Sonne und den Mond, und wo sich die Seele befindet?
Como Jesús siendo hombre es Dios y su madre virgen pariendo y para qué tan pocos hombres querían tanto oro?
Wie Jesus Mensch und gleichzeitig Gott sein kann, und wie seine Mutter ihn als Jungfrau empfangen konnte?
Und warum diese wenigen Männer so viel Gold begehren?

Franziskanerkonvent führt ein mysteriöser, unterirdischer Tunnel zum Stadtpark.

Die **Biblioteca Pública de Rivas,** neben dem Bancentro, zählt zu den ältesten, noch intakten Gebäuden Nicaraguas. Präkolumbische Artefakte, Schmuck und das Skelett eines Mammuts gibt es im **Museo de Historia y Antropología de Rivas** am westlichen Stadtrand zu sehen. In dem ehemaligen Hazienda-Gebäude hielt sich William Walker versteckt.

Sehenswert ist auch der große alte **Cementerio** (Friedhof) am südöstlichen Stadtrand, von dessen **Cerro de Carazo** aus man Rivas bei Sonnenuntergang bewundern kann.

Übernachtung

Rivas hat einige wenige gute Unterkünfte und Restaurants.

Hospedaje Lydia, gegenüber von Intur, Richtung Panamericana, ✆ 563-3347. Die beste Budgetunterkunft im Ort; bei der weltgereisten Granadinerin Lidia. Sehr saubere Zimmer, teils mit Gemeinschaftsbad; abends oft voll belegt. Ab $5 p. P.

Hospedaje El Español, 100 m östlich der Südostecke des Parks, ✆ 453-0006. Zentraler gelegen, aber die Zimmer sind um einiges teurer; hauseigenes Restaurant. ❷–❸

Essen

Stände mit frischem Obst und kleinere Comedores gibt es im großen, chaotischen Mercado Central, praktisch neben dem Busbahnhof gelegen.

Los Italianos Locos, schräg gegenüber der Tankstelle, an der Interamericana. Kein schönes Ambiente, dafür wird aber original italienische Pizza und Pasta zubereitet. Tipp: Essen mitnehmen und in den Park setzen!
◷ Tgl. bis 22.30 Uhr.

El Mariscazgo, weiter östlich, ebenfalls an der Interamericana, serviert leckere Fischgerichte und Meeresspezialitäten.

Pollo Dorado, im Ortszentrum, gegenüber vom Supermarkt Palí, verkauft knusprig gebratene Hühnchen, geviertelt, halbiert oder *entero* (ganz), ◷ tgl. 10–21 Uhr.

Sonstiges

Geld

Bancentro, 100 m östlich der Iglesia San Francisco. ◷ Mo–Fr 8.30–16.30 Uhr.

Internet

Internet Rivas, neben dem Bancentro, ◷ tgl. 8–21 Uhr.

Post

50 m östlich vom Bancentro. ◷ Mo–Fr 8–17, Sa 8–13 Uhr.

Supermarkt

Palí, 100 m westlich vom Park. ◷ Mo–Sa 7.30–19.30, So 7.30–15 Uhr.

Transport

Busse

Die Busse zu Zielorten innerhalb Nicaraguas fahren vom Busbahnhof neben dem Mercado Central ab.
Granada, 8x tgl.; ungefähr 1 1/2–2 Std.; wer es eilig hat, kann auch einen Bus nach Managua nehmen, in Nandaime aussteigen und von dort in einen der häufig vorbeifahrenden Busse nach Granada umsteigen.
Managua, alle 30 Min. von 3.30–18.15 Uhr; 2 1/2 Std.
Ostional (über **San Juan del Sur** und **Playa La Flor**), 3x tgl.; 3 Std.
Peñas Blancas, alle 30 Min.; 45 Min.
San Jorge (Fähranleger zur **Isla Ometepe**), jede halbe Std.; rund 20 Min.
San Juan del Sur, alle 45 Min.; der letzte Bus fährt um17.30 Uhr; rund 45 Min.

Internationale Busse
Die internationalen Busse Richtung Costa Rica und Panama (Tica Bus und Central Line) fahren von der Panamericana ab. Fahrkarten sollte man mindestens zwei Tage vorher reservieren.
Costa Rica, 3x tgl.; 6 Std.; $12,50; an der Panamericana, neben der Hospedaje Internacional, mit Central Line, ✆ 563-3652, Büro in der Schneiderei.
3x tgl.; 6 Std.; $12,50; an der Panamericana, 150 m nördlich der Texaco-Tankstelle, mit Tica Bus, 🖳 www.ticabus.com.

Boote / Colectivos

Isla Ometepe, Fähren auf die Insel setzen von San Jorge über (s. S. 386).
Eine Fahrt im Colectivo (Gemeinschaftstaxis) dorthin kostet rund $1,50 p. P. und dauert ungefähr 15 Minuten.

Nepper, Schlepper, Bauernfänger

Die Bus- und Taxifahrer in Rivas haben es faustdick hinter den Ohren. Je mehr Fahrgäste im Bus sind, desto mehr verdient der Fahrer. Bei Auskünften wie „no hay otro bus hasta ..." (es fährt kein anderer Bus bis ...), oder „es el único bus" (dies ist der einizige Bus) lohnt es sich, noch einmal am Kiosk oder bei anderen Fahrgästen nachzufragen. Sonst verpasst man gutgläubig wartend Busverbindungen und verliert kostbare Zeit. Die Taxifahrer verlangen von Ausländern grundsätzlich „Gringo"-Preise. Am günstigsten ist die Fahrt mit Einheimischen im Colectivo (Gemeinschaftstaxi). Eine Fahrt im Gemeinschaftstaxi von Rivas zum Fähranleger in San Jorge sollte nicht mehr als rund $1,50 p. P. kosten. Bei Privatfahrten im Taxi nicht vergessen hart zu feilschen!

San Jorge

Von San Jorge, rund 5 km von Rivas entfernt, setzen die Fähren und Lanchas zur Isla Ometepe (s. S. 392) über. Das Eiland liegt nur 14 km (eine Stunde) vom Festland entfernt. Vom Strand hat man einen herrlichen Ausblick auf die beiden Inselvulkane, das heißt, auf den aktiven Vulcán Concepción (1610 m) und den ruhenden Vulcán Maderas (1394 m). Vorwiegend Einheimische machen in San Jorge Urlaub.

Wer das Boot verpasst hat, kann die Zeit nutzen und einen Blick in die **Iglesia de las Mercedes** zu werfen. Die Kirche wurde 1575 erbaut und zählt zu den ältesten Gotteshäusern im Land.

Übernachtung

Hotel Azteca, 200 m westlich der spanischen Festung (ungefähr 15 Min. Fußmarsch vom Anlegesteg), ✆ 563-0759. Große, gepflegte Anlage mit Pool und Restaurant; farbenfroher, hübscher Dorm ($3 p. P.), auch DZ; teils mit AC. Kanadische Leitung. ❷
Hotel Hamacas, vom Fähranleger 100 m westlich und anschließend 25 m südlich, ✆ 563-0048. Zimmer mit großen Fenstern, teils mit AC; kleiner Pool und – der Name sagt es schon: viele Hängematten. ❷–❸

Transport

Busse

Rivas, alle 30–60 Min.; 15 Min.

Colectivos

Ein Gemeinschaftstaxi nach **Rivas** kostet ungefähr $1,50 p. P.

Boot / Fähre

Moyogalpa (Ometepe), 10x tgl. (6x Lancha, 4x Fähre) von 7.45–17.30 Uhr; 1 Std.; Autofahrer müssen 3–4 Tage vorher reservieren, ✆ 278-8180.

San Juan del Sur und seine Strände

San Juan del Sur zählt zu Nicaraguas Haupttouristenzentren. Umgeben von rund 40 Stränden, findet jeder Strandurlauber hier seine Nische: Surfer ihren Secret Spot, Taucher versunkene Schiffwracks, Schwimmer ruhige Badebuchten und Schnorchler kristallklare Tidepools. Eine Hand voll Sprachschulen sorgt zudem mit aktionsreichen Spanischkursen für ausreichend Geistesnahrung (s. S. 389, Kasten „Bildungsurlaub").

San Juan del Sur

Der kleine Fischerort boomt, längst sind auch San Juans Hügel von Maklerschildern und Baufahrzeugen umgeben. Man spricht bereits vom Bau der Costañera und der Eröffnung eines neuen Grenzübergangs nach Costa Rica, der die Touristen aus dem Nachbarland anlocken soll. Allein das alte Indiogesicht in den schroffen Felsklippen der Bucht ist unverändert geblieben und starrt seit Jahrtausenden gleichmütig auf den orange gefärbten Abendhimmel – das Markenzeichen San Juans.

Übernachtung

Casa Oro Youth Hostel, 20 m südlich vom Hotel Colonial, ✆ 568-2415, 💻 www.casaeloro.com. Beliebter Backpacker; sehr enger Dorm mit teils durchgelegenen Matratzen ($5 p. P.); auch DZ, teils mit eigenem Bad ❷. Gemeinschaftsküche; Schließfächer; Büchertausch; Transport an die Strände Majagual, Madera und Coco. Reiseschecks und Kreditkarten werden akzeptiert.

Hospedaje Don Wilfredo, 30 m östlich von Marie's Bar, ✆ 568-2128. Sehr saubere Zimmer; große Eingangshalle mit Schaukelstühlen; teils mit AC; Strandnähe. Zwischen $3,50 und $5,50 p. P.

Hospedaje Elisabeth, C. Central, auf der dem Mercado gegenüberliegenden Straßenseite, ✆ 568-2270, saubere Zimmer, teils mit Gemeinschaftsbad. ❷

Hospedaje La Fogata, C. Central, auf der dem Mercado gegenüberliegenden Straßenseite, ✆ 568-2271, grün-pink gestrichene, saubere Holzcabinas bei den liebenswerten Cousinen Doña Jennifer und Doña Martha. Teils mit Privatbad; herrlich chaotische Eingangshalle mit Küche, Fahrrädern, Fernsehern und Gemälden von ehemaligen, kreativen *Viajeros* (Gästen). Ab $3,50 p. P.

Hospedaje La Marimba, von der Bushaltestelle 50 m nach Osten, dann 150 m nach Norden, ✆ 568-2491. Sehr saubere Zimmer; Gemeinschaftsküche. ❷

Hospedaje Rebecca, westlich vom Parque Central. Sehr saubere, helle Zimmer; teils mit Gemeinschaftsbad; Gemeinschaftsküche; Parkplatz. Ruhig. ❷

Hospedaje Soya, rund 20 m nördlich vom Internet Leo. Hübsche Zimmer mit guten Matratzen; teils mit Privatbad. Kleiner Hintergarten, Kochmöglichkeit. Ab $3,50 p. P.

Hotel Casablanca Nica, ✆ 568-2135, 💻 www.sanjuandelsur.org.ni. Freundliche Anlage mit 14 großzügig geschnittenen Zimmern; AC und Kühlschrank. Kinderpool; Gartenanlage mit Sitzmöglichkeiten; Touren; Kreditkarten werden akzeptiert. Frühstück inkl. ❺

Hotel Colonial, 100 m westlich, 25 m südlich vom Mercado, ✆ 568 2539, 💻 www.hotel-nicaragua.com. Schöne Zimmer mit AC im Backsteinbau; Innenhof mit großem Blumengarten. ❹

Hotel Estrella, am Strand, ✆ 458-2210, mit fast 90 Jahren das älteste Hotel in San Juan. Obwohl Unsummen für das Grundstück geboten werden, wird das Haus der Großeltern nicht verkauft – aber vermietet. Hauptsächlich Backpacker übernachten in den hellhörigen, aber sauberen Doppel-, Dreier- und

Viererzimmern am Strand mit hübschem Balkon und Gemeinschaftsbad. ❶

Hotel Piedras y Olas, 150 m östlich der Kirche, ✆ 568-2110, 💻 www.piedrasyolas.com. Riesige Luxusanlage mit großen, hellen, stilvoll eingerichteten Zimmern; ein Teil der Einnahmen kommt Ausbildungs- und Umweltschutzprojekten der hoteleigenen Stiftung zugute. ❻

Hotel Royal Chateau, ✆ 568-2551; 18 saubere Zimmer mit AC und großen Betten; ❹

Hotel Joxi, C. Central, 150 m westlich vom Mercado, ✆ 568-2348. Zweistöckiges Hotel; Zimmer mit TV und AC, große, schöne Gemeinschaftsterrasse; immer gut besucht. Frühstück inkl.; Restaurant. ❸

Hotel Villa Isabella, Diagonal Norte, Ecke Iglesia Católica San Juan del Sur Rivas, ✆ 568-2568, 💻 www.sanjuandelsur.org.ni/isabella. Zimmer mit AC, teils mit Privatbad; Gemeinschaftsküche; Pool; Frühstück inkl.; nordamerikanische Leitung. ❺–❻

Essen

Sehr gut essen kann man in den vielen ausgesprochen sauberen Comedores im Mercado Central. Frischer Fisch! ⌚ Tgl. 6–17 Uhr.
Von **Asados Vilmas** gegrillten Hühnern, Fleisch und Gallo Pinto schwärmt ganz San Juan.
Die „Hühnchenfrau" steht an der Westseite des Parks.
Eine Vielzahl an Fischrestaurants gehobenerer Preisklasse befindet sich an der Strandmeile; bei vielen ist Zahlung mit Kreditkarte möglich.

Typische Expat-Cafes / Bars / Restaurants

El Gato Negro, rund 50 m nördlich vom Internet Cyber Leo. Crêpes, Croissants, Sandwiches, Salate, vegetarische Teller und vieles mehr. Frisch gemahlener Kaffee und eine große Auswahl an Tees. Mittwochs Dinner mit Jazz; bei dem freundlichen, weltgereisten Paar Kelly und Rob. ⌚ Mi–So 7–15 Uhr.
Gofrio Café, am Mercado. Waffeln in allen Varianten: herzhaft mit Brokkoli und Krabben-Weißweinsauce, feurig mit mexikanischen Bohnen, süß mit Ahornsirup, erfrischend kühl mit Eiskrem oder: die Waffel selbst kreieren. Das Gofrio Cafe wird umziehen. Einfach der Nase nach! ⌚ Do–Di bis 14 Uhr.
Iguana, am Strand. Ganz schön mutig: Weltenbummlerin Diana aus Holland hat aus eigener Kraft dieses hübsche Restaurant-Café eröffnet und serviert Kuchen und vegetarische Gerichte. Büchertausch, Spiele, Gitarre; ein schöner Ort zum Lesen und Schreiben. Mitunter Live-Musik. ⌚ Fr–Di 7.30–22 Uhr.
Zapata's, gegenüber vom Hotel Puerto, 50 m nördlich vom Mercado, bietet original mexikanische Küche.
Das Nachtleben findet in **Marie's Bar**, an der Strandmeile, ⌚ ab 22 Uhr, statt, oder aber in der **Disco Otangani** am nördlichen Strandende, wo man auf ein gemischtes Publikum aus Einheimischen und Touristen trifft.

Essen mit Stil

Bar-Restaurante El Colibrí, hinter der Iglesia Católica, an der Südwestecke vom Park. Zwei Katalanen, ein Italiener und ein Ire leiten dieses sehr geschmackvolle und originelle Restaurant mit mediterraner und internationaler Küche. Hausgebackenes Brot; auch vegetarische Speisen; Produkte aus biologischem Anbau; Weinkarte. Manchmal Live-Musik. Gehobene Preisklasse (für nicaraguanische Verhältnisse). ⌚ Mi–So 17–24 Uhr.

Aktivitäten

Canopy

Da Flying Frog Canopy, an der Carretera Richtung Playa Marsella, ✆ 568-2351; eine rund 2 km lange Seilbahn mit 17 Plattformen. $25 p. P.

Petroglyph

Nicht weit vom Ortszentrum liegt ein rund 1700 Jahre alter Petroglyph, der vermutlich eine Jagdszene darstellt. Wegbeschreibung: Ungefähr 500 m hinter der Schule rechts durch das Tor biegen und bis zur Finca gehen. Da dies ein Privatgrundstück ist, muss um Erlaubnis zum Zutritt gebeten werden. Wenn der Wärter da ist, zeigt er den Weg zum Petroglyphen, sonst den Wasserrohren und dem Flusslauf folgen. Nach rund 30 Min. erreicht man den Felsen. Der Pfad führt weiter zu einem Wasserfall.

Touren

Schildkrötentouren in die Reserva La Flor bietet das Hostel Casa Oro an. $25 p. P., inkl. Transport.

Kajak fahren

Kajakverleih im **Iguana Café**; rund $3 pro Std.; Pass oder Kreditkarte als Pfand hinterlassen.

Schnorcheln

Schnorchelausrüstung verleiht **Aquatic Rana Tours**, am Strand, für $15 pro Tag.

Surfen

Der Strand von San Juan del Sur selbst eignet sich nicht zum Surfen. Wellenreiter fahren an die Strände der Umgebung, z. B. zum Playa Marsella und Playa Yankee. Viele „breaks" sind jedoch nur mit dem Boot zu erreichen.

Die Brüder Byron und Sergio Lopez von **Arena Caliente**, 50 m nördlich vom Mercado, ✆ 824-1152, 💻 www.arenacaliente.com, kennen die „secret spots" und bieten Transport an; auch Boogieboard und Surfbrettverleih ($10 pro Tag). 🕓 Tgl. 10–17 Uhr.

Tauchen

Scuba Shack, am Strand, in der ehemaligen Ricardo's Bar; 💻 www.scubashack-nicaragua.com; u. a. Tauchgänge zu einem versunkenen japanischen Schiff.

Sonstiges

Bücher

El Gato Negro, rund 50 m nördlich von Cyber Leo, hat internationale Bücher und Expat-Preise. 🕓 Mi–So 7–15 Uhr.

Geld

BDF, an der Strandmeile, 100 m südlich vom Hotel Estrella. 🕓 Mo–Fr 8.30–12 und 13–16.30, Sa 8.30–12.30 Uhr; kein Umtausch von Reiseschecks.
Der Geldautomat am **Hotel Casa Blanca** spuckt Dollarnoten aus.

Internet

Im **Cyber Leos**, 100 m westlich, 75 m nördlich vom Markt oder (in der gleichen Straße) im **Hotel Costa Azul**, 100 m westlich vom Mercado.

Polizei

Am südlichen Ende der Strandmeile, ✆ 568-2382; 🕓 rund um die Uhr.

Post

Am südlichen Ortsende an der Strandmeile im Enitel-Gebäude, 🕓 Mo–Fr 8–12 und 13–17, Sa 8–12 Uhr.

Sprachenschulen

Siehe Kasten „Bildungsurlaub", S. 389.

Taxis

Am Mercado Central. Tarife: El Coco $25; El Yankee $10; La Flor $25; Majagual $10; Ostional $30; Rivas $10–15; Penas Blancas $20; Remanso $10.

> **Bildungsurlaub**
>
> Spanisch lernen oder alte Spanischkenntnisse aufpolieren? In kleinen Gruppen, mit Muttersprachlern, frischer Meeresbrise und Ausflügen im Programm macht das Lernen Spaß. Adelante!
> Die **San Juan del Sur Spanish School**, am südlichen Ortsende an der Strandmeile mit Blick auf den Pazifik, 💻 www.sjdsspanish.com, bietet 5-tägige Kurse mit täglich 3 Stunden Einzelunterricht ab $135. Unterkunft bei Familien ist möglich.
> **Doña Rosa Silva**, vom Casa Escuela Rosa Silva, 50 m westlich vom Mercado Central, ✆ 621-8905, 💻 www.spanishsilva.com, ✉ silva@yahoo.com, gibt seit 1996 Spanischunterricht. Eine Woche (Mo–Fr) mit täglich 4 Unterrichtsstunden inkl. Unterbringung bei einer Familie mit VP kostet bei ihr $160.

Telefone

Enitel, an der Strandmeile. Telefonkarten und Telefonzellen.

Wäscherei

Gaby's Laundromat, vor der Hospedaje Elizabeth, 🕓 Mo–Sa 8–17 Uhr.

Transport

Busse

Die Busse fahren vor dem Mercado ab. Aktuelle Buszeiten stehen auf dem Aushang im Hostel Casa Oro.
Managua (über **Rivas**), 4 Expressbusse von 5–7.30 Uhr ungefähr stdl.; 2 1/2 Std.
außerdem 5x tgl. reguläre Busse, 4 Std.
Rivas, stdl.; 40 Min.
An die **Strände**:
Nördliche Strände, 3x tgl., über Marsella, Madera, Majagual.
Südliche Strände, 3x tgl., über Remanso, El Coco, La Flor und Ostional.

Colectivos

Das Hostel Casa de Oro bietet täglich Transport (hin und zurück) auf der Ladefläche ihres

Pick-ups an die umliegenden Strände Coco, Madera und Majagual an. Eine Mitfahrer-Liste hängt jeweils einen Tag vorher am Eingang der Herberge aus. Die Hinfahrt allein kostet rund $3, Hin- und Rückfahrt kosten ungefähr $5.

Wassertaxi

Strände **Marsella**, **Madera** und **Majagual**; 1x tgl. mit Aquatic Rana Tours, 100 m östlich vom Mercado, ✆ 877-9255. Transport vormittags hin, nachmittags zurück. Mindestteilnehmerzahl 7 Personen; Fahrpreis $8 p. P.

Die südlichen Strände

San Juan besticht durch seine traumhaften Sonnenuntergänge. Zum Surfen und Schwimmen besser geeignet sind allerdings die Strände der Umgebung.

Der Kieselstrand **Playa Remanso**, mit Tidepools und Fledermaushöhlen, ist ein beliebter Surfstrand. An der Bucht hat ein Luxushotel mit Condominiums eröffnet. Die Zufahrt zum **Playa Yankee**, einem Favoriten bei Wellenreitern, führt über Privatbesitz und ist deshalb gelegentlich gesperrt.

Schwimmen und Schnorcheln kann man am halbmondförmigen, weißen **Playa Coco.** Zwei Hotels und ein Restaurant bieten Unterkunft und Verpflegung an.

Die olivfarbene Bastardschildkröte (Olive Ridley) nistet am **Playa La Flor**, rund 12 km südlich von San Juan. Camping ist im angrenzenden Schutzgebiet erlaubt.

Übernachtung und Essen

Coco Cabañas, gegenüber vom Restaurant Puesta del Sol, ✆ 278-6045. Vier schlichte, bunte Holzferienhäuser auf Stelzen mit Küche, AC und Veranda. ❹

Restaurant Puesta del Sol, am Strand; einheimische Gerichte und internationale Küche; spezielle Kinderkarte; Kaiserschmarrn und Apfelstrudel als Nachtisch! Meeresblick. 🕓 Tgl. 8–20 Uhr.

Ein Hotel mit Idealen

Parque Maritimo El Coco, 17 km von San Juan del Sur, ✆ 892-0124, 💻 www.playaelcoco.com.ni. Dieses österreichische Projekt verknüpft Tourismus mit sozialem Engagement: Große, weitläufige, schöne Anlage am Meer mit attraktiven Apartments und Ferienhäusern für 2–10 Personen mit Küche, teils mit AC, zum Teil auch mit Meeresblick. Jedes Haus hat einen anderen Besitzer. Durch das Projekt konnte die örtliche Grundschule gegründet werden. Mit einem Teil der Hoteleinnahmen wird der Unterricht finanziert. ❹–❻

Transport

Playa de Coco liegt auf der **Busstrecke** San Juan del Sur–Ostional.

Reserva Vida Silvestre La Flor

Playa La Flor ist ein wichtiger Nistplatz der olivfarbenen Bastardschildkröte. Von Juli bis Januar landen die Reptilien zu Tausenden an dem weißen, sichelförmigen Sandstrand. Diese Massenankünfte werden auf Spanisch *„Arribadas"* genannt. Seit Oktober 2005 ist die Nestdieberei auch in Nicaragua gesetzlich verboten und wird mit Geld- und Haftstrafen geahndet. Zwischen Theorie und Praxis jedoch klaffen Welten. Zwar läuft das nicaraguanische Militär am Strand Patrouille, der Eierdiebstahl jedoch ist nach wie vor sehr verbreitet. Die Parkwächter sammeln die Eier deshalb direkt nach der Eiablage ein und setzen die geschlüpften Schildkrötenjungen später aus.

Während der „Arribadas" ist der Zugang zum Strand nur mit Führer gestattet. **Schildkröten-Touren** werden u. a. vom Casa Oro Youth Hostel in San Juan del Sur ($25 p. P.) oder von Community Tours in Ostional angeboten ($15 p. P.). Taschenlampen und Blitzlichter sind am Strand nicht erlaubt.

Camping ist im Waldabschnitt des Schutzgebietes möglich (zelten kostet rund $28 (!) pro Zelt; eine Nacht in der Hängematte ca. $5,50 p. P.).

Die Reserva Vida Silvestre La Flor liegt auf der Busstrecke San Juan del Sur–Ostional. Eintritt: $12 p. P. (Kinder $6).

Ostional

Im kleinen Fischerdorf Ostional liegen die Fischer zur Siesta-Zeit selbst wie große Flundern bäuchlings auf der Veranda. Nur fünf Familien leben im Ort. Allesamt sind sie miteinander verwandt oder verschwägert. Viele der Einwohner verdienen ihr Geld im benachbarten Costa Rica.

Eine Ausnahme bildet José de la Cruzanchez von **Community Tours**, der Unterkunft in Familien ($5 p. P. inkl. Frühstück; auch Hotelzimmer für $15) vermittelt und originelle Touren anbietet. Besucher können einen Tag lang die Fischer auf hoher See begleiten, fischen, Delfine beobachten, Netze säubern und sich anschließend den Fang gut schmecken lassen ($15 p. P.). Außerdem stehen Reittouren zu einem präkolumbischen Friedhof ($15 p. P.) und Schildkrötentouren zur Reserva Vida Silvestre La Flor ($15 p. P.) auf dem Programm. Josés Büro befindet sich gegenüber der Bushaltestelle in Ostional, ✆ 723-4625. 🕒 13–17 Uhr.

Comida Típica mit frischem Fisch wird in der **Soda Mi Casita** und im **Comedor Blanca Rosa** serviert.

Transport

Busse nach **San Juan del Sur** fahren 3x tgl. Fahrzeit ungefähr 1 1/2 Std.

Die nördlichen Strände

Playa Marsella ist ein beliebtes Schnorchelrevier (Vorsicht: gefährliche Strömungen!) Der benachbarte, windige **Playa Madera** zieht vor allem Wellenreiter an, denn zum Schwimmen sind die Strömungen zu stark. In der kleinen Soda am Strand werden Surfbretter und sehr einfache Cabinas vorwiegend an Wellenreiter vermietet. Besser schläft es sich bei Matilda, am nördlichen Strandende.

Vorwiegend Rucksackreisende treffen sich an der schönen Bade- und Schnorchelbucht **Playa Mahagual**. Dort bietet die große Bahia Mahagual Ecolodge günstige Unterkunft und Verpflegung an. Das Luxushotel Morgan's Rock am benachbarten **Playa Ocotal** ist mit Aufforstungs- und Recyclingprojekten ein Vorreiter für den Ökotourismus in Nicaragua.

Weniger ist mehr am Strand

Mit dem boomenden Tourismus haben die Überfälle an San Juans abgelegenen Stränden leider erheblich zugenommen. Daher niemals Kreditkarten, Bargeld oder Reisepass an den Strand mitnehmen!

Übernachtung

Bahia Mahagual Ecolodge, am Playa Mahagual, 10 km nördlich von San Juan del Sur, ✆ 886-0439, ✉ majagual@ibw.com.ni.
Ein großes Backpackerresort mit Campingmöglichkeiten (ungefähr $2,50 p. P.), überdachten Hängematten (ungefähr $ 4,50 p. P.), Dorms (zwischen $5,50 und 7,50 p. P.), Cabinas oder Casitas ❸. Teils durchgelegene Matratzen, aber sauber. Eine Auffrischung der Anlage würde allerdings nicht schaden. Restaurant- und Wäscheservice; Internet; Verleih von Bällen, Frisbees, Schnorchel- und Angelausrüstung; ein guter Ort um andere Globetrotter zu treffen.

Matilda, am nördlichen Ende vom Playa Madera, ✆ 863-3929, ruhiger, kleiner und persönlicher als der Mahagual-Backpacker; einladende Unterkunft mit Camping (70C p. P.), sehr engen Dorms ($8 p. P.) sowie DZ ❸. Küchenutensilien und Grillplatz sind vorhanden.

Transport

Colectivos nach **San Juan del Sur** fahren 1x tgl., Kostenpunkt ungefähr $3,50 p. P.
Eine **Taxifahrt** nach **San Juan del Sur** kostet $15.

14 HIGHLIGHT

Isla de Ometepe

Ometepe ist die größte Insel auf dem **Lago Cocibolca**, Nicaraguas größtem Binnensee. Das Eiland besteht aus zwei Inseln, die durch einen Isthmus miteinander verbunden sind und zusammen die Form einer Acht ergeben.

Die nordwestliche Inselhälfte ist der bevölkerungsreichere und leichter zugänglichere Inselabschnitt. Eine Straße verbindet die Hafenstädte **Moyogalpa** und **Altagracia** miteinander. Fähren setzen von Moyogalpa aufs Festland nach **San Jorge** (s. S. 385) / Rivas und von Altagracia nach Granada bzw. San Carlos (Río San Juan) über. Altagracia ist außerdem die Ausgangsbasis für den anstrengenden Trek auf den aktiven **Volcán Concepción** (s. S. 395, Kasten). Nach dem letzten Vulkanausbruch 1957 rief die Regierung die Insulaner dazu auf, die Insel zu verlassen, worauf die Mehrheit entgegnete, dass sie lieber auf Ometepete sterben als an irgendeinem anderen Ort leben wollten. Auch auf den **Volcán Madera**, der auf der Südosthälfte ruht, führen Wanderwege (s. S. 395, Kasten).

Geschichte

Nach einer Insel mit zwei Hügeln sollten sie suchen, dort würden sie sich niederlassen, wurde den Nahuatl-Indianern prophezeit, als sie ihr Heimatland Mexiko verließen und Richtung Süden zogen. Ometepe (Nahuatl für „zwei Hügel"), ein 276 km² großes Eiland mit zwei Vulkanen, war das gelobte Land. Eindrucksvolle Götterstatuen und Hunderte von Petroglyphen hinterließen die Ureinwohner auf dem fruchtbaren Vulkanboden. Piraten nutzten später die vielen Buchten als Versteck und raubten den Insulanern ihre Tiere, Ernten und Frauen.

Bis Ende der 1970er-Jahre war Ometepe fest in den Händen von Großgrundbesitzern – die Somoza-Familie besaß hier große Ländereien. Nach der Revolution ging das Land auf die Campesinos über, die heute Kochbananen, Mais, Kaffee und Tabak anbauen. Vom Contra-Krieg blieb Ometepe verschont. „Oasis de Paz" – Oase des Friedens – wird das idyllische Eiland deshalb genannt, weil sich hier – schenkt man den Einheimischen Glauben – die Nachbarn noch nicht einmal den Gockel stehlen.

Moyogalpa

Moyogalpa bildet das Haupteingangstor zur Isla Ometepe. Hier befinden sich Tourveranstalter, Auto- und Fahrradvermietungen, eine zuverlässige Internetverbindung sowie die größte Auswahl an Unterkünften auf der Insel. Die meisten Besucher ziehen jedoch sofort weiter, z. B. zur Reserva Charco Verde und ihrer sagenumwobenen Lagune.

Ein schönes Ausflugsziel für Radtouren ist der schmale **Playa Jesús María**, ungefähr 5 km von Moyogalpa entfernt; gut für Sonnenuntergänge.

Übernachtung

Casa Familiar, 200 m östlich, 20 m südlich vom Hafen, ✆ 569-4240. Acht einfache Zimmer, teils ohne Fenster, teils mit AC; familiäres Ambiente. ❶

Hotelito Aly, an der Hauptstraße, ✆ 569-4196, ✉ hotelitoaly@yahoo.com. Eine der besten Unterkünfte im Ort. Saubere Zimmer mit blitzblankem Gemeinschaftsbad ($5 p. P.); mit Privatbad ($6 p. P.); auch Zimmer mit AC ❸. Schaukelstühle im Innenhof; Restaurant und Wäscheservice.

Hospedaje Central, 100 m südlich vom Internetcafé Arcia, ✆ 569-4262, ✉ hospedajecentralometepe@hotmail.com. Im Dorm mit 17 Stockbetten (!) ist fast immer eine Schnarchnase dabei; Matratzen teils durchgelegen; Außenbad ($3 p. P.); außerdem DZ mit Privatbad ❷. Am billigsten verbringt man die Nacht in der Hängematte ungefähr $1,50 p. P. Wäscheservice; Büchertausch; großer Gemeinschaftsbereich; Restaurant; wer künstlerisch begabt ist, kann sein *Mural* (Wandgemälde) an der Hostelwand hinterlassen. Dieser einstige Favorit unter Backpackern hat seit dem Besitzerwechsel an Beliebtheit eingebüßt.

Hotel Ometepetl, an der Hauptstraße, ✆ 569-4276, das erste Hotel in Moyogalpa. DZ teils mit

ISLA DE OMETEPE
N
0
5 km
Lago de Nicaragua
(Lago Cocibolca)
Fähre nach Granada (4 Std.)
Fähre nach San Carlos (9 Std.)
Fähre nach San Jorge (1 Std.)
PUERTO ALTAGRACIA
Punta El Carrical
San Pedro
San Marcos
S. José del Norte
San Miguel
Pul
La Flor
Altagracia
Playa Tagüizapa
La Concepción
Volcán Concepción
1610
Moyogalpa
Empalme El Quino
Urbaite
Tilgüe
Playa Santo Domingo
La Paloma
Las Pilas
Santo Domingo
Punta Jesús María
Esquipulas
Los Angeles
San José del Sur
Valle Verde
San Lazaro
Lag. Charco Verde
Reserva Charco Verde
ISLA DEL QUISTE
Punta Tivichi
Río Istián
Santa Cruz
El Madroñal
Balgüe
Punta Gorda
Punta El Corozál Viejo
El Corozal
Volcán Maderas
1394
Laguna de Volcán Maderas
Merida
Punta El Congo
La Palma
Cascada San Ramón
ESTACIÓN BIOLÓGICA
San Ramón
San Pedro
Tichana
Punta San Pedro
Ensenada de Tichana
Punta Los Angeles
Übernachtung:
1 Hospedaje Buenavista
2 Hotel Finca Santo Domingo
3 Hotel Villa Paraíso
4 Casa Hotel Istián
5 Camping y Hospedaje La Posada Charco Verde
6 Hotel Finca Playa Venecia
7 Hotel Charco Verde Inn
8 El Tesoro del Pirata
9 Finca Ecológica El Zopilote
10 Finca Magdalena
11 Albergue Ecológico El Porvenir
12 Hacienda Mérida
13 Hotel La Omaja
14 Monkey's Island Hostel
15 Estación Biológica
Transport:
1 Schiffe → Granada und San Carlos
2 Fähren → San Jorge

Volcán Concepción auf der Isla Ometepe

Vulkanwanderungen

Die beiden Vulkane Concepción (1610 m) und Madera (1394 m) sind allgegenwärtig auf Ometepe. Der Volcán Concepción, ein fast perfekter Kegel, liegt im Nordwesten der Insel und hat wenig Vegetation. Er ist nach wie vor aktiv und spuckt regelmäßig Schwefelwolken und Asche. Der kleinere, ruhende Volcán Madera auf der Südosthälfte der Insel ist umgeben von Nebelwald. Der Krater enthält eine kalte, türkisblaue Lagune. Zu beiden Vulkanen führen Wanderwege hinauf. Aufgrund mehrerer Unfälle (und Todesfälle!) sind Treks zu den Kratern heute nur noch in Begleitung eines ortskundigen Führers erlaubt.

Der Aufstieg zum **Vulkan Madera** ist der leichtere von beiden, er dauert rund 7 Stunden. Der Weg beginnt an der Finca Magdalena, führt durch Kaffeeplantagen und Nebelwald, an einigen Petroglyphen und schönen Aussichtspunkten vorbei, hoch zum Kraterrand. Von dort geht es im Seilakt hinunter zur Lagune. Eine zweite Route, auf der die Wanderer mehr Zeit im Nebelwald verbringen, beginnt in Mérida, an der Westseite des Vulkans. Man kehrt jedoch nicht auf der gleichen Route zurück (der Abstieg auf dieser Seite ist zu steil), sondern klettert an der Nordseite hinunter zur Finca Magdalena. Beide Routen sind streckenweise sehr matschig.

Der steile Aufstieg zum aktiven **Volcán Concepción** erfordert eine gute Kondition und viel Ausdauer. Größtenteils gibt es keinen Schatten auf der Wanderung, besonders das letzte Drittel ist sehr steil, steinig und windig. Der Trek dauert insgesamt ungefähr 10 Stunden; Tourveranstalter bieten auch Wanderungen bis zur Mitte des Vulkans an. Leider ist der Krater die meiste Zeit des Jahres bedeckt. Wer Glück hat und einen wolkenfreien Tag erwischt, wird nach einem schweißtreibenden Aufstieg mit einer spektakulären Sicht über Insel-, See- und Kraterlandschaft belohnt. Gute Wanderschuhe, Sonnenschutz und viel Wasser mitnehmen!

Die meisten Wanderer besteigen den Vulkan Madera von Balgüe aus, mit einer Tour von der Finca Magdalena (s. S. 399, Kasten). Vulkantouren zum Madera werden außerdem von der Finca Zopilote in Madronal und von allen Unterkünften in Merida angeboten. Touren zum Vulkan Concepción werden von einigen Hotels in Altagracia (Hotel Castillo und Hotel Kencho) und am Playa Domingo (u. a. Casa Río Istian) angeboten. Vulkantouren gehören außerdem zum festen Programm der Tourveranstalter in Moyogalpa. Eine Tour zum Vulkan Madera kostet pro Person $5–20, für Touren zum Vulkan Concepción zahlt man zwischen $12 und 20 p. P.

AC; Swimmingpool, Restaurant; Gäste können mit Kreditkarten zahlen. ❷–❸

Essen und Nachtleben

Hospedaje Central, 100 m südlich vom Internetcafé Arcia; Comida Típica, Salate, Sandwiches, Frühstück.

Los Ranchitos, 200 m östlich, 50 m südlich vom Hafen, hauptsächlich Pasta und Pizza; auch Comida Típica, leichte Snacks und Frühstück.

Sonstiges

Autovermietung

Im **Hotel Ometepetl**.

Fahrradverleih

Mountainbikes verleihen **Exploring Ometepe** für 100C pro Tag, und das **Hotel Bahía** ($6 pro Tag), beide an der Hauptstraße.

Geld

Banco Procredito, Hauptstraße, 300 m östl. des Hafens; ◷ Mo–Fr 8.30–9.30, Sa 8.30–11.30 Uhr.

Internet

Arcia Cyber Café, 200 m östlich vom Hafen, mit AC, ◷ tgl. 8–21 Uhr.

Touren

Exploring Ometepe, an der Hauptstraße, ✆ 647-5179, ✉ ometepeisland@hotmail.com,

Die Legende vom Chico Largo

Jeder auf Ometepe kennt sie, die Legende vom Chico Largo. Und jeder erzählt sie ein wenig anders:
„An der Lagune lebte einst ein langhaariger, magerer Hexer, bekannt als Chico Largo. Jeder auf der Insel wusste, dass er einen Pakt mit Luzifer geschlossen hatte. Oft hörte man ihn aus der Ferne den Teufel anbeten. Nachts suchten ihn die Kranken und Armen auf, um ihre Seelen gegen ein Leben in Wohlstand und Gesundheit umzutauschen. Nach ihrem Tod aber wurden die Seelen in Tiere verwandelt: Frauen in Kühe, Männer in Stiere und Alte zu Rindvieh. Gelegentlich berichten Metzger noch heute von Goldzähnen in Kuhmäulern oder von Rindern, die wie Menschen jammern. Andere erzählen, dass sich unter der Lagune eine Stadt befände, in der die verhexten Seelen ihr Dasein fristen.

und **Ometepe Expeditions**,
✉ ometepeexpeditions@hotmail.com,
arbeiten mit erfahrenen, zweisprachigen Führern. Angeboten werden Vulkan-, Mountainbike- und Reittouren; außerdem Fahrradvermietung und Touristeninformation.

Wäscherei

Im **Arcía Cyber Café**.

Transport

Busse

Die Busverbindungen auf Ometepe ändern sich laufend. Am äußersten Südostzipfel Ometepes, zwischen San Ramón und La Palma, besteht keine Busverbindung.
Alle Busse, die von der „Hauptstadt" Moyogalpa zur Südosthälfte Ometepes fahren, halten in Altagracia und am Playa Santa Domingo. Sonntags fahren deutlich weniger Busse. Die wichtigsten Verbindungen von Moyogolpa:
Zur Nordwest-Inselhälfte
Altagracia, Busse passen die Fähre ab; d. h. ungefähr jede Std. fährt ein Bus. Es gibt zwei Busrouten von Moyogalpa nach Altagracia. Die erste macht den südlichen Bogen und führt über eine neu asphaltierte Straße an der Laguna Charco Verde vorbei; die zweite Route nimmt den nördlichen Bogen über San Marcos und dauert länger. Vorher erkundigen, in welchem Bus man sitzt! Fahrzeit ungefähr 1 Std.
Zur Süd-Ost-Inselhälfte
Mérida, 2x tgl.; ungefähr 2 1/2 Std.
Balgüe, 2x tgl.; ungefähr 2 Std.

Taxis

Taxis sind nicht billig auf Ometepe. Eine Fahrt von Moyogalpa nach Altagracia kostet mindestens $15, zum Playa Santa Domingo rund $20 und nach Balgüe oder Mérida rund $40. Die Taxis stehen entweder direkt am Fähranleger in Moyogalpa, oder im Restaurant Los Ranchitos fragen!

Boote

Die Fähre von Moyogolpa aufs Festland nach San Jorge fährt 9x tgl., von 5–16 Uhr; Fahrtdauer 1 Std.

Reserva Charco Verde

Die Reserva Charco Verde, rund 12 km südöstlich von Moyogalpa, zählt zu den schönsten Badebuchten der Insel. An der legendenumwobenen **Lagune** lebte einst der Chico Largo, ein Hexer, der einen Pakt mit dem Teufel einging, (s. Kasten, „Die Legende vom Chico Largo"). Ein Wanderweg führt durch das kleine Schutzgebiet, in dem drei Brüllaffenfamilien leben. Die Lagune selbst kann man per Kanu erkunden.

Paddelnd kann auch die unbewohnte **Isla Quiste** erreicht werden, ein ideales Ziel für eine einsame Nacht in der Wildnis. Ramiro Rivera, Besitzer der „Posada Charco Verde" verleiht die Ausrüstung dazu (Kanu, Zelte und Kochgerät), siehe „Sonstiges".

Don Ramiro kennt auch den Weg zum **Mirador del Diablo**, dem dritthöchsten Punkt auf der Insel – nach den beiden Vulkanen der Geheimtipp für unvergessliche Sonnenuntergänge. Camping ist auf dem Teufelsberg möglich.

Übernachtung und Essen

Die drei Unterkünfte an der malerischen Bucht gehören alle der Familie Rivera. Für jeden Geldbeutel ist etwas dabei: Camping, Dorm, Doppelzimmer oder Cabaña.

Camping und Hospedaje La Posada Charco Verde, ✆ 886-4069, ✉ chicolargo@yahoo.com. Camping auf dem Rasen am See, ($2 pro Zelt); sauberer Dorm ($5 p. P.); auch DZ ❷

Hotel Finca Playa Venecia, ✆ 887-0191, ist die schönste Unterkunft von allen. Sehr saubere Zimmer oder hübsche, rustikale Cabañas, teils mit AC und Seeblick. Die Besitzerin kennt die „echte" Legende vom Chico Largo. ❶–❸

Hotel und Restaurant Charco Verde Inn, ✆ 887-9302. Sechs einfache, saubere Zimmer ❷; 14 Cabañas, teils mit AC und Seeblick ❸. Restaurant; Liegestühle am Strand. Reiseschecks und Kreditkarten werden akzeptiert.

Alle drei Hotels haben Restaurantservice und servieren u. a. Fischgerichte, Comida Típica, Pasta, Salate, Sandwiches und Frühstück.

Sonstiges

Fahrradvermietung

Bei **Hotel Venecia** und **Hotel Charco Verde Inn**; $1 pro Std.

Kajakvermietung

Im **Hotel Charco Verde** Inn für 50C pro Std. und in der **Hospedaje La Posada Charco Verde**, $4 pro Std. für 2 Personen. Der Besitzer verleiht auch Zelte und Kochgeräte für Kajaktouren zur Isla Quiste. Campingausrüstung und Proviant kosten zusammen $25.

Reittouren

Werden im **Hotel Venecia** und Hotel **Charco Verde** organisiert.

Transport

Die Reserva Charco Verde liegt auf der **Busstrecke** Altagracia–Monteverde.
Ein **Taxi** von Moyogalpa kostet ungefähr $10.

El Baile del Zompopo

Wie jedes Jahr Mitte November ertönt lautes Getrommel vom Patio der alten Adobe-Kirche in Altagracia. Das Dorf hat sich versammelt zum *Baile de Zompopo*, dem Tanz der Blattschneiderameisen. Dabei imitieren die Tänzer die Ameisen. Sie sammeln Zweige und tragen das Grün tanzend über dem Kopf. Der Baile de Zompopo hat eine alte Tradition: Die Indigenen huldigten im November stets ihrem Erntegott Xolotl. Als in einem Herbst die Maisernte von Zompopos vernichtet wurde, ordnete der Häuptling an – statt die kleinen Unheilstifter zu töten – ihnen zu Ehren einen Tanz aufzuführen. Gott Xolotl würde ihnen dann helfen. Und so geschah es, der Tanz hatte Erfolg, die Ameisen zogen von dannen und das Hungern im Dorf hatte endlich ein Ende.

El Tesoro del Pirata

15 km östlich von Moyogalpa zweigt rechts ein Schotterweg zu der versteckten Badebucht El Tesoro del Pirata ab. Von der großen Bucht hat man einen herrlichen Blick auf den **Lago Cocibolca** und die beiden Vulkane. Camping kostet hier $2 pro Zelt, eine Übernachtung im Dorm $3 p. P. Außerdem sind einfache Cabinas vorhanden ❶–❸ und Bootstouren möglich.

El Tesoro del Pirata, ✆ 820-2259, liegt auf der Busstrecke Moyogalpa–Altagracia, oder ist schnell per Rad von der Reserva Charco Verde aus zu erreichen. Wer spät eintrifft, sollte eine Taschenlampe mitnehmen, denn der 15-minütige Fußweg von der Hauptstraße zum See ist bei Dunkelheit schwer zu finden.

Um den Volcán Concepción

Altagracia

Ometepes zweiter Hafenort Altagracia ist attraktiver als das westlich gelegene Moyogalpa. Von hier beginnen die Treks zum Volcán Concepción (s. S. 395, Kasten). Hinter der großen, scheunenartigen Adobe-Kirche verwittern zwitterköpfige präkolumbische Götterstatuen aus Granit. Der eindrucksvollste von ihnen ist **Aguila**, sein Kopf halb Mensch, halb Adler (das Tiermotiv stellt jeweils das Alter Ego des Menschen dar). Ihn hoffte das Musée de Louvre in Paris für seine Mesoamerika-Sammlung auszuleihen und bot dem Dorf eine stattliche Summe an. Die Insulaner aber befürchteten, dass sie dann ihren Göttervogel für immer verlieren würden, und lehnten das Angebot ab. Weitere Statuen wurden auf der kleineren Isla de Zapatera gefunden. Sie stehen heute im Museum in Granada.

Das kleine Dorf-Museum **Museo de Ometepe**, 100 m vom Park, gibt einen Überblick über die Flora, Fauna und Bräuche der Insel; außerdem sind präkolumbische Keramik und einige Petroglyphen ausgestellt. 🕓 Mo–Sa 8–16 Uhr.

Übernachtung und Essen

Hotel Castillo, rechts um die Ecke vom Hotel Central, ✆ 552-8744. Hübsches, sehr sauberes Hotel; die Zimmer haben AC. Innenhof mit Garten; Fahrradverleih. Beliebt bei Deutschen. ❸
Hotel Central, C. Principal, 200 m südlich vom Park, ✆ 552-8770. Die DZ mit Gemeinschaftsbad haben keine Fenster; eine bessere Wahl sind die Zimmer mit Privatbad. Außerdem Cabañas im Hintergarten; Restaurant; Parkplatz. ❶–❷
Hotel Kencho, Calle Principal, ✆ 552-8772, akzeptable Zimmer, teils mit Bad.
Posada Cabrera, gegenüber vom Park, ✆ 552-8753, ✉ anamariacabrera@yahoo.com. Saubere, sehr einfache Zimmer mit harten Matratzen und Gemeinschaftsbad im Hintergarten der freundlichen Doña Ana. ❶
Alle Hotels bieten Verpflegung an.

Sonstiges

Fahrradverleih
Im **Hotel Castillo** ($1 pro Std.) und im **Hotel Kencho**.

Feste
S. S. 397, Kasten „El Baile de Zampopo".

Internet
In der **Oficina de Turismo** und im **Hotel Castillo**, beide um die Ecke vom Hotel Central. 🕓 Mo–Sa 8–18 Uhr.

Taxis
Die Fahrt nach Moyogalpa kostet ungefähr $12.

Touren
Reit- und Vulkantouren werden vom Hotel Castillo, Hotel Kencho und Hotel Central angeboten.

Transport

Busse
Moyogalpa, ungefähr jede Stunde von 4–17 Uhr.

Fähren
Abfahrtszeiten- und Abfahrtsage ändern sich oft; vor der Abfahrt unbedingt aktuelle Information einholen! Nachstehend der Fahrplan, der zur Zeit der Recherche gültig war. Die Nächte an Deck können empfindlich kalt werden. Warme Jacke und Schlafsack mitnehmen (s. auch S. 64, Kasten „Lancha, Panga, Barco…").
Granada, Di und Fr; jeweils nur eine Fähre, gegen 23 Uhr; rund 4 Std.; die Fähre kommt aus San Carlos.
San Carlos (**Río San Juan**), Mo und Do, jeweils nur eine Fähre, gegen 18 Uhr; rund 10 Std.; die Fähre kommt aus Granada.

Playa Domingo

Der oft windige Playa Domingo zählt zu den beliebtesten Stränden auf Ometepe und bildet das Verbindungsstück zwischen den beiden Inselhälften. Einheimische vergleichen die Landenge mit einer Hängematte *(Hamaca)*, die zwischen den beiden Vulkanen hängt. Zur Regenzeit schwillt der **Lago Cocibolca** mitunter so stark an, dass vom Strand wenig übrig bleibt – nicht umsonst wird der See *Mar dulce* (süßes Meer) genannt.

Nördlich vom Strand zweigt links ein Wanderweg durch Bananenplantagen zum schattigen **Ojo de Presa** (1 km) ab. Unbedingt Badezeug mitnehmen!

Übernachtung und Essen

Falls nicht anders erwähnt, befinden sich alle Unterkünfte am Playa Santa Domingo.

Die Finca Magdalena

Bauern-Kooperative, Restaurant und günstige Unterkunft, gleichzeitig Ausgangspunkt für Vulkantrecks (s. Touren) und Fundort zahlreicher Petroglyphen: Die Finca Magdalena ist ein Muss für jeden Ometepe-Besucher.

27 nicaraguanische Familien bewirtschaften gemeinsam die 300 ha große, idyllisch gelegene Farm. Sie leben vom Kaffeeanbau, Kaffeeexport und vom Tourismus. Bis 1979 gehörte das Gelände einem Großgrundbesitzer. Nach der Landreform fiel das Land den Bauern zu, die sich zu einer Kooperative zusammenschlossen. Der Kaffee wird im Oktober und November geerntet, breitflächig auf dem Hinterhof zum Trocknen ausgebreitet und anschließend in Jutesäcke verpackt.

Das über 130-jährige große Finca-Gebäude bietet saubere, einfache, rustikale Unterkunft: In Hängematten auf der großen, überdachten Veranda ($1,50 p. P.), auf zusammenklappbaren Liegen im Dorm ($2 p. P.), in kleinen Einzelzimmern mit Gemeinschaftsbad ($3 p. P.), in DZ ❶ oder in separaten Cabañas mit Privatbad ❹. Auch Camping ist möglich ($1,75 p. P.). Auf der großen Terrasse wird deftige Campesino-Küche serviert, auch Tagesausflügler kehren hier oft ein. Kaffee aus biologischem Anbau und Honig aus eigener Imkerei werden an der Rezeption verkauft. Freiwillige sind immer willkommen! Nähere Infos unter ✆ 880-2041 und im Internet 💻 www.fincamagdalena.com.

Hospedaje Buenavista, die günstigste Option, mit einfachen, sauberen Zimmern; Seeblick, Schaukelstühle und Hängematten. ❶

Casa Hotel Istiam, rund 2 km südlich von Playa Domingo, ✆ 563-4675, ✉ faberometepe@yahoo.es. Saubere, große Zimmer mit guten Matratzen; die Zimmer im zweiten Stock sind besser und heller. Vulkan- und Seeblick; schöner Strand; frische Brise; Restaurant; Vulkan- und Reittouren. Freundliche Leitung. ❶–❷

Das Ometepe-Projekt

Nach einem mehrtägigen Ometepe-Urlaub gründete das deutsche Pfarrerehepaar Monika und Michael Höhn im Jahr 1993 das Proyecto Ometepe Alemania (POA). POA hilft überall dort auf der Insel, wo die staatliche Gesundheitsversorgung und schulische Bildung Lücken aufweist. Und Lücken gibt es zuhauf: Seit 1995 fahren ein Ärzteteam, eine Krankenschwester und eine Hebamme regelmäßig in die Dörfer im schwer zugänglichen Südosten der Insel. Sie verarzten, beraten und verteilen die für die Bevölkerung meist unerschwinglichen Medikamente. Regelmäßig besuchen auch deutsche Ärzte Ometepe und unterstützen ihre nicaraguanischen Kollegen bei der Arbeit.

Die von der Organisation gegründete Escuela de la Esperanza wird derzeit von 60 Kindern, vom Vorschulalter bis zur 6. Klasse, besucht. Die Schüler erhalten kostenlose Schulspeisung, 30 begabte Studenten erhalten ein monatliches Stipendium. Nach Beendigung ihrer Ausbildung arbeiten sie oft im Projekt mit.

Hilfe zur Selbsthilfe ist der Leitsatz von Ehepaar Höhn und seinem Team: 500 Campesinos erhielten Kredite für Saatgut, die sie später zu günstigen Konditionen zurückzahlen. Nach dem Hurrikan Mitch wurden mehr als hundert Steinhäuser mit Latrinen errichtet; die obdachlos gewordenen Familien halfen beim Hausbau mit.

Von Deutschland aus organisieren die Mitarbeiter originelle Spendenaktionen: Ometepe-Feste, Vorträge, ökumenische Gottesdienste, Benefizkonzerte, Frisuren- und Modenschauen, sogar Zahngold wurde gesammelt und eingeschmolzen. Über 1 Million Euro an Spendengeldern kamen seit 1993 zusammen. Mit dem Geld werden u. a. die Gehälter der nicaraguanischen Mitarbeiter gezahlt, die deutschen Mitglieder arbeiten ehrenamtlich.

„Bis heute hat die Spendenbereitschaft nicht abgenommen", sagt Michael Höhn. „Das kommt daher, dass wir regelmäßig Menschen mitnehmen, die vor Ort erleben, was aus ihrem Geld geworden ist. Außerdem lernen sie unsere „große Familie" kennen und setzen sich danach oft noch stärker für das Projekt ein."

Hospitierende Ärzte oder Freiwillige können bei POA mitarbeiten. Nähere Information unter 💻 www.ometepe-projekt-nicaragua.de. Spendenkonto beim Evangelischen Kirchenkreis, Stichwort: „Ometepe", Konto-Nummer 1010106016, Bank für Kirche und Diakonie, BLZ 350 601 90.

Süd-Nicaragua

Hotel Cabañas, schöne, runde, rustikale Steinbungalows; je näher am See, desto schöner; Restaurant. ❹

Hotel und Restaurant Finca Santo Domingo, ✆ 820-2247, ✉ hotel_santo_domingo@yahoo.com. Eine zweistöckige Villa Kunterbunt mit Sonnenterrasse am See; Zimmer teils mit Seeblick, teils mit AC. Auf der gegenüberliegenden Straßenseite befinden sich außerdem Cabañas. Restaurant. ❷–❸

Hotel und Restaurant Villa Paraíso, ✆ 563-4675, 💻 www.villaparaiso.com.ni. 16 Zimmer und Cabañas; teils mit Balkon, AC und Seeblick. Fahrradverleih; Restaurant; Zahlung mit Kreditkarte möglich. Unter nicaraguanisch-deutscher Leitung. Cabaña mit AC ❹, DZ ❸ 🕓 7–21 Uhr.

Um den Volcán Madera

Der Südosten Ometepes ist die isoliertere und ländlichere Inselhälfte: Hier gibt es keine größeren Ortschaften. Die Straße ist nicht asphaltiert, streckenweise besteht keine Busverbindung. Zu den Attraktionen dieser Region zählen der Aufstieg zum Vulkan Madera (s. S. 395, Kasten), Kajaktouren über den malerischen Río Istián, Reittouren oder Wanderungen zum Wasserfall San Ramón und die Suche nach den zahlreichen Petroglyphen (s. S. 402, Kasten).

Entdeckungsfreudige können per Mountainbike die einsamen Strände und Dörfer der Ostküste erkunden, an die nur wenige Touristen gelangen. Passend zur ländlichen Idylle bieten etliche Fincas rustikale Unterkunft an.

Balgüe und Umgebung

In der Umgebung des kleinen Ortes Balgüe haben sich mehrere Fincas angesiedelt. Einige von ihnen bieten rustikale Unterkunft für Touristen an. Besucher bleiben mitunter mehrere Wochen und beteiligen sich am Gemeinschaftsleben und der Arbeit auf der Finca. Die Finca Magdalena ist mit ihren zahlreichen Petroglyphen die bekannteste von allen (s. S. 399, Kasten). Sie bildet den Ausgangspunkt für Treks zum Volcán Madera.

Vulkantouren werden von der Finca Magdalena ($5 p. P.; um Anmeldung am Vorabend wird gebeten) und der Finca Zopilote ($15 für Gruppen bis zu 3 Pers.) mit einheimischen Führern organisiert. Die Finca Magdalena veranstaltet auf Wunsch außerdem Petroglyphentouren ($4,50 p. P.) und Kaffeetouren ($8 p. P.).

Übernachtung und Essen

Finca Ecológica El Zopilote, in der Ortschaft Madronal, auf einem Hügel gelegen; 1 km von Balgüe und 300 m von Santa Cruz entfernt; ✆ 419-0246, 💻 www.ometepezopilote.com. Wie ein Stammesdorf für Rucksackreisende wirkt diese bei Backpackern sehr beliebte, italienisch geleitete Finca mit Platz für max. 25–30 Personen. Die rustikalen, sauberen Palmendachbauten sind in die Natur eingebettet; Unterkunft in Hängematten $1,60 p. P.; zelten $2,20 p. P. (mit eigenem Zelt $1,60 p. P.); Schlafraum mit 8 Betten $3 p. P.; oder Hütten (Cabañas) (K1–K2). Open Air-Duschen und Komposttoilette; Gemeinschaftsküche; Verkauf von selbst hergestellten Produkten, u. a. Joghurt, Kaffee, Honig, Müsli; Kunsthandwerk; Rum und Likör.

Etwas mehr Respekt, bitte!

Ometepe ist bekannt für seine große Gastfreundschaft. Die Drogen und fremden Riten jedoch, die einige Aussteiger-Expats und Rucksackreisende mit auf die Insel bringen, machen einigen Inselbewohnern Angst. Sie bitten um mehr Rücksicht und Respekt vor ihrer eigenen Kultur.

Frische Pizza und Brot werden im Lehmofen gebacken; frisches Obst gratis; Reservationen per E-mail 3 Wochen im Voraus. Auch mehrwöchige Aufenthalte und Mitarbeit auf der Farm (gegen freie Kost und Logis) sind möglich. Die Finca gehört dem weltweiten Netzwerk Worldwide Opportunities On Organic Farms (WWOOF) an.

Finca Magdalena bietet günstige Campesino-Küche auf einer großen Holzveranda.

Einfache Esslokal wie den **Comedor Mi Casita** und **Comedor de St Cruz** findet man an der Finca El Zopilote in Madronal.

Mérida und Umgebung

Die kleine Ortschaft Mérida an der Nordseite des Vulkans Madera ist der Ausgangspunkt für Kajaktouren auf dem malerischen Río Istián. Der Fluss trennt die Nord- von der Südhälfte der Insel und zählt zu den besten Plätzen auf Ometepe, um Wasservögel zu beobachten, u. a. Reiher, Stelzenläufer und Jacanas. Eine Kanutour von Mérida auf dem Río Istiám dauert rund drei Stunden. Im Laufe des Ausflugs bieten sich schöne Ausblicke auf die beiden Vulkane und gute Möglichkeiten zum Schwimmen.

Von der **Estación Biológica** im kleinen Ort San Ramón (4 km südlich von Mérida) führt ein rund 4 km langer Wanderweg, vorbei an Zitrusplantagen und Wasserrohren, zum Wasserfall San Ramón. Der 40 m hohe *Catarata* versorgt das Dorf mit Trinkwasser, baden sollte man daher – so verlockend es auch ist – unter dem Wasserfall nicht. In Mérida beginnt außerdem die „Westroute" zum Volcán Madera, Genaueres s. S. 395, Kasten „Vulkanwanderungen".

Die nachstehend genannten Unterkünfte bieten u. a. **Vulkan- Reit**- und **Kanutouren** an. Die Albergue Porvenir ist wegen ihrer **Felsgravuren** einen Besuch wert. Ein Wanderpfad führt um die rund 20 Petroglyphen. Eintritt $1 p. P.

Übernachtung und Essen

Albergue Ecológico El Porvenir, kurz hinter Santa Cruz, an der Straße Richtung Mérida, zweigt rechts der Weg zur Finca ab, ✆ 855-1426. Wunderschön auf einem Hügel gelegene, sehr gepflegte Anlage mit sauberen Zimmern,

Ometepe unentschlüsselt

Zu Hunderten liegen sie auf der Insel verstreut, am Vulkanhang, unter Bananenstauden, auf Fincas: Spiralen, Strichmännchen, konzentrische Kreise, Tier- und Sonnensymbole. Einige sind bereits so verwittert, dass man sie kaum mehr erkennen kann. Andere sind deutlich scharf und bis zu 3 cm tief in die Felsen geritzt: Jahrtausende alte Symbole, die heute nicht mehr vollständig zu entschlüsseln sind.

Petroglyphen findet man auf der ganzen Welt, in Afrika, Australien, Skandinavien oder Sibirien – überall hatten sie eine tiefe religiöse und kulturelle Bedeutung. Archäologen vermuten, dass die Tier- und Menschensymbole auf Ometepe Götter symbolisieren: Xochipilli, die Göttin der Freude; Xolotl, den Gott des Mondes; Coatlicue, die Göttin der Fruchtbarkeit, oder Quiateot, den Gott des Regens. Geometrische Formen sollen angeblich eine astrologische Bedeutung haben, und Spiralen Unendlichkeit darstellen. Häufig wurden auch Doppel-Spiralen gefunden, sie symbolisieren vermutlich die beiden Inselvulkane.

Wenig weiß man heute über die Künstler und zu welchem der verschiedenen Stämme sie gehörten, die einst die Insel bewohnten. Der deutsche Völkerkundler Wolfgang Haberland arbeitete in den 1960er-Jahren auf Ometepe und datierte den Beginn der Inselzivilisation auf den Zeitraum 1500–2000 v. Chr. zurück. Die bisher umfassendsten Forschungsarbeiten fanden während des Petroglyph Project statt, einem fünfjährigen Forschungsprojekt, an dem Freiwillige unter der Leitung von Archäologen 15 km^2 der Insel nach Petroglyphen absuchten. Über 1600 Felsgravierungen spürten sie auf, auf rund 1400 Felsen, an 73 Fundstellen. Sie fotografierten die Symbole oder fertigten Handskizzen an. Anschließend wurden die Aufzeichnungen Archäologen in Managua zur Auswertung übergeben. Besorgt stellten die Wissenschaftler bei ihrer Arbeit fest, dass Ometepes Jahrtausende altes kulturelles Erbe langsam schwindet: Doch nicht allein die Witterung setzt den Petroglyphen zu, auch das Absengen der Felder zerstört die Gravuren, Besucher fügen eigene Krakeleien hinzu, und mitunter werden die Steine ins Ausland geschmuggelt und teuer verkauft.

Leicht zugänglich für Touristen sind die Petroglyphen auf der Finca Magdalena und Finca Porvenir. Tourveranstalter suchen auch abgeschiedenere Orte auf.

teils mit Privatbad; Reit- und Vulkantouren; Restaurant. Auf dem Finca-Gelände befinden sich zahlreiche Petroglyphen. Das Hotel Central bietet Transport von Altagracia zur Finca an (die Besitzer gehören zur gleichen Familie). Gutes Preis-Leistungs-Verhältnis; empfehlenswert. ❶

Estación Biológica, rund 4 km südlich von Mérida, ✆ 278-3915, 🖳 www.lasuerte.org. Große, golfplatzähnliche Anlage mit sauberen, einfachen Dorms ($8 p. P.); auch Cabañas mit Bad und AC; Restaurant; beliebt bei nordamerikanischen Biologiestudenten. Das Hotel steht unter der gleichen Leitung wie das Hostel Ometepe Island in Mérida. ❺

Hotel La Omaja, in Mérida, ✆ 885-1124, ✉ laomaja@hotmail.com. Eine Perle auf Ometepe; steil an einem Hügel gelegen; Camping ($3 p. P.); Dorm mit Kaltwasser $6 p. P.; mit Warmwasser $10 p. P.; sehr große, schlicht-rustikale DZ mit neuen Matratzen und TV; auch Cabañas ❸–❹. Terrasse mit Liegestühlen; Restaurant; traumhafter Blick; geleitet von einem ehemaligen Peace Corps-Mitglied. Vulkan- und Kajaktouren. Zahlen mit Kreditkarte ist möglich. Empfehlenswert.

Hacienda Mérida, in Mérida ✆ 868-897. Dieser Backpacker wird zwar in den meisten Reiseführern hoch gelobt und Prospekte liegen im ganzen Land aus, viele Gäste sind jedoch mit der Qualität und Getto-Atmosphäre des Ortes – das ehemalige Sommerhaus Somozas – unzufrieden und verlassen das Hostel vorzeitig. Camping ($2 p. P.); Dorm ($4 p. P.); EZ $15; reichhaltiges Frühstücks- und Abendbuffet für $3,75.

Monkey´s Island Hostel, ungefähr 1/2 km südlich von Mérida, ✆ 844-1529, www.freewebs.com/monkeysisland/local.htm. Bewundernswert, was die fleißige Familia Urtado auf die Beine gestellt hat: eine der herzlichsten Unterkünfte auf Ometepe. Sehr einfache, saubere Zimmer mit Außenbad und harten Matratzen ($2,50 p. P.); Zimmer mit Privatbad ($4 p. P.); Restaurant. Vater Jacinto Hurtado ist Campesino, Handwerker und freundlicher Wirt; seine Frau Maria zaubert gutes Essen, und die Söhne helfen als Fremdenführer mit. Beliebt bei Rucksackreisenden. Fahrrad- ($1,50 pro Std.) und Kanuverleih; Spanischunterricht ($5 für 3 Std.). Vulkantouren ($10 p. P.) und Reittouren ($3 für 3 Std.)

San Carlos und die Islas Solantiname

San Carlos

San Carlos bildet das Eingangstor zum Río San Juan und der umliegenden Inselwelt. Der einst wenig einladende Hafenort mausert sich zusehends. Straßen werden neu gepflastert, Internet-Cafés eröffnet. Die Präsenz von über 30 nichtstaatliche Organisationen macht sich bemerkbar. Die einzige Sehenswürdigkeit ist die Fortaleza de San Carlos, eine von insgesamt zwölf Festungen, die in der Kolonialzeit den Río San Juan flankierten. Das Kastell wurde unter Somoza und später von der FSLN (Frente Sandinista de Liberación Nacional) als Gefängnis benutzt. Heute beherbergt es das Centro de la Cultura, tgl. 7–18 Uhr.

Von den alten Gemäuern hat man einen herrlichen Blick auf den Río Frio und den Río San Juan. Das eigentliche Leben aber spielt sich am Hafen ab, wo Fischerboote landen, Männer mit Bierdeckeln „Dame" spielen und Prediger in der Mittagshitze Psalmen herunterleiern. Gelegentlich trifft man auf ehemalige Soldaten, die mit glühenden Augen von Revolutionszeiten erzählen – schön gefärbt, wie der Regenbogen, der nach einem Abendschauer den breiten Fluss umgibt.

Übernachtung

San Carlos hat eine breite Auswahl an billigen, schmuddligen Hafenabsteigen. Hier folgt eine Auswahl an sauberen Unterkünften:

Arelhys, 50 m südlich der Iglesia Católica, 583-0389. Zehn sehr saubere Zimmer mit Bad bei der freundlichen Doña Coco. ❶

Cabinas Leyko, 200 m westlich der Kirche, 583-0354, leyko@ibw.com.ni. Saubere Zimmer in einem schönen, zweistöckigen Holzhaus, teils mit eigenem Bad und AC; die Zimmer im oberen Stockwerk sind besser. Großer Gemeinschaftsbalkon mit Schaukelstühlen und Seeblick; geräumiger Ess- und Aufenthaltsraum. ❷–❸

Hotel Familiar Charlotte, nördlich der Bank, 583-0254. Sehr saubere Zimmer in familiärem Ambiente. ❶

Essen

Restaurante El Granadino, 50 m östlich der Post. Das beste Restaurant der Stadt, mit großen Wandgemälden, schöner, alter Latino-Musik und zu vielen Kellnern; vorwiegend Fleisch- und Fischgerichte.

Restaurante El Mirador, von der Restaurantterrasse (mit alten spanischen Kanonen!) hat man einen schönen Blick auf den Río San Juan. Das Essen ist allerdings nichts Besonderes. Comida Típica. Sitzmöglichkeit drinnen und draußen.

Sonstiges

Geld

BDF, nur Umtausch von Dollar und Euro. Mo–Fr 8.30–16.30, Sa 8.30–12.30 Uhr.

Internet

Gegenüber vom Hotel Arelhys, tgl. 7.30–21 Uhr (öffnet meist erst später).

Touren

Reserva Esperanza Verde, die nicht-staatliche Organisation Fundaverde bietet Tagestouren von San Carlos ins Reservat für $20 p. P. pro Tag, inkl. Mittagessen an. Don Leonel Ubau ist der

Ansprechpartner in San Carlos, ✆ 583-0354. Nähere Auskunft erteilt auch das Hotel Leyko.

Informationen

Intur, 125 m südlich vom Park; ✆ 5830301, ✉ riosanjuan@intur.gob.ni. Informationen und Karten über die Region; aktuelle Boots-Abfahrtszeiten. ◷ Mo–So 8–12 und 13.30–17 Uhr.

Transport

In dieser Region ist der Fluss die Straße und das Boot das Haupttransportmittel. Wer Wartezeiten und unregelmäßige Bootsfahrpläne umgehen will, kann sich (für teures Geld) private Lanchas mieten. Das Touristenbüro Intur (s. Sonstiges) und das Reisebüro Ortiz Viajes Turisticos an der Western Union Bank organisieren private Transporte. Oder man verhandelt direkt mit den Bootskapitänen am Hafen.

Busse

Der Busbahnhof befindet sich gegenüber dem Mercado.

Managua (über **Juigalpa**), 2x tgl.,10 Std.; nur etwas für Abgehärtete, denn die Straße ist fast die Hälfte der Strecke über nicht asphaltiert und die Busse sind oft zum Bersten voll.

Boote

Die Abfahrtszeiten der Boote ändern sich ständig, unbedingt vorher nach den aktuellen Abfahrtzeiten erkundigen! Bei den irregulären Bootsfahrplänen verliert man sonst nicht nur Stunden, sondern wertvolle Urlaubstage!

El Castillo (über **Sabalos**), östlich der Immigración, Mo–Sa 3x tgl., So 1x; 3 Std.

Granada (über **Altagracia / Ometepe**), östlich der Immigración; Di und Fr 1x tgl.; 14 Uhr 9 bzw. 15 Std.; mit der Empresa Porturaria Nacional (EPN). Auf dem Deck wird es nachts empfindlich kalt. Schlafsack mitnehmen! 1. Klasse: $6; 2. Klasse: $3.

Los Chiles (**Costa Rica**), an der Immigración, Mo–Sa 3x tgl., So 1x; 1 1/2 Std.

Reserva Los Guatuzos (**Papaturro**), Di, Mi und Fr jeweils 1x tgl.; 4 1/2 Std.

Reserva Esperanza Verde, an der Immigración, 3x tgl.; 30 Min.

San Juan del Norte, östlich der Immigración, Di und Fr jeweils 1x tgl.; 8–11 Std.

Solentiname, westlich der Immigración, Mi und Fr jeweils 1x tgl.; 1 1/2 Std.

Flüge

Der Flughafen liegt 3 km außerhalb von San Carlos. Das Büro der Fluggesellschaft La Costeña, ✆ 583-0271, aber liegt im Ortszentrum, 150 m östlich und 50 m nördlich der Post. Flüge sollte man lange im Voraus buchen, denn besonders in der Regenzeit sind sie schnell ausgebucht.

Managua, 1x tgl.; 45 Min.; mit La Costeña.

Refugio de Vida Silvestre Los Guatuzos

Das 438 km² große **Refugio de Vida Silvestre Los Guatuzos** zählt zu den größten Naturschutzgebieten Nicaraguas und ist ein Eldorado für Vogelfreunde: Über 400 Vogelarten bevölkern das Reservat – darunter 47 Zugvogelarten aus Kanada und Alaska, die im Naturpark überwintern. Bis zu Beginn des Contra-Krieges wurde die Region stark abgeholzt. In den Folgejahren konnte sich der Wald jedoch regenerieren und wurde Anfang der 1990er-Jahre zum Schutzgebiet erklärt.

Elf Flüsse durchströmen das Reservat, in dem so seltene Tiere wie der Gasparfisch (ein lebendiges Fossil, das vor 150 Millionen Jahren entstand) sowie Kaimane, Krokodile, Totenkopf- und Kapuzineraffen leben. Los Guatuzos wurde nach den Guatuzo-Indianern benannt, die im 19. Jh. als Arbeitssklaven an Goldminen verschachert wurden. Lediglich ein kläglicher Rest hat überlebt und lebt heute in einem Reservat in Nord-Costa Rica.

Touristen und Forschungsgruppen steht das Centro Ecológico mit zwei Schlafsälen für je sechs Personen und Gemeinschaftsbad zur Verfügung. Das Frühstück kostet $3; das Abend- und Mittagessen $5 p. P. Mehrere Wanderwege führen durch das Reservat. Wer paddelnd die Flüsse erkunden möchte, kann sich Kajaks für $12 p. P. (für 2 1/2 Std.) leihen. Außerdem werden Bootsausflüge zur Isla Solentiname ($85 für bis zu 5 Personen) sowie Vogel- und Nachttouren ($11 p. P.) angeboten. Gummistiefel sind im Reservat kostenlos erhältlich. Weitere Informationen unter ✆ 674-3559 (Handy) oder 💻 www.fundar.org.ni.

Transport

Boote nach San Carlos verlassen die Reserva am Mo, Di und Do jeweils 1x tgl.; die Fahrt dauert rund 4 1/2 Std.

Reserva Esperanza Verde

Die 5000 ha große **Reserva Esperanza Verde** befindet sich im Norden des Schutzgebietes Los Guatuzos und wird von der Nichtregierungsorganisation Fundaverde geleitet. Mehrere Wanderwege führen durch geschützten Regenwald. Das Reservat lässt sich als Tagesausflug von San Carlos aus besuchen. Ein **Tourpaket** mit einer Übernachtung, Vollpension und Transport inkl. kostet $30 p. P. Die Bootsfahrt dauert lediglich 15 Minuten. Ohne Paket kostet die Übernachtung im Reservat $10 p. P. Für eine Mahlzeit zahlt man $4. Der öffentliche Transport von San Carlos zur Reserva kostet zusätzlich ungefähr $3,50 p. P.

Weitere Informationen erteilt das Fundaverde-Büro, 50 m nördlich der Banco de Fianzas in San Carlos, ✆ 583-0127, oder das Hotel Leyko, ✆ 583-0354, ✉ leyko@ibw.com.ni, in San Carlos.

15 HIGHLIGHT

Solentiname

Celentinametl – Ort der vielen Gäste – nannten die Nahuatl-Indianer den friedlichen Inselarchipel im Süden des Lago Cocibolca. Weltweit bekannt wurde die Inselgruppe durch den Priester und Dichter Ernesto Cardenal, der hier, unter den Ärmsten der Bevölkerung Mitte der 1960er-Jahre eine christliche Glaubensgemeinschaft und eine Malschule ins Leben rief (s. S. 408, Kasten „Dichter, Priester, Revolutionär").

1977 beteiligte sich eine Gruppe von Solentinamern am Anschlag auf Somozas Nationalgarde in San Carlos. Drei von ihnen kamen dabei ums Leben. Daraufhin wurden zwei der Hauptinseln nach den Märtyrern benannt. Somoza konterte mit einem Vergeltungsschlag, seine Truppen brannten Häuser, Kirche und Bibliothek auf Solentiname nieder. Die Gebäude wurden nach der nicaraguanischen Revolution wiederaufgebaut.

Die Inseln

Isla Mancarrón, **Isla San Fernando**, **Isla Mancarroncito** und **Isla La Venada** sind die größten Inseln des Archipels, der aus insgesamt 36 Eilanden besteht. Während der Somoza-Diktatur wurden sie stark abgeholzt, der Wald konnte sich seitdem jedoch weitgehend regenerieren.

Die **Isla Mancarrón** ist die Hauptinsel Solentinames. Hier lebte Ernesto Cardenal. Nach wie vor besitzt *„el Poeta"*, wie der Priester-Poet von den Einheimischen genannt wird, ein Haus auf der Insel. „Wenn die Kirchenbänke in der Form eines Hufeisens stehen, ist Cardenal zu Besuch", verrät eine Dorfbewohnerin. Am östlichen Zipfel von Mancarrón befindet sich das Gelände der von Cardenal gegründeten Asociación Para el Desarrollo de Solentiname (APDS) mit der **Gemeinschaftsbibliothek**, dem **Hotel Mancarrón** und der **Iglesia de Nuestra Señora de Solentiname**.

Die weiße, schlichte Kirche aus dem Jahr 1935 wurde in den 1960er-Jahren von Cardenal und den Insulanern gemeinsam restauriert. Sie spiegelt die Lebens- und Volksnähe der ehemaligen Glaubensgemeinschaft wider (s. S. 408, Kasten „Dichter, Priester, Revolutionär"). Als Vorlage für die Wandmalereien wurden Kinderzeichnungen aus Malworkshops benutzt. Die Jesus- und Maria-Figur fertigte Cardenal nach der Vorstellung des Pueblos an. (Die Originalskulpturen wurden von Somozas Truppen zerstört.) Der **Kirchenaltar** mit präkolumbischen Motiven ist eine Gemeinschaftsarbeit Cardenals und des nicaraguanischen Künstlers Róger Pérez de la Rocha. Direkt vor der Kirche steht ein großes schwarz-rotes Sandinista-Denkmal mit Zitaten der 1977 in San Carlos gefallenen Revolutionäre.

In den alten Vitrinen von Mancarróns **Bibliothek** steht präkolumbische Keramik neben alten Schulbüchern und Cardenals literarischem Gesamtwerk. Ein Wandfoto zeigt Elvis Chavarría, einen der gefallenen Revolutionäre; seine Fesseln liegen im Kasten daneben.

Westlich vom Hotel Mancarrón, hinter dem Sportplatz, beginnt das Pueblo (Dorf). Viele Familien arbeiten hier als Artesanos und schnitzen kunstvolle Tukane, Schildkröten und Fische aus Balsaholz. Aufgrund des Handwerks und Bootsbaus wuchsen in den 1960er und 70er-Jahren fast keine Balsabäume auf der Insel mehr. Inzwischen wird wiederaufgeforstet. Rund drei Jahre braucht ein Balsabaum um nachzuwachsen.

Auf der **Isla San Fernando** – auch **Isla Elvis Chavarría** (nach einem der Märtyrer des San Carlos-Aufstandes benannt) – befindet sich das kleine **Museo Archipélago de Solentiname**, in dem Flora, Fauna und Geschichte des Archipels erklärt werden. ◷ Tgl. 8–12 und 14–17 Uhr, Eintritt: $2.

Ein Heilpflanzengarten schließt sich an das Museum an. Im **Casa de la Cultura** sind die Arbeiten verschiedener Artesanos zum Verkauf

Ein Hauch vergangener Zeiten

Albergue Celentiname, Isla Elvis, ✆ 276-1910, 💻 www.solentiname.com, ist das älteste Hotel auf der Insel. Fünf Cabañas mit Terrasse, Schaukelstühlen und Seeblick; großer Speisesaal und Aufenthaltsraum mit Hängematten. Familiäres Ambiente. Maria Guevara zählt zu den ersten Künstlerinnen auf Solentiname. Im Juli, August und Dezember reservieren! ❸

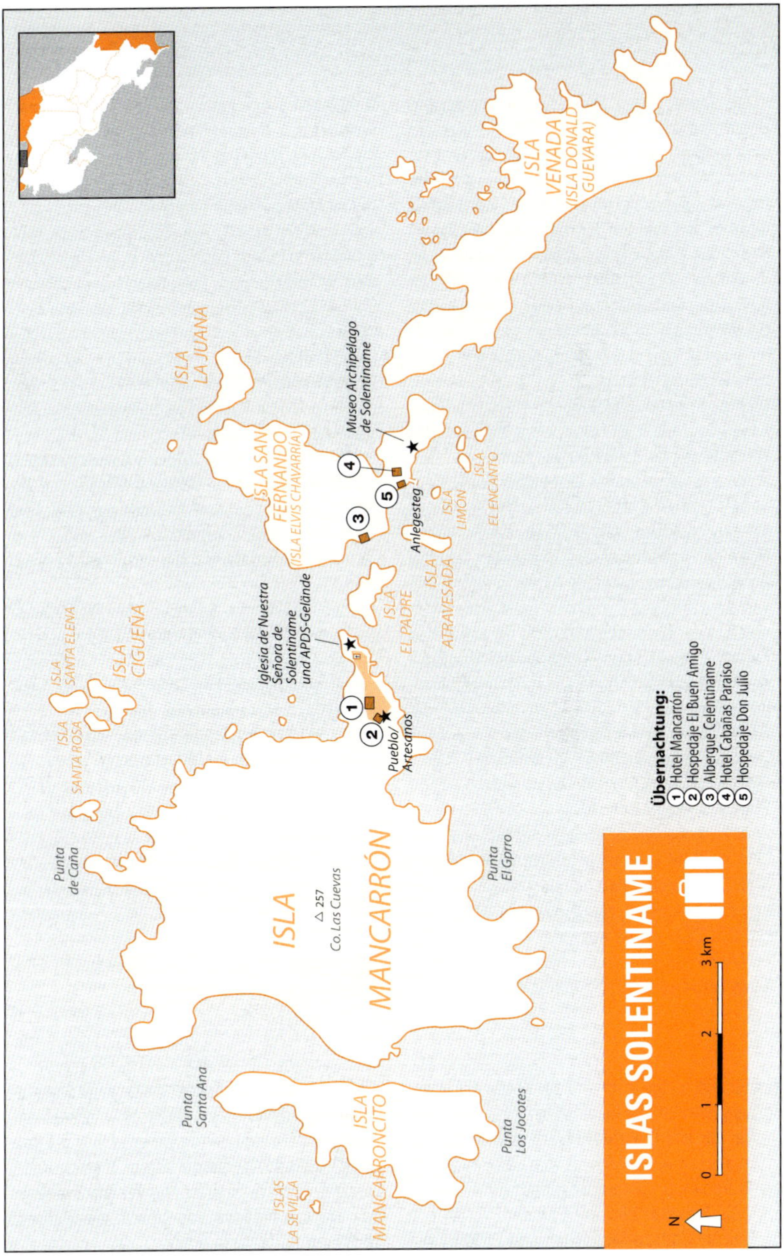
ISLAS SOLENTINAME
Übernachtung:
1 Hotel Mancarrón
2 Hospedaje El Buen Amigo
3 Albergue Celentiname
4 Hotel Cabañas Paraíso
5 Hospedaje Don Julio
ISLA MANCARRÓN
△ 257 Co. Las Cuevas
Punta de Caña
Punta El Gprro
Punta Santa Ana
Punta Los Jocotes
ISLA MANCARRONCITO
ISLAS LA SEVILLA
ISLA SANTA ROSA
ISLA SANTA ELENA
ISLA CIGUEÑA
ISLA LA JUANA
ISLA SAN FERNANDO (ISLA ELVIS CHAVARRÍA)
ISLA EL PADRE
ISLA ATRAVESADA
ISLA LIMÓN
ISLA EL ENCANTO
ISLA VENADA (ISLA DONALD GUEVARA)
Iglesia de Nuestra Señora de Solentiname und APDS-Gelände
Pueblo/Artesanos
Anlegesteg
Museo Archipélago de Solentiname
0 1 2 3 km
N

Dichter – Priester – Revolutionär: Ernesto Cardenal

In ausgewaschenen Jeans, weitem Campesino-Hemd und mit einer großen Schirmmütze auf dem langen, weißen Haar lehnt sich Ernesto Cardenal gegen den bunten Altar der Iglesia de Nuestra Señora de Solentiname – der Kirche, die einst das Zentrum der Befreiungstheologie in Nicaragua bildete. Einer lebens- und volksnahen Kirchenbewegung, die in den 1960er-Jahren ganz Lateinamerika ergriff, die die Armen der Bevölkerung in den Mittelpunkt stellte, Marxisten und Christen miteinander vereinte und Jesus zum Revolutionär erkor.

Dichter, Priester, Revolutionär – das Leben Ernesto Cardenals ist so bewegt wie die Geschichte seines Heimatlandes Nicaragua. 1925 in einer wohlhabenden Granadiner Familie geboren, studiert Cardenal zunächst Literatur in Mexiko und New York. Mit 19 Jahren nimmt er an der April-Revolution gegen den Diktator Anastasio Somoza teil. Die Aktion wird vorzeitig verraten, viele von Cardenals Freunden kommen ums Leben. Cardenal zieht sich darauf in das Kloster Gethsemani in Kentucky (USA) zurück, und nimmt anschließend ein Theologiestudium in Mexiko auf. In dieser Zeit entstehen die *Salmos* (Psalmen), die heute zu den wichtigsten Werken lateinamerikanischer Dichtung zählen.

Mit 30 Jahren wird Cardenal zum katholischen Priester geweiht. Er gründet auf Solentiname eine christliche Glaubensgemeinschaft und setzt dort die Befreiungstheologie in die Praxis um: Statt Sonntagspredigten finden Bibeldiskussionen im Grünen statt, die Campesinos interpretieren das Evangelium aus ihrer Sicht. Cardenal veröffentlicht die Gespräche später in seinem Buch El Evangelio de Solentiname, das auch in Deutschland erscheint und den Inselarchipel weltweit zum Symbol für Solidarität mit den Armen macht. Nach wie vor bleibt der junge Priester auch politisch aktiv. Er sympathisiert mit der revolutionären Frente Sandinista in Nicaragua.

1977 erstürmt eine Gruppe Solentinamer die Nationalgarde in San Carlos, drei junge Revolutionäre werden getötet. Solentiname wird daraufhin von Somozas Truppen zerstört, die Mehrheit der Bevölkerung flieht. Cardenal, der sich zu dieser Zeit im Ausland befindet, wird zu einer jahrelangen Gefängnisstrafe verurteilt. Er arbeitet von nun an aus dem Ausland als Stimme der nicaraguanischen Revolution. Nach dem Sturz Somozas bekleidet Cardenal 1979 das Amt des Kulturministers in der neuen Sandinista-Regierung. Er führt eine Alphabetisierungskampagne durch und schafft es, innerhalb weniger Jahre die Analphabetenquote im Land von 65 auf 12 % zu senken.

Cardenal wird zur Leitfigur von Nicaraguas regimetreuer, linksgerichteter Volkskirche, der Iglesia Popular, und 1985 vom Papst aufgrund seiner parteipolitischen Tätigkeit von der Ausübung des Priesteramtes suspendiert.

1994 tritt er aus Protest aus der FSLN-Partei aus – der Führungsstil Daniel Ortegas ist ihm zu autoritär. Mehrfach wird sein literarisches Werk ausgezeichnet, u. a. mit dem Friedenspreis des Frankfurter Buchhandels. 2005 wird der Nicaraguaner für den Literaturnobelpreis nominiert. Auch nach dem Fall des Kommunismus und der gescheiterten nicaraguanischen Revolution bleibt er ein Verfechter der Teología de la Liberación: Solange es Arme gibt, gibt es auch eine Befreiungstheologie, so Cardenal.

ausgestellt, ⌚ tgl. 8–12 und 14–17 Uhr. Ein Wanderweg führt um die Insel herum.

Auf der **Isla Donald Guevara** oder **La Donald** (nach dem zweiten Märtyrer vom San Carlos Aufstand benannt) können Besucher den *Pintores* über die Schulter blicken. Cardenal verteilte in den 1960er-Jahren Malfarben und Pinsel unter den Campesinos. So entstand eine naive Malereibewegung, die bis heute überlebt hat. Präkolumbische Malerei und Petroglyphen enthält die **Cueva del Duende** (Höhle der Elfen), die nur in der Trockenzeit zugänglich ist. Auf der **Isla Zapote** leben 22 verschiedene Vogelarten, die Mehrheit von ihnen sind Wasservögel.

Übernachtung

Hotels befinden sich lediglich auf der Isla Mancarrón und der Isla San Fernando. Alle Unterkünfte bieten VP an.

Hospedaje Don Julio, Isla Elvis, kein Telefon. Einfache, saubere Zimmer mit Außenbad; schöne Terrasse mit Hängematten am See. Nur Übernachtung kostet $5 p. P. (inkl. einer Mahlzeit $8 p. P.; mit HP $11 p. P.; mit VP $15.).

Hospedaje El Buen Amigo, Isla Mancarron; etwas für den schmalen Geldbeutel. Saubere Zimmer mit guten Matratzen; umgeben von Bananenstauden; Terrasse mit Schaukelstühlen; Außenbad. Beim freundlichen Don Rinaldo und seiner Frau Doña Andrea. Licht brennt nur von 18–20 Uhr. Eine Mahlzeit kostet $2. ❶

Hotel Cabañas Paraíso, Isla Elvis, ✆ 252-6262, ✉ gsolentiname@amnet.com.ni. Saubere Zimmer am Hang bei der Schwester des Schiffkapitäns Chepe; teils mit Seeblick und Gemeinschaftsbad; weitere 10 Cabinas sind geplant; Kreditkartenzahlung möglich. $25–30 p. P., inkl. VP.

Hotel Mancarrón, Isla Mancarrón, ✆ 273-3715, ✉ hmancarrun@ibw.com.ni. Große Anlage mit Liegewiese in der Nähe vom See. Zimmer mit Terrasse; hübsch mit Bildern und Kunsthandwerk aus Solentiname geschmückt; Restaurant. Das Hotel gehört der Asociación Para el Desarrollo de Solentiname. Ein Teil der Einnahmen kommt Projekten auf der Insel zugute. VP inkl. ❸

Sonstiges

Kajakvermietung

In der **Albergue Celentiname**, ungefähr $10 pro Tag.

Touren

Touren um den Inselarchipel und zur Reserva Los Guatuzos bieten die **Albergue Celentiname**, oder „**Chepe**", der Kapitän der San Carlos-Boote, an (im Hotel Paraiso nach Chepe fragen).

16 HIGHLIGHT

Auf dem Río San Juan nach San Juan del Norte

Fast 200 km – 11 Stunden – auf der alten Piratenroute, der Route der Konquistadoren, der Goldsucher, der Revoluzzer. Mit Nonnen, Fischeimern, illegalen nicaraguanischen Migrantenarbeitern und einem Hahn im Sack im Boot. Die Panga hält unter den dicken Festungsmauern von **El Castillo** und umfährt dann die reißende Stromschnelle **Rauda del Diablo** (das Haus des Teufels). Der Morgennebel steigt langsam aus dem Wald, die Bäume sehen aus wie von Verpackungskünstlern verpackt, so eng sind sie von Schlingpflanzen umwickelt. Der Kapitän sucht nach einem Vermissten: „im Neujahrssuff ertrunken", sagt er. Die Nonnen schaudern – aber sie suchen mit. Und immer wieder wird angehalten.

Vom Ufer Pfiffe. Migrantenarbeiter steigen ein und aus, klettern die lehmige, rutschige Uferböschung hinauf und pirschen sich durch das Dickicht hin zu den costa-ricanischen Maniokplantagen. Greifvögel ziehen über den breiten Fluss. Die Beute baumelt aus ihrem Schnabel. Dann taucht sie auf, die alte, rostige *Draga*. Wie ein riesiger, dreifüßiger Roboter steht der über hundert Jahre alte Baggerkran mitten in der Flussmündung: Das alte Greytown ist erreicht – und damit auch das weite, offene Meer.

199 km lang und – so steht es auf T-Shirts und Autoaufklebern – „100 % Nica", ist der Río San Juan, der im Lago Cocibolco entspringt und in den Atlantik mündet. Er bildet die natürliche Grenze zwischen Costa Rica und Nicaragua, eine Wasserstraße, die durch seltene Flora und Fauna führt und eine lebendige Geschichte aufzuweisen hat.

Geschichte

„Derjenige, der die Meeresenge zwischen den beiden Ozeanen besitzt, wird einmal die Welt beherrschen", schrieb der spanische Konquistador Hernán Cortés bereits 1524 an den spanischen König Carlos I. 15 Jahre sollte es jedoch noch dauern, bis eine spanische Expedition die labyrinthartige Mündung des Río San Juan entdeckte und damit eine neue Handelsroute von der damaligen Hauptstadt Granada bis zum Karibischen Meer eröffnete. Nun begann die Kolonialisierung und Christianisierung des Río San Juan. Bereits im gleichen Jahr wurde die Hafenstadt San Juan de la Cruz, das spätere San Juan del Norte, gegründet.

Die Indianer (Nicaraos, Votos, Guatuzos, Miskitos, Ramas und Sumus) wurden in den Folgejahrhunderten fast vollkommen ausgerottet, einige von ihnen flohen ins benachbarte Costa Rica. Spaniens Kolonialmacht blieb jedoch nicht unangefochten. Im 16. Jahrhundert versuchten sowohl französische als auch holländische und englische Piraten sie zu untergraben. So hatten englische Freibeuter sich an der Atlantikküste Nicaraguas niedergelassen und überfielen von dort aus die spanischen Handelsschiffe.

Bei ihren Eroberungszügen gingen die Engländer schlauer vor als die Spanier: Sie rüsteten die Indianer mit Waffen aus, profitierten von den Landeskenntnissen der Ureinwohner und griffen mit ihnen gemeinsam die spanischen Bastionen an. Mehrmals gelang es ihnen, über den Río San Juan bis in die damalige Hauptstadt Granada einzufallen, die Stadt auszurauben und sogar niederzubrennen. Um weitere Angriffe zu verhindern, errichteten die Spanier zwölf Festungen am Flussufer. Das Castillo de la Inmaculada Concepción in El Castillo zählte damals zu den größten spanischen Bastionen Zentralamerikas.

Mitte des 19. Jahrhunderts nutzte der New Yorker Unternehmer Cornelius Vanderbilt den Fluss als Durchgangspassage für seine Accessory Transit Company. Tausende nordamerikanischer Goldsucher reisten auf Vanderbilts Dampfschiffen von New York über den Río San Juan nach San Francisco (die Durchquerung der Indianergebiete im eigenen Land war zu gefährlich). 36 Tage lang dauerte die Schifffahrt von der Ost- an die Westküste. Den 18 km langen Landweg zwischen Flussmündung (Lago Cocibolca) und Pazifik legten die Abenteurer per Pferdekutsche zurück.

Diese vergleichsweise wenigen Kilometer, die dem Fluss fehlten, um Pazifik und Atlantik miteinander zu verbinden, wurden in den Folgejahren zum Mittelpunkt ehrgeiziger Kanalpläne. Die USA entschieden sich schließlich zum Bau einen Kanals in Panama, um jegliche Konkurrenz auszuschalten, sicherten sich jedoch im Chamorro-Bryan-Vertrag von 1914 das exklusive Recht zum Kanalbau in Nicaragua. Der Vertrag wurde in den 1970er-Jahren wieder aufgehoben.

Während des Contra-Krieges bildete der Río San Juan die Südfront der Alianza Revolucionaria Democratica (ein Arm der Contrarevolucionarios) unter der Führung des Ex-Sandinisten Edén Pastora, alias „Comandante Cero".

Heute emigrieren jährlich Tausende von nicaraguanischen Arbeitern über den Fluss nach Costa Rica, um illegal auf den costa-ricanischen Obst- und Kaffeeplantagen zu arbeiten.

Zur Verwirklichung des Traums von einem interozeanischen Kanal in Nicaragua fehlen nach wie vor 18 km. Seit Friedenseinkehr haben alte Kanalpläne jedoch wieder an Aktualität gewonnen.

Sábalos

Der Ort Sábalos ist kein Touristenziel. Die kleine Siedlung vergrößerte sich stark nach Kriegsende, als die Soldaten aus den Bergen zurückkehrten und Arbeit in der Palmölfabrik suchten. Am Ortsrand befinden sich, idyllisch am Flussufer gelegen, zwei schöne, rustikale Hotels.

Wie Tarzan und Jane im Dschungel

Sábalos Lodge. Die Lancha von San Carlos hält am Bootssteg der Lodge, ✆ 583-0046, 💻 www.sabaloslodge.com. Palmstrohgedeckte rustikale Holzhütten am Flussufer, umgeben von Dschungel. Die Jane und Tarzan-Cabañas ❸ liegen abgeschieden mit Aufenthaltsraum unten, Schlafraum im 2. Stock und einem Balkon mit Hängematte. Die Cabaña Familiar hat Platz für 5 Personen und eine große Terrasse ❹. Dichter neben einander liegen die Cabañas de Peces ❸. Auch Dorm für Backpacker $6 p. P.; Bar-Restaurant; Kajak- und Kanuvermietung ($10 p. P. pro Tag).

Übernachtung

Hospedaje Clarisa, im Ort Sábalos, einfache Zimmer mit Gemeinschaftsbad; familiäres Ambiente bei der freundlichen Doña Clarisa. Ungefähr $3 p. P.
Hotel Sábalos. Vom Zentrum in Sábalos setzt ein Boot auf das gegenüberliegende Flussufer, wo das Hotel steht, ✆ 892-0176, 💻 www.hotelsabalos.com.ni. 10 saubere, rustikale Zimmer. Große Gemeinschaftsterrasse direkt an der Mündung des Río Sábalo in den Río San Juan; Restaurant; Kanuvermietung: $2 pro Std.; nicaraguanisch-deutsche Leitung. ❸

Transport

Eine Straße verbindet Sábalos mit San Carlos. Bei Drucklegung dieses Buches bestand jedoch noch keine Busverbindung.

Colectivos fahren nach:
San Carlos, Mo–Fr 3x tgl.; Sa und So 2x tgl.; 2 Std.
El Castillo, Mo–SA 3x tgl.; 1 Std.; So nur 1x.

El Castillo

In El Castillo befindet sich die größte und am besten erhaltene Festungsanlage der insgesamt zwölf spanischen Bastionen, die während der Kolonialzeit den Río San Juan flankierten und Piraten vor Raubzügen ins Landesinnere abhalten sollten. Mit einer Breite von 27 m, einer Länge von fast 60 m und 4 m dicken Mauern zählte das Castillo de la Inmaculada Concepción zu den größten Festungsanlagen in ganz Mittelamerika. Und dennoch griffen sie an, vor allem die englischen Piraten. 2000 von ihnen belagerten im Jahr 1762 die Festung, in der der Kommandant kurz zuvor gestorben war. Seine 19-jährige Tochter Rafaela Herrera griff daraufhin zu den Kanonen und traf den Piratenanführer – immerhin – mit der dritten Kugel. Den Rest der Freibeuter schlug sie mit brennenden Bettlaken in die Flucht, die sie (in Alkohol getränkt) auf Treibholz den Fluss hinunter schwimmen ließ.

Erfolgreicher als seine Vorgänger war dann aber der junge Engländer Horatio Nelson. Bevor er in die Schlacht von Trafalgar zog, eroberte er 1780 die Festung in einem Überraschungsangriff vom Land aus. Epidemien jedoch rafften seine Truppen dahin, so dass er vorzeitig den Rückmarsch antreten musste.

Auch nach Nicaraguas Unabhängigkeit wurde das Kastell weiterhin als Militärkaserne genutzt. Mitte der 1990er-Jahre wurde die Festungsruine mit spanischen Mitteln restauriert. Im ersten Stock befindet sich heute ein Museum mit Geschichtstafeln und alten Waffen, in der zweiten Etage wurde eine kleine Gemeinde-Bibliothek eröffnet. 🕓 Tgl. 8–12 und 13–17 Uhr, Eintritt: $2. Kamera $2; Video $4.

Süße Haie

Haie im Süßwasser? Nicaraguas Haie sind anpassungsfähig und wandern problemlos vom salzigen Atlantik in das Süßwasser des Lago Cocibolca. Sie überleben den Wechsel, indem sie den Salzgehalt ihres Körpers über eine Drüse um mehr als 30 % (!) reduzieren. Während der Somoza-Diktatur wurden jährlich Zehntausende von Nicaraguas Bullhaien für Haifischsuppen in Asien abgeschlachtet, dabei wurden nur die Flossen verwendet. Heute sieht man deshalb die Raubfische nur noch äußerst selten im Río San Juan. Trotzdem schärfen Mütter ihren Töchtern nach wie vor ein, niemals im Fluss baden zu gehen, wenn sie ihre Menstruation haben.

Übernachtung

Die zwei Unterkünfte **Hotel Vitoria**, ✆ 583-0188, ❶ und **Hospedaje Nena** (mit Gemeinschaftsbad etwa $4,50 p. P.) standen bei Redaktionsschluss kurz vor der Eröffnung. Nachfragen lohnt sich.
Hotel Richardson, neben der Alcaldía, am Basketballplatz rechts hoch. Sechs saubere Zimmer mit guten Matratzen und Privatbad; $10 p. P., $12 mit Frühstück.
Hospedaje Manantial, schräg gegenüber vom Restaurant El Cofelito; saubere Zimmer mit guten Matratzen und Gemeinschaftsbad; ungefähr $3,50 p. P.

Am Fuße der Festung

Hotel-Albergue El Castillo, ✆ 583-0182, vom Anlegesteg geradeaus und dann den Hang hoch, ist das beste Hotel im Ort. Saubere Zimmer mit Gemeinschaftsbad im attraktiven, zweistöckigen Holzhaus. Große Gemeinschaftsterrasse mit Blick auf den Fluss; sehr beliebt bei Touristen; Frühstück inkl., $15 p. P.

Hospedaje Aurora, einfache, saubere Zimmer beim freundlichen Bootsbauer Paco. Gemeinschaftsbalkon direkt über dem Fluss; sehr einfache Gemeinschaftsduschen im Erdgeschoss. Ideal für Reisende mit schmalem Geldbeutel und bescheidenen Ansprüchen; ungefähr $2,50–3.

Essen

El Cofelito, neben dem Anlegesteg. Fisch- und Fleischgerichte; Frühstück; bestes Restaurant im Ort; Terrasse mit Blick auf den Fluss.
Soda Vanessa, am Raudo del Diablo. Fleisch- und Fischgerichte vom Grill; Salate. Schöner Blick auf den Fluss.
Soda Carolina, neben dem Internetcafé, im 2. Stock, vegetarische Gerichte, Obstsalate, Fisch und Sandwiches.

Sonstiges

Informationen

Oficina Turistica, gegenüber vom Anlegesteg, erteilt touristische Informationen, nicht zuletzt auch zu Touren, 🕓 tgl. 8–11 und 14–17 Uhr.

Internet

Westlich vom Anlegesteg, 🕓 tgl. 7.30–19 Uhr.

Touren

Guías Turisticas Río San Juan, gegenüber vom Anlegesteg, bietet u. a. Touren ins Refugio Bartola (4 Std.; $55 ;1–4 Pers., oder 5 Std.; $65; 1–4 Pers.), Reit- ($10 p. P. für 3 Std.) und Kanutouren ($35; 3–4 Std. für 2 Pers.) sowie Nachttouren auf dem Río San Juan (ab $40; der Preis hängt von der Teilnehmerzahl ab) an. Professionelle, zweisprachige Führer.
Ein geliehenes Kanu ohne Führer kostet $8 p. P. für 2 Std. Das Restaurant Cofelito bietet weitere Bootstouren an.

Transport

Busse fahren nach:
San Carlos, Mo–Fr 3x tgl., Sa und So 2x tgl.
San Juan del Norte (über **Refugio Bartolo**), Di und Fr 1x tgl.; 8 Std.

Gran Reserva Biológica Río Indio-Maíz

Die Gran Reserva Río Indio-Maíz zählt zu den am strengsten geschützten Reservaten in Nicaragua, seit kurzem haben Rama-Indianer aus dem Norden in dem Naturpark eine neue Heimat gefunden. Touristen haben keinen Zugang zur Reserva.

Im Naturpark leben seltene Tiere wie Pumas und Seekühe sowie mehr als 300 Vogelarten. Wander- und Kanutouren sind nur am Rande des Schutzgebietes möglich. Beste Ausgangsbasis dafür ist das **Refugio Bartolo** (s. auch Übernachtung). Mehrstündige Regenwaldtouren zum Refugio werden auch vom Oficína de Turismo in El Castillo angeboten.

Übernachtungsmöglichkeit bietet das Hotel Refugio Bartola, ✆ 289-3448 oder 880-8754 (Handy), das einzige Hotel weit und breit. Es hat geräumige, schlichte Zimmer am Fluss, umgeben von Wald. Wanderwege mit einer Wanderlänge von 30 Minuten bis zu acht Stunden beginnen direkt am Hotel; großes Rancho-Restaurant; Solarenergie. Beliebt bei Naturfreunden und Vogelkundlern. Kontakt auch über das Touristenbüro in El Castillo; ungefähr eine Woche im Voraus reservieren. $50 p. P., inkl. VP.

Transport

Rechtzeitig am Anlegesteg sein, denn die **Boote** kommen gelegentlich früher als offiziell angekündigt an.
San Juan del Norte, Di und Fr 1x tgl.
San Carlos, Do und So 1x tgl.

Nachbarstreit

„El Río San Juan es 100 % Nica" steht auf dem T-Shirt meines Sitznachbarn. Ähnlich formuliert es der Vertrag von Canaas-Jerez, der Nicaragua die Oberhoheit über den gesamten Fluss zuspricht und Costa Rica lediglich kostenlose Handelsschifffahrt gewährt. Costa Rica erkennt den Vertrag zwar an, besteht jedoch darauf, nicht nur Waren, sondern auch Touristen kostenfrei auf dem Río San Juan zu transportieren sowie bewaffnete Grenzpatrouillen zu fahren. Denn jährlich setzen Tausende von illegalen nicaraguanischen Migrantenarbeitern über den Fluss nach Costa Rica über. Als Nicaragua Ende der 1990er-Jahre beide Forderungen ablehnte, verstummten die Dialoge, Schlichtungsgespräche scheiterten, Costa Rica zog vor den internationalen Gerichtshof in Den Haag.
Daraufhin drohte Nicaragua mit einer 35 %-igen Sondersteuer auf alle costa-ricanischen Importe, um die hohen Gerichtskosten aufzubringen (Costa Rica exportiert jährlich Waren im Wert von rund 220 Millionen Dollar nach Nicaragua!). Außerdem hielt die nicaraguanische Regierung Costa Rica fremdenfeindliches Verhalten vor und reichte eine Klage bei der Interamerikanischen Kommission für Menschenrechte in Den Haag ein, denn zwei Nicaraguaner waren 2005 in Costa Rica getötet worden – einer erstochen, der andere von einem Wachhund zu Tode gebissen. In beiden Fällen wurde kein Verfahren eingeleitet. Costa Rica drohte daraufhin mit einer Sondersteuer auf alle Überweisungen von Nicaraguanern an ihre Familien (es leben rund 1 Million Nicaraguaner in Costa Rica!).
Bei Redaktionsschluss standen die Schiedssprüche aus Den Haag noch aus, und die Drohungen beider Länder sind bisher nichts als Zähnefletschen geblieben. Leider geraten in dem Streit aber die eigentlichen Ursachen für die illegale Migration – Armut, Arbeitslosigkeit und durch Erosion verursachte Bodenverluste – in den Hintergrund. Um diese Probleme an der Wurzel zu packen, bedarf es einer engen, bilateralen Zusammenarbeit.

San Juan del Norte

San Juan del Norte ist eine kleine, sumpfige Wellblechsiedlung am äußersten Südostzipfel Nicaraguas. Touristen finden nur wenige hierher. Der Ort ist von Wasser umgeben: vom **Río Indio**, dem **Río San Juan**, der **Laguna Azul** und dem Karibischen Meer. Als wäre das nicht bereits feucht genug, regnet es auch noch ganze neun Monate im Jahr.

Sechs Kilometer trennen das junge San Juan del Sur vom alten **Greytown**. Die Bootsfahrt in die einst blühende Hafenstadt ist eine Reise zurück in die Vergangenheit, vorbei an untergegangenen Schiffen, Friedhöfen mit halb im Morast versunkenen Marmorkreuzen und einer einsamen, großen Draga (Baggerkran), die seit über 100 Jahren, als der Traum vom interozeanischen Kanal platzte, verlassen im Flussnebel steht. Viel mehr ist vom alten Greytown nicht übrig geblieben.

Geschichte

San Juan del Norte wurde 1539 von den Spaniern gegründet. Der Ort entwickelte sich schnell zum wichtigsten Hafen an Nicaraguas Atlantikküste. Ab 1864 wurde San Juan del Norte britisches Protektorat und passend dazu in Greytown umbenannt. Die blau-weiß gestreifte Flagge Nicaraguas trug von nun an eine britische Krone in ihrer Mitte.

Mitte des 19. Jahrhunderts machten Tausende von Goldsuchern in Greytown Halt. Sie reisten mit Cornelius Vanderbildts Dampfschifffahrtsgesellschaft von New York nach Kalifornien. Die aus Holz errichteten englischen Kolonialbauten – Casinos, Bordelle und viktorianische Hotels – gingen 1984 in Flammen auf, als Edén Pastora, alias „Comandante Cero", den Ort in einem Racheakt gegen die Frente Sandinista niederbrennen ließ. Als Ersatz für das alte Greytwon wurde das neue San Juan del Norte mit englischen und spanischen Mitteln wiederaufgebaut.

Übernachtung und Essen

Hotelito Evo, im Ortszentrum, ✆ 273-3719; saubere Zimmer, teils mit Bad; familiäres Ambiente; Gemeinschaftsraum; Essen mit der

Süd-Nicaragua

Colones statt Cordobas

San Juan del Norte ist merklich teurer als der Rest Nicaraguas, denn aufgrund der abgeschiedenen Lage müssen die meisten Lebensmittel und das Benzin aus Costa Rica importiert werden. Tipp: Cordobas vorher in Colones umtauschen!

Familie möglich; pro Mahlzeit $2–4. Gute Informationen, Touren. Rund $5,50 p. P.

The Cabin El Escondite, etwas abseits vom Zentrum; einfache Hütten mit Palmendach, umgeben von schönem Garten; Abendessen bei Fackelschein; es kocht der Besitzer und professionelle Koch Edgar Coulson, im Ort nur als „Rasta" bekannt. Ungefähr $8,50 p. P. Mahlzeiten kosten etwa $5,50 p. P.

Cabinas Anderson, im Ortszentrum, sehr saubere Holzcabinas mit Gemeinschaftsbad. ❶

Die meisten Unterkünfte bieten Verpflegung an. Karibische Gerichte werden in den kleinen Sodas im Dorfzentrum serviert.

Sonstiges

Feste

Multikulti geht es im Mai an der nicaraguanischen Karibikküste zu.
Dann wird der Baile del Palo de Mayo getanzt – der Tanz um den Maibaum. Den Maipfahl steuerten die Engländer bei, der Gesang stammt von den Miskito-Indianern, die mitreißenden Rhythmen kommen aus Jamaica.

Nachtleben

Discoteca Fantasia, Reggae, Calypso und Karaoke.

Touren

Enrique Gutierrez vom Hotel Evelito, ✆ 273-3719, ist professioneller Touristenführer und bietet Touren zur blauen Lagune, auf dem Río Indio und ins alte Greytown an. Außerdem kann die Pulperia El Chal Führer mit Ruderboot vermitteln.

Transport

San Juan del Norte ist von allen Seiten von Wasser umgeben, aber trotzdem ist der Ort eine Sackgasse. Denn wer nicht bereit ist, 800 US-Dollar für eine Bootsfahrt nach Bluesfields zu zahlen, muss wohl oder übel den 11-stündigen Rückweg nach San Carlos antreten! Dort befindet sic der nächste offizielle Grenzübergang nach Costa Rica. Außerdem hat man von hier Anschluss in den Norden Nicaraguas.

Busse fahren nach:
San Carlos (über **El Castillo**), Do und So 1x tgl. In den Sommermonaten führt der Río San Juan im Mündungsbereich mitunter so viel Sediment, dass die Fahrgäste aussteigen und beim Anschieben mithelfen müssen!

Anhang

Sprache

Die **Amtssprache** sowohl in Costa Rica als auch in Nicaragua ist Spanisch. Vereinzelt werden in den sehr abgelegenen Indianerreservaten noch die jeweiligen Stammessprachen der Guaymí-, Bribrí- und Cabécar-Indianer gesprochen.

In den Haupttouristenzentren Costa Ricas kann man sich heute weitgehend mit Englisch durchschlagen. In ländlicheren Regionen und in Nicaragua erleichtern Grundkenntnisse der spanischen Sprache den Reisealltag und den zwischenmenschlichen Umgang.

Aussprache

Die Aussprache der Vokale entspricht dem Deutschen.

c – vor **e**, **i** mit stimmlosen „s" wie in Bus: *Centro, cinco*. Vor **a**, **o**, **u** wie „K" in Kind: *Cola, Casa*.

ch – stimmlos wie in Qua**tsch**: *Cheque, Cucaracha*.

g – vor **a**, **o**, **u**, wie deutsches „G" in Gans: *Ganso, Golpe, Gusano*. Vor **e**, **i** wie deutsches „ch" in Fach: *Genio, Gigante*.

gu – wie „g", vor **a** wird das **u** ausgesprochen: *Guardia*.

h – ist immer stumm.

j – wie „ch" in Fach: *Junta, Japón*.

ll – Einheitslaut von „l" und „j" wie in Familie: *Llamada, Pollo*.

n – am Wortende wie „ng" in Hang: *Solución, Revolución*.

ñ – wird „nj" gesprochen wie im französischen Champa**gn**er: *Campaña, mañana*.

qu – vor den Vokalen **e** und **i** wird **qu** wie in **K**eil (ohne „u") ausgesprochen: *quema, quien*. Ansonsten wie im Deutschen.

r – gerolltes Zungenspitzen-r: *Carril, Tigre, tragar*.

s – besonders zwischen den Vokalen scharf wie in „besser": *Grasa*. Weiche Aussprache vor den Konsonanten **b**, **d**, **g**, **l**, **m**, **n**, **r** und **v**: *Asma, Ósmosis*.

ü – wird nach **g** wie u ausgesprochen: *Cigüeña*.

v – wie ein schwaches „b": vaya, *Venado*.

x – vor Vokalen meist wie „gs": exacto. Vor Konsonanten meist wie scharfes „s": *Experto*.

y – am Wortende wie „i": hay. Sonst wie „j": *Coyote*.

z – stimmloses „s" wie „ß": *Plaza*.

Tiquismos (costa ricanische Redewendungen und Slangwörter)

Adiós	Hallo/Tschüss
Como ameneció?	Haben Sie gut geschlafen?
Maje (ausgesprochen wie der Wonnemonat „Mai")	Mann!/Ey!
Tico	Costa Ricaner
Para servirle (das spanische *de nada*)	Gern geschehen
Por dicha!	Zum Glück!
Con mucho gusto	Mit größtem Vergnügen
Que le vaya bien	Machen Sie's gut
Pura vida	super/cool/alles klar

Betonung

- Im Spanischen wird die vorletzte Silbe betont, wenn das Wort auf einen **Vokal**, **n** oder **s** endet: *Vaso, Farmacia, joven*.
- Alle anderen mehrsilbigen Wörter werden auf der letzten Silbe betont: *cantar, sondeo*.
- Ein Akzent kennzeichnet die Ausnahmen der beiden o. g. Regeln: *Día, Revolución*.
- Zur Unterscheidung von gleichen Wörtern werden einige Wörter mit Akzent geschrieben: *está (er, sie ist) – esta (diese), sí (ja) – si (wenn), tú (Du) – tu (Dein)*.
- Fragewörter schreibt man mit Akzent: *quíen? cuándo? cómo?*

Satzzeichen

Frage- und Ausrufesätze werden im Spanischen mit einem umgekehrten Frage- bzw. Ausrufezeichen begonnen: *¿donde estás?*

Rechtschreibung

Im Spanischen werden grundsätzlich alle Wörter klein geschrieben. Ausnahmen: Der Satzanfang, Eigennamen und Titel, Namen von öffentlichen Gebäuden, Plätzen, Bezeichnungen für Gott und verwandte Begriffe sowie Haupt- und Eigenschaftswörter in Überschriften und Buchtiteln.

Besonderheiten

Das in Spanien gebräuchliche *tú* für die zweite Person Singular wird in Costa Rica gar nicht verwendet. Zwischen gleichaltrigen Freunden benutzt man stattdessen das archaische *vos*.

Beispiel: *Como estas? Bien, y vos?*
Costa Ricaner und Nicaraguaner legen sehr viel Wert auf Formalitäten und Höflichkeitsfloskeln. Sehr gebräuchlich, selbst unter Gleichaltrigen und Bekannten, ist die *Usted*-Form (3. Person Singular, Höflichkeitsform „Sie“).
Beispiel: *Como está Usted? Bien. Y Usted?*

Kulinarisches Wörterbuch

Allgemeines

Almuerzo	Mittagessen
Bodega	Weingut
Carnicería	Fleischerei
Cevichería	Fisch- und Meeresfrüchterestaurant
Cena	Abendessen
Chichería	einfache Kneipe
Comedor	einfaches Esslokal
Comida	Essen
Desayuno	Frühstück
Entrada	Vorspeise
Menú	Speisekarte
Mesero	Bedienung, Ober
Panadería	Bäckerei
Plato fuerte	Hauptgericht
Postre	Nachtisch
Queso	Käse
Queque	Kuchen
Quinta	familiäres Gasthaus, meist nur tagsüber geöffnet
Soda	einfaches, günstiges Esslokal
Trigo	Weizen
Verduras	Gemüse

Eiergerichte

Huevos	Eier
Huevos con jamón	Eier mit Schinken
Huevos con tocino	Eier mit Frühstücksspeck
Huevos de codorniz	Wachteleier
Huevos duros	hart gekochte Eier
Huevos fritos/ estrellados	Spiegeleier
Huevos revueltos	Rühreier
Huevo tibio	weiches Ei
Tortilla de huevo	Omelett

Fisch / Meeresfrüchte

Almejas	Muscheln
Anchoas	Sardellen
Anguila	Aal
Atún	Thunfisch (in der Dose)
Bacalao	Dorsch
Bonito	Thunfisch
Calamares	Tintenfisch
Camarones	Garnelen
Camarones del río	Flussgarnelen
Cangrejo	Krebs
Concha	Venusmuschel
Ceviche	roher, marinierter Fisch
Corvina	Seebarsch
Gambas	Krabben
Langosta	Languste
Mariscos	Meeresfrüchte
Mejillones	Miesmuscheln
Ostra	Auster
Pariguela	Fischsuppe
Pescado	Fisch
Pulpo	Tintenfisch
Róbalo	Wolfsbarsch
Salmón	Lachs
Tiburón	Haifisch
Trucha	Forelle

Fleischgerichte

Adobo	geschmorter Schweinebraten
Albóndiga	Fleischkloß
Anticuchos	Fleischspieße vom Grill
Asado	Braten, gebraten
Bistec	Beefsteak
Cabra	Ziege
Carne	Fleisch
Carne de res	Rindfleisch
Carne molida, picada	Hackfleisch
Carne seca	Dörrfleisch
Cerdo, chancho	Schwein
Chicharrón	gebratene Fleischstücke
Chuleta	Kassler
Conejo	Kaninchen
Cordero	Lammfleisch
Costilla	(Schweine)-Rippchen
Ganso	Gans
Guisado	Eintopf
Higado	Leber
Jamón	Schinken

Lechón	Spanferkel
Lengua	Zunge
Lomo, lomito	Steak
Lomo milanesa	Schnitzel
Lomo saltado	Geschnetzeltes
Muslo	Keule
Parrillada	gemischter Grillteller
Pato	Ente
Pavo	Truthahn
Pechuga de pollo	Hähnchenbrust
Pichón	Taube
Pollo	Hähnchen
Pollo a la brasa	Grillhähnchen
Res	Rindfleisch
Riñon	Niere
Salchicha	Würstchen
Ternera	Kalb

Gemüse

Aceituna	Olive
Aguacate	Avocado
Apio	Sellerie
Arveja	Erbse
Betarraga	Rote Beete
Camote	Süßkartoffel
Cebada	Gerste
Cebolla	Zwiebel
Chile pimiento	süße Paprika
Choclo	gekochter Maiskolben
Coliflor	Blumenkohl
Cebolla	Zwiebel
Col/repollo	Kohl
Col de Bruselas	Rosenkohl
Ensalada	Salat
Frijoles	schwarze Bohnen
Garbanzo	Kichererbse
Guisantes	Erbsen
Hongos	Pilze
Judías	Bohnen
Lechuga	Kopfsalat
Lentejas	Linsen
Maíz	Mais
Palmito	Palmenherz
Papa	Kartoffel
Papas fritas	Pommes frites
Pepino	Gurke
Plátano	Koch- oder Mehlbanane
Quinoa	Getreidehirse
Rábano	Radieschen
Repollo	Weißkohl
Tomate	Tomate
Trigo	Getreide
Yuca	Maniok
Zanahoria	Möhre

Getränke

Agua	Wasser
Agua de Pipa	Saft aus der jungen Kokosnuss
Agua mineral (con gas)	Mineralwasser (mit Kohlensäure)
Batida	Milkshake mit Frucht
Café con leche	Milchkaffee
Café negro	schwarzer Kaffee
Cerveza	Bier (del barril) (vom Fass)
Chicha	lokal gebrauter Alkohol aus vergärten Mais
Chocolate caliente	heißer Kakao (meist mit Wasser zubereitet)
Cuba Libre	Coca Cola mit Schuss
Fresco	mit Wasser verdünnter Fruchtsaft
Gaseosa	Softdrink (Coca Cola, Pepsi etc.)
Guaro	costa-ricanischer Rum aus Zuckerrohr
Hielo	Eis(würfel)
Jugo	Fruchtsaft
Leche	Milch
Refresco	dünnes Erfrischungsgetränk aus kaltem Fruchttee oder -sirup
Ron	Rum
Té	Tee
Vino (tinto, blanco)	Wein (rot, weiß)

Gewürze, Kräuter, Essig, Öl

Aceite	Öl
Ajo	Knoblauch
Albahaca	Basilikum
Canela	Zimt
Chilero	großes Glasgefäß mit eingelegten Chilischoten, Gurken, Knoblauch und Zwiebeln
Cilantro	Koriander
Hierbabuena	Pefferminz
Manzanilla	Kamille

Perejil	Petersilie
Pimienta	Pfeffer
Pimienta española	Paprikagewürz
Pimienta gorda	Nelkenpfeffer
Sal	Salz
Vinagre	Essig

Nachtisch / Süßigkeiten

Arroz con leche	Milchreis
Azúcar	Zucker
Chicle	Kaugummi
Churros	frittierte Teigtaschen
Ensalada de frutas	Obstsalat
Flan	Pudding
Harina	Mehl
Helado	Speiseeis
Galletas	Kekse
Mermelada	Marmelade
Miel	Honig
Natilla	Süßrahm
Pan (integral)	(Vollkorn-)Brot
Panqueque	Pfannkuchen
Pastel	Kuchen
Torta	Torte

Obst / Früchte

Anona	Annone/Zimtapfel
Banano	Banane
Cacao	Kakao
Carambola	Sternfrucht
Cereza	Kirsche
Coco	Kokosnuss
Durazno	Pfirsich
Frambuesa	Himbeere
Fresa	Erdbeere
Granadilla	Passionsfrucht
Guanabana	Riesen-Annone
Guayaba	Guave
Higo	Feige
Limón	Limette
Macadamia	Macadamia-Nuss
Maracuya	Passionsfrucht
Mango	Mango
Manzana	Apfel
Melón	Honigmelone
Membrillo	Quitte
Mora	Brombeere
Naranja	Orange
Níspero	Mispelfrucht
Pan de arbol	Brotfrucht
Papaya	Papaya
Pera	Birne
Piña	Ananas
Platano	Banane
Sandia	Wassermelone
Tamarindo	Tamarinde
Toronja	Grapefruit
Tuna	Kaktusfrucht
Uva	Weintraube

Spezialitäten

Arroz	Reis
...con pollo	mit Huhn
...con carne	mit Fleisch
...con pescado	mit Fisch
...con mariscos	mit Meeresfrüchten
...con camarones	mit Garnelen
Casado	Huhn, Fisch oder Fleisch mit Reis, Bohnen, gebratenen Kochbananen und Salat als Beilage.
Cebiche/Ceviche	roher Fisch, Garnelen oder Muscheln in einer Limonen-Zwiebel-Marinade
Empanadas	gefüllte Teigtaschen (süß oder pikant)
Gallo Pinto	Costa Ricas Nationalfrühstück: Gebratener Reis, schwarze Bohnen und Spiegel- oder Rührei. Als Beilage Maistortillas und Sauerrahm.
Miel de Chevirre	Konfitüre aus der kürbisähnlichen Chivirre-Frucht
Olla de Carne	Fleischeintopf
Pejiballe	nussige Palmenherzen, in Salzwasser gekocht
Rosquillas	Maisgebäck
Sopa Negra	Bohnensuppe
Tamales	in Bananenblätter gefüllte Maistaschen gefüllt mit Käse oder Fleisch
Tres Leches	Kuchen in Sahne, Milch und Kondensmilch

Spezialitäten an der Karibikküste

Pan Bon	Früchtebrot
Pan de Coco	Kokosbrot
Patacones	Knusprig gebratene Kochbananenchips
Rice and Beans	Gallo Pinto mit Kokosnuss
Rundown	Gemüse- und Fleischeintopf in Kokosmilch

Suppen

Caldo	(Rind-)Fleischbrühe
Caldo de carne	klare Fleischbrühe
Caldo de gallina	Hühnerbrühe mit Nudeln
Consomé	Hühnerbrühe
Cremas	Beutelsuppen
Pariguela	Fischsuppe
Sancocho	Fleischeintopf
Sopa	Suppe
Sopa de arroz	Reissuppe
Sopa de fideos	Nudelsuppe
Sopa de lentejas	Linsensuppe
Sopa de tomate	Tomatensuppe
Sopa de verduras	Gemüsesuppe

Zubereitung

al ajillo	in Knoblauch gebraten
al horno	gebacken
a la parilla	gegrillt
a la plancha	geröstet
asado, frito	gebraten
bien cocido	Fleisch: gut durch
cocido	gekocht
crudo	roh
empanizado	paniert
picante	scharf
rico, sabroso	lecker, schmackhaft
salado	versalzen
termino medio	Fleisch: medium

Sprachführer Spanisch

Anhang

Das Allerwichtigste

Sí, No	Ja, Nein
Por Favor, Gracias	Bitte, Danke
Perdón	Verzeihung
Disculpe	Entschuldigen Sie bitte!
Con permiso!	Darf ich?
Lo siento	Tut mir Leid
Bienvenidos	Willkommen
Hola	Hallo
Buenos días	Guten Tag (bis mittags)
Buenas tardes	Guten Tag (bis zur Dunkelheit)
Buenas noches	Guten Abend
Que tal? Como está?	Wie geht's?
Bien, muy bien, regular, mal	Gut, sehr gut, mäßig, schlecht
Hasta luego	Bis später
Hasta mañana	Bis morgen
Adiós	Auf Wiedersehen
No hablo español	Ich spreche kein Spanisch
Me llamo...	Ich heiße...
Soy alemán(a)	Ich bin Deutscher, Deutsche
...austriaco/a	...Österreicher/in
...suizo/a	...Schweizer/in

con, sin	mit, ohne
donde, cuando	wo, wann
hay	es gibt

Orientierung und Transport

Donde está la terminal de buses?	Wo ist der Busbahnhof?
A que distancia se encuentra el hotel?	In welcher Entfernung befindet sich das Hotel?
Cuánto tarda hasta el mercado?	Wie weit ist es bis zum Markt?
A la izquierda, a la derecha, recto	Links, rechts, geradeaus
Está lejos, cerca	Es ist weit, nah
A la vuelta, atrás	Um die Ecke, zurück
Aquí, allí	hier, dort
El restaurante está a dos cuadras de aqui	Das Restaurant befindet sich zwei (Straßen)-Blocks von hier
Parada	Haltestelle
Quiero bajar	Ich möchte aussteigen
Centro	Stadtzentrum
Piso	Stockwerk
Edificio	Gebäude
Sótano	Keller
Semáforo	Ampel
Cruce	Kreuzung
Abierto, cerrado	geöffnet, geschlossen
Calle	Straße
Avenida	(Pracht-)straße, Allee

Im Hotel

Hay cuartos, tiene habitaciónes?	Haben Sie ein Zimmer frei?
...con cama sencilla	...mit Einzelbett
...con dos camas	...mit zwei Betten
...con una cama matrimonial	...mit einem breiten Bett für zwei Personen
...con baño privado, común	...mit Privatbad, Gemeinschaftsbad
Todo ocupado, todo lleno	Alles belegt, alles voll
Sí, hay espacio	Ja, es gibt noch Platz
...para una noche	...für eine Nacht
Cuanto cuesta la noche?	Wie teuer ist die Übernachtung?
Puedo ver el cuarto?	Kann ich das Zimmer sehen?
Me podría enseñar otra habitación?	Könnten Sie mir ein anderes Zimmer zeigen?
No arreglaron el cuarto	Das Zimmer ist nicht gereinigt worden
El inodoro, la ducha no funciona	Die Toilette, die Dusche funktioniert nicht
No hay agua caliente	Es gibt kein heißes Wasser
Déme otro poncho (chamarra), por favor	Geben Sie mir bitte noch eine Decke

Im Restaurant

La carta, por favor	Die Karte, bitte
Hay un menu del día?	Gibt es ein Tagesgericht?
Una mesa para cuatro personas, por favor	Einen Tisch für vier Personen, bitte
Quiero tomar una cerveza	Ich möchte ein Bier trinken
No como carne	Ich esse kein Fleisch

Una orden de arroz solamente, por favor	Nur eine Portion Reis, bitte
Solamente, es todo?	Ist das alles?
Otro jugo de piña sin hielo, por favor	Noch einen Ananassaft ohne Eis, bitte
Hay postre?	Gibt es Nachtisch?
Salud!	Prost!
Buen provecho!	Guten Appetit!
La cuenta, por favor	Die Rechnung bitte
Servicio incluido	Trinkgeld inbegriffen
Cuchillo	Messer
Tenedor	Gabel
Cuchara	Löffel
Donde está el baño, por favor?	Wo ist die Toilette, bitte?
Se acabó el papel higiénico	Es gibt kein Toilettenpapier
No hay jabón	Es gibt keine Seife

Beim Einkaufen

comprar, vender	kaufen, verkaufen
barato, caro	billig, teuer
Cuanto vale ...	Wie viel kostet ...?
Es demasiado caro	Das ist zu teuer
Hecho a mano	handgemacht
Rebaja	Preisnachlass
Calidad	Qualität
Cantidad	Menge
Puedo probar esta camisa?	Kann ich dieses Hemd anprobieren?
cambiar	tauschen, wechseln

Polizei, Bank, Post, Telefon und Behörden

Me asaltaron	Man hat mich überfallen
Me han robado mi dinero y mi equipaje	Man hat mir mein Geld und mein Gepäck gestohlen
Perdi mi pasaporte	Ich habe meinen Reisepass verloren
Necesito una constancia para mi seguro	Ich brauche eine Bescheinigung für meine Versicherung
Ladrón	Dieb
Policía	Polizei
Violación	Vergewaltigung
Banco	Bank
Dinero	Geld
Dinero en efectivo	Bargeld
Cheque de viaje	Reisescheck
Tasa de cambio	Wechselkurs
Cuenta	Konto
Transferencia	Überweisung
Ventanilla	Schalter
Moneda	Münze
Billete	Schein
Correos	Post
Carta, tarjeta postal	Brief, Postkarte
Paquete	Paket
Peso	Gewicht

Sello	Briefmarke, Stempel
Llamada telefónica	Telefonanruf
Llamada por cobrar	R-Gespräch
Documento	Dokument
Visa	Visum
Pasaporte	Reisepass
Nombre, apellido, fecha de nacimiento	Name, Nachname, Geburtsdatum
Firma	Unterschrift
Embajada	Botschaft

Beim Arzt

Me siento mal	Ich fühle mich schlecht
Tuve un accidente	Ich hatte einen Unfall
Aquí me duele mucho	Hier tut es mir sehr weh
Necesito un medicamentoIch	Ich brauche ein Medikament
Necesito un médico (doctor)	Ich brauche einen Arzt
Donde está el hospital (la clinica)?	Wo ist das Krankenhaus?
Hay una clínica privada por aquí?	Gibt es hier eine Privatklinik?
Donde hay una farmacia?	Wo gibt es eine Apotheke?
Fiebre, temperatura	Fieber
Diarrea	Durchfall
Dolor de cabeza	Kopfschmerzen
Dolor de est?mago	Bauchschmerzen
Infección	Infektion
Embarazo	Schwangerschaft
Resfrio	Erkältung, Schnupfen
Tos	Husten
vomitar	sich übergeben
Necesito un informe médico para mi seguro	Ich benötige eine ärztliche Bescheinigung für meine Versicherung

Beim Wandern in den Bergen

Aguas calientes	heiße Quellen
Alquiler	mieten
Arriero	Maultiertreiber
Burro	Esel
Bolsa de dormir/ sleeping	Schlafsack
Bosque	Wald
Botas	Feste Schuhe, auch: Gummistiefel
Caballo	Pferd
Camino	Weg
Carpa	Zelt
Cartucho de Gas	Gaspatrone
Cascada, catarata	Wasserfall
Cerro	Berg, Hügel
Cocha	See
Colchoneta	Isomatte
Cueva	Höhle

Estufita de gas	Gaskocher
Guía	Führer
Laguna, Lago	See
Montaña	Berg, Bergkette
Mula	Maultier
Nevado	Berg mit Dauerschnee
Oasis	Oase
Portador	Träger
Propina	Trinkgeld
Río	Fluss
Sierra	Gebirge
Valle	Tal
Volcán	Vulkan

Zahlen

1	uno, una
2	dos
3	tres
4	cuatro
5	cinco
6	seis
7	siete
8	ocho
9	nueve
10	diez
11	once
12	doce
13	trece
14	catorce
15	quince
16	dieciséis
17	diecisiete
18	dieciocho
19	diecinueve
20	veinte
21	veintiuno
22	veintidos
30	treinta
31	treintayuno
40	cuarenta
50	cincuenta
60	sesenta
70	setenta
80	ochenta
90	noventa
100	cien
101	cientouno
200	doscientos
300	trescientos

400	cuatrocientos
500	quinientos
600	seiscientos
700	setecientos
800	ochocientos
900	novecientos
1000	mil
1001	miluno
2000	dos mil
10 000	diez mil

Ordnungszahlen

1.	Primero
2.	Segundo
3.	Tercero
4.	Cuarto
5.	Quinto
6	Sexto
7.	Séptimo
8.	Octavo
9.	Noveno
10.	Décimo

Wochentage

Lunes	Montag
Martes	Dienstag
Miércoles	Mittwoch
Jueves	Donnerstag
Viernes	Freitag
Sábado	Samstag
Domingo	Sonntag

Monate

Enero	Januar
Febrero	Februar
Marzo	März
Abril	April
Mayo	Mai
Junio	Juni
Julio	Juli
Agosto	August
Septiembre	September
Octubre	Oktober
Noviembre	November
Diciembre	Dezember

Zeit, Datum

Qué hora es?	Wie spät ist es?
Es ist ein Uhr	Es la una

Es ist vier Uhr	Son las cuatro
Son las tres y cuarto	Es ist viertel nach drei
Son las cinco y media	Es ist halb sechs
Son las seis menos cuarto	Es ist viertel vor sechs
hoy, mañana, pasado mañana	heute, morgen, übermorgen
ayer, anteayer	gestern, vorgestern
ahora, más tarde	jetzt, später
temprano, tarde	früh, spät
inmediato, ahorita	sofort, gleich
Fecha	Datum
Qué fecha tenemos hoy?	Was für ein Datum haben wir heute?

Glossar

Adobe luftgetrocknete Lehmziegel, die zum Hausbau dienen, oft mit Stroh vermischt
Aguas übergeordneter Begriff für alle Softdrinks (Coca-Cola, Pepsi, Sprite etc.)
Alcalde Bürgermeister
Balneario Bad, Badeort am Meer
Barrio Stadtviertel, Häuserblock
Bomba Tankstelle
Brujo wörtlich: Hexer; Schamane
Cabildo Gemeinderat in der Kolonialzeit
Cacique Anführer, Stammeschef (auch **Curaca** genannt)
Campesino Kleinbauer
Campo Land; auch als „Platz" benutzt. „Hay campo?" Ist hier noch Platz?
Capilla Kapelle
Capitanía Hafenamt
Carro Auto (nicht „coche" wie in Spanien)
Chacra Stück Land, Kleinparzelle
Comedor einfaches Esslokal, meist ohne Karte
Comunidad indianische Gemeinde
Colectivo Sammeltaxi (manchmal auch Boote)
Contra Kontrarevolutionär
Conquista Eroberung Amerikas durch die Spanier
Cordillera Gebirgskette
Departamento Provinz
Don, Doña intimere, respektvolle Anrede für: Herr bzw. Frau
Encomienda durch die spanische Krone an verdiente Eroberer erteiltes Recht, in einem festgelegten Gebiet frei über die indianische Arbeitskraft zu verfügen und von den Indígenas Tribute einfordern zu können. Im Gegenzug war der *Encomendero*, der Besitzer dieses Rechts, verpflichtet, die ihm zugeteilten Indígenas zu zivilisieren und christianisieren.
Finca großes Landgut
Gasolina Benzin
Gringo Allgemeinbezeichnung für weißhäutige Ausländer, die nur selten als Beleidigung gebraucht wird
ICT Instituto Costarricence de Turismo Das costa-ricanische Fremdenverkehrsamt
Indígenas Bezeichnung für die Nachfahren der präkolumbischen Kulturen in Costa Rica und Nicaragua
Indio, Indito abwertende Bezeichnung für Indígenas
I.V.A. *Impuesto al Valor Agregado,* Mehrwertsteuer
Kreole in Costa Rica / Nicaragua geborener Nachkomme spanischer Einwanderer
Ladinos Mestizen, spanisch-indianische Mischlinge
Machete Buschmesser
Machismo, Macho übersteigertes Männlichkeitsgefühl, Mann mit diesem Gefühl
Mestize spanisch-indianischer Mischling
MINAE *Ministerio del Ambiente y Energia,* Nationalparkverwaltung
Muelle Anlegesteg; Dock
Municipio Gemeindebezirk, Landkreis
Narcotraficante Drogendealer
Parque Central das Zentrum in fast jedem Ort
Patio (Innen)hof
Patrón Chef, Arbeitgeber, Aufseher eines Großgrundbesitzers
Petroglyphen prähistorische Felszeichnungen
Redondel de toros Stierarena für Rodeos
Reducción von den Spaniern eingeführtes System der Zwangszusammenlegung indianischer Dörfer zur besseren Kontrolle der Bevölkerung
Repartimiento von den Spaniern in der Kolonialzeit verwendetes Verteilungssystem von vorwiegend indianischen Arbeitskräften
Sabanero costa-ricanischer Cowboy
Sandinista Anhänger der sandinistischen Partei in Nicaragua
Sendero Wanderpfad
Señor, Señora, Señorita Herr, Frau, Fräulein
Tejido Webarbeit
Tienda Laden, kleines Geschäft
Traje traditionelle Bekleidung, Tracht

Reisemedizin zum Nachschlagen

Aids (Sida)

Zwar sind Costa Rica und Nicaragua noch weit entfernt von der dramatischen Aids-Epidemie in Afrika; durch zunehmenden Sextourismus, Drogenkonsum und weit verbreitete Promiskuität in beiden Ländern nimmt die Zahl der HIV-Infizierten jedoch zu. Urlauber sollten sich grundsätzlich immer beim Geschlechtsverkehr durch Kondome schützen. *Preservativos* sind in jeder Apotheke erhältlich, in Costa Rica auch in Supermärkten.

Chagas

Chagas ist eine Infektionskrankheit, die durch Wanzenbisse übertragen wird. Sie kann unbehandelt auch Jahre später noch zum Tode führen. Gefahrenherde sind verwahrloste Häuser oder unhygienische Schlafplätze in ländlichen Regionen oder Slumgegenden.

Denguefieber

Das Denguefieber ist sowohl in Costa Rica (Anstieg um 200 %) als auch in Nicaragua wieder auf dem Vormarsch. Das costa-ricanische Gesundheitsministerium hat eine groß angelegte Aufklärungskampagne gestartet, um die Bevölkerung über Schutzmaßnahmen zu informieren.

Die Viruskrankheit wird von der tagesaktiven Aedes Aegypti-Mücke übertragen. Zu den Symptomen gehören plötzliche heftige Fieberanfälle sowie starke Kopf-, Muskel- und Rückenschmerzen. Nach ungefähr 3–5 Tagen breitet sich zudem oft ein Hautausschlag über den ganzen Körper aus. In Einzelfällen können ernsthafte Gesundheitsschäden mit Todesfolge auftreten. Es gibt keine Impfungen gegen Denguefieber. Der Schutz vor Mückenstichen durch Mückenspray, Moskitonetze und langärmlige Kleidung ist die beste Vorsorge.

Es gibt keine Impfung oder spezielle Behandlung. Schmerztabletten, fiebersenkende Mittel und kalte Wadenwickel lindern die Symptome. Keinesfalls sollten ASS, Aspirin oder ein anderes acetylsalicylsäurehaltiges Medikament genommen werden, da diese einen lebensgefährlichen Verlauf herausfordern können! Ein einfacher Test kann Denguefieber bestätigen: Fünf Minuten den Oberarm abbinden, öffnen und in der Armbeuge nachsehen – falls rote Flecken erscheinen, ist es zu 90 % Denguefieber. Falls keine Flecken entstehen, heißt das aber nicht, dass auf gar keinen Fall eine solche Infektion vorliegt.

Besonders betroffen sind in Costa Rica die Regionen um Puntarenas und die nördliche Karibikküste. In Nicaragua tritt Denguefieber im ganzen Land relativ häufig auf, auch in der Hauptstadt Managua.

Durchfälle und Verstopfung

Unreines Trinkwasser, verdorbene Lebensmittel, nicht kontinuierlich gekühlter Fisch, zu kurz gegartes Fleisch, ungeschältes, schon länger liegendes, aufgeschnittenes Obst (Wassermelonen), Salate, kalte Getränke oder schlecht gekühlte Eiscreme sind häufig die Verursacher von Durchfällen.

Eine Elektrolyt-Lösung, die die verlorene Flüssigkeit und Salze ersetzt, reicht bei harmlosen Durchfällen völlig aus. Abgepackte Elektrolyt-Lösungen gibt es in jeder Apotheke (z. B. Elotrans oder – für Kinder Oralpädon). Wer selbst eine Lösung herstellen möchte, nimmt 4 Teelöffel Zucker oder Honig, 1/2 Teelöffel Salz und 1 l Orangensaft oder abgekochtes Wasser. Als homöopathisches Mittel gegen Durchfall ist außerdem Perenterol zu empfehlen, das aus natürlicher Hefe hergestellt ist. Zur Not, etwa vor langen Fahrten, kann auf Imodium zurückgegriffen werden. Außerdem hilft eine Bananen- oder Reis-und-Tee-Diät und Cola in Maßen. Bei längeren Erkrankungen einen Arzt aufsuchen – es könnte sich auch um eine Amöben-Infektion handeln.

Gegen Verstopfung helfen frische Ananas, Avocados oder Papaya (mit Kernen!) Nach der Rückkehr aus dem Urlaub ist eine Stuhluntersuchung empfehlenswert. Denn Parasiten können sich im Körper einnisten und – oft erst Monate später – ernsthafte Krankheiten verursachen. Eine Stuhluntersuchung ist auch für die Urlauber empfehlenswert, die sich lange in abgelegenen Gegenden aufgehalten haben.

Erkältungen

Schnupfen oder Husten kommen auch in den Tropen vor – und das häufiger als man denkt. Ursachen sind meist Klimaanlagen, Ventilatoren oder nasse Kleidung nach überraschenden Schauern. Empfehlenswert ist daher, immer Kleidung zum Überziehen oder Wechseln mitzunehmen.

Hauterkrankungen

Schwitzen kann unangenehm juckende Hautpilze verursachen. Gegen starkes Schwitzen hilft kühlender Körperpuder, der in jeder Apotheke oder größerem Supermarkt erhältlich ist. Gegen Hitzepickel haben sich Prickly Heat Powder, Zinkoxyd oder Titaoxyd bewährt.

Hepatitis

Hepatitis A (Gelbsucht) ist eine Virusinfektion, die vor allem durch verunreinigtes Trinkwasser und Lebensmittel verursacht wird. Typische Symptome sind u. a. Übelkeit, Fieber, dunkler Urin, heller Stuhl und Gelbfärbung von Haut und Augäpfeln.

Weitaus gefährlicher ist die schwere Lebererkrankung **Hepatitis B**, die durch Kontakt mit Blut und Speichel übertragen wird (s. Ansteckungsgefahren HIV/Aids). Schutzimpfungen gegen Hepatitis A und B sind in Europa erhältlich.

Leishmaniose

Leishmaniose (Beulenkrankheit) ist eine Infektionskrankheit, die durch winzige Schmetterlingsmücken übertragen wird und in den Dschungel- und Gebirgsregionen Mittelamerikas auftritt. In Costa Rica ist vor allem die Talamanca Region betroffen. Die Krankheitssymptome beschränken sich hier zumeist auf die Haut, es können kleine, trockene Herde bis zu großen Geschwüren entstehen. Teilweise sind auch der Nasenrachenraum und die Schleimhäute betroffen. Es gibt keine Impfung gegen Leishmaniose. Beste Vorbeugung ist Moskitoschutz (Mückenspray, Moskitonetz, langärmlige Kleidung).

Leptorispirosis

Die Erreger der Leptorispirosis (Schweinehirtenkrankheit) treten vor allem in durch Rattenurin verunreinigten Flüssen auf. Besondere Gefahr herrscht nach Wirbelstürmen und Überschwemmungen. Kajakfahrer und Rafter können sich durch Spritzwasser infizieren. Die Krankheitssymptome sind typische Grippeanzeichen: Fieber, Schüttelfrost, Kopf- und Gliederschmerzen. Normalerweise klingen die Krankheitserscheinungen innerhalb weniger Tage ab, in schweren Fällen kann es zu Hirnhautentzündung und Gelbsucht kommen.

Malaria

Malaria zählt zu den gefährlichsten parasitären Erkrankungen, die den Menschen befallen können. Übertragen wird die Krankheit von der weiblichen Anopheles-Mücke, die vorwiegend in den Dämmerungs- und Nachtstunden unterwegs ist. Die Malariaerreger gelangen über die Blutbahn in die Leber, vermehren sich dort und vernichten die roten Blutkörperchen.

Malariagefahr besteht sowohl in Nicaragua als auch in Costa Rica. Mittleres Malaria-Risiko besteht in der Provinz Limón (Karibikküste; vereinzelt wurden dort auch Fälle der gefährlichen Malaria Tropica gemeldet) und in Los Chiles (Provinz Alajuela). Ein geringes Risiko besteht in den ländlichen Gebieten der übrigen Landesteile. Als malariafrei gelten die Höhenlagen und die Städte. Mittleres Malariarisiko besteht außerdem in den ländlichen und sumpfigen Gebieten Nicaraguas sowie an der Atlantiküste.

Die persönliche Malaria-Prophylaxe sollte vor der Reise mit einem Tropen- bzw. Reisemediziner besprochen werden. Aktuelle Infos: 💻 www.

dtg.org. Aktualisierungen der weltweiten Malariasituation findet man auf zahlreichen Internet-Seiten, z. B. 🖳 www.dtg.org, 🖳 www.who.int und 🖳 www.cdc.gov. Über die beste Malariaprophylaxe ist in den vergangenen Jahren heftig debattiert worden, denn alle Medikamente können unangenehme Nebenwirkungen hervorrufen. Zu den am häufigsten verschriebenen Präparaten gehören Resochin/Paludrine, Lariam und Malarone. In der Praxis reisen längst nicht alle Touristen mit Prophylaxe. Es ist vorsichtig abzuwägen zwischen dem tatsächlichen Risiko, das je nach Gegend und Jahreszeit sehr unterschiedlich ist, und den möglichen Nebenwirkungen der Medikamente, die außerdem Resistenzen bei den Erregern hervorrufen und keinen 100-prozentigen Schutz bieten können.

Die beste **Vorbeugung gegen Malaria** besteht darin, möglichst gar nicht erst gestochen zu werden: Am Abend schützen helle Kleidung, lange Hosen, langärmlige Hemden, engmaschige Socken, Moskitonetz und ein Mückenspray auf der Basis von Deet. Einige Apotheken bieten sanftere Mittel an, die auf Zitronella- und Nelkenöl basieren.

Die ersten Symptome einer Malaria ähneln oft denen eines banalen grippalen Infektes und werden daher häufig verkannt. Wer aus Costa Rica oder Nicaragua zurückkehrt und an einer fieberhaften Erkrankung leidet, sollte einen Arzt aufsuchen und einen Bluttest machen.

Sonnenbrand und Hitzschlag

Die Sonneneinstrahlung in Costa Rica und Nicaragua ist wesentlich intensiver als in unseren Breiten – auch bei bedecktem Himmel. Bester Schutz gegen Hautverbrennungen und Hitzschlag ist, sich nicht direkt der Sonne auszusetzen und möglichst immer einen Sonnenhut sowie eine Sonnenbrille zu tragen und Sonnenschutzmittel mit hohem Lichtschutzfaktor zu benutzen. Wichtig ist auch, viel zu trinken.

Stiche und Bisse

Insekten kommen fast überall in den Tropen vor. Die meisten von ihnen sind ungefährlich. Unbedingt schützen sollte man sich jedoch vor Mü-ckenstichen, denn einige Moskitos können Krankheiten wie z. B. Denguefieber oder Malaria übertragen.

Bei **Floh- und Wanzenstichen** gilt: Nicht kratzen! Die kleinen Tiere halten sich bevorzugt in schmutzigem Bettzeug und alten Matratzen auf. Wanzenbisse bilden gewöhnlich eine säuberliche Linie. Ein Antihistaminikum (Salbe) gegen Entzündungen hilft. **Blutegel** sind besonders zur Regenzeit im Dschungel eine Plage, dort halten sie sich bevorzugt in Sumpfgebieten auf. Bester Schutz sind lange Hemden und Hosen, Hosenbeine sollten stets in die Socken gesteckt werden. Blutegel kann man mit brennenden Zigaretten oder Salz loswerden. Wenn sie sich mit Blut vollgesogen haben, fallen sie ganz von alleine ab.

Bienen- und andere Insektenstiche sollte man sofort mit Eis kühlen und anschließend eine spezielle Salbe auftragen; ggf. müssen Antihistamin-Tabletten genommen werden. **Zecken** sind Überträger von Infektionskrankheiten. Bei einem Zeckenstich sollte die Zecke möglichst schnell und vorsichtig mit Pinzette oder langen Fingernägeln aus dem Körper entfernt werden, so dass keiner ihrer Haken im Fleisch zurückbleibt. Nicht mit Öl oder ähnlichem Ersticken (Krankheitserreger könnten in die Wunde gelangen).

In Costa Rica leben rund 135 **Schlangen**arten, davon sind 17 giftig. Das Risiko von einer Schlange gebissen zu werden, ist jedoch relativ niedrig, denn Schlangen beißen meist nur aus Notwehr. Trekker sollten auf Dschungeltouren stets feste, knöchelhohe Wanderschuhe und lange Hosen tragen. Im Falle eines Schlangenbisses sollte die Bissstelle weder ausgesaugt noch abgebunden werden, sondern möglichst schnell von einem Arzt behandelt werden. Der Kranke sollte liegend transportiert werden, damit sich das Gift nicht im Körper ausbreitet. Als Therapie wird dem Patienten ein Antiserum verabreicht.

Ein **Skorpionstich** ist zwar sehr schmerzhaft, aber in den meisten Fällen nicht lebensbedrohlich. Wer von einem Skorpion gebissen wurde, sollte sich nicht bewegen, viel trinken und einen Arzt rufen. Allergische Reaktionen bis hin zu Schockzuständen sind möglich und sollten behandelt werden.

Thrombose

Thrombose kann bei Bewegungsmangel auftreten, ein Problem bei längeren Flugreisen. Der verringerte Blutfluss, vor allem in den Beinen, kann zur Bildung von Blutgerinnseln führen, die, wenn sie sich von der Gefäßwand lösen, eine akute Gefahr darstellen (z. B. Lungenembolie). Gefährdet sind vor allem Personen mit Venenerkrankungen oder Übergewicht, aber auch Schwangere, Raucher und Frauen, die die Pille nehmen. Das Risiko verhindern Bewegung, viel Flüssigkeit (kein Alkohol) und Kompressionsstrümpfe.

Tollwut

Wer von einem streunenden Hund, einer Katze oder einem Affen gekratzt oder gebissen wird, muss sich sofort impfen lassen, da eine Infektion tödlich endet. Eine vorbeugende Impfung ist sehr teuer und nur bei längerem Aufenthalt sinnvoll.

Typhus / Paratyphus

Typhus ist eine Salmonellenerkrankung, die man sich über Lebensmittel oder verunreinigtes Wasser zuziehen kann. Symptome sind: mehrere Tage hohes Fieber, Kopf- und Gelenkschmerzen. Eine Schutzimpfung ist in Deutschland erhältlich. Der Impfschutz hält drei Jahre lang.

Wundinfektionen

Unter unhygienischen Bedingungen können sich Wunden oder aufgekratzte Moskitostiche leicht infizieren. Sorgfältige Wundbehandlung und -hygiene (Desinfektion, Pflaster) sind in den Tropen deshalb das A und O. In jeder Apotheke gibt es zudem Antibiotika-Salben, die die Wundheilung beschleunigen.

Wundstarrkrampf (Tetanus)

Wundstarrkrampf-Erreger findet man überall auf der Welt und Verletzungen kann man nie ausschließen. Wer noch keine Tetanusimpfung hatte, sollte sich unbedingt zwei Impfungen im Vier-Wochen-Abstand geben lassen, die nach einem Jahr aufgefrischt werden müssen. Danach genügt eine Impfung alle zehn Jahre. Am besten ist die Kombiimpfung mit dem Polio-Tetanus-Diphtherie-(Td) Impfstoff für Personen über fünf Jahre, um gleichzeitig einen Schutz vor Diphtherie und Polio zu erhalten.

Wurmerkrankungen

Winzige oder größere Exemplare von Würmern können überall lauern und sich manchmal an verschiedenen Körperstellen bzw. -organen festsetzen. Oft ist dies erst Wochen nach der Rückkehr festzustellen. Nach einer Reise in abgelegene Gebiete kann es empfehlenswert sein, den Stuhl auf Würmer untersuchen zu lassen, wenn man über längere Zeiträume auch nur leichte Durchfälle hat.

Die meisten Würmer sind harmlos und durch eine einmalige Wurmkur zu vernichten. Andere können schwere Erkrankungen hervorrufen, z. B. die Bilharziose – eine Wurmerkrankung, die man sich im Uferbereich von stehendem oder langsam fließendem Süßwasser zuziehen kann. Der erste Wirt des Parasiten ist eine Wasserschnecke. In ihr entwickeln sich die Eier zu kleinen Larven, den so genannten Zerkarien, die anschließend ins Wasser abgegeben werden. Dort machen sie sich auf die Suche nach ihrem zweiten Wirt. Zerkarien gelangen in den menschlichen Organismus, indem sie sich durch die Haut, bevorzugt an den Fußsohlen, bohren. Von dort bahnen sie sich den Weg in den Darm oder die Blase, wo sie heranwachsen und neue Eier produzieren. Manchmal tritt um die Stelle, an der die Larven in den Körper eingedrungen sind, eine leichte Rötung auf. Deutlichere Symptome machen sich in der Regel erst nach sechs bis zehn Wochen bemerkbar. Dann kann es zu Fieber, Durchfall und einem allgemeinen Krankheitsgefühl kommen. Im schlimmsten Fall treten nach einigen Monaten Unterleibsschmerzen und Blut im Stuhl oder Urin auf.

Vorbeugend sollte man nicht in stehenden Gewässern herumplanschen und auf feuchten Böden Sandalen tragen.

Index

Anhang

T

Notizen

Notizen

Mil Gracias ...

Erwähnt seien hier vor allem Maria Anna Hälker und die Bintangs, meine Lektorin Silvia Mayer für die Worte "Bald haben wir's geschafft", Alejandro Tosatti vom Ministerio de Cultura, Maria Eugenia Murillo vom Instituto Costarricence de Turismo, Eugenia Ibarra Rojas von der Universidad de Costa Rica, Javier Hidalgo für die Gourmet Tipps, den Curré-Indianern für ihre Gastfreundschaft, den Bauarbeitern am Rincón de La Vieja, die mich mit der Planierraupe aus dem Fluss zogen, Steve, der mich diesmal vom Himmel aus begleitete, dem Stier Santo Blanco, der mich am Leben ließ und ganz besonderen Dank an meine „padres", ohne deren Hilfe dieses Buch nicht zustande gekommen wäre.

Außerdem:
Maria und Alberto vom Hostel Galilão in San José, Thomas und Thorsten von Wildriders, der Orosi Lodge, Patricia und Blanca Rosa Vazquez, Luis Allen und dem Internet Café in Turriialba, der Ceiba Tree Lodge am Lago Arenal, Oscar Alpizar Carjaval in Liberia, Hans am Playa Brasilito, Tom und Anja von Villas Macondo in Tamarindo, El Mono Feliz in Ojochal, dem engagierten Team von Corcovado Expeditions auf der Peninsula de Osa, Gabriel von der Yoga Farm in Punta Banco, Antonio Diez Parra, Bernán Gomez und Johannes Kranz in Nicaragua, Anke Munderloh, Detlef Fritze sowie Nora Hoffmann von AvenToura.

Anhang

Bildnachweis

Umschlag
Julia Reichardt

Schwarz-weiß
alle: **Julia Reichardt**
außer S. 362: **Helena Skibinski**

Farbteil
Bildagentur Huber / R. Schmid: S. 8, 13 (oben)
Bildagentur Huber: G. Simeone: S. 15 (oben links)
Getty Images / David Noton: S. 10/11 (unten)
picture-alliance / Rainer Binder: S. 9 (unten)
laif / REA: S. 10 (oben)
laif / Tobias Hauser: S. 15 unten, 18/19 (unten)
laif / Rebecca Cooney/The NewYorkTimes/Redux: S. 12 (oben rechts)
Julia Reichardt: S. 9 (oben), 10 (oben), 12 (oben links), 12/13 (unten), 14, 15 (oben rechts), 17 (2), 18 (oben, 19 (oben), 20 (3)
Yoga Farm Punta Banco / Gabriel Schmerler: S. 16

Impressum

Costa Rica
Stefan Loose Travel Handbücher
1. Auflage **2008**

Die in diesem Buch enthaltenen Angaben wurden von den Autoren nach bestem Wissen erstellt und vom Lektorat im Verlag mit großer Sorgfalt auf ihre Richtigkeit überprüft. Trotzdem sind, wie der Verlag nach dem Produkthaftungsrecht betonen muss, inhaltliche und sachliche Fehler nicht vollständig auszuschließen. Deshalb erfolgen alle Angaben ohne Garantie des Verlags oder der Autoren. Der Verlag und die Autoren übernehmen keinerlei Verantwortung und Haftung für inhaltliche und sachliche Fehler. Alle Landkarten und Stadtpläne in diesem Buch sind von den Autoren erstellt worden und werden ständig überarbeitet.

Gesamtredaktion und -herstellung
Bintang Buchservice GmbH, Zossener Str. 55/2, 10961 Berlin, www.bintang-berlin.de

Karten: Anja Krapat, Klaus Schindler
Redaktion: Silvia Mayer
Grafisches Konzept: Groschwitz, Hamburg
Layout und Herstellung: Gritta Deutschmann
Printed in China

Kartenverzeichnis

Anhang